David Edwards-May

Binnengewässer Frankreichs

Alle schiffbaren
Flüsse und Kanäle

Übersetzt von Andrea Horn

Edition Maritim

Impressum

CIP-Kurztitelaufnahme der Deutschen Bibliothek

Edwards-May, David:
Binnengewässer Frankreichs/David Edwards-May.
— Hamburg: Edition Maritim
Einheitssacht.: Inland waterways of France (dt.)
Alle schiffbaren Flüsse und Kanäle/übers. von Andrea Horn.
[Fotos von Hugh McKnight]. — 1985.
ISBN 3-922117-61-9

© für die deutsche Ausgabe
Edition Maritim
Schwanenwik 27
2000 Hamburg 76

Titel der englischen Originalausgabe:
Inland Waterways of France
© David Edwards-May 1984
Imray, Laurie, Norie & Wilson Ltd.,
St. Ives, Huntingdon/Cambridgeshire

Übersetzung: Andrea Horn, Hamburg
Schutzumschlag: Jan Buchholz und Reni Hinsch, Hamburg
Gestaltung, Satz und S/W-Lithografie: Peter Appelt, Grafik-
Design und Fotosatz, Hamburg
Lithografie Farbe: ORT, Berlin
Druck: Karl Stiller, Remseck
Bindearbeiten: Wilhelm Röck, Weinsberg

Titelfoto: Deutsches Reisebüro, Frankfurt/M.
Sämtliche Schwarz-Weiß- und Farbfotos:
Hugh McKnight, Shepperton/Middlesex
(bis auf Seite 21: Charente Plaisance, Cognac)

Printed in Germany 1985

Inhalt

Vorwort *7*

Einführung *8*
8000 Kilometer zum Wasserwandern *8*
Grenzformalitäten *8*
Zollformalitäten *8*
Chartern in Frankreich *8*
Zuwasserlassen des Bootes *12*
Abmessungen der Wasserstraßen *12*
Allgemeine Fahrhinweise (Verkehrsregeln) *12*
Schleusen *13*
Törnplanungskarte *14*
Jahreszeiten *16*
Reiseplanung *16*
Bücher und Karten *25*
Hinweise zu den Entfernungstabellen *26*
Erklärung der Abkürzungen und Fachbegriffe *26*

Reviere
Aa *27*
Adour und Nebenflüsse *29*
Aisne *31*
Canal latéral à l'Aisne (Aisne-Seitenkanal) *32*
Canal de l'Aisne à la Marne *34*
Canal des Ardennes *35*
Canal d'Arles à Fos *38*
Autise (Jeune) *39*
Canal de la Vieille Autise *39*
Baïse *40*
Canal de Bergues *41*
Canal du Blavet *41*
Canal de Bourbourg *43*
Canal de Bourgogne (Burgund-Kanal) *44*
Canal de Briare *49*
Canal de Calais *51*
Canal du Centre *53*
Charente *56*
Dordogne *59*
Dunkerque – Escaut (Großschiffahrtsweg Dünkirchen – Schelde) *61*
Erdre *66*
Escaut (Schelde) *66*
Canal de l'Est *68*
Canal de Furnes *77*
Garonne und Gironde *77*
Canal latéral à la Garonne (Garonne-Seitenkanal) *79*
Canal du Havre à Tancarville *83*
Canaux d'Hazebrouck *84*
Hérault *84*
Canal des Houillères de la Sarre (Saar-Kohlenkanal) *85*
Canal d'Ille-et-Rance *87*
Isle *89*

Canal de Lens *90*
Canal du Loing *90*
Loire *92*
Canal latéral à la Loire (Loire-Seitenkanal) *94*
Lys *97*
Marne *99*
Canal latéral à la Marne (Marne-Seitenkanal) *102*
Canal de la Marne au Rhin (Rhein-Marne-Kanal) *103*
Canal de la Marne à la Saône *109*
Mayenne-Maine *114*
Meuse (Maas) *116*
Canal du Midi *116*
Mignon *123*
Mosel *124*
Canal de Nantes à Brest *127*
Canal du Nivernais *133*
Canal du Nord *139*
Oise *141*
Canal latéral à l'Oise (Oise-Seitenkanal) *143*
Canal de l'Oise à l'Aisne *144*
Oudon *145*
Canaux de la ville de Paris (Paris und seine Kanäle) *146*
Canal de Pommeroeul à Condé *150*
Rance Maritime (Gezeitenabhängige Rance) *150*
Rhein *151*
Rhône *153*
Petit (Kleine) Rhône und Canal de Saint-Gilles *158*
Rhône-Fos-Bouc (-Marseille) *159*
Canal du Rhône au Rhin (Rhein-Rhône-Kanal) *160*
Canal du Rhône à Sète *167*
Canal de Roanne à Digoin *169*
Canal de Roubaix *171*
Canal de Saint-Quentin *172*
Sambre *175*
Canal de la Sambre à l'Oise *176*
Saône *178*
Sarthe *184*
Scarpe *194*
Seille *196*
Seine *198*
Sèvre-Nantaise *207*
Sèvre-Niortaise *208*
Canal de la Somme *210*
Etang de Thau (Strandsee von Thau) *212*
Vilaine *213*
Yonne *215*

Anhang
Nautisches Wörterverzeichnis französisch-deutsch *218*
Nautisches Wörterverzeichnis deutsch-französisch *219*
Register *220*

Vorwort

Vor 20 oder 30 Jahren fuhr man so schnell man konnte über die französischen Binnenwasserstraßen zum Mittelmeer, um dort blauen Himmel und Sonne, Farben und Licht zu genießen. Die Kanäle und Flüsse Frankreichs dienten sozusagen als Mittel zum Zweck. Niemand hätte sich damals träumen lassen, daß diese Gewässer eines Tages um ihrer selbst willen besucht und geliebt werden würden. Nun ist es soweit: Erholsame Ferien sind Trumpf, Wasserwandern mit gemächlichen 6 km/h, weit weg von der alltäglichen Hektik, sind beinahe so etwas wie ein Ausflug ins vergangene Jahrhundert. Verträumte Kanäle, alte Schlösser, die herrliche Landschaft lassen uns eine angenehme Verbindung von Natur und Kultur erleben, gewürzt mit herrlichen Weinen und den Köstlichkeiten der „Cuisine française".

Man ist stolz und zufrieden, wenn man wieder einen Tunnel geschafft und sich eigenhändig durch eine der zahlreichen Schleusen befördert hat, oder man freut sich über ein vergnügliches Schwätzchen mit dem Schleusenwärter, der vielleicht auch Gemüse und Eier verkauft. Wer es lieber supermodern hat, kann natürlich die Routen mit den automatischen Schleusen auswählen, bei deren Bedienung es so technisch zugeht wie in der Kanzel eines Düsenjets oder wie im Stellwerk am Hamburger Hauptbahnhof.

Wie auch immer, dieses Buch hilft Ihnen die Reise auf den französischen Binnenwasserstraßen zu planen und auszuführen. Falls Sie kein eigenes Boot haben, schlagen Sie die Seiten 9-11 auf, dort stehen die Adressen von Charterfirmen, die in der letzten Zeit wie Pilze aus dem Boden geschossen sind. Ob in der Bretagne oder am Canal du Midi, am Doubs oder an der Charente, in Burgund oder an den Kanälen von Paris, um nur einige Ziele zu nennen, können Sie vom Hausboot bis zum Schlauchboot alles mieten. Es ist auch keine schlechte Möglichkeit, Frankreich an Bord eines Hotelschiffes kennenzulernen, wo man von einer aufmerksamen Crew umhegt und verwöhnt wird.

Anhand der Törnplanungs-Karte (S. 14/15) können Sie Ihre Reiseroute auswählen und zusammenstellen. Da im Text die Kanäle und Flüsse in alphabetischer Reihenfolge beschrieben werden, haben wir am Anfang eines jeden Abschnitts eine kleine Orientierungskarte abgedruckt, die Ihnen zeigt, wo die jeweilige Wasserstraße zu finden ist und wie sie zu den anderen Verbindungswegen liegt.

Auf den Kartenausschnitten, die dem Text zugeordnet sind, erfassen Sie auf einen Blick den Verlauf und die besonderen Merkmale eines Flusses oder eines Kanals, z.B. wo er Anschluß an andere Wasserstraßen hat, wo Städte, Ortschaften, Schleusen und Tunnels liegen, wie weit es von hier nach dort ist und wie viele Schleusen zwichen den Knotenpunkten bzw. den Städten zu durchfahren sind. Außerdem erfahren Sie aus den Entfernungstabellen auf 100 m genau, was Ihnen im Fahrwasser, an beiden Ufern und in der näheren Umgebung begegnet.

Die Binnenwasserstraßen Frankreichs sind in den letzten Jahrzehnten vorbildich ausgebaut worden; die Arbeiten auf den großen Flüssen Seine, Mosel, Rhein, Saône und Rhône sind abgeschlossen. Für Skipper, die aus Deutschland, der Schweiz oder den Niederlanden kommen, bleibt eigentlich nur der Wunsch offen, daß auch der Rhein-Rhône-Kanal bald dem internationalen Standard angepaßt wird. Kenner der Szene wissen allerdings, daß dies vor 1995 kaum der Fall sein wird. Man plant, den mittleren Abschnitt des Canal du Midi und den Canal du Rhône à Sète in den nächsten Jahren auszubauen bzw. zu verbreitern. Wahrscheinlich wird auch an der Großschiffahrtsverbindung von der Seine nach Nordfrankreich gearbeitet werden.

Trotz größtmöglicher Sorgfalt des Autors und der Übersetzerin Andrea Horn liegt es in der Natur der Sache, daß zu diesem Buch von Zeit zu Zeit Änderungen und Neuerungen nachgetragen werden müssen. Wenn Sie die nach dem Ortsregister eingeheftete Postkarte ausgefüllt an den Verlag zurücksenden, werden wir Ihnen diese Information so schnell wie möglich zuleiten.

Bleibt nur noch, Ihnen „Allzeit gute Fahrt!" und herrliche Urlaubstage im unerschöpflichen Gebiet der französischen Binnenwasserstraßen zu wünschen.

Einführung

8000 Kilometer zum Wasserwandern

Frankreich hat das größte Binnenwasserstraßennetz Westeuropas mit sehr unterschiedlichen Landschaften, touristischen Sehenswürdigkeiten und vielseitigen Möglichkeiten zum Wasserwandern. Wir wollen darüber natürlich nicht den lebenswichtigen Güterverkehr vergessen, von der Péniche, die 250 Tonnen Getreide oder Wein geladen hat, bis zu den 5000-Tonnen-Schubverbänden. Mehr als die Hälfte dieser 8000 Kilometer wird von der Berufsschiffahrt befahren und genutzt; es werden jährlich etwa 80 Millionen Tonnen Güter befördert.

Trotzdem entspricht unsere Überschrift den Tatsachen, denn es werden viele neue Einrichtungen für Sportboote auch auf den Strecken ins Leben gerufen, die durch die Industriegebiete Nordfrankreichs führen. Auf allen starkbefahrenen Wasserstraßen, wie z.B. auf der Rhône, der Saône, der Seine und der Mosel werden Sportboote durch die Großschiffahrt niemals behindert oder gefährdet, und man findet auch dort in regelmäßigen Abständen gute Festmachemöglichkeiten.

Allerdings ist es für Neulinge auf dem Gebiet des Wasserwanderns besser, wenn sie sich erst einmal an die kleinen Kanäle halten, wo kaum Verkehr herrscht; man kann dort herrlich Erfahrung sammeln und Fehler, die man garantiert macht, zeitigen keine großen Folgen. Für erste Gehversuche sind besonders die Kanäle der Bretagne, die Flüsse von Anjou, der Canal du Nivernais und der Canal de Bourgogne beliebt. Der Canal du Midi ist zwar auch sehr populär geworden, und es arbeiten dort viele Charterfirmen, doch ist die Strecke während der Sommermonate außergewöhnlich voll. Sobald die noch ausstehenden Ausbauarbeiten an diesem Kanal beendet sein werden, muß man dort zusätzlich mit wachsendem Berufsschiffverkehr rechnen.

Grenzformalitäten

Flaggenausweis: Bei Befahren der französischen Binnen- und Küstengewässer verlangen die Behörden für Boote, die nicht in ein Schiffsregister eingetragen sind und deren Bruttoraumgehalt 50 m^3 nicht übersteigt (dies sind im allgemeinen Motoryachten unter 11,30 m Länge und Segelyachten unter 12,00 m Länge) den Flaggenausweis für Sportboote (Rechtslagebescheinigung). Dieser Flaggenausweis dokumentiert das Recht zur Führung der Bundesflagge und den Eigentumsnachweis für das Boot. Er wird auf Antrag über den Deutschen Motoryachtverband e.V., Gründgensstraße 18, 2000 Hamburg 60, vom Bundesamt für Schiffsvermessung ausgestellt. Der Flaggenausweis ist sechs Jahre gültig und erlischt u.a. bei Veräußerung des Bootes.
Bei Booten über 50 m^3 Bruttoraumgehalt ist die Eintragung in ein Schiffsregister erforderlich.
Bootsführerschein: Ausländische Bootsführer müssen in Frankreich den Bootsführerschein besitzen, der im Heimatland zum Befahren entsprechender Gewässer vorgeschrieben ist. Danach gilt für in der Bundesrepublik zugelassene Boote
– auf französischen Binnengewässern: Zum Führen von Booten mit Motoren über 7 kw (10 PS) wird der Motorbootführerschein für Binnenfahrt A des DMYV oder der Segelschein A des DSV mit dem Zusatz „Segelyachten mit Hilfsmotor" verlangt. Auch das Bodenseeschifferpatent wird anerkannt.
– auf französichen Küstengewässern: Zum Führen von Booten mit Motoren über 7 kw (10 PS) wird der amtliche Sportbootführerschein verlangt.
Diese Regelung gilt auch für in Frankreich zugelassene Charterboote. Bei Charterbooten auf Binnenwasserwegen ist die Motorleistung jedoch oft soweit reduziert, daß ein Bootsführerschein nicht erforderlich ist. Für alle anderen in Frankreich zugelassene Sportboote gelten die französischen Führerscheinvorschriften.

Zoll-Formalitäten

Die behördlichen Formalitäten sind minimal und nicht kompliziert. Wer sein Boot auf dem Wasserwege oder per Trailer nach Frankreich bringt, darf sich mit dem Schiff ohne Entrichtung von Zollgebühren sechs Monate in französischen Gewässern aufhalten, und zwar einmal oder mehrere Male während einer Periode von zwölf aufeinanderfolgenden Monaten. Natürlich darf das Boot vom Eigner nur privat genutzt werden; gewerbliche Personenbeförderung und Vercharterung ist untersagt. Wenn Ausländer mit geliehenen oder gemieteten Schiffen nach Frankreich einreisen, treten ebenfalls die Zollfreiheitsbestimmungen in Kraft, und die Schiffe dürfen dann auch nicht weitervermietet oder verliehen werden.
Ist die zollfreie Periode abgelaufen, muß man das Schiff entweder ausführen oder verzollen oder es im Zollverschluß stehenlassen (das kann mehrere Male hintereinander geschehen, jedoch darf auch hier ein Zeitraum von sechs Monaten nicht überschritten werden).
Trailerbare Schiffe, die eine Länge von 11 m (der Trailer ebenfalls 11 m) und eine Breite von 2,50 m nicht überschreiten, benötigen keine Sondergenehmigung. Außenbordmotoren über 5 PS unterliegen der Zollkontrolle.
Bitte besorgen Sie sich das hilfreiche Handbuch „Frankreich-Binnenschiffahrtstraßen" der Kreuzer-Abteilung des Deutschen Segler-Verbandes e.V. (Gründgensstraße 18, 2000 Hamburg 60).
Die Formalitäten sind nur ein kleiner Preis für das Gefühl von Freiheit und Erholung auf dem Wasser. Manchmal werden auch Schleusenwärter genaue Angaben über das Schiff verlangen, da sie angehalten sind, Einzelheiten für Statistiken über den Binnenwasserstraßenverkehr zu sammeln. Gebühren werden nur auf nicht-staatlichen Wasserstraßen, wie auf den Kanälen der Stadt Paris erhoben, doch sie sind verhältnismäßig gering.

Chartern in Frankreich

Seit mehr als zehn Jahren erfreut sich das Wasserwandern zunehmender Beliebtheit; aus diesem Grund sind auch viele Boots-Charterfirmen entstanden - es gibt etwa 100 von ihnen an den französischen Binnenwasserstraßen. Boote, Ausstattung und Preise variieren stark. Die französische Bootindustrie hat sich von dem Boom anregen lassen und stellt spezielle Boote zum Kanalfahren her. Manche Reisebüros vermitteln Charterboote; wenn Sie aber direkten Kontakt vorziehen, bedienen Sie sich der nachfolgenden Adressenliste und Sie werden sehen, daß Sie fast in ganz Frankreich ein Boot zum Wasserwandern mieten können.
Wer sich mit den Fragen des Charterns ausführlicher befassen will, dem sei folgendes Buch empfohlen: Henry Braunschweig, Bootsferien auf Flüssen, Seen und Kanälen. Viele Charterer werden es vorziehen, den notwendigen Schriftwechsel in deutscher Sprache zu führen und auch das Informationsmaterial in deutsch zu erhalten, diese können wir auf die entsprechenden Anzeigen in den Wassersportzeitschriften verweisen.

Nord- und Ostfrankreich

Name	Adresse
Revier und andere Einzelheiten	
Base Nautique des Prés-Duhem	Avenue Marc-Sagnier, 59280 Armentières
Auf dem Fluß Lys, in Nordfrankreich	
CCNB Plaisance	107 rue du 11 novembre, 93330 Neuilly-sur-Marne
Für die Marne, die Seine und die Kanäle von Paris	
C. Evasion	9 avenue de Gaulle, 98200 Sedan
Auf der Maas; Schlauchboote für das kleine Portemonnaie	
Champagne Cruiser Line	198 avenue de la Victoire, 77100 Meaux
Auf der Marne	
Champagne Navigation	Rue Nationale, 02190 Berry-au-Bac
Auf dem Canal latéral à l'Aisne (Aisne-Seitenkanal)	
La Double Ecluse	Port de Saint-Dizier, 52100 Saint-Dizier
Auf dem Canal de la Marne à la Sâone	
Escaut-Yachting	Rue Emile-Zola, 59111 Bouchain
Auf der Schelde, in Nordfrankreich	
Lorraine Fluviale	21 rue de la Fédération, 54530 Pagny-sur-Moselle
Auf der Mosel	
Meuse-Nautic	55110 Dun-sur-Meuse
Auf der Maas (Canal de l'Est)	
Navig-France	102 rue du Canal, 57820 Lutzelbourg
2 Basen auf dem Canal de la Marne au Rhin (Rhein-Marne-Kanal)	
Plaisance et Loisirs	117 rue Clémenceau, 59139 Wattigniers
Auf dem Bauvin-Lys-Kanal	
Port de Plaisance de Reims	avenue Paul Doumer, 51100 Reims
Auf dem Canal de l'Aisne à la Marne	
Seine et Marne Voyages	3 place de l'Hôtel de Ville, 77100 Meaux
Auf der Marne	
Vosges Marine Plaisance	Vomécourt, 88700 Rambervillers
Basis in Charmes am Canal de l'Est (südlicher Teil)	

Burgund und Mittelfrankreich

Name	Adresse
Revier und andere Einzelheiten	
Aquarelle	Port de Plaisance, 89100 Sens
Auf der Yonne	
Berry Plaisance	Les Pinnais, 45360 Châtillon
Auf dem Canal latéral à la Loire (Loire-Seitenkanal)	
Blue Line Bourgogne	Saint Usage, 21170 Saint-Jean-de-Losne
Auf der Saône, beim Anschluß an den Canal de Bourgogne	
Blue Line Loire	L'Equerre, 18320 Marseilles-les-Aubigny
Am Canal latéral à la Loire (Loire-Seitenkanal)	
Bourgogne-Buissonnière	BP21, 21250 Seurre
Auf der Saône; Wohnwagen auf motorgetriebenen Pontons	
Bourgogne Navigation	45 avenue de Verdun, 59155 Faches-Tumesnil
Basis auf dem Canal de Bourgogne in Marigny-le-Cahouet	
Bourgogne-Plaisance	Bassin du Canal, 42300 Roanne
Auf dem Canal de Roanne à Digoin	
Burgundy Cruisers	8 route Nationale, Accolay, 89460 Cravant
Basis auf dem Canal du Nivernais in Vermenton	
Burgundy Line	Le Port, 21320 Pouilly-en-Auxois
An der Scheitelhaltung des Canal de Bourgogne	
Camping Fluvial	4 rue Morambeau, 71670 Le Breuil
Auf der Saône, Pontons mit oder ohne Wohnwagen	
Canal Plaisance	La Marina, rue Carnot, 21500 Montbard
Auf dem Canal de Bourgogne	
Caravanauti	58640 Varennes-Vauzelles
CCNB Plaisance	1 rue Clos du Roi, 21200 Beaune
Basis an der Saône	
CCNB Plaisance	BP 11, 58110 Châtillon-en-Bazois
Basis am Canal du Nivernais	
Champvert-Plaisance	Port de la Copine, BP 37, 58300 Décize
Auf dem Canal du Nivernais	
Connoisseur Cruisers	89000 Auxerre
Auf der Yonne	

Charteradressen

Burgund und Mittelfrankreich

Name	Adresse
Revier und andere Einzelheiten	
Croisières Pont-d'Ouche	Le Port, 21360 Pont-d' Ouche
Auf dem Canal de Bourgogne	
Croisières du Morvan	Chemin de la Halage, 58340 Cercy-la-Tour
Auf dem Canal du Nivernais	
Croizur	71 avenue R. Poincaré, 75116 Paris
Basis in Branges an der Seille	
Au Fil de l'Eau	21910 Saulon-la Chapelle
Eine Gesellschaft, die für Kanalfahrten ohne Motor wirbt	
Flot'home	Ecluse de Fleury, Biches, 58110 Châtillon-en-Bazois
Auf dem Canal du Nivernais	
Heron Cruisers	136 rue du Général-Campenon, 89700 Tonnerre
Auf dem Canal de Bourgogne	
Hobby-Voyage	8 rue de Milan, 75009 Paris
Basis an der Saône in Verdun-sur-le-Doubs	
Locaboat Plaisance	Quai du Port au Bois, 89300 Joigny
Baut und vermietet „Pénichettes"	
Montargis-Croisières	88 rue André Coquillet, 45200 Montargis
Auf dem Canal de Briare	
Navig-France	12, bd. Berthier, 75007 Paris
Auf dem Canal de Bourgogne	
Navigation et Tourisme du Centre	Port de la Lancière, 89220 Rogny-les-Sept-Ecluses
Auf dem Canal de Briare	
Plaisir France	2 rue du Moulin, 89460 Bazarnes
Auf dem Canal du Nivernais	
Pro-Aqua	Port de Plaisance, quai Saint-Martin, 89000 Auxerre
Auf der Yonne	
Roanne Plaisance	„Les Jaillets", Ouches, 42370 Renaison
Basis in Roanne auf dem Canal de Roanne à Digoin	
Saint Line	Port des Poujats, Baye 58800 Corbigny
Auf der Scheitelhaltung des Canal du Nivernais	
Seine-et-Loing Rivières	Über Locaboat Plaisance buchen
Basis auf der Seine in Fontainebleau	
Ulysse-Croisières	Le Port, 89210 Brienon
Auf dem Canal de Bourgogne	
Vivre sur l'Eau	Port de Plaisance, 89500 Villeneuve-sur-Yonne
Auf der Yonne	
Yachting-Saône	BP 5, 70130 Seveux
Auf der oberen Saône	

Südfrankreich

Name	Adresse
Revier und andere Einzelheiten	
Afloat in France	30300 Beaucaire
Auf dem Canal du Rhône à Sète	
Bateliers du Midi	
Basen am Canal du Midi in Capestang und in Port-la-Rhône	
Les Berges d'Oc	BP 36, 34470 Pérols
Auf dem Canal du Rhone à Sète	
Blue Line Midi	BP 19, Le Grand Bassin, 11400 Castelnaudary
Die allererste Basis in Südfrankreich	
Camargue Cruisers	
Basen am Canal du Rhône à Sète in Saint Gilles und Beaucaire	
Caminay	59 rue Joseph Delteil, 34130 Mauguio
Auf dem Canal du Rhône à Sète	
Caravane Batelière	BP 25, 11800 Trèbes
Auf dem Canal du Midi in der Nähe von Carcassonne; Pontons mit und ohne Wohnwagen	
Connoisseur Cruisers	11100 Narbonne
Auf dem Canal du Midi (Zweigkanal von La Nouvelle)	
Gironde Plaisance	42 rue des Sablières, 33210 Langon
Basis in Castets-en-Dorthe am Canal latéral à la Garonne	
Les Croisières Violette	2 rue des Artisans, 31150 Fenouillet
Auf dem Canal latéral à la Garonne, Pontons	
Flot'Home	Le Pharo, Place du Globe, 34300 Le Cap-d'Agde
Basis am Fluß Hérault in Agde	
Hobby-Voyage	8 rue de Milan, 75009 Paris
Basis am Canal du Rhône à Sète in Aigues-Mortes	
Locaboat Plaisance	Adresse im Abschnitt Burgund (s.o.)
Basis am Canal du Midi in Homps	

Charteradressen

Name	Adresse
Sunshine Cruisers	
Auf dem Canal du Midi in Homps	
Vivre sur l'Eau	
Auf dem Canal du Midi in Béziers	

Die Flüsse von Anjou und die Charente

Name	Adresse
Revier und andere Einzelheiten	
Anjou Plaisance	49220 Grez-Neuville
Auf der Mayenne	
Brihault Plaisance	137 rue de Bretagne, 53000 Laval
Auf der Mayenne	
Charente Plaisance	Maison Eclusière de Garde-Moulin, Saint-Brice, 16100 Cognac
Auf der Charente	
Compagnie Angevine de Tourisme Fluvial	10 bd Henri Arnault, 49000 Angers
Auf der Maine	
Compagnie de Navigation Maine-Anjou	Le port, 72270 Malicorne-sur-Sarthe
Auf der Sarthe	
France-Anjou Navigation	Quai National, 72300 Sablé
Auf der Sarthe	
Holiday Charente	
Auf der Charente in Saint-Simeux	
Maine-Anjou-Rivières	49220 Chenillé-Changé
Auf der Mayenne; „Penichettes" (auch über Locaboat Plaisance zu buchen)	
Mayenne Plaisance	6 rue des Flandes, 53940 Saint-Berthevin
Auf der Mayenne	
Sarthe Plaisance	116 rue Amiral Lalande, 72000 Le Mans
Auf der Sarthe, hauptsächlich Boote für Camping	
Tourisme Fluvial	6 quai Félix-Faure, 49000 Angers
Auf der Mayenne; Erfinder der „Carabarge" (Wohnwagen auf motorgetriebenen Pontons)	

Bretagne

Name	Adresse
Revier und andere Einzelheiten	
Base Nautique de Pont-Réan	Camping du Chemin de Halage, 35580 Pont-Réan
Auf der Vilaine	
Blue Line Bretagne	Port de Plaisance, 35480 Messac
Auf der Vilaine	
B.P.S.	136 canal Saint-Martin, 35000 Rennes
Auf dem Canal d'Ille-et-Rance	
Breiz Marine	Arzal, 56190 Muzillac
Auf der Vilaine	
Bretagne Buissonnière	4 rue d'Auvergne, 44130 Blain
Auf dem Canal de Nantes à Brest	
Breton Leisure Cruisers	Quai de la Daufresne, 56140 Malestroit
Auf dem Canal de Nantes à Brest	
Brihault Plaisance	35 Bourg-des-Comptes
Auf der Vilaine; Boote für Camping	
Chantier Nautique Redonnais	Port de Redon, 35600 Redon
Auf der Vilaine	
Chemins Nautiques Bretons	Port de Lyvet, La Vicomté-sur-Rance, 22690 Pleudihen
Auf der Rance Maritime	
Crabing Loisirs	29000 Pont-Coblant
Im westlichen Abschnitt des Canal de Nantes à Brest	
Diffusion Nautique MB	rue Lecuyer, 22190 Plérin
Basen an der Rance Maritime in La Vicomté-sur-Rance	
Flotte Vacances	BP 3, 44240 Sucé-sur-Erdre
Auf der Erdre (Canal de Nantes à Brest)	
Loisirs Fluvial	1 allée de la Renaudière, 44300 Nantes
Auf dem Canal de Nantes à Brest	
Plasmor	Z.A., 56460 Sérent
Basis am Canal de Nantes à Brest in Josselin	
Ray Loisirs	BP 49, 56120 Josselin
Auf dem Canal de Nantes à Brest	
SBDM Nautique	Pen ar Pont, 29119 Châteauneuf-du-Faou
Im westlichen Abschnitt des Canal de Nantes à Brest	
Tourisme Nautique Breton	BP 9, 56130 La Roche-Bernard
Auf der Vilaine	
Vivre sur l'Eau	Arzal, 56190 Muzillac
Auf der Vilaine	

Zuwasserlassen des Bootes

Eigner von trailerbaren Booten haben keine Schwierigkeiten, ihr Schiff ins Wasser zu bringen. Serviceeinrichtungen für Sportboote schießen aus dem Boden, alle Sportboothäfen verfügen über Slips oder Kräne. Auch die Charterfirmen sind sehr freundlich, wenn es darum geht, Eignern von Privatbooten gegen entsprechendes Entgelt mit ihren Möglichkeiten auszuhelfen. Im allgemeinen findet man Häfen mit Slipbahnen eher an den Flüssen als an den Kanälen. Genauere Hinweise entnehmen Sie den Kanalführern, die wir im Abschnitt „Bücher und Karten" erwähnen.

Abmessungen der Wasserstraßen

Was die Abmessungen angeht, so kann man die französischen Binnenwasserstraßen in drei Kategorien einteilen, die auch klar und deutlich auf der Törnplanungskarte unterschieden werden.

Großschiffahrtswege (Europa-Klasse IV oder größer)

Dazu gehören die Seine und die Oise, der Großschiffahrtsweg Dünkirchen-Schelde und die untere Schelde, die Mosel, der Rhein, die Rhône und die untere Saône, wie auch die Seeschiffahrtsstraßen in den Mündungen der Loire und der Gironde. Auf diesen Wasserstraßen sind die Abmessungen für Sportboote und kleine Lastkähne nicht von Bedeutung, denn die Schleusen haben dort Mindestmaße von 176 x 12 m, der Tiefgang beträgt mindestens 2,50 m und die Mindestdurchfahrthöhe 4,50 m (normalerweise sogar mehr).

Freycinet Wasserstraßen, incl. Canal du Nord und untere Yonne (Klasse I und II)

Die meisten Wasserstraßen fallen in diese Kategorie, da ihre Standardabmessungen im Jahr 1879 vom Minister für öffentliche Arbeiten, M. Freycinet, festgelegt wurden. Auch hier reichen die Abmessungen für die meisten Sportboote gut aus; die Schleusen haben ein Mindestmaß von 38,50 x 5,10 m, der Tiefgang beträgt mindestens 1,80 m und die Mindestdurchfahrthöhe 3,40 m (normalerweise sogar 3,70 m).

Kleinere Wasserstraßen, nur für Sportboote geeignet (Klasse 0)

Hier wird es mit den Abmessungen manchmal kritisch, besonders für Lastkähne und Yachten mit tiefen Kielen. Die folgende Tafel mit Schiffsabmessungen in Metern zeigt an, ob eine von Ihnen gewünschte Route machbar ist oder nicht.

Route	Länge	Breite	Tiefgang	Festhöhe
1. Ärmelkanal zum Atlantik (Canal d'Ille-et-Rance und Vilaine)	25,00	4,60	1,30	2,40
2. Canal de Nantes à Brest	26,50	4,60	1,60 [1]	2,40
3. Die Flüsse von Anjou (Mayenne, Oudon, Sarthe)	30,85	5,15	1,40	3,40 [2]
4. Sèvre Niortaise	31,50	5,10	1,20 [3]	2,20
5. Charente	34,00	6,30	1,00	3,55
6. Canal du Midi (mittlerer Abschnitt)	30,00	5,50	1,60	3,00
7. Seille	30,40	5,20	1,50	3,90
8. Canal du Nivernais	30,15	5,10	1,20	3,00
9. Canal de l'Ourcq (Kanäle von Paris)	58,80	3,20	0,80	2,40

[1] Gegenwärtig auf 0,90 m verringert zwischen Josselin und Pontivy und auf 1,10 m im westlichen Abschnitt von Châteaulin bis nach Port-de-Carhaix.
[2] Auf 2,80 m verringert oberhalb von Laval an der Mayenne.
[3] Weniger während Trockenperioden, besonders auf den anschließenden Wasserstraßen.

Allgemeine Fahrhinweise (Verkehrsregeln)

Verkehrsregeln sind verhältnismäßig leicht einzuhalten und die Fähigkeit, sein Boot korrekt und sicher zu lenken ist ebenso wichtig wie die Kenntnis der Wasserstraßen-Verkehrsordnung. Die wichtigsten Regeln, die Sportskipper beachten müssen, fassen wir hier zusammen:

Wegerecht der Berufsschiffahrt und anderer Lastschiffe

Sportschiffe dürfen die Berufsschiffahrt niemals behindern oder zu Kursänderungen zwingen; sie müssen sich immer vor Augen halten, daß das Wegerecht bei den Schiffern liegt, für die die Wasserstraßen gebaut worden sind. Halten Sie sich gut von fahrenden Schiffen und Baggern, anderen Arbeitsfahrzeugen und von den Baustellen auf den Wasserstraßen fern.

Begegnungsmanöver („Croisement")

Schiffe können nur aneinander vorbeifahren, wenn die Fahrrinne breit genug ist, keine anderen Schiffsbewegungen stattfinden und die örtlichen Gegebenheiten es gestatten. Fahrzeuge, die sich nicht auf Kollisionskurs befinden, ändern weder Kurs noch Geschwindigkeit und halten sich rechts, d. h. man fährt normalerweise an der Backbordseite des Entgegenkommenden vorbei.

Es gibt eine Ausnahme zu dieser Regel, die jedoch mehr die Lastkähne als die Sportboote betrifft: Auf breiteren Flußschiffahrtsstraßen halten sich bergwärtsfahrende Fahrzeuge in Biegungen an der Innenseite, da das Wasser dort ruhiger ist, wogegen talfahrende Fahrzeuge in der Mitte der Fahrrinne fahren. Diese Gepflogenheit fällt unter die internationale „Blaue Flaggenregel". Wenn sich ein Bergfahrer links halten will, zeigt er eine blaue Flagge an der rechten Seite des Steuerhauses (oder bei Nacht ein weißes Blinklicht). Das talwärtsfahrende Fahrzeug zeigt zur Bestätigung ebenfalls die blaue Flagge, bzw. das Licht und macht die entsprechende Kursänderung.

Wenn der Führer des ersten Schiffes befürchtet, daß seine Absicht nicht verstanden wurde, gibt er zwei kurze Töne („Ich ändere meinen Kurs nach Backbord"); dieses Signal muß bestätigt werden (dasselbe gilt für den Fall, daß er nur *ein* kurzes Schallsignal gibt, womit er ausdrückt, daß er rechts vorbeifahren will). Sportboote müssen sich nicht an diese Regel halten, aber man muß sie kennen, um nicht gegen die Wegerechtsbestimmung für die Berufsschiffahrt zu verstoßen.

In manchen Abschnitten der französischen Flußschiffahrtsstraßen werden alle Fahrzeuge durch die herkömmlichen Zeichen B2(a), B3(a) oder B4(a) gezwungen, an der linken Seite vorbeizufahren (Steuerbord an Steuerbord). Auch hier wird normalerweise die blaue Flagge gezeigt. An Stellen, wo die vorgeschriebene Fahrtrichtung zur anderen Seite hinüberwechselt (Zeichen B4), haben Talfahrer Vorrang; der Bergfahrer muß seine Geschwindigkeit verringern oder sogar gänzlich aufstoppen. An Stellen, die nicht breit genug für zwei entgegenkommende Fahrzeuge sind, wird das Verbotszeichen A4 gezeigt. Der Skipper darf erst weiterfahren, wenn er sich überzeugt hat, daß sich in der Engstelle kein anderes Schiff befindet. Berufsschiffe verkehren an solchen Stellen über UKW-Funk miteinander; kleine Boote müssen vorsichtig heranfahren und ein langes Schallsignal geben.

Im allgemeinen hat der Talfahrer Vorrang vor dem Bergfahrer. Auf manchen Kanälen wird die zur Scheitelhaltung aufsteigende Richtung mit Talfahrt bezeichnet, zumindest auf einer Seite der Scheitelhaltung. In zweideutigen Fällen (das gilt auch für die Scheitelhaltung selbst) geben wir in den Entfernungstabellen an, welche Richtung unter Talfahrt zu verstehen ist. Unsere Abkürzungen dafür sind BW = bergwärts und TW = talwärts.

Überholmanöver („dépassement" oder „trématage")
Überholt wird gewöhnlich links, nur in ganz breiten Fahrwassern kann man Rechtsüberholen in Betracht ziehen, wobei der Führer des überholenden Fahrzeugs unbedingt seine Absicht durch Setzen der blauen Flagge am Bug kundtun muß. Sportbootskipper dürfen ausschließlich zum Überholen die Geschwindigkeit nicht erhöhen und sollten daran denken, daß das Überholen verboten ist a) wenn nicht gewährleistet ist, daß das Manöver sicher ausgeführt werden kann, b) 500 m vor Schleusen und c) wo das Verbotszeichen A2 gezeigt wird. Kurz gesagt: Überholen Sie auf Wasserstraßen der Freycinet Klasse I oder II niemals ein Lastschiff, wenn Sie nicht ausdrücklich von dessen Schiffsführer dazu aufgefordert werden, da sich das Manöver sonst als gefährlich erweisen könnte.

Falls der Berufsschiffer kein Zeichen gibt, Sie aber der Meinung sind, daß die Zeit ausreicht, um Ihr Schiff weit genug vor den Lastkahn zu setzen, bevor Sie die nächste Schleuse erreichen (das bedeutet in der Praxis, daß die nächste Schleuse 2-3 km entfernt sein muß), können Sie Ihre Absicht durch einen langen und zwei kurze Töne kundtun („Ich möchte links überholen"). Wenn der Schiffsführer auf Ihre Ankündigung mit einem kurzen Ton antwortet, so heißt das, daß es ihm lieber wäre, wenn Sie ihn rechts überholen; gibt er jedoch fünf kurze Töne, dann deutet er damit an, daß er das Überholen an dieser Stelle für gefährlich oder unpassend hält. Diesem akustischen Dialog sollten nur erfahrene Skipper mit sehr lauten Signalhörnern frönen; es ist nämlich meistens ratsamer – besonders auf schleusenreichen Kanälen – erst einmal festzumachen und den Lastkahn weit voraus fahren zu lassen.

Wendemanöver („Virement")
Wenn ein Fahrzeug wenden will, weil es in die entgegengesetzte Richtung fahren muß, gibt es diese Absicht folgendermaßen zu verstehen: Will es nach rechts drehen, gibt es einen langen Ton, gefolgt von einem kurzen; will es nach links drehen, hören Sie einen langen Ton, dem zwei kurze Töne folgen.

Geschwindigkeitsbeschränkungen
Für jede Wasserstraße bestehen besondere Bestimmungen, die die Geschwindigkeit betreffen, und Schiffsführer, die dagegen verstoßen, machen sich im Sinne des Gesetzes schuldig. In den kleineren Kanälen ist die Geschwindigkeit für Lastkähne und für Sportboote mit einer Verdrängung von mehr als 20 Tonnen mit 6 km/h festgelegt, vermindert auf 4 km/h für das Passieren von beweglichen Brücken und Schiffahrt bei Nacht (soweit erlaubt). Für Sportschiffe mit weniger als 20 t ist die Geschwindigkeitsgrenze auf 8 km/h, in einigen Fällen auf 10 km/h festgelegt. Unsere Entfernungstabelle ist in diesem Fall sehr hilfreich; Sie können anhand der Kilometerangaben, die auf 100 m genau sind, Ihre Geschwindigkeit überprüfen.

In den kleineren Kanälen sollte man seine Geschwindigkeit ohnedies den örtlichen Gegebenheiten anpassen. Oberstes Gebot ist, daß man das Gas zurücknimmt, sobald das Boot Wellenschlag am Ufer verursacht und wenn man an Anglern oder an festliegenden Booten vorüberfährt. So vermeidet man Beschädigungen und die daraus entstehenden Unannehmlichkeiten.

Auf kanalisierten Flüssen sind höhere Geschwindigkeiten erlaubt als in Schleusenkanälen oder in Kanalabschnitten. Auf der Marne, auf der Saône oberhalb von Auxonne und auf der Yonne bewegen sich die zulässigen Geschwindigkeiten zwischen 15 km/h und 6 km/h; auf den kleineren Flußschiffahrtsstraßen liegt die Höchstgeschwindigkeit bei 10 km/h. Auf den Großschiffahrtswegen gelten im allgemeinen 15 km/h in Schleusenkanälen und bis zu 35 km/h im offenen Flußfahrwasser als zulässig. An speziell bezeichneten kurzen Strecken sind bis zu 60 km/h für Wasserski und kleine Motorgleiter erlaubt.

Wir möchten nochmals betonen, daß örtliche Geschwindigkeitsbeschränkungen auf jeder Wasserstraße Anwendung finden können, sie werden durch das Zeichen für Geschwindigkeitsbeschränkung bekanntgemacht (sehen Sie bitte im Abschnitt „Schiffahrtszeichen" nach.)

Schleusen

In Frankreich trifft man auf vier verschiedene Schleusenarten; im Folgenden erklären wir Ihnen die Bedienung.

Großschiffahrtswege
Die großen Schleusen auf diesen Wasserstraßen werden von Schleusenwärtern kontrolliert; sie entscheiden über die Reihenfolge bei der automatischen Füllung und Leerung der Schleusenkammern, wobei sie sich nach dem einlaufenden bzw. angekündigten Schiffsverkehr richten. Ein alleinfahrendes Sportboot muß mit Wartezeiten von 20 Minuten oder mehr rechnen, wenn die Schleuse gerade für ein Berufsschiff aus der Gegenrichtung vorbereitet wird. Seien Sie nicht erstaunt, wenn die beiden roten Lichter so lange eingeschaltet bleiben. Wenn Sie Zweifel haben oder eine Störung befürchten, gehen Sie an die Festmachedalben und melden sich beim Schleusenwärter.

Ein einzelnes rotes Licht oder Rot und Grün nebeneinander zeigen an, daß die Schleuse für Sie vorbereitet wird. Fahren Sie nicht eher in die Schleuse ein, bis zwei grüne Lichter gezeigt werden. Wenn bereits Lastkähne und andere Fahrzeuge auf das Durchschleusen warten, schließen Sie hinten an und lassen die Berufsschiffe zuerst einlaufen. Wenn der Andrang besonders groß ist, weist der Schleusenwärter über einen Lautsprecher den Sportbooten die verbleibenden Plätze in der Schleusenkammer an.

Kommen Sie dem Heck eines Güterschiffes nicht zu nahe, bevor sein Motor ganz abgeschaltet wurde, denn es kann sein, daß der Schiffer ganz unverhofft im letzten Moment den Retourgang betätigt, wodurch hinter seiner Schraube ziemlich starke Wirbel entstehen.

In den ganz tiefen Schleusen können Sie an Schwimmpollern festmachen, in den anderen Schleusen kann es vorkommen, daß man ziemlich mit Vorder- und Achterleine jonglieren muß, bis man eine Möglichkeit zum Festmachen gefunden hat; Leitersprossen können dabei sehr hilfreich sein. Es ist auch recht angenehm, an einem Lastkahn längszugehen (natürlich nur mit Erlaubnis des Schiffers) und an seinen Pollern festzumachen.

Automatische Schleusen auf kleineren Wasserstraßen
Um Bedienungskosten einzusparen, hat man auf kleineren Kanälen und kanalisierten Flüssen wie z.B. auf dem Canal latéral à la Garonne, dem Canal du Centre, dem Canal de la Marne au Rhin (Rhein-Marne-Kanal) und an der Oberen Saône eine große Anzahl von Schleusen für vollautomatische oder halbautomatische Bedienung eingerichtet. Sie sind mit Lichtern ausgerüstet, auch hier bedeutet Rot: Warten; Rot und Grün: Schleuse in Vorbereitung; Grün: Einfahrt frei.

Die automatischen Schleusen funktionieren nach zwei Systemen:

1. Ein Fotodetektor erfaßt das Schiff bei der Annäherung, die Meldung wird an das die Schleusenzentrale weitergegeben. Bei „Grün" läuft man langsam in die Schleuse ein, dabei drückt man einen Hebelarm, der kurz vor dem Schleusentor angebracht ist, mindestens fünf Sekunden lang gegen die Mauer. In der Schleuse betätigt man eine Meldestange, die meistens blau, manchmal auch schwarz oder grün ist; daraufhin wird die Schleuse gefüllt oder geleert. Für Notfälle gibt es eine rote Stange.

Die Ausfahrt aus der Schleuse darf erst angetreten werden, wenn die Schleusentore ganz geöffnet sind und das grüne Licht sichtbar ist.

2. Etwa 300 m vor der Schleuse ist ein Radardetektor angebracht, der das Boot erfasst und an die Schleusenzentrale meldet. Bei der Einfahrt in die Schleuse wird das Boot von einer Fotozelle erfaßt – anstelle des zu betätigenden Hebelarmes bei 1. –, dabei müssen zwischen dem Durchfahren des Schleusentores und der Betätigung der Schleusungsstange mindestens 45 Sekunden liegen. Bei der Ausfahrt wird das Boot ebenfalls erfaßt und an die nächste Schleuse weitergemeldet.

Grundsätzlich muß man Schleusen langsam anfahren, damit die Überwachungsgeräte das Schiff gut erfassen können. Wenn mehrere Boote in einer Gruppe durchgeschleust werden, müssen sie am Radardetektor in geschlossener Reihe vorbeifahren, und nur das letzte Boot betätigt den Ein- und Ausfahrtmechanismus. Kleine Kunststoffboote ohne Radarreflektor werden von den Überwachungsgeräten schlecht erfaßt, daher empfiehlt es sich, einen Metallgegenstand (z.B. ein Kochgeschirr) vor den Detektor zu halten.

Schleusen mit Schleusenwärtern

Die meisten Schleusen an den Freycinet-Wasserstraßen werden noch von Schleusenwärtern bedient. Wenn man an solche Schleusen heranfährt, macht man den Schleusenwärter durch einen langen Ton mit dem Signalhorn auf sich aufmerksam. Das ist allerdings nicht nötig, wenn bereits andere Fahrzeuge auf die Schleusung warten.

Man hält 50 m vor der Schleuse an und wartet auf das Zeichen zum Einfahren. Während dieser Zeit sollte nicht man am Ufer festmachen – auf keinen Fall darf man aus der Schleuse kommende Fahrzeuge behindern. Beim Einfahren in die Schleuse (je langsamer, desto besser) lassen Sie ein Crewmitglied aussteigen, damit es dem Schleusenwärter mit den Leinen behilflich ist und auf der gegenüberliegenden Seite beim Öffnen bzw. Schließen der Schleusentore und des Schiebers im Schleusentor hilft.

Einige der älteren Schleusen an der Seine und an der Yonne haben schräge Wände; hier muß man, besonders beim Absteigen, erhöhte Vorsicht walten lassen. Lassen Sie je ein Crewmitglied vorne und achtern mit einem Bootshaken bereitstehen, um das Schiff, wenn nötig, abzudrücken.

Trinkgelder für Schleusenwärter sind nicht üblich. Sie sind Staatsbeamte und werden für ihre Arbeit angemessen bezahlt. Manchmal tun sie allerdings mehr als ihre Pflicht, dann sollte man sich dafür auch erkenntlich zeigen. Wenn man Trinkwasser aus der privaten Leitung des Schleusenwärters entnimmt – nicht an allen Schleusen gibt es öffentliche Hähne – ist es selbstverständlich, daß man ein paar Francs dafür hinlegt, denn der Schleusenwärter muß, wie jeder andere, seine Wasserrechnung bezahlen.

Unbemannte Schleusen an den kleineren Wasserstraßen

„Selbermachen" heißt es bei manchen Schleusen an den kleineren Wasserstraßen, wie z. B. im westlichen Abschnitt des Canal de Nantes à Brest, auf der Charente und der Seille. An der letzten bemannten Schleuse erhält man eine Kurbel, für die man eventuell eine Kaution hinterlegen muß, und ein Merkblatt mit Anleitungen zur Bedienung der Schleusen.

Törnplanungskarte

Schleusenzeiten

Zur Törnplanung muß man auch wissen, daß nach Dunkelwerden bzw. während der Monate, in denen es länger hell bleibt, nach 19.30 Uhr nicht mehr gefahren werden soll. Geschleust wird im allgemeinen im Hochsommer zwischen 6.30 Uhr und 19.30 Uhr. Wenn die Tage kürzer werden, macht auch der Schleusenwärter eher Feierabend. An gesetzlichen Feiertagen sind die Schleusen außer Betrieb.

Außer in Notfällen ist es für Yachten sinnlos, bei Dunkelheit von einer Schleuse zur nächsten zu fahren; falls man es doch tun muß, sind die vorschriftsmäßigen Navigationslichter zu führen und die Geschwindigkeitsbeschränkungen zu beachten.

Im allgemeinen arbeiten die Schleusen zu folgenden Stunden:
- vom 1. April bis 30. September: 6.30 bis 19.30 Uhr
- vom 1. Oktober bis 30. November: 7.00 bis 18.00 Uhr
- vom 1. Dezember bis 31. Januar: 7.30 bis 17.30 Uhr
- im Februar: 7.00 bis 18.00 Uhr
- im März: 7.00 bis 19.00 Uhr

Auf der Seine zwischen Port à l' Anglais und Cléon wird ganzjährig von 7 bis 19 Uhr geschleust. Auf der gezeitenabhängigen unteren Seine zwischen Rouen und der Seegrenze (Risle-Mündung) ist die Sportschiffahrt bei Nacht verboten.

Auf der Rhone unterhalb Lyon wird ganzjährig von 5 bis 21 Uhr geschleust.

Die Kanäle von Paris haben eigene Schleusenzeiten, die bei der zuständigen Behörde zu erfragen sind. Anschrift und Telefonnummer siehe unter: Kanäle von Paris.

Schleusenruhe An folgenden Feiertagen sind die Schleusen außer Betrieb: 1. Januar, 1. Mai, 14. Juli, 1. November, 11. November, 25. Dezember sowie am Oster- und Pfingstsonntag.

Auf dem Canal de la Marne à la Saône ist ganzjährig sonntags Schleusenruhe.

Auf dem Canal de Bourgogne ist ganzjährig am Mittwoch Schleusenruhe. Ausnahmen sind möglich (Einzelheiten dazu im *Guide Nr. 3 Canal de Bourgogne*, siehe unter Karten und Bücher).

Schiffahrtssperren (Chômages) Die französischen Behörden sperren meist in den Sommermonaten einzelne Wasserwege von ein paar Tagen bis zu mehreren Wochen Dauer wegen Reparatur- und Unterhaltungsarbeiten. Der Sperrplan wird jährlich etwa im März festgelegt und kann dann bei folgender Anschrift erfragt werden (Rückumschlag oder Adreßaufkleber mitsenden): Ministère des Transports, Direction des Voies Navigables, 244, Boulevard Saint-Germain, F-75007 Paris (7e). Im Frühjahr ist vom Deutschen Motoryachtverband e.V., Gründgensstraße 18, 2000 Hamburg 60, eine Übersichtskarte mit den Sperrzeiten zu beziehen.

Jahreszeiten

Die angenehmste Jahreszeit zum Wasserwandern ist von Mitte Mai bis Mitte Oktober. Wer möchte, kann auch schon im April damit beginnen, bis Anfang Mai muß man jedoch in manchen Gegenden mit kaltem Wetter und Nachtfrost rechnen. Außerdem ist es auf dem Wasser immer kälter als auf dem Land, verursacht durch die Feuchtigkeit und das Fehlen wirksamer Bordheizungen. Im September und Oktober ist das Wetter meistens schön und die Herbstfärbung verzaubert die Landschaft.

Ganz Mutige fahren sogar im Spätherbst und im Winter, doch dann tritt Hochwasser (November bis März) und Vereisung (Dezember bis Februar) ein. In manchen Kanälen steigt das Wasser beachtlich hoch über den Meeresspiegel und je höher der Wasserstand, desto tiefer die Temperaturen. Diese extremen Bedingungen halten normalerweise nicht länger als bis Ende März an.

Reiseplanung

Die Karte ist die beste Hilfe zur Törnplanung; sie zeigt auf einen Blick das gesamte Wasserstraßennetz, gibt Entfernungen und die Anzahl der Schleusen zwischen den Anschlußstellen sowie die Kategorien der Wasserstraßen an.

Informationen über weiteres Kartenmaterial und Wassersportführer entnehmen Sie bitte den Literaturhinweisen auf Seite 25. Darüber hinaus sind Faltkarten zu empfehlen, z.B. aus dem Imray-Verlag *„Map of the inland waterways of France, Belgium and the Netherlands"* (Karte der Binnenwasserwege von Frankreich, Belgien und den Niederlanden) und für die Anreise aus der Bundesrepublik zu den hierunter genannten Abfahrtsorten die *Karte der Wasserstraßen in West- und Mitteldeutschland und den Beneluxländern* (siehe unter Bücher und Karten).

Nachfolgend einige der vielbefahrenen Durchfahrtsrouten durch Frankreich:

Givet – Lyon über Maas, Canal de l'Est und Saône, 804 km, 193 Schleusen

Dies ist die direkte Route nach dem Süden von den Niederlanden und Belgien. Die Länge der belgischen Maas zwischen der niederländischen Grenze und Givet beträgt 132 km mit 15 Schleusen.

Koblenz - Lyon über Mosel, Canal de l'Est (Südabschnitt) und Saône, 880 km, 145 Schleusen

Diese Fahrroute nach dem Süden wird von langsameren Booten bevorzugt, da die Mosel normalerweise wenig Strömung aufweist.

Koblenz – Lyon über Oberrhein, Rhein-Seitenkanal, Rhein-Rhône-Kanal und Saône, 849 km, 128 Schleusen

Diese Fahrroute steht Booten offen, deren Motorleistung auch bei der starken Strömung des Oberrheins noch ausreichend Fahrt über Grund ergibt. Auf langen Strecken verläuft der Rhein-Rhône-Kanal im Flußbett des Doubs, dessen Befahren bei Hochwasser schwierig sein kann. Sollte der beschlossene Bau des neuen Rhein-Rhône-Kanals beginnen, so steht diese Route während der vorgesehenen zehnjährigen Bauzeit nicht mehr zur Verfügung. Der neue Großschiffahrtskanal wird - aus topographischen Gründen - meist in der Trasse des alten Kanals gebaut.

Lyon – Mittelmeer (Port-St-Louis-du-Rhône), 310 km, 12 Schleusen

Diese Route ist die Verlängerung der drei vorhergehenden Fahrrouten bis zum Mittelmeer. Nach dem beendeten Ausbau der Rhône zum Großschiffahrtsweg sind hier die Schiffahrtsverhältnisse viel leichter geworden. So ist es heute nicht mehr notwendig, einen Lotsen zu nehmen (die Benutzung des *Guide du Rhône* wird jedoch empfohlen, siehe unter „Karten und Bücher". Die Rhônemündung ist nicht schiffbar, man verläßt die Rhône durch den kurzen Seekanal von Port-St-Louis-du-Rhône, 1 Schleuse. Nach Westen gelangt man über die Petit Rhône (kurz oberhalb Arles) und über den Canal du Rhône à Sète zu dieser Hafenstadt, 92 km mit 1 Schleuse.

Sète – Bordeaux über den Etang de Thau, den Canal du Midi, den Canal latéral à la Garonne und die Garonne, 503 km, 139 Schleusen

Diese Route verbindet Atlantik und Mittelmeer, sie verläuft östlich von Toulouse durch den berühmten Canal du Midi, dessen Dreihundertjahrfeier 1981 begangen wurde. Er ist - begünstigt durch das milde Klima - zum bekanntesten Charterrevier in Frankreich geworden. Während der Sommermonate muß daher mit Wartezeiten an den Schleusen gerechnet werden.

Koblenz – Paris über Mosel, Rhein-Marne-Kanal (Westabschnitt), Canal latéral à la Marne und Marne, 750 km, 155 Schleusen
Die Landschaft der Marne ist hübsch, sonst findet man auf dieser Route in Frankreich viel Industrie. Starker Güterverkehr auf den beiden Kanälen, daher Wartezeiten an den Schleusen möglich.

Paris – Lyon über Seine, Canal du Loing, Canal de Briare, Canal latéral à la Loire, Canal du Centre und Saône, 643 km, 157 Schleusen
Dies ist die westlichste der vier Routen von Paris nach Lyon, vielleicht die schnellste, und wird daher von den meisten Güterschiffen zwischen Seine und Saône befahren. Gelegentliche Aufenthalte an Schleusen sind möglich. Die Route verläuft meist durch landwirtschaftlich genutzte Gebiete, mit einigen Industrieplätzen, besonders im Bergbaugebiet von Montceau-les-Mines.

Paris – Lyon über Marne, Canal latéral à la Marne, Canal de la Marne à la Saône und Saône, 713 km, 155 Schleusen
Dies ist die östlichste und auch die längste Route von Paris nach Lyon, aber mit der geringsten Anzahl Schleusen. Im allgemeinen wird man jedoch nur wenig mehr Zeit benötigen, als auf der vorangegangenen Route. Dafür ist die Umgebung hübscher, sowohl an der Marne als auch auf dem Canal de la Marne à la Saône. Der Güterverkehr ist etwas stärker.

Paris – Lyon über Seine, Yonne, Canal de Bourgogne und Saône, 629 km, 219 Schleusen
Dies ist zwar die kürzeste Route von Paris nach Lyon, jedoch die langsamste wegen der großen Anzahl Schleusen. Dagegen ist der Güterverkehr gering, so daß man kaum mit Wartezeiten an den Schleusen rechnen muß. Der Canal de Bourgogne führt durch eine sehr schöne Landschaft. Achtung: Im Tunnel von Pouilly ist die Durchfahrthöhe eingeschränkt.

Paris – Lyon über Seine, Yonne, Canal du Nivernais, Canal latéral à la Loire, Canal du Centre und Saône, 706 km, 226 Schleusen
Dies ist die langsamste Route von Paris nach Lyon, aber sie wird jenen Sportschiffern bestens empfohlen, die über genügend Zeit verfügen. Der Canal du Nivernais ist einer der einsamsten und hübschesten Wasserwege in Frankreich. Viele Charterboote. Achtung: Tiefgang und Durchfahrthöhe sind hier eingeschränkt.

Ärmelkanal – Atlantik (St. Malo – Arzal) über Rance, Canal d'Ille-et-Rance und Vilaine, 239 km, 63 Schleusen
Für Boote mit wenig mehr als 1 m Tiefgang ist dies eine vorteilhafte Abkürzung durch die Bretagne vom Ärmelkanal zur Westküste Frankreichs. So vermeidet man die lange, offene Seestrecke und die starken Gezeiten rund um die Felseninsel Ouessant (Ushant). In Redon kreuzt der Kanal de Nantes à Brest die Vilaine. Dies bietet zwei andere mögliche Routen zum Atlantik

Auf der Maas bei St. Mihiel, Nordabschnitt des Canal de l'Est (oben)

Schleuse 43 an der Mayenne (unten)

Schleuse La Baine auf der Charente bei Dompierre-sur-Charente (rechts)

An der Maas bei Bras-sur-Meuse

Die stille und schöne Landschaft der Charente – ein Fluß, den François I. für den schönsten des Königreiches hielt

Morgenstimmung auf der Maas bei Ambly-sur-Meuse

Canal latéral à la Loire: Aquädukt Briare (oben), Aquädukt Guétin über den Fluß Allier (unten)

a) über Nantes und die Loiremündung (Gesamtlänge dieser Route 352 km, 78 Schleusen)
b) über Pontivy und den Canal du Blavet (Gesamtlänge dieser Route 382 km, 178 Schleusen).
Anmerkung: Beim Berechnen der Längen von Fahrrouten sollte man berücksichtigen, daß Paris (hier von der Einmündung des Canal Saint-Martin gerechnet, mit einer neuen großen Marina direkt hinter der Zugangsschleuse von der Seine) 72 km stromaufwärts der Einmündung der Oise bei Conflans-Sainte-Honorine festgelegt ist und 5 km stromabwärts der Einmündung der Marne bei Charenton.

Bücher und Karten

Grundlage für das vorliegende Werk war zum großen Teil der *Guide de la Navigation Intérieure*, ein umfassendes zweibändiges Handbuch über die französischen Binnenwasserwege, herausgegeben von Berger-Levrault in Paris. Leider ist dieses Handbuch vergriffen, die letzte Ausgabe erschien 1965.
Viele Veröffentlichungen in deutscher, französischer oder englischer Sprache bringen weitere nützliche Informationen zum Inhalt dieses Buches.

In deutscher Sprache:
Frankreich per Boot, J. A. Cropp (Stürtz Verlag, Würzburg).
Frankreich / Binnenschiffahrtstraßen, Merkblatt der Kreuzer-Abteilung des DSV (Hamburg).
Rhein-Marne-Kanal, Merkblatt (gegen frankierten Rückumschlag zu erhalten bei Yachtschule Rolf Stoll, Hochfirststraße 28, 7800 Freiburg).

In französischer Sprache:
Code Vagnon fluvial, Lehrbuch über die Verkehrsregeln auf den französischen Binnenwasserwegen (Les Editions du Plaisancier, Caluire).
Annuaire Nautisme – Guide de la Navigation de Plaisance, jährlich, enthält u. a. ein Ortsverzeichnis mit Sporthäfen und Servicestellen im Binnenland und an der Küste (Les Editions de Chabassol, Paris).
Guide de bonnes adresses en marge de la Sarthe, la Mayenne, l'Oudon et la Maine (Syndicat Interdépartemental du Bassin de la Maine, Angers).
Le Tourisme fluvial en France, jährlich, kostenlose Broschüre (Adreßaufkleber mitsenden) vom Ministère des Transports, Direction des Voies Navigables, 244, Boulevard Saint-Germain, F-75007 Paris.

In englischer Sprache:
Cruising French Waterways, Hugh McKnight (Stanford Maritime, London).
Waterways in Europe, Roger Pilkington (John Murray, London).

Eine Übersichtskarte der Binnenwasserwege Frankreichs und der wichtigsten Wasserwege in Belgien und den Niederlanden *Map of the Inland Waterways of France*, Maßstab 1:1 500 000, erscheint im Verlag Imray, Laurie, Norie & Wilson, St. Ives, England. Diese Karte ist hilfreich bei der Reiseplanung und gibt einen umfassenden Überblick über die Wasserwege in den drei Ländern. Den Anschluß nach Osten für die Fahrt nach Frankreich gibt die *Karte der Wasserstraßen in West- und Mitteldeutschland und den Beneluxländern*, Maßstab 1:1 000 000 (Herausgeber F.A. Petersohn, Goethestraße 32, 5160 Düren). Weitere Übersichtskarten von Frankreich erscheinen in den beiden unten genannten Verlagen.

Weitere Karten, die an Bord nicht fehlen sollten, sind die bekannten Michelin-Karten im Maßstab 1:200 000. Diese preiswerten Karten, stets auf dem neuesten Stand und allerorten erhältlich, sind nützlich für Einzelheiten der Landschaft, durch welche die geplante Reiseroute führt. Noch mehr Informationen bieten die topographischen Karten 1:100 000 des IGN (Institut Géographique National). Sie zeigen klar Wasserläufe und Schleusen, weitere Höhenlinien (nützlich, wenn nicht unentbehrlich bei geplanten Ausflügen mit dem Fahrrad zu nahen Sehenswürdigkeiten), Wälder, Ortschaften mit Einwohnerzahl (auf den nächsten Hunderter abgerundet) usw. Es ist besonders wichtig, die einzelnen Fluß- oder Kanalführer für die geplante Reise an Bord zu haben. Diese gibt es jetzt für fast alle Binnenwasserwege, zumeist in deutscher, französischer und englischer Sprache (Ausnahmen werden unten angezeigt). Nachfolgend die Titel der beiden bekanntesten Herausgeber:

Les Editions du Plaisancier (B.P. 27, F-69641 Caluire Cedex)
Nr. 1 *Carte de France des Voies Navigables* (1:1 175 000)
Nr. 2 *Guide du Doubs et du Canal du Rhône au Rhin, de Niffer à la Saône* (1:20/50 000)
Nr. 3 *Guide du Canal de Bourgogne, de l'Yonne à la Saône* (1:100 000)
Nr. 4 *Canaux de la Loire et Canal du Centre, de la Seine à Chalon-sur-Saône, et Canal de Roanne à Digoin* (1:100 000), ohne deutsch
Nr. 5 *Guide du Rhône, de Lyon à la mer, avec la liaison Rhône-Fos-Port-de-Bouc* (1:20/50 000)
Nr. 6 *Nouveau Guide de la Saône, de Corre à Lyon, avec la Seille* (1:25 000)
Nr. 7 *Guide des Canaux du Midi, de Bordeaux à Sète* (1:50/100 000)
Nr. 8 *Guide de la Meuse (Maas) et du Canal de l'Est, de Maastricht à la Saône* (1:100 000)
Nr. 9 *Guide du Canal du Rhône à Sète et du Petit Rhône* (1:20/50 000)
Nr. 10 *Guide des Canaux Bretons et de la Loire* (1:100 000)
Nr. 11 *Oise et Canaux du Nord* (1:50 000).

Editions Cartographiques Maritimes (9, quai Artois, F-94170 Le Perreux-sur-Marne)
Carte de France, itinéraires fluviaux (1:1 500 000)
La Seine aval, du Havre à Paris (1:15/50 000)
La Seine amont, de Paris à Marcilly (1:25 000)
La Marne et son Canal latéral, de Paris à Vitry-le-François (1:25 000)
Canal de la Marne à la Saône, de Vitry-le-François à St. Jean-de-Losne (1:50 000)
Les Canaux du Centre, de St. Mammès à Chalon-sur-Saône (1:50 000), ohne deutsch
L'Yonne, de Montereau à Auxerre (1:25 000), ohne deutsch
Canal de Bourgogne, de Laroche à St. Jean-de-Losne (1:50 000)
Canal du Nivernais, de Decize à Auxerre (1:50 000)
La Saône, de Corre à Lyon (1:25 000)
Canal des Deux Mers / Canal du Rhône à Sète (1:50 000), ohne deutsch
Voies navigables du Nord / Pas-de-Calais (o.M.), ohne deutsch
Voies navigables Oise – Aisne – Ardennes (1:25/50 000)
Voies navigables de Bretagne (1:50 000)
Rivières des Pays de la Loire (1:25 000)
Canal de la Marne au Rhin, de Lagarde à Strasbourg, mit Saar-Kohlenkanal (1:25 000)

Ein umfassender „Rhein- und Mosel-Atlas" mit dem Rhein von Rheinfelden (oberhalb Basel) bis zum Meer, und der Mosel von Neuves-Maisons bis zur Mündung bei Koblenz (1:25/10 000), auch mit umfangreichem Textteil und Fahranweisungen für den Rhein in deutscher, französischer und niederländischer Sprache wird herausgegeben von Editions de la Navigation du Rhin, 7, quai du Général Koenig, F-67085 Strasbourg Cedex.

Alle oben aufgeführten Karten, Fluß- und Kanalführer sind u.a. erhältlich bei den Fachbuchhandlungen:
Bade & Hornig, Stubbenhuk 10, 2000 Hamburg 11 und
Eckardt & Messtorff, Rödingsmarkt 16, 2000 Hamburg 11.

Wer daneben noch gern Lesestoff für Mußestunden mitnehmen möchte, z.B. Reiseführer zu Kultur, Geschichte, Essen und Trinken, zu Land und Leuten findet in den Reiseabteilungen jeder guten Buchhandlung genügend Anregungen.

Für ADAC-Mitglieder stellt das ADAC-Referat Sportschiffahrt sinnvolle Informationen für die Törndurchführung zusammen.
Adresse: ADAC, Referat Sportschiffahrt, Am Westpark 8, 8000 München 70, Telefon 089/76 76 0.

Hinweise zu den Entfernungstabellen

In den Entfernungstabellen sind alle größeren Orte, die am Schiffahrtsweg oder in dessen Nähe liegen und aus diesem Grund für den Skipper interessant sein könnten, fett gedruckt: daneben ist die ungefähre Entfernung zum Zentrum der Stadt oder Ortschaft angegeben. Diese Angaben sind nicht dahingehend zu verstehen, daß man an diesem Punkt auch festmachen kann, aber in Notsituationen ist es beruhigend zu wissen, daß man von diesen Orten Deutschland, Österreich, die Schweiz, Belgien und die Niederlande telefonisch direkt anwählen kann.

Die Entfernungsangaben sind auf 100 m genau, und jeder Wasserstraße ist ein Kartenausschnitt zugeordnet. Der Skipper kann sich darauf sehr schnell zurechtfinden und weiß immer sofort, wo er sich in bezug auf die Städte oder Ortschaften, in denen er eventuell haltmachen könnte, befindet. Auf den Karten sind die Entfernungsangaben (in km) kursiv gedruckt, die Anzahl der Schleusen auf einem bestimmten Abschnitt steht in Klammern daneben.

In der Rubrik „Behörden" finden Sie Adressen und Telefonnummern der Unterabteilungen, die für die einzelnen Wasserstraßen zuständig sind. Bei Anfragen oder wenn Sie Schwierigkeiten auf der Strecke haben, wenden Sie sich am besten direkt an diese Stellen.

Erklärung der Abkürzungen und Fachbegriffe

BW: bergwärts, in Richtung des Bergfahrers
TW: talwärts, in Richtung des Talfahrers
RU: Rechtes Ufer
LU: Linkes Ufer
Scheitelhaltung: das Stück des Kanals, das in der Höhe der Wasserscheide verläuft, volkstümlich „der Kanal auf dem Berg"
Durchstich: die Abkürzung einer Flußschleife
Drempel: Schleusenschwelle
Canaux: Kanäle
Canal latéral: Seitenkanal
Großschiffahrtsweg D-S: Großschiffahrtsweg (GSW) Dünkirchen-Schelde

Aa

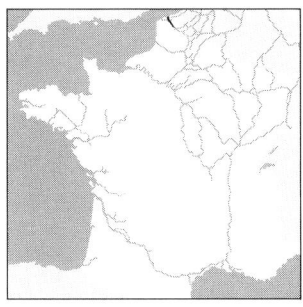

Der kanalisierte Fluß Aa erstreckt sich von Saint-Omer bis zum Nordseehafen Gravelines (zwischen Calais und Dünkirchen); seine Länge beträgt 28 km. Früher hatte er in Saint-Omer Anschluß an den Canal de Neufossé (ehemals Canal d'Arques à Saint-Omer), aber die Arbeiten, die nötig waren, um die Großschiffahrtsverbindung zwischen Dünkirchen und der Schelde (Escaut) zu schaffen, haben die Anordnung der Wasserstraßen in diesem Gebiet gänzlich verändert. Bei Saint-Omer wurde ein Umgehungskanal angelegt und ein Teil der früheren Durchgangsstrecke ist für die Schiffahrt gesperrt worden, so daß man jetzt nur noch über den Canal de Neufossé, ein Teilstück des Großschiffahrtsweges Dünkirchen-Schelde (D-S) ins Zentrum von Saint-Omer gelangen kann.

Der Beginn der schiffbaren Strecke auf dem Aa-Fluß liegt nun beim Unterwasser der Schleuse Haut Pont, 1 km nördlich der Stadt. Die ersten 8 km bis zur Ortschaft Watten sind ausgebaut und in den Großschiffahrtsweg D-S einbezogen worden (siehe auch Plan Seite 64). Auf unserer Entfernungstabelle zählen wir die Kilometer jedoch fortlaufend von Haut Pont bis Gravelines.

In seinem weiteren Verlauf ist der Aa ein stiller Marschlandfluß und hat Verbindung zum Canal de Calais und zum Canal de Bourbourg. Hinweise für die Navigation zwischen Gravelines und der Nordsee entnehmen Sie bitte den amtlichen Seekarten und Handbüchern.

Schleusen Die Schleuse Haut Pont bei St.-Omer ist außer Betrieb. Erst in Gravelines muß man durch eine Schleuse ins Hafenbecken fahren; ihre Abmessungen sind 38,85 x 5,10 m.

Tiefen Der zulässige Tiefgang beträgt 1,80 m, bzw. 3 m auf der ausgebauten Strecke von km 1-9.

Brücken Alle festen Brücken haben eine Mindestdurchfahrtshöhe von 4,50 m über normalem Wasserstand, bzw. 5,25 m im Bereich der ausgebauten Strecke.

Treidelpfad Ein Treidelpfad verläuft neben der gesamten Strecke, zuerst am rechten, ab Le Guindal am linken Ufer.

Behörden Direction Régionale de la Navigation, Lille.
Unterabteilungen:
- Rue de l'Ecluse St. Bertin, BP 353, 62505 Saint Omer, Tel. (21) 98.22.00 (km 0-9).
- Terre-plein du Jeu de Mail, BP 1008, 59375 Dunkerque, Tel. (28) 24.34.78 (km 9-28).

Entfernungstabelle

	km	Schl.	km
Saint-Omer Schleuse (Haut-Pont), außer Betrieb, Beginn der Schiffbarkeit, Stadtzentrum 1500	0,0	—	27,7

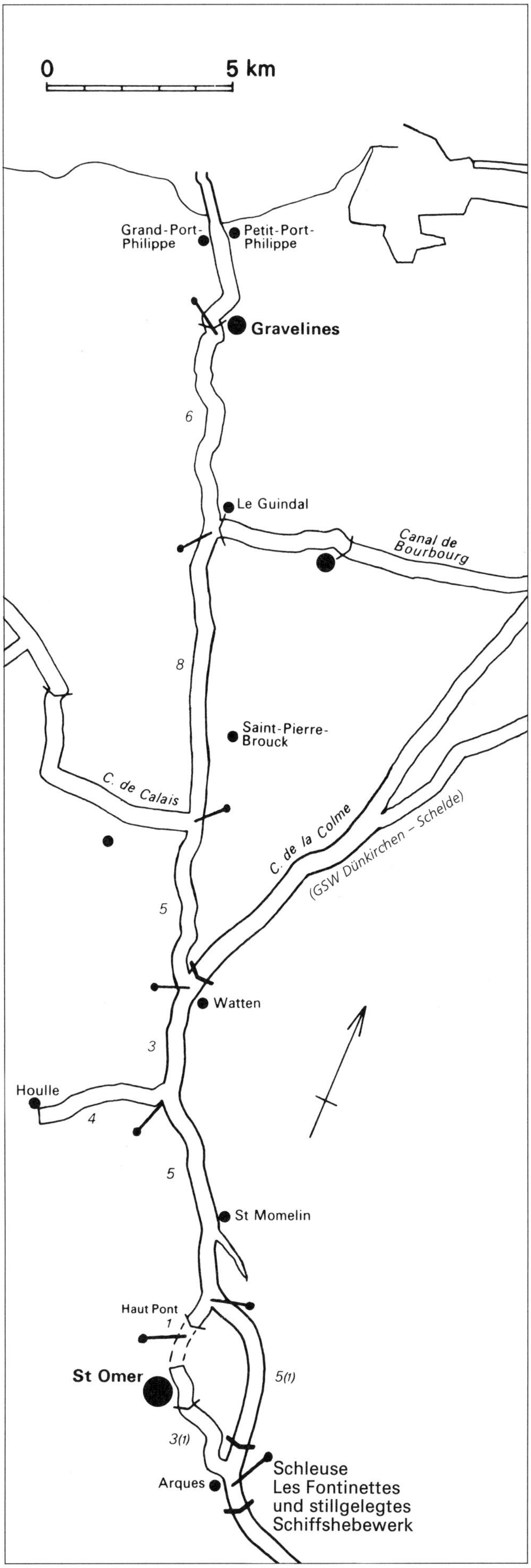

Aa

Entfernungstabelle	km	Schl.	km
Verbindung zum Seitenkanal nach St.-Omer RU, Beginn des in den Großschiffahrtsweg D-S eingegliederten Abschnittes,	1,0	—	26,8
Einmündung des Moerlack RU, (Einfahrt zu den Wateringues Kanälen, nur für kleine Boote ohne Motor)	2,7	—	25,0
Saint Momelin Brücke, kleine Ortschaft RU	2,9	—	24,8
Durchstich (zur Umgehung von einer Flußschleife) RU	6,2	—	21,5
Ende des Durchstichs, Anschluß an den Fluß Houlle LU, schiffbar 4,0 km bis zur Ortschaft **Houlle**	6,5	—	21,2
Watten Brücke, Kai TW RU, Einfahrt zum Watten-Seitenkanal LU	8,3	—	19,4
Ende des Seitenkanals, D-S Kanal geht geradeaus weiter, Aa zweigt links ab	9,2	—	18,5
Neue Brücke	9,5	—	18,2

Entfernungstabelle	km	Schl.	km
Ehemalige Eisenbahnbrücke (zerstört)	9,8	—	17,9
Brücke (Ruth)	10,4	—	17,3
Anschluß an den Canal de Calais LU (Pont du West)	13,9	—	13,8
Hebebrücke (Bistade), private Kais TW LU	16,2	—	11,5
Hebebrücke (St. Nicolas)	19,3	—	8,4
Anschluß an den Canal de Bourbourg, RU, (Le Guindal)	21,5	—	6,2
St. Folquin Hebebrücke, kl. Ortschaft, 2000 m LU	22,4	—	5,3
Anschluß an den Canal de Mardyck LU (nur für kl. Boote)	23,2	—	4,5
Automat. Hebebrücke (N 40)	26,3	—	1,4
Eisenbahn Hebebrücke, private Kais BW	26,9	—	0,8
Gravelines Brücke, Kais BW und TW, Ortschaft 500 m RU	27,4	—	0,3
Schleuse (Gravelines) Zufahrt zum Hafen und zur Nordsee	27,7	1	0,0

Ein gewohntes Bild an Frankreichs Kanälen – die Schleusenwärterin

Adour und Nebenflüsse

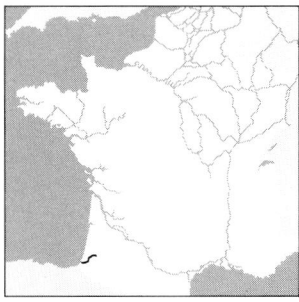

Die schiffbare Strecke auf dem Adour ist 72 km lang von Port de Pouy, 6 km stromaufwärts (bergwärts) der Stadt Dax, bis zu seiner Mündung in den Golf von Biskaya in der Nähe von Bayonne. Schiffsverkehr gab es früher auch noch auf dem gezeitenunabhängigen Abschnitt des Adour und auf seinem Nebenfluß Bidouze bis hinauf zu den Häfen von Saint-Sever und Mont-de Marsan, doch die Strecke wird nicht mehr instandgehalten und daher trifft man hier auf zahlreiche Untiefen.

Von Port de Pouy bis zum Zusammenfluß mit dem Luy muß man sehr auf die Regulierungs-Buhnen achten, die in die Fahrrinne hineinragen. Vom Luy bis zum Zusammenfluß mit den Gaves Réunis hat man größere Tiefen, aber es empfiehlt sich, in den Biegungen außen zu fahren. Von den Gaves Réunis bis Bayonne gibt es keine Hindernisse.

Der Adour ist ein gezeitenabhängiger Fluß, Springtiden machen sich sogar bis Dax bemerkbar. Auf der Fahrt von Bayonne nach Dax sollte man den Gezeitenstrom ausnutzen. Starten Sie von Bayonne etwa zwei Stunden nach Niedrigwasser, aber erkundigen Sie sich vorher an Ort und Stelle, und benutzen Sie auch Seekarten für dieses Gebiet, da sich die Bänke in der Adour-Mündung unterhalb von Bayonne ständig verlagern.

Einige Nebenflüsse des Adour sind ebenfalls schiffbar: die Gaves Réunis (9 km bis zur Stadt Peyrehorade); die Bidouze und auch ihr Nebenfluß Lihoury, über den man zu dem auf einem Hügel gelegenen Dorf Bidache gelangt (16 km); der Aran (6 km); der Ardanavy (2 km) und die Nive, die durch das Stadtzentrum von Bayonne fließt und noch weitere 12 km stromaufwärts befahrbar ist. Auch die Nebenflüsse des Adour sind gezeitenabhängig und man sollte bei der Fahrt den Strom ausnutzen.

Schleusen keine

Tiefen Stromaufwärts von Dax hat der Fluß nur Tiefen von 0,70 m; zwischen Dax und dem Luy 1 m; vom Luy bis zu den Gaves Réunis 1,50 m, je nach Tide. Von den Gave Réunis bis Bayonne beträgt die mittlere Tiefe 2,00 m. Die mittleren Tiefen in den Nebenflüssen und der Tidenhub sind wie folgt: Gaves Géunis 1,60 m ($\pm$ 40), Bidouze 2,90 m ($\pm$ 90), Lihoury 0,90 m ($\pm$ 60), Aran und Ardanavy 1,20 m ($\pm$ 60) und Nive 1,75 m ($\pm$ 75).

Brücken Die geringsten Durchfahrtshöhen unter festen Brücken bei hohen Springtiden sind wie folgt (die Zahlen in Klammern geben die Brückenhöhe bei Niedrigwasser an): Adour 4,00 m (6,50 m) Gaves Réunis 3,00 m (5,00 m), Bidouze 3,50 m (5,30 m), Lihoury 4,70 m (6,00 m), Aran 3,60 m (4,80 m), Ardanavy 3,00 m (4,20 m) und Nive 4,0 m (4,20 m). Das einzige Problem stellt die Nive in Bayonne dar, wo man die Brücken bei Niedrigwasser passieren sollte, bevor man weiter stromaufwärts fährt.

Treidelpfad Es gibt keinen zusammenhängenden Treidelpfad. Der frühere Treidelpfad neben dem linken Adour-Ufer ist fast zur Gänze in eine Straße umgewandelt worden.

Behörden Direction Départementale de l'Equipement, Landes, Boulevard Saint-Médard, 40000 Mont-de-Marsan, Tel. (58) 75.84.25 (km 0 – 40).
Direction Départementale de l'Equipement, Pyrénées Atlantiques, Service Maritime, Allées Marines, 64100 Bayonne, Tel. (59) 59.01.57 (km 40 – 72 und Nebenflüsse).

Entfernungstabelle

	km	Schl.	km
Brücke (Pouy) Beginn der schiffbaren Strecke	0,0	—	72,3
Neue Brücke	5,7	—	66,6
Dax Brücke, Kai TW LU, Stadtzentrum LU	6,0	—	66,3
Eisenbahnbrücke	6,9	—	65,4
Mées Kai, Ortschaft 1000 m RU	10,6	—	61,7
Brücke (Vimport), Kai BW LU	16,0	—	56,3
Einmündung des Luy LU	18,0	—	54,3
Kai (Carrère) LU	20,0	—	52,3
Saubusse Brücke, Kai und Ortschaft RU, Wasser	22,0	—	50,3
Brücke (Lamarquèze) Kai BW RU	26,0	—	46,3
Kai (Gelez) RU	30,0	—	42,3
Kai (Rasport) LU	33,1	—	39,2
Port de Lanne, Kai LU, Ortschaft 1000 m LU	35,5	—	36,8
Brücke (N 117)	36,7	—	35,6
Schloß Bec-du-Gaves, Einmündung der Gaves Réunis LU	40,0	—	32,3
Bec de la Bidouze, Einmündung der Bidouze LU	42,4	—	29,9
Kai (Sainte-Marie-de-Gosse) RU	43,9	—	28,4
Kai (Saint-Laurent-de-Gosse) RU	49,3	—	23,0
Einmündung des Aran LU	49,8	—	22,5
Urt Brücke, Kai TW LU, Ortschaft 800 m LU	49,9	—	22,4
Kai (Saint-Barthélémy) RU (man fährt im rechten Flußarm)	52,5	—	19,8
Einmündung des Ardanavy, LU	54,8	—	17,5
Kai (Urcuit) LU	55,5	—	16,8
Einfahrt in das Lahonce-Fahrwasser LU	57,0	—	15,3
Kai (Lahonce) LU	58,2	—	14,1
TW Einfahrt in das Lahonce-Fahrwasser LU	58,8	—	13,5
Kai (Mouguerre) LU	63,0	—	9,3

Bootsferien in reizvoller Landschaft

Adour

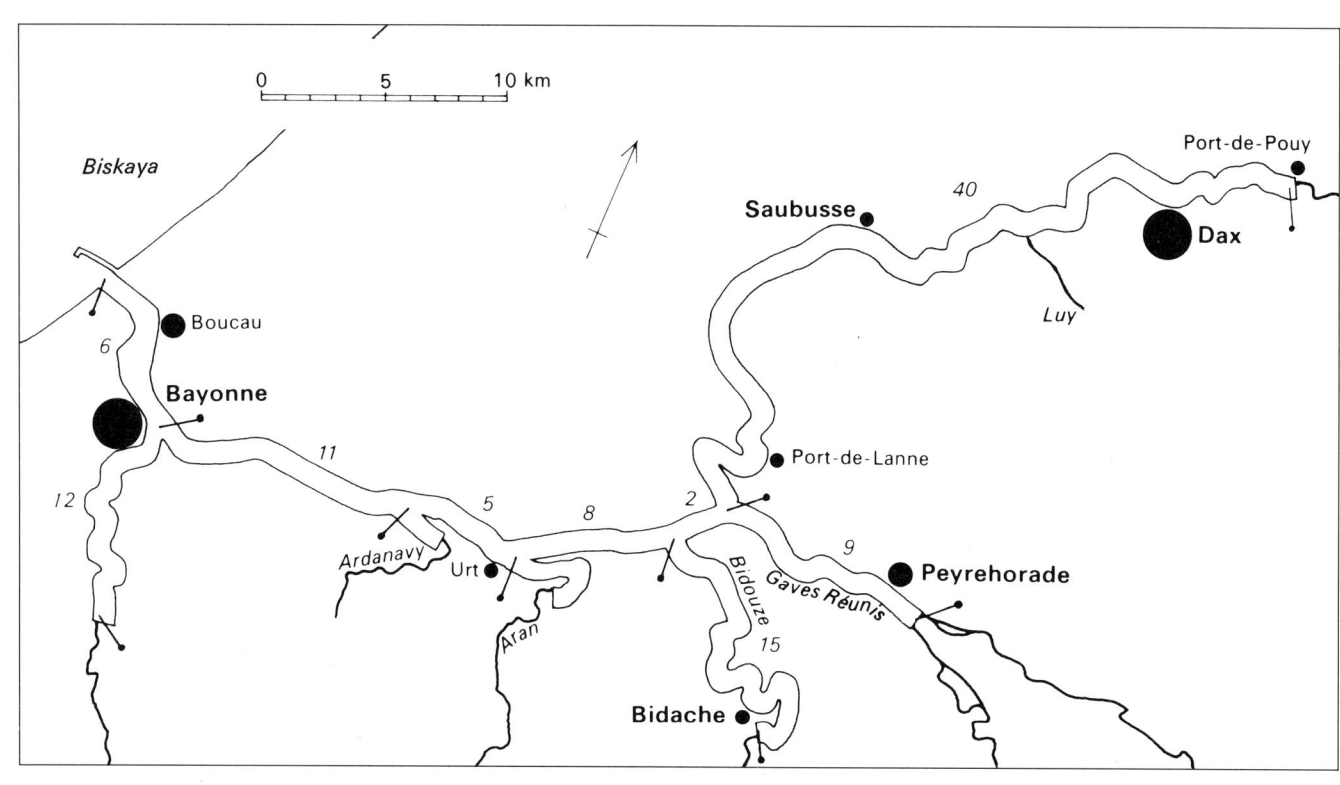

Entfernungstabelle	km	Schl.	km
Autobahnbrücke (A 63)	63,5	—	8,8
Neue Straßenbrücke	64,5	—	7,8
Eisenbahnbrücke	64,8	—	7,5
Bayonne Brücke (Pont Saint-Esprit), Kai TW, Stadtzentrum LU	65,6	—	6,7
Einmündung der Nive LU (Einfahrt zum Stadtzentrum von Bayonne)	65,7	—	6,6
Blancpignon Hafen LU	68,6	—	3,7
Boucau Hafen und kleine Stadt RU	69,7	—	2,6
Signalturm (Semaphor) LU, Seegrenze	72,3	—	0,0

Gaves Réunis

	km	Schl.	km
Einmündung in den Adour (km 40), Schloß Bec-du-Gaves	0,0	—	9,4
Eisenbahnbrücke	3,0	—	6,4
Hastingues Kai und Ortschaft RU	3,9	—	5,5
Peyrehorade Brücke, Kai TW RU, Ortschaft RU	8,0	—	1,4
Zusammenfluß von Gave de Pau und Gave d'Oloron, Beginn der schiffbaren Strecke	9,4	—	0,0

Bidouze und Lihoury

	km	Schl.	km
Einmündung in den Adour (km 42) Treidelpfadbrücke	0,0	—	15,5
Eisenbahnbrücke	0,7	—	14,8
Guiche Brücke, Kai TW LU, kleine Ortschaft	1,9	—	13,6
Kai (Cassous) LU	6,5	—	9,0
Kai (Bidache) LU	8,2	—	7,3
Bidache Brücke, Ortschaft 500 m LU	11,6	—	3,9
Einmündung des Lihoury LU (man fährt auf dem Lihoury weiter)	14,9	—	0,6

Entfernungstabelle	km	Schl.	km
Brücke (D 936), Beginn der schiffbaren Strecke. Bidache 800 m LU	15,5	—	0,0

Aran oder Joyeuse

	km	Schl.	km
Einmündung in den Adour (km 50), Treidelpfadbrücke	0,0	—	6,2
Eisenbahnbrücke, Kai BW RU	4,4	—	1,8
Brücke (Larroque), Beginn der schiffbaren Strecke, Kai TW LU	6,2	—	0,0

Ardanavy

	km	Schl.	km
Einmündung in den Adour (km 55), Treidelpfadbrücke	0,0	—	2,4
Privater Kai (Hayet) RU	2,0	—	0,4
Eisenbahnbrücke, Beginn der schiffbaren Strecke	2,4	—	0,0

Nive

	km	Schl.	km
Einmündung in den Adour in **Bayonne** (km 66)	0,0	—	12,3
Brücke (Pont Mayou)	0,3	—	12,0
Brücke (Pont Marengo)	0,4	—	11,9
Brücke (Pont Pannecau)	0,6	—	11,7
Brücke (Pont du Génie), **Bayonne** Kai LU, Stadtzentrum LU	0,7	—	11,6
Brücke	0,9	—	11,4
Eisenbahnbrücke	1,4	—	10,9
Kai (Compaïto) RU, **Villefranque** 2000 m RU	11,1	—	1,2
Wehr (Haïtze), Beginn der schiffbaren Strecke	12,3	—	0,0

Aisne

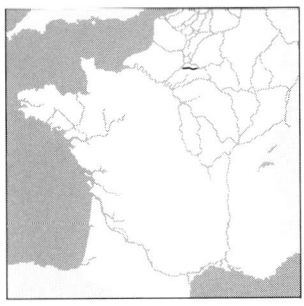

Die Aisne wurde von Celles (ca. 15 km östlich von Soissons) bis Bouches d'Aisne (ein kurzes Stück flußaufwärts von Compiègne), wo er in die Oise einmündet, kanalisiert. Der kanalisierte Abschnitt ist 57 km lang; ab Celles setzt er sich im Canal latéral à l'Aisne fort. Bevor dieser Seitenkanal (Canal latéral) gebaut wurde, fuhr man auf dem Fluß bis zur Anschlußstelle an den Canal des Ardennes. Die gesamte Wasserstraße soll für Schubverbände der Klasse IV ausgebaut werden, als Teilstück der geplanten Großschiffahrtsverbindung vom Seinebecken nach Ostfrankreich.

Schleusen   7 Schleusen mit den Abmessungen 46,00 x 7,95 m.

Tiefe   Der zugelassene Tiefgang beträgt 2,00 m bei normalem Wasserstand.

Brücken   Alle festen Brücken haben eine Mindestdurchfahrtshöhe von 4,70 m über normalem Wasserstand, bzw. 3,70 m über dem höchsten schiffbaren Wasserstand.

Treidelpfad   Ein Treidelpfad verläuft neben der gesamten Strecke.

Behörden   Service de la Navigation de la Seine, Arrondissement Picardie, Compiègne.
Unterabteilungen:
- Rue de Mayenne, 02209 Soissons, Tel. (23) 53.00.11 (km 0 – 36)
- 79 Barrage de Venette, 60200 Compiègne, Tel. (4) 483.21.12 (km 36 – 57)

Entfernungstabelle

	km	Schl.	km
Anschluß an den Canal latéral à l'Aisne (TW der Schleusentreppe von Celles)	0,0	—	57,0
Die Schiffahrt benutzt den Fluß Aisne, schiffbar BW 1 km bis zum öffentl. Kai (Couvailles) RU	0,1	—	56,9
Condé-sur-Aisne Brücke, Kai TW LU, Ortschaft 500 m RU	0,7	—	56,3
Einmündung der Vesle LU	1,5	—	55,5
Missy-sur-Aisne Brücke, Kai TW RU, Ortschaft 700 m RU	3,7	—	53,3
Papierfabrik Kai LU	4,9	—	52,1
Vénizel Brücke, Kai BW RU, Ortschaft 300 m LU	7,8	—	49,2
Insel, man fährt im linken Flußarm	8,0	—	49,0
Einfahrt in den Schleusenkanal LU	12,2	—	44,8
Schleuse 1 (Villeneuve-Saint-Germain), Wasser	12,8	1	44,2
Die Schiffahrt benutzt wieder den Fluß, schiffbar BW 1500 m bis zu einem Privatkai RU (Bucy-Fahrwasser)	12,9	—	44,1
Eisenbahnbrücke, Privatkais TW LU	13,7	—	43,3
Brücke (Pont Gambetta)	15,1	—	41,9
Fußgängerbrücke (Passerelle des Anglais)	15,3	—	41,7
Soissons Kai RU, Stadtzentrum 400 m LU über eine Brücke	15,5	—	41,5
Brücke (Pont du Mail) Privatkais TW	15,7	—	41,3
Einfahrt in den Schleusenkanal LU	16,6	—	40,4
Schleuse 2 (Vauxrot), Wasser, man fährt wieder im Fluß	16,9	2	40,1
Brücke (Pasly)	18,4	—	38,6
Pommiers Brücke, Kai TW RU. Ortschaft 400 m RU	21,4	—	35,6
Private Kais	22,8	—	34,2
Kai (Pernant) LU	23,7	—	33,3
Insel, man fährt im linken Flußarm	24,2	—	32,8
Kai (Osly-Courtil) RU	26,2	—	30,8
Schleuse 3 (Fontenoy) in kurzem Schleusenkanal LU, Wasser	27,3	3	29,7
Fontenoy Brücke, Kai TW LU, Ortschaft 1300 m RU	29,3	—	27,7
Vic-sur-Aisne Brücke, Kai TW RU, Ortschaft RU	34,1	—	22,9
Schleuse 4 (Vic-sur-Aisnes) in kurzem Schleusenkanal LU, stillgelegte Eisenbahnbrücke	34,4	4	22,6
Private Kais LU	34,8	—	22,2

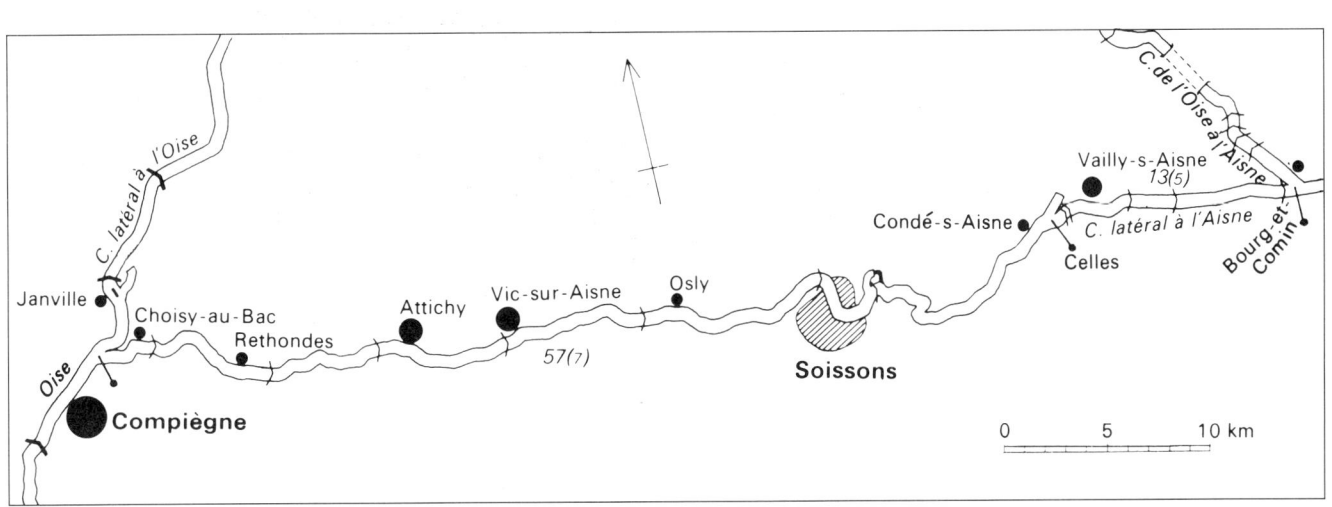

Canal latéral à l'Aisne
Aisne-Seitenkanal

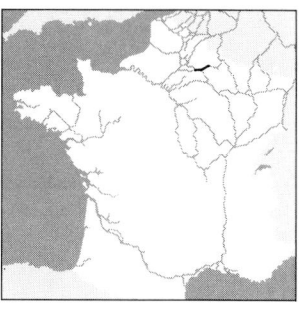

Entfernungstabelle	km	Schl.	km
Jaulzy LU	37,3	—	19,7
Attichy Brücke, Kai TW RU, Ortschaft 500 m RU	39,3	—	17,7
Schleuse 5 (Couloisy) in kurzem Schleusenkanal LU, Wasser	41,0	5	16,0
Berneuil-sur-Aisne Brücke, Kai LU, Ortschaft 800 m RU	42,5	—	14,5
Schleuse 6 (Hérant) in kurzem Schleusenkanal LU, Wasser	46,6	6	10,4
Rethondes Brücke, Kai TW LU, Ortschaft 300 m RU	48,1	—	8,9
Brücke (Francport), Kai TW LU, Gedenkstätte für den Waffenstillstand, 700 m LU	51,6	—	5,4
Schleuse 7 (Carandeau) in kurzem Schleusenkanal LU, Wasser	53,8	7	3,2
Choisy-au-Bac Brücke, Kai TW RU, Ortschaft 200 m RU	54,6	—	2,4
Einmündung in die Oise (km 38,3)	57,0	—	0,0

Der Canal latéral à l'Aisne bildet ein 51 km langes Verbindungsglied zwischen dem Canal des Ardennes in Vieux-les-Asfeld und dem kanalisierten Fluß Aisne in Celles. Er hat außerdem Verbindung zum Canal de l'Aisne à la Marne in Berry-au-Bac und zum Canal de l'Oise à l'Aisne in Bourg-et-Comin. Das macht ihn zu einer sehr wichtigen Wasserstraße, denn sein mittlerer Abschnitt wird sowohl vom ost-westgehenden, wie vom nord-südgehenden Verkehr benutzt; man plant daher, ihn für Schubverbände der Klasse IV auszubauen, als Teil der Großschiffahrtsverbindung zwischen Seine und Ostfrankreich.

Schloß und Rathaus in Vic-sur-Aisne

Aisne-Seitenkanal

Schleusen 8 Schleusen, 38,50 m lang, 5,20 m breit. Die letzten beiden in Celles bilden eine Schleusentreppe.

Tiefen Der zulässige Tiefgang beträgt 1,80 m.

Brücken Alle festen Brücken haben eine Durchfahrtshöhe von mindestens 3,70 m über normalem Wasserstand.

Treidelpfad Ein durchgehender Treidelpfad verläuft neben der gesamten Strecke.

Behörden Service de la Navigation de la Seine, Arrondissement Champagne, Reims
Unterabteilung: Quai Valmy, 08300 Rethel, Tel. (24) 39.04.10

Entfernungstabelle

	km	Schl.	km
Anschluß an den Canal des Ardennes (TW von Vieux-les-Alsfeld)	0,0	—	51,3
Kai (Evergnicourt) RU	4,2	—	47,1
Neufchâtel-sur-Aisne Brücke, Kai BW LU, Ortschaft 500 m RU	5,5	—	45,8
Schleuse 1 (Pignicourt), Brücke	6,9	1	44,4
Pignicourt Kai, kleine Ortschaft LU	7,2	—	44,1
Variscourt Brücke, Kai und kleine Ortschaft TW LU	10,5	—	40,8
Sandverladekai LU	11,8	—	39,5
Eisenbahnbrücke	12,7	—	38,6
Guignicourt Brücke, Kai BW LU, Ortschaft 1000 m RU	12,9	—	38,4
Schleuse 2 **(Condé-sur-Suippe)**, Brücke, Aquädukt BW, Ortschaft LU	13,9	2	37,4
BW Ende des Beckens von Berry-au-Bac, Kais LU	17,7	—	33,6
Verbindung zum Canal de l'Aisne à la Marne, LU	18,3	—	33,0
Schleuse 3 **(Berry-au-Bac)**, Brücke, Ortschaft 600 m RU	18,5	3	32,8
Speisekanal RU	18,7	—	32,6

Entfernungstabelle	km	Schl.	km
Becken von Berry-au-Bac RU	19,0	—	32,3
Gernicourt Brücke, kleine Ortschaft 400 km LU	21,0	—	30,3
Brücke (Cauries)	23,4	—	27,9
Pontavert Brücke, Kai TW RU, Ortschaft 700 m RU	24,6	—	26,7
Brücke (Canards)	25,8	—	25,5
Concevreux Brücke, Kai TW RU, Ortschaft LU	28,1	—	23,2
Maizy Brücke, Kai BW und TW RU, Ortschaft LU	32,7	—	18,6
Brücke (Aventure)	34,5	—	16,8
Villers-en-Prayères Brücke, Kais BW, Ortschaft 1000 m LU, Oeuilly 1000 m RU	35,9	—	15,4
Brücke (Moulin de Villers)	36,7	—	14,6
Brücke (Bourg)	37,5	—	13,8
Becken von Bourg-et-Comin (500 m lang)	37,9	—	13,4
Verbindung zum Canal de l'Oise à l'Aisne, RU	38,3	—	13,0
Bourg-et-Comin Kai RU, Ortschaft 800 m RU	38,4	—	12,9
Schleuse 4 (Cendrière), Brücke, Kai TW LU	38,5	4	12,8
Pont-Arcy Brücke, kleine Ortschaft 300 m RU	40,5	—	10,8
Brücke (Saint-Mard)	43,6	—	7,7
Schleuse 5 (Cys), Brücke	44,5	5	6,8
Presles Brücke, Ortschaft 200 m, LU	45,3	—	6,0
Schleuse 6 (Saint-Audebert), Brücke	46,7	6	4,6
BW-Ende des Beckens von Vailly	47,4	—	3,9
Privatkais LU	48,2	—	3,1
TW-Ende des Beckens von Vailly	48,5	—	2,8
Vailly-sur-Aisne Brücke, Kai TW RU, kleine Stadt 800 m RU	48,9	—	2,4
Brücke (Chassemy)	49,9	—	1,4
Schleusentreppe 7/8 (Celles), Brücke	51,2	7/8	0,1
Der Kanal hat Anschluß an den kanalisierten Fluß Aisne RU	51,3	—	0,0

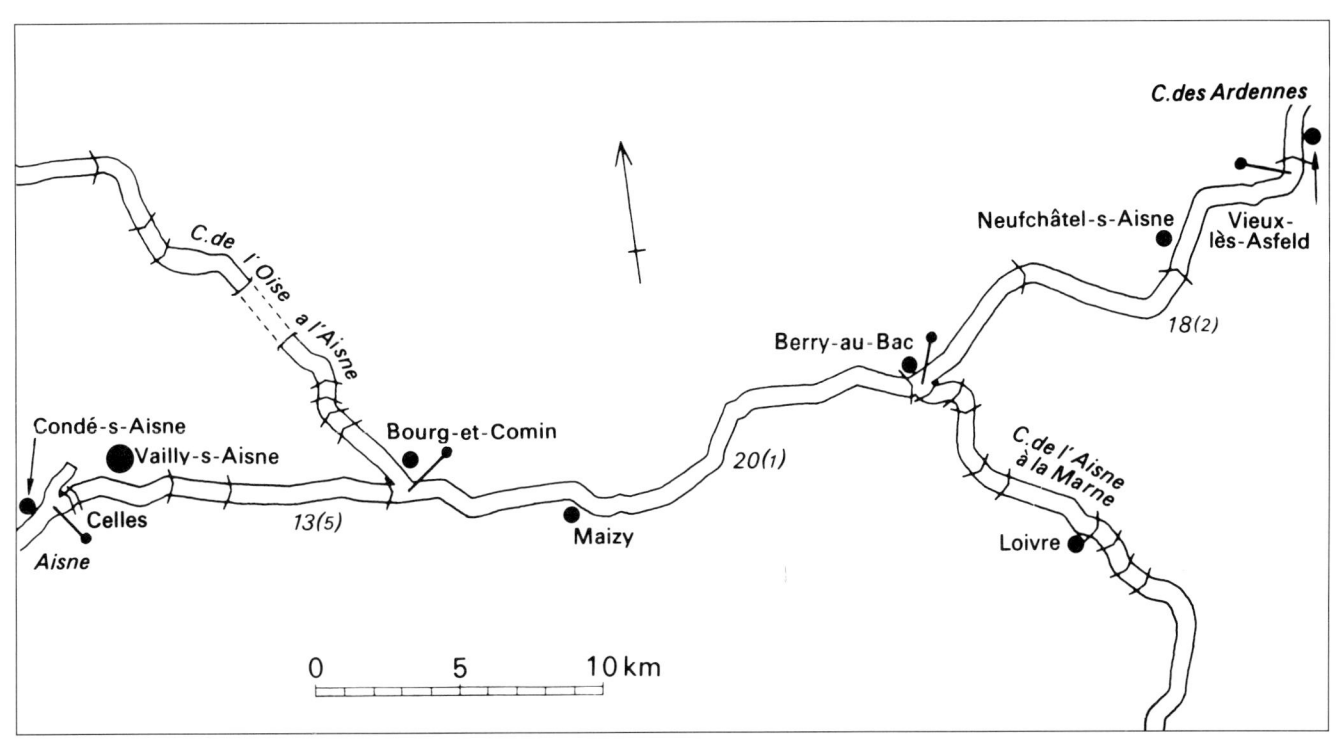

Canal de l'Aisne à la Marne

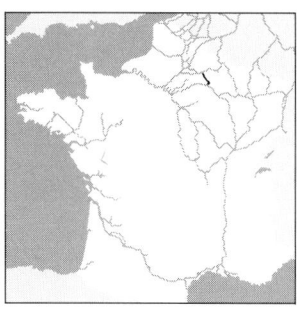

Der Canal de l'Aisne à la Marne ist 58 km lang und verläuft vom Canal latéral à l'Aisne in Berry-au-Bac zum Canal latéral à la Marne in Condé-sur-Marne. Er steigt durch die Kathedralenstadt Reims zu seiner 96 m hohen Scheitelhaltung hinauf, die einen 2300 m langen Tunnel bei Mont-de-Billy einschließt.

Schiffe, die den Tunnel passieren wollen, dürfen folgende Abmessungen nicht überschreiten: Tiefgang 2,20 m, Breite 5,00 m und Höhe 3,70 m. Lastkähne müssen sich treideln lassen, es werden Schleppzüge zusammengestellt, die Abfahrzeiten müssen Sie an Ort und Stelle herausfinden. Sportboote dürfen auf eigene Verantwortung mit Motorkraft durch den Tunnel fahren.

Schleusen   24 Schleusen, 16 davon zur Aisne, 8 zur Marne hinunter. Alle Schleusen sind 38,50 m lang und 5,20 m breit.

Tiefen   Der zugelassene Tiefgang beträgt 1,80 m.

Brücken   Alle festen Brücken haben eine Mindestdurchfahrtshöhe von 3,70 m bis auf die Brücke an der Schleuse von Condé-sur-Marne, wo die Durchfahrtshöhe bei normalem Wasserstand nur 3,53 m beträgt.

Treidelpfad   Ein guter Treidelpfad verläuft neben der gesamten Strecke

Behörden   Service de la Navigation de la Seine, Arrondissement Champagne, Reims
Unterabteilung: 11, Boulevard Paul-Doumer, 51110 Reims, Tel. (26) 47.44.61

Entfernungstabelle

	km	Schl.	km
Verbindung zum Canal latéral à l'Aisne (im Becken von Berry-au-Bac, km 18,3)	0,0	—	58,1
Schleuse 1 (Berry-au-Bac), Brücke, Kai BW LU	0,1	1	58,0
Schleuse 2 (Moulin de Sapigneul)	1,2	2	56,9
Schleuse 3 (Sapigneul)	2,3	3	55,8
Brücke (Neuville), Kai BW LU, Wendebecken, **Cormicy** 2000 m LU	3,8	—	54,3
Schleuse 4 (Alger)	4,7	4	53,4
Le Gaudart, Ladekai für Zuckerrüben LU	5,4	—	52,7
Schleuse 5 (Gaudart)	5,9	5	52,2
Schleuse 6 (**Loivre**), Brücke, Wasser, Kai BW LU, Ortschaft LU	9,4	6	48,7
Schleuse 7 (Fontaine), Brücke	10,1	7	48,0
Schleuse 8 (Noue-Gouzaine)	11,2	8	46,9
Schleuse 9 (Courcy), Brücke	12,0	9	46,1
Courcy Brücke (Pont de Brimont), Kai BW LU, Wendebecken. Ortschaft 800 m LU	12,5	—	45,6
Brücke (Bétheny)	14,5	—	43,6
Kai LU	15,5	—	42,6
La Neuvillette Brücke, Becken TW, Kai LU, Ortschaft RU (Vorort von Reims)	17,5	—	40,6
Brücke (Saint-Thierry)	18,8	—	39,3
Brücke (Courcelles)	20,3	—	37,8
Einfahrt in das Becken von Reims (Port Colbert), 700 m lang RU	20,4	—	37,7
Brücke (Saint-Brice), Kai TW RU, Privatkais BW	21,0	—	37,1
Fußgängerbrücke (Saint-Charles)	21,7	—	36,4
Schräge Eisenbahnbrücke	22,3	—	35,8
Eisenbahnbrücke und Fußgängerbrücke (Bienfait)	22,5	—	35,6
Brücke (Maréchaux)	22,7	—	35,4
Brücke (Pont de Vesle) über Engstelle	22,9	—	35,2
Brücke (Pont de Gaulle)	23,3	—	34,8
Reims Becken (Vieux Port), Festmachemöglichkeiten, Stadtzentrum 500 m RU	23,4	—	34,7
Schleuse 10 (Fléchambault), Brücke, Privatkais BW RU	24,4	10	33,7
Schleuse 11 (Château d'Eau), neue Straßenbrücke, Privatkais BW RU	25,2	11	32,9
Brücke (Rouillat)	25,3	—	32,8
Schleuse 12 (Houon) Brücke, Privatkais BW	25,8	12	32,3
Neue Straßenbrücke	27,2	—	30,9
Brücke (Vrilly)	27,5	—	30,6
Brücke (Saint-Léonard)	29,3	—	28,8
Brücke (Couraux)	32,0	—	26,1
Schleuse 13 (Sillery) Aquädukt (Vesle) BW, Privatkais TW RU	33,4	13	24,7

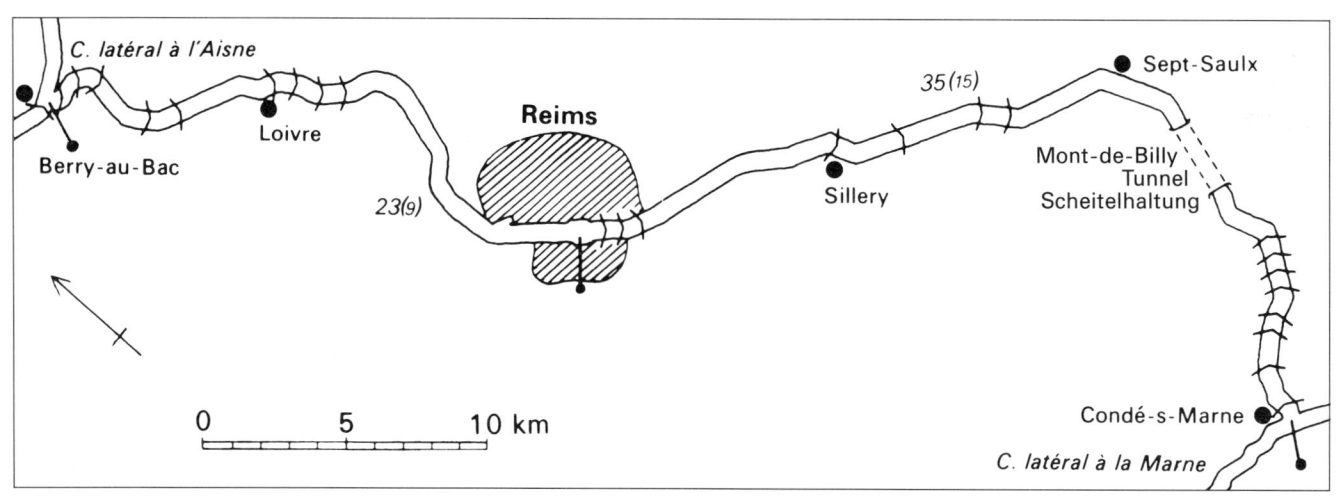

Canal des Ardennes

Entfernungstabelle	km	Schl.	km
Sillery Brücke (Pont du Petit-Sillery), Becken BW, Kai LU, Ortschaft 400 m LU	33,6	—	24,5
Brücke (Sillery)	34,0	—	24,1
Brücke (Moulin de Sillery)	34,6	—	23,5
Fußgängerbrücke (Zuckerfabrik von Sillery), Kai BW LU	34,8	—	23,3
Schräge Straßenbrücke (Umgehung Sillery)	35,4	—	22,7
Schleuse 14, (Espérance) Brücke	35,6	14	22,5
Brücke (Prunay)	36,5	—	21,6
Schleuse 15 (**Beaumont-sur-Vesle**), Brücke, Wendebecken und Kai BW LU, Ortschaft 200 m LU	38,4	15	19,7
Schleuse 16 (Wez), Brücke, Beginn der Scheitelhaltung	39,5	16	18,6
Courmelois Brücke, Becken BW, kleine Ortschaft 300 m RU	40,6	—	17,5
Sept-Saulx Brücke, Becken TW, Ortschaft 300 m RU	43,3	—	14,8
Brücke (Issus)	44,4	—	13,7
Nordeinfahrt zum Tunnel von Mont de Billy	46,5	—	11,8
Südeinfahrt zum Tunnel von Mont de Billy	48,8	—	9,3
Brücke (Vaudemanges)	50,3	—	7,8
Vaudemanges Becken, Kai LU, Ortschaft 800 m RU (über eine Brücke)	50,9	—	7,2
Schleuse 17 (Vaudemanges), Brücke, Ende der Scheitelhaltung	51,4	17	6,7
Schleuse 18 (Champ-Bon-Garçon)	52,0	18	6,1
Schleuse 19 (Longues-Raies)	52,5	19	5,6
Schleuse 20 (Saint-Martin), Brücke	53,2	20	4,9
Schleuse 21 (Fosse-Rodé)	53,9	21	4,2
Schleuse 22 (Isse)	54,6	22	3,5
Isse Brücke, kleine Ortschaft 100 m RU	54,8	—	3,3
Schleuse 23 (Coupé)	55,9	23	2,2
Schleuse 24 (Condé-sur-Marne), Brücke	57,7	24	0,4
Condé-sur-Marne Becken, Kai und Ortschaft RU	57,9	—	0,2
Verbindung zum Canal latéral à la Marne (km 48)	58,1	—	0,0

Canal des Ardennes: Verbindung mit dem Zweigkanal nach Vouziers

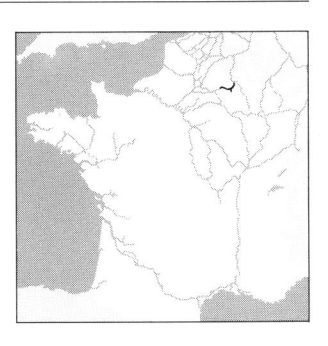

Der Canal des Ardennes wurde im Jahre 1833 eröffnet und zweigt in Pont-à-Bar (ein Stück bergwärts von Charleville-Mézières) von der kanalisierten Maas (Meuse) ab, die – solange sie auf französischem Gebiet fließt – den nördlichen Teil des Canal de l'Est bildet. Er quert die Wasserscheide zwischen der Maas und der Aisne und verläuft dann im Aisnetal, wo er in Vieux-lès-Asfeld Anschluß an den Canal latéral à l'Aisne hat. Die Entfernung von der Maas zum Canal latéral à l'Aisne beträgt 88 km.

Von der Ortschaft Semuy führt ein 12 km langer Zweigkanal zu der kleinen Stadt Vouziers. Offiziell besteht der Kanal aus zwei Teilstücken auf denen die Entfernungen separat gezählt werden: von Pont-à-Bar nach Semuy und von Vouziers nach Vieux-les-Asfeld. Wir halten es aber für besser, die Kilometer von einem Kanalende zum anderen aufzulisten und betrachten den Abschnitt von Semuy nach Vouziers als Zweigkanal.

In Saint-Aignan gibt es einen 197 m langen Tunnel, der nur im Einbahnverkehr durchfahren werden kann. Bei der Durchfahrt müssen alle Schiffe die vorgeschriebenen Lichter führen. Die Reihenfolge bei der Durchfahrt richtet sich nach der Ankunft am jeweiligen Tunnelende, wo man (talwärts im Becken, bergwärts an Pfählen) nur solange festmachen darf, bis man in den Tunnel einfahren kann. Sobald ein Schiff in das Becken eingelaufen ist, dürfen Bergfahrer die Schleuse 4, die unmittelbar unterhalb des Beckens liegt, nicht mehr durchfahren.

Schleusen 44 Schleusen zwischen Pont-à-Bar und Vieux-les-Asfeld: 7 davon zur Meuse, 37 zur Aisne hinunter. Es gibt weitere vier Schleusen auf der Abzweigung nach Vouziers. Alle Schleusenabmessungen betragen 38,50 x 5,20 m.

Tiefen Der zulässige Tiefgang beträgt 1,80 m

Brücken Alle festen Brücken haben eine lichte Durchfahrtshöhe von 3,50 m zwischen Pont-à-Bar und Semuy, bzw. 3,70 m zwischen Vouziers und Vieux-lès-Asfeld.

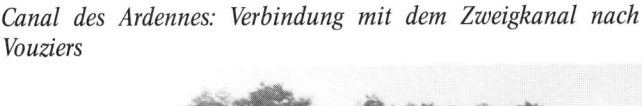

Canal des Ardennes

Treidelpfad Ein Treidelpfad verläuft neben der gesamten Strecke.

Behörden Service de la Navigation de Nancy
Unterabteilung: 2 Avenue de Montcy Notre Dame, 08000 Charleville-Mézières, Tel. (24) 33.20.48 (km 0 – 39).
Service de la Navigation de la Seine, Arrondissement Champagne, Reims
Unterabteilung: Quai Valmy, 08300 Rethel, Tel. (24) 39.04.10 (km 39 – 88 und Zweigkanal).

Entfernungstabelle

	km	Schl.	km
Anschluß an den Canal de l'Est, Nordabschnitt (die Maas) (km 96)	0,0	—	88,0
Schleuse 7 (Maas, Meuse), Brücke	0,1	1	87,9
Schleuse 6 (Pont-à-Bar) Brücke (D 964), Kai TW RU	0,9	2	87,1
Fußgängerbrücke	2,3	—	85,7
Hannogne-Saint-Martin Brücke, Ortschaft 500 m LU	3,0	—	85,0
Schleuse 5 (Saint-Aignan)	6,0	3	82,0
Schleuse 4 **(Saint-Aignan)**, Brücke, Wendebecken und Kai TW RU, Ortschaft 800 m RU	6,1	4	81,9
Saint-Aignan Tunnel (Länge 196,50 m)	6,3	—	81,7
Omicourt Brücke, Kai TW LU, kleine Ortschaft LU	8,3	—	79,7
Schleuse 3 (Malmy), Brücke, Kai BW RU, **Chémery-sur-Bar** 1000 m RU	12,0	5	76,0
Wendebecken LU	13,0	—	75,0
Brücke (Morteau)	14,7	—	73,3
Ambly-sur-Bar Brücke, Kais BW und TW	15,8	—	72,2
Schleuse 2 **(Cassine)**, Brücke, kleine Ortschaft LU	16,9	6	71,1

Entfernungstabelle

	km	Schl.	km
Schleuse 1 **(Sauville)** Beginn der Scheitelhaltung, Ortschaft 1700 m LU	20,6	7	67,4
Fußgängerbrücke	21,5	—	66,5
Tannay Brücke, Ortschaft 1400 m östlich	23,0	—	65,0
Brücke (Pont Bar), Kai	24,8	—	63,2
Schräge Brücke	28,4	—	59,6
Le Chesne Brücke, Kai TW RU, Wendebecken, Ortschaft LU	28,5	—	59,5
Schleuse 1 (Chesne) Brücke, Wasser, Ende der Scheitelhaltung	30,1	8	57,9
Schleuse 2 (Chesne), Wendebecken TW	30,3	9	57,7
Schleuse 3 (Chesne) Brücke	30,5	10	57,5
Schleuse 4 (Chesne)	30,8	11	57,2
Schleuse 5 (Montgon)	30,9	12	57,1
Schleuse 6 (Montgon)	31,3	13	56,7
Schleuse 7 (Montgon)	31,5	14	56,5
Schleuse 8 (Montgon)	31,8	15	56,2
Schleuse 9 (Montgon)	32,1	16	55,9
Schleuse 10 (Montgon)	32,4	17	55,6
Schleuse 11 **(Montgon)** Brücke, Ortschaft 600 m LU	32,7	18	55,3
Schleuse 12 (Montgon)	33,0	19	55,0
Schleuse 13 (Montgon)	33,1	20	54,9
Schleuse 14 (Montgon), Brücke, Ortschaft 600 m LU	33,4	21	54,6
Schleuse 15 (Montgon)	33,9	22	54,1
Schleuse 16 (Montgon)	34,2	23	53,8
Schleuse 17 (Neuville-Day)	34,3	24	53,7
Schleuse 18 (Neuville-Day)	34,7	25	53,3
Schleuse 19 (Neuville-Day)	35,0	26	53,0
Neuville-Day Kai RU, Ortschaft 800 m RU	35,3	—	52,7
Schleuse 20 (Neuville-Day), Brücke	35,4	27	52,6
Schleuse 21 (Neuville-Day)	35,8	28	52,2

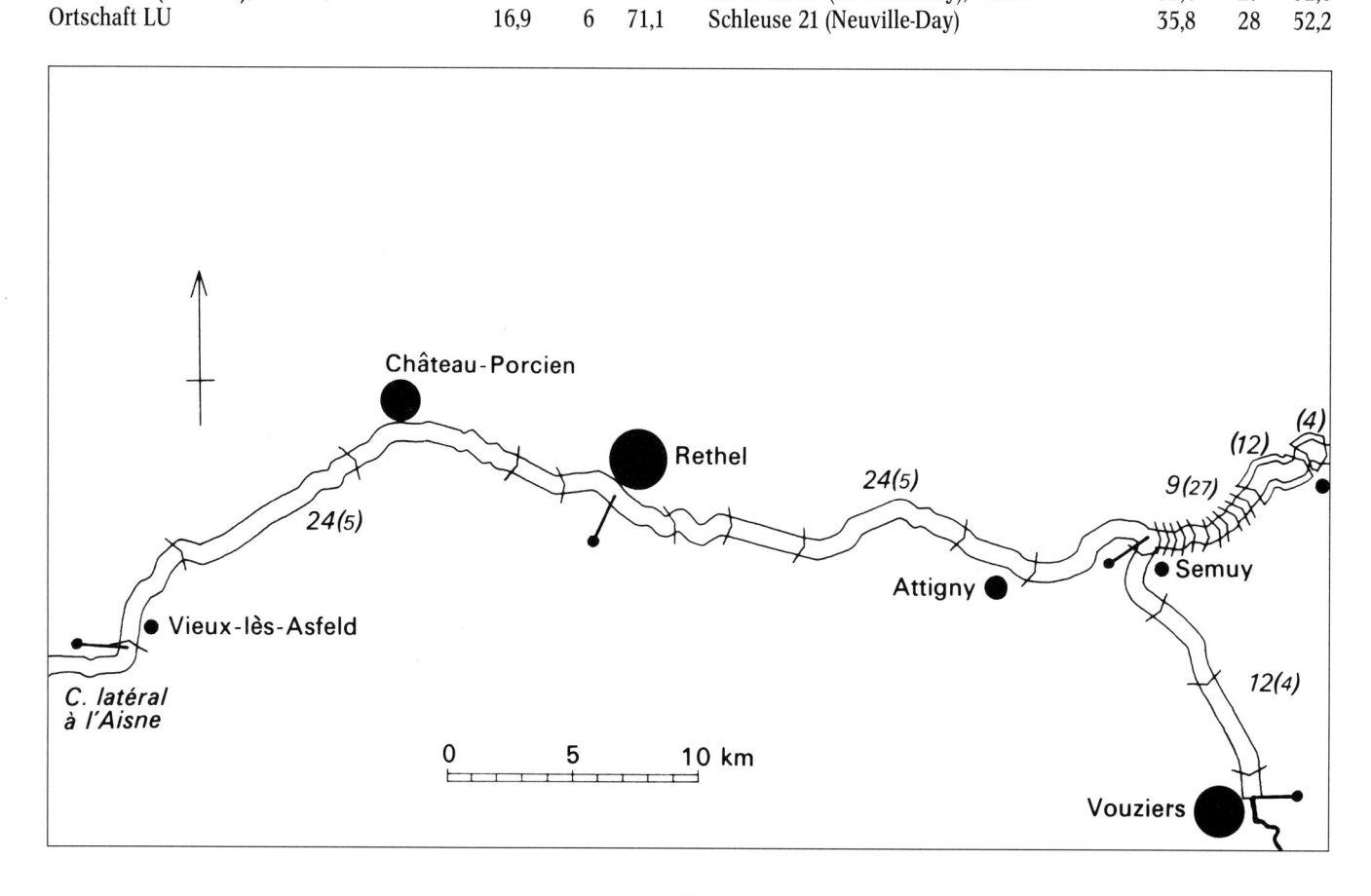

Canal des Ardennes

Entfernungstabelle	km	Schl.	km
Schleuse 22 (Neuville-Day), Brücke	36,5	29	51,5
Schleuse 23 (Semuy), Brücke	37,2	30	50,8
Schleuse 24 (Semuy)	37,5	31	50,5
Schleuse 25 (Semuy)	37,9	32	50,1
Semuy Brücke, kleine Ortschaft RU	38,2	—	49,8
Schleuse 26 (Semuy), Brücke	38,5	33	49,5
Schleuse 27 (Rilly), Brücke, Anschluß an den Zweigkanal nach Vouziers (TW von Schleuse 4)	39,2	34	48,8
Eisenbahnbrücke	40,0	—	48,0
Rilly-sur-Aisne Brücke, kleine Ortschaft 300 m LU	40,1	—	47,9
Brücke (Forest)	42,0	—	46,0
Schleuse 5 (Attigny), Brücke, Privatkai BW RU	44,0	35	44,0
Attigny Brücke, Kai TW LU, Ortschaft LU	44,9	—	43,1
Privatbrücke (Eisenbahn-Nebengeleise)	45,8	—	42,2
Schleuse 6 (Givry), Brücke, Wasser	47,2	36	40,8
Givry Brücke, Kai TW RU, kleine Ortschaft LU	48,2	—	39,8
Brücke (Montmarin)	49,1	—	38,9
Privater Kai RU	50,3	—	37,7
Brücke (Fleury)	51,8	—	36,2
Ambly-Fleury Brücke, Kai TW RU, kleine Ortschaft RU	52,9	—	35,1
Schleuse 7 **(Seuil)**, Brücke, kleine Ortschaft 600 m LU	55,0	37	33,0
Brücke (Trugny)	56,7	—	31,3
Schleuse 8 (Thugny), Brücke	57,7	38	30,3
Thugny-Trugny Kai RU, Ortschaft 600 m LU über eine Brücke	57,8	—	30,2
Schleuse 9 (Biermes), Brücke	60,5	39	27,5
Biermes Kai RU, Ortschaft 800 m LU über eine Brücke	60,7	—	27,3
Privater Kai LU	61,2	—	26,8
Wendebecken RU	63,1	—	24,9
Eisenbahnbrücken	63,2	—	24,8
Rethel Brücke, Kai BW RU, kleine Stadt 800 m RU	63,6	—	24,4
Fußgängerbrücke (Zuckerfabrik)	64,3	—	23,7
Brücke	64,9	—	23,1
Schleuse 10 (Acy-Romance), Brücke	65,6	40	22,4
Schleuse 11 (Nanteuil), Brücke	67,8	41	20,2
Nanteuil-sur-Aisne Kai und kleine Ortschaft LU	68,2	—	19,8
Privater Kai RU (Port-Arthur)	70,8	—	17,2
Château-Porcien Brücke, Kai TW RU, Ortschaft 500 m RU	73,0	—	15,0
Schleuse 12 (Pargny), Brücke	75,3	42	12,7
Brücke (Blanzy)	78,3	—	9,7
Balham Brücke, Kai BW RU, kleine Ortschaft 400 m RU, **Blanzy-la-Salonnaise** 500 m LU	80,4	—	7,6
Schleuse 13 (Asfeld), Brücke, Privatkais BW RU	83,4	43	4,6
Asfeld Brücke, Kai TW RU, Ortschaft 700 m LU	85,1	—	2,9
Vieux-lès-Asfeld Brücke, Kai BW LU, Ortschaft 300 m LU	86,9	—	1,1
Schleuse 14 (Vieux-lès-Asfeld), Brücke	87,9	44	0,1
Anschluß an den Canal latéral à l'Aisne	88,0	—	0,0

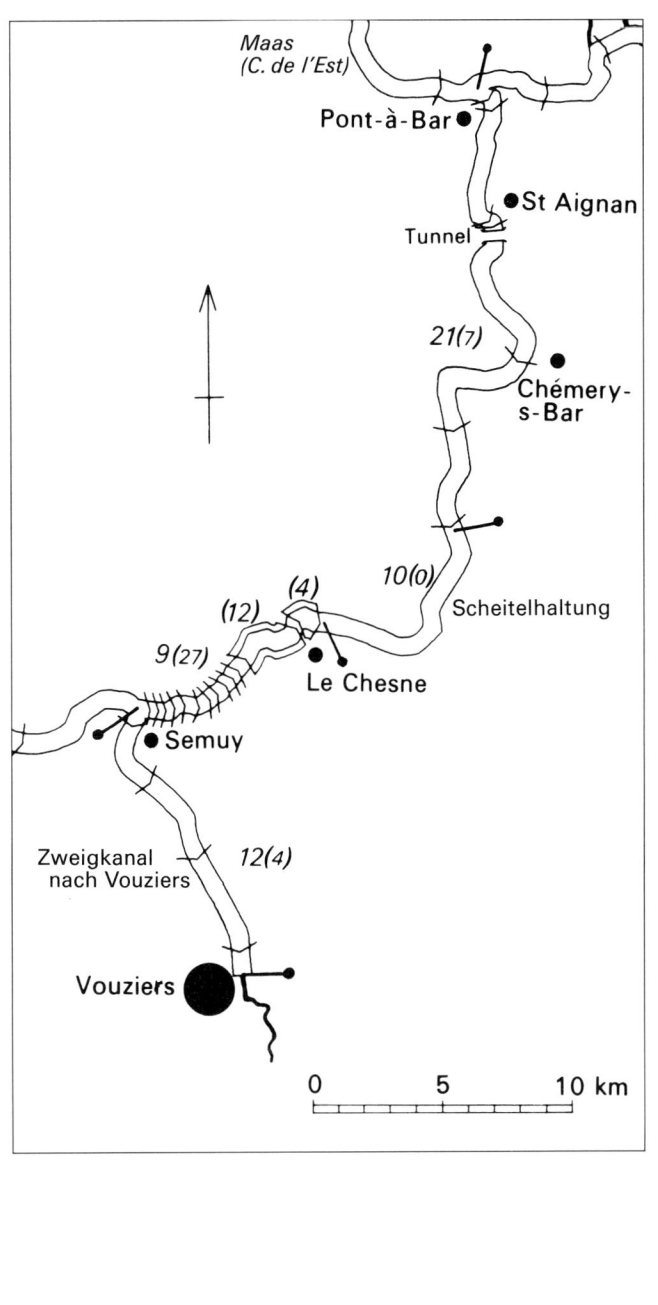

Entfernungstabelle	km	Schl.	km
Zweigkanal nach Vouziers			
Vouziers Brücke, Beginn der schiffbaren Strecke, Kais TW LU, kleine Stadt LU	0,0	—	12,1
Schleuse 1 (Vouziers), Wasser, Wehr TW RU	0,5	1	11,6
Brücke (Condé-les-Vouziers), Kai TW LU	1,4	—	10,7
Vrizy Brücke, Kai TW LU, Ortschaft 700 m LU	3,4	—	8,7
Schleuse 2 (Vrizy), Brücke	4,7	2	7,4
Brücke (Echarson)	6,3	—	5,8
Schleuse 3 **(Voncq)**, Brücke, Kai BW LU, Ortschaft 1500 m RU	8,1	3	4,0
Brücke (Rilly), Kai TW LU, **Semuy** 400 m RU	11,3	—	0,8
Schleuse 4 (Rilly), Brücke, Anschluß an die Hauptstrecke (km 39)	12,1	4	0,0

Canal d'Arles à Fos

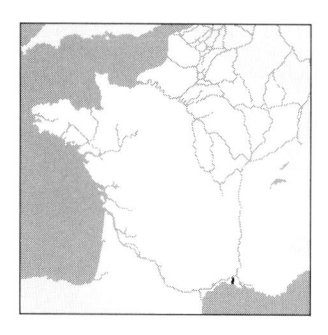

Dieser Kanal beginnt in Arles und verläuft parallel zum linken Rhôneufer, bis er nach 34 km auf den neuen Canal du Rhône à Fos trifft, und ist so gut wie unbenutzt. Er wurde kurz vor seiner Einmündung in das Hafenbecken (Darse) 1 von Fos abgedämmt und dient jetzt hauptsächlich als Hochwasserabfluß für das Gebiet südöstlich von Arles. Durch die große Rhôneschleuse in Arles gelangen Sie in das 2 km lange Kanalstück, das an der berühmten Klappbrücke endet, die van Gogh gemalt hat.

Die Karte und weitere Informationen über die Kanalverbindungen östlich der Rhône entnehmen Sie bitte dem Abschnitt Rhône-Fos-Bouc (-Marseille).

Schleusen Die neue Einfahrtsschleuse in Arles ist für die Großschiffahrt gebaut worden und hat die Abmessungen 100 x 12 m.

Tiefen Der zulässige Tiefgang beträgt 1,40 m.

Brücken Die festen Brücken haben eine Mindestdurchfahrtshöhe von 3,70 m.

Behörden Service de la Navigation de Lyon. Unterabteilung: Quai de Trinquetaille, 13637 Arles, Tel. (90) 96.00.85.

Entfernungstabelle

	km	Schl.	km
Verbindung zur Rhône am LU TW von Arles	0,0	—	2,0
Einfahrtsschleuse	0,2	1	1,8
Arles, Kanalbecken, Stadtzentrum 500 m	0,4	—	1,6
Brücke, Werft TW RU	0,5	—	1,5
Eisenbahnbrücke	1,0	—	1,0
Van Gogh-Hebebrücke, Ende der schiffbaren Strecke	2,0	—	0,0

Van-Gogh-Hebebrücke bei Arles

Autise (Jeune)

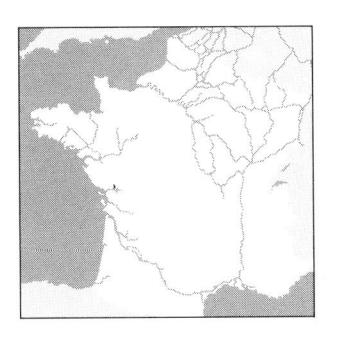

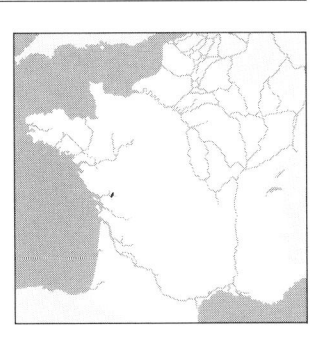

Obwohl sie offiziell zu den Flußschiffahrtswegen gerechnet wird, ist die Jeune Autise in der Hauptsache ein von Menschenhand erbauter Kanal, der über einen 4,5 km langen Versorgungskanal einen Teil der natürlichen Strömung des Flusses Autise aufnimmt. Wie der Canal de la Vieille-Autise hat auch die Jeune Autise Verbindung zur Sèvre-Niortaise. Die Strecke führt durch Marschland von der Ortschaft Souil bis zu einer schiffbaren Schleife der Sèvre-Niortaise in Maillé und ist 9 km lang.

Die Hauptschiffahrtsstrecke setzt sich auf der Sèvre-Niortaise noch 1,2 km weit fort; leider hat die einzige Schleuse bei Maillé derart kleine Abmessungen, daß sie nur von allerkleinsten Sportbooten durchfahren werden kann. Lesen Sie bitte auch im Abschnitt Sèvre-Niortaise nach.

Schleusen Nur 1 Schleuse in Maillé, 7 m lang und 3 m breit (sie wurde für kleine Flußboote und Holzflöße gebaut).

Tiefen Von der Sèvre-Niortaise bis zur Schleuse von Maillé beträgt die normale Wassertiefe 2,20 m; während der Trockenheit im Sommer ist der Wasserstand auf 1,70 m reduziert. Ähnlich sieht es oberhalb der Schleuse aus, jedoch in der Schleuse selbst stehen im Drempel nur 0,50 m Wasser bei normalem Wasserstand, bzw. 0,20 m bei niedrigem Wasserstand.

Brücken Die Brücken haben eine Mindestdurchfahrtshöhe von 2,40 m.

Behörden Direction Départementale de l'Equipement des Deux-Sèvres, 39 Avenue de Paris, 79022 Niort, Tel. (49) 28.16.11. Unterabteilung: Le Port, 17230 Marans, Tel. (46) 01.10.35.

Entfernungstabelle

	km	Schl.	km
Souil Becken, kleine Ortschaft 200 m	0,0	—	8,9
Versorgungskanal am LU	0,5	—	8,4
Brücke	1,8	—	7,1
Maillezais Brücke, Ruinen d. Abtei, Ortschaft 800 m LU	3,3	—	5,6
Schleuse (Maillé), Aquädukt BW	7,5	1	1,4
Maillé Brücke (Saint-Nicolas), Ortschaft 400 m LU	8,0	—	0,9
Brücke	8,5	—	0,4
Zusammenfluß mit der Sèvre-Niortaise in der Schleife von Maillé (die Hauptstrecke geht noch 1,2 km weiter)	8,9	—	0,0

Canal de la Vieille-Autise

Der Canal de la Vieille-Autise ist einer der zahlreichen Zweigkanäle der Sèvre-Niortaise im Marschland des Marais Poitevin, wo man sich nach Holland versetzt glaubt, denn Landschaft und Häuser haben friesisch-holländischen Charakter. Diese Wasserstraße besteht im wesentlichen aus der kanalisierten Autise und ist 10 schiffbare Kilometer lang, von der Sèvre-Niortaise bei Damvix (km 32) bis zu einem kleinen Becken in der Ortschaft Courdault.

Schleusen Nur 1 Schleuse, 31,50 m lang und 5,20 m breit.

Tiefen Die normale Wassertiefe beträgt 1,20 m, sie fällt jedoch auf 0,80 m bei Trockenheit im Sommer.

Brücken Die Brücken haben eine lichte Höhe von 3,05 m bei normalem Wasserstand.

Treidelpfad Es führt ein schlecht gepflegter Treidelpfad am Kanal entlang.

Behörden Direction Départementale de l'Equipement des Deux-Sèvres, 39 Avenue de Paris, 79022 Niort, Tel. (49) 28.26.11. Unterabteilung: Cale du Port, 79000 Niort, Tel. (49) 79.20.48.

Entfernungstabelle

	km	Schl.	km
Courdault Becken, Beginn der schiffbaren Strecke, Ortschaft 300 m	0,0	—	9,7
Brücke (Chanceau), **Liez** 1500 RU	2,2	—	7,5
Saint-Sigismond Brücke, Ortschaft 200 m LU	3,3	—	6,4
Schleuse (Saint-Arnault)	6,8	1	2,9
Brücke	7,5	—	2,2
Bernegoue Brücke, Ortschaft 700 m RU	8,4	—	1,3
Fußgängerbrücke (Ouillette), Zusammenfluß mit der Sèvre-Niortaise (km 32)	9,7	—	0,0

Mit wenig Aufwand lassen sich die meisten Schleusentore selbst bedienen

Baïse

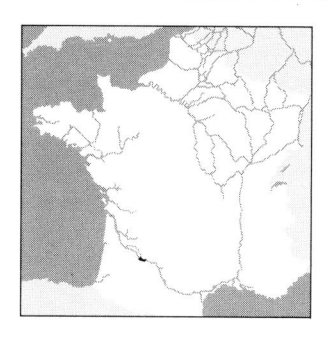

Die Baïse ist ein kanalisierter, linksseitiger Nebenfluß der Garonne, und man konnte sie einst bis nach Condom hinauf befahren. Als um die Mitte des 19. Jahrhunderts der Canal latéral à la Garonne (Seitenkanal) eröffnet wurde, hielt man den Abschnitt zwischen dem Seitenkanal und der Garonne durch eine Schleusentreppe vom Kanal zur Baïse offen.

Die schiffbare Strecke von Buzet-sur-Baïse bis zum Zusammenfluß mit der Garonne in Saint-Léger ist 5 km lang. Aber auch dieser Abschnitt wurde von der Schiffahrt fast 30 Jahre lang vernachlässigt, bis im Jahre 1982 endlich die Schleusen repariert und die Fahrrinne gesäubert wurde, damit Sportboote und kleine Lastkähne die Garonne (bei guten Bedingungen) als Alternative zum Seitenkanal benutzen können. Bitte lesen Sie auch im Abschnitt Garonne nach.

Schleusen 2 Schleusen mit geringen Abmessungen, wie sie ursprünglich auf allen Kanälen des Midi (Verbindung Atlantik-Mittelmeer) üblich waren: 31,40 x 5,20 m.

Tiefen Der zulässige Tiefgang beträgt 1,80 m.

Brücken Die Brücken haben eine Mindestdurchfahrtshöhe von 5,50 m über dem normalen Wasserstand.

Treidelpfad Der Treidelpfad ist von unterschiedlicher Qualität.

Behörden Direction Départementale de l'Equipement, Lot-et-Garonne.
Unterabteilung: Cellule de l'Eau, 9 Rue Etienne Dolet, 47000 Agen, Tel. (53) 47.19.71.

Entfernungstabelle

	km	Schl.	km
Verbindung zum Canal latéral à la Garonne durch eine Schleusentreppe (Abstieg zur Baïse)	0,0	—	5,0
Buzet-sur-Baïse Brücke, Kai TW LU, Ortschaft 800 m jenseits des Canal latéral	0,3	—	4,7
Schleuse 14 (Buzet) und Wehr	0,5	1	4,5
Schleuse 15 (Monplaisir) und Wehr, Zusammenfluß mit der Garonne	5,0	2	0,0

Historische Aufnahme von der Baïse, frühes 20. Jahrhundert

Canal de Bergues

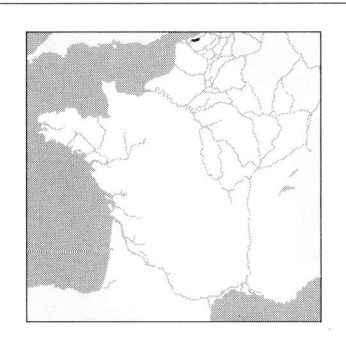

Der Canal de Bergues verläuft von Bergues, wo er Anschluß an den Canal de la Colme hat, zum Hafen von Dünkirchen; das Hafenbecken von Dünkirchen erreicht er über den kurzen Canal de Jonction (offiziell eine Seewasserstraße unter Hafenverwaltung). Seine Länge wird mit 8 km angegeben, obwohl die ersten 400 m mit dem Canal de la Colme zusammenfallen. Er ist einer der ältesten Kanäle Flanderns; sein Verlauf wurde bereits im 9. Jahrhundert auf der Karte dargestellt.

Der Canal de Bergues ist touristisch gesehen sehr lohnend, da man innerhalb der mauergegürteten mittelalterlichen Stadt Bergues in malerischer Umgebung festmachen kann.

Der Kanal ist auf dem Plan des Dünkirchen-Schelde-Kanals verzeichnet (S. 64).

Schleusen   Keine Schleusen

Tiefen   Der zugelassene Tiefgang beträgt 1,80 m.

Brücken   Auf dieser Strecke gibt es nur feste Brücken, die alle eine Mindestdurchfahrtshöhe von 3,50 m bei normalem Wasserstand haben.

Treidelpfad   Ein guter Treidelpfad verläuft neben der gesamten Strecke.

Behörden   Direction Régionale de la Navigation, Lille. Unterabteilung: Terre-Plein du Jeu de Mail, BP 1008, 59375 Dünkirchen, Tel. (28) 24.34.78.

Entfernungstabelle

	km	Schl.	km
Verbindung zum Canal de la Colme (stillgelegt)	0,0	—	8,1
Bergues Becken, Festmachemöglichkeiten, Stadtzentrum 300 m	0,2	—	7,9
Verbindung zum Canal de la Haute Colme, rechts ab nach Dünkirchen	0,4	—	7,7
Fort Vallières (Festung) RU	3,2	—	4,9
Brücke (Sept-Planètes), Kai BW LU	5,0	—	3,1
Neue Straßenbrücke (Dünkirchener Ring)	6,3	—	1,8
Neue Brücke	6,7	—	1,4
Brücke (Saint-Georges)	6,8	—	1,3
Eisenbahnbrücke	7,0	—	1,1
Hochwasserableitungskanal RU	7,4	—	0,7
Brücke	7,5	—	0,6
Brücke	7,7	—	0,4
Brücke (Pont Rouge)	8,1	—	0,0
Verbindung zum Canal de la Jonction (links ab geht es in den Hafen von Dünkirchen, rechts ab zum Canal de Furnes und nach Belgien)	8,1	—	0,0

Canal du Blavet

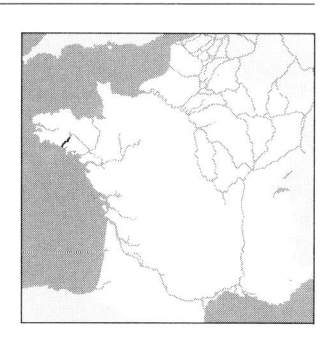

Der Canal du Blavet besteht hauptsächlich aus dem kanalisierten Fluß Blavet und ist ein Glied im Kanalsystem der Bretagne. In Pontivy (km 206) hat er Verbindung zum Canal de Nantes à Brest; von da bis Hennebont legt er 60 km zurück. Ab Hennebont ist er gezeitenabhängig und zählt zu den Seewasserstraßen. Er führt zu dem regen Fischerei- und Handelshafen Lorient und zum Atlantischen Ozean (weitere 14 Kilometer stromabwärts von Hennebont).

Schleusen   28 Schleusen mit Mindestabmessungen von 26,30 x 4,70 m. Auf diesem Kanal liegen die Schleusen immer am linken, die Wehre am rechten Ufer.

Tiefen   Der zulässige Tiefgang beträgt nur mehr 1 m, da die Schleuseneinfahrten sehr stark verschlicken.

Brücken   Die Mindestdurchfahrtshöhe unter den Brücken beträgt 2,40 m über normalem Wasserstand.

Treidelpfad   Der Treidelpfad ist nicht mehr durchgehend benutzbar.

Tourismus   Von Pontivy bis Hennebont fährt man durch unwahrscheinlich schöne Heidelandschaft, aus der stellenweise Granitwände emporragen.

Versorgungsmöglichkeiten   In Hennebont findet man die für Kleinstädte üblichen Versorgungsmöglichkeiten.
Im Sportboothafen von Lorient gibt es Wasser und Strom am Kai sowie Kräne. In nächster Nähe liegen gute Lebensmittelgeschäfte, Tankstelle, Mechanikerwerkstätten und ein Postamt.

Behörden   Service Maritime et de Navigation de Nantes. Unterabteilung: Boulevard Adolphe-Pierre, 56200 Lorient, Tel. (97) 21.21.54.

Entfernungstabelle

	km	Schl.	km
Pontivy Becken (Bassin du Champ de Foire) Verbindung zum Canal de Nantes à Brest (km 205,9) Festmachemöglichkeiten, Stadtzentrum 300 m	0,0	—	59,8
Schleuse 1 (Récollets), Einfahrt in den Blavetfluß, Kai LU	0,1	1	59,7
Brücke (Pont de l'Hôspital), Kai TW LU, Stadtzentrum 100 m	0,3	—	59,5
Brücke (Pont de la Caserne)	0,7	—	59,1
Brücke (Pont Neuf)	1,4	—	58,4
Eisenbahnbrücke, Kai LU	1,6	—	58,2
Schleuse 2 (Lestitut)	2,4	2	57,4
Brücke	2,7	—	57,1
Brücke, Privater Kai TW LU	3,2	—	56,6
Schleuse 3 (Signan oder Saint-Michel)	4,3	3	55,5

Canal du Blavet

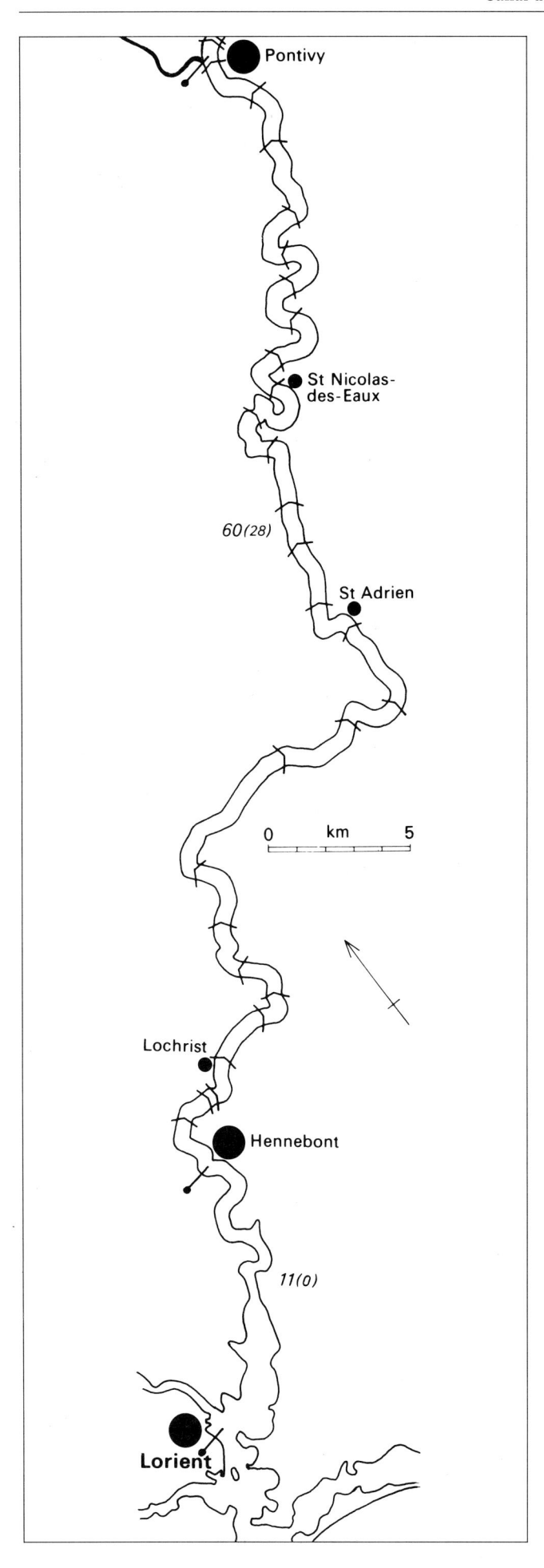

Entfernungstabelle	km	Schl.	km
Schleuse 4 (Roch)	7,2	4	52,6
Schleuse 5 (Divit)	9,6	5	50,2
Schleuse 6 (Rimaison)	11,8	6	48,0
Brücke	11,9	—	47,9
Schleuse 7 (Kerblesquer)	13,9	7	45,9
Schleuse 8 (Guern)	15,8	8	44,0
Eisenbahnbrücke	16,5	—	43,3
Eisenbahnbrücke	17,3	—	42,5
Schleuse 9 (Saint-Nicolas-des-Eaux)	17,5	9	42,3
Saint-Nicolas-des-Eaux Brücke, Kai BW LU, kleine Ortschaft	17,8	—	42,0
Schleuse 10 (Couarde)	19,6	10	40,2
Eisenbahnbrücke	20,2	—	39,6
Schleuse 11 (Camblen)	21,1	11	38,7
Schleuse 12 (Moulin-Neuf), Brücke	23,0	12	36,8
Schleuse 13 (Boternau), Kai LU	25,0	13	34,8
Saint Rivalain Brücke, Ortschaft 1500 m RU	25,2	—	34,6
Schleuse 14 (Tréblavet)	26,6	14	33,2
Schleuse 15 (Talhouët)	28,6	15	31,2
Saint-Adrien Brücke, kleine Ortschaft 300 m LU	30,5	—	29,3
Eisenbahnbrücke	30,6	—	29,2
Schleuse 16 (Saint-Adrien), Kai RU	30,9	16	28,9
Schleuse 17 (Trémorin)	34,2	17	25,6
Eisenbahnbrücke	34,4	—	25,4
Schleuse 18 (Sainte-Babre)	36,4	18	23,4
Pont-Augan Brücke, Kai TW LU, kleine Ortschaft RU	37,0	—	22,8
Eisenbahnbrücke (stillgelegt)	37,5	—	22,3
Schleuse 19 (Minazen)	39,4	19	20,4
Schleuse 20 (Manerven)	44,6	20	15,2
Brücke, Kai TW RU	46,5	—	13,3
Schleuse 21 (Rudet)	47,2	21	12,6
Schleuse 22 (Trébihan)	49,3	22	10,5
Schleuse 23 (Kerousse)	50,9	23	8,9
Schleuse 24 (Quellenec), Privatkai BW LU	52,3	24	7,5
Schleuse 25 (Lochrist) im linken Flußarm	54,3	25	5,5
Lochrist Brücke, Kais TW, Ortschaft RU, **Kergroix** LU	54,6	—	5,2
Eisenbahnbrücke (stillgelegt)	55,0	—	4,8
Schleuse 26 (Grand Barrage)	56,0	26	3,8
Schleuse 27 (Gorets)	56,3	27	3,5
Schleuse 28 (Polhuern), Privatkai BW RU	57,3	28	2,5
Eisenbahnbrücke (stillgelegt)	59,5	—	0,3
Hennebont Brücke, Anschluß an Blavet Maritime, Festmachemöglichkeiten TW RU, Ortschaft LU	59,8	—	0,0

Anmerkung Der Blavet Maritime ist ein gezeitenabhängiges Mündungsgebiet; von Hennebont nach Lorient sind es 11 km, zum Atlantischen Ozean bei der Zitadelle von Port-Louis weitere 3,5 km. Wenn Sie den Blavet Maritime befahren wollen, besorgen Sie sich bitte die Seekarte und das Handbuch für dieses Gebiet.

Canal du Blavet/Canal de Bourbourg

Canal de Bourbourg

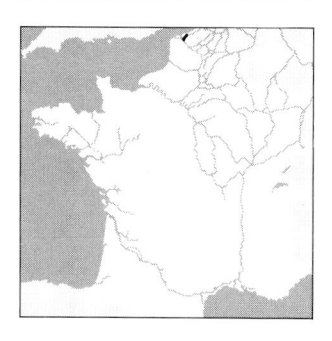

Der Canal de Bourbourg ist ein 21 km langes Verbindungsglied zwischen dem Fluß Aa und dem Canal de Jonction, einer Seewasserstraße im Hafengebiet von Dünkirchen.
Er stellte einst die Hauptverbindung zwischen Hafen und Hinterland dar und reichte bis in das Gebiet um Paris hinein, aber jetzt ist der Großschiffahrtsweg Dünkirchen-Schelde (D-S) an seine Stelle getreten. Lediglich ein Abschnitt von 1,6 km wurde ausgebaut und in den Großschiffahrtsweg D-S eingegliedert (zwischen km 9,3 und 10,9, siehe Entfernungstabelle). Plan und weitere Hinweise finden Sie im Abschnitt Großschiffahrtsweg D-S (S. 61).

Schleusen 3 Schleusen. Die beiden Schleusen, die auf dem Abschnitt zwischen dem Fluß Aa und der verbreiterten Strecke liegen, haben Abmessungen von 38,50 x 5,20 m. Die dritte Schleuse, fast am Ende des Kanals in Dünkirchen, ist größer, und zwar 115 x 12 m. Auf der verbreiterten Strecke gibt es keine Schleusen.

Tiefen Der zulässige Tiefgang beträgt bis zu km 9,3 1,80 m, auf der verbreiterten Strecke 3 m, und von km 10,9 bis Dünkirchen 2,20 m.

Brücken Die festen Brücken haben eine lichte Mindestdurchfahrtshöhe von 3,50 m im westlichen Abschnitt und 4,70 m im östlichen Abschnitt. Es gibt keine Brücken auf der ausgebauten Strecke.

Treidelpfad Ein Treidelpfad verläuft entlang der gesamten Strecke.

Behörden Direction Régionale de la Navigation, Lille.
Unterabteilung: Terre-Plein du Jeu de Mail, BP 1008, 59375 Dünkirchen, Tel. (28) 24.34.78.

Canal du Blavet: Gezeitenabhängiger Teil in Hennebont

Entfernungstabelle

	km	Schl.	km
Verbindung zum Fluß Aa	0,0	—	21,0
Schleuse (Guindal), Brücke	0,1	1	20,9
Fabrik-Kais	2,8	—	18,2
Hebebrücke (Saint-Antoine), Privatkais	3,1	—	17,9
Hebebrücke (Pont Rouge)	3,7		17,3
Bourbourg Kai, kleine Stadt RU	3,8	—	17,2
Schleuse (Bourbourg)	3,9	2	17,1
Coppenaxfort Brücke, Kai BW LU, Privatkais TW	8,3	—	12,7
Verbindung zum Ableitungskanal von Colme (D-S Kanal) RU	9,3	—	11,7
Verbindung zum Ableitungskanal von Mardyck (D-S Kanal) LU	10,9	—	10,1
Eine Gasleitung quert den Kanal	11,2	—	9,8
Spycker Brücke, Kai BW LU, Ortschaft 2500 m RU	13,1	—	7,9
Eine Wasserleitung quert den Kanal	14,7	—	6,3

Entfernungstabelle	km	Schl.	km
Alte Strecke mündet ein, LU (Zufahrt zur Fabrik Usine des Deux-Synthes)	15,2	—	5,8
Autobahnbrücke	15,6	—	5,4
Brücke Petite-Synthe, öffentlicher Kai BW LU	16,0	—	5,0
Wendebecken LU, privates Becken hinter Brückendurchfahrt RU	18,9	—	2,1
Eisenbahnbrücke, öffentlicher Kai TW LU	19,1	—	1,9
Neue Straßenbrücke (Umgehungsstraße für Dünkirchen)	19,2	—	1,8
Private Fußgängerbrücke	19,3	—	1,7
Privates Becken und öffentlicher Kai (Petite-Synthe) LU	20,0	—	1,0
Schleuse (Jeu de Mail), öffentlicher Kai TW RU	20,6	3	0,4
Brücke (Anschluß an die Seewasserstraßen des Hafens von **Dünkirchen**)	21,0	—	0,0

Canal de Bourgogne
Burgund-Kanal

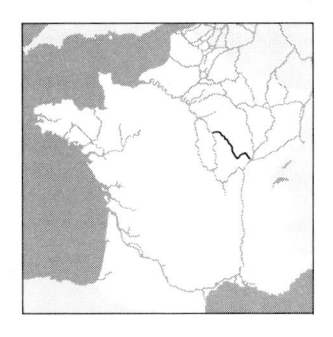

Der 242 km lange Canal de Bourgogne verbindet die Yonne bei Laroche-Migennes mit der Saône in Saint-Jean-de-Losne. Diese großartige Strecke ist zugleich die schleusenreichste auf dem Weg von der Seine zum Mittelmeer, denn der Kanal muß zu einer 378,50 m hohen Scheitelhaltung aufsteigen.

Diese Hürde beinhaltet den 3337 m langen Tunnel bei Pouilly-en-Auxois, der zu beiden Seiten durch Einschnitte, die nur in einer Richtung zu befahren sind, erweitert wurde. Im Tunnel gibt es keinen Treidelpfad, doch für Schiffe, besonders für unbeladene Lastkähne, deren Höhe größer ist als 3,10 m (siehe auch unter Brücken), stehen ein Schleppservice mit einem elektrisch betriebenen Schlepper und ein mit Ballast beschwerter Schwimmponton bereit. Wenn gerade keine Lastkähne durch den Tunnel geschleppt werden, steht es Sportbooten frei (vorausgesetzt, daß auch sie nicht höher als 3,10 m sind und einen genügend starken Scheinwerfer besitzen), mit eigener Motorkraft durch den Tunnel zu fahren. Die Genehmigung dazu holt man sich bei der Schleuse 1Y (Pouilly-en-Auxois), wenn man aus der Yonne kommt, oder bei Schleuse 1S (Escommes), wenn man aus der Saône einläuft.

Sobald der Tunnelwärter sich vergewissert hat, daß die Strecke frei ist, gibt er das Zeichen zum Einfahren. Fahren Sie mit einer Geschwindigkeit von 6 km/h und halten Sie nicht an, um die Scheitelhaltung so schnell wie möglich freizumachen. An der Schleuse von Pouilly wird eine Gebühr für die Inanspruchnahme des Schlepperdienstes erhoben (Ffr. 272,- im Jahr 1982).

Am Canal de Bourgogne gibt es wenig Güterverkehr; für die meisten Skipper ist er der schönste Kanal in Mittelfrankreich. Lassen Sie sich nicht durch die vielen Schleusen abschrecken; die herrliche Landschaft und die Sehenswürdigkeiten am Kanal und in der Umgebung wiegen die Anstrengungen spielend auf.

Schleusen 189 Schleusen sind zu überwinden: 113 zur Yonne (Y), 76 zur Saône (S) hinunter. Zwei der zur Yonne hin gelegenen Schleusen haben Doppelnummern (106/107Y und 114/115Y), nicht weil sie Schleusentreppen sind, sondern weil der Höhenunterschied demjenigen von zwei Schleusen entspricht. Die ersten drei Schleusen der Schleusenkette von Escommes, auf der zur Saône hin gelegenen Seite der Scheitelhaltung, sind für automatische Bedienung ausgelegt. Eine Gebrauchsanweisung in Deutsch, Französisch oder Englisch bekommen Sie bei der letzten handbetriebenen Schleuse ausgehändigt. Die Schleusenabmessungen sind 39,00 x 5,20 m.

Tiefen Der zugelassene Tiefgang beträgt 1,80 m.

Brücken Auf dieser Strecke gibt es viele feste Brücken, etwa die Hälfte davon liegt an den Schleusen. Sie haben eine lichte Durchfahrtshöhe von 3,40 m bei normalem Wasserstand. Im Tunnel von Pouilly ist die Höhe durch die elektrische Überleitung des Schleppers auf 3,10 m verringert, doch können Schiffe mit größerer Höhe (jedoch nicht höher als 3,40 m) und mit einem Tiefgang bis zu 0,80 m, wie bereits oben erwähnt einen mit Ballast beschwerten Schwimmponton (bac transporteur) benutzen, um sich durchschleppen zu lassen. Wer von dieser Möglichkeit Gebrauch machen will, muß sich bei der Schleuse vor der Scheitelhaltung melden und den Anweisungen des Tunnelwärters Folge leisten.

Geschwindigkeit Die zulässige Höchstgeschwindigkeit für Sportboote mit weniger als 20 Tonnen Verdrängung ist mit 10 km/h festgesetzt, ausgenommen an Stellen mit Geschwindigkeitsbegrenzung und im Bereich der Scheitelhaltung, wo nur 6 km/h erlaubt sind.

Treidelpfad Ein guter Treidelpfad verläuft neben der Strecke, außer im Bereich der Scheitelhaltung und im Tunnel.

Tourismus Burgund ist aufgrund seiner geographischen Lage ein natürliches Durchgangsland von Mittel- nach Südeuropa und hat eine reiche geschichtliche Vergangenheit. Die Römer unterwarfen die ansässigen Gallier und im 5. Jahrhundert kamen die Burgunder, ein Germanenstamm, dessen Hauptreich in Worms lag, aber von Hunnen zerstört wurde. Sie gründeten bei Lyon ein neues Reich, das eine Provinz Frankreichs wurde und durch sie den Namen Burgund erhielt. Burgund, das läßt uns an eine zauberhafte Landschaft mit Wäldern, Hügeln und tiefen Tälern denken, aber auch an besondere Gaumenfreuden und an einen guten Tropfen aus den Weinbergen dieser vom lieben Gott bevorzugten Gegend. Wie in allen Landstrichen, in denen guter Wein gekeltert wird, hat sich auch in Burgund die Kochkunst zu hoher Vollendung entwickelt. Schnecken, Coq au Vin, Rinderbraten in Rotwein, Schinken, Rehpfeffer, „Andouillette", eine leckere Variante des Preßkopfs, und verschiedene Käsespezialitäten verwöhnen unseren Gaumen. Samtige Rotweine sind hier beheimatet, aber auch der trockene weiße Chablis, der bei uns besonders gerne zu Austern getrunken wird, stammt aus den Weinkellern Burgunds; er wächst hauptsächlich um Saint-Florentin und Tonnerre. Fast in jeder Stadt, in jedem Hafen finden Sie gute Restaurants.

Auch der kulturelle Aspekt kommt hier nicht zu kurz. Renaissanceschlösser, mittelalterliche Städte, Zisterzienserabteien, romanische und spätgotische Kirchen, Fachwerkhäuser, Bildergalerien und Museen liegen an der Strecke, die Sie auf dem Canal de Bourgogne durchfahren.

Versorgung Joigny: Hat gute Lebensmittelgeschäfte. Wasser, Kraftstoff und Mechaniker bei der Charterfirma Locaboat Plaisance.

Laroche: Ein Supermarkt befindetet sich in der Nähe des Hafens. Wasser und Diesel gibt es am Kai, Wasser auch bei der Schleuse.

Saint-Florentin: Lebensmittel und Kraftstoff besorgt man sich im Ort, Wasser bei Schleuse 108 und im Hafenbecken. Bootsreparaturen werden ausgeführt.

Tonnerre: Lebensmittel bekommt man im Ort, Wasser bei Schleuse 96 und im Hafen bei der Charterfirma Les Croisières de Tonnerre. Kraftstoff in der Stadt oder per Tankwagen, Diesel gibt es auch bei Les Croisières

Vandenesse und Pont d'Ouche: Auch hier gibt es hilfreiche Charterfirmen.

Montbard: Im Sportboothafen bekommt man Wasser und Kraftstoff, es gibt dort eine Slipbahn und Mechanikerwerkstätten. Lebensmittel kauft man am Ort.

Dijon: Im Sportboothafen gibt es Wasser, Strom und Telefone. Kraftstoff, Mechaniker und gute Lebensmittelgeschäfte findet man in der Stadt.

St. Jean-de-Losne: Dieses Flußschifferstädtchen verfügt über hervorragende Hilfsmöglichkeiten. Wir beschreiben Sie im Abschnitt **Saône** auf Seite 178).

Behörden Direction Départementale de l'Equipement, Côte d'Or, Dijon.
Unterabteilungen:
— Avenue Alfred Grévin, 89700 Tonnerre, Tel. (86) 55.05.17 (km 0 – 93).
— Base Aérienne, 21600 Longvic, Tel. (80) 66.72.32 (km 93 – 242).

Entfernungstabelle

	km	Schl.	km
Verbindung zur kanalisierten Yonne (bei km 22,7)	0,0	—	242,1
Brücke	0,2	—	241,9
Schleuse 114/115Y (Laroche)	0,3	1	241,8
Migennes Becken, Festmachemöglichkeiten, Trockendock, Slip, Wasser- und Treibstoffzapfstellen, Stadtzentrum 400 m RU, Eisenbahnstation über eine Brücke	0,5	—	241,6
Fußgängerbrücke (Zugang zur Bahnstation)	0,8	—	241,3
Schleuse 113Y Cheny), Brücke, Becken TW RU	1,7	2	240,4
Esnon Brücke, Kai TW RU	6,5	—	235,6
Schleuse 112Y (Moulin-Neuf), Kai TW RU	7,9	3	234,2
Brienon-sur-Armançon Brücke, Becken TW, Ortschaft RU	9,2	—	232,9
Brienon Zucker-Raffinerie, Kai LU	9,6	—	232,5
Schleuse 111Y (Boutoir), Brücke, Aquädukt BW	10,2	4	231,9
Brücke (Crécy), Kai TW RU	12,5	—	229,6
Neue Eisenbahnbrücke (TGV)	14,1	—	228,0

Entfernungstabelle

	km	Schl.	km
Schleuse 110Y (Duchy), Brücke, Kais TW RU	15,1	5	227,0
Schleuse 109Y (Maladrerie), Brücke, Kai TW RU	17,2	6	224,9
Schleuse 108Y (Saint-Florentin), Brücke, Aquädut BW	18,6	7	223,5
Saint-Florentin, Becken, Festmachemöglichkeiten, Stadtzentrum 700 m RU	18,8	—	223,3
Brücke (Saint-Florentin, N77) und Eisenbahnbrücke	19,1	—	223,0
Kai RU (für Tankschiffe)	19,3	—	222,8
Schleuse 106/107 Y (**Germigny**), Brücke, Kais BW und TW RU, Ortschaft 1000 m RU	21,8	8	220,3
Schleuse 105Y (Egrevin), Brücke	23,4	9	218,7
Butteaux, Brücke, Kai BW RU, kleine Ortschaft 700 m	25,2	—	216,9
Schleuse 104Y (Percey), Brücke	26,8	10	215,3
Percey, Kai RU, kleine Ortschaft 300 m	27,5	—	214,6
Schleuse 103Y (Chailley), Brücke	27,8	11	214,3
Schleuse 102Y (Villiers-Vineux)	29,4	12	212,7
Schleuse 101Y (Flogny)	30,5	13	211,6
Schleuse 100Y (Flogny), Becken TW	30,9	14	211,2
Flogny Brücke, Kai TW RU, Ortschaft 500 m	31,4	—	210,7
La Chapelle Brücke, Kai TW RU, Ortschaft 900 m	32,8	—	209,3
Schleuse 99Y (Charrey), Brücke, Kai TW RU	34,9	15	207,2
Tronchoy Brücke, Ortschaft RU	37,9	—	204,2
Schleuse 98Y (Cheney), Brücke, Wasser	39,1	16	203,0

Aquädukt über den Armançon in St. Florentin

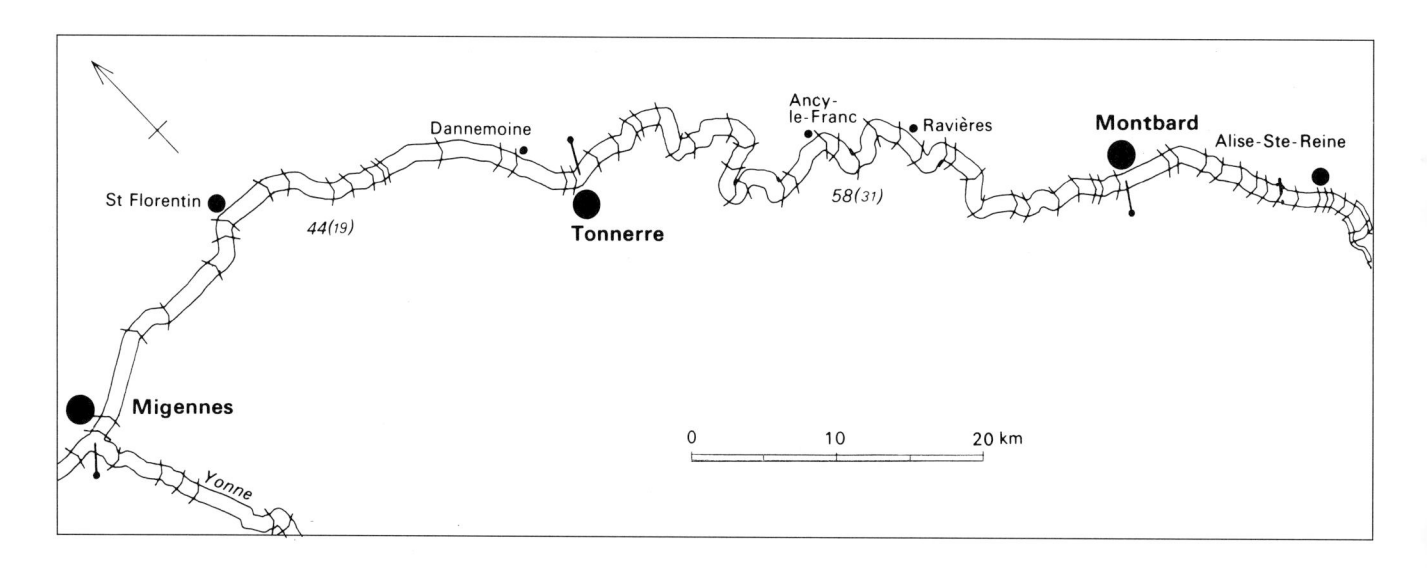

Burgund-Kanal

Entfernungstabelle	km	Schl.	km
Dannemoine Kai RU, Ortschaft 400 m	40,0	—	202,1
Schleuse 97Y (Dannemoine), Brücke, Wasser	40,3	17	201,8
Fußgängerbrücke (Epineuil)	42,8	—	199,3
Schleuse 96Y (Tonnerre), Brücke	44,1	18	198,0
Tonnerre Becken, Festmachemöglichkeiten, Wasser- und Treibstoffzapfstellen, Stadtzentrum 1000 m LU	44,3	—	197,8
Schleuse 95Y (Tonnerre), Brücke (D 905)	44,6	19	197,5
Schleuse 94Y (Arcot), Brücke	46,5	20	195,6
Schleuse 93Y (Arthe)	48,7	21	193,4
Brücke (Arthe)	49,9	—	192,2
Schleuse 92Y (Saint-Martin)	50,4	22	191,7
Schleuse 91Y (Commissey), Brücke	50,8	23	191,3
Comissey Brücke, kleine Ortschaft RU	51,6	—	190,5
Schleuse 90Y (Tanlay)	52,7	24	189,4
Tanlay Brücke, Kai TW RU, Ortschaft mit Schloß 300 m RU	52,2	—	189,9
Schleuse 89Y (Moulin de Saint-Vinnemer), Brücke	55,2	25	186,9
Saint-Vinnemer Brücke, Kai BW RU, kleine Ortschaft	56,4	—	185,7
Schleuse 88Y (Saint-Vinnemer)	56,7	26	185,4
Schleuse 87Y (**Argentenay**), Brücke, kleine Ortschaft 300 m LU	59,6	27	182,5
Schleuse 86Y (**Ancy-le-Libre**), Brücke, kleine Ortschaft 400 m RU	61,4	28	180,7
Eisenbahnbrücke (Hauptstrecke Paris-Dijon)	63,0	—	179,1
Schleuse 85Y (Lézinnes), Brücke, Wasser, Becken BW RU, Ortschaft 600 m LU	63,4	29	178,7
Schleuse 84 Y (Batilley), Zementfabriken und Kai BW LU	65,1	30	177,0
Schleuse 83Y (Pacy)	66,3	31	175,8
Kai (Pacy-Varennes) RU	66,9	—	175,2
Brücke (Pacy)	67,5	—	174,6
Schleuse 82Y (Argenteuil), Brücke	69,7	32	172,4
Eisenbahnbrücke (Hauptstrecke Paris-Dijon)	70,2	—	171,9
Schleuse 81Y (Rapille), Brücke	71,2	33	170,9
Brücke (Cusy)	73,7	—	168,4
Ancy-le-Franc Becken, Festmachemöglichkeiten RU, Ortschaft mit Schloß 800 m RU	73,8	—	168,3
Schleuse 80Y (Ancy-le-Franc), Brücke	74,4	34	167,7
Schleuse 79Y (**Chassignelles**), Brücke, Ortschaft RU	75,4	35	166,7
Fulvy Brücke, Becken TW, kleine Ortschaft 700 m LU	77,1	—	165,0
Schleuse 78Y (Fulvy)	77,8	36	164,3
Schleuse 77Y (Papeterie/Papierfabrik), Brücke	80,1	37	162,0
Schleuse 76Y (Huilerie/Ölpresse), Brücke	81,8	38	160,3
Eisenbahnbrücke	82,1	—	160,0
Brücke (Ravières)	82,3	—	159,8
Ravières Becken, Ortschaft RU	82,6	—	159,5
Brücke (Nuits-sur-Armançon), Privatkai BW RU	82,9	—	159,2
Schleuse 75Y (Nuits), Brücke	84,1	39	158,0
Schleuse 74Y (Arlot), Brücke	86,5	40	155,6
Schleuse 73Y (**Cry**), Brücke, Kai TW RU, kleine Ortschaft 400 m LU	87,2	41	154,9
Schleuse 72Y (Perrigny), Brücke	89,3	42	152,8
Schleuse 71Y (Forge d'Aisy), Brücke, Becken BW	91,5	43	150,6
Aisy-sur-Armançon Brücke, Kai BW LU, Ortschaft 400 m	92,4	—	149,7
Brücke (Rougemont)	93,0	—	149,1
Schleuse 70Y (Rougemont), Brücke	94,0	44	148,1
Schleuse 69Y (Buffon)	95,0	45	147,1
Brücke (Grande-Forge), Kai BW RU	95,5	—	146,6
Buffon Brücke, kleine Ortschaft RU	96,4	—	145,7
Ehemalige Brückenöffnung (Petite-Forge), eingeschränkte Durchfahrt	96,9	—	145,2
Schleuse 68Y (Buffon)	97,6	46	144,5
Saint-Rémy Brücke, Kai BW LU, Ortschaft 300 m, Schloß auf gegenüberliegender Seite	98,5	—	143,6
Schleuse 67Y (Saint-Rémy), Brücke	99,3	47	142,8
Schleuse 66Y (Fontenay)	100,6	48	141,5
Schleuse 65Y (Montbard), Aquädukt BW	101,4	49	140,7
Montbard unteres Becken, Marina und Sportboot-Charterbasis, Fest-			

Burgund-Kanal

Entfernungstabelle	km	Schl.	km
machemöglichkeiten, Wasser, Strom, Duschen, etc. in Nähe des Stadtzentrums	101,7	—	140,4
Schleuse 64Y (Montbard) Brücke, Wasser	102,2	50	139,9
Brücke (Bahnhof)	102,3	—	139,8
Montbard oberes Becken LU	102,5	—	139,6
Eisenbahnbrücke (Hauptstrecke Paris-Dijon)	102,9	—	139,2
Schleuse 63Y (Nogent)	105,3	51	136,8
Nogent Brücke, Kai TW LU, kleine Ortschaft	106,0	—	136,1
Schleuse 62Y (Moulin de Nogent)	106,3	52	135,8
Schleuse 61Y (**Courcelles**), Brücke, Wasser, kleine Ortschaft LU	108,2	53	133,9
Schleuse 60Y (Benoisey)	109,3	54	132,8
Brücke (Benoisey)	109,9	—	132,2
Schleuse 59Y (Seigny)	111,1	55	131,0
Brücke (Grignon)	111,4	—	130,7
Schleuse 58Y (Grignon)	112,2	56	129,9
Schleuse 57Y (Granges), Brücke	112,8	57	129,3
Les Granges-sous-Grignon, Brücke, kleine Ortschaft LU	113,2	—	128,9
Schleuse 56Y (Venarey)	114,5	58	127,6
Venarey-les-Laumes Brücke, Kai TW LU, Ortschaft 400 m LU, Überreste einer Gallo-Romanischen Stadt 5 km RU	115,3	—	126,8
Schleuse 55Y (Venarey)	116,0	59	126,1
Brücke (Venarey)	116,3	—	125,8
Schleuse 54Y (Venarey)	116,6	60	125,5
Schleuse 53Y (Mussy)	116,9	61	125,2
Schleuse 52Y (Mussy), Brücke	117,5	62	124,6
Schleuse 51Y (Pouillenay)	118,2	63	123,9
Schleuse 50Y (Pouillenay)	118,6	64	123,5
Schleuse 49Y (Pouillenay), Becken BW	118,9	65	123,2
Schleuse 48Y (Pouillenay)	119,1	66	123,0
Schleuse 47Y (Pouillenay)	119,3	67	122,8
Schleuse 46Y (Pouillenay)	119,6	68	122,5
Pouillenay Brücke, Becken BW LU, Ortschaft 800 m RU	119,7	—	122,4
Schleuse 45Y (Pouillenay)	119,9	69	122,2
Schleuse 44Y (Pouillenay), Becken BW LU	120,2	70	121,9
Schleuse 43Y (Pouillenay)	120,4	71	121,7
Schleuse 42Y (Pouillenay)	120,7	72	121,4
Schleuse 41Y (Pouillenay), Brücke	121,0	73	121,1
Schleuse 40Y (Pouillenay)	121,3	74	120,8
Schleuse 39Y (Pouillenay)	121,5	75	120,6
Schleuse 38Y (Pouillenay)	121,8	76	120,3
Schleuse 37Y (Pouillenay), Becken (Dos de la Camme), BW	122,1	77	120,0
Schleuse 36Y (Chassey)	122,3	78	119,8
Schleuse 35Y (Chassey), Brücke	122,7	79	119,4
Schleuse 34Y (Chassey)	122,9	80	119,2
Schleuse 33Y (Chassey)	123,3	81	118,8
Chassey Brücke, kleine Ortschaft 700 m LU	123,4	—	118,7
Schleuse 32Y (Chassey), Becken BW LU	123,6	82	118,5
Eisenbahnbrücke	123,9	—	118,2
Schleuse 31Y (Chassey), Brücke	124,0	83	118,1
Schleuse 30Y (Marigny)	124,4	84	117,7
Schleuse 29Y (Marigny)	124,7	85	117,4
Schleuse 28Y (Marigny)	125,1	86	117,0
Marigny, Schleuse 27Y, Brücke	125,4	87	116,7
Schleuse 26Y (Marigny) Becken BW LU	125,8	88	116,3
Schleuse 25Y (Marigny)	126,0	89	116,1
Schleuse 24Y (Marigny), Brücke	126,4	90	115,7
Schleuse 23Y (Marigny), Brücke	127,0	91	115,1
Schleuse 22Y (Marigny)	127,3	92	114,8
Schleuse 21Y (Marigny)	127,7	93	114,4
Schleuse 20Y (Marigny), Brücke	128,4	94	113,7
Schleuse 19Y (Marigny)	128,8	95	113,3
Schleuse 18Y (Marigny)	129,2	96	112,9
Schleuse 17Y (Charigny)	129,5	97	112,6
Schleuse 16Y (Charigny), Brücke	129,9	98	112,2
Brücke (Villeneuve-sous-Charigny)	131,0	—	111,1
Schleuse 15Y (Braux), Brücke	132,3	99	109,8
Durchstich (La Croise), auf 470 m Einbahnverkehr	132,6	—	109,5
Braux Brücke, Becken TW RU, kleine Ortschaft 700 m RU	134,0	—	108,1
Brücke (Pierre-My)	134,8	—	107,3
Schleuse 14Y (Braux)	135,3	100	106,8
Durchstich (Saucy), auf 280 m Einbahnverkehr	135,5	—	106,6
Brücke (Saucy)	136,3	—	105,8
Pont-Royal Brücke, Becken TW RU, kleine Ortschaft RU	137,1	—	105,0
Schleuse 13Y (Pont Royal)	137,5	101	104,6
Beginn des Durchstichs von Creuzot (113 m lang), nur Einbahnverkehr	137,8	—	104,3
Brücke (Creuzot)	138,5	—	103,6
Ende des Durchstichs von Creuzot	139,0	—	103,1
Saint-Thibault Brücke, Becken BW RU, Ortschaft 600 m RU	140,0	—	102,1
Durchstich (Saint-Thibault), 145 m lang mit Brücke	141,0	—	101,1
Brücke (D970)	142,9	—	99,2
Beurizot Brücke, Becken TW RU, Ortschaft 400 m RU	143,8	—	98,3
Brücke (Gissey-le-Vieil), Becken TW RU	145,9	—	96,2
Brücke	146,5	—	95,6
Schleuse 12Y (Gissey-le-Vieil), Brücke	147,9	102	94,2
Becken (Grandchamp)	148,1	—	94,0
Brücke (Garreau)	148,9	—	93,2
Brücke (Eguilly), Schloß LU	149,4	—	92,7
Schleuse 11Y (Eguilly)	149,7	103	92,4
Schleuse 10Y (Croix-Rouge)	150,5	104	91,6
Schleuse 9Y (Morons)	151,3	105	90,8
Schleuse 8Y (Carrons)	151,7	106	90,4
Schleuse 7Y (Chailly), Brücke	152,6	107	89,5
Schleuse 6Y (Argilas)	153,1	108	89,0
Schleuse 5Y (Pelleson)	153,4	109	88,7
Schleuse 4Y (Cercey), Brücke	153,7	110	88,4
Schleuse 3Y (Champ-Roger)	154,0	111	88,1
Schleuse 2Y (Lochère)	154,3	112	87,8
Schleuse 1Y (Pouilly), Brücke, Beginn der Scheitelhaltung	154,6	113	87,5
Pouilly-en-Auxois Becken RU, Trockendock, Wasser, Ortschaft 1500 m	154,7	—	87,4
Eisenbahnbrücke, Anfang des Durchstichs von Pouilly (eng)	155,1	—	87,0
Pouilly Tunnel, Nordeinfahrt	156,0	—	86,1
Pouilly Tunnel, Südeinfahrt	159,4	—	82,7

47

Burgund-Kanal

Entfernungstabelle	km	Schl.	km
Brücke (Lochère)	160,1	—	82,0
Ende des Durchstichs von Créancy	160,3	—	81,8
Escommes Becken LU, Festmachemöglichkeiten	160,4	—	81,7
Schleuse 1S (Escommes), Ende der Scheitelhaltung	160,7	114	81,4
Schleuse 2S (Sermaize), Brücke	161,1	115	81,0
Schleuse 3S (Rambourg)	161,4	116	80,7
Schleuse 4S (Grand-Pré)	161,7	117	80,4
Schleuse 5S (Chevrotte)	162,1	118	80,0
Schleuse 6S (Chaume)	162,4	119	79,7
Schleuse 7S (Vachey)	162,7	120	79,4
Schleuse 8S (Vandenesse), Brücke	163,1	121	79,0
Vandenesse-en-Auxois Kai LU, Ortschaft RU	163,2	—	78,9
Schleuse 9S (Fourneau)	163,5	122	78,6
Schleuse 10S (Mine)	163,9	123	78,2
Châteauneuf Brücke, Ortschaft mit Schloß 1200 m LU	164,2	—	77,9
Schleuse 11S (Rêpe)	164,4	124	77,7
Schleuse 12S (Révin), Brücke	165,1	125	77,0
Autobahnbrücke (A6, Autoroute du Soleil)	165,4	—	76,7
Schleuse 13S (Sainte-Sabine)	165,9	126	76,2
Brücke (Sainte-Sabine), Kai TW RU	166,4	—	75,7
Schleuse 14S (Bouhey), Brücke	167,6	127	74,5
Schleuse 15S (Fontenis)	168,4	128	73,7
Schleuse 16S (Crugey)	169,2	129	72,9
Crugey Brücke, Becken TW RU, kleine Ortschaft RU	169,5	—	72,6
Autobahnbrücke (A6, Autoroute du Soleil)	169,7	—	72,4
Schleuse 17S (Rempart)	170,1	130	72,0
Schleuse 18S (Roche-aux-Fées), Brücke	171,4	131	70,7
Schleuse 19S (Sarrée), Brücke	172,0	132	70,1
Brücke (Froideville)	172,5	—	69,6
Pont d'Ouche Becken RU, kleine Ortschaft	172,6	—	69,5
Ouche-Aquädukt	172,8	—	69,3
Schleuse 20S (Pont d'Ouche)	173,1	133	69,0
Schleuse 21S (Baugey)	173,8	134	68,3
Schleuse 22S (Veuvey)	175,1	135	67,0
Veuvey-sur-Ouche Brücke, Wasser, Kai BW RU, Ortschaft LU	175,7	—	66,4

Entfernungstabelle	km	Schl.	km
Schleuse 23S (Antheuil)	176,5	136	65,6
Schleuse 24S (Angles)	177,4	137	64,7
Schleuse 25S (Forge), Brücke	179,1	138	63,0
Schleuse 26S (Bussière), Brücke, Becken BW LU	179,6	139	62,5
Schleuse 27S (Bouchot)	180,2	140	61,9
Schleuse 28S (Chaume)	181,3	141	60,8
Schleuse 29S (Saint-Victor), Brücke	182,5	142	59,6
Schleuse 30S (Dennevy)	183,9	143	58,2
Brücke	184,5	—	57,6
Schleuse 31S (Barbirey)	185,0	144	57,1
Schleuse 32S (Gissey-sur-Ouche), Becken TW RU	186,2	145	55,9
Gissey-sur-Ouche Brücke, kleine Ortschaft LU	186,5	—	55,6
Schleuse 33S (Saint-Eau)	187,5	146	54,6
Schleuse 34S (Moulin Banet)	189,0	147	53,1
Schleuse 35S (Champagne)	189,8	148	52,3
Schleuse 36S (**Sainte-Marie**), Brücke, Ortschaft 300 m LU	190,5	149	51,6
Schleuse 37S (Roche-Canot)	192,1	150	50,0
Schleuse 38S (Pont-de-Pany), Brücke, Becken TW (verschlickt)	193,5	151	48,6
Schräge Autobahnbrücke (N5 nach Dijon)	194,0	—	48,1
Schleuse 39S (Chassagne)	194,7	152	47,4
Schleuse 40S (Morcoceuil)	195,4	153	46,7
Schleuse 41S (Potet)	196,3	154	45,8
Fleurey-sur-Ouche Brücke, Kai BW RU, Ortschaft RU	197,4	—	44,7
Schleuse 42S (Fleurey)	198,0	155	44,1
Schleuse 43S (Creux-Suzon)	199,6	156	42,5
Schleuse 44S (Combe-de-Fain)	200,6	157	41,5
Schleuse 45S (Velars), Brücke	201,7	158	40,4
Velars Kai RU, Ortschaft LU über eine Brücke	201,8	—	40,3
Schleuse 46S (Verrerie – Glasfabrik)	202,6	159	39,5
Schleuse 47S (Crucifix)	203,8	160	38,3
Schleuse 48S (Neuvon)	205,0	161	37,1
Schleuse 49S (Craie)	205,9	162	36,2
Plombières Becken LU, Ortschaft 400 m LU	206,9	—	35,2

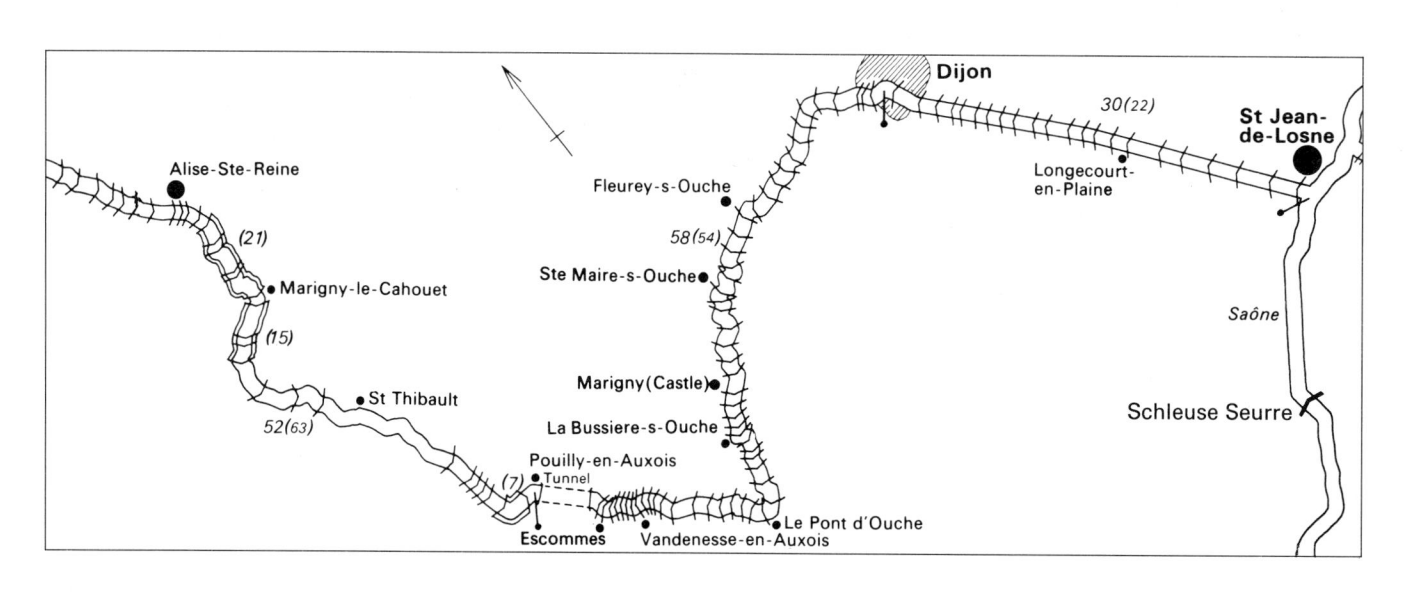

Entfernungstabelle	km	Schl.	km
Schleuse 50S (Plombières), Brücke	207,0	163	35,1
Schleuse 51S (Bruant)	208,4	164	33,7
Schleuse 52S (Carrières-Blanches)	210,2	165	31,9
Schleuse 53S (Marcs-d'Or)	210,5	166	31,6
Neue Straßenbrücke (Vororte von Dijon)	210,8	—	31,3
Schleuse 54S (Larrey), Brücke	211,3	167	30,8
Brücke (Pont Eiffel)	212,3	—	29,8
Dijon Becken und Sportboothafen, Stadtzentrum 1000 m LU	212,4	—	29,7
Schleuse 55S (Dijon), Brücke	212,7	168	29,4
Neue Straßenbrücke (Stadtring von Dijon), ehemaliges Becken RU	213,3	—	28,8
Eisenbahnbrücke (Hauptstrecke Dijon-Lyon)	213,5	—	28,6
Fußgängerbrücke (Zugang zum Umschlagbahnhof)	214,1	—	28,0
Schleuse 56S (Colombière), Brücke	214,9	169	27,2
Eisenbahnbrücke, Becken des Industriehafens TW RU	215,0	—	27,1
Schleuse 57S (Romelet), neue Straßenbrücke	215,9	170	26,2
Neue Straßenbrücke (Autobahnspur)	216,3	—	25,8
Longvic Brücke, Ortschaft (Vorort von Dijon) 500 m LU	216,7	—	25,4
Schleuse 58S (Longvic)	217,0	171	25,1
Schleuse 59S (Beauregard), Brücke	217,5	172	24,6
Schleuse 60S (Préville), Kai BW RU	218,4	173	23,7
Schleuse 61S (Grand-Ouges), Brücke, Kai TW RU	219,3	174	22,8
Schleuse 62S (Petit-Ouges), Brücke	220,7	175	21,4
Schleuse 63S (Vernois)	221,4	176	20,7
Schleuse 64S (Epoisses), Brücke	222,6	177	19,5
Schleuse 65S (Bretenières), Brücke	223,6	178	18,5
Schleuse 66S (Rouvres), Brücke	225,2	179	16,9
Schleuse 67S (**Thorey**), Brücke, kleine Ortschaft RU	226,3	180	15,8
Schleuse 68S (Combe)	227,1	181	15,0
Schleuse 69S (Longecourt), Brücke	228,2	182	13,9
Longecourt-en-Plaine Becken, Ortschaft RU	228,3	—	13,8
Schleuse 70S (Potangey)	229,9	183	12,2
Brücke Potangey	230,6	—	11,5
Schleuse 71S (Aiserey), Brücke	231,8	184	10,3
Schleuse 72S (Bièrre)	233,1	185	9,0
Schleuse 73S (Pont-Hémery), Brücke, Kai TW RU	235,1	186	7,0
Brücke (Chapelle)	236,3	—	5,8
Schleuse 74S (Brazey), Privatkai BW RU (Zuckerfabrik)	236,9	187	5,2
Brazey-en-Plaine Brücke (Pont de Montot), Becken TW RU, Ortschaft 500 m RU	237,4	—	4,7
Schleuse 75S (Viranne), Brücke (D968)	239,6	188	2,5
Eisenbahnbrücke	240,2	—	1,9
Saint-Usage Brücke, Kanalbecken TW	241,5	—	0,6
Schleuse 76S (Saint-Jean-de-Losne), Brücke	242,0	189	0,1
Saint-Jean-de-Losne, Anschluß an die Saône und Einfahrt in das Kanalbekken (Gare d'Eau-Wasserbahnhof), Festmachemöglichkeiten, Slip, Trockendock, Schiffsausrüster, Charterbasis	242,1	—	0,0

Canal de Briare

Der Canal de Briare, einer der ersten Kanäle Europas, der eine Wasserscheide überquerte, wurde bereits 1642 fertiggestellt. Ursprünglich verband er die Loire mit dem Loingfluß, und zwar von Briare an der Loire bis zu einer Stelle 5 km nördlich von Montargis am Loing. Jahrhundertelang war er die „Lebensader" von Paris, denn auf ihm gelangten die Lebensmitteltransporte aus dem Loiretal in die Hauptstadt. Dann wurde der Canal latéral à la Loire (Loire-Seitenkanal) gebaut, sein berühmter Aquädukt führt in Briare vom linken zum rechten Loire-Ufer, und so entstand die Verbindung mit dem Canal de Briare in La Cognardière (2,6 km und 4 Schleusen bergwärts von der ehemaligen Verbindungsstelle mit der Loire).

Der Canal de Briare ist jetzt 54 km lang, von La Congnardière (nördlich von Briare) bis zur Schleuse von Buges (nördlich von Montargis), und ist ein wichtiges Glied in der Verbindung Paris – Lyon.

Schleusen 32 Schleusen: 8 steigen von La Cognardière zur Scheitelhaltung auf eine Höhe von 165 m hinauf, die restlichen 24 steigen zum Loing hinab. Ihre Abmessungen sind 39,5 x 5,20 m,

Tiefen Der zulässige Tiefgang beträgt 1,80 m.

Brücken Alle festen Brücken haben eine Mindestdurchfahrtshöhe von 3,70 m über dem normalen Wasserstand. In der Schleusenkette zwischen La Cognardière und der Scheitelhaltung gibt es einige Hubbrücken.

Treidelpfad Ein Treidelpfad mit Schotter verläuft neben der gesamten Strecke.

Tourismus Montargis liegt in einer malerischen Umgebung; die Kanäle, die die Stadt durchziehen, haben blumengeschmückte Ufer und erinnern ein wenig an Venedig. Nördlich von Briare kann man 7 historische Schleusen aus der Zeit Heinrich IV (17. Jahrhundert) besichtigen.

Versorgungsmöglichkeiten In Montargis und Briare bekommt man Wasser, Treibstoff, Lebensmittel; außerdem findet man in beiden Städten Postamt und Restaurants.

Behörden Service de la Navigation de Nevers.
Unterabteilungen:
- Usine Elevatrice, 45250 Briare, Tel. (60) 01.26.20 (km 0 – 18).
- Ecluse de la Marolle, 45200 Montargis, Tel. (38) 85.37.21 (km 18 – 54).

Entfernungstabelle

	km	Schl.	km
Verbindung zum Canal latéral à la Loire (2,6 km und 4 Schleusen entfernt von der früheren Anschlußstelle des Canal de Briare an die Loire)	0,0	—	54,1
Kai (Belleau) RU	0,2	—	53,9

Canal de Briare

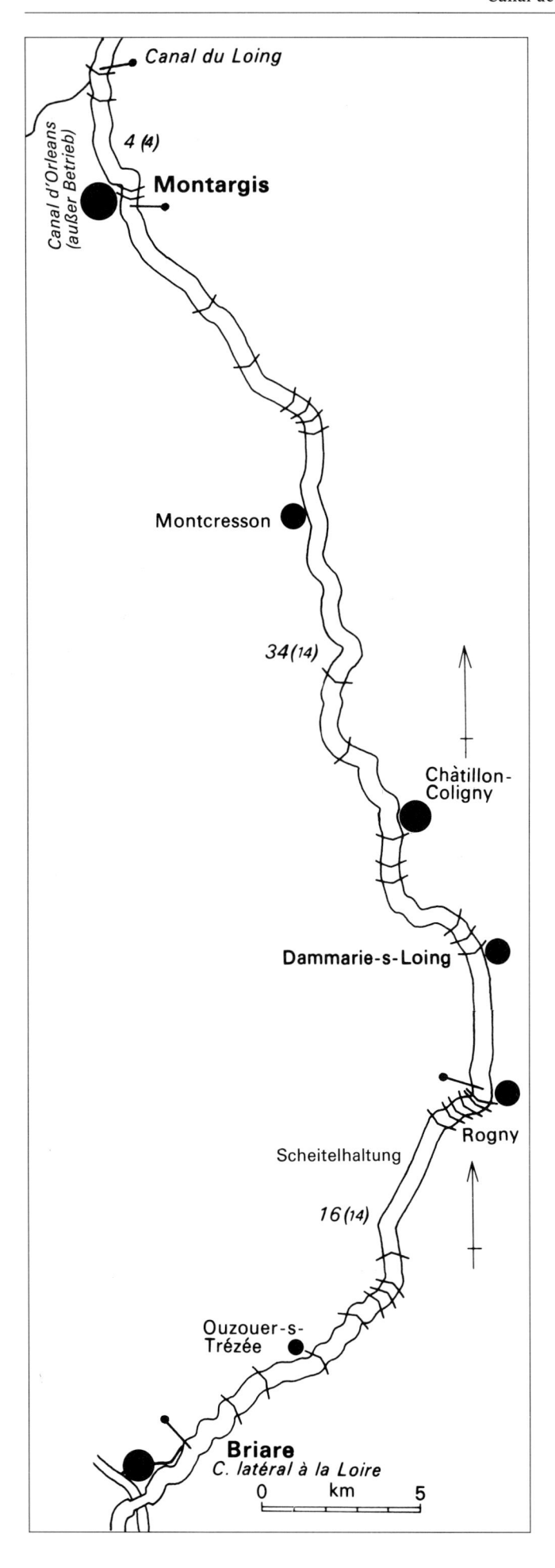

Entfernungstabelle	km	Schl.	km
Kai (Petit Moulin) RU	1,9	—	52,2
Schleuse 5 (Venon), Hebebrücke	2,1	1	52,0
Schleuse 6 (Courenvaux), Hebebrücke, Kai TW RU	3,3	2	50,8
Wendebecken	3,5	—	50,6
Versorgungskanal kreuzt den Kanal in einem Aquädukt	4,0	—	50,1
Ouzouer-sur-Trézée Brücke, Ortschaft RU	5,0	—	49,1
Schleuse 7 (Ouzouer-sur-Trézée), Kai BW LU	5,3	3	48,8
Schleuse 8 (Moulin Neuf), Hebebrücke, Kai BW RU	7,1	4	47,0
Schleuse 9 (Fées), Hebebrücke, Kai BW, RU	8,1	5	46,0
Schleuse 10 (Notre-Dame)	8,4	6	45,7
Standort einer ehemaligen Eisenbahnbrücke	8,7	—	45,4
Schleuse 11 (Petit Chaloy), Hebebrücke, Wendebecken und Kai BW LU	8,8	7	45,3
Schleuse 12 (Gazonne), Hebebrücke, Beginn der Scheitelhaltung	9,8	8	44,3
Brücke (Rondeau), Getreideverladekai	12,7	—	41,4
Brücke (Noue)	13,7	—	40,4
Schleuse 13 (Javacière), Ende der Scheitelhaltung	14,4	9	39,7
Schleuse 14 (Racault), Brücke	14,9	10	39,2
Schleuse 15 (Saint-Joseph)	15,2	11	38,9
Schleuse 16 (Chantepinot)	15,5	12	38,6
Schleuse 17 (Rogny), Brücke, Treppenschleuse aus dem 17. Jahrhundert, RU	15,8	13	38,3
Schleuse 18 (Sainte Barbe), Brücke	16,1	14	38,0
Rogny Brücke, Becken RU, Geschäfte, Restaurant am Kai	16,2	—	37,9
Wendebecken RU	17,4	—	36,7
Brücke (Bruxelles)	19,5	—	34,6
Dammarie-sur-Loing Brücke, Kai BW RU	20,5	—	33,6
Schleuse 19 (Dammarie-sur-Loing)	20,7	15	33,4
Schleuse 20 (Picardie)	21,2	16	32,9
Schleuse 21 (Moulin Brûlé), Brücke	21,8	17	32,3
Schleuse 22 (Briquemault), Hebebrücke	24,5	18	29,6
Schleuse 23 (Gazon)	25,0	19	29,1
Wendebecken RU	25,3	—	28,8
Schleuse 24 (Châtillon)	25,8	20	28,3
Châtillon-Coligny Brücke, Kai BW RU In der Ortschaft ein Schloß aus dem 12. Jahrhundert	26,3	—	27,8
Ehemalige Eisenbahnbrücke	26,8	—	27,3
Fußgängerbrücke (Ronce)	27,8	—	26,3
Schleuse 25 (Lépinoy), Brücke	29,4	21	24,7
Brücke (Brangers)	30,6	—	23,5
Schleuse 26 (Montbouy)	31,7	22	22,4
Montbouy Brücke, Kai und Ortschaft TW LU	31,9	—	22,2
Brücke	33,4	—	20,7
Fußgängerbrücke, Schloß und galloromanische Ruinen LU	34,3	—	19,8
Brücke (Salles), Kai TW LU	34,7	—	19,4
Montcresson Brücke, Kai, Wendebecken BW, Ortschaft 400 m	37,6	—	16,5
Schleuse 27 (Montambert)	40,2	23	13,9
Schleuse 28 (Chesnoy)	40,6	24	13,5
Schleuse 29 (Moulin de Tours), Brücke	41,0	25	13,1
Schleuse 30 (Souffre-Douleur)	41,5	26	12,6

Entfernungstabelle	km	Schl.	km
Schleuse 31 (Sablonnière), Brücke, **Conflans-sur-Loing** 800 m	43,4	27	10,7
Schleuse 32 (Tuilerie), Brücke, Öl-Terminal TW LU, Restaurant	45,4	28	8,7
Eisenbahnbrücke	46,8	—	7,3
Brücke (Moulin Bardin)	47,7	—	6,4
Neue Straßenbrücke (Umgehungsstraße für Montargis)	48,4	—	5,7
Brücke (St. Roch), Becken TW LU	49,2	—	4,9
Montargis Fußgängerbrücke, Stadtzentrum LU	49,7	—	4,4
Schleuse 33 (Marolle), Wasser	49,8	29	4,3
Schleuse 34 (Reinette), Brücke	50,1	30	4,0
Brücke (Loing), N60	50,2	—	3,9
Brücke (Pâtis), N7	50,5	—	3,6
Neue Straßenbrücke, die Kais von Montargis TW RU	50,8	—	3,3
Brücke (Ane)	51,9	—	2,2
Private Handelskais	52,2	—	1,9
Eisenbahnbrücke, Becken TW (Handelskais)	53,1	—	1,0
Schleuse 35 (Langlée), Brücke	53,4	31	0,7
Schleuse 36 (Buges), Brücke, Anschluß an den Canal du Loing (und an den stillgelegten Canal d'Orleans, BW der Schleuse 1b)	54,1	32	0,0

Canal de Briare: Treppenschleuse bei Rogny aus dem 17. Jh.

Canal de Calais

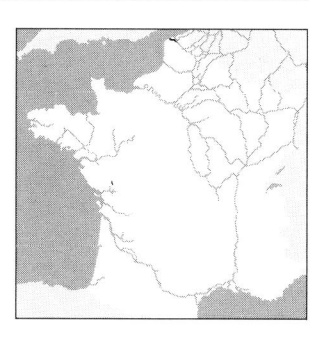

Der Canal de Calais ist 29,5 km lang von Le West, wo er Verbindung zur Aa hat, bis zum Hafen von Calais. Drei seiner Zweigkanäle führen zu den kleinen Städten Audruicq (2,4 km), Ardres (4,8 km) und Guînes (6,2 km), die am Rand der Ebene von Flandern liegen.
Die Hauptstrecke wird noch regelmäßig für den Güterverkehr genutzt, und die örtlichen Behörden bemühen sich sehr um eine Verbreiterung des Kanals, damit er wenigstens auch von Schiffen mit einer Ladekapazität von 600 Tonnen befahren werden kann. Die Zweigkanäle sind recht hübsch zum Wasserwandern.

Schleusen Es gibt nur eine Schleuse in Hénuin, die einen Höhenunterschied von etwa 1 m in Richtung Calais überwindet. Ihre Abmessungen sind 38,80 x 5,20 m. In der Entfernungstabelle ist noch eine weitere Schleuse im Hafen von Calais verzeichnet, obwohl die offizielle Grenze der Binnenwasserstraßen bei Pont Mollien (km 29,5) liegt.

Tiefen Der zulässige Tiefgang beträgt 1,80 m, in den Zweigkanälen von Audruicq und Ardres nur 1,40 m.

Brücken Alle festen Brücken auf der Hauptstrecke haben eine Mindestdurchfahrtshöhe von 3,40 m über normalem Wasserstand. Das gilt auch für die Zweigkanäle nach Guînes und Audruicq, wogegen die Durchfahrtshöhe auf dem Kanal nach Ardres nur 3,10 m beträgt. Wir weisen außerdem darauf hin, daß in den Zweigkanal nach Ardres nur Schiffe einlaufen dürfen, die nicht länger als 28 m sind, weil sie sonst Schwierigkeiten beim Wenden unter der Sans-Pareil-Brücke (Anschluß an die Hauptstrecke) bekommen.

Treidelpfad An der gesamten Strecke verläuft ein Treidelpfad mit Schotter.

Behörden Direction Régionale de la Navigation, Lille.
Unterabteilung:
Terre-Plein du Jeu de Mail, BP 1008, 59375 Dünkirchen, Tel. (28) 24.34.78.

Entfernungstabelle

	km	Schl.	km
Verbindung zum Fluß Aa (km 13,7)	0,0	—	29,8
Drehbrücke (Pont du West)	0,1	—	29,7
Öffentlicher Kai LU, **Ruminghem** 1200 m LU	2,0	—	27,8
Schleuse (Hénuin), Wasser	6,3	1	23,5
Hénuin Hebebrücke, Kai TW LU, kleine Ortschaft	6,6	—	23,2
Verbindung zum Zweigkanal nach Audruicq LU	8,1	—	21,7
Fort-Bâtard Brücke, Kai BW Ru	10,9	—	18,9
Zuckerfabrik und Kai LU	17,2	—	12,6

Canal de Calais

Entfernungstabelle	km	Schl.	km
Le Pont d'Ardres Brücke (Sans-Pareil), Verbindung zum Zweigkanal nach Ardres LU, Kai TW RU	18,1	—	11,7
Les Attaques Fußgängerbrücke und Hebebrücke, Kai BW RU	21,1	—	8,7
Wendebecken	22,4	—	7,4
Brücke (Pont des Briques)	24,5	—	5,3
Anschluß an den Zweigkanal nach Guînes LU	25,6	—	4,2
Coulogne Hebebrücke	26,2	—	3,6
Fabrikkais	26,8	—	3,0
Neue Straßenbrücke (Umgehungsstraße für Calais)	27,2	—	2,6
Eisenbahnbrücke	27,4	—	2,4
Hebebrücke (automatisch)	27,7	—	2,1
Brücke (Saint-Pierre)	28,4	—	1,4
Drehbrücke und Fußgängerbrücke (Vic)	28,9	—	0,9
Calais öffentlicher Kai RU, Wasser	29,3	—	0,5
Brücke (Pont Mollien), Grenze der Binnenwasserstraße	29,5	—	0,3
Schleuse und Brücke, Zugang zum Innenhafen von Calais (2400 m zum Englischen Kanal)	29,8	—	0,0

Zweigkanal nach Audruicq

	km	Schl.	km
Verbindung zum Canal de Calais (km 8,1)	0,0	—	2,4
Brücke (Pont Rouge)	1,2	—	1,2
Audruicq Kanal endet in einer „Sackgasse", Stadtzentrum 500 m	2,4	—	0,0

Zweigkanal nach Ardres

	km	Schl.	km
Verbindung zum Canal de Calais (km 18,1) bei der Sans-Pareil-Brücke	0,0	—	4,8
Eisenbahn- und Straßenbrücken	0,1	—	4,7
Ziegelei und Kai LU	3,6	—	1,2
Drehbrücke für Fußgänger (Brêmes)	3,8	—	1,0
Ardres öffentlicher Kai, Kanal endet in einer „Sackgasse", Stadtzentrum 500 m	4,8	—	0,0

Zweigkanal nach Guînes

Entfernungstabelle	km	Schl.	km
Verbindung zum Canal de Calais (km 25,6), Eisenbahnbrücke	0,0	—	6,2
Hebebrücke (Planche-Tournoire)	1,1	—	5,1
Hebebrücke (Ecluse Carrée)	2,1	—	4,1
Hebebrücke (Banc-Valois)	3,8	—	2,4
Wendebecken	5,0	—	1,2
Drehbrücke für Fußgänger (Guînes)	5,6	—	0,6
Guînes öffentlicher Kai, Stadtzentrum 500 m	6,0	—	0,2
Becken am Kanalende (wurde zugeschüttet)	6,2	—	0,0

Teilansicht von Calais

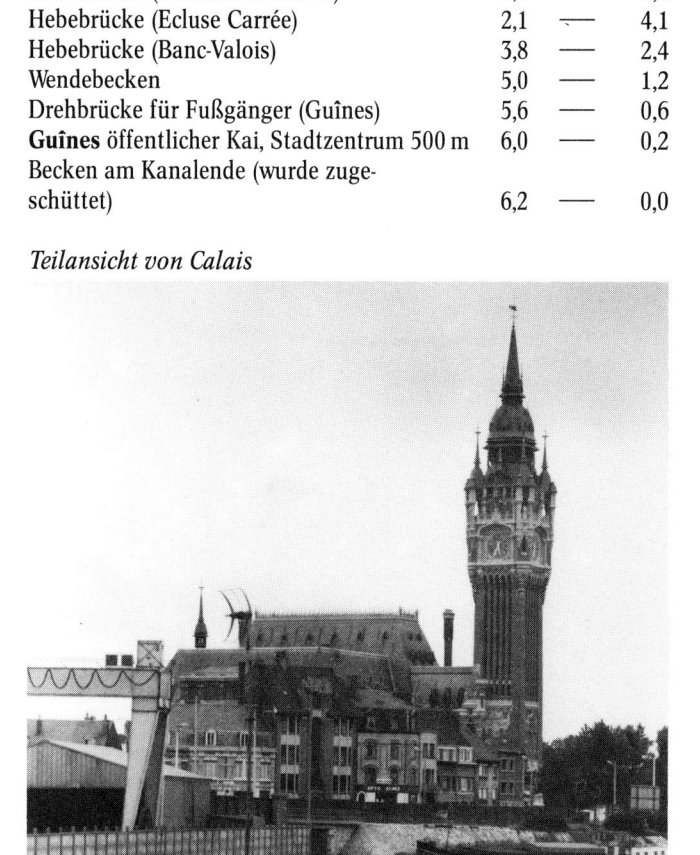

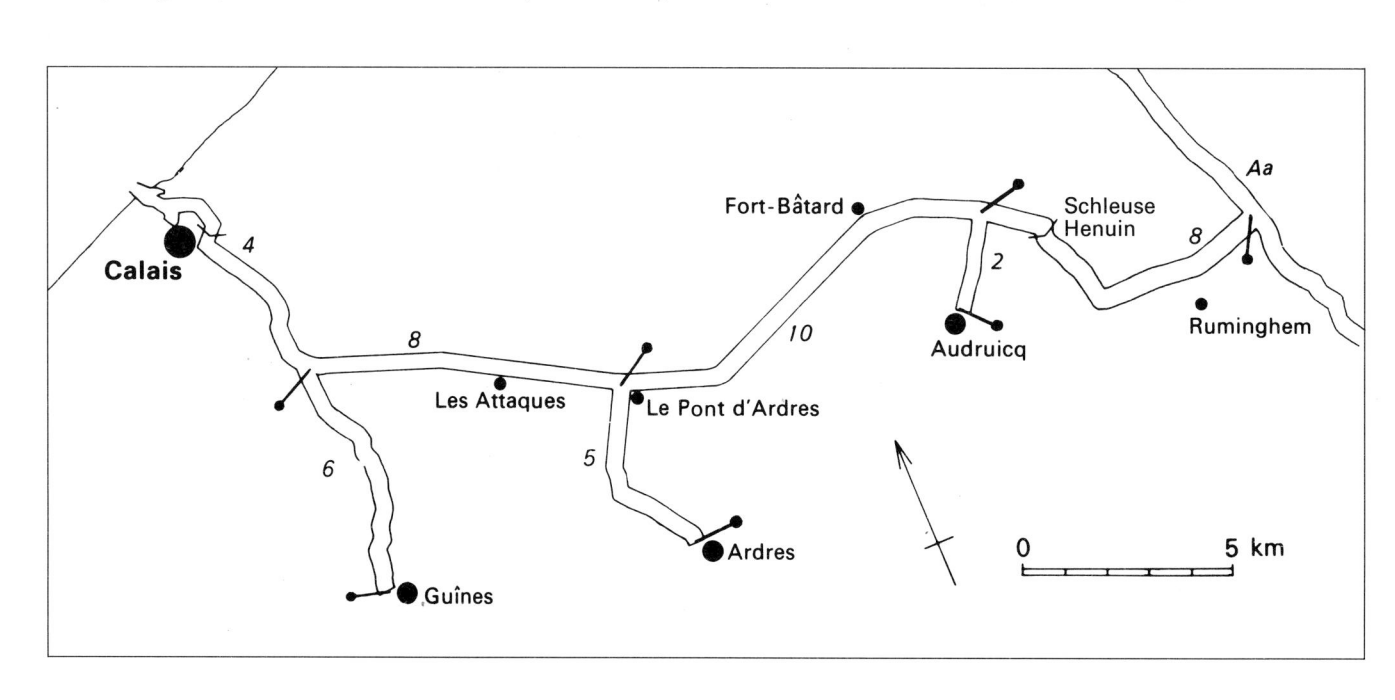

Canal du Centre

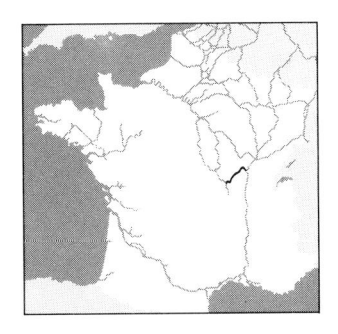

Der Canal du Centre wurde 1790 für die Schiffahrt freigegeben; zu dieser Zeit gab es in Mittelfrankreich erst ganz wenige Kanäle, die eine Wasserscheide überquerten. Von Chalon-sur Saône steigt er zu seiner 300 m hoch gelegenen Scheitelhaltung auf, bedient das Kohlenbergwerks- und Industriegebiet um Montceau-les-Mines, bis er wieder sanft nach Digoin, zur Anschlußstelle an den Canal latéral à la Loire, hinabsteigt. Seine Gesamtlänge beläuft sich auf 112 km. Früher führte ein kleines Stück des Kanals durch die Stadt Chalon, wo er im Port de la Chambre de Commerce Verbindung zur Saône hatte. Zwischen 1950 und 1960 mußte dieser Streckenabschnitt einer modernen Prachtstraße weichen; stattdessen wurde der Canal du Centre nördlich der Stadt vorbeigeführt. Diese neue Strecke ist um 2,1 km kürzer als die ursprüngliche; daher decken sich die Entfernungsangaben in unserer Tabelle nicht immer mit den Kilometerschildern auf dem Kanal.

Ein 3 km langes Stück der alten Strecke bedient die Fabrik im Stadtteil Saint-Gobain und hat bei km 3,7 Anschluß an die Hauptstrecke.

Schleusen Auf dem Canal du Centre gibt es 61 Schleusen: 35 davon (sie werden mit 1M – 35M bezeichnet, wobei M für Mittelmeer steht) bilden Staustufen nach Chalon hinab und 26 nach Digoin (sie werden mit 1O - 26O bezeichnet, O steht für Ozean); sie sind 39 m lang und 5,20 m breit. Nur die Schleuse 35M am neuen Kanalstücke in Chalon ist 40 x 60 m groß; sie ersetzt drei Schleusen der alten Strecke, daher kommt auch ihre ungewöhnliche Tiefe von 10,75 m. Die meisten Schleusen auf der Mittelmeerseite sind für automatische Bedienung ausgelegt, die Schleuseneinfahrt wird durch Lichter geregelt. Wenn Sie an einer blauen Leine, die in einem Stahlpfeiler an der Schleusenwand eingelassen ist, ziehen, lösen Sie die Schleusung aus. In Notfällen ziehen Sie an der roten Leine. Lesen Sie bitte auch den Abschnitt über automatische Schleusen in der Einleitung zu diesem Buch.

Tiefen Der zulässige Tiefgang beträgt 1,80 m.

Brücken Die Brücken haben eine Mindestdurchfahrtshöhe von 3,70 m, aber Skipper von Schiffen, deren Höhe dieser Zahl nahekommt, müssen bei der Brücke in Saint-Léger-sur-Dheune (km 31) besondere Vorsicht walten lassen, da durch die Form der Brückenbögen diese Durchfahrtshöhe nicht auf der gesamten schiffbaren Breite gegeben ist.

Canal du Centre: Historische Aufnahme eines inzwischen geschlossenen Abschnitts in Chalon-sur-Saône

Treidelpfad Ein Treidelpfad mit Schotter verläuft neben der gesamten Strecke. Zwischen Montchanin und Saint-Léger-sur-Dheune dient er als Fahrstraße (D974).

Tourismus Sobald man die Schlote des Industriegebietes hinter sich gelassen hat, überrascht auch der Canal du Centre mit schöner Landschaft, um die ihn nach Meinung manchen Kenners selbst der Canal du Midi beneiden könnte. Ländliche Atmosphäre, Weinberge und Wälder ziehen vorbei. Chalon hat einen Yachthafen, der am Bras de la Génise in zauberhafter Flußlandschaft liegt. Ganz in der Nähe des Yachthafens steht der Tour de la Doyenne, ein berühmtes Baudenkmal. Da Chalon im Burgund liegt, erwarten Sie hier auch kulinarische Freuden, wie zum Beispiel „Pauchouse" (in Wein gedünsteter Fisch mit Zwiebeln), Coq au Vin oder Escargots de Bourgogne (Weinbergschnecken auf Burgunder Art). Die berühmten Weine aus dem Burgund sind feurig und weich wie Samt, wie etwa der Beaujolais, der Mâconnais, der Burgunder.

Versorgungsmöglichkeiten
Digoin: Einkaufen, Wasser, Treibstoff, Postamt.
Paray le Monial: Einkaufen, Treibstoff am Kai, Mechaniker; Wasser bei Schleuse 23.
Montceau-les-Mines: Einkaufen, Treibstoff am Kai, Postamt. Wasser bei Schleuse 10; Wasser und Treibstoff bei Schleuse 9.
Chagny: Einkaufen, Postamt; Wasser bei Schleuse 34.
Chalon-sur-Saône: beste Einkaufsmöglichkeiten in der Stadt. Im Yachthafen bekommt man Wasser, Treibstoff findet man bei einer Tankstelle in 400 m Entfernung oder man läßt ihn sich an den Kai liefern. Reparaturen aller Art werden ausgeführt, Kran (5 Tonnen) ist vorhanden.

Behörden Direction Départementale de l'Equipement, Saône et Loire.
Unterabteilung: 9e écluse Océan, 71307 Montceau-les-Mines, Tel. (85) 57.21.98.

Entfernungstabelle

	km	Schl.	km
Chalon-sur-Saône, Verbindung zur Saône	0,0	—	112,1
Wendebecken und Fabrikkais	1,2	—	110,9
Neue Schleuse 35 (Hubhöhe 10,76 m)	1,5	1	110,6
Brücke (D5)	1,7	—	110,4
Eisenbahnbrücke	2,1	—	110,0
Brücke (Industriegelände)	2,4	—	109,7
Brücke (D19)	3,2	—	108,9
Anschluß an den Zweigkanal zur Fabrik in St. Gobain (ehemalige Hauptstrecke)	3,7	—	108,4
Kai LU	4,5	—	107,6
Schleuse 34, Brücke, **Fragnes** LU	5,9	2	106,2
Autobahnbrücke (A6)	6,3	—	105,8
Schleuse 33, Brücke, **La Loyère** LU	7,5	3	104,6
Brücke (Gauchard) N6 (Fernstraße)	9,1	—	103,0
Schleuse 32	9,3	4	102,8
Brücke (**Fontaine**), Kai TW LU, Ortschaft 2000 m	10,8	—	101,3
Schleuse 31, Brücke (Gué de Niffette)	11,7	5	100,4
Schleuse 30	12,4	6	99,7

Entfernungstabelle

	km	Schl.	km
Schleuse 29	13,1	7	99,0
Schleuse 28	13,6	8	98,5
Schleuse 27	14,1	9	98,0
Schleuse 26, Brücke, Kai TW RU, **Rully** 2000 m	14,5	10	97,6
Schleuse 25	15,1	11	97,0
Schleuse 24	15,7	12	96,4
Chagny Becken, Stadt und Eisenbahnstation (Hauptstrecke) LU	17,3	—	94,8
Brücke (Chagny) und Aquädukt über die Hauptstrecke der Eisenbahn	17,4	—	94,7
Brücke (Bouzeron)	18,0	—	94,1
Remigny Brücke, Kai, Ortschaft jenseits des Kanals LU	20,3	—	91,8
Brücke (Fontaine Beaunoise), D974	21,4	—	90,7
Santenay, Kai LU, Ortschaft 1000 m	22,5	—	89,6
Brücke (Corchanut)	22,8	—	89,3
Brücke (**Cheilly-les-Maranges**), Kai LU, Ortschaft 1000 m	24,3	—	87,8
Saint-Gilles Brücke, Kai und Ortschaft RU	26,3	—	85,8
Schleuse 23	26,9	13	85,2
Schleuse 22	27,4	14	84,7
Dennevy Brücke, Kai LU, Ortschaft RU	28,3	—	83,8
Schleuse 21	28,7	15	83,4
Brücke (Planche-Tapois, D148)	29,6	—	82,5
Schleuse 20	29,9	16	82,2
Saint-Léger-sur-Dheune Brücke, Kais BW, Ortschaft RU (Achtung: die Brücke soll die niedrigste am gesamten Kanal sein)	30,7	—	81,4
Schleuse 19	31,9	17	80,2
Brücke (Lochères)	32,4	—	79,7
Schleuse 18, (Brücke)	33,6	18	78,5
Schleuse 17, Brücke, **Saint-Bérain-sur-Dheune** RU	34,8	19	77,3
Kai LU	35,0	—	77,1
Schleuse 16	35,8	20	76,3
Schleuse 15	36,2	21	75,9
Brücke (Motte)	36,5	—	75,6
Schleuse 14, Kai TW LU, **Perreuil** 1500 m	37,6	22	74,5
Schleuse 13	38,5	23	73,6
Schleuse 12, Brücke	39,1	24	73,0
Schleuse 11 (Villeneuve)	40,7	25	71,4
Schleuse 10 (Chez-le-Roi), Brücke	41,2	26	70,9
Schleuse 9 (Moulin de Saint-Julien)	41,7	27	70,4
Saint-Julien-sur-Dheune Brücke, Kai TW RU	42,3	—	69,8
Schleuse 8 (Abbaye)	42,6	28	69,5
Schleuse 7 (Rocher)	43,0	29	69,1
Schleuse 6 (Motte)	43,7	30	68,4
Schleuse 5 (Forge), Brücke	44,6	31	67,5
Schleuse 4 (Ravin), Brücke	45,3	32	66,8
Schleuse 3 (Fourneau)	45,6	33	66,5
Schleuse 2 (Charmois)	45,9	34	66,2
Schleuse 1 (Méditerranée), Brücke, Kai TW RU Beginn der Scheitelhaltung	46,1	35	66,0
TGV Eisenbahnviadukt (Hochgeschwindigkeitsstrecke Paris-Lyon)	46,4	—	65,7
Neue Straßenbrücke (N80)	46,9	—	65,2
Überland-Hochspannungsleitungen	47,1	—	65,0

Canal du Centre

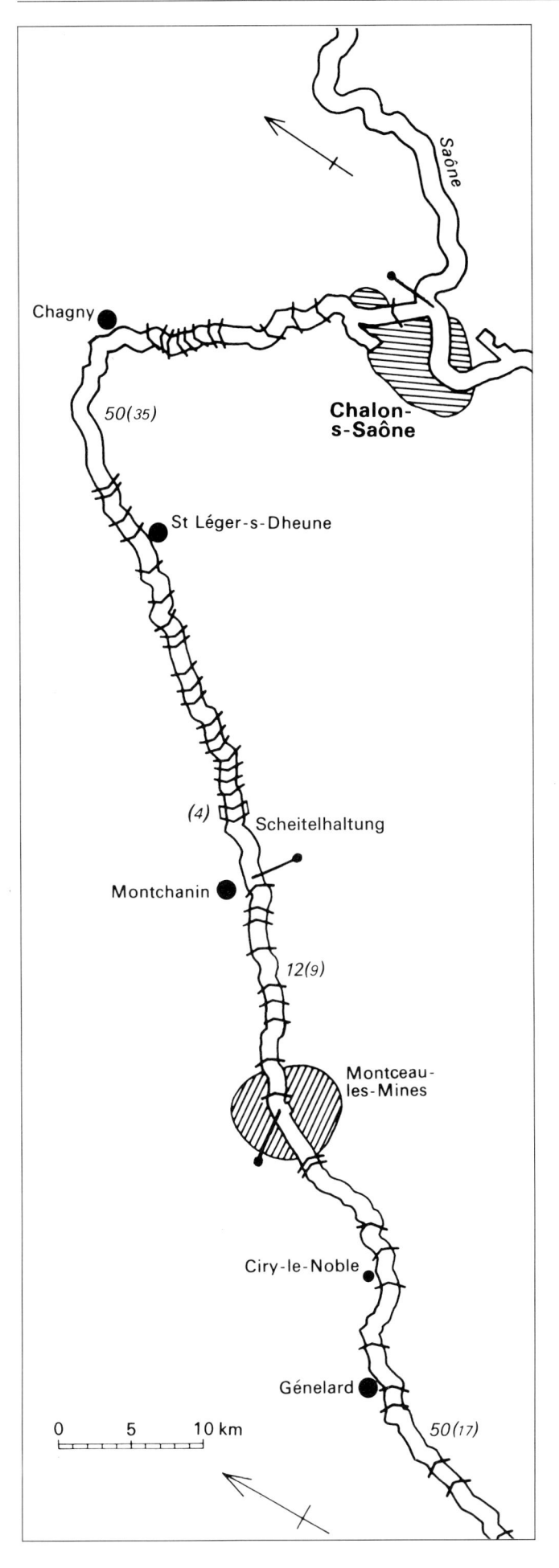

Entfernungstabelle	km	Schl.	km
Brücke (D18)	47,5	—	64,6
Brücke (Jeanne-Rose)	47,7	—	64,4
Brücke (D28), Café-Restaurant 400 m, **Montchanin** 1800 m	49,5	—	62,6
Schleuse 1 (Océan), Ende der Scheitelhaltung	50,2	36	61,9
Schleuse 2 (Brenots), Brücke	51,3	37	60,8
Schleuse 3 (Favée)	51,7	38	60,4
Schleuse 4 (Parizenot), Brücke	53,3	39	58,8
Schleuse 5 (Planche-Calard), Brücke	55,7	40	56,4
Schleuse 6 (Brûlard)	56,3	41	55,8
Schleuse 7 (Roche), Brücke (Saint-Gélin)	57,2	42	54,9
Eisenbahnbrücke	57,9	—	54,2
Blanzy Brücke, Kai BW RU, Ortschaft RU	58,9	—	53,2
Schleuse 8 (Mireaux)	59,9	43	52,2
Schleuse 9 (Montceau), Brücke, Frachtbüro	61,7	44	50,4
Montceau-les-Mines, Becken, Festmachemöglichkeiten LU, große Stadt	61,9	—	50,2
Fußgängerbrücke, unmittelbar neben Drehbrücke (Montceau)	62,5	—	49,6
Eisenbahnbrücke	63,1	—	49,0
Brücke (Lucie), Tankstelle RU, Becken TW LU	64,0	—	48,1
Eisenbahnbrücke	64,4	—	47,7
Brücke (Chavannes)	65,0	—	47,1
Schleuse 10 (Chavannes)	65,2	45	46,9
Schleuse 11 (Vernois)	65,6	46	46,5
Eisenbahnbrücke	66,1	—	46,0
Brücke (Galuzot), Restaurant, Tankstelle TW RU	66,7	—	45,4
Brücke (Maison Morin)	68,0	—	44,1
Brücke (Pont des Vernes)	69,3	—	42,8
Schleuse 12 (Four)	69,9	47	42,2
Brücke (Four)	70,5	—	41,6
Schleuse 13 (Azy)	71,8	48	40,3
Circy-le-Noble Brücke, Becken TW LU, Ortschaft RU	72,7	—	39,4
Schleuse 14 (Ciry), Brücke, Kai TW RU	73,5	49	38,6
Schleuse 15 (Ciry), Brücke	76,8	50	35,3
Kai LU (Vernizy), Tankstelle RU	78,7	—	33,4
Brücke über Einfahrt zum Durchstich von Génelard, Einbahnverkehr	78,8	—	33,3
Schleuse 16 (Génelard)	79,4	51	32,7
Génelard Brücke, Becken TW LU, Ortschaft 400 m über einen Bahnübergang	79,5	—	32,6
Schleuse 17 (Montet)	80,4	52	31,7
Brücke (Montet)	81,4	—	30,7
Palinges Brücke, Kai BW LU, Ortschaft LU	83,0	—	29,1
Brücke (Corbary)	83,8	—	28,3
Schleuse 18 (Thiellay)	84,6	53	27,5
Schleuse 19 (Digoine), Brücke, Becken TW LU Schloß von Digoine 1500 m	86,1	54	26,0
Brücke (Montceau)	87,7	—	24,4
Brücke (Gravoine), Kai BW LU	89,1	—	23,0
Schleuse 20 (Gravoine)	89,5	55	22,6
Schleuse 21 (Haillers), Brücke	92,3	56	19,8
Volesvres Brücke, Ortschaft 600 m RU	93,7	—	18,4
Schleuse 22 (Volesvres)	93,9	57	18,2
Brücke (Bord), Becken TW RU	95,8	—	16,3

Entfernungstabelle	km	Schl.	km
Kai LU (Corneloup)	96,9	—	15,2
Eisenbahnbrücke	97,2	—	14,9
Brücke (Romay)	97,7	—	14,4
Schleuse 23 (L'Hyron)	99,0	58	13,1
Paray-le-Monial Kais und Wendebecken RU, Stadtzentrum 400 m	99,3	—	12,8
Brücke (Faubourg), Tankstelle LU	99,7	—	12,4
Brücke (Quatre-Chemins)	100,0	—	12,1
Brücke (Quarrés)	101,3	—	10,8
Schleuse 24 (Quarrés)	101,8	59	10,3
Schleuse 25 (Mont)	102,4	60	9,7
Neue Straßenbrücke (N70)	102,7	—	9,4
Colaillot Handelskai LU	103,5	—	8,6
Brücke (Colaillot)	103,9	—	8,2
Schleuse 26 (Bessons)	105,6	61	6,5
Brücke (Paradis), Kai BW RU	108,2	—	3,9
Verbindung zum Versorgungskanal von Arroux (rigole de l'Arroux) ehemals befahrbar 13 km bis Gueugnon	109,6	—	2,5
Brücke (Blattiers)	110,4	—	1,7
Handelskais	110,9	—	1,2
Eisenbahnbrücke	111,1	—	1,0
Digoin Becken, Festmachemöglichkeiten, Treibstoff, Stadtzentrum 800 m, kleine Sportboote können auch näher zum Stadtzentrum festmachen, Brücke (Straßenring um Digoin), Anschluß an den Canal latéral à la Loire (Loire-Seitenkanal)	112,1	—	0,0

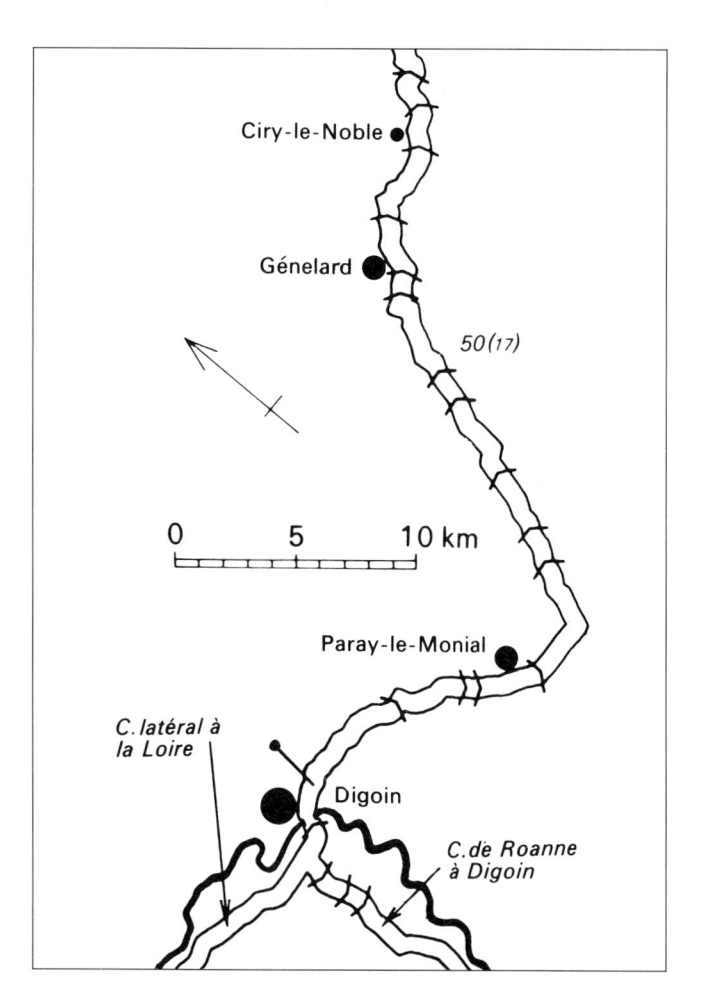

Charente

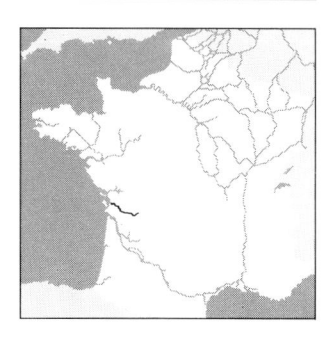

Die Charente, eines der schönsten Gebiete zum Wasserwandern, beschert uns 164 schiffbare Kilometer von Angoulême bis zum Atlantik, wovon die letzten 24 ab Tonnay-Charente gezeitenabhängig sind. Obwohl man die Charente lange Zeit von der Liste der schiffbaren Gewässer gestrichen hatte, haben die Départements Charente und Charente-Maritime, denen diese Wasserstraße zur Verwaltung übergeben wurde, die Schiffbarkeit auf der gesamten Strecke wiederhergestellt. Eine Charterfirma und ein Hotelschiff werden auf dem Fluß betrieben, daneben veranstalten Ausflugsdampfer Tagesausflüge zwischen Rochefort und Cognac. Auch Sportboote kommen immer häufiger hierher, obwohl die Charente keine Verbindung zu den übrigen Binnenwasserstraßen hat.

Von der See bis km 134 wird der Fluß als Zufahrtsweg zu den Häfen von Rochefort und Tonnay-Charente angesehen, Sportboote dürfen die Berufsschiffahrt nicht behindern und auch nicht in der Fahrrinne ankern.

Stromaufwärts von Tonnay-Charente geschieht das Befahren des Flusses ausschließlich auf eigenes Risiko, obwohl große Anstrengungen gemacht werden, die Fahrrinne und die Uferbauten instandzuhalten. Es gelten bestimmte Regeln, so ist z.B. die Fahrgeschwindigkeit mit 12 km/h im Département Charente-Maritime festgesetzt (stromaufwärts bis km 67), und mit 10 km/h im Département Charente. Es kommen auch örtliche Geschwindigkeitsbegrenzungen auf 6 km/h vor.

Schleusen Hier gibt es 21 Schleusen, mit Mindestabmessungen von 34 x 6,30 m. Die Schleuse von Saint-Savinien (48,50 x 8,00 m) wurde 1968 im Zusammenhang mit dem Flußausbau- und Hochwasserregelungs-Programm erbaut. Viele der anderen Schleusen sind nicht bemannt und man muß sich eigenhändig durchschleusen. Anleitungen dazu haben die zuständigen Schiffahrtsbehörden herausgegeben (Adressen siehe unten).

Tiefen Im gezeitenabhängigen Mündungsgebiet beträgt die geringste Tiefe bei Niedrigwasser 3 m. Stromaufwärts bis Cognac wird die geringste Tiefe bei Niedrigwasser mit 1,50 m angegeben, aber im Sommer, wenn die Wehre in Saint-Savinien und La Baine geschlossen gehalten werden, kann man mit Wassertiefen von 2,50 m rechnen. Stromaufwärts nehmen die Tiefen stetig ab; um Jarnac lotet man 1,50 m; zwischen Châteauneuf und Angoulême 0,80 bis 1,00 m.

Brücken Die festen Brücken haben eine Mindestdurchfahrtshöhe von 3,55 m über dem höchsten schiffbaren Wasserstand. Diese Angabe bezieht sich auf die Eisenbahnbrücke (Pont de la Cèpe) bei km 133, die zweitniedrigste Brücke ist bei km 32 in Vibrac, mit einer Durchfahrtshöhe von 3,72 m.

Treidelpfad Der Treidelpfad ist seit langem unbenutzt.

Behörden Direction Départementale de l'Equipement de la Charente.

Mühle in der Nähe der Schleuse La Baine, bei Cognac auf der Charente

Unterabteilung: Hydrologique, 44 Rue de Québec, 16017 Angoulême, Tel. (45) 61.06.44 (km 0 - 67).

Direction Départementale de l'Equipement de la Charente-Maritime.

Unterabteilung: Maritime et Hydrologie, BP125, Bassin No.3, 17301 Rochefort-sur-Mer, Tel. (46) 99.01.47 (km 67 - 163).

Entfernungstabelle

	km	Schl.	km
Angoulême Kai LU (Port l'Houmeau), Stadtzentrum 1000 m	0,0	—	163,5
Schleuse (Saint-Cybard) RU an der Inselseite	1,1	1	162,4

Entfernungstabelle	km	Schl.	km
Der Fluß teilt sich, Bergfahrer fahren im linken Flußarm	1,3	—	162,2
Saint-Cybard Brücke	1,5	—	162,0
Insel, Fahrwasser LU	2,8	—	160,7
Neue Straßenbrücke (Umgehungsstraße für Angoulême)	3,2	—	160,3
Brücke	3,8	—	159,7
Schleuse (Thouérat) RU, gegenüber Schießpulver-Fabrik	4,5	2	159,0
Der Fluß teilt sich, Bergfahrer halten sich am RU	5,6	—	157,9
Inseln, Fahrwasser LU, **Fléac** RU	6,3	—	157,2
Brücke, Insel TW, im rechten Flußarm fahren	7,7	—	155,8

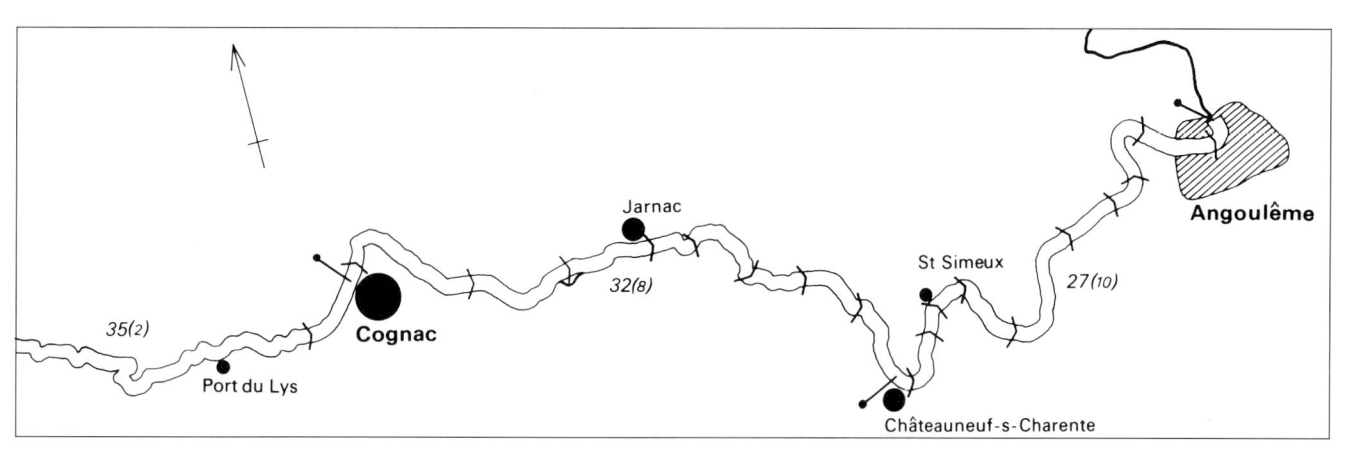

Charente

Entfernungstabelle	km	Schl.	km
Schleuse (Basseau) RU, Wehr	7,9	3	155,6
Schleuse (Fleurac) RU	9,6	4	153,9
TW-Ende der Fleurac-Inseln (Bergfahrer halten sich am RU)	10,0	—	153,5
Inseln, Fahrwasser LU,	10,9	—	152,6
Schleuse (La Mothe) LU	12,1	5	151,4
Brücke, **Nersac** 1000 m LU, Inseln TW, Fahrwasser RU	13,2	—	150,3
Inseln, Fahrwasser RU	16,0	—	147,5
Brücke	17,5	—	146,0
Schleuse (Sireuil) LU	17,8	6	145,7
TW-Ende der Insel (Bergfahrer halten sich ans LU	18,6	—	144,9
Der Fluß teilt sich, man fährt im rechten Flußarm	20,5	—	143,0
Schleuse (La Liège)	21,4	7	142,1
Der Fluß teilt sich, Bergfahrer fahren im rechten Flußarm	21,6	—	141,9
Schleuse (**Saint-Simeux**) LU, Zufahrt zur Ortschaft via Wehrkanal RU	23,1	8	104,4
Brücke (Bergfahrer halten in den linken Flußarm oberhalb der Brücke)	23,8	—	139,7
Einfahrt zum Schleusenkanal RU (wird erst in letzter Minute sichtbar)	24,1	—	139,4
Schleuse (Malvy)	24,3	9	139,2
Der Fluß teilt sich, Bergfahrer fahren im rechten Flußarm	24,6	—	138,9
Insel (Ile des Groles), Fahrwasser am RU	25,8	—	137,7
Schleuse (Châteauneuf) in kurzem Schleusenkanal RU, Wehr LU	27,0	10	136,5
Ende des Schleusenkanals (Bergfahrer fahren im rechten Flußarm)	27,2	—	136,3
Châteauneuf-sur-Charente Brücke, Kais an beiden Ufern, kleine Stadt 200 m LU	27,5	—	136,0
Inseln (Ile Muguet), Fahrwasser RU	28,9	—	134,6
Einfahrt zum Stauwasser (Brassour) LU	29,8	—	133,7
Der Fluß teilt sich, im linken Flußarm fahren	31,0	—	132,5
Der Fluß teilt sich, Bergfahrer fahren im linken Flußarm	31,5	—	132,0
Einfahrt in den Schleusenkanal (mittlere von 3 Fahrrinnen), Brücke	31,9	—	131,6
Schleuse (Vibrac), eine Seite der Schleuse ist schräg, auf der anderen ist eine Stufe	32,1	11	131,4
Ende des Schleusenkanals	32,2	—	131,3
Saint-Simon Kai und Ortschaft RU (Bergfahrer fahren im linken Flußarm)	33,9	—	129,6
Juac Brücke, kleine Ortschaft RU	34,6	—	128,9
Ehemaliger Schleusenkanal LU, im Fluß bleiben	34,8	—	128,7
Schleuse (Juac) LU, Wehr	35,0	12	128,5
Ehemaliger Schleusenkanal am LU, Bergfahrer halten sich im Fluß	35,2	—	128,3
Einfahrt zum Schleusenkanal (wird erst in letzter Minute sichtbar) RU	37,8	—	125,7
Schleuse (Saintonge), **Bassac** 1000 m RU	38,1	13	125,4
Ende des Schleusenkanals	38,2	—	125,3
Brücke (Vinade), **Bassac** 1000 m RU	39,0	—	124,5
Wehr (Gondeville) LU, halten Sie sich ans RU	41,6	—	121,9
Schleuse (Gondeville)	41,7	14	121,8
Strudel aus einem Wehr LU, halten Sie sich ans RU	42,1	—	121,4
Insel, Fahrwasser am LU	43,0	—	120,5
Einfahrt in Schleusenkanal LU	43,9	—	119,6
Schleuse (Jarnac), Ende des Schleusenkanals	44,1	15	119,4
Jarnac Brücke, Kai und kleine Stadt RU	44,3	—	119,2
Einfahrt in Schleusenkanal RU	47,6	—	115,9
Schleuse (Bourg-Charente)	47,9	16	115,6
Ende des Schleusenkanals	48,0	—	115,5
Bourg-Charente Brücke, Ortschaft LU	48,7	—	114,8
Schleuse (Garde-Moulin) LU, Wehr	52,5	17	111,0
Insel, Fahrwasser LU	53,7	—	109,8
Brücke (D15), **Saint-Brice** Ortschaft und Schloß 600 m RU	54,0	—	109,5
Kleine Insel, Fahrwasser LU	54,8	—	108,7
Insel, Fahrwasser LU	55,6	—	107,9
Insel, Fahrwasser LU	56,0	—	107,5
Einfahrt zum Stauwasser von Solençon RU (nicht schiffbar)	56,6	—	106,9
Brücke	57,3	—	106,2
Einfahrt zum Schleusenkanal RU (Strudel aus einem Mühlenwehr LU)	59,0	—	104,5
Schleuse (Cognac)	59,1	18	104,4
Ende des Schleusenkanals (Bergfahrer fahren im linken Flußarm)	59,3	—	104,2
Cognac Brücke, Kais TW, Stadtzentrum und Brennereien LU	59,4	—	104,1
Brücke	60,7	—	102,8

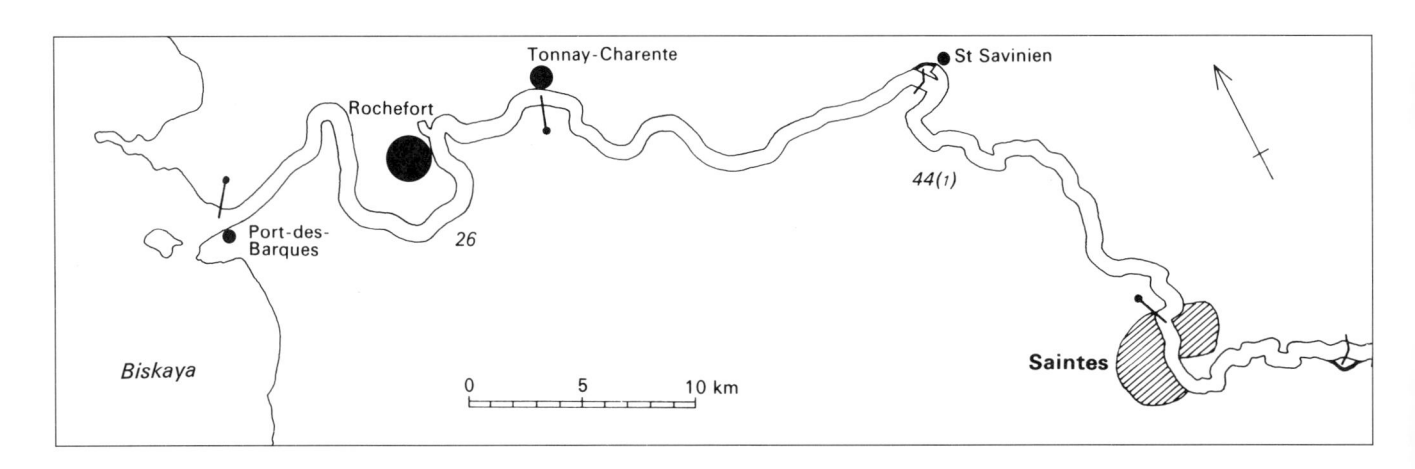

Entfernungstabelle	km	Schl.	km
Insel, Fahrwasser LU	61,3	—	102,2
Insel, Fahrwasser RU	61,8	—	101,7
Schleuse (Crouin) in kurzem Schleusenkanal RU	62,8	19	100,7
Merpins Brücke, Kleine Ortschaft 1000 m LU	66,0	—	97,5
Kai (Port-du-Lys) LU	67,3	—	96,2
Brives-sur-Charente Brücke, Kai, kleine Ortschaft 800 m LU	72,2	—	91,3
Dompierre-sur-Charente Fähre, Ortschaft 500 m RU	77,5	—	86,0
Brücke (D 134) und Eisenbahnbrücke (Beillant)	80,8	—	82,7
Der Fluß teilt sich, halten Sie sich im rechten Flußarm	82,0	—	81,5
Einfahrt zum Schleusenkanal LU	82,4	—	81,1
Schleuse (La Baine)	82,7	20	80,8
Ende des Schleusenkanals (Bergfahrer fahren in der mittleren von 3 Fahrrinnen)	82,8	—	80,7
Chaniers Fähre, kleine Ortschaft 300 m RU	83,6	—	79,9
Saint-Sorlin RU	89,8	—	73,7
Eisenbahnbrücke (Lucérat)	91,8	—	71,7
Neue Straßenbrücke (Saintonge), Kai LU (Quai des Roches)	93,5	—	70,0
Fußgängerbrücke	94,1	—	69,4
Saintes Brücke (Pont de Palissy), Kai BW RU, Stadtzentrum LU, Eisenbahnstation 1000 m RU	94,4	—	69,1
Schloß Courbiac LU, Rennbahn RU	97,0	—	66,5
Schloß Bussac RU	99,2	—	64,3
Kai (Port-la-Pierre) RU	104,9	—	58,6
Taillebourg Brücke, Kai und Ortschaft RU	106,8	—	56,7
Port d'Envaux, Kai und Ortschaft LU (ehemalige Fähre)	109,5	—	54,0
Man fährt in den Schleusenkanal ein LU, **Saint-Savinien** 700 m TW, Ortschaft RU	116,1	—	47,4
Schleuse (Saint-Savinien), Brücke	116,7	21	46,8
Ende des Schleusenkanals	117,1	—	46,4
Brücke (Pont de l'Houmée), **Bords** 2000 m RU	127,0	—	36,5
Eisenbahnbrücke (Pont de la Cépe)	133,4	—	30,1
Neue Straßenbrücke (N137 Umgehung für Tonnay-Charente)	136,1	—	27,4
Tonnay-Charente Hängebrücke, Kais für Küstenfahrzeuge und kleine Stadt TW RU	137,7	—	25,8
Fabrik Saint-Gobain, Kai RU	139,0	—	24,5
Verbindung zum Canal de la Charente à la Seudre (stillgelegt) LU	140,2	—	23,3
Rochefort Hafenbecken durch Schleuse RU	143,6	—	19,9
Ehemalige Förderbandbrücke (Martou)	147,5	—	16,0
Neue Straßenbrücke (mit Hebeöffnung)	147,7	—	15,8
Soubise LU, ehemalige Fähre, Restaurant	151,7	—	11,8
Einfahrt in den Canal de Charras RU (nicht befahrbar)	157,5	—	6,0
Portes-des Barques LU, Seegrenze	163,5	—	0,0

Dordogne

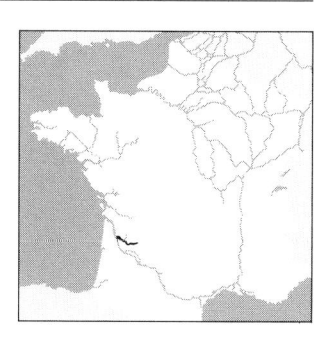

Die Dordogne war einst vom Wehr von Bergerac bis zum Zusammenfluß mit der Garonne in Bec d'Ambès befahrbar. Heute beginnt die schiffbare Strecke erst in Saint-Pierre-d'Eyraud. Bis Castillon-la-Bataille (km 39) ist die Dordogne ein frei fließender Fluß, und das bedeutet Flußschiffahrt mit all ihren Listen und Tücken. Erst ab Castillon-la-Bataille machen sich die Gezeiten bemerkbar. Die Strecke von Saint-Pierre-d'Eyraud bis zur Garonne ist 118 km lang.

Bitte bedenken Sie, daß es weitgehend vom Stand der Gezeiten abhängt, ob Sie an den in der Entfernungstabelle angegebenen Kais festmachen können oder nicht. Für Sportboote sind in den größeren Ortschaften und Städten Möglichkeiten zum Festmachen geschaffen worden.

Schleusen Keine

Tiefen Die Wassertiefen sind unterschiedlich: stromaufwärts von Branne (km 56) ist ist das Flußbett sehr unregelmäßig, die Tiefe kann hier bei Niedrigwasserperioden auf 0,30 m zurückgehen, wodurch das Befahren dieser Teilstrecke praktisch nicht möglich ist. Unterhalb von Branne findet man normalerweise satte Tiefen. Stromabwärts wird der Tidenhub immer größer; hinter Libourne mißt man 2,00 m bei Nippniedrigwasser bzw. 4,80 m bei Nipphochwasser. Wenn Sie den Fluß weit hinauffahren wollen, sollten Sie sich an Ort und Stelle Rat holen.

Brücken Die festen Brücken oberhalb von Libourne haben eine Mindestdurchfahrtshöhe von 10 m über mittlerem Wasserstand, bzw. 5,50 über dem höchsten schiffbaren Wasserstand. Die Brücken unterhalb von Libourne haben eine Mindestdurchfahrtshöhe von 19,85 m über dem höchsten Wasserstand.

Treidelpfad Es gibt keinen Treidelpfad.

Behörden Service Maritime et de Navigation de la Gironde, Bordeaux.
Unterabteilung: 61, Cours des Girondins, 35500 Libourne, Tel. (57) 51.06.53.

Flußfischer bei der Arbeit

Dordogne

Entfernungstabelle

	km	Schl.	km
Saint-Pierre-d'Eyraud, Beginn der schiffbaren Strecke (Grenze des Départements Gironde), Ortschaft RU	0,0	—	117,6
Le Fleix Brücke, Kai TW RU, Ortschaft RU	6,9	—	110,7
Sainte-Foy-la-Grande Kai LU, kleine Stadt	11,9	—	105,7
Port-Sainte-Foy Brücke, Kai TW RU, Ortschaft RU	12,3	—	105,3
Neue Straßenbrücke (Umgehung für Sainte-Foy)	12,6	—	105,0
Eisenbahnbrücke	12,9	—	104,7
Eynesse Kai und kleine Ortschaft LU	18,3	—	99,3
Sainte-Aulaye Kai und kleine Ortschaft RU	20,8	—	96,8
Kai (Saint-Avit) LU	22,2	—	95,4
Pessac-sur-Dordogne Brücke, Kai und Ortschaft LU	27,2	—	90,4
Flaujagues Kai und Ortschaft LU	30,8	—	86,8
Lamothe-Montravel Kai und Ortschaft RU	33,7	—	83,9
Einmündung der Lidoire am RU	38,5	—	79,1
Castillon-la-Bataille Brücke, Kai und Ortschaft BW LU	39,3	—	78,3
Brücke	40,1	—	77,5
Inseln, man fährt im mittleren Fahrwasser	42,6	—	75,0
Civrac-de-Dordogne Kai und Ortschaft LU	43,2	—	74,4
Sainte-Terre Kai RU, Ortschaft 500 m	45,7	—	71,9
Saint-Jean-de-Blaignac Brücke, Kai und Ortschaft BW LU	49,5	—	68,1
Cabara Kai und Ortschaft LU	50,5	—	67,1
Vignonet Kai und Ortschaft RU	52,7	—	64,9
Branne Brücke, Kai BW LU, Ortschaft LU	56,1	—	61,5
Moulon Kai LU, Ortschaft 500 m	59,7	—	57,9
Slip (Carré) RU	64,5	—	53,1
Kai (Génissac) LU	69,4	—	48,2
Eisenbahnbrücke (Libourne)	74,0	—	43,6
Libourne Brücke, Kai BW und (schwimmende) Landungsstelle TW RU, Slip, Kran, Stadtzentrum RU	75,0	—	42,6
Einmündung der Isle RU	75,3	—	42,3
Fronsac Kai und Slip, Ortschaft RU	77,7	—	39,9
Arveyres LU	82,7	—	34,9
Vayres Kai und Ortschaft LU	84,0	—	33,6
Saint-Pardon Kai und Ortschaft LU	85,6	—	32,0
Asques Kai und Slip, Ortschaft RU	96,0	—	21,6
Kai und Slip LU (Cavernes)	98,3	—	19,3
Autobahnbrücke (A 10, l'Aquitaine)	100,9	—	16,7
Cubzac-les-Ponts Brücke, Ortschaft 1 500 m RU	101,9	—	15,7
Eisenbahnbrücke	102,8	—	14,8
Kai RU (Plagne)	105,3	—	12,3
Ambès Kai und Slip, Ortschaft LU	110,6	—	7,0
Überland-Hochspannungsleitung	111,7	—	5,9
Bourg Kai und Slip, Ortschaft RU, Schloß	113,9	—	3,7
Ambès Öl-Terminal und Raffinerie, Fabrikkais LU	117,0	—	0,6
Zusammenfluß mit der Gironde, Leuchtturm von Bec d'Ambès LU	117,6	—	0,0

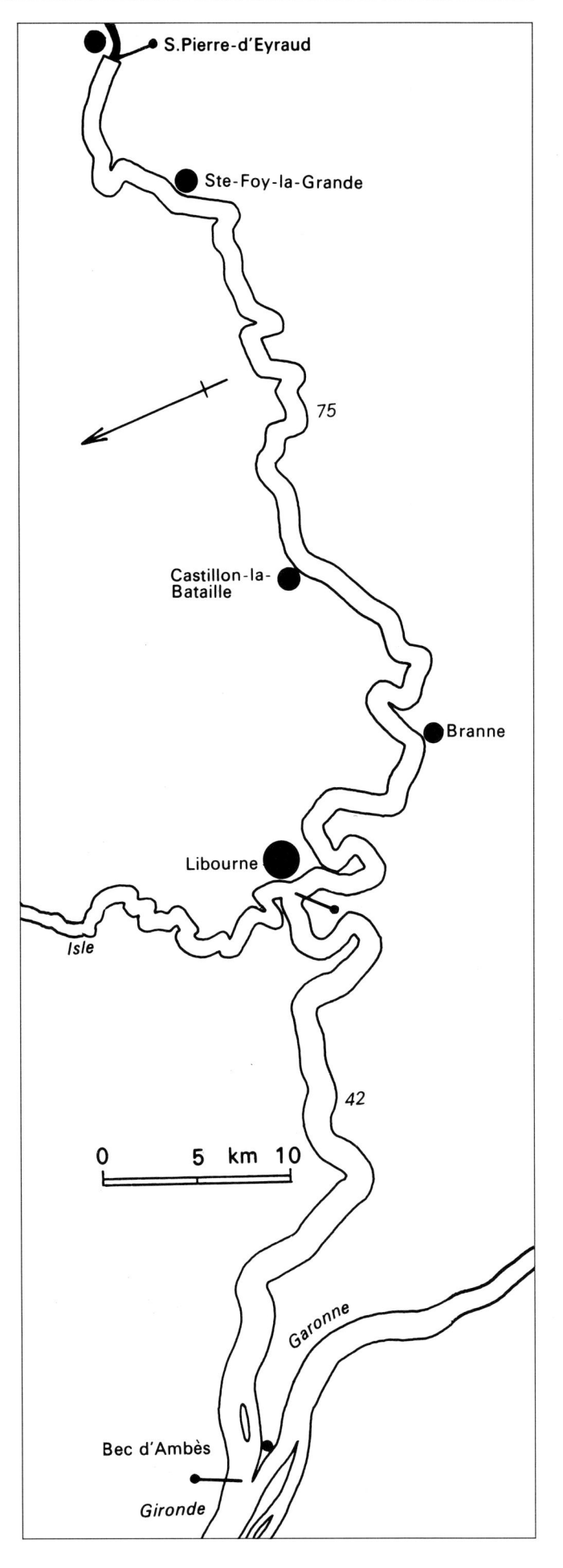

Dunkerque-Escaut

Großschiffahrtsweg Dünkirchen – Schelde
(mit Schiffahrtsweg Bauvin-Lys)

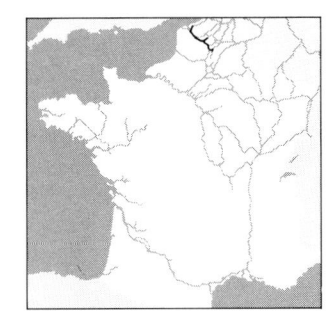

Der Großschiffahrtsweg Dünkirchen-Schelde (wir kürzen ihn mit GSW D-S ab) wurde gegen Ende der 1960er Jahre fertiggestellt, um eine Verbindung zwischen dem regen Nordseehafen Dünkirchen und den Industriegebieten um Denain und Valenciennes (an der Schelde) für Schubverbände mit großer Ladekapazität zu schaffen. Diese Großschiffahrtsstraße, „la liaison", wie sie von den Berufsschiffern genannt wird, ist 143 km lang: Von der Schleuse von Pont-Malin (der offiziellen Anschlußstelle an die Schelde, 500 m vom tatsächlichen Anschluß entfernt) bis zur Schleuse von Mardyck (Einfahrt in den Hafen von Dünkirchen).

Der wichtige Schiffahrtsweg Bauvin-Lys führt bei km 54 von der Hauptstrecke zum Binnenhafen von Lille und zum Fluß Lys; seine Länge beträgt 35 km. In den GSW D-S und in den Bauvin-Lys sind eine Menge ehemaliger Kanäle eingegliedert worden, die man erweitert, begradigt und durch neue Kanalstücke (dérivations) miteinander verbunden hat. Der GSW D-S und der Schiffahrtsweg Bauvin-Lys werden hier zusammenhängend beschrieben. Aus der Karte ersehen Sie, welche Kanäle den D-S Kanal bilden und an welche Wasserstraßen er Anschluß hat.

Auf dem GSW D-S herrscht starker Berufsschiffverkehr. Beim Begegnen oder Überholen der 3 000 Tonnen Schubverbände ist größte Vorsicht geboten, da manche Kanalstücke ziemlich eng sind. Festmachen sollten Sie nur auf den Nebenstrecken; dort gibt es viele Festmachemöglichkeiten, wo Sie nicht vom Wellenschlag gestört werden.

Schleusen An der Hauptstrecke gibt es 7 Schleusen, die aus etwa 34 m Höhe von Pont Malin nach Dünkirchen hinabsteigen. Ihre Abmessungen betragen 144,60 x 12,00 m. In manchen Fällen sind auch die ursprünglichen Schleusen (38,50 m lang) neben den größeren Kammern weiterhin in Betrieb. Richten Sie sich stets nach den Anweisungen des Schleusenwärters. Am Schiffahrtsweg Bauvin-Lys wird es nach Abschluß der laufenden Verbesserungsarbeiten ebenfalls drei Schleusen mit denselben großen Abmessungen wie auf der Hauptstrecke geben. In Lille wurde eine neue Schleuse, die Ecluse du Grand Carré (144,60 x 12,00 m) eröffnet, die die alte Schleuse von La Barre ersetzt und außerdem die Stillegung der Schleuse Sainte-Hélène ermöglicht hat.

Auch in Quesnoy hat eine neue Schleuse die Schleuse von Wambrechies überflüssig gemacht. Nun muß nur noch die Schleuse von Deûlémont entfernt werden; das hängt von den Verbesserungsarbeiten am Lys ab, ein französisch-belgisches Gemeinschaftsprojekt sind. Bis dahin stellt die Schleuse von Deûlémont ein Hindernis für die Berufsschiffahrt dar, da sie nur von Schiffen mit den Abmessungen 85,00 x 8,00 m benutzt werden kann. Die Schleuse für kleine Lastkähne (38,75 x 5,08 m) an der alten Kanalstrecke bei der Ortschaft Don bleibt weiterhin in Betrieb.

Tiefen Der zulässige Tiefgang beträgt 3 m auf der Hauptstrecke und auf dem Schiffahrtsweg Bauvin-Lys bis in den Hafen von Lille (km 18). Von Lille bis Quesnoy ist der größtmögliche Tiefgang 2,50 m, während er talwärts zum Fluß Lys nur 2,00 m beträgt, bis die laufenden Bauarbeiten beendet sind.

Brücken Eigentlich sollten alle festen Brücken an der Hauptstrecke und am Schiffahrtsweg Bauvin-Lys eine Mindestdurchfahrtshöhe von 5,25 m haben, aber bei einigen sind es nur 4,60 m. Die geringste Durchfahrtshöhe auf den kleineren Zweigkanälen liegt bei 3,70 m.

Treidelpfad Neben der gesamten Strecke verläuft ein guter Treidelpfad.

Behörden Direction Régionale de la Navigation, Lille
Unterabteilungen:
- 24 Chemin du Halage, 59300 Valenciennes, Tel. (27) 46.23.41 (km 0-3).
- 194 Rue de la Tour des Dames, BP 839, 59508 Douai, Tel. (27) 87.12.55 (km 3-54).
- Rue de l'Ecluse Saint-Bertin, BP 353, 62505 Saint-Omer, Tel. (21) 98.22.00 (km 54-123).
- Terre-Plein du Jeu de Mail, BP 1008, 59375 Dünkirchen, Tel. (28) 24.34.78 (km 123-137).
- Service Maritime, Terre-Plein Guillain, BP 6534, 59386 Dünkirchen, Tel. (28) 65.99.22 (km 137-143).
- Avenue Max Dormoy, BP 56, 59004 Lille, Tel. (20) 92.63.44 (Schiffahrtsweg Bauvin-Lys).

*Schiffshebewerk „Les Fontinettes"
auf dem GSW Dünkirchen – Schelde*

Großschiffahrtsweg Dünkirchen – Schelde

Entfernungstabelle	km	Schl.	km
Canal de la Sensée			
Offizieller Anschluß an die kanalisierte Schelde (Escaut) beim Oberwasser der Schleuse Pont Malin	0,0	—	143,1
Tatsächlicher Anschluß an die Schelde (s. Plan)	0,5	—	142,6
Düker (Pré Piton) für den Sensée-Fluß	1,9	—	141,2
Brücke (Marlettes)	2,0	—	141,1
Anschluß an die ehemalige Strecke des Canal de la Sensée LU	3,0	—	140,1
Wasnes-au-Bac Brücke (Pont Rade), Ortschaft 1 200 m RU	3,5	—	139,6
Hem-Lenglet Ortschaft und Kirche LU, Fußgängerbrücke	5,8	—	137,3
Hem-Lenglet Brücke, Kai BW RU, Ortschaft 500 m LU	6,2	—	136,9
Fressies Brücke, Kai TW RU, Ortschaft LU, **Féchain** 1 500 m RU	7,9	—	135,2
Aubigny-au-Bac Becken, Kai RU, Ortschaft 500 m RU	10,8	—	132,3
Straßenbrücke (N43)	11,0	—	132,1
Eisenbahnbrücke	11,1	—	132,0
Brücke (Abbaye-du-Verger), Kai TW RU, **Oisy-le-Verger** 2 000 m LU	12,3	—	130,8
Anschluß an den Canal du Nord LU	15,1	—	128,0
Arleux, Brücke, Ortschaft 1 200 m LU	15,5	—	127,6
Öffentlicher Kai RU	16,5	—	126,6
Fabrikkai RU (Zementfabrik)	17,8	—	125,3

Entfernungstabelle	km	Schl.	km
Brücke (Moulinet), Kai BW RU, **Goeulzin** 1 200 m RU	18,6	—	124,5
Schleuse (Goeulzin), zwei Kammern, Wasser	20,2	1	122,9
Férin Brücke, Kai TW RU, Ortschaft 500 m RU	21,2	—	121,9
Férin Becken	22,5	—	120,6
Corbehem Brücke	23,3	—	119,8
Verbindung zum Fluß Scarpe, man fährt im Scarpe-Ableitungkanal (Umgehung von Douai) weiter, GSW D-S setzt sich in der Dérivation de la Scarpe fort)	23,7	—	119,4
Dérivation de la Scarpe autour de Douai			
(Scarpe-Ableitungskanal um Douai)			
Schleuse (Courchelettes), Brücke, Wasser	23,8	2	119,3
Eisenbahnbrücken	24,2	—	118,9
Neue Straßenbrücke (Umgehung von Douai)	25,2	—	117,9
Arras Brücke (N50)	25,6	—	117,5
Kai RU, Kraftstoff, Wasser, (Elf-Garage)	26,9	—	116,2
Esquerchin Brücke, **Douai** RU	27,7	—	115,4
Schleuse (Douai), Wasser	28,0	3	115,1
Fußgängerbrücke (Ocre)	28,4	—	114,7
Brücke (Ocre)	28,5	—	114,6
Kai (Lepercq) LU, Kraftstoff, Wasser (Mobil-Garage)	29,7	—	113,4
Anschluß an den Canal de Jonction			

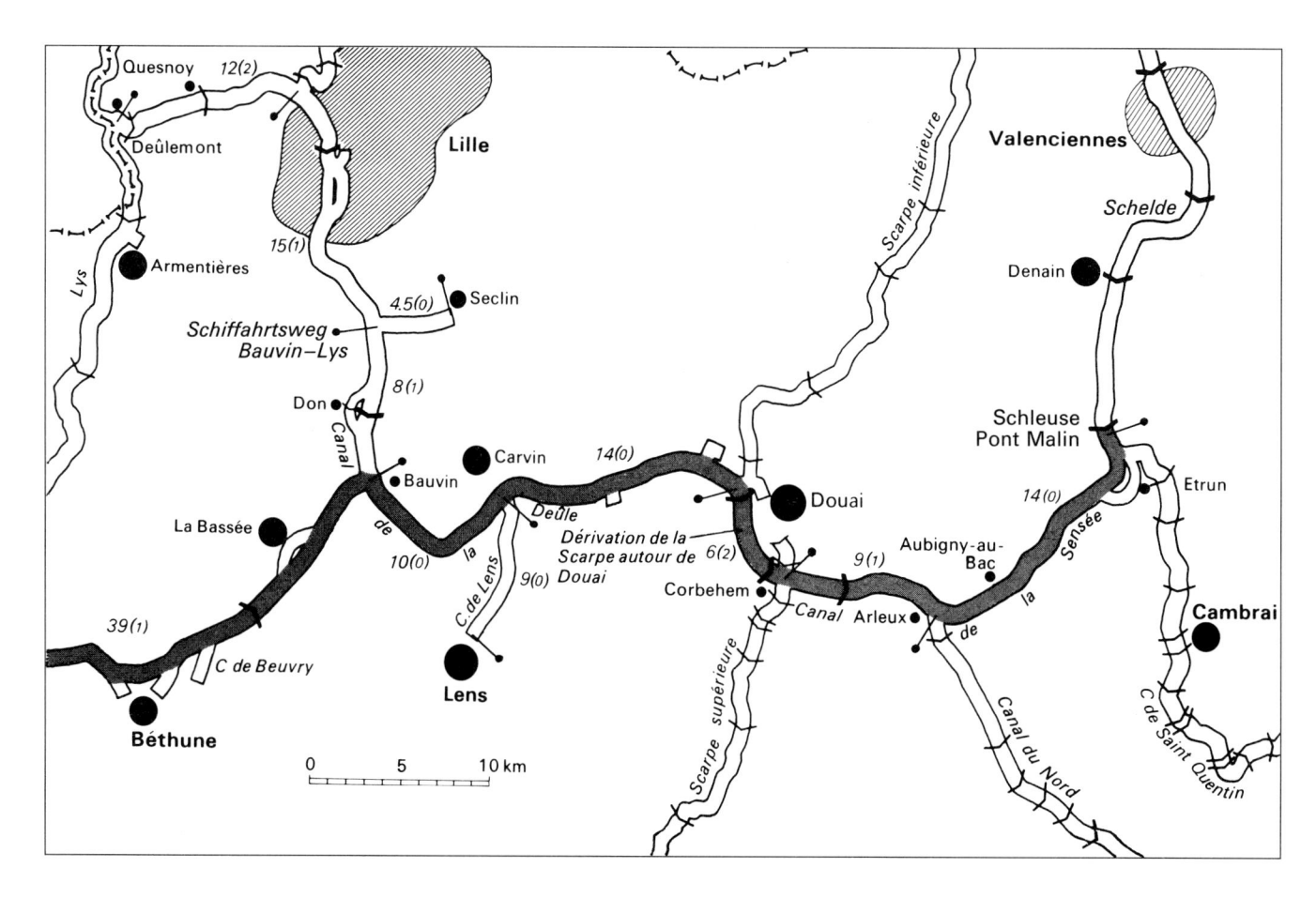

Großschiffahrtsweg Dünkirchen – Schelde

Entfernungstabelle	km	Schl.	km
(Verbindung zur Scarpe Moyenne TW von Douai)	29,8	—	113,3
Brücke (Polygone)	29,9	—	113,2
Brücke (Flers)	30,8	—	112,3
Neue Straßenbrücke (Umgehung von Douai)	30,9	—	112,2
Anschluß an die alte Strecke des Canal de la Deûle, RU (mit einem 1 000 m langen Becken, an dem zahlreiche Fabrikkais liegen), man fährt im Canal de la Deûle weiter (GSW D-S setzt sich im Canal de la Deûle fort)	31,5	—	111,6

Canal de la Deûle

	km	Schl.	km
Private Fußgängerbrücke mit Rohrleitung	32,0	—	111,1
Auby Brücke, Kai TW RU, kleine Stadt 700 m LU	32,6	—	110,5
Kohlenbecken RU	33,8	—	109,3
Fußgängerbrücke mit Rohrleitung, Kai LU	33,9	—	109,2
Becken LU	35,6	—	107,5
Courcelles Brücke, **Evin-Malmaison** 1 500 m RU	36,3	—	106,8
Eisenbahnbrücke (Houillères, Kohlenbergwerke), Becken TW RU	37,0	—	106,1
Eisenbahnbrücke (SNCF)	38,4	—	104,7
Brücke (Pont-à-Sault), Dourges 1 000 m LU	38,8	—	104,3
Autobahnbrücke (A1, Autoroute du Nord)	41,2	—	101,9
Oignies Brücke (Batterie), Kai TW RU, Stadtzentrum 1 700 m RU	42,2	—	100,9
Verbindung zum Canal de Lens, LU	43,9	—	99,2
Eisenbahnbrücke	44,0	—	99,1
Courrières Brücke, Kai TW LU, kleine Stadt 1 500 m LU	44,2	—	98,9
Brücke (Pont Maudit), Privatkai BW RU	46,5	—	96,6
Eisenbahnbrücke (Houillères, Kohlenbergwerk)	47,1	—	96,0
Annay Becken und Kais LU, kleine Stadt 100 m LU	47,8	—	95,3
Pont-à-Vendin Brücke, Ortschaft RU	48,6	—	94,5
Eisenbahnbrücke	48,7	—	94,4
Kohlenbecken LU	49,6	—	93,5
Becken (Pont-à-Vendin) und Bootswerft RU, Kai LU	49,8	—	93,3
Becken LU	50,6	—	92,5
Meurchin Brücke, Kai TW RU, Ortschaft 500 m RU	51,2	—	91,9
Neue Verbindung (Dreieck) mit dem Schiffahrtsweg Bauvin-Lys (Canal de la Deûle), man fährt links im Canal d'Aire weiter (GSW D-S setzt sich links im Canal d'Aire fort)	53,9	—	89,2

Canal d'Aire

	km	Schl.	km
Bauvin Brücke (D 163), Ortschaft 1 000 m RU	54,0	—	89,1

Entfernungstabelle	km	Schl.	km
Billy-Berclau Brücke, Ortschaft 400 m LU Neue Straßenbrücke, Kai (Douvrin)	54,8	—	88,3
TW LU	57,8	—	85,3
Fußgängerbrücke	57,9	—	85,2
Der Kanal teilt sich, neuer Kanal LU, alte Strecke durch **La Bassée** RU	58,6	—	84,5
Brücke	59,3	—	83,8
Brücke	60,2	—	82,9
Schräge Eisenbahnbrücke	60,9	—	82,2
Der neue Kanal trifft wieder auf die alte Strecke, Becken TW LU	61,0	—	82,1
Brücke (Crêtes), Kohlenbecken BW LU (durch eine Brücke)	62,5	—	80,6
Kohlenbecken LU (durch eine Brücke)	63,1	—	80,0
Schleuse (Cuinchy)	63,6	4	79,5
Cuinchy Brücke, Kai TW LU, Ortschaft LU	64,2	—	78,9
Rohrleitung (Pipeline) quert	65,0	—	78,1
Anschluß an den Canal de Beuvry LU	66,9	—	76,2
Gorre Kai RU, kleine Ortschaft 400 m RU	67,9	—	75,2
Fußgängerbrücke (Gorre)	68,4	—	74,7
Brücke (Gorre)	68,7	—	74,4
Kohlenbecken LU	69,3	—	73,8
Öffentlicher Kai LU	70,5	—	72,6
Brücke	71,3	—	71,8
Brücke (Long Cornet)	72,4	—	70,7
Ende des Béthune-Ableitungskanals, Anschluß an die alte Strecke LU	72,6	—	70,5
Brücke (Avelette)	73,5	—	69,6
Brücke (Hingette)	74,5	—	68,6
Hinges Brücke, Ortschaft 1 500 m LU	75,7	—	67,4
Brücke (Suppli)	78,1	—	65,0
Brücke (Saint-Venant)	79,3	—	63,8
Robecq Brücke (Eclemme), Kai BW LU, Ortschaft 500 m RU	80,6	—	62,5
Brücke (Biette)	82,1	—	61,0
Brücke (Epinette)	83,7	—	59,4
Eisenbahnbrücke	85,2	—	57,9
Öffentliches Becken LU, BW-Einfahrt	85,3	—	57,8
Öffentliches Becken LU, TW-Einfahrt	85,9	—	57,2
Guarbecque Brücke Kai BW RU, Ortschaft 500 m LU	86,3	—	56,8
Stahlwerke, privates Becken LU (durch eine Brücke)	88,2	—	54,9
Fußgängerbrücke (Bray)	88,5	—	54,6
Eisenbahnbrücke, Becken BW	88,9	—	54,2
Isbergues Brücke, Kai BW LU, Ortschaft 1 000 m LU	89,2	—	53,9
La Laque Brücke, kleine Ortschaft LU	90,7	—	52,4
Rohrleitungsbrücke (Privat)	91,0	—	52,1
Aire Brücke, Zufahrt zur Stadt über einen ehemaligen Kanal, LU	92,7	—	50,4
Verbindung zum kanalisierten Fluß Lys, GSW D-S setzt sich im Canal de Neuffossé fort	93,1	—	50,0

Canal de Neuffossé

	km	Schl.	km
Brücke	93,2	—	49,9
Rohrleitungsbrücke (Privat)	93,7	—	49,4
Anschluß an die alte Strecke des Canal de Neuffossé, LU	93,6	—	49,5

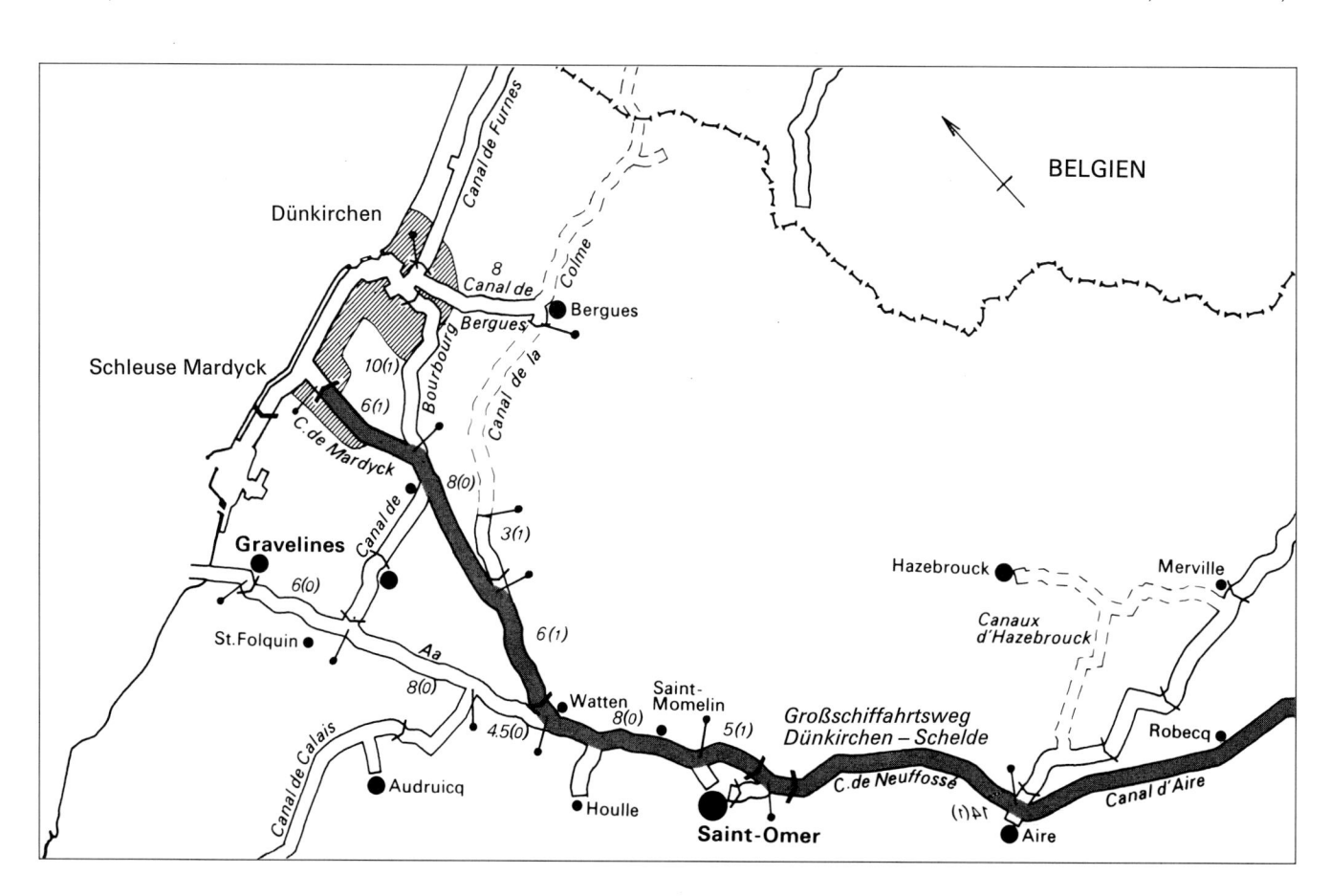

Großschiffahrtsweg Dünkirchen – Schelde

Entfernungstabelle	km	Schl.	km
Brücke (Garlinghem), Kai BW LU	95,3	—	47,8
Blaringhem Brücke, Kai TW LU, Ortschaft 800 m RU	98,2	—	44,9
Brücke (Pont d'Asquin), Kai BW LU	101,2	—	41,9
Brücke (Pont de Campagne)	103,4	—	39,7
Schleuse (Fontinettes), Hubhöhe 13,10 m, Wasser	106,0	5	37,1
Eisenbahnbrücke	106,5	—	36,6
Anschluß an den alten Kanal zum stillgelegten Hebewerk, RU	106,6	—	36,5
Arques Brücke (Pont de Flandres), kleine Stadt LU	107,2	—	35,9
Anschluß an die ursprüngliche Strecke des Canal de Neuffossé, LU (3 km und 1 Schleuse bis nach Saint-Omer), GSW D-S setzt sich im Abteilungskanal fort	107,3	—	35,8
Schleuse (Flandres), Wasser	107,9	6	35,2
Eisenbahnbrücke (Malhove)	108,6	—	34,5
Brücke (Marais Platiau)	108,9	—	34,2
Brücke (D 209), Kai TW LU, **Saint-Omer** 2 500 m LU	110,2	—	32,9
Ende des Ableitungskanals, GSW D-S setzt sich im Fluß Aa fort	112,6	—	30,5
Aa			
Einmündung des Moerlack, RU (Zufahrt zu den Wateringues-Kanälen, nur für kleine Boote)	114,3	—	28,8
Saint-Momelin Brücke, kleine Ortschaft RU	114,5	—	28,6
Durchstich (Umgebung einer Flußschleife) RU	117,8	—	25,3

Entfernungstabelle	km	Schl.	km
Ende des Durchstichs, Anschluß an den Fluß Houlle, LU (die Houlle ist 4 km weit schiffbar bis zur Ortschaft **Houlle**)	118,1	—	25,0
Watten Brücke, Kai TW RU, Einfahrt in den Ableitungskanal von Watten, LU	120,0	—	23,1
Ende des Ableitungskanal, Aa zweigt ab LU, GSW D-S setzt sich im Canal de la Colme fort	121,0	—	22,1
Canal de la Colme			
Brücke (D3)	121,0	—	22,1
Schleuse (Watten)	121,2	7	21,9
Millam Kai RU, Ortschaft 2 000 m RU	124,7	—	18,4
Cappelle-Brouck Kai LU, Ortschaft 2 700 m LU	126,2	—	16,9
Brücke (Pont l'Abbesse)	126,5	—	16,6
Verbindung zum Zweigkanal nach Looberghe (ehemals Canal de la Haute-Colme), 3 km weit schiffbar bis zu einem Getreidesilo, GSW D-S setzt sich im Colme-Ableitungskanal fort, LU	127,1	—	16,0
Brücke	128,2	—	14,9
Brücke (Looberghe)	130,7	—	12,4
Brücke (Dieppe-Straete)	133,1	—	10,0
Brücke	134,9	—	8,2
Anschluß an den Canal de Bourbourg, GSW D-S setzt sich im verbreiterten Abschnitt des Canal de Bourbourg fort	135,5	—	7,6
Einfahrt in den Mardyck-Ableitungskanal, LU	137,0	—	6,1

Großschiffahrtsweg Dünkirchen – Schelde

Entfernungstabelle	km	Schl.	km
Mardyck-Ableitungskanal			
Brücke (Basses-Brouckes)	137,3	—	5,8
Eisenbahnbrücke (Mardyck)	139,5	—	3,6
Dünkirchener Kanalbecken (Port Fluvial, Flußhafen) LU	140,1	—	3,0
Straßenbrücke (N40)	140,8	—	2,3
Brücke (Fortelet)	142,7	—	0,4
Seeschleuse von Mardyck, GSW D-S endet in den Hafenbecken von Dünkirchen	143,1	8	0,0
Schiffahrtsweg Bauvin-Lys			
Anschluß an die Hauptstrecke des GSW D-S (km 54)	0,0	—	34,8
Bauvin Brücke, Kai TW RU, Ortschaft 1 000 m RU	0,1	—	34,7
Verbindung zur Hauptstrecke in Richtung Dünkirchen LU	0,6	—	34,2
Becken RU, BW-Einfahrt	1,0	—	33,8
Becken RU, TW-Einfahrt	1,7	—	33,1
Rohrleitungsbrücke (Privat)	2,6	—	32,2
Eisenbahnbrücke	2,7	—	32,1
Ehemaliger Kanal nach **Don** zweigt ab LU	3,0	—	31,8
Schleuse (Don)	3,5	1	31,3
Brücke	3,8	—	31,0
Private Brücke	4,5	—	30,3
Ehemaliger Kanal trifft wieder auf die Hauptstrecke LU, **Don** 800 m BW RU	4,7	—	30,1
Ansereuilles Kraftwerk, Kohleausladekai LU	5,6	—	29,2
Ansereuilles Brücke	6,2	—	28,6
Wavrin Brücke, Ortschaft 200 m LU	7,9	—	26,9
Verbindung zum Zweigkanal nach Seclin RU	8,4	—	26,4
Brücke (Houplin)	9,4	—	25,4
Neue Straßenbrücke	11,4	—	23,4
Brücke (Santes)	11,9	—	22,9
Eisenbahnbrücke	12,2	—	22,6
Alte Kanalstrecke zweigt ab RU	12,4	—	22,4
Brücke (Rue du Château)	12,6	—	22,2
Fußgängerbrücke	12,8	—	22,0
Haubourdin Brücke, Stadtzentrum RU, (Vorort von Lille)	13,0	—	21,8
Ale Kanalstrecke zweigt ab RU (Sackgasse)	13,3	—	21,5
Autobahnbrücke	13,7	—	21,1
Eisenbahnbrücke	13,7	—	21,1
Brücke	14,3	—	20,5
Kraftwerk Sequedin, Kai LU	14,8	—	20,0
Fußgängerbrücke, zahlreiche Fabrikkais TW	15,3	—	19,5
Brücke, GSW D-S führt in den Hafen von Lille	15,9	—	18,9
Hafen-Becken RU (Darse No. 1)	16,2	—	18,6
Verbindung mit der alten Strecke des Canal de la Deûle, LU (Zweigkanal nach Canteleu)	16,3	—	18,5
Hafen-Becken RU (Darse No. 2)	16,6	—	18,2
Hafen-Becken RU (Darse No. 3)	16,9	—	17,9

Entfernungstabelle	km	Schl.	km
Brücke (Pont de Dunkerque)	17,6	—	17,2
Brücke (Avenue Léon-Jouhaux)	18,2	—	16,6
Lille, Anschluß an die alte Strecke, LU (Zufahrt zum Stadtzentrum über rechten Kanalarm, Festmachemöglichkeit oberhalb der stillgelegten Schleuse)	18,5	—	16,3
Fußgängerbrücke (Cousée)	18,6	—	16,2
Schleuse (Grand Carré)	19,6	2	15,2
Neue Straßenbrücke (Royal)	19,9	—	14,9
Eisenbahnviadukt (Abattoirs)	20,4	—	14,4
Brücke (Saint-André)	20,7	—	14,1
Eisenbahnbrücke (Madeleine)	21,5	—	13,3
Private Hebebrücke und Fußgängerbrücke, Fabrikkais TW RU	21,8	—	13,0
Brücke (Abbaye), zahlreiche Fabrikkais TW	22,2	—	12,6
Rohrleitungsbrücke	22,3	—	12,5
Verbindung zum Canal de Roubaix RU	23,1	—	11,7
Marquette-lez-Lille Brücke, Kai TW RU, Stadt RU (Vorort von Lille)	23,3	—	11,5
Wambrechies Brücke (neu, anstelle der alten Hebebrücke), Kai BW RU, Stadt LU	24,9	—	9,9
Privater Kai (Schnapsbrennerei) LU	25,0	—	9,8
Neue Schleuse (Quesnoy)	28,4	3	6,4
Quesnoy Brücke, Kai TW LU, kleine Stadt RU	29,9	—	4,9
Eisenbahnbrücke	30,4	—	4,4
Schleuse (Deûlémont) soll entfernt werden)	33,8	4	1,0
Deûlémont Kai LU, Ortschaft 1 500 m RU	33,9	—	0,9
Brücke	34,6	—	0,2
Verbindung zum kanalisierten Fluß Lys	34,8	—	0,0
Zweigkanal nach Seclin (Canal de Seclin)			
Verbindung zur Hauptstrecke (km 8,4)	0,0	—	4,5
Ancoisne Brücke (Pont du Bac), Ortschaft 1 000 m RU	0,3	—	4,2
Brücke (Marais)	1,1	—	3,4
Fußgängerbrücke (es quert eine Gas-Pipeline)	1,5	—	3,0
Houplin Brücke, Ortschaft 500 m RU	2,5	—	2,0
Wendebecken	3,2	—	1,3
Brücke (Postes)	3,7	—	0,8
Seclin Kais, Ende der schiffbaren Strecke, Stadtzentrum 700 m	4,5	—	0,0
Ehemalige Hauptstrecke parallel zum Hafen von Lille (Zweigkanal nach Canteleu)			
Anschluß an die Hauptstrecke (im Hafen von Lille) bei km 16,3	0,0	—	2,0
Becken	0,3	—	1,7
Automatische Hubbrücke	0,5	—	1,5
Fußgängerbrücke (Bois-Blancs)	1,0	—	1,0
Brücke (Canteleu)	1,3	—	0,7
Brücke (Léo-Lagrange)	1,8	—	0,2
Anschluß an ein neues Kanalstück, (die Umgehungsstrecke für die Zitadelle von Lille)	2,0	—	0,0

Erdre

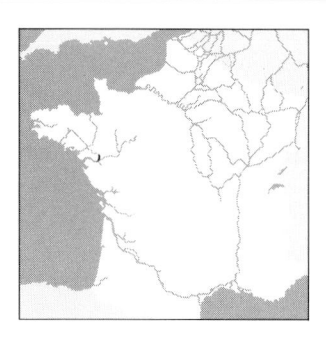

Die Erdre ist von Nort bis Nantes kanalisiert; in Nantes mündet sie in die Loire. Da die Erdre auf den ersten 22 km stromaufwärts von Nantes einen Teil des Canal de Nantes à Brest bildet, beschreiben wir in diesem Abschnitt nur die 6 km von der Schleuse von Quiheix, wo der Canal de Nantes à Brest und die Erdre sich trennen, bis nach Nort.

Schleusen   Keine

Tiefen   Der zulässige Tiefgang beträgt 1,20 m.

Brücken   Keine (die Brücke in Nort ist der Beginn der schiffbaren Strecke).

Treidelpfad   Es gibt keinen Treidelpfad an dieser Strecke.

Behörden   Service Maritime et de Navigation de Nantes. Unterabteilung: 3 Impasse du Progrès, BP 1053, 44037 Nantes, Tel. (40) 89.30.71.

Entfernungstabelle

	km	Schl.	km
Nort-sur-Erdre Brücke, Beginn der schiffbaren Strecke, Kai TW RU, Ortschaft RU	0,0	—	6,0
Kai (Port Mulan) RU	1,0	—	5,0
Anschluß an den Canal de Nantes à Brest TW der Schleuse 2 (Quiheix)	6,0	—	0,0

Auf der Schelde bei Valenciennes

Escaut
Schelde

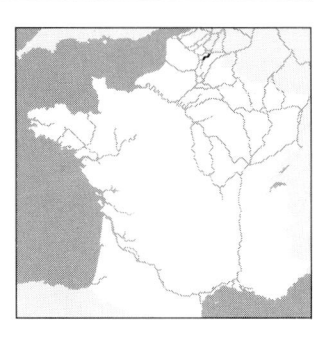

Die kanalisierte Schelde (wir verwenden im Text die deutsche Bezeichnung) beginnt in Cambrai, wo sie Anschluß an den Canal de Saint-Quentin hat. Sie führt durch die Industriegebiete um Denain und Valenciennes, wenn sie dann bei Mortagne – in ziemlich unberührter Landschaft – die belgische Grenze überquert, hat sie 58 km zurückgelegt. Die Schelde fließt dann an den Seehäfen Gent und Antwerpen vorbei und mündet in die Nordsee.

Auf diesem Fluß fuhren schon immer schwere Lastkähne, denn er gehört zur Verbindungsstrecke zwischen Paris und Nordfrankreich, Belgien und den Niederlanden. In Zukunft wird die Schelde noch mehr an Bedeutung gewinnen, da sie auf internationale Abmessungen (für 3 000-Tonnen-Schubverbände) gebracht wurde, und zwar von der Verbindung zum Großschiffahrtsweg Dünkirchen-Schelde bis zur belgischen Grenze.

Die Verbesserungsarbeiten wurden schrittweise ausgeführt; der Abschnitt bis Denain wurde 1967, bis Valenciennes 1975 und bis zur belgischen Grenze 1983 fertiggestellt.

Bei km 31 hat die Schelde am rechten Ufer Verbindung zum Canal de Pommeroeul à Condé (er ersetzt den ehemaligen Canal de Mons à Condé) und bei km 43 an den kanalisierten Fluß Scarpe. Bei der Begradigung der Schelde sind verschiedene Nebenarme entstanden, wie z. B. der Vieil Escaut, von denen einige als Zufahrten zu Fabrikkais offengehalten wurden.

Da die Strecken talwärts und bergwärts der Kreuzung mit dem GSW D-S gänzlich verschiedene Merkmale aufweisen, haben wir die Schelde in zwei Abschnitte mit separaten Entfernungstabellen eingeteilt:
1. der nichtausgebaute Abschnitt von Cambrai bis Etrun (13 km);
2. der ausgebaute Abschnitt von Pont Malin bis zur belgischen Grenze (45 km).

Schleusen   Im ersten Abschnitt gibt es 5 Schleusen; jede von ihnen ist mit Zwillingskammern (40,50 x 6,00 m) ausgestattet. Im zweiten Abschnitt gibt es 6 Schleusen, alle mit den für 3 000 Tonnen-Schubverbände vorgesehenen Abmessungen (144,60 x 12,00 m). Die alte Schleuse bei Rodignies, in der Nähe der belgischen Grenze, die immer ein großer Engpaß war, besteht nicht mehr.

Tiefen   Der zulässige Tiefgang beträgt 2,20 m im ersten Abschnitt und 3 m im zweiten bis nach Pont de la Concorde (km 17,5). Bis zur Beendigung der Verbesserungsarbeiten beträgt der Tiefgang bis nach Condé 2,50 m; von da bis zur belgischen Grenze 2,00 m.

Brücken   Im ersten Abschnitt ist die Durchfahrtshöhe unter festen Brücken 3,80 m bei normalem Wasserstand. Im zweiten Abschnitt ist sie auf ein Minimum von 5,25 m über dem höchsten schiffbaren Wasserstand erhöht worden, obwohl sie an einigen Brücken etwas geringer ist (4,80 m).

Treidelpfad   Ein guter Treidelpfad verläuft neben der gesamten Strecke.

Schelde

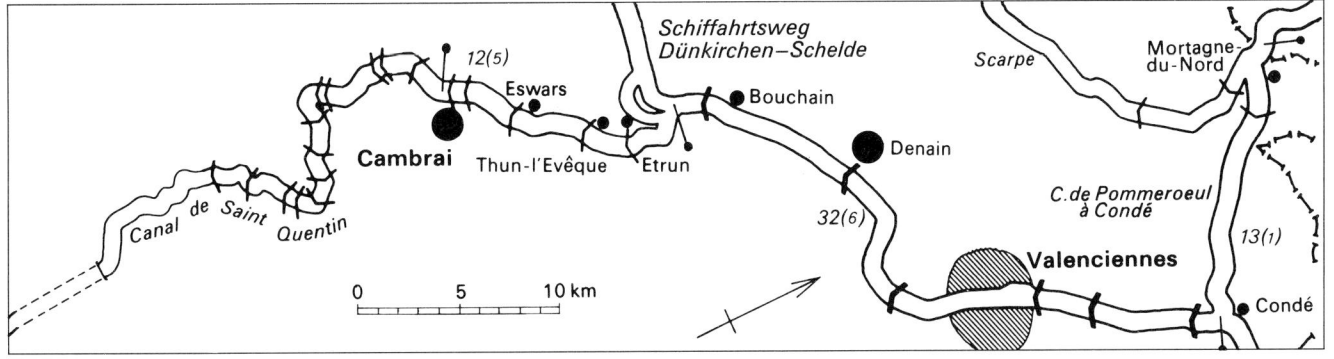

Behörden Direction Régionale de la Navigation, Lille
Unterabteilungen:
- Place Marcellin Berthelot, BP 371, 59407 Cambrai, Tel. (27) 81.32.75 (erster Abschnitt).
- 24 Chemin du Halage, 59300 Valenciennes, Tel. (27) 46.23.41 (zweiter Abschnitt).

Entfernungstabelle

	km	Schl.	km
Cambrai bis zur Verbindung mit dem Großschiffahrtsweg (D-S-Kanal)			
Cambrai Brücke (Pont de Marquion), Anschluß an den Canal de Saint-Quentin	0,0	—	12,9
Cambrai-Cantimpré Becken LU	0,1	—	12,8
Schleuse 1 (Cantimpré), Brücke, Wasser, Stadtzentrum 500 m RU	0,2	1	12,7
Cambrai-Selles Becken LU	0,6	—	12,3
Schleuse 2 (Selles), Brücke	1,0	2	11,9
Brücke (Pont Rouge)	1,4	—	11,5
Eisenbahnbrücke (Cambrai)	1,5	—	11,4
Schleuse 3 (Erre), Brücke, Wasser, Werft BW RU	3,6	3	9,3
Eswars Brücke, Kai BW LU, kleine Ortschaft 600 m LU	6,6	—	6,3
Schleuse 4 (**Thun-l'Evèque**), Brücke, Ortschaft 300 m LU	7,9	4	5,0
Kai RU	8,3	—	4,6
Schleuse 5 (**Iwuy**), Wasser, Kais BW RU, Ortschaft 1 000 m RU	10,0	5	2,9
Autobahnbrücke (A2)	10,8	—	2,1
Etrun Brücke, Ortschaft 800 m LU	12,0	—	0,9
Anschluß an die ursprüngliche Strecke des Canal de la Sensée LU	12,1	—	0,8
Brücke	12,2	—	0,7
Verbindung zum Großschiffahrtsweg D-S	12,9	—	0,0
Ausgebaute Schelde, von Pont Malin zur belgischen Grenze			
Schleuse (Pont Malin)	0,0	1	45,3
Bouchain Brücke, Kai TW RU, Ortschaft LU	2,3	—	43,0
Eisenbahnbrücke	4,7	—	40,6
Neuville-sur-Escaut Brücke, Ortschaft RU	5,4	—	39,9
Lourches Brücke und private Eisenbahnbrücke, Stadt 1 200 m LU	6,9	—	38,4
Anschluß an Rivière des Moulins LU	8,1	—	37,2
Schleuse (Denain) Wasser	8,7	2	36,6

Entfernungstabelle	km	Schl.	km
Denain Brücke (Pont de l'Enclos), Stadtzentrum 1 000 m LU	9,2	—	36,1
Fußgängerbrücke	9,6	—	35,7
Brücke (Abbattoir), Kai TW LU	10,2	—	35,1
Eisenbahnbrücke	11,4	—	33,9
Autobahnviadukt (Rouvignies), A2	11,6	—	33,7
Brücke (Rouvignies), N29	11,9	—	33,4
Private Fußgängerbrücke und Kai LU	13,4	—	31,9
Eisenbahnbrücke (Prouvy)	13,5	—	31,8
Thiant Brücke, Ortschaft 1 000 m RU	13,7	—	31,6
Schleuse (Trith)	15,3	3	30,0
Gasleitung (Pipeline) quert	15,6	—	29,7
Trith-Saint-Léger Fußgängerbrücke, kleine Stadt 700 m LU	15,9	—	29,4
Brücke (Pont de la Fontenelle), D59	17,1	—	28,2
Brücke (Pont de la Concorde)	17,5	—	27,8
Private Brücke (Usinor-Stahlwerke)	18,2	—	27,1
Autobahn-Viadukt (Trith), A2	18,7	—	26,6
Eisenbahnbrücke (Vert Gazon)	18,8	—	26,5
Brücke (Notre Dame)	20,5	—	24,8
Valenciennes Brücke (Pont Saint-Waast), Kai BW RU, Stadtzentrum 500 m RU	21,1	—	24,2
Einfahrt zum Kanalarm Quai des Mines LU, öffentlicher Kai 300 m LU	21,6	—	23,7
Brücke (Pont Jacob)	21,8	—	23,5
Schleuse (Folien), Wasser	21,9	4	23,4
Eisenbahnbrücke (Bleuse-Borne)	23,0	—	22,3
Eisenbahnbrücke (Saint-Guillaume)	24,6	—	20,7
Schleuse (Bruay) in neuem Kanalstück, LU	24,8	5	20,5
Brücke (Pont des Vaches), **Bruay-sur-l'Escaut** 500 m LU	25,3	—	20,0
Brücke (Marais)	28,6	—	16,7
Brücke (Bellevue), D50, **Fresnes-sur-Escaut** 1 000 m LU	30,0	—	15,3
Neue Schleuse (Fresnes)	31,0	6	14,3
Verbindung zum Canal Pommeroeul-Condé	31,3	—	14,0
Brücke (Masys)	31,8	—	13,5
Eisenbahnbrücke (Moulin)	31,9	—	13,4
Brücke (Sarteau), **Vieux-Condé** 700 m RU	34,0	—	11,3
Hergnies Brücke Ortschaft RU	37,6	—	7,7
Stillgelegte Schleuse (Rodignies) RU	41,9	—	3,4
Mortagne-du-Nord Hebebrücke (wird ausgewechselt), Ortschaft RU	43,7	—	1,6
Verbindung zum kanalisierten Fluß Scarpe RU	44,1	—	1,2
Zollbüro RU	44,2	—	1,1
Belgische Grenze	45,3	—	0,0

Canal de l'Est

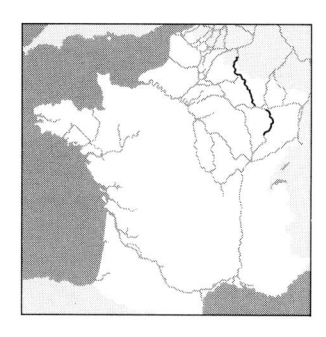

Der Canal de l'Est verdankt seine Entstehung der Niederlage der Franzosen gegen die Preußen im Deutsch-Französischen Krieg von 1870 - 71. Er wurde in den Jahren 1874 - 1882 erbaut, um im Westen der besetzten Gebiete eine Nord-Südverbindung auf dem Wasser für die Industriegebiete um Nancy und Toul zu schaffen. Der Kanal verbindet die kanalisierte Maas (Meuse) in Belgien mit der Mosel (Moselle) und der Saône. Er wird in zwei Abschnitte eingeteilt:
1. Der nördliche Teil von Givet nach Troussey;
2. Der südliche Teil von Neuves-Maisons nach Corre.

Der nördliche Teil

Dieser Teil ist 272 km lang und besteht in der Hauptsache aus der kanalisierten Maas (Meuse). Talwärts von Charleville-Mézières schneidet er tief in das Hügelgebiet der Ardennen ein; dort ist die Landschaft sehr eindrucksvoll. In Troussey kreuzt der Canal de la Marne au Rhin.

Schleusen Hier gibt es 59 Schleusen, die einen Höhenunterschied von beinahe 150 m überwinden. Die erste Schleuse, nahe der belgischen Grenze, ist 100 m lang und 12 m breit; sie gewährt den großen Lastkähnen Einfahrt in den Hafen von Givet. Von Givet bis Verdun haben alle Schleusen die Abmessungen 48,30 x 5,70 m. Die Schleusen oberhalb Verdun haben die Standardmaße der Freycinet-Klasse: 38,50 x 5,20 m. Wie Sie aus der Entfernungstabelle ersehen, gibt es auf dieser Strecke zahlreiche automatische Schleusen. Bitte lesen Sie auch die allgemeinen Hinweise für die Benutzung automatischer Schleusen in der Einleitung zu diesem Buch.

Tiefen Der zulässige Tiefgang beträgt auf der gesamten Strecke 1,80 m.

Brücken Die Mindestdurchfahrtshöhe liegt bei 3,70 m über normalem Wasserstand.

Treidelpfad Ein Treidelpfad verläuft neben der Strecke.

Tunnels Auf dieser Strecke gibt es 4 Tunnels, in Ham, Revin, Verdun und in Koeurs.

		Länge	Breite	Wassertiefe	Durchfahrtshöhe
Ham	(km 8)	565,0 m	5,80 m	2,20 m	3,60 m
Revin	(km 39)	224,0 m	5,95 m	2,20 m	3,60 m
Verdun	(km 204)	45,0 m	5,80 m	2,20 m	3,70 m
Koeurs	(km 250)	50,0 m	5,80 m	2,20 m	3,70 m

In Revin, Verdun und Koeurs verläuft neben der Strecke ein Treidelpfad.

Die Durchfahrtshöhe in der Mitte der Tunnelbögen ist viel größer als die obenerwähnte Zahl, die sich auf das Minimum auf der gesamten Fahrrinnenbreite bezieht. Fahren Sie nur auf Zeichen in die Tunnel ein, da immer nur ein Schiff zur Zeit durchfahren darf.

Behörden Service de la Navigation de Nancy
Unterabteilungen:
- Place du 148e R.I., 08600 Givet, Tel. (24) 55.10.02 (km 0 - 60,5)
- 2 Avenue de Montcy Notre Dame, 08000 Charleville-Mézières, Tel. (24) 33.20.48 (km 60,5 - 133).
- Route de Sedan, 55700 Stenay, Tel. (29) 80.30.40 (km 133 - 203).
- Ecluse 19, 55107 Verdun, Tel. (29) 86.02.47 (km 203 - 272).

Der südliche Teil

Dieser Teil hatte ursprünglich bei Toul Anschluß an den Canal de la Marne au Rhin (20 km östlich der Kreuzung in Troussey), aber seit 1979 ist er durch die kanalisierte Mosel auf der 26 m langen Strecke zu den Stahlwerken in Neuves-Maisons ersetzt worden, weil damit die großen Schubverbände vom Rhein zu den Stahlwerken von Neuves-Maisons gelangen können. Der südliche Teil des Canal de l'Est von Neuves-Maisons bis Corre ist 122 km lang. Er folgt dem Moseltal bis nach Epinal, von da steigt er steil zu einer Höhe von 360 m empor - zur zweithöchsten Scheitelhaltung von Frankreich (die höchste hat der Canal de Bourgogne) - und macht dann den Abstieg zur Saône durch das schluchtartige Coney-Tal; zwei Kanäle zweigen von ihm ab:
1. Der Verbindungskanal von Nancy (siehe unten)
2. Der Zweigkanal nach Epinal: er ist 3 km lang bis zur Stadt Epinal und zweigt von der Hauptstrecke am Fuße der Schleusenkette von Golbey (km 83) ab.

Schleusen Hier gibt es 93 Schleusen: 47 davon steigen zur Mosel und 46 zur Saône hin ab. Die Schleusen haben Standardabmessungen nach der Freycinet-Norm (38,50 x 5,20 m), bis auf die Schleusen 34 - 37 an der zur Mosel gelegenen Seite (sie sind etwas länger, und zwar 41,30 m).

Tiefen Der zulässige Tiefgang beträgt auf der gesamten Strecke 1,80 m.

Brücken Alle festen Brücken haben eine lichte Durchfahrtshöhe von mindestens 3,70 m über Normalwasserstand.

Treidelpfad Ein Treidelpfad verläuft neben der gesamten Strecke

Behörden Service de la Navigation de Nancy.
Unterabteilungen:
- Les Turbines, 54850 Messein, Tel. (8) 347.00.68 (km 26 - 55).
- Avenue de la Fontenelle, 88000 Epinal, Tel. (29) 34.19.63 (km 55 - 147).

Verbindungskanal von Nancy (Embranchement de Nancy)

Der Verbindungskanal von Nancy ist ein 10 km langer Verbindungsweg zwischen dem Canal de la Marne au Rhin (Rhein-Marne-Kanal) in Laneuveville, eine kurze Strecke bergwärts von Nancy, und dem Canal de l'Est, südlicher Teil, in Messein (km 28). Er hat eine kurze Scheitelhaltung zwischen den Tälern der Meurthe und der Mosel.

Schleusen Hier gibt es 18 Schleusen: 13 davon steigen zur Meurthe, 5 zur Mosel hinab. Ihre Abmessungen sind ohne Ausnahme 41,30 x 5,20 m.

Tiefen Der zulässige Tiefgang ist 1,80 m.

Brücken Die Brücken haben eine lichte Durchfahrtshöhe von 3,70 m.

Treidelpfad Ein Treidelpfad verläuft neben der Strecke.

Behörden Service de la Navigation de Nancy
Unterabteilung: Les Turbines, 54850 Messein, Tel. (8) 347.00.68

Tourismus **Givet** ist das Grenzstädtchen zwischen Belgien und Frankreich, an der kanalisierten Maas. Kleine Insel ziehen vorbei, in den sanften Flußbiegungen liegen das hübsche Stadtviertel Saint-Hilaire und die Festung Charlemont. Windungsreich ist der Flußlauf im **Ardennerwald**, wo noch seltene Vogelarten wie z. B. der Reiher, der Strandläufer und das Bleßhuhn leben. Auf dem Inselchen unter der Brücke von **Vireux** nisten Schwäne.
Entlang der Strecke sieht man die typischen Ardennenhäuser aus Schiefer.
Das Städtchen **Monthermé** liegt malerisch auf einem Felsen, **Charleville-Mézières** dagegen an verschiedenen Flußschleifen. Im Deutsch-Französischen Krieg von 1870 - 71 und während des Ersten Weltkrieges fanden in der Gegend von **Sedan** schwere Kämpfe statt. Die Strecke von Sedan nach Verdun ist ebenfalls waldreich und geschichtsträchtig. Auf dem Schlachtfeld von **Verdun** fielen im Krieg von 1914 - 1918 800 000 Menschen. Verdun ist eine sehr alte Stadt mit einer Zitadelle und schönen Kirchen. Bevor man zur kleinen Stadt **Saint-Mihiel** kommt, fährt man an steilen Felswänden vorbei.
Toul an der Mosel war einmal eine Festungsstadt. Von hier bis nach Neuves-Maisons begegnen wir der Großschiffahrt. Nach diesen 20 km führt uns der südliche Abschnitt des Canal de l'Est wieder durch Wälder und durch die Berge der Vogesen.

Wer Lust hat, über den Verbindungskanal nach **Nancy** hineinzufahren, kann dort schöne Häuser aus dem 18. Jahrhundert, Kirchen, Portale und Triumphbogen besichtigen.
Auch nach **Epinal** führt ein Zweigkanal - eine schöne aber enge Strecke - der Hafen dieser Stadt ist zwar nicht erfreulich, aber Kunstliebhaber werden gerne das Vogesen-Museum und die Basilika besichtigen.

Versorgung **Givet** Bei der Shell-Tankstelle an der Prinzenfähre (Bac au Prince) und auch bei der Yamaha-Vertretung gibt es Kraftstoff und Wasser. Falls Sie es wünschen, ist man Ihnen auch bei der Beschaffung von Lebensmitteln und Schiffsbedarf behilflich. Wenn Sie in der Stadt anlegen, finden Sie Wasser am Kai; Geschäfte und Tankstellen befinden sich in der Nähe.
Charleville-Mézières Im Sportboothafen Mont Olympe gibt es Wasser; Kraftstoff besorgt man sich in der Stadt. Außerdem finden Sie in der Stadt Lebensmittelgeschäfte und Reparaturwerkstätten aller Art.
Sedan Lebensmittel, Kraftstoff und Werkstätten finden Sie in der Stadt; Wasser auf einem Campingplatz und an der Schleuse No. 37.
Saint-Mihiel Lebensmittel, Kraftstoff und Mechaniker in der Stadt, Wasser bei Schleuse No. 10.
Toul Lebensmittel in der Stadt, Wasser an den Schleusen 25 und 27; Kraftstoff in Port de France zwischen Schleuse 25 und 26.
Epinal Hier finden Sie gute Lebensmittelgeschäfte und Tankstellen in nächster Nähe des Hafens, Wasser am Kai sowie Bootswerkstätten.

Gastronomische Spezialitäten der Gegend sind: Ardenner Schinken; Drosselpastete; Wildschweinpastete; Fische aus der Maas; Forellen aus den Flüssen und Bächen der Vogesen.

Frühe Morgenstimmung bei Dames de Meuse an der kanalisierten Maas

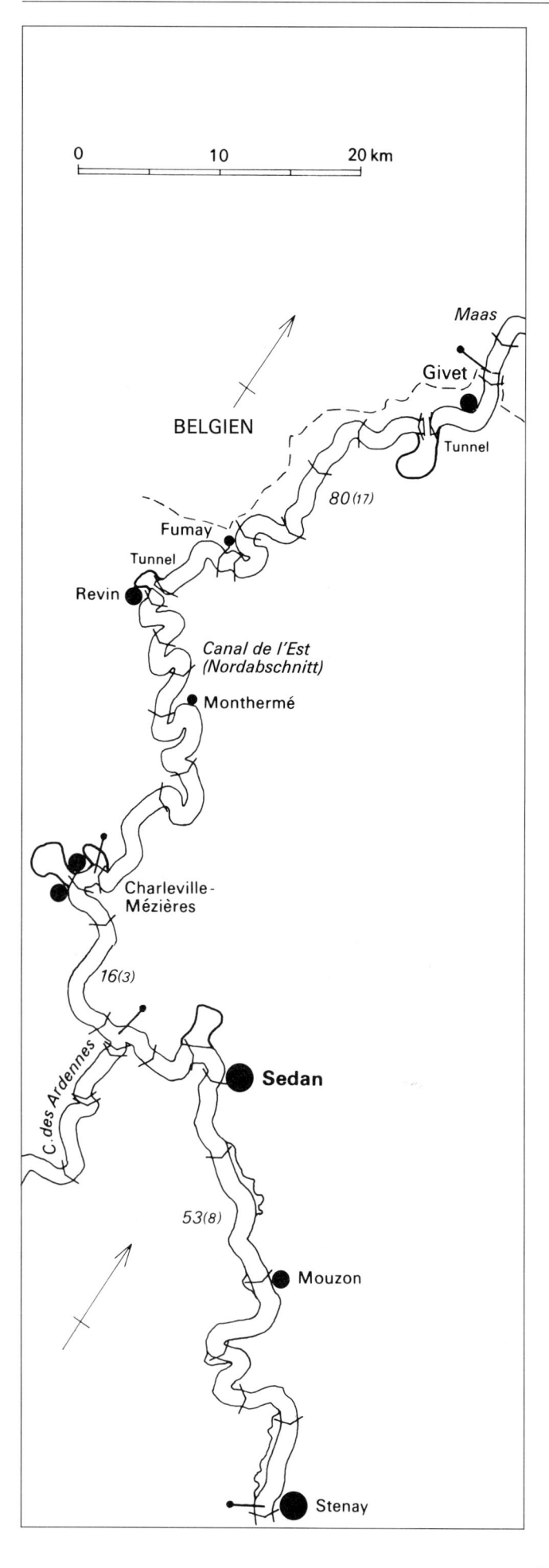

Canal de l'Est

Entfernungstabelle

Nördlicher Teil

	km	Schl.	km
Belgische Grenze, Anschluß an die belgische Maas (gleich BW der Brücke von Heer)	0,0	—	272,4
Schleuse 59 (Quatre Cheminées), Anfang eines 2,3 km langen Schleusenkanals LU	0,5	1	271,9
Hafen von Givet, Becken LU	2,2	—	270,2
Hochwassertor und Wehr, man fährt wieder auf der Maas	2,8	—	269,6
Eisenbahnbrücke, Zollposten BW LU	3,6	—	268,8
Givet Brücke, Festmachemöglichkeiten LU, Stadt an beiden Ufern	4,0	—	268,4
Schleuse 58 (Trois Fontaines), Brücke, 2,3 km langer Schleusenkanal LU	7,1	2	265,3
Nordeinfahrt in den Tunnel von Ham (Tunnellänge 565 m)	7,4	—	265,0
Südeinfahrt in den Tunnel von Ham	8,0	—	264,4
Schleuse 57 (Ham)	8,4	3	264,0
Hochwassertor und Wehr, Hebebrücke, man fährt wieder auf der Maas, Fahrrinne wechselt zum RU, **Aubrives** LU	9,4	—	263,0
Schleuse 56 (Mouyon) in einem 350 m langen Schleusenkanal, RU	13,1	4	259,3
Vireux, Brücke, Ortschaft LU hinter der Insel	14,3	—	258,1
Schleuse 55 (Montigny), 1,9 km langer Schleusenkanal RU	17,1	5	255,3
Brücke (Jean Matine)	17,7	—	254,7
Hochwassertor und Wehr, Fußgängerbrücke, man fährt wieder auf der Maas	18,9	—	253,5
Schleuse 54 (Fépin) in einem 380 m langen Schleusenkanal RU	22,4	6	250,0
Brücke (Fépin)	22,6	—	249,8
Kai (Moraipré) RU	23,9	—	248,5
Haybes Brücke, Kai BW RU, Stadt RU	24,8	—	247,6
Schleuse 53 (Vanne-Alcorps) in 610 m langem Schleusenkanal RU	25,7	7	246,7
Fumay Brücke, Kai BW LU, kleine Stadt, Fahrrinne wechselt zum LU	27,4	—	245,0
Schleuse 52 (Roche d'Uf) in einem 130 m langen Schleusenkanal LU	30,4	8	242,0
Fähre für Schieferfabrik	31,2	—	241,2
Eisenbahnbrücke	32,9	—	239,5
Schleuse 51 (Saint-Joseph) in einem 300 m langen Schleusenkanal LU	33,0	9	239,4
Festmachemöglichkeit beim Campingplatz LU	35,8	—	236,6
Schleuse 50 (**Revin**), automatisch, in einem 420 m langen Schleusenkanal RU, Festmachemöglichkeit an der Maas BW der Einfahrt zum Schleusenkanal	39,1	10	233,3
Tunnel von Revin, 224 m lang, Einfahrt durch Lichter geregelt	39,2	—	233,2
Man fährt wieder auf der Maas, Fahrrinne RU	39,5	—	232,9
Fußgängerbrücke (Orzy)	40,4	—	232,0
Schleuse 49 (Orzy) in einem 300 m langen Schleusenkanal RU	40,7	11	231,7

Canal de l'Est

Entfernungstabelle	km	Schl.	km
Anchamps Kai LU, kleine Ortschaft	44,8	—	227,6
Eisenbahnbrücke	45,0	—	227,4
Schleuse 48 (Dames de Meuse), automatisch, in einem 2,1 km langen Schleusenkanal RU	45,4	12	227,0
Ende des Schleusenkanals, man fährt wieder auf der Maas	47,4	—	225,0
Brücke (Laifour)	48,0	—	224,4
Eisenbahnbrücke	48,5	—	223,9
Schleuse 47 (Commune), automatisch, in einem 350 m langen Schleusenkanal RU	50,0	13	222,4
Kai RU (Laifour)	50,4	—	222,0
Kai RU (Grande Commune)	51,8	—	220,6
Mairupt Insel, an RU Seite vorbeifahren	52,5	—	219,9
Deville Kai LU, Ortschaft hinter der Eisenbahn	53,7	—	218,7
Schleuse 46 (Deville) automatisch, in einem 3 km langen Schleusenkanal, RU	54,2	14	218,2
Hochwassertor, man fährt wieder auf der Maas	57,1	—	215,3
Monthermé Brücke, Festmachemöglichkeiten BW LU, Wasser, kleine Stadt, Fahrrinne wechselt zum LU	58,5	—	213,9
Fabrikkai RU	59,0	—	213,4
Kai (Saint-Rémy) RU	59,8	—	212,6
Eisenbahnbrücke	61,0	—	211,4
Privater Kai LU	61,6	—	210,8
Château-Regnault Brücke, Festmachemöglichkeit BW RU, Ortschaft wird von Felsgipfeln überragt (Rochers des 4 Fils Aymon)	62,4	—	210,0
Schleuse 45 (Levrézy) in einem 250 m langen Schleusenkanal LU	63,8	15	208,6
Braux Brücke, Festmachemöglichkeiten TW LU, Ortschaft LU	65,1	—	207,3
Joigny Brücke, Festmachemöglichkeit TW RU, Ortschaft RU	69,4	—	203,0
Schleuse 44 (Joigny) in einem 300 m langen Schleusenkanal LU	70,1	16	202,3
Nouzonville Brücke, Kai TW RU	72,7	—	199,7
Schloß (Château de la Pierronnerie) LU	74,4	—	198,0
Überland-Hochspannungsleitungen	76,9	—	195,5
Privater Kai RU	79,0	—	193,4
Schleuse 43 (Montcy) in einem 400 m langen Schleusenkanal RU, Brücke	79,1	17	193,3
Brücke (Montcy-Notre Dame), Unterabteilungsingenieur	79,4	—	193,0
Ende des Schleusenkanals, Sportboote können 1 km TW auf der Maas zum Sportboothafen hinunterfahren, RU, Festmachemöglichkeiten für **Charleville-Mézières**	79,6	—	192,8
Eisenbahnbrücke	79,7	—	192,7
Private Kais LU	80,4	—	192,0
Eisenbahnbrücke	81,0	—	191,4
Einfahrt in den Schleusenkanal von Mézières, RU, Festmachen ist auf der Maas 200 m weiter BW LU möglich	81,2	—	191,2
Schleuse 42 (Mézières) automatisch	81,3	18	191,1
Brücke	81,6	—	190,8
Ende des Schleusenkanals, nach links in die Maas einbiegen	81,7	—	190,7
Eisenbahnbrücke	81,9	—	190,5
Charleville Stahlwerke, Kai LU	83,0	—	189,4
Kai (Roméry) RU	84,1	—	188,3
Schleuse 41 (Roméry), automatisch, in einem 1,6 km langen Schleusenkanal, RU	84,3	19	188,1
Brücke	84,9	—	187,5
Ende des Schleusenkanals, Brücke	85,9	—	186,5
Autobahnbrücke	86,8	—	185,6
Brücke (**Lumes**), Kai BW RU, Ortschaft 600 m	86,9	—	185,5
Eisenbahnbrücke	87,1	—	185,3
Privater Kai RU	88,4	—	184,0
Durchstich einer Flußschleife (Ayvelles), LU	89,2	—	183,2
Flize Brücke (Eisenbahn-Nebengeleise) Privatkai TW LU	92,3	—	180,1
Nouvion Brücke, Stadt jenseits der Eisenbahn, RU	93,5	—	178,9
Schleuse 40 (Dom-le-Mesnil), automatisch, in einem 500 m langen Schleusenkanal LU	94,8	20	177,6
Verbindung zum Canal des Ardennes (Pont à Bar) LU	96,3	—	176,1
Zufluß des Bar, Durchstich einer Flußschleife LU	97,3	—	175,0
Schleuse 39 (Donchery) automatisch, in einem 900 m langen Schleusenkanal LU	99,6	21	172,8
Donchery Brücke, Stadt RU	100,1	—	172,3
Überland-Hochspannungsleitungen	101,2	—	171,2
Eisenbahnbrücke, Privatkai TW LU	102,9	—	169,5
Schleuse 38 (Vilette), in einem 1,5 km langen Schleusenkanal, Autobahnbrücke	103,3	22	169,1
Brücke (Vilette)	103,7	—	168,7
Brücke (Glaire)	104,6	—	167,8
Hochwassertor, Ende des Schleusenkanals	104,9	—	167,5
Privater Kai RU (Textilfabrik)	105,2	—	167,2
Brücke (Pont Neuf)	106,6	—	165,8
Einfahrt in den Sedan-Schleusenkanal LU	106,7	—	165,7
Schleuse 37 (Sedan) automatisch, Brücke, Wasser	107,0	23	165,4
Sedan öffentlicher Kai RU (wahlweise Festmachemöglichkeit an der Maas beim Campingplatz), Stadtzentrum 1000 m	107,4	—	165,0
Ende des Schleusenkanals	107,5	—	164,9
Brücke (Pont de la Gare) Privatkai BW LU	107,7	—	164,7
Neue Straßenbrücke (Umgehungsstraße für Sedan)	108,8	—	163,6
Überland-Hochspannungsleitung	110,2	—	162,2
Durchstich einer Flußschleife	111,9	—	160,5
Einfahrt in den 5,4 km langen Schleusenkanal LU, Maas ist 700 m BW bis zu einem Kai befahrbar (Bazeilles)	112,7	—	159,7
Eisenbahnbrücke	112,3	—	160,1
Schleuse 36 (Remilly-Aillicourt), automatisch	112,8	24	159,6
Brücke (Aillicourt), Privatkai BW LU	113,7	—	158,7

Canal de l'Est

Entfernungstabelle	km	Schl.	km
Remilly Brücke, Kai BW LU, Ortschaft hinter der Eisenbahn	115,1	—	157,3
Brücke (Petit Remilly)	116,5	—	155,9
Hochwassertor, Ende des Schleusenkanals	118,0	—	154,4
Villers-devant-Mouzon LU, Fähre, Durchstich einer Flußschleife RU	119,7	—	152,7
Schleuse 35 (Mouzon), 1,5 km langer Schleusenkanal, RU	122,5	25	149,9
Brücke (Fourberie)	123,1	—	149,3
Mouzon, Kai LU für Kurzzeit-Halt (enger Schleusenkanal)	123,2	—	149,2
Mouzon Brücke, Privatkai BW RU	123,6	—	148,8
Ende des Schleusenkanals	124,0	—	148,4
Schleuse 34 (Alma), 1 km langer Schleusenkanal RU, Drehbrücke	130,8	26	141,6
Ende des Schleusenkanals	131,7	—	140,5
Létanne Kai LU, Durchstich einer Flußschleife RU	134,6	—	137,8
Einfahrt in den Schleusenkanal der Pouilly-Schleuse LU, Treidelpfadbrücke über die Maas	137,4	—	135,0
Schleuse 33 (**Pouilly**), Brücke, Wasser, Ortschaft 300 m RU	137,9	27	134,5
Ende des Schleusenkanals	138,1	—	134,3
Durchstich einer Flußschleife LU	140,3	—	132,1
Einfahrt zu einem 6,4 km langen Kanalabschnitt, **Inor** Kai, Ortschaft RU	141,8	—	130,6
Schleuse 32 (Inor), Brücke	142,2	28	130,2
Martincourt-sur-Meuse Brücke, Becken BW RU	143,7	—	128,7
Hochwasserschleuse (Stenay), Brücke, Ende des Schleusenkanals	148,1	—	124,3
Stenay Kais an beiden Ufern, kleine Stadt 500 m	148,6	—	123,8
Schleuse 31 (Stenay), Brücke, Wasser	148,8	29	123,6
Wehr LU	149,5	—	122,9
Einfahrt zu einem 7,2 km langen Kanalabschnitt RU	151,3	—	121,1
Schleuse 30 (Mouzay), Brücke	152,1	30	120,3
Mouzay Brücke, Kai TW RU, Ortschaft 700 m	152,6	—	119,8
Brücke	153,7	—	118,7
Schleuse 29 (Sep), Brücke	155,5	31	116,9
Hochwassertor (Sassey), Brücke	158,4	—	114,0
Ende des Kanalabschnittes, man fährt wieder auf der Maas	158,6	—	113,8
Durchstich einer Flußschleife RU	160,5	—	111,9
Ende des Durchstichs (Entfernung wird auf der Maas gemessen)	161,8	—	110,6
Dun-sur-Meuse Kai und Ortschaft RU	161,9	—	110,5
Schleuse 28 (Dun), Brücke	162,3	32	110,1
Wehr RU	162,6	—	109,8
Einfahrt in einen 7,9 km langen Kanalabschnitt RU	163,8	—	108,6
Schleuse 27 (Warinvaux)	164,0	33	108,4
Schleuse 26 (**Liny-devant-Dun**), Brücke, Ortschaft 700 m RU	165,7	34	106,7
Kai RU	166,9	—	105,5
Hochwasserschleuse (**Vilosne**), Brücke, Ortschaft RU	171,2	—	101,2
Wehr LU, Ende des Kanalabschnitts	171,7	—	100,7

Am Canal de l'Est bei Mouzon

Entfernungstabelle	km	Schl.	km
Schleuse 25 (Planchette) RU	172,7	35	99,7
Sivry-sur-Meuse Becken RU, Ortschaft 600 m	174,2	—	98,2
Brücke	174,7	—	97,7
Hochwassertor (Sivry-sur-Meuse), Brücke, man fährt wieder auf der Maas	176,7	—	95,7
Schleuse 24 (**Consenvoye**) in kurzem Kanal RU (Schleusenkammer mit schrägen Wänden), Ortschaft RU	179,0	36	93,4
Einfahrt in einen 20,8 km langen Kanalabschnitt RU	181,1	—	91,3
Schleuse 23 (Brabant), Brücke	181,3	37	91,1
Schleuse 22 (Samogneux), Brücke	184,4	38	88,0
Champneuville Brücke, Becken BW RU	186,5	—	85,9
Schleuse 21 (Champ), Brücke	188,4	39	84,0
Vacherauville Brücke, Becken BW RU (verschlickt)	194,1	—	78,3
Bras-sur-Meuse Brücke, Ortschaft RU	195,7	—	76,7
Schleuse 20 (Bras), Brücke, Wasser	196,2	40	76,2
Thierville-sur-Meuse Brücke, Kai TW RU	200,2	—	72,2
Belleville-sur-Meuse Becken, D964 am RU	201,5	—	70,9
Hochwassertor (Belleville), Treidelpfadbrücke, man fährt wieder auf der Maas	201,9	—	70,5

Canal de l'Est

Entfernungstabelle	km	Schl.	km
Eisenbahnbrücke	202,0	—	70,4
Brücke (Galavande), Kai BW RU	202,6	—	69,8
Verdun Brücke (Porte Chaussée), Kai weiter BW RU, Stadt an beiden Ufern	203,3	—	69,1
Brücke (Legay) in Flußschleife (Gefahr), Maas teilt sich unmittelbar BW, man fährt im rechten Arm	203,6	—	68,8
Brücke (Enge, gefolgt von einer Schleife)	203,8	—	68,6
Kai RU, nahe dem Festungswall	204,1	—	68,3
Schleuse 19 (Verdun), Wasser, Unterabteilungsingenieur	204,4	41	68,0
Tunnel (45 m lang) unter den Festungswällen	204,4	—	68,0
Wehr (Grand Gueulard) LU, Achtung Querstrom	204,8	—	67,6
Brücke, Kai TW LU	205,1	—	67,3
Wehr LU	205,8	—	66,6
Einfahrt in einen 30 km langen Kanalabschnitt, RU	207,0	—	65,4
Schleuse 18 (Belleray), Brücke	207,4	42	65,0
Brücke (Houdainville)	209,5	—	62,9
Schleuse 17 (Houdainville), Brücke	210,4	43	62,0
Autobahnbrücke (A4 „Autoroute de l'Est")	211,6	—	60,8
Becken LU (verschlickt)	212,8	—	59,6
Brücke	213,7	—	58,7
Schleuse 16 (Dieue-Aval), Brücke	214,8	44	57,6
Schleuse 15 (**Dieue**) Brücke, Kai BW RU, Ortschaft LU	216,5	45	55,9
Brücke	219,3	—	53,1
Brücke	220,7	—	51,7
Génicourt-sur-Meuse Brücke, Kai TW RU, Ortschaft 700 m RU	221,1	—	51,3
Brücke	222,4	—	50,0
Ambly-sur-Meuse Brücke, Becken TW RU	222,8	—	49,6
Schleuse 14 (Ambly)	222,9	46	49,5
Schleuse 13 (Troyon), Brücke	225,8	47	46,6
Brücke	226,8	—	45,6
Kai (Troyon) RU	227,9	—	44,5
Brücke	229,7	—	42,7
Lacroix-sur-Meuse Brücke, Becken BW RU, Ortschaft 400 m	230,7	—	41,7
Schleuse 12 (Lacroix), Brücke, Wasser	231,2	48	41,2
Schleuse 11 (**Rouvrois**), Brücke, Ortschaft RU	234,1	49	38,3
Maizey Brücke, Kai TW LU, Becken RU	236,2	—	36,2
Hochwassertor, Brücke	236,7	—	35,7
Wehr (Maizey), LU, man fährt wieder auf der Maas	237,9	—	34,5
Felswände RU	239,0	—	33,4
Saint-Mihiel Brücke, Boots-Club, Festmachemöglichkeiten TW RU, kleine Stadt RU	240,8	—	31,6
Einfahrt in Schleusenkanal RU	241,5	—	30,9
Schleuse 10 (Saint-Mihiel), Brücke, Wasser, öffentlicher Kai BW RU	241,6	50	30,8
Hochwassertor, Brücke	243,0	—	29,4
Wehr (Mont Meuse) LU, man fährt wieder auf der Maas	243,2	—	29,2
Durchstich einer Flußschleife RU	244,4	—	28,0
Brücke (Koeur-la-Grande)	246,3	—	26,1

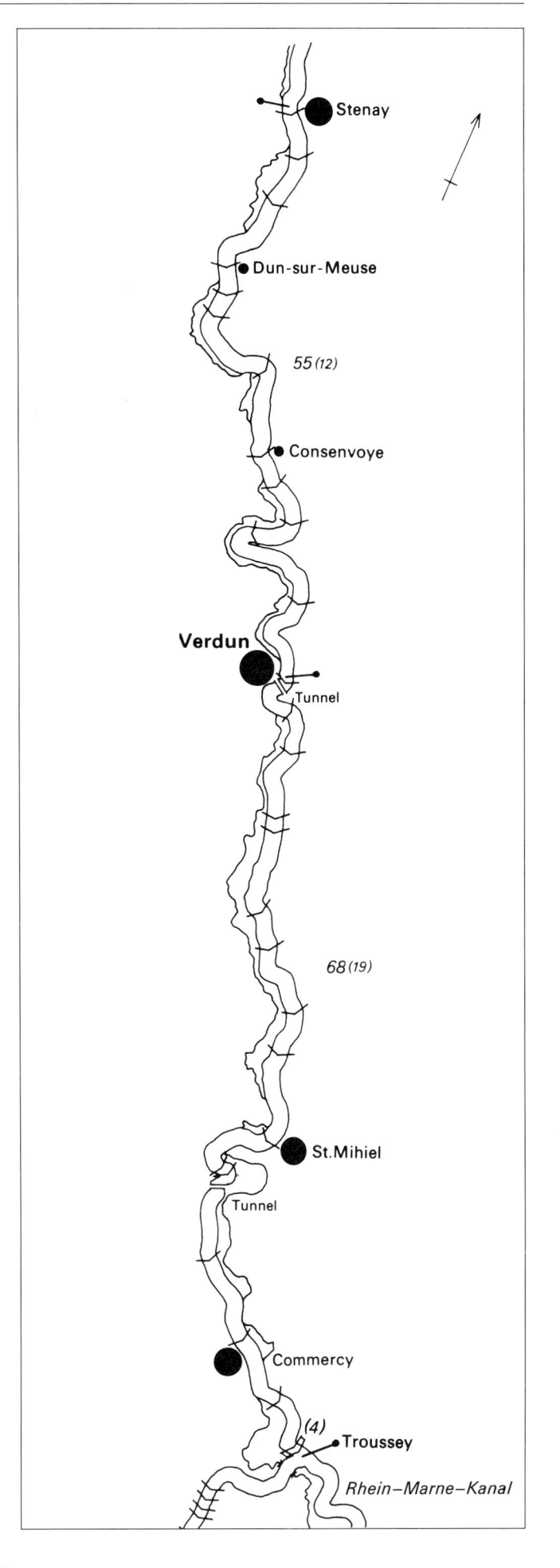

Canal de l'Est

Entfernungstabelle	km	Schl.	km
Einfahrt in den Schleusenkanal LU	246,5	—	25,9
Schleuse 9 (Koeur-la-Petite), Brücke	247,0	51	25,4
Schleuse 8 (Han), Brücke	248,0	52	24,4
Eisenbahnbrücke (keine Sicht, akustisches Signal geben)	248,8	—	23,6
Tunnel von Koeur (50 m lang) unter D964 und Eisenbahn, rechtwinklige Kurven an jedem Ende, akustisches Signal geben	249,6	—	22,8
Brücke	251,4	—	21,0
Sampigny Brücke, Kai LU, Ortschaft LU jenseits der Eisenbahn	252,2	—	20,2
Schleuse 7 (Vadonville), Brücke	254,9	53	17,5
Lérouville Brücke Kai TW RU, Ortschaft 800 m LU	256,3	—	16,1
Brücke	256,8	—	15,6
Eisenbahnbrücken	257,6	—	14,8
Hochwasserschleuse, Brücke, man fährt wieder auf der Maas	258,1	—	14,3
Einfahrt in Schleusenkanal LU	259,2	—	13,2
Schleuse 6 (Commercy), Brücke, Fabrikkai BW LU	260,8	54	11,6
Commercy Brücke, öffentlicher Kai BW LU, kleine Stadt 500 m LU, jenseits der Eisenbahn	262,0	—	10,4
Wehr (Allemands) RU, man fährt wieder auf der Maas	263,1	—	9,3
Einfahrt in Kanalabschnitt RU	265,1	—	7,3
Schleuse 5 (**Euville**), Brücke, Ortschaft 1000 m RU	266,3	55	6,1
Vertuzey Brücke, Kai BW RU	268,4	—	4,0
Brücke und Eisenbahnbrücke	270,3	—	2,1
Schleuse 4 (Sorcy), Brücke, Kai BW RU	270,4	56	2,0
Schleuse 3 (Sorcy), Brücke	271,1	57	1,3
Schleuse 2 (Sorcy)	271,9	58	0,5
Schleuse 1 (Troussey), Fußgängerbrücke, Verbindung zum Canal de la Marne au Rhin (Rhein-Marne-Kanal) (km 111,3)	272,4	59	0,0

Südlicher Teil

Entfernungstabelle	km	Schl.	km
Verbindung zur kanalisierten Mosel am BW-Ende des Industriehafens **Neuves-Maisons**, Wendebecken	25,7	—	121,6
Schleuse 47, Brücke	25,9	1	121,4
Wendebecken	26,2	—	121,1
Messein, Brücke, Kai BW RU, Ortschaft 200 m RU	26,9	—	120,4
Schleuse 46, Brücke, Wasser	28,2	2	119,1
Verbindung zum Verbindungskanal von Nancy, Wendebecken	28,3	—	119,0
Fußgängerbrücke	29,6	—	117,7
Schleusenzufahrt zu Kiesgrube LU	30,0	—	117,3
Richardménil Brücke, Ortschaft 500 m RU	30,2	—	117,1
Schleuse 45, Brücke	31,5	3	115,8
Flavigny Kai und Wendebecken RU, Ortschaft 1200 m LU	31,6	—	115,7
Schleuse 44, Brücke	33,0	4	114,3
Schleuse 43, Mosel-Aquädukt BW (125 m lang)	33,8	5	113,5
Brücke (N57)	34,6	—	112,7
Brücke, Wendebecken BW LU	36,2	—	111,1
Brücke (N57), stillgelegter Kai TW LU	38,7	—	108,6
Schleuse 42, Brücke	39,1	6	108,2
Schleuse 41, Brücke, **Crévechamps** 200 m LU	40,9	7	106,4
Schleuse 40, Brücke	43,9	8	103,4
Schwimmende Fußgängerbrücke	44,6	—	102,7
Neuviller Kai und Wendebecken LU, Ortschaft 500 m	45,2	—	102,1
Schleuse 39, Brücke, Kai BW RU, **Bayon** 1300 m RU	46,8	9	100,5
Schleuse 38, Brücke, **Roville-devant-Bayon** LU	47,9	10	99,4
Mangonville, Brücke, kleine Ortschaft LU	49,2	—	98,1
Schleuse 37, Brücke	50,0	11	97,3
Schleuse 36, Brücke, Kai TW LU, **Bainville-aux-Miroirs** LU	51,1	12	96,2
Wendebecken LU	52,3	—	95,0
Schleuse 35, Brücke	53,6	13	93,7
Gripport Brücke, Ortschaft 300 m LU	54,5	—	92,8
Schleuse 34	55,0	14	92,3
Schleuse 33 (**Socourt**), Brücke, Kai, TW LU, Ortschaft 1000 m LU	56,8	15	90,5
Schleuse 32 (Pleine de Charmes), Brücke	58,2	16	89,1
Becken und private Kais LU	59,3	—	88,0
Schleuse 31 (Charmes), Brücke, Wasser	59,9	17	87,4
Charmes Brücke (Grand Pont), Kais und kleine Stadt LU	60,6	—	86,7
Schleuse 30 (Moulin de Charmes), Brücke, Wendebecken BW	61,4	18	85,9
Schleuse 29 (Vincey), Brücke, Kraftwerk und Privatkais RU	63,9	19	83,4
Vincey Brücke, Kai TW LU, Ortschaft 200 m LU	65,2	—	82,1
Fabrik und Kai LU	65,4	—	81,9
Schräge Eisenbahnbrücke	65,6	—	81,7
Schleuse 28 (Portieux), Brücke	65,8	20	81,5
Schleuse 27 (Fouys)	67,4	21	79,9
Becken LU	68,1	—	79,2
Schleuse 26 (Avière), Aquädukt BW (reduzierte Breite 6 m)	69,4	22	77,9
Schleuse 25 (**Nomexy**), Brücke, Kai BW LU, Ortschaft 500 m LU	70,8	23	76,5
Schleuse 24 (Héronnière), Brücke, Wendebecken TW LU	72,1	24	75,2
Schleuse 23 (Vaxoncourt), Brücke	73,9	25	73,4
Schleuse 22 (**Igney**), Brücke Kai BW LU, Ortschaft 500 m LU	74,8	26	72,5
Schleuse 21 (Plaine de Thaon), Brücke, Privatkai BW RU	76,1	27	71,2
Schleuse 20 (Thaon), Brücke, Wasser	77,5	28	69,8
Thaon-les-Vosges Brücke, Kai BW RU, kleine Stadt 300 m LU	78,0	—	69,3
Straßen- und Eisenbahnbrücke (privates Nebengeleis)	78,5	—	68,8
Schleuse 19 (Usine de Thaon), Privatkais BW	78,6	29	68,7
Schleuse 18 (**Chavelot**), Brücke, Wasser, Ortschaft LU	80,2	30	67,1

Canal de l'Est

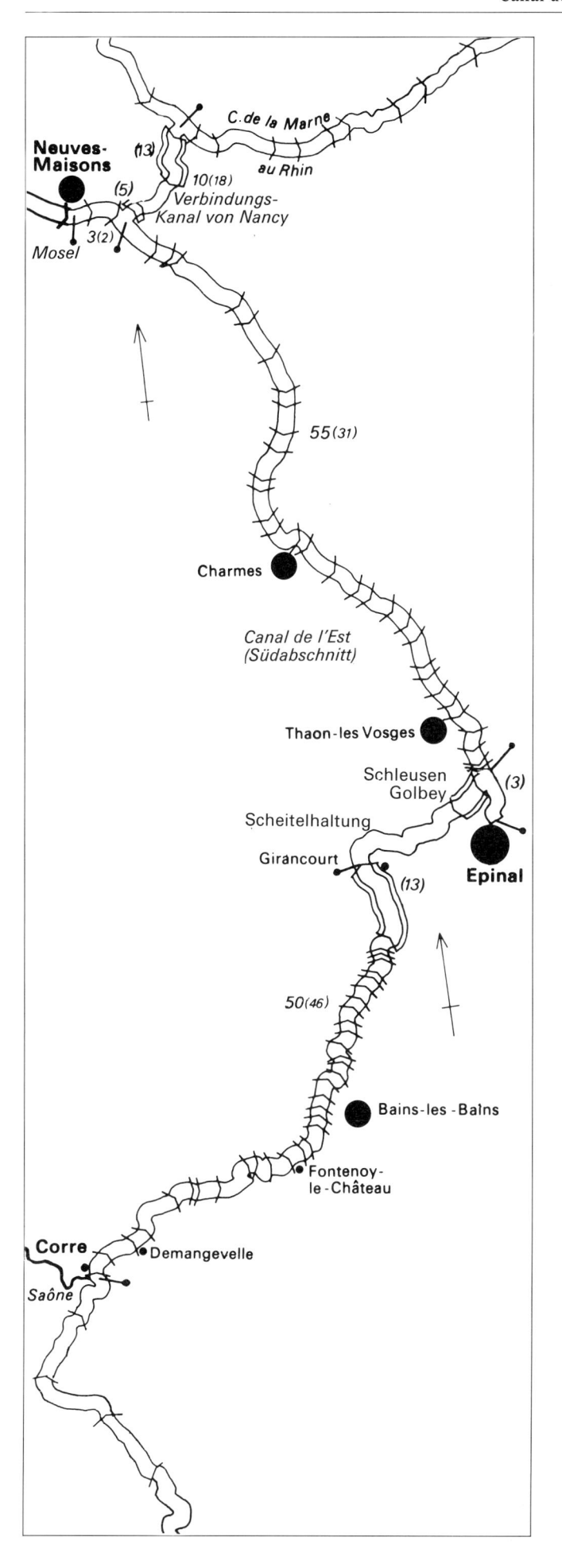

Entfernungstabelle	km	Schl.	km
Neue Straßenbrücke (Umgehung für Epinal)	81,2	—	66,1
Schleuse 17 (Prairie Gerard), Brücke	81,6	31	65,7
Schleuse 16, Brücke	82,4	32	64,9
Schleuse 15 (Côte-Olie), Brücke N57	83,2	33	64,1
Verbindung zum Zweigkanal nach Epinal RU	83,3	—	64,0
Schleuse 14 (Golbey)	83,4	34	63,9
Schleuse 13 (Golbey), Becken BW	83,5	35	63,8
Schleuse 12 (Golbey), Becken BW	83,7	36	63,6
Schleuse 11 (Golbey), schräge Eisenbahnbrücke TW, Becken BW	84,0	37	63,3
Schleuse 10 (Golbey), Brücke, Wasser, Becken BW, Stadt 1000 m RU	84,5	38	62,8
Schleuse 9 (Golbey), Fabrikkai BW RU	84,8	39	62,5
Schleuse 8 (Golbey), Brücke, Becken BW	85,1	40	62,2
Schleuse 7 (Golbey), Becken BW	85,3	41	62,0
Schleuse 6 (Golbey), Becken BW	85,4	42	61,9
Schleuse 5 (Golbey), Brücke, Wasser, Becken BW	85,6	43	61,7
Schleuse 4 (Golbey), Becken BW	85,8	44	61,5
Schleuse 3 (Golbey), Becken BW	86,0	45	61,3
Schleuse 2 (Golbey), Becken BW	86,1	46	61,2
Schleuse 1 (Bois-l'Abbé), Brücke, Beginn der Scheitelhaltung	86,4	47	60,9
Schräge Eisenbahnbrücke und Brücke (Bois l'Abbé)	87,0	—	60,3
Wendebecken (Les Forges) und Kai	88,7	—	58,6
Brücke (Forges)	89,2	—	58,1
Sanchey (Brücke), kleine Ortschaft	91,1	—	56,2
Aquädukt	92,4	—	54,9
Becken	92,9	—	54,4
Chaumousey Aquädukt (über Straße), Becken TW LU, Ortschaft LU	94,2	—	53,1
Brücke (Bahnhof Girancourt)	96,8	—	50,5
Schleuse 1 (Trusey), Brücke, Ende der Scheitelhaltung	97,2	48	50,1
Schleuse 2 (**Girancourt**), Brücke, Becken BW RU, Ortschaft LU	97,8	49	49,5
Wendebecken RU	98,3	—	49,0
Schleuse 3 (Barbonfoing), Brücke	99,0	50	48,3
Schleuse 4 (Launois), Wasser	99,7	51	47,6
Schleuse 5 (Void de Girancourt), Brücke	100,9	52	46,4
Schleuse 6 (Void de Girancourt), Becken BW RU	101,5	53	45,8
Schleuse 7 (Void de Girancourt), Becken BW RU	102,3	54	45,0
Schleuse 8 (Void de Girancourt), Becken BW RU	102,8	55	44,5
Schleuse 9 (Void de Girancourt), Becken BW RU	103,1	56	44,2
Schleuse 10 (Void de Girancourt), Becken BW RU	103,4	57	43,9
Schleuse 11 (Void de Girancourt), Becken BW RU	103,7	58	43,6
Schleuse 12 (Brennecôte), Becken BW RU	104,0	59	43,3
Schleuse 13 (Thiélouze), Becken BW RU	104,5	60	42,8
Thiélouze Brücke, kleine Ortschaft RU	104,9	—	42,4
Schleuse 14 (Port de Thiélouze), Becken BW RU	105,5	61	41,8

Canal de l'Est

Entfernungstabelle	km	Schl.	km
	105,5	61	41,8
Schleuse 15 (Thillots)	106,1	62	41,2
Schleuse 16 (**Méloménil**), Brücke, kleine Ortschaft LU	106,7	63	40,6
Schleuse 17 (Reblangotte)	107,7	64	39,6
Schleuse 18 (**Uzemain**), Brücke, Becken und Kai TW RU, Ortschaft 300 m LU	108,3	65	39,0
Schleuse 19 (Charmoise-l'Orguielleux)	109,1	66	38,2
Schleuse 20 (Coney), Becken (mehrere) BW RU	110,4	67	36,9
Becken RU	110,8	—	36,5
Schleuse 21 (Pont Tremblant), Brücke, Wasser, Becken BW RU	111,4	68	35,9
Schleuse 22 (Thunimont), Brücke, Wasser	112,1	69	35,2
Schleuse 23 (Usine de Thunimont), Privatkai TW RU	112,9	70	34,4
Drehbrücke	113,2	—	34,1
Schleuse 24 (Harsault), Brücke, Becken BW RU	114,2	71	33,1
Becken (mehrere) RU	115,0	—	32,3
Schleuse 25 (Colosse), Wasser	115,4	72	31,9
Schleuse 26 (Forge Quénot), Becken BW RU	116,3	73	31,0
Becken (mehrere) RU	116,7	—	30,6
Schleuse 27 (Basse-du-Pommier), Becken TW RU	117,3	74	30,0
Schleuse 28 (Basse Jean-Melin), Becken BW RU	118,4	75	28,9
Becken RU	118,8	—	28,5
Bains-les-Bains Brücke (Pont du Coney), Kai TW RU, Ortschaft 2500 m LU	119,4	—	27,9
Schleuse 29 (Pont du Coney)	119,6	76	27,7
Schleuse 30 (Montroche)	120,7	77	26,6
Schleuse 31 (Manufacture des Bains), Brücke, Kai TW LU	121,3	78	26,0
Schleuse 32 (Grurupt), Brücke, Kai TW LU	122,3	79	25,0
Fußgängerbrücke (Pipée), Kai BW LU	123,8	—	23,5
Schleuse 33 (Pipée), Becken TW RU	124,0	80	23,3
Schleuse 34 (Fontenoy-le-Château)	124,6	81	22,7
Fontenoy-le-Château Brücke, Kai BW LU, Ortschaft 300 m LU	125,6	—	21,7
Schleuse 35 (Fontenoy-le-Château), Brücke	125,8	82	21,5
Fußgängerbrücke	126,1	—	21,2
Brücke (D434)	126,2	—	21,1
Schleuse 36 (Montmotier), Brücke	127,7	83	19,6
Schleuse 37 (Gros-Moulin), Brücke, Becken BW RU	129,9	84	17,4
Becken RU	130,2	—	17,1
Schleuse 38 (Ambévillers)	130,8	85	16,5
Drehbrücke von Schloß Freland, Kai TW RU	132,5	—	14,8
Fußgängerbrücke	134,0	—	13,3
Pont-du-Bois Brücke, Kai TW RU, kleine Ortschaft 1200 m RU	134,2	—	13,1
Schleuse 39 (Pont-du-Bois), Wasser	134,4	86	12,9
Schleuse 40 (Bois de Selles)	136,2	87	11,1
Schleuse 41 (Carrières de Selles), Brücke, Kai BW RU	136,7	88	10,6
Selles Drehbrücke, Ortschaft RU	137,4	—	9,9
Schleuse 42 (Village de Selles), Brücke, Trockendock und Becken BW RU	138,6	89	8,7
Brücke	140,1	—	7,2
Brücke	140,9	—	6,4
Passavant-la-Rochère Becken und Kai RU, Ortschaft 3000 m RU	141,5	—	5,8
Schleuse 43 (Basse-Vaivre)	142,6	90	4,7
Schleuse 44 (**Demangevelle**), Brücke, Ortschaft 700 m LU	143,6	91	3,7
Privatkai RU	144,1	—	3,2
Schleuse 45 (Vougécourt), Brücke, Privatkai TW RU	145,9	92	1,4
Brücke	146,6	—	0,7
Corre Brücke, Kai TW RU, Ortschaft RU	146,9	—	0,4
Schleuse 46 (Corre), Wasser, Anschluß an die kanalisierte Saône	147,3	93	0,0

Verbindungskanal von Nancy

Entfernungstabelle	km	Schl.	km
Verbindung zum Canal de la Marne au Rhin (Rhein-Marne-Kanal)	0,0	—	10,2
Schleuse 13 (zur Meurthe hin), Brücke, **Laneuveville-devant-Nancy** 200 m RU	0,2	1	10,0
Schleuse 12, Eisenbahnbrücke BW, Privatkai BW RU	0,4	2	9,8
Schleuse 11, Brücke	2,5	3	7,7
Schleuse 10, Becken BW RU	3,9	4	6,3
Schleuse 9, Brücke	4,2	5	6,0
Schleuse 8 (Brücke (D71)	4,5	6	5,7
Schleuse 7, Becken BW RU	4,7	7	5,5
Schleuse 6, Becken BW RU	4,9	8	5,3
Schleuse 5, Becken BW RU	5,1	9	5,1
Schleuse 4, Fußgängerbrücke, Becken BW RU	5,3	10	4,9
Schleuse 3, Becken BW RU	5,4	11	4,8
Schleuse 2, Becken BW RU	5,6	12	4,6
Schleuse 1 (zur Meurthe hin), Brücke, Beginn der Scheitelhaltung Mauvais Lieu	5,8	13	4,4
Autobahnbrücke (A33)	6,0	—	4,2
Eisenbahnbrücke (Nebengleis)	7,1	—	3,1
Autobahnbrücke (B33)	8,2	—	2,0
Schleuse 1 (zur Mosel hin), Brücke (N57), Ende der Scheitelhaltung	8,5	14	1,7
Schleuse 2	9,2	15	1,0
Eisenbahnbrücke	9,3	—	0,9
Schleuse 3	9,6	16	0,6
Schleuse 4	9,9	17	0,3
Schleuse 5, Brücke	10,1	18	0,1
Anschluß an den Canal de l'Est, südlicher Teil, Wendebecken	10,2	—	0,0

Zweigkanal nach Epinal

	km	Schl.	km
Verbindung zur Hauptstrecke am Fuße der Schleusenkette von Golbey (km 83)	0,0	—	3,3
Brücke (N57)	0,2	—	3,1
Mosel-Aquädukt, schmale Durchfahrt	0,3	—	3,0
Fußgängerbrücke (kaputt)	1,2	—	2,1
Brücke (D166)	2,2	—	1,1
Epinal Becken, Kai RU, Stadtzentrum 800 m	3,3	—	0,0

Canal de Furnes

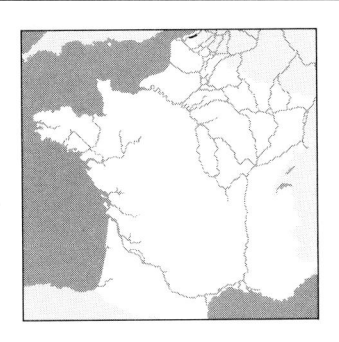

Der Canal de Furnes kommt aus dem kurzen Canal de Jonction, der eigentlich eine Seewasserstraße im Hafen von Dünkirchen ist, und legt 13 km bis zur belgischen Grenze zurück, wo er dann Canal de Nieuport à Dunkerque genannt wird. In Nieuport wird er an das belgische Binnenwasserstraßennetz angegliedert. Der Kanal ist auf der Karte Großschiffahrtsweg Dünkirchen-Schelde auf Seite 64 abgebildet.

Schleusen Hier gibt es nur 1 Schleuse, und zwar dort, wo der Kanal aus dem Canal de Jonction austritt. Die Abmessungen sind 38,50 x 5,20 m.

Tiefen Der zulässige Tiefgang beträgt 1,80 m.

Brücken Alle festen Brücken haben eine lichte Höhe von mindestens 3,50 m über Normalwasserstand.

Treidelpfad Ein Treidelpfad läuft neben der gesamten Strecke.

Behörden Direction Régionale de la Navigation Lille. Unterabteilung: Terre-Plein du Jeu de Mail, BP 1008, 59375 Dünkirchen, Tel. (28) 24.34.78.

Entfernungstabelle

	km	Schl.	km
Schleuse (Furnes), Einfahrt in den Kanal aus dem Canal de Jonction im Hafen von Dünkirchen	0,0	1	13,3
Fußgängerbrücke (Corderies)	0,6	—	12,7
Brücke (Pont Neuf)	1,5	—	11,8
Eisenbahnbrücke (Rosendaël)	1,8	—	11,5
Brücke (Chapeau Rouge)	2,4	—	10,9
Brücke (Leffrinckoucke)	4,8	—	8,5
Privates Becken, Usine des Dunes (Fabrik), Kais	6,0	—	7,3
Private Brücke (Usine de Dunes)	6,6	—	6,7
Zuydcoote Hubbrücke, Ortschaft am Nordufer	8,5	—	4,8
Neue Straßenbrücke	9,7	—	3,6
Ghyvelde Drehbrücke, Ortschaft 1200 m südlich, **Bray-Dunes-Plage** 2000 m nördlich	10,5	—	2,8
Zollposten	10,6	—	2,7
Belgische Grenze, Anschluß an den belgischen Canal de Nieuport à Dunkerque	13,3	—	0,0

Garonne und Gironde

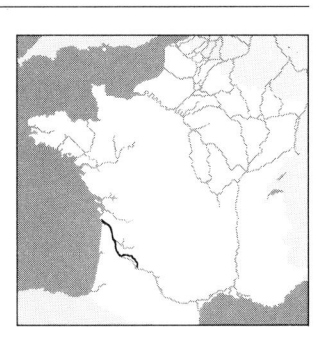

Die Garonne entspringt in den Pyrenäen und war früher bis oberhalb von Toulouse schiffbar, doch sie wurde niemals kanalisiert, daher ist die Flußschiffahrt heute auf den Abschnitt talwärts der Baïse-Mündung beschränkt. Jedoch von hier bis Castets-en-Dorthe, auf einer Strecke von 78 km, entstehen durch die ständigen Verlagerungen des Flußbettes Schiffahrtshindernisse und die Tiefen verändern sich beträchtlich, Verbesserungen sind geplant.

Ab Castets-en-Dorthe, der Verbindung mit dem Canal latéral à la Garonne, ist die Garonne gezeitenabhängig und voll schiffbar. Hier beginnt auch unsere Entfernungstabelle, und obwohl der Fluß ab der Brücke Pont de Pierre in Bordeaux zu den Seewasserstraßen gezählt wird, machen wir die Kilometerangaben zusammenhängend bis Royan, da dieser Abschnitt einen Teil der wichtigen Verbindung vom Atlantik zum Mittelmeer darstellt.

In Bec d'Ambès mündet am rechten Ufer die Dordogne ein, der Fluß wird merklich breiter und erhält den Namen Gironde. Von Castets-en-Dorthe bis nach Bordeaux sind es 54 km, Bec d'Ambès liegt weitere 25 km stromabwärts und die Gironde ist von Bec d'Ambès bis zur See 71 km lang. Die Gezeitennavigation stellt keine besondere Schwierigkeit dar, aber Sie sollten Vorsicht und Aufmerksamkeit walten lassen und sich außerdem einen detaillierten Führer für dieses Gebiet besorgen. Flutwellen („mascarets") machen sich bei geringer Wasserführung des Flusses manchmal bis 40 km stromaufwärts von Bordeaux bemerkbar.

Schleusen Keine.

Tiefen Die Tiefen sind veränderlich und von den Gezeiten abhängig. Informieren Sie sich an Ort und Stelle. Wenn Sie den Gezeitenstrom gut ausnutzen, können Sie mit einem Schiff, das einen Tiefgang von 1,80 m hat (das ist auch der höchstzulässige Tiefgang auf dem Canal latéral) von Bordeaux nach Castets-en-Dorthe gelangen.

Brücken Die Brücken haben eine Mindestdurchfahrtshöhe von 6,50 m über dem höchsten schiffbaren Wasserstand.

Treidelpfad Es gibt keinen Treidelpfad.

Tourismus Fährt man die Strecke von Bordeaux bis Castets-en-Dorthe mit dem Flutstrom hinauf, so geht die Reise schnell vonstatten. Bewaldete Hänge und Weinberge (z.B. Haut Sauternes) ziehen vorbei. In Castets beginnt dann der Garonne-Seitenkanal.

Bordeaux ist eine große Stadt mit einem wichtigen Hafen. Das Theater, der Kömödienplatz, der Börsenplatz und die Kirchen St. Michel und St. André sind eine Besichtigung wert.

Versorgung Man macht am Kai in der Nähe des Amtes für Binnenschiffahrt (Service de la Navigation) fest. Wasser gibt es am Kai (man braucht dazu einen 20 m langen Schlauch), Kraftstoff bekommt man per Tankwagen, Lebensmittelgeschäfte sind etwa 500 m entfernt, außerdem findet man zahlreiche Werften und Reparaturmöglichkeiten.

Behörden Service Maritime et de Navigation de la Gironde, Bordeaux.
Unterabteilung: Quai Sainte-Croix, face Hangar B, 33000 Bordeaux, Tel. (56) 92.81.41.

Entfernungstabelle

	km	Schl.	km
Castets-en-Dorthe, Anschluß an den Canal latéral à la Garonne (Festmachemöglichkeiten im Kanal)	0,0	—	149,8
Brücke	0,3	—	149,5
Kai (Mondiet) RU	2,0	—	147,8
Saint Macaire Kai RU, Ortschaft 800 m	5,4	—	144,4
Langon Kai und kleine Stadt LU	7,6	—	142,2
Ehemalige Brückenpiers	7,7	—	142,1
Neue Straßenbrücke	7,8	—	142,0
Eisenbahnbrücke, Kai TW LU	7,9	—	141,9
Kai (Garonnelle) RU	11,2	—	138,6
Preignac Kai LU, Ortschaft 500 m	12,6	—	137,2
Barsac Kai LU, Ortschaft 1500 m	14,1	—	135,7
Cadillac Brücke, Kai BW RU, Ortschaft 500 m RU	18,8	—	131,0
Kai (Cérons) LU	19,8	—	130,0
Podensac Kai und Ortschaft LU	22,2	—	127,6
Kai (Lestiac) RU	26,4	—	123,4
Kai (Arbanats) LU	27,6	—	122,2
Brücke, Kai TW RU, **Langoiran** 300 m RU	31,0	—	118,8
Portets Kai LU, Ortschaft 700 m	32,3	—	117,5
Kai (Baurech) RU	36,8	—	113,0
Cambes Kai RU, Ortschaft 300 m	38,3	—	111,5
Kai (Esconac)	39,6	—	110,2
Der Fluß teilt sich (Ile de Lande), man fährt im rechten Flußarm	40,6	—	109,2
TW-Inselspitze	42,2	—	107,6
Privatkai (Camblanes) RU	45,6	—	104,2
Kai (Port de l'Homme) RU	46,5	—	103,3
BW-Inselspitze (Ile d'Arsin), Fahrwasser am LU	47,2	—	102,6
TW-Inselspitze, BW-Grenze des Hafens von Bordeaux, zahlreiche Kais und Landeplätze	48,8	—	101,0
Neue Straßenbrücke	51,2	—	98,6

Entfernungstabelle

	km	Schl.	km
Eisenbahnbrücke	52,7	—	97,1
Bordeaux Brücke (Pont-Saint-Jean), Landungsplätze, Festmachemöglichkeiten und Kanalbehörden TW LU, Wasser, Kraftstoff	52,8	—	97,0
Brücke (Pont de Pierre) Ende der Binnenwasserstraße, Beginn der Seewasserstraße	53,8	—	96,0
Einfahrtsschleuse zu den Docks, LU	57,4	—	92,4
Lormont Kai und Ortschaft (Vorort von Bordeaux) RU	59,3	—	90,5
Lormont Viadukt (Autobahnspur), Yachthafen BW LU	59,6	—	90,2
Bassens Landeplätze RU	63,3	—	86,5
Ölraffinerien und Kraftwerk RU, Landungsplätze	74,0	—	75,8
Inselspitze, Fahrrinne am RU (Achtung: überspülter Damm)	75,2	—	74,6
Bec d'ambès, Einmündung der Dordogne, der Fluß ändert seinen Namen in Gironde	79,3	—	70,5
Lamarque Fähr-Terminal LU jenseits Inselspitze, Ortschaft 800 m	88,6	—	61,2
Blaye Fähr-Terminal und kleine Stadt RU (Landungsplätze BW)	90,8	—	59,0
Pauillac Kais und kleine Stadt LU, Festmachemöglichkeiten	100,3	—	49,5
Ölraffinerie, Liegeplätze für Tanker LU	103,6	—	46,2
Saint-Estèphe Kai LU, Ortschaft 1000 m	108,3	—	41,5
Saint-Christoly LU (ehemaliger Kai)	119,9	—	29,9
Mortagne-sur-Gironde Kai RU (Zufahrt nur bei Hochwasser möglich) Ortschaft 1200 m	129,0	—	20,8
Leuchtturm (Phare de Richard) LU	132,4	—	17,4
Merschers-sur-Gironde Kai und Ortschaft RU (Zufahrt nur bei Hochwasser)	142,8	—	7,0
Le Verdon-sur-Mer neuer Hafen LU	144,8	—	5,0
Port-Bloc Fähr-Terminal LU	148,7	—	1,1
Royan Fähr-Terminal RU, Badeort, Marina, gegenüber Kap Pointe de Grave LU, Seegrenze	149,8	—	0,0

Die gezeitenabhängige Garonne zwischen Bordeaux und Castets-en-Dorthe

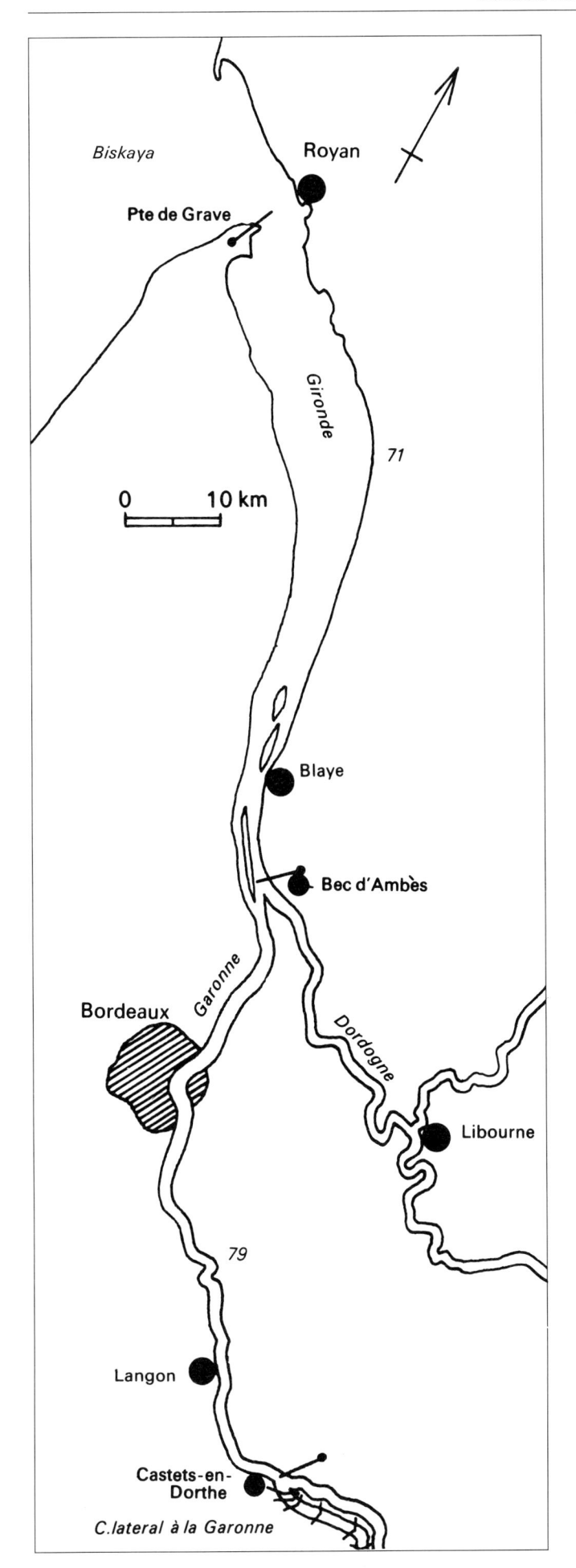

Canal latéral à la Garonne
Garonne-Seitenkanal

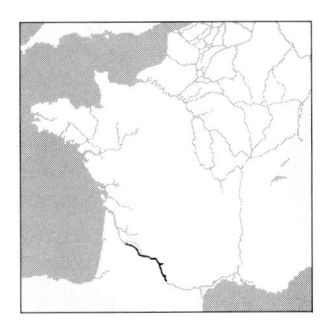

Der Canal latéral à la Garonne wurde 1856 als Umgehung für die schwierig zu befahrende Garonne eröffnet; er ist 194 km lang und erstreckt sich von Toulouse, wo er Anschluß an den Canal du Midi hat, bis nach Castets-en-Dorthe, wo er auf die gezeitenabhängige Garonne trifft. Er bildet ein wichtiges Glied in der 600 km langen Verbindung vom Atlantik durch Südfrankreich zum Mittelmeer.
Drei seiner Zweigkanäle sind schiffbar, der wichtigste davon ist 11 km lang und geht von Montech nach Montauban, wo er Verbindung zum Fluß Tarn hatte, der heute leider nicht mehr befahrbar ist. Die anderen beiden sind eigentlich nur zweistufige Schleusentreppen, die vom Garonne-Seitenkanal bei Moissac zum Tarn und bei Buzet-sur-Baïse zur Baïse hinunterführen.
Früher gab es auch in Toulouse und in Agen Zweigkanäle zur Garonne, die nunmehr zugeschüttet sind. Der Canal latéral à la Garonne wurde von dem Architekten Vauban entworfen und man begegnet eindrucksvollen Konstruktionen wie z.B. den Aquädukten über den Tarn bei Moissac und über die Garonne bei Agen.
Jüngeren Datums ist das erste Schiffshebewerk der Welt, Wasserkeil genannt, womit die Berufsschiffahrt die Schleusentreppe bei Montech umgeht; Sportboote benutzen jedoch weiterhin die fünf alten Schleusen.

Schleusen Auf dem Garonne-Seitenkanal gibt es 53 Schleusen nach Castets-en-Dorthe hinunter, die einen Höhenunterschied von 128 m überwinden und 9 Schleusen im Zweigkanal nach Montauban. Die 5 Schleusen bei Montech werden durch ein Schiffshebewerk (Wasserkeil) umgangen, welches 6 m breit ist und für Schiffe von 38,50 m Länge konstruiert wurde. Die restlichen 48 Schleusen an der Hauptstrecke wurden in den 1970er Jahren auf 38,50 x 5,80 m vergrößert.
Die Schleusen in den Zweigkanälen, sowie die fünf Schleusen bei Montech sind nicht so lang, ihre Abmessungen betragen 30,65 x 5,80 m. Die meisten sind für automatische Bedienung ausgelegt, die Durchfahrt wird mit Hilfe von Lichtern geregelt. Bitte lesen Sie auch den Abschnitt über automatische Schleusen am Anfang dieses Buches.

Tiefen Der zulässige Tiefgang ist 1,80 m, in den Zweigkanälen ist er geringer. Bitte erkundigen Sie sich an Ort und Stelle.

Brücken Alle festen Brücken haben eine Mindestdurchfahrtshöhe von 3,60 m über normalem Wasserstand.

Treidelpfad Ein guter Treidelpfad verläuft neben der gesamten Strecke.

Behörden Service de la Navigation de Toulouse.
Unterabteilungen:
- 65 bis Allée des Demoiselles, 31400 Toulouse, Tel. (61) 52.53.22 (km 0-24).
- 1 Boulevard Pierre Delbreil, 82200 Moissac, Tel. (63) 04.02.41 (km 24-90)

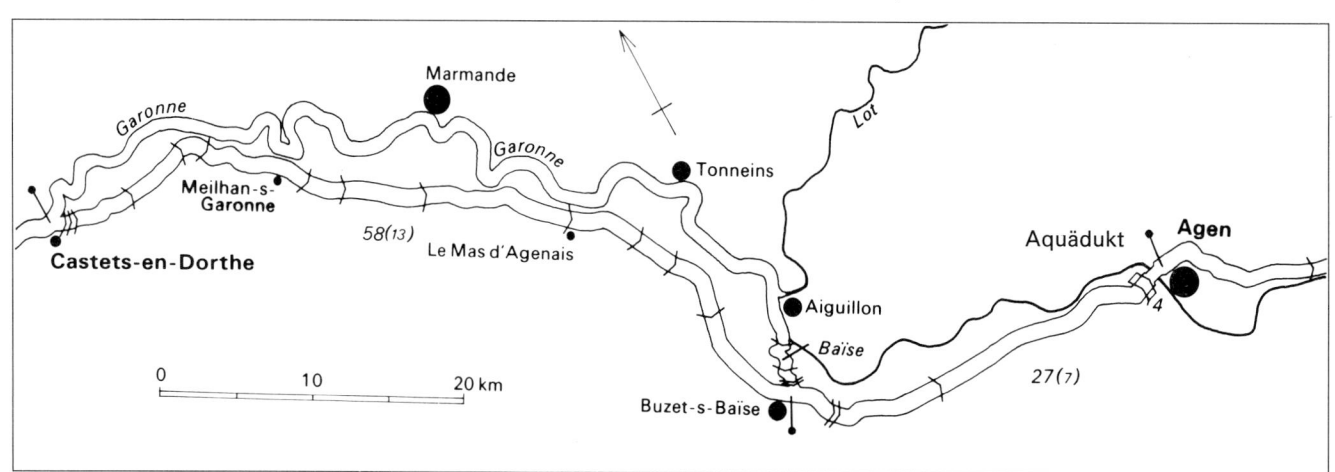

- 107 Avenue Général de Gaulle, 47000 Agen, Tel. (58) 47.31.15 (km 90-194).

Tourismus Man fährt über schattige Kanalabschnitte zwischen grünbewachsenen Hügeln und dem Flußbett der Garonne. Im ruhigen Wasser des Kanals erholt man sich von der turbulenten Fahrt auf der gezeitenabhängigen Garonne. Dichte Wälder und Ackerland prägen die Landschaft, auch Tabak wird hier angepflanzt und an den Scheunen zum Trocknen aufgehängt. Bei der Stadt **Agen** wird der Kanal von dem 539 m langen Aquädukt hoch über die Garonne „getragen".

Bald kommt man zur interessanten Stadt **Moissac**. Die große Abtei aus dem 7. Jahrhundert überstand alle Angriffe der Araber, der Normannen, der Hunnen und der Engländer und überlebte sogar die Wirren und das Brandschatzen während der Französischen Revolution. Die Abteikirche St. Pierre ist zum Teil gotisch; das Südportal ist ein Meisterwerk der Steinmetzkunst und stellt Szenen aus der Apokalypse dar, die der Evangelist Johannes auf Patmos aufgezeichnet hat. Wenn Agen wegen seiner Pflaumen berühmt ist, so erfreut uns Moissac mit goldenen Desserttrauben.

Das zweite Aquädukt führt über den Tarn und nach einigen weiteren Kilometern präsentiert sich uns ein Triumph der modernen Technik, das erste Schiffshebewerk der Welt als Wasserkeil. Sportboote dürfen es allerdings nur bewundern, nicht benutzen. Von **Montech** bis nach **Toulouse** verläuft der Canal latéral parallel zur Eisenbahn. Toulouse beschreiben wir im Abschnitt Canal du Midi auf Seite 117.

Versorgung **Agen** Lebensmittel im Ort, Wasser und Kraftstoff erhält man auf Bestellung.
Moissac Lebensmittel und Kraftstoff in der Stadt, Wasser im Hafen, ebenfalls Mechaniker.
Castelsarrasin Lebensmittel und Kraftstoff in der Stadt, Wasser am linken Ufer in Bahnhofsnähe (Fußgängerbrücke).

Entfernungstabelle

	km	Schl.	km
Toulouse, Anschluß an den Canal du Midi	0,0	—	193,6
Öl-Terminal (Kai RU, 2400 m lang)	0,2	—	193,4
Neue Straßenbrücke (Autobahnspur)	1,4	—	192,2
Neue Straßenbrücke	2,5	—	191,1
Brücke (Béziat)	2,6	—	191,0
Schleuse 1 (Lalande), Brücke	3,9	1	189,7
Brücke (Autobahnspur)	4,1	—	189,5
Autobahnbrücke (A 61, Autoroute des Deux Mers)	4,5	—	189,1
Brücke (Ruppé)	5,1	—	188,5

Entfernungstabelle

	km	Schl.	km
Schleuse 2 (Lacourtensourt), Brücke	6,5	2	187,1
Schleuse 3 (Fenouillet), Brücke	7,6	3	186,0
Brücke (Latournelle)	8,6	—	185,0
Schleuse 4 (Lespinasse), Brücke	11,4	4	182,2
Neue Straßenbrücke	11,6	—	182,0
Schleuse 5 (Bordeneuve)	13,3	5	180,3
Schleuse 6 (**Saint-Jory**), Brücke, Ortschaft 200 m RU	15,2	6	178,4
Brücke (Pont de l'Hers)	18,3	—	175,3
Hers Aquädukt	18,4	—	175,2
Schleuse 7 (Hers)	18,5	7	175,1
Schleuse 8 (**Castelnau**), Brücke, Ortschaft 1000 m RU	19,4	8	174,2
Brücke (Bordeneuve)	21,1	—	172,5
Schleuse 9 (Embalens), Brücke	22,5	9	171,1
Brücke (Saint-Rustice)	23,7	—	169,9
Pompignan Brücke, kleine Ortschaft RU über Bahnübergang	24,9	—	168,7
Brücke (Grisolles)	25,9	—	167,7
Grisolles Brücke (Laroque), Becken BW LU, Ortschaft 500 m LU	26,7	—	166,9
Brücke (N 113)	27,6	—	166,0
Brücke (Saint-Jean)	28,0	—	165,6
Brücke (Villelongue)	29,4	—	164,2
Dieupentale Brücke, Kai TW LU, Ortschaft 500 m LU	31,1	—	162,5
Brücke (Bessens)	33,4	—	160,2
Brücke (Lapeyrière)	34,4	—	159,2
Brücke (Montbéqui)	35,4	—	158,2
Brücke (Montbartier)	36,6	—	157,0
Brücke (Tourret)	38,2	—	155,4
Brücke (Fôret), Wald von Montech RU	39,3	—	154,3
Schleuse 10 (Lavache), Brücke	41,0	10	152,6
Montech Brücke, Kai BW LU, Wasser Ortschaft 500 m	42,7	—	150,9
Verbindung zum Zweigkanal nach Montauban RU und zum Zufahrtskanal zum Schiffshebewerk (Wasserkeil)	43,0	—	150,6
Schleuse 11 (Montech)	43,1	11	150,5
Schleuse 12 (Peyrets), Brücke, auf Höhe des Obertors des Schiffshebewerks	43,8	12	149,8
Schleuse 13 (Pellaborie), auf Höhe der unteren Einfahrt des Schiffshebewerkes	44,2	13	149,4
Schleuse 14 (Escudiés)	44,6	14	149,0

Garonne-Seitenkanal

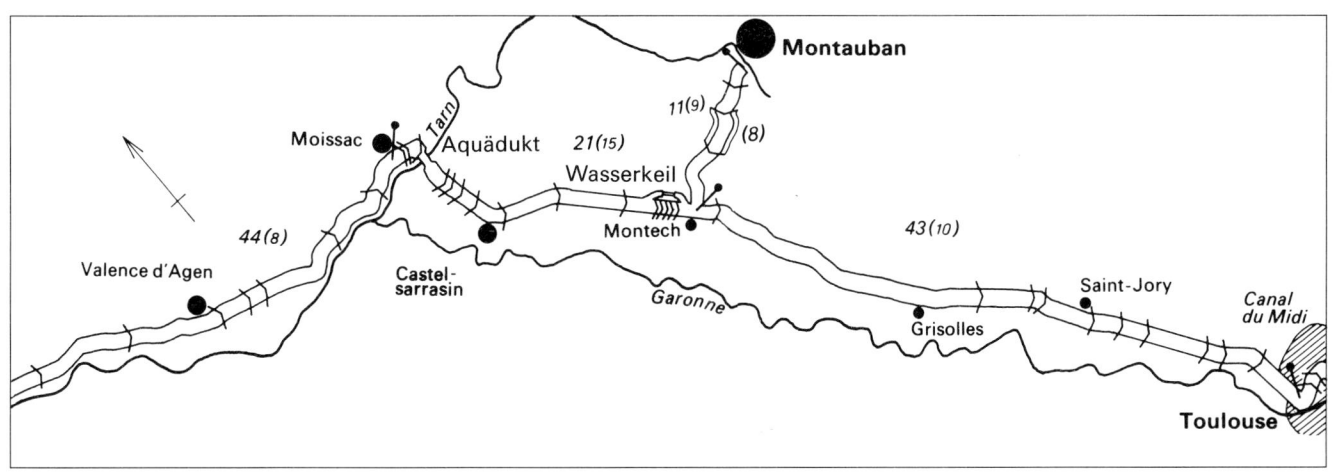

Entfernungstabelle	km	Schl.	km
Schleuse 15 (Pommiès), Brücke	45,3	15	148,3
Zufahrtskanal zum Schiffshebewerk RU	45,4	—	148,2
Brücke (Escatalens)	47,0	—	146,6
Schleuse 16 (Escatalens)	47,5	16	146,1
Saint-Porquier Brücke, Ortschaft 600 m LU	49,2	—	144,4
Brücke (Lavilledieu)	49,8	—	143,8
Brücke (Saint-André)	50,6	—	143,0
Schleuse 17 (Saint-Martin), Brücke	51,9	17	141,7
Brücke (Danton)	52,6	—	141,0
Eisenbahnbrücke	53,5	—	140,1
Brücke (Caillau)	53,7	—	139,9
Schleuse 18 (Prades)	55,4	18	138,2
Brücke (Briqueterie)	56,0	—	137,8
Fußgängerbrücke	56,3	—	137,3
Castelsarrasin Becken, Festmachemöglichkeiten, Wasser, Stadtzentrum 200 m LU	56,4	—	137,2
Brücke (Castelsarrasin)	56,6	—	137,0
Brücke (Gandalou)	57,5	—	136,1
Schleuse 19 (Castelsarrasin)	57,6	19	136,0
Autobahnbrücke (A61, Autoroute des Deux Mers)	58,2	—	135,4
Brücke (Saint-Jean-des-Vignes)	58,6	—	135,0
Schleuse 20 (Saint-Jean-des-Vignes)	59,0	20	134,6
Schleuse 21 (Verriès), Brücke	59,4	21	134,2
Schleuse 22 (Artel)	59,9	22	133,7
Brücke (Caussade)	60,5	—	133,1
Aquädukt über den Tarn (356 m lang)	62,2	—	131,4
Schleuse 23 (Cacor)	62,6	23	131,0
Schleuse 24 (Grégonne)	63,2	24	130,4
Schleuse 25 (Moissac)	63,8	25	129,8
Verbindung zu den Schleusen, die zum Tarn absteigen LU (großes Reservoir)	63,9	—	129,7
Moissac Becken, Festmachemöglichkeiten RU, Wasser, Stadtzentrum 300 m	64,0	—	129,6
Brücke (Maronniers)	64,2	—	129,4
Drehbrücke (Saint-Jacques)	64,4	—	129,2
Fußgängerbrücke, Kai TW RU	64,5	—	129,1
Brücke (Sainte-Catherine)	64,6	—	129,0
Brücke (Saint-Martin)	65,0	—	128,6
Schleuse 26 (Espagnette), Brücke	67,4	26	126,2
Brücke (Coudol)	69,2	—	124,4
Schleuse 27 (Petit-Bezy), Brücke	71,2	27	122,4
Neue Straßenbrücke	73,1	—	120,5
Brücke (Malause)	73,6	—	120,0

Entfernungstabelle	km	Schl.	km
Brücke (Palor)	74,6	—	119,0
Brücke (Capitaine)	76,2	—	117,4
Schleuse 28 (Braguel)	76,9	28	116,7
Pommevic Brücke, Ortschaft 400 m RU	77,6	—	116,0
Brücke (EDF)	78,1	—	115,5
Schleuse 29 (Pommevic)	78,5	29	115,1
Brücke (Gauge)	79,1	—	114,5
Brücke 30 (Valence d'Agen)	80,3	30	113,3
Brücke (Auvillar)	81,0	—	112,6
Brücke (EDF)	81,1	—	112,5
Valence d'Agen Brücke, Kai BW RU, Stadtzentrum 400 m	81,5	—	112,1
Brücke (Roux), N113	83,0	—	110,6
Eisenbahnbrücke (Hauptstrecke Toulouse-Bordeaux)	83,1	—	110,5
Brücke (Coupet)	83,8	—	109,8
Brücke (Golfech)	84,6	—	109,0
Aquädukt von Barguelonne	85,4	—	108,2
Brücke (Barguelonne)	85,5	—	108,1
Schleuse 31 (Lamagistère), Brücke, Wasser	86,7	31	106,9
Lamagistère Kai LU	87,5	—	106,1
Brücke (Laspariéres)	87,7	—	105,9
Brücke (Saint-Pierre)	88,5	—	105,1
Brücke (Laspeyres), N113	90,3	—	103,3
Brücke (Durou)	91,8	—	101,8
Schleuse 32 (Noble), Brücke	93,6	32	100,0
Brücke (Guillemis)	94,7	—	98,9
Brücke (Carrères)	95,6	—	98,0
Schleuse 33 (Saint-Christophe), Brücke	96,7	33	96,9
Brücke (Sauveterre)	97,6	—	96,0
Brücke (Ostende oder Lafox)	98,8	—	94,8
Aquädukt Séoune	99,4	—	94,2
Brücke (Lascarbonnières)	99,8	—	93,8
Brücke (Saint-Marcel)	100,8	—	92,8
Privatkais LU	101,5	—	92,1
Brücke (Pourret), Privatkai TW LU	102,0	—	91,6
Brücke (Coupat), N113	103,6	—	90,0
Ölterminal Boé, Kais LU	104,5	—	89,1
Brücke (Bonde)	104,8	—	88,8
Eisenbahnbrücke	105,6	—	88,0
Brücke (Cahors)	105,9	—	87,7
Fußgängerbrücke	106,3	—	87,3
Brücke (Villeneuve), Becken TW (verschlickt)	107,0	—	86,6
Brücke (Courpian)	107,6	—	86,0

Garonne-Seitenkanal

Entfernungstabelle	km	Schl.	km
Agen, Becken, Festmachemöglichkeiten, Wasser, Treibstoff, Duschen LU, Stadtzentrum 400 m über dem Eisenbahnübergang	107,8	—	85,8
Brücke (Saint-Georges)	108,5	—	85,1
Eisenbahnunterführung	108,6	—	85,0
Aquädukt von Agen über die Garonne (539 m lang)	108,9	—	84,7
Schleuse 34 (Agen), Brücke	109,3	34	84,3
Schleuse 35 (Mariannettes)	109,7	35	83,9
Schleuse 36 (Chabrières)	110,1	36	83,5
Schleuse 37 (Rosette), Brücke	110,5	37	83,1
Anschluß an Versorgungskanal (stillgelegt) LU	110,6	—	83,0
Brücke (Fressonis)	111,3	—	82,3
Brücke (Nodigier)	113,5	—	80,1
Brücke (Colomay), Kai TW RU	115,3	—	78,3
Brücke (Plaisance)	116,8	—	76,8
Brücke (Chicot)	118,1	—	75,5
Sérignac-sur-Garonne Brücke, Becken TW, Ortschaft 500 m LU	119,1	—	74,5
Brücke (Madone)	121,1	—	72,5
Brücke (Frèche)	122,5	—	71,1
Brücke (Lapougniane)	123,9	—	69,7
Brücke (Pages)	124,4	—	69,2
Schleuse 38 (Auvignon), Brücke, Becken TW RU, **Bruche** 1500 m LU	125,1	38	68,5
Brücke (Saint-Martin)	126,6	—	67,0
Brücke (Thomas)	127,6	—	66,0
Brücke (Castelviel)	128,8	—	64,8
Feugarolles Brücke, Becken BW RU, Ortschaft 1000 m LU	129,7	—	63,9
Eisenbahnbrücke	130,4	—	63,2
Brücke (Thouars)	130,7	—	62,9
Aquädukt über die Baïse	132,0	—	61,6
Schleuse 39 (Baïse)	132,2	39	61,4
Schleuse 40 (Lardaret), Brücke	132,4	40	61,2
Entfernungstabelle	km	Schl.	km
Verbindung zum kanalisierten Baïse-Fluß über eine zweistufige Schleusentreppe, (Abstieg zur Baïse) RU	135,2	—	58,4
Buzet-sur-Baïse Brücke, Kai TW RU, Ortschaft 700 m LU	135,7	—	57,9
Brücke (Burrenque)	137,5	—	56,1
Brücke (Doux)	138,4	—	55,2
Neue Straßenbrücke (Umgehung für Damazan)	139,7	—	53,9
Damazan Brücke, Becken TW RU, Ortschaft LU	139,9	—	53,7
Brücke (Lompian)	141,9	—	51,7
Schleuse 41 (Berry), Brücke	142,8	41	50,8
Brücke (Maurin)	143,6	—	50,0
Brücke (Vigneau)	144,3	—	49,3
Brücke (Monheurt)	145,2	—	48,4
Brücke (Lafallotte)	146,2	—	47,4
Schleuse 42 (Gaule), Brücke	147,5	42	46,1
Brücke (Labarthe), Kai TW RU, **Tonneins** 4500 m	148,4	—	45,2
Schleuse 43 (Gaulette), Brücke	150,2	43	43,4
Brücke (Jeanserre)	151,1	—	42,5
Brücke (Ladonne)	152,2	—	41,4
Lagruère Brücke, kleine Ortschaft LU	153,3	—	40,3
Le Mas d'Agenais Brücke, Kai TW RU, Ortschaft LU	155,4	—	38,2
Schleuse 44 (Mas d'Agenais), Brücke	155,8	44	37,8
Brücke (Larriveau)	156,8	—	36,8
Brücke (Larroque)	158,6	—	35,0
Caumont-sur-Garonne Brücke, Kai TW RU, Ortschaft LU	160,3	—	33,3
Brücke (Eglise de Fourques)	161,2	—	32,4
Fourques-sur-Garonne Brücke, Ortschaft LU	162,2	—	31,4
Brücke (Sables), Kai BW RU, **Marmande** 5000 m RU	164,4	—	29,2

Blick von Meilhan auf den Canal latéral à la Garonne und den Fluß Garonne

Canal du Havre à Tancarville

Entfernungstabelle	km	Schl.	km
Aquädukt Avance	165,6	—	28,0
Schleuse 45 (Avance), Brücke	165,7	45	27,9
Eisenbahnbrücke	166,1	—	27,5
Brücke (Laronquière)	166,5	—	27,1
Brücke (Rayne)	167,4	—	26,2
Brücke (Baradat)	168,4	—	25,2
Marcellus Brücke, Ortschaft 1000 m LU	169,2	—	24,4
Brücke (Campot)	170,4	—	23,2
Schleuse 46 (Bernès), Brücke, Kai TW RU	170,9	46	22,7
Brücke (Tersac)	171,7	—	21,9
Brücke (Cantis)	172,5	—	21,1
Schleuse 47 (Gravières), Brücke	173,4	47	20,2
Meilhan-sur-Garonne Brücke, Becken TW RU, Ortschaft 400 m LU	175,2	—	18,4
Brücke (Pimayne)	176,5	—	17,1
Brücke (Lisos)	177,7	—	15,9
Hure Brücke, Ortschaft LU	179,0	—	14,6
Brücke (Julian)	179,6	—	14,0
Schleuse 48 (Auriole), Brücke	180,8	48	12,8
Brücke (Tartifume)	181,3	—	12,3
Brücke (Berrat)	182,3	—	11,3
Fontet Brücke, Becken BW, Ortschaft LU, **La Réole** 2500 m RU	182,8	—	10,8
Schleuse 49 (Fontet), Brücke	183,5	49	10,1
Brücke (Loupiac)	184,3	—	9,3
Brücke (Gravilla)	185,5	—	8,1
Brücke (Puybarban)	186,6	—	7,0
Schleuse 50 (Bassanne), Brücke	187,6	50	6,0
Brücke (Castillon)	188,7	—	4,9
Brücke (Noel)	189,5	—	4,1
Brücke (Hillon)	190,3	—	3,3
Brücke (Mazerac)	191,3	—	2,3
Schleuse 51 (Mazerac), Brücke	192,0	51	1,6
Schleuse 52 (Gares)	192,7	52	0,9
Castets-en-Dorthe Becken, Festmachemöglichkeiten, Ortschaft LU	193,0	—	0,6
Schleuse 53 (Castets), Doppelschleuse zur Garonne hinunter	193,3	53	0,3
Anschluß an die Garonne	193,6	—	0,0

Zweigkanal nach Montauban

	km	Schl.	km
Verbindung zur Hauptstrecke in **Montech** (km 43), Brücke	0,0	—	10,6
Brücke (Rat)	1,1	—	9,5
Autobahnbrücke (A61, Autoroute des Deux Mers)	2,5	—	8,1
Lacourt-Saint-Pierre Brücke, kleine Ortschaft LU	3,4	—	7,2
Schleuse 1a (Noalhac)	4,5	1	6,1
Brücke (Noalhac)	4,7	—	5,9
Schleuse 2a (Lamothe)	5,0	2	5,6
Schleuse 3a (Fisset)	5,4	3	5,2
Schleuse 4a (Brétoille)	6,2	4	4,4
Schleuse 5a (Mortarieu), Brücke	6,6	5	4,0
Schleuse 6a (Terrasse)	6,9	6	3,7
Schleuse 7a (Rabastens)	7,3	7	3,3
Schleuse 8a (Verlhaguet), Brücke	7,6	8	3,0
Schleuse 9a (Bordebasse), Brücke	9,2	9	1,4
Montauban Becken, Ende der Schiffbarkeit (die Schleusen zum Tarn hinunter sind stillgelegt), Stadtzentrum 1000 m	10,6	—	0,0

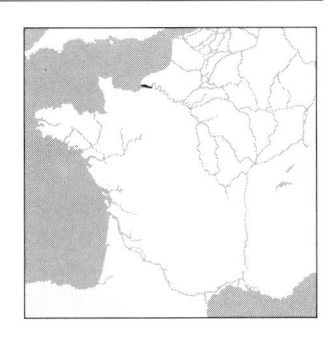

Der Canal du Havre à Tancarville wurde ursprünglich als Seekanal gebaut und im Jahr 1887 eröffnet. Er war als Umgehung für die schwierige, 27 km lange Strecke in der Seinemündung, von der Hängebrücke von Tancarville bis zu den Hafenbecken von Le Havre, gedacht.

Binnenschiffe müssen ihn heute noch benutzen, Sportschiffer fahren lieber die Seinemündung hinauf, außer bei rauhem Wetter. Wenn Sie auf der Unteren Seine und im Canal du Havre à Tancarville fahren wollen, werfen Sie bitte einen Blick in einen der detaillierten Führer für dieses Gebiet.

Schleusen Wer in den Kanal bei Tancarville hineinfahren möchte, muß die Doppelschleuse passieren; ihre Abmessungen sind 185 x 23 m, und sie sind von vier Stunden vor bis drei Stunden 15 Minuten nach Hochwasser geöffnet. Im Hafen von Le Havre hat man es mit zwei weiteren Schleusen zu tun, dem Sas de Vétillart und dem Sas de la Citadelle.

Tiefen Der größte zugelassene Tiefgang beträgt 3,50 m.

Brücken Schiffe bis zu 55 m Masthöhe können hier fahren, aber bei Schiffen, die über 7 m hoch sind, muß die Brücke Pont du Hode (km 7,8) geöffnet werden. Zwischen Harfleur und Le Havre gibt es zahlreiche bewegliche Brücken.

Behörden Service de la Navigation de la Seine, 4e section, 34 Boulevard de Boisguilbert, 76037 Rouen, Tel. (35) 88.81.55.

Entfernungstabelle

	km	Schl.	km
Einfahrtsschleusen von der Seine TW der Hängebrücke von Tancarville	0,0	1	27,0
Brücke (Pont du Hode)	7,8	—	19,2
Fähre (Oudalle)	13,0	—	14,0
Raffinerie von Gonfreville am Südufer	16,0	—	11,0
Brücke No.8	19,0	—	8,0
Harfleur Becken am Nordufer	19,2	—	7,8
Brücke No.7a	19,4	—	7,6
Canal de Jonction (Verbindungsglied zu den neuen Hafenbecken von Le Havre)	20,0	—	7,0
Brücke No.7	20,6	—	6,4
Brücke No.6	22,0	—	5,0
Brücke No.5 (Vétillart-Becken)	22,9	—	4,1
Brücke No.4, Schleuse (Vétillart)	23,8	2	3,2
Brücke No.3 (Bellot-Becken)	24,0	—	3,0
Nord halten, um ins Becken (Bassin) de l'Eure zu gelangen	25,2	—	1,8
Brücke No.2 (Pertuis de la Citadelle)	25,8	—	1,2
Schleuse (Citadelle)	26,2	3	0,8
Inneres Hafenbecken von **Le Havre**	27,0	—	0,0

Canaux d'Hazebrouck

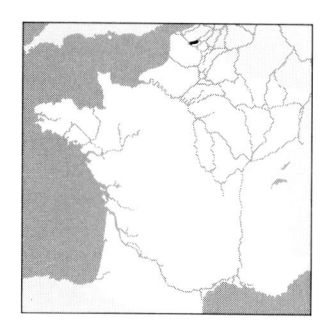

Canaux d'Hazebrouck heißt ein Kanalsystem, das aus vielen kleinen Wasserstraßen besteht. Es erstreckt sich über 23 km und verbindet die kleine Stadt Hazebrouck mit dem kanalisierten Fluß Lys bei Thienne (km 5) und bei Merville (km 19).
Diese Kanäle sind für die Schiffahrt gesperrt und an die örtlichen Behörden abgetreten worden. Wir haben sie dennoch in unser Buch aufgenommen, da zumindest von einer teilweisen Wiederherstellung gesprochen wird, was für Sportbootskipper und Wassersportler äußerst erfreulich wäre. Sie finden die Canaux d'Hazebrouck auf der Karte zum Großschiffahrtsweg Dünkirchen – Schelde auf Seite 64.

Hérault

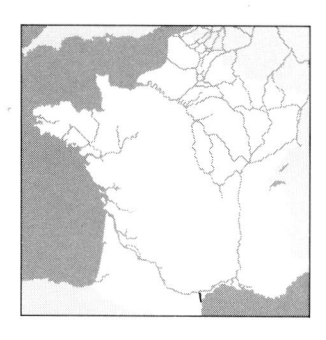

Der Fluß Hérault ist 12 km weit schiffbar, und zwar von Bessan bis nach Le Grau d'Agde am Mittelmeer. Die 7 km lange Binnenstrecke von Agde bis zur Mühle von Bessan ist besonders schön; ein kleines Stück davon wird vom Canal du Midi genutzt. Stromabwärts von Agde zählt der Hérault zu den Seeschiffahrtsstraßen (Hérault Maritime).
Das Wehr bei Agde umgeht man über dieses kleine Stück des Canal du Midi und die bemerkenswerte runde Schleuse von Agde, durch die man in einen geraden Zweigkanal (Descente dans l'Hérault/ Abstieg zum Hérault) einfährt, der oberhalb der Brücke auf den Hérault Maritime trifft.

Schleusen Keine. Die runde Schleuse, mit deren Hilfe man das Wehr bei Agde umgeht, liegt am Canal du Midi.

Tiefen Die Tiefe im Fluß liegt normalerweise bei 2,90 m, aber im Canal du Midi und im Descente dans l'Hérault beträgt sie nur 1,60 m.

Brücken Die Brücken über den Hérault haben eine Mindestdurchfahrtshöhe von 5,70 m über normalem Wasserstand. Die Eisenbahnbrücke über den Zweigkanal des Canal du Midi hat eine Durchfahrtshöhe von 4,20 m.

Treidelpfad Es gibt keinen Treidelpfad an dieser Strecke.

Behörden Service de la Navigation de Toulouse.
Unterabteilung: Pont Rouge, 34500 Béziers, Tel. (67) 76.26.38.

Entfernungstabelle

	km	Schl.	km
Bessan Brücke, Beginn der schiffbaren Strecke, Ortschaft 700 m RU	0,0	—	12,0
Stauwasser LU	5,6	—	6,4
Verbindung mit dem Canal du Midi (in Richtung Sète) LU	6,0	—	6,0
Verbindung mit dem Canal du Midi (in Richtung Toulouse) RU (muß von allen Schiffen zur Umgehung des Wehrs von Agde befahren werden)	6,8	—	5,2
Eisenbahnbrücke (über den Hérault)	7,0	—	5,0
Wehr (Barrage du Moulin)	7,2	—	4,8
Verbindung über Zweigkanal des Canal du Midi zum Hérault Maritime, RU	7,4	—	4,6
Agde Brücke, Kai und Stadtzentrum TW LU	7,5	—	4,5
Neue Straßenbrücke (Umgehung für Agde)	9,2	—	2,8
Le Grau d'Agde, Mündung ins Mittelmeer	12,0	—	0,0

Der Hérault in Agde

Canal des Houillères de la Sarre
Saar-Kohlenkanal

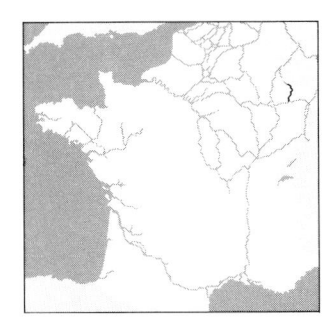

Der Canal des Houillères de la Sarre zweigt bei Gondrexange (km 227) vom Canal de la Marne au Rhin (Rhein-Marne-Kanal) ab. Zuerst führt er durch ein großes Waldgebiet mit vielen Seen und kommt dann durch das Saartal nach Saargemünd herunter, wo er Verbindung zum Fluß hat. Die kanalisierte Saar ist jenseits der deutschen Grenze (kurz oberhalb Saarbrückens) z. Zt. bis zur Schleuse Völklingen schiffbar (in Deutschland 20 km mit 3 Schleusen). Weiter abwärts bis zur Mosel ist der Fluß im Ausbau zur Großschiffahrtsstraße.

Der Kohlenkanal ist 63 km lang, dazu kommen noch die auf französischem Gebiet liegenden 12 km der kanalisierten Saar, das ergibt zusammen 75 km. Trotz seines Namens – er verdankt ihn der Tatsache, daß auf ihm hauptsächlich Kohlen aus den Bergwerken um Saarbrücken transportiert wurden – kann man den Canal des Houillères de la Sarre als hübsches Revier bezeichnen, denn er führt hauptsächlich durch ländliches Gebiet.

Wenn erst der schon begonnene Ausbau der Saar in Deutschland auf den 90 km zwischen Saarbrücken und der Mosel abgeschlossen ist, wird dieser Fluß noch mehr Bedeutung für den Berufsschiffverkehr haben, denn dann können Schubverbände vom Rhein direkt zu den Industriezentren, die er bedient, gelangen. Auch Freizeitskipper können dann auf der durchgehenden Strecke viele attraktive Ziele anlaufen.

Schleusen Auf dem Kanal gibt es 27 Schleusen zur Saar hinunter und drei Schleusen im französischen Abschnitt der Saar. Die kleinsten Abmessungen liegen bei 39,00 x 5,15 m.

Tiefen Der zulässige Tiefgang beträgt 1,80 m.

Brücken Die festen Brücken am Kanal haben eine Mindestdurchfahrtshöhe von 3,65 m über normalem Wasserstand. Die niedrigste Durchfahrt an der kanalisierten Saar hat 4,17 m bzw. 3,42 m über dem höchsten schiffbaren Wasserstand.

Treidelpfad Ein guter Treidelpfad verläuft neben der gesamten Strecke.

Behörden Service de la Navigation de Strasbourg.
Unterabteilung: 57930 Mittersheim, Tel. (8) 707.67.12.

Entfernungstabelle

	km	Schl.	km
Verbindung zum (Rhein-Marne-Kanal) Canal de la Marne au Rhin (km 228) in der Nähe von **Gondrexange**	0,0	—	75,6
Engstelle	0,1	—	75,5
Brücke (Houillon), Kai BW LU	2,3	—	73,3
Sperrtor, Brücke	3,1	—	72,5
Diane-et-Kerprich Brücke, kleine Ortschaft 200 m RU	3,9	—	71,7
Schleuse 1, Brücke, Gasthof	5,5	1	70,1

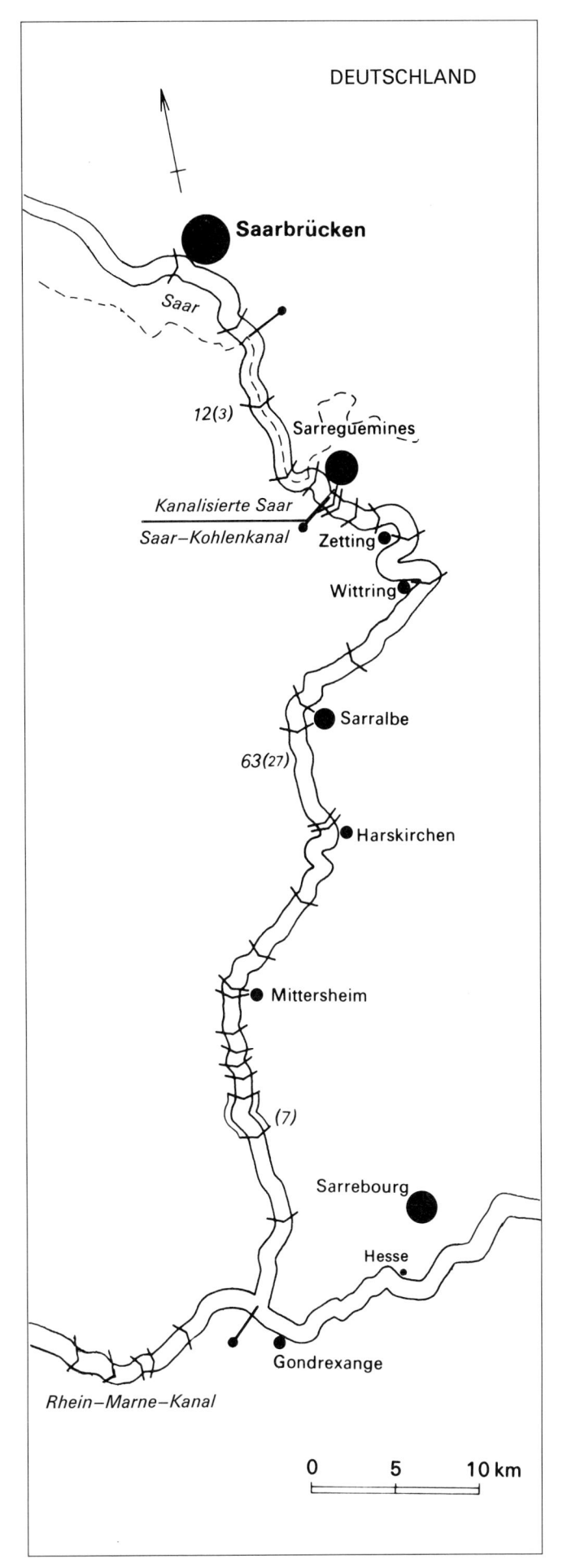

Saar-Kohlenkanal

Entfernungstabelle	km	Schl.	km
Aquädukt (Stock), der Etang du Stock liegt an beiden Ufern	6,7	—	68,9
Engstelle	8,7	—	66,9
Brücke (Albeschaux), Kai BW LU	10,4	—	65,2
Schleuse 2	11,0	2	64,6
Schleuse 3	11,5	3	64,1
Schleuse 4	11,9	4	63,7
Schleuse 5	12,4	5	63,2
Schleuse 6	12,8	6	62,8
Schleuse 7	13,2	7	62,4
Schleuse 8, Brücke, Kai (Vorbusch) TW RU, Gasthof	13,6	8	62,0
Schleuse 9	14,3	9	61,3
Schleuse 10	15,2	10	60,4
Schleuse 11	16,1	11	59,5
Schleuse 12	17,4	12	58,2
Eisenbahnbrücke	18,1	—	57,5
Schleuse 13, Brücke	19,5	13	56,1
Verbindung zum Canal des Salines (aufgegeben) LU	20,0	—	55,6
Mittersheim Becken, Kai RU, Ortschaft 400 m	20,1	—	55,5
Schleuse 14, Brücke	20,3	14	55,3
Schleuse 15, Brücke, Kai (Pont-Vert) BW LU	22,6	15	53,0
Kai (Burlach) LU	23,9	—	51,7
Schleuse 16, Brücke, Privatkais (Schlumberger) BW und TW LU	27,1	16	48,5
Brücke (Neuweyerhof)	28,3	—	47,3
Brücke (Muller), eingeschränkte Breite	29,5	—	46,1
Brücke (Freywald) eingeschränkte Breite, **Harskirchen** 500 m RU	32,1	—	43,5
Schleuse 17, Brücke	32,8	17	42,8
Bissert-Harskirchen Becken, Kai LU, Ortschaft 300 m LU	33,0	—	42,6
Schleuse 18, Brücke	33,5	18	42,1
Brücke (Haras)	37,4	—	38,2
Schräge Eisenbahnbrücke, Wendebecken und Privatkai TW LU	37,9	—	37,7
Schleuse 19	38,8	19	36,8
Brücke (Rech)	39,2	—	36,4
Aquädukt (Albe)	39,8	—	35,8
Schleuse 20, Brücke	40,8	20	34,8
Sarralbe Kai LU, kleine Stadt 300 m RU über eine Brücke	41,1	—	34,5
Treidelpfadbrücke (Treidelpfad wechselt vom LU zum RU)	41,3	—	34,3
Private Fußgängerbrücke	41,6	—	34,0
Solvay Werke, Privatkai RU	41,7	—	33,9
Private Fußgängerbrücke	42,0	—	33,6
Eisenbahnbrücke	42,3	—	33,3
Brücke (Niederau), eingeschränkte Breite	43,0	—	32,6
Autobahnbrücke (A34)	44,8	—	30,8
Herbitzheim Brücke, Kai BW RU, Ortschaft 800 m RU	45,2	—	30,4
Schleuse 21, Brücke	45,6	21	30,0
Schräge Eisenbahnbrücke	51,4	—	24,2
Schleuse 22, Brücke, Bootswerft BW LU	51,8	22	23,8
Wittring Kai, Ortschaft LU	52,0	—	23,6
Eisenbahnbrücke (Dieding)	53,6	—	22,0
Schräge Eisenbahnbrücke (Zetting)	57,2	—	18,4
Schleuse 23, Brücke, **Zetting** LU	57,6	23	18,0

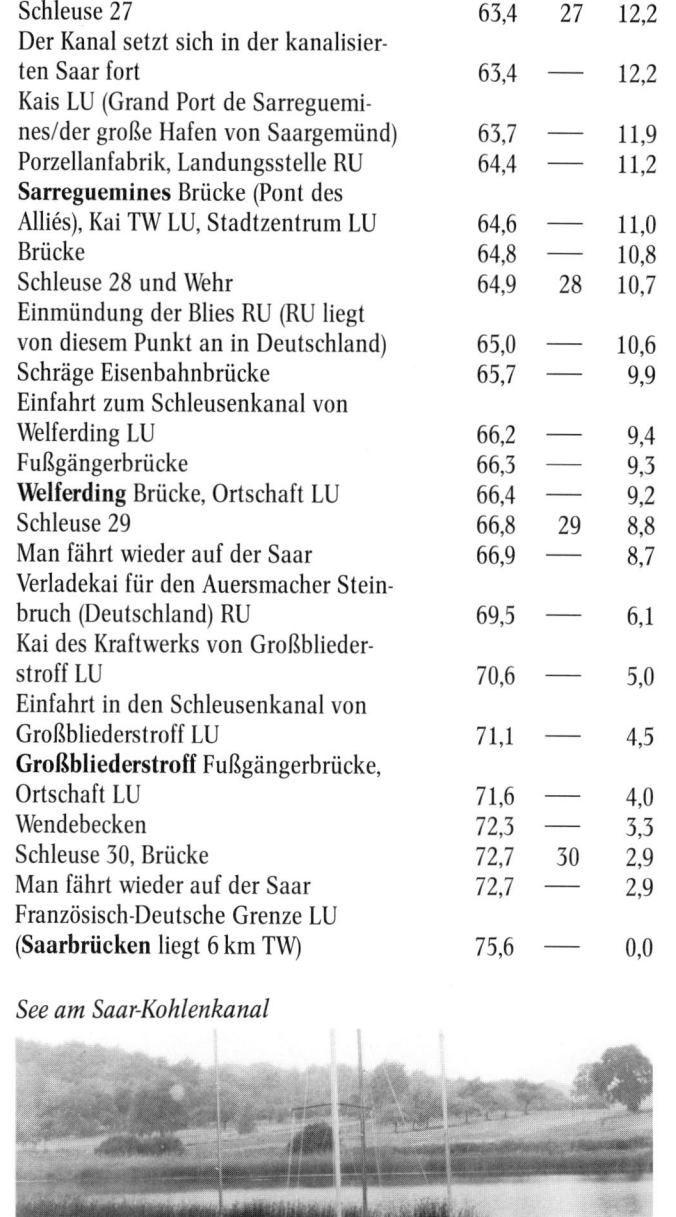

Entfernungstabelle	km	Schl.	km
Schleuse 24, Brücke, **Sarreinsming** 400 m RU	60,2	24	15,4
Remelfing Kai LU, Wendebecken, Ortschaft 500 m TW LU	61,1	—	14,5
Schleuse 25, Brücke	61,5	25	14,1
Schleuse 26, Brücke und Eisenbahnviadukt, Festmachemöglichkeiten TW RU	63,0	26	12,6
Schleuse 27	63,4	27	12,2
Der Kanal setzt sich in der kanalisierten Saar fort	63,4	—	12,2
Kais LU (Grand Port de Sarreguemines/der große Hafen von Saargemünd)	63,7	—	11,9
Porzellanfabrik, Landungsstelle RU	64,4	—	11,2
Sarreguemines Brücke (Pont des Alliés), Kai TW LU, Stadtzentrum LU	64,6	—	11,0
Brücke	64,8	—	10,8
Schleuse 28 und Wehr	64,9	28	10,7
Einmündung der Blies RU (RU liegt von diesem Punkt an in Deutschland)	65,0	—	10,6
Schräge Eisenbahnbrücke	65,7	—	9,9
Einfahrt zum Schleusenkanal von Welferding LU	66,2	—	9,4
Fußgängerbrücke	66,3	—	9,3
Welferding Brücke, Ortschaft LU	66,4	—	9,2
Schleuse 29	66,8	29	8,8
Man fährt wieder auf der Saar	66,9	—	8,7
Verladekai für den Auersmacher Steinbruch (Deutschland) RU	69,5	—	6,1
Kai des Kraftwerks von Großbliederstroff LU	70,6	—	5,0
Einfahrt in den Schleusenkanal von Großbliederstroff LU	71,1	—	4,5
Großbliederstroff Fußgängerbrücke, Ortschaft LU	71,6	—	4,0
Wendebecken	72,3	—	3,3
Schleuse 30, Brücke	72,7	30	2,9
Man fährt wieder auf der Saar	72,7	—	2,9
Französisch-Deutsche Grenze LU (**Saarbrücken** liegt 6 km TW)	75,6	—	0,0

See am Saar-Kohlenkanal

Canal d'Ille-et-Rance

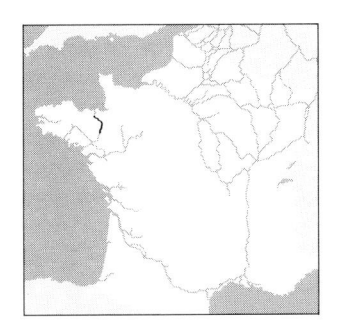

Der Canal d'Ille-et-Rance quert die Wasserscheide zwischen der Vilaine und der Rance in der Bretagne und bildet dadurch einen Teil der Binnenwasserstraßenverbindung vom Ärmelkanal zum Atlantischen Ozean, die von Yachten sehr gerne benutzt wird. Der Kanal ist 85 km lang und führt von Rennes bis zur Schleuse von Le Châtelier, nördlich von Dinan. Von dort fährt man weiter durch das gezeitenabhängige Mündungsgebiet der Rance (lesen Sie bitte unter Rance Maritime nach).

Die Scheitelhaltung des Canal d'Ille-et-Rance ist 7 km lang und liegt 65 m hoch; bei Trockenheit kann es zu Einschränkungen in der Schleusenbenutzung kommen. Auf der Rance sind die Gezeiten bis zur Schleuse 46 (Pont-Perrin) spürbar, wenn die Wehre von Le Châtelier und Léhon unter Wasser sind.

Schleusen Auf dieser Strecke gibt es 48 Schleusen, 20 davon zur Vilaine, 28 zum Ärmelkanal hinunter. Ihre Abmessungen betragen 27,10 x 4,70 m, nur die Gezeitenschleuse in Le Châtelier hat größere Ausmaße: 30,80 x 8 m.

Tiefen Der zulässige Tiefgang beträgt 1,20 m; Baggerarbeiten sind geplant, damit auch Schiffe mit einem Tiefgang von 1,40 m den Kanal befahren können.

Brücken Die niedrigsten unter den festen Brücken haben eine Mindestdurchfahrtshöhe von 2,75 m in der Mitte der Bogenöffnung und 2,30 m an den Seiten.

Treidelpfad Ein Treidelpfad verläuft neben der gesamten Strecke, er ist jedoch nicht überall gleich gut erhalten.

Tourismus Dinan, ein mittelalterliches Städtchen, liegt 75 m hoch über dem Kanal. Wenn man durch die engen Gassen hinaufsteigt, kann man Kunsthandwerkern bei der Arbeit zusehen, ein Schloß und Kirchen besichtigen und den schönen Blick auf die Umgebung genießen.
Von **Tinténiac** kann man eine Rundfahrt zu berühmten Schlössern und Kirchen (Gotik und Mittelalter) buchen.

Versorgungsmöglichkeiten In **Dinan** gibt es einen Sportboothafen, Wasser, Kraftstoff, Lebensmittel, Motormechaniker und Reparaturmöglichkeiten in großem Umfang; außerdem haben dort einige Charterfirmen ihren Sitz.
In **St. Dominieuc** und in **Betton** kann man sich verproviantieren; in **Rennes** findet man guten Service aller Art.

Behörden Service Maritime et de Navigation de Nantes. Unterabteilung: 1 Avenue du Mail, 35000 Rennes, Tel. (99) 59.20.60.

Entfernungstabelle

	km	Schl.	km
Verbindung zur kanalisierten Vilaine	0,0	—	84,8
Schleuse 1 (Mail), Brücke, Wasser	0,1	1	84,7
Rennes Becken (Port du Mail), Kai LU nahe dem Stadtzentrum	0,2	—	84,6
Brücke (Bagoul oder Saint-Etienne)	0,3	—	84,5
Brücke (Legravérend)	0,9	—	83,9
Schleuse 2 (Saint-Martin), Brücke, Kais BW	1,4	2	83,4
Neue Straßenbrücke (Umgehung für Rennes)	2,8	—	82,0
Eisenbahnviadukt	4,6	—	80,2
Schleuse 3 (Saint-Grégoire), Brücke, Kai BW LU, Ortschaft 400 m RU	5,6	3	79,2
Schleuse 4 (Charbonnière)	7,2	4	77,6
Schleuse 5 (Gacet)	9,9	5	74,9
Brücke (Rennais)	10,3	—	74,5
Schleuse 6 (Haut-Châlet)	12,6	6	72,2
Betton Brücke, Kai und Slipbahn TW RU, Ortschaft RU	13,7	—	71,1
Schleuse 7 (Brosses), Brücke, Wasser	15,7	7	69,1
Chevaigné Brücke (Moulin du Pont), Ortschaft 800 m LU	17,8	—	67,0
Schleuse 8 (Grugedaine)	18,0	8	66,8
Brücke (Motte)	19,3	—	65,6
Schleuse 9 (Cours)	20,4	9	64,4
Schleuse 10 (Fresnay), Brücke	21,8	10	63,0
Schleuse 11 (**Saint-Germain-sur-Ille**), Brücke, Kai BW LU, Ortschaft 700 m LU	23,9	11	60,9
Schleuse 12 (Bouessay)	24,8	12	60,0
Eisenbahnviadukt (Bois Marie)	25,7	—	59,1
Eisenbahnviadukt (Euzé)	26,3	—	58,5
Eisenbahnviadukt (Saint-Médard)	27,2	—	57,6
Schleuse 13 (**Saint Médard-sur-Ille**), Brücke, Wasser, Ortschaft 300 m LU	27,3	13	57,5
Schleuse 14 (Dialay)	28,1	14	56,7
Eisenbahnviadukt (Bablais)	29,0	—	55,8
Schleuse 15 (Ille), Brücke	30,5	15	54,3
Schleuse 16 (Haute-Roche)	31,1	16	53,7
Schleuse 17 (Lengager), Brücke (D12), Kai und Wendebecken BW RU, **Montreuil-sur-Ille** 1100 m LU	32,0	17	52,8

Canal d'Ille-et-Rance zwischen Dinan und Léhon

Canal d'Ille-et-Rance

Entfernungstabelle	km	Schl.	km
Schleuse 18 (Chanclin)	32,8	18	52,0
Schleuse 19 (Cougalais), Brücke	33,5	19	51,3
Schleuse 20 (Villemorin), Beginn der Scheitelhaltung	34,2	20	50,6
La Plousière Brücke (D82) und Kai, **Guipel** 1500 m südlich	35,5	—	49,3
La Guénaudière Brücke	40,9	—	43,9
Schleuse 21 (Ségerie), Ende der Scheitelhaltung	41,4	21	43,4
Schleuse 22, Festmachemöglichkeiten TW	41,6	22	43,2
Schleuse 23 (Pêchetière)	41,8	23	43,0
Schleuse 24, Wasser	42,0	24	42,8
Schleuse 25 (Parfraire), Brücke	42,2	25	42,6
Schleuse 26	42,3	26	42,5
Schleuse 27	42,5	27	42,3
Schleuse 28 (Madeleine), Brücke, Kais TW, **Hédé** 1200 m LU	42,7	28	42,1
Schleuse 29 (Petite-Madeleine)	43,0	29	41,8
Schleuse 30 (Guéhardière)	43,2	30	41,6
Schleuse 31 (Dialais)	43,5	31	41,3
Schleuse 32 (Moucherie), Brücke	45,4	32	39,4
Wendebecken RU	46,5	—	38,3
Schleuse 33 (Tinténiac), Brücke	47,1	33	37,7
Tinténiac Kai LU, Wasser und Kraftstoff am Kai, Ortschaft LU	47,2	—	37,6
Schleuse 34 (Gromillais), Brücke	48,9	34	35,9
Schleuse 35 (Gué Noëllan)	49,9	35	34,9
Schleuse 36 (Pont-Houitte), Brücke	50,8	36	34,0
La Chapelle-aux-Filzméens Brücke, Kai und Wendebecken BW RU, kleine Ortschaft 1200 m RU	53,3	—	31,5
Schleuse 37 (Calaudry), Brücke	54,6	37	30,2
Schleuse 38 (Couadan)	56,6	38	28,2
Saint-Dominieuc Brücke, Kai TW LU, Ortschaft 700 m LU	57,3	—	27,5
Brücke (Richeville)	58,8	—	26,0
Schleuse 39 (Gacet), Brücke	60,5	39	24,3
Schleuse 40 (Butte Jacquette)	60,9	40	23,9
Trévérien Brücke, Kai und Wendebecken BW RU, Ortschaft LU	61,7	—	23,1
Schleuse 41 (Islots)	62,4	41	22,4
Fußgängerbrücke (St. Judoce)	65,1	—	19,7
Schleuse 42 (**Evran**), Brücke, Kai BW RU, Ortschaft LU	66,4	42	18,4
Schleuse 43 (Roche), Brücke	67,8	43	17,0
Brücke (Pont des Planches)	68,2	—	16,6
Schleuse 44 (Mottay), Brücke	70,0	44	14,8
Brücke (Grand Boutron)	71,6	—	13,2
Schleuse 45 (Boutron), Drehbrücke	71,8	45	13,0
Kai (Vaugré) RU	73,1	—	11,7
Schleuse 46 (Pont-Perrin), Brücke, Grenze des Gezeiteneinflusses	74,1	46	10,7
Léhon Brücke (Vieux Pont), Kais, Ortschaft LU	76,3	—	8,5
Schleuse 47 (Léhon)	76,8	47	8,0
Viadukt von Dinan	78,5	—	6,3
Dinan Brücke (Vieux Pont), Sportboothafen TW LU, Restaurant, Stadt 75 m über dem Fluß	78,6	—	6,2
Lanvallay Kai RU	78,8	—	6,0
Kai (Etra oder Asile du Pêcheur) LU	81,5	—	3,3
Taden Kai LU, Ortschaft 700 m	82,4	—	2,4
Le Châtelier Kai RU	83,4	—	1,4
Kai (Petit Livet) LU	83,8	—	1,0
Kai (Livet) RU	84,2	—	0,6
Gezeitenschleuse 48 (Châtelier), überspülbares Wehr, die Wasserstraße setzt sich in der gezeitenabhängigen Rance fort (Rance Maritime)	84,8	48	0,0

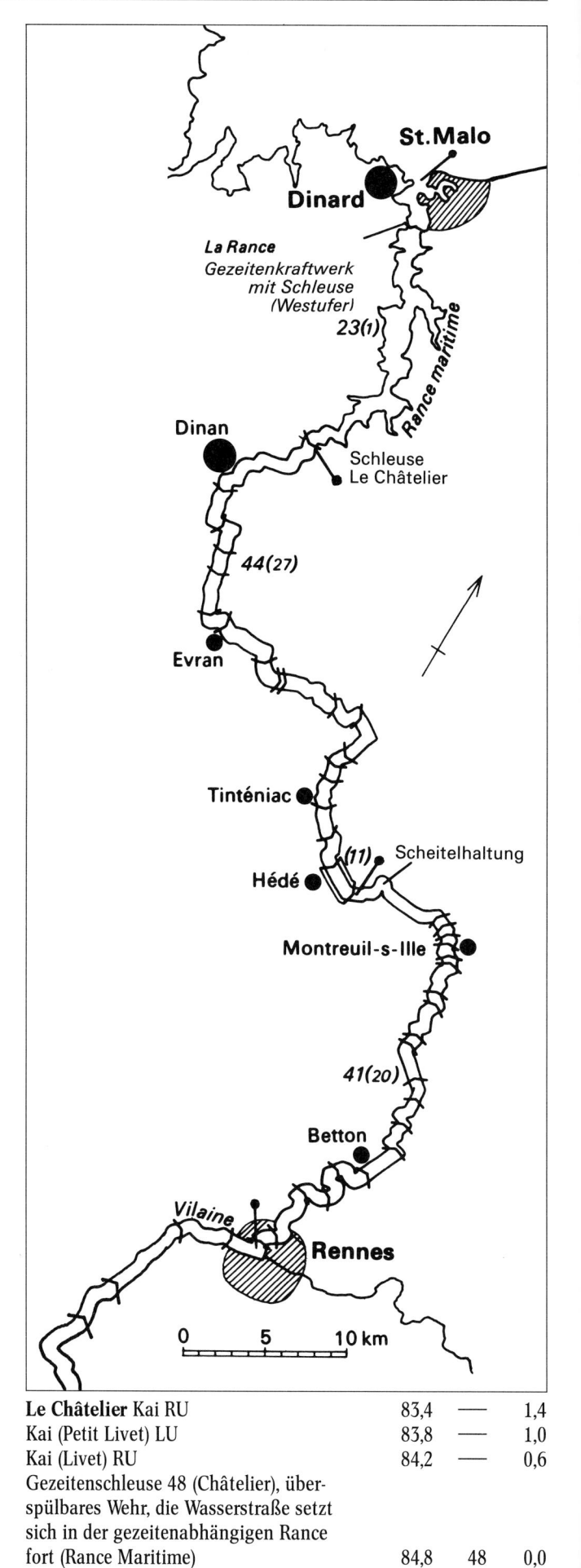

Isle

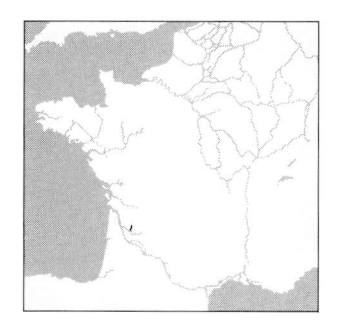

Die Isle war früher auf einer 144 km langen Strecke von Libourne, wo sie mit der Dordogne zusammenfließt, bis zur Stadt Périgueux kanalisiert. Die Bauten und Einrichtungen sind jedoch seit vielen Jahren außer Betrieb, so daß heute nur noch 31 km im gezeitenabhängigen Teil des Flusses von Libourne bis zur Schleuse No.40 in Laubardemont schiffbar sind.

Bitte bedenken Sie, daß es vom Stand der Gezeiten abhängt, ob Sie an den in der Entfernungstabelle angegebenen Kais festmachen können oder nicht.

Schleusen   Keine.

Tiefen   Bei Nipptiden-Niedrigwasser beträgt die Tiefe 0,30 m, bei Nipptiden-Hochwasser liegt sie zwischen 0,80 m und 1,60 m (an der Grenze der Schiffbarkeit in Laubardemont).

Brücken   Die festen Brücken haben eine lichte Durchfahrtshöhe von 8,20 m bei Nipptiden-Niedrigwasser bzw. 3,80 m bei Nipptiden-Hochwasser.

Treidelpfad   Es gibt keinen Treidelpfad an dieser Strecke.

Behörden   Service Maritime et de Navigation de la Gironde, Bordeaux.
Unterabteilung: 61, Cours des Girondins, 33500 Libourne, Tel. (57) 51.06.53.

Alter Fischerkahn am Ufer

Entfernungstabelle

	km	Schl.	km
Schleuse 40 (Laubardemont), außer Betrieb, Beginn der gezeitenabhängigen Schiffahrt **Coutras** 2500 m BW an der Dronne (nur Kleinfahrzeuge)	0,0	—	31,1
Guîtres Brücke, Kai und Ortschaft RU	2,5	—	28,6
Eisenbahnbrücke	3,0	—	28,1
Kais LU (Fleix)	9,0	—	22,1
Saint-Denis-de-Pile Brücke, Kai und Ortschaft LU	10,4	—	20,7
Savignac de l'Isle Brücke, Kai TW RU, Ortschaft 400 m RU	14,5	—	16,6
Brücke (D18)	19,8	—	11,3
Saillans RU, Ortschaft 1200 m	23,5	—	7,6
Libourne Brücke, Kai BW LU, Stadtzentrum 700 m	30,4	—	0,7
Einmündung in die Dordogne (km 75)	31,1	—	0,0

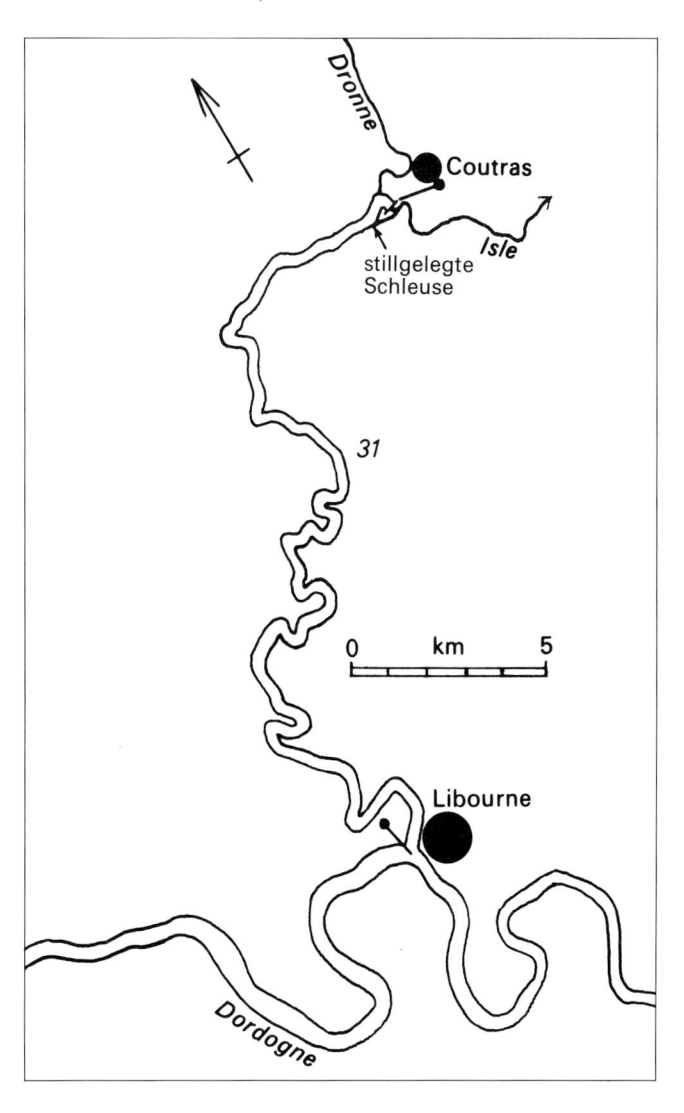

Canal de Lens

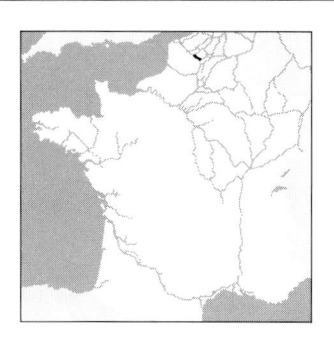

Der Canal de Lens ist ein kurzer Fabrikkanal, der vom Großschiffahrtsweg Dünkirchen-Schelde abzweigt. Er führt nicht einmal mehr bis zur Stadt Lens, da seine oberen Abschnitte bei Straßenbauarbeiten zugeschüttet worden sind. Der Kanal ist jetzt nur noch 8,6 km lang. Er bedient einige Fabrikkais der benachbarten Kohlenbergwerke und ist total uninteressant für Sportboote.

Schleusen Keine.

Tiefen Der zulässige Tiefgang beträgt 2,20 m.

Brücken Die Brücken haben eine Mindestdurchfahrtshöhe von 4,50 m.

Treidelpfad Es führt ein Treidelpfad neben der Strecke.

Behörden Direction Régionale de la Navigation Nord/Pas de Calais, Lille.
Unterabteilung: 194 Rue de la Tour des Dames, BP 839, 59508 Douai, Tel. (27) 87.12.55.

Entfernungstabelle

	km	Schl.	km
Ende der Schiffbarkeit 1500 m östlich von **Lens**	0,0	—	8,6
Eisenbahnbrücke, Becken BW RU	0,6	—	8,0
Noyelles-sous-Lens Brücke, Kai BW RU, Stadt 500 m RU	1,6	—	7,0
Eisenbahnbrücke	3,2	—	5,4
Brücke (Fouquières)	3,9	—	4,7
Harnes Kai LU, Stadtzentrum 300 m LU	4,5	—	4,1
Fußgängerbrücke (Harnes)	4,6	—	4,0
Brücke und Fußgängerbrücke, Kohlenverladekais TW RU	5,1	—	3,5
Förderbrücke	6,3	—	2,3
Eisenbahnbrücke	7,1	—	1,5
Courrières Brücke, kleine Stadt RU	7,4	—	1,2
Treidelpfadbrücke	8,5	—	0,1
Verbindung zum Großschiffahrtsweg D-S (Canal de la Deûle)	8,6	—	0,0

Canal du Loing

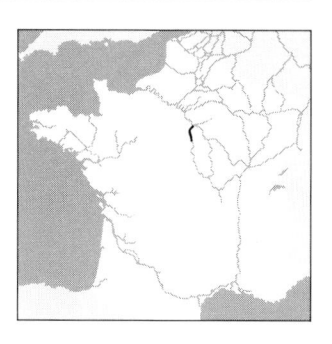

Der Canal du Loing ist einer von vielen Kanälen, die die „Bourbonnais-Route" von Paris nach Lyon bilden. Er beginnt nördlich von Montargis, bei der Schleuse von Buges, wo er an den Canal de Briare anschließt, führt durch das schöne Loingtal, wobei er an zwei Stellen das Flußbett benutzt, und hat bei Saint-Mammès Verbindung zur Seine. Seine Gesamtlänge beträgt 49 km.

Schleusen Alle 18 Schleusen haben die Abmessungen von 39,10 x 5,20 m. Dazu kommt noch eine Hochwasserschleuse bei Fromonville (No.13), welche normalerweise offen ist. Schleuse No. 20 bei St. Mammès ist außer Betrieb und das dazugehörige Wehr ist abgebaut als Folge der Ausbauarbeiten auf der Oberen Seine.

Tiefen Der zulässige Tiefgang beträgt 1,80 m.

Brücken Alle festen Brücken haben eine Mindestdurchfahrtshöhe von 3,70 m über normalem Wasserstand.

Treidelpfad Ein guter Treidelpfad verläuft neben der gesamten Strecke.

Behörden Service de la Navigation de Nevers.
Unterabteilung: Ecluse de la Marolle, 45200 Montargis, Tel. (38) 85.37.21.

Tourismus Im schönen Tal der Loing kann man viele Schlösser besichtigen.

Versorgungsmöglichkeiten In **St. Mammès** gibt es Wasser, Kraftstoff, Werften, Slipbahn und Mechaniker.
In **Nemours** bekommt man Lebensmittel, Wasser, Kraftstoff; man findet Mechaniker und ein Postamt.

Entfernungstabelle

	km	Schl.	km
Anschluß an den Canal de Briare (TW der Schleuse No. 36, Buges)	0,0	—	49,4
Eisenbahnbrücke	0,5	—	48,9
Schleuse 1 (Cépoy)	2,2	1	47,2
Cépoy Brücke, Ortschaft LU	2,3	—	47,1
Kai LU	3,0	—	46,4
Schleuse 2 (Vallées), Wasser	5,1	2	44,3
Brücke (Vallées)	5,3	—	44,1
Schleuse 3 (Montabon)	5,9	3	43,5
Brücke (Vaux)	8,1	—	41,3
Schleuse 4 (Retourné)	8,9	4	40,5

Canal du Loing

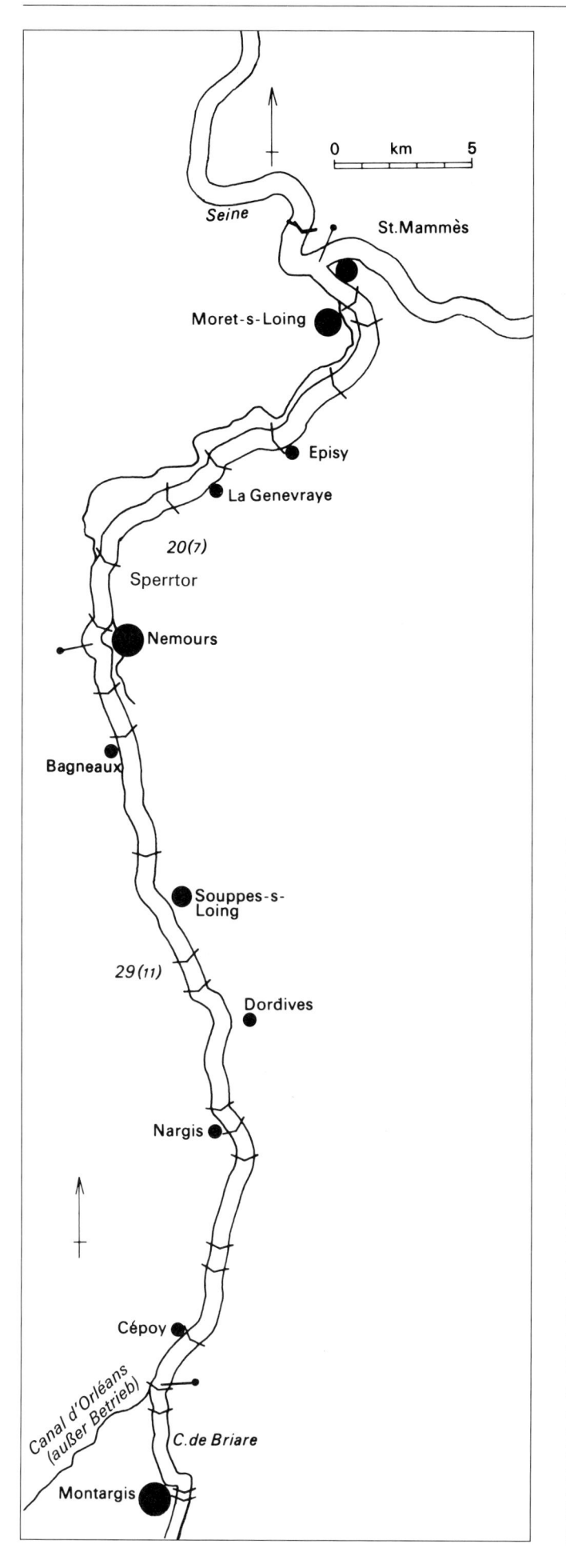

Entfernungstabelle	km	Schl.	km
Schleuse 5 (Nargis), Brücke	10,4	5	39,0
Nargis Kai und Ortschaft LU	10,5	—	38,9
Schleuse 6 (Brisebarre)	11,1	6	38,3
Brücke (Toury)	12,8	—	36,6
Dordives Brücke, Kai BW LU, Ortschaft RU 1000 m	14,3	—	35,1
Schleuse 7 (Néronville), Brücke	15,9	7	33,5
Schleuse 8 (Egreville), Brücke, Becken TW LU, Restaurant	17,0	8	32,4
Eisenbahnbrücke	18,3	—	31,1
Souppes-sur-Loing, Kais LU, Sadt 900 m RU	18,8	—	30,6
Wendebecken RU	20,4	—	29,0
Eisenbahnbrücke	20,7	—	28,7
Schleuse 9 (Beaumoulin), Brücke, Kai TW LU	21,3	9	28,1
Brücke (Glandelles), Kai TW LU	22,4	—	27,0
Bagneaux-sur-Loing Brücke, Ortschaft 600 m LU	24,4	—	25,0
Kai der Pyrex-Fabrik, LU	25,2	—	24,2
Schleuse 10 (Bagneaux), Brücke	25,7	10	23,7
Kai (Fromonceau) TU	26,0	—	23,4
Schleuse 11 (Chaintreauville), Brücke	27,4	11	22,0
Kai (Fontaines) LU	28,2	—	21,2
Nemours Brücke (Récollets), Stadtzentrum RU	28,8	—	20,6
Brücke (Paris)	29,4	—	20,0
Nemours Kai LU, Wasser, Kraftstoff	29,8	—	19,6
Schleuse 12 (Buttes), Brücke, Restaurant, Fahrrinne ab hier im Fluß Loing	30,1	12	19,3
Private Kais LU	30,7	—	18,7
Autobahnbrücke (A6 Paris-Lyon)	31,7	—	17,7
Hochwasserschleuse 13 (Fromonville), Fahrrinne wieder im Kanal	32,6	—	16,8
Montcourt-Fromonville Brücke, Ortschaft RU, Kai TW LU	34,7	—	14,7
Schleuse 14 (Bordes)	36,4	13	13,0
La Genevraye Brücke, Kai TW LU, Ortschaft RU	38,1	—	11,3
Schleuse 15 (Berville)	38,7	14	10,7
Kai (Launay) RU	39,6	—	9,8
Privater Kai LU	40,9	—	8,5
Schleuse 16 (**Episy**), Kai BW LU, Restaurant RU	41,2	15	8,2
Kai LU	41,8	—	7,6
Schleuse 17 (Ecuelles), Brücke	44,1	16	5,3
Ecuelles RU	44,8	—	4,6
Private Kais RU	45,6	—	3,8
Neue Straßenbrücke (Umgehung für Mores-sur-Loing)	46,4	—	3,0
Aquädukt führt über den Kanal	46,6	—	2,8
Schleuse 18 (Bourgogne), Brücke (N6), **Moret-sur-Loing** Stadtzentrum 600 m	46,9	17	2,5
Schleuse 19 (Moret), Brücke, Fahrrinne ab hier wieder im Fluß Loing (bergwärts 400 m schiffbar, Festmachemöglichkeiten für **Moret-sur-Loing**)	47,7	18	1,7
Eisenbahnbrücke	48,4	—	1,0
Bootswerft und Slipbahn LU	49,1	—	0,3
Saint-Mammès, Einmündung in die Seine, Kais zum Festmachen	49,4	—	0,0

Loire

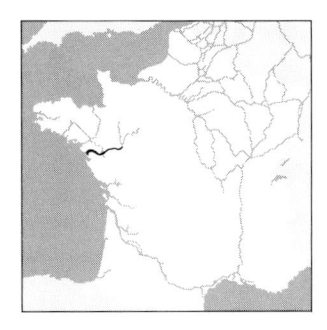

Die Loire ist der längste Fluß Frankreichs und einer der schönsten – wer hat noch nicht von den prächtigen Schlössern an ihren Ufern gehört –, aber sie ist sehr schwierig zu befahren. Früher war sie 880 km weit von der See bis nach La Noirie schiffbar. Sie führt jedoch während des größten Teils des Jahres nur wenig Wasser, und das verteilt sie auf ein breites Flußbett. In vielen Abschnitten fällt die Tiefe daher auf 0,25 m. Bei Hochwasser steigt der Wasserstand rapide an, und die reißende Strömung bringt Gefahren für die Schiffahrt, sobald Tiefen von 2 m erreicht sind. Daher werden die Obere und Mittlere Loire seit langem nicht mehr befahren, mit Ausnahme von zwei Stellen, an denen das Wasser durch Wehre zurückgehalten wird:

1. Bei Roanne: Dort kann man aus dem Canal de Roanne à Digoin in ein kurzes schiffbares Stück der Loire hineinfahren.
2. Bei Decize: Dort ist die Loire 1,7 km weit schiffbar vom Decize-Zweigkanal des Canal latéral à la Loire zum Canal du Nivernais. Diese wichtige Verbindung haben wir in die Entfernungstabelle aufgenommen.

Voll schiffbar ist die Loire erst (und das auch mit Einschränkungen) ab der Einmündung der Maine bei Bouchemaine. Sie stellt damit eine 84 km lange Verbindung zwischen der Maine und ihren befahrbaren Nebenflüssen (Mayenne, Oudon und Sarthe) und dem Canal de Nantes à Brest in Nantes her. Die Entfernung von Bouchemaine bis zur See (Hängebrücke von St. Nazaire) beträgt 138 km.

Die Binnenwasserstraße endet beim Seehafen von Nantes, denn das Mündungsgebiet der Loire zählt zu den Seewasserstraßen. Wir führen die Entfernungstabelle der Einfachheit halber von Bouchemaine bis St. Nazaire. Bitte besorgen Sie sich für das gezeitenabhängige Mündungsgebiet die einschlägigen Karten und Führer.

Schleusen Keine.

Tiefen Von Bouchemaine bis nach Nantes wird die 100-150 m breite Fahrrinne durch Buhnen und Dämme reguliert; sie ist betonnt: rote Tonnen liegen an der linken, schwarze Tonnen an der rechten Uferseite. Bei niedrigem Wasserstand ist die schiffbare Rinne durch 4,50 m hohe Spieren gekennzeichnet, die in den Sand getrieben sind; an der linken Uferseite sind ihre Toppzeichen zum Teil zerbrochen und hängen nach unten.

Normalerweise kann man mit einer durchschnittlichen Tiefe von 1,50 m bei mittlerem Niedrigwasser rechnen, es kann aber vorkommen, daß bei extrem niedrigem Wasserstand über manchen Stellen nur 0,35 m Wasser stehen; diese Untiefen sind bezeichnet. Vergessen Sie auch nicht, daß sich Springtiden stromaufwärts bis nach Champtoceaux bemerkbar machen können.

Informieren Sie sich in jedem Fall vor Fahrtantritt bei den Behörden, deren Adressen wir unten angeben; diese Herren werden Sie auf eventuelle Gefahren aufmerksam machen. Besorgen Sie sich außerdem den Guide Nr. 10: Canaux Bretons et la Loire (siehe unter Bücher und Karten).

Brücken Die Brücken an der Binnenwasserstraße haben eine Mindestdurchfahrthöhe von 4,50 m über dem höchsten schiffbaren Wasserstand, bzw. 7,0 m über mittlerem Wasserstand.

Treidelpfad Es gibt keinen Treidelpfad an dieser Strecke.

Tourismus Die Strecke zwischen **Nantes** und **Angers** ist sehr lieblich. Schlösser, Kirchen und Inselchen erfreuen das Auge. Schon die Könige Frankreichs wußten dieses Gebiet zu schätzen.
Nantes: Beschreiben wir auf Seite 128 im Abschnitt Canal de Nantes à Brest.
Oudon: Hier findet man einen geschützten Hafen und einen sehenswerten Turm aus dem Mittelalter, der eine achteckige Form hat. Auf dem gegenüberliegenden Ufer thront auf einem hohen Felsen das zerfallene Schloß Champtoceaux.
Ancenis: Sollte man sich vormerken. Hier kann man sehr stilvoll unterhalb des Schlosses festmachen und den trockenen Muscadet-Wein kosten, der in dieser Gegend angebaut wird.
Angers: Wird auch „die Stadt der Blume" genannt. Der Yachthafen liegt dem majestätischen Schloß der Herzöge von Anjou gegenüber. Kathedralen, Gärten und Muséen laden zum Besuch ein.
Bouchemaine: Erfreut den Wasserwanderer mit ausgezeichneten Restaurants.

Versorgungsmöglichkeiten Nantes: Finden Sie auf Seite 128.
Oudon: Hat Einkaufsmöglichkeiten und Tankstellen im Ort, Wasser gibt es am Hafen.
Ancenis: Hat Einkaufsmöglichkeiten und Tankstelle im Ort.

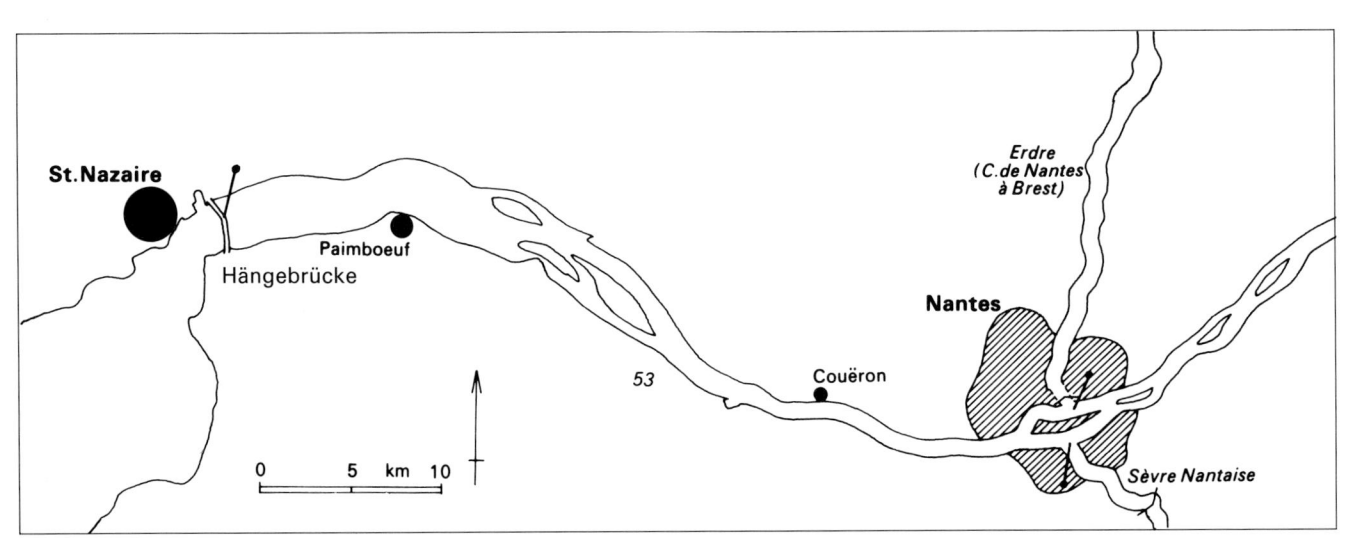

Angers: Im Yachthafen gibt es Wasser und Strom, Tankstellen findet man in der Stadt, ebenso Motormechaniker, Handwerker und ausgezeichnete Lebensmittelgeschäfte.

Behörden Service Maritime et de Navigation de Nantes. Unterabteilungen:
- 1 Quai des Carmes, BP 531, 49035 Angers, Tel. (41) 88.58.91 (km 0-43).
- 3 Impasse du Progrès, 44000 Nantes, Tel. (41) 89.30.71 (km 43-84).

Verbindungsstrecke zwischen dem Decize-Zweigkanal des Canal latéral à la Loire und dem Canal du Nivernais

Entfernungstabelle	km	Schl.	km
Der Decize-Zweigkanal des Canal latéral à la Loire führt in den Loire-Fluß hinein LU	0,0	—	1,7
Decize Brücke, Stadt RU	0,5	—	1,2
Kai RU	1,4	—	0,3
Verbindung zum Canal du Nivernais RU	1,7	—	0,0

Von Bouchemaine zur See

	km	Schl.	km
Einmündung der Maine RU	0,0	—	138,0
La Pointe Bouchemaine RU	0,4	—	137,6
Béhuard RU (auf Insel)	4,6	—	133,4
Brücke (Savennières)	5,1	—	132,9
La Poissonnière Kai RU, Ortschaft 400 m RU	7,8	—	130,2
Eisenbahnbrücke (Alleud)	10,9	—	127,1
Chalonnes-sur-Loire Brücke, Kai BW LU, kleine Stadt	14,6	—	123,4
Montjean-sur-Loire Brücke, Kai TW LU, Ortschaft LU	23,6	—	114,4
Ingrandes Brücke, Kai BW RU, Ortschaft RU	28,1	—	109,9
Saint-Florent-le-Vieil Brücke (im linken Flußarm), Kai BW LU	36,9	—	101,1
Ancenis Brücke, Kai BW RU, kleine Stadt und Schloß RU	49,6	—	88,4
Champtoceaux, Festmachemöglichkeit im Stauwasser LU, Ortschaft 800 m (auf einem Hügel)	56,1	—	81,9
Brücke (Pont de Champtoceaux)	57,9	—	80,1
Oudon Hafen RU (durch eine Eisenbahnbrücke), Ortschaft 200 m	58,6	—	79,4
Schloß Clermont RU	62,4	—	75,6
Mauves-sur-Loire Brücke, Ortschaft 700 m RU	67,8	—	70,2
Brücke (Thouaré)	73,2	—	64,8
Neue Brücke (Bellevue)	78,4	—	59,6
Der Fluß teilt sich, Fahrwasser La Madeleine am RU, Fahrwasser Pirmil am LU	82,0	—	56,0
Eisenbahnbrücke (über beide Fahrwasser)	82,4	—	55,6
Eisenbahnbrücke (über Fahrwasser La Madeleine)	83,6	—	54,4
Verbindung zum Canal de Nantes à Brest (kanalisierte Erdre) RU am (Fahrwasser La Madeleine)	84,0	—	54,0
Nantes (Brücke über beide Fahrwasser), Stadtzentrum RU	84,3	—	53,7
Brücke (über beide Fahrwasser)	84,9	—	53,1
Einmündung der Sèvre-Nantaise LU (Pirmil-Fahrwasser)	85,3	—	52,7
Brücke (Pont Haudaudine) im Madeleine-Fahrwasser	85,3	—	52,7
Eisenbahn- und Straßenbrücke (Pirmil) im Pirmil-Fahrwasser	85,5	—	52,5
Brücke (Pont-Anne-de-Bretagne), Festmachemöglichkeiten TW RU (Madeleine-Fahrwasser)	86,1	—	51,9
Hafen von Nantes, beide Fahrwasser vereinigen sich	87,3	—	50,7
Rézé Sportboothafen LU	87,8	—	50,2
Kai (Haute-Indre) RU, TW-Grenze des Hafens von Nantes	93,0	—	45,0
Basse-Indre Kai, Ortschaft RU, **Indret** Kai LU, Fähre	95,0	—	43,0
Couëron Kai und kleine Stadt RU	99,0	—	39,0
Le Pellerin Kai und Ortschaft LU, Fähre	101,0	—	37,0
La Martinière Kai LU (in der Einfahrt zu einem ehemaligen Seekanal)	103,5	—	34,5
Cordemaïs Kraftwerk, Kohlenverladekai RU	114,0	—	24,0
Paimboeuf Kai und kleine Stadt LU	125,0	—	13,0
Donges Hafen RU	130,0	—	8,0
Saint-Nazaire Hängebrücke, Seegrenze (Hafeneinfahrt weitere 3 km talwärts)	138,0	—	0,0

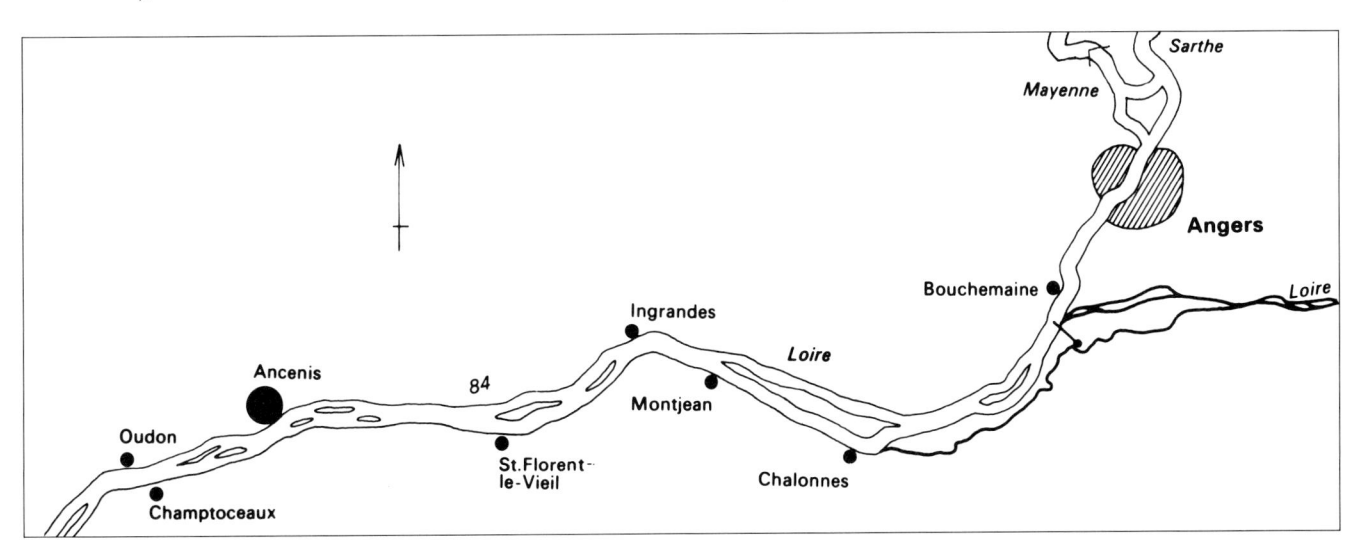

Canal latéral à la Loire
Loire-Seitenkanal

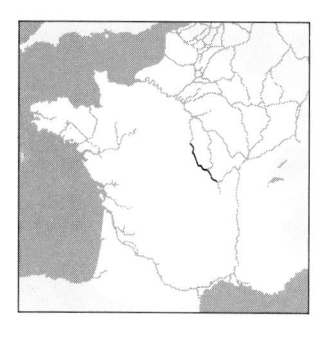

Der Canal latéral à la Loire wurde im Jahr 1838 eröffnet und ist 196 km lang. Er führt durch das Loiretal von Digoin, wo er Anschluß an den Canal du Centre hat, bis nach La Cognardière, wo er sich im Canal de Briare fortsetzt. Als ein Teil der „Bourbonnais-Route" stellt er eine wichtige Wasserverbindung dar; in den letzten Jahren wurden großangelegte Instandhaltungsarbeiten durchgeführt, um seine Schiffbarkeit aufrechtzuerhalten und um die schadhaften Ufer zu befestigen.

In Digoin, bei km 2, verbindet er sich mit dem Canal de Roanne à Digoin, bei km 64 führt er mit Hilfe des Decize-Zweigkanals über die ausgebaggerte Fahrrinne der Loire in den Canal du Nivernais. Früher stellte der Loire-Seitenkanal bei km 121 in Marseilles-les-Aubigny eine Verbindung zu den Kanälen du Berry her, die leider seit 1955 gesperrt sind.

Fünf Zweigkanäle stehen weiterhin für die Schiffahrt zur Verfügung, dazu gehört auch der obenerwähnte Decize-Zweigkanal:
1. Dompierre-Zweigkanal (bei km 25), 2,7 km lang, keine Schleusen; führt zur kleinen Stadt Dompierre-sur-Besbre.
2. Decize-Zweigkanal (bei km 64), 0,5 km lang, zwei Schleusen (mit dem Decize-Becken, verbindet mit der Loire und dem Canal du Nivernais).
3. Nevers-Zweigkanal (bei km 96), 2,8 km lang, zwei Schleusen, die dritte Schleuse zur Loire hinunter ist in ein Schwimmbecken umgewandelt worden.
4. Givry-Fourchambault-Zweigkanal (bei km 115), 2,4 km lang, zwei Schleusen; verbindet den Loire-Seitenkanal mit der Loire.
5. Saint-Thibault-Zweigkanal (bei km 156), 0,7 km lang, eine Schleuse; verbindet ebenfalls den Seitenkanal mit der Loire.
Der Lorrains-Zweigkanal (bei km 108) bringt in seiner Funktion als Versorgungskanal Wasser aus dem Flüßchen Allier zum Seitenkanal, ist aber für die Schiffahrt gesperrt.

Der Canal latéral à la Loire kann sich dreier Aquädukte rühmen, die sehr schön sind; der erste führt bei Digoin über die Loire und ist 240 m lang; der zweite bei Le Guétin über den Allier ist 334 m lang und der dritte, bei Briare, führt wiederum über die Loire und hat die stattliche Länge von 660 m. In den Aquädukten wird der Schiffsverkehr im Einbahnstraßensystem abgewickelt. In Digoin und Briare hat das Schiff, welches als erstes an einem der beiden Enden eintrifft, den Vorrang. In Le Guétin regeln Lichter, die auch die Fahrt durch die zweistufige Schleusentreppe kontrollieren, den Verkehr über den Aquädukt.

Schleusen   37 Schleusen müssen durchfahren werden; ihre Abmessungen sind nach der Freycinet-Norm 38,50 x 5,17 m, nur die Nummer 11 (Gailloux) hat eine schmalere Schleusenkammer (5,14 m). Die Schleusen überwinden nach Briare hinunter einen Höhenunterschied von 98 m.

Tiefen   Der zulässige Tiefgang beträgt 1,80 m.

Brücken   Die lichte Durchfahrtshöhe der Brücken liegt bei 3,70 m über normalem Wasserstand.

Treidelpfad   Ein Treidelpfad von unterschiedlicher Qualität verläuft neben der gesamten Strecke.

Tourismus   Der Aquädukt von Briare ist 660 m lang und hat einen berühmten Konstrukteur: A.G. Eiffel, der den Pariser Eiffelturm erbaute. Der Seitenkanal führt durch Weinberge und friedliche ländliche Gegenden.

Versorgungsmöglichkeiten Léré: Einkaufsmöglichkeiten, Werft, Motorreparaturen, Kraftstoff und Wasser.
Belleville: Restaurant, Telefon, Strom, Wasser.
St.-Satur und **St.-Thibault**: Einkaufen, Wasser, Kraftstoff, Werft, Restaurants.
Marseilles-les-Aubigny: Einkaufen, Wasser, Strom, Kraftstoff, Werft.
Nevers: Einkaufen, Reparaturen (auch Motor), Kraftstoff per Tankwagen.
Decize: Einkaufen.
Digoin: Einkaufen, Wasser, Kraftstoff, Postamt.
An manchen Schleusen gibt es Wasser, überall stehen Mülleimer.

Behörden   Service de la Navigation des Nevers.
Unterabteilungen:
- 1 Quai de la Jonction, 58300 Decize, Tel. (86) 25.14.75 (km 0-106).

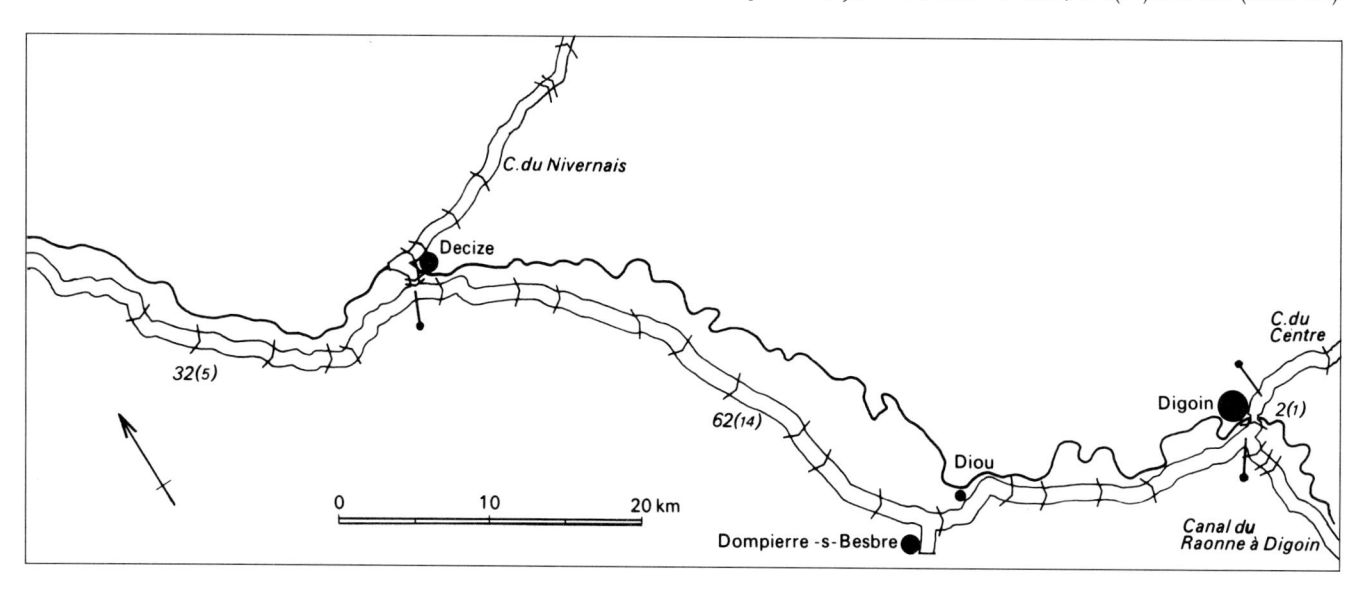

Loire-Seitenkanal

- Saint-Thibault – Saint-Satur, 18300 Sancerre, Tel. (45) 54.12.34 (km 106-176).
- Usine Elévatrice, 45250 Briare, Tel. (60) 01.26.20 (km 176-196).

Entfernungstabelle

	km	Schl.	km
Digoin, Anschluß an den Canal du Centre	0,0	—	196,0
Fußgängerbrücke	0,1	—	195,9
Brücke (Charolles), Stadtzentrum in der Nähe	0,4	—	195,6
Brücke (Perruts)	0,6	—	195,4
Digoin-Aquädukt über die Loire, 240 m lang	0,7	—	195,3
Schleuse 1 (Digoin), Brücke	1,0	1	195,0
Chassenard Becken, 830 m lang	1,3	—	194,7
Verbindung zum Canal de Roanne à Digoin LU	2,1	—	193,9
Brücke (Chassenard)	2,2	—	193,8
Becken (La Broche) RU	2,7	—	193,3
Brücke (Donjon), N488	3,7	—	192,3
Kai (Fontaine-Saint-Martin) LU	3,9	—	192,1
Aquädukt Vouzance	5,0	—	191,0
Brücke (Péage)	5,5	—	190,5
Brücke (Micaudière)	6,4	—	189,6
Brücke (Mortillon), N488	8,0	—	188,0
Schleuse 2 (Thaleine), Brücke	9,5	2	186,5
Becken (Coulanges) LU	10,3	—	185,7
Coulanges Brücke, kleine Ortschaft	10,8	—	185,2
Brücke (Vesvres)	12,3	—	183,7
Schleuse 3 (Oddes), Aquädukt BW	12,6	3	183,4
Brücke (Oddins)	14,2	—	181,8
Pierrefitte-sur-Loire Brücke, Becken TW LU, Ortschaft RU	15,0	—	181,0
Brücke (Enfer), N488	15,6	—	180,4
Schleuse 4 (Theil)	16,6	4	179,4
Brücke (Theil)	17,2	—	178,8
Schleuse 5 (Putay), Brücke TW	18,6	5	177,4
Brücke (Cluzeau)	19,5	—	176,5
Eisenbahnbrücke	20,2	—	175,8
Diou Brücke, Becken TW LU, Ortschaft 400 m	21,4	—	174,6
Brücke (Saligny), Diou 300 m	21,8	—	174,2

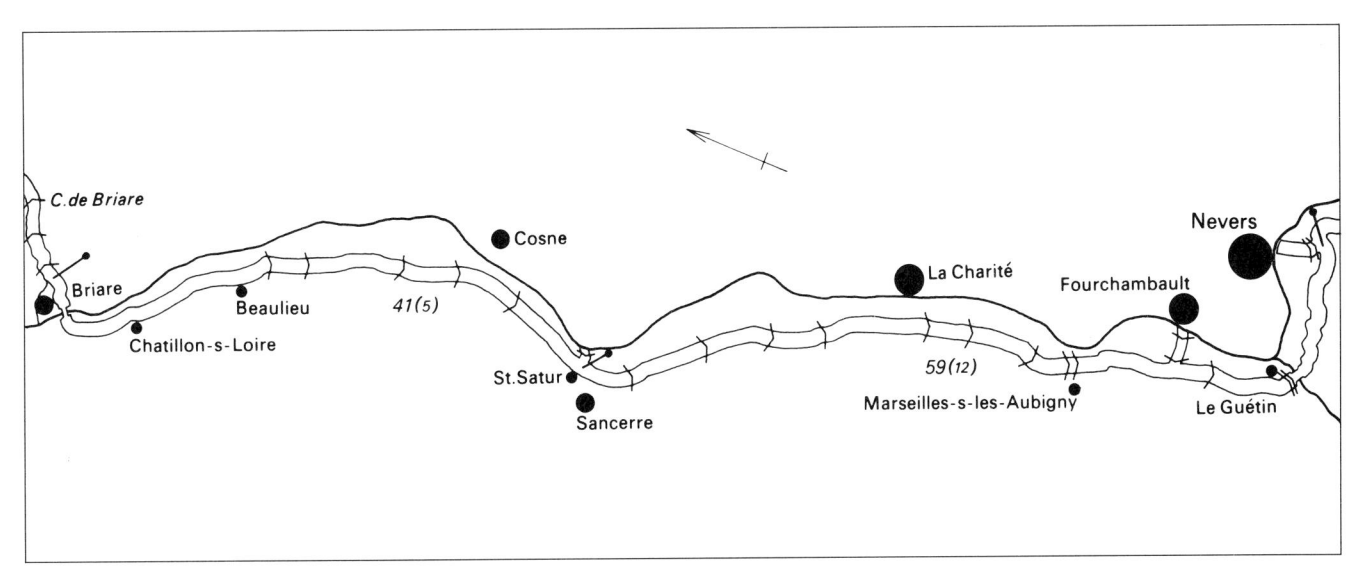

Entfernungstabelle

	km	Schl.	km
Brücke (Prats)	22,8	—	173,2
Aquädukt Roudon	22,9	—	173,1
Brücke (Ternat)	23,2	—	172,8
Aquädukt Besbre, Länge 86 m	24,9	—	171,1
Schleuse 6 (Besbre), Brücke TW	25,1	6	170,9
Anschluß an den Besbre-Versorgungskanal, Dompierre-Zweigkanal	25,2	—	170,8
Brücke (Abbaye-de-Sept-Fons)	26,0	—	170,0
Brücke (Taillis)	27,2	—	168,8
Schleuse 7 (Bessais), Brücke TW	28,7	7	167,3
Brücke (Thiel)	31,0	—	165,0
Brücke (Petrot)	32,7	—	163,3
Schleuse 8 (**Beaulon**), Brücke TW, Becken LU, Ortschaft 1000 m	33,6	8	162,4
Schleuse 9 (Clos du May), Brücke TW	35,6	9	160,4
Garnat Brücke, Becken BW LU, Restaurant in der Ortschaft RU	36,6	—	159,4
Brücke (Huilerie/Ölfabrik)	38,6	—	157,4
Brücke (Saint-Martin), **Paray-le-Frésil** 2000 m	40,5	—	155,5
Schleuse 10 (Rozière)	41,3	10	154,7
Brücke (Rozière)	42,3	—	153,7
Brücke (Boise)	43,8	—	152,2
Schleuse 11 (Gailloux) Brücke TW	45,3	11	150,7
Brücke (Viviers)	46,7	—	149,3
Gannay Becken LU, Ortschaft 1000 m RU (über die Brücke, die über die Schleuse führt)	48,2	—	147,8
Schleuse 12 (Vanneaux), Brücke TW	48,5	12	147,5
Brücke (Rue des Gués)	50,8	—	145,2
Brücke (Nogent)	53,4	—	142,6
Schleuse 13 (Huilerie/Ölfabrik)	54,2	13	141,8
Brücke (Cornats), Becken BW LU	55,6	—	140,4
Schleuse 14 (Motte)	56,9	14	139,1
Brücke (Motte)	57,4	—	138,6
Brücke (Croix-des-Feuillats)	60,2	—	135,8
Schleuse 15 (Saulx)	62,8	15	133,2
Brücke (Saulx)	63,2	—	132,8
Verbindung mit Decize-Zweigkanal (führt zum Canal du Nivernais)	64,4	—	131,6
Brücke (Germancy), Becken TW LU, **Decize** 1400 m	64,7	—	131,1
Brücke (Vaux)	66,0	—	130,0

Entfernungstabelle	km	Schl.	km
Brücke (Chalons)	66,9	—	129,1
Brücke (Baugy), Becken TW LU	69,4	—	126,6
Brücke (Réau)	70,2	—	125,8
Schleuse 16 (Acolin), Aquädukt Acolin BW	70,9	16	125,1
Brücke (Forge-Neuve)	71,6	—	124,4
Schleuse 17 (Abron) Aquädukt Abron BW, Becken TW	72,0	17	124,0
Avril-sur-Loire Brücke, kleine Ortschaft RU	72,8	—	123,2
Brücke (Perrière)	74,9	—	121,1
Fleury-sur-Loire Brücke, kleine Ortschaft LU	76,4	—	119,6
Schleuse 18 (Fleury)	76,7	18	119,3
Brücke (Motte-Farchat), Becken BW LU, Schloß 1000 m	77,9	—	118,1
Brücke (Vèvre)	79,9	—	116,1
Brücke (Uxeloup)	81,2	—	114,8
Schleuse 19 (Uxeloup)	81,8	19	114,2
Brücke (Chamond), Becken TW LU	82,3	—	113,7
Brücke (Planches)	84,5	—	111,5
Schleuse 20 (Jaugenay), Brücke TW	85,7	20	110,3
Brücke (Atelier)	87,3	—	108,7
Chevenon Brücke, Ortschaft und Schloß 800 m LU	89,4	—	106,6
Brücke (Crezancy)	91,0	—	105,0
Brücke (Forêt de Sermoise)	93,3	—	102,7
Brücke (Crot de Savigny)	94,7	—	101,3
Brücke (Avenue de Sermoise), **Sermoise-sur-Loire** 1000 m	96,2	—	99,8
Verbindung mit Nevers-Zweigkanal	96,4	—	99,6
Brücke (Peuilly)	97,4	—	98,6
Brücke (Plagny) N7, Kai BW LU	98,6	—	97,4
Brücke (Pavillon), **Challuy** 500 m	99,4	—	96,6
Eisenbahnbrücke	99,6	—	96,4
Brücke (Seuilly)	100,3	—	95,7
Brücke (Marais)	102,8	—	93,2
Brücke (Colombier), D976, Schloß 200 m	103,9	—	92,1
Gimouille Brücke, Ortschaft LU	104,8	—	91,2
Brücke (Sampanges), Gimouille Becken BW LU	105,6	—	90,4
Aquädukt Guétin (über dem Fluß Allier)	106,0	—	90,0
Zweistufige Schleusentreppe 21/22 (Guétin), Brücke und Becken TW, kleine Ortschaft RU	106,4	22	89,6
Brücke (Caillettes)	107,4	—	88,6
Verbindung mit Lorrains-Zweigkanal (Versorgungskanal, der Wasser aus dem Allier bringt) breites Becken 700 m lang	107,5	—	88,5
Brücke (Colombier)	107,8	—	88,2
Cuffy Fußgängerbrücke, Ortschaft LU	108,6	—	87,4
Brücke (Presle), Schloß	109,7	—	86,3
Schleuse 24 (Laubray)	112,0	23	84,0
Brücke (Laubray)	112,2	—	83,8
Brücke (Mahauts), Verbindung zum Fourchambault-Zweigkanal, Kai RU	114,5	—	81,5
Brücke (Crille)	115,2	—	80,8
Cours-les-Barres Brücke, Ortschaft LU, Tankstelle	116,0	—	80,0
Brücke (Dompierre)	117,6	—	78,4
Brücke (Poids de Fer)	120,0	—	76,0

Canal latéral à la Loire: Aquädukt von Briare

Entfernungstabelle	km	Schl.	km
Marseilles-les-Aubigny Becken LU, kleine Stadt, ehemalige Verbindung mit dem Canal du Berry LU	120,7	—	75,3
Schleuse 25 (Aubigny), Brücke TW	121,3	24	74,7
Aquädukt Aubois und Becken LU	121,4	—	74,6
Schleuse 26 (Aubois), Brücke TW, Frachtbüro	121,6	25	74,4
Charterbasis Loire-Line LU	122,0	—	74,0
Schleuse 27 (**Beffes**), Brücke TW, Ortschaft RU	124,4	26	71,6
Becken LU	124,9	—	71,1
Brücke (Radis)	126,1	—	69,9
Saint-Léger-le-Petit Brücke, Ortschaft LU	127,5	—	68,5
Schleuse 28 (Argenvières), Brücke	129,1	27	66,9
Argenvières Becken, Ortschaft RU	129,5	—	66,5
Kais (Comillons)	130,4	—	65,6
Kai (Charnaye) LU	130,9	—	65,1
Schleuse 29 (Rousseaux), Brücke	131,6	28	64,4
La Chapelle-Montlinard Becken, Brücke, **La Charité** 2000 m am RU der Loire, historische Stätten	133,1	—	62,9
Brücke (Nambault)	134,4	—	61,6
Brücke (Charreau)	135,7	—	60,3
Brücke (Châtillon)	136,9	—	59,1
Schleuse 30 (**Herry**), Brücke, Becken und Ortschaft TW LU	138,9	29	57,1
Brücke (Sarrée)	140,9	—	55,1
Schleuse 31 (Prée), Brücke	141,9	30	54,1
Brücke (Champalay)	144,4	—	51,6
Kai (Guillons) LU	146,3	—	49,7
Schleuse 32 (Grange), Brücke, Schloß 1000 m	146,9	31	49,1
Aquädukt Moule	147,9	—	48,1
Saint-Bouize Brücke, Becken BW LU, Ortschaft 1000 m	148,7	—	47,3
Brücke (Rousseaux)	150,5	—	45,5
Schleuse 33 (Thauvenay), Brücke	152,0	32	43,9
Ménétréol-sous-Sancerre Brücke, Becken TW LU, Ortschaft LU, Hügelpfad nach **Sancerre** 2500 m	152,9	—	43,1
Saint-Satur Brücke und Becken	155,4	—	40,6

Entfernungstabelle	km	Schl.	km
Verbindung zum Saint-Thibault-Zweigkanal RU (führt zur Loire),600 m mit 1 Sperrtor und 1 Schleuse 33a)	155,5	—	40,5
Brücke (Mivoie)	156,9	—	39,1
Brücke (Beaufroy)	159,1	—	36,9
Brücke (Ile), Kai BW LU	160,3	—	35,7
Bannay LU	161,3	—	34,7
Schleuse 34 (Bannay), Brücke	161,6	33	34,4
Eisenbahnbrücke	161,8	—	34,2
Brücke (Bussy)	163,2	—	32,8
Brücke (Fouchards) Kai TW LU, Schloß 600 m	164,0	—	32,0
Brücke (Giraude)	165,0	—	31,0
Schleuse 35 (Peseau)	165,6	34	30,4
Brücke (Gravereau)	166,4	—	29,6
Brücke (Ménétreau)	167,4	—	28,6
Schleuse 36 (Houards), Brücke	169,5	35	26,5
Léré Brücke, Becken TW LU, Ortschaft LU	171,3	—	24,7
Sury-près-Léré Brücke, Ortschaft LU	172,8	—	23,2
Bridge (Rue)	174,7	—	21,3
Schleuse 37 (Belleville)	175,2	36	20,8
Belleville-sur-Loire Brücke, Ortschaft und Restaurant LU	175,5	—	20,5
Brücke (Chennevières)	176,7	—	19,3
Schleuse 38 (Maimbray), Aquädukt, Brücke TW	178,3	37	17,7
Brücke (Plessis)	179,1	—	16,9
Beaulieu Brücke, Becken und Ortschaft TW LU	180,3	—	15,7
Verbindung zum ehemaligen Châtillon-Zweigkanal (stillgelegt), RU	182,6	—	13,4
L'Etang, Brücke, Sperrtore	182,7	—	13,3
Brücke (Gannes)	184,1	—	11,9
Brücke (Folie)	185,1	—	10,9
Brücke (Rabuteloires), Sperrtore	186,7	—	9,3
Fußgängerbrücke (Mantelot)	187,4	—	8,6
Châtillon-sur-Loire Becken LU, Ortschaft 300 m	187,5	—	8,4
Brücke (Châtillon)	188,0	—	8,0
Aquädukt	188,1	—	7,9
Brücke (Hautes-Rives)	188,5	—	7,5
Brücke (Chailloux)	189,7	—	6,3
Brücke (Motte), Schloß RU	190,9	—	5,1
Saint-Firmin Becken LU	191,6	—	4,4
Brücke (Beauregard), Sperrtor	191,9	—	4,1
Der Kanal kreuzt D951 auf einem Damm	192,7	—	3,3
Anfang des Aquäduktes von Briare, (663 m lang)	192,9	—	3,1
Ende des Aquäduktes von Briare, Brücke (St. Firmin)	193,6	—	2,4
Briare Becken, Festmachemöglichkeiten, Stadtzentrum 300 m, Restaurant	193,7	—	2,3
Briare Brücke (N7)	194,0	—	2,0
Eisenbahnbrücke	194,2	—	1,8
Brücke (Bléneau)	194,3	—	1,7
Neue Straßenbrücke (Umgehung für Briare)	194,8	—	1,2
Brücke (Vaugereau)	195,1	—	0,9
Aquädukt (Cognardière)	195,8	—	0,2
Fußgängerbrücke (Cognardière), Sperrtor	195,9	—	0,1
Anschluß an den Canal de Briare	196,0	—	0,0

Lys

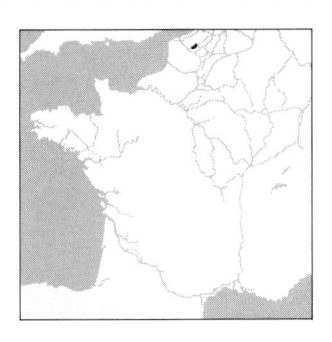

Der kanalisierte Fluß Lys hat eine Gesamtlänge von 93 km von der neuen Anschlußstelle an den Großschiffahrtsweg Dünkirchen-Schelde in der Nähe von Aire-sur-la-Lys (km 93) bis zu seiner Einmündung in die Schelde bei Gent in Belgien. In der Entfernungstabelle geben wir seine Länge mit 65 km an bis nach Halluin/Menin, denn talwärts von dieser Stelle führt er dann durch belgisches Gebiet.

Auf den 24 Kilometern von Armentières bis nach Halluin/Menin bildet die Lys selbst die Grenze zwischen Frankreich und Belgien, wobei das rechte Ufer auf französischem, das linke Ufer auf belgischem Gebiet liegt. Die beiden Länder sind übereingekommen, den gemeinsamen Abschnitt zu verbessern, um eine Großschiffahrtsverbindung zu dem neuausgebauten Canal de la Deûle herzustellen (Bauvin-Lys Schiffahrtsweg). Die Deûle fließt bei Deûlémont (km 48) in die Lys.

Am linken Ufer, bei km 5 und 19, hatte die Lys Verbindung zu den Canaux d'Hazebrouck (lesen Sie auch dort nach), die leider seit einiger Zeit für die Schiffahrt gesperrt sind. Manche Nebenflüsse der Lys sind schiffbar, das können Sie aus der Entfernungstabelle und der Übersichtskarte ersehen.

Zwischen Aire-sur-la-Lys und Armentières fährt man durch das ländliche Flandern, ein sehr schönes Gebiet zum Wasserwandern. In einer Flußschleife bei Prés-Duhem, die mittels eines Durchstichs stillgelegt wurde, hat man eine Marina errichtet. Talwärts von Armentières herrscht reger Verkehr, da in dieser Gegend ein großes Industriezentrum angesiedelt ist.

Schleusen Zwischen Aire-sur-la-Lys und Halluin/Menin liegen sieben Schleusen, die einen Höhenunterschied von 9,30 m überwinden. Die ersten fünf haben Standardabmessungen nach der 300-Tonnen-Norm: 38 x 50 x 5,18 m. Die Schleuse von Armentières mißt 85,0 x 8,0 m. Die letzte Schleuse in Comines (km 55) wird von den Belgiern verwaltet und demnächst auf größere Abmessungen gebracht.

Tiefen Der zulässige Tiefgang beträgt 1,80 m von Aire-sur-la-Lys bis Armentières, und auf der restlichen Strecke 2 m.

Brücken Die festen Brücken haben eine Mindestdurchfahrtshöhe von 4,40 über normalem Wasserstand bzw. 4,10 bei höchstem schiffbaren Wasserstand.

Treidelpfad Der Treidelpfad ist nicht begehbar.

Behörden Direction Régionale de la Navigation, Lille. Unterabteilungen:
- Rue de l'Ecluse Saint-Bertin, BP 353, 62505 Saint-Omer, Tel. (21) 98.22.00 (km 0-34).
- Avenue Max Dormoy, BP 56, 59004 Lille, Tel. (20) 92.63.44 (km 34-65).

Lys

Entfernungstabelle	km	Schl.	km
Aire-sur-la-Lys, Verbindung zum GSW D-S (Canal d'Aire und Canal de Neuffossé), der Fluß ist weitere 400 m bergwärts schiffbar bis zu einer Eisenbahnbrücke (500 m vom Stadtzentrum)	0,0	—	65,3
Schleuse 1 (Fort-Gassion)	0,6	1	64,7
Thiennes Hubbrücke, Kais BW, Ortschaft 1000 m LU	3,7	—	61,6
Fußgängerbrücke (Oxyduc)	4,1	—	61,2
Eisenbahnbrücke (Houillères/Kohlenbergwerke)	4,5	—	60,8
Verbindung zum Canal de la Nieppe (stillgelegt) LU	4,6	—	60,7
Houleron Fähre, Kai RU, kleine Ortschaft	5,4	—	59,9
Schleuse 2 (Cense à Witz) und Wehr	6,7	2	58,6
Fußgängerbrücke (Haverskerque)	10,6	—	54,7
Saint-Venant Becken und Kai RU, kleine Stadt 300 m RU	12,5	—	52,8
Schleuse 3 (Saint-Venant)	12,6	3	52,7
Saint-Venant Brücke	12,7	—	52,6
Neue Straßenbrücke (Umgehung für Saint-Venant)	12,8	—	52,5
Saint-Floris Fähre, Ortschaft 500 m RU	14,5	—	50,8
Le Sart Fähre, Kai, Ortschaft 500 m LU	17,4	—	47,9
Fußgängerbrücke (Basse-Boulogne)	19,0	—	46,3
Einmündung der Bourre und Einfahrt in Schleusenkanal RU	19,2	—	46,1
Schleuse 4 (**Merville**), Hebebrücken BW und TW, kleine Stadt 500 m LU	19,3	4	46,0
Einmündung des Merville-Flußarmes der Lys, der 800 m weit schiffbar ist bis zur Stadt	19,9	—	45,4
Drehbrücke (privates Nebengeleis), Kai TW RU	20,1	—	45,2
Privater Kai RU	22,3	—	43,0
Einmündung der Lawe (ehemals schiffbar) RU	24,4	—	40,9
La Gorgue Brücke, Ortschaft 500 m RU	24,6	—	40,7
Estaires Brücke (Pont de la Meuse), Kai BW LU, kleine Stadt 300 m LU	25,7	—	39,6
Private Fußgängerbrücke	26,6	—	38,7
Brücke (Pont d'Estaires)	26,7	—	38,6
Sailly-sur-la-Lys Brücke, Kai TW RU, Ortschaft 400 m RU	30,2	—	35,1
Schleuse 5 (Bac-Saint-Maur) und Wehr	32,5	5	32,8
Bac-Saint-Maur Brücke, kleine Ortschaft RU	32,9	—	32,4

Entfernungstabelle	km	Schl.	km
Einfahrt in neues Kanalstück (Erquinghem) RU	33,9	—	31,4
Brücke	34,6	—	30,7
Ende des neuen Kanalstücks	35,7	—	29,6
Neue Straßenbrücke	36,1	—	29,2
Einfahrt in neues Stück LU	36,2	—	29,1
Autobahnbrücke (A25), Ende des neuen Stücks	37,1	—	28,2
Einfahrt in neues Stück, LU	37,3	—	28,0
Ende des neuen Stücks	37,7	—	27,6
Eisenbahnbrücke	37,9	—	27,4
Einfahrt in neues Stück, RU (Marina von Près-Duhem liegt im ehemaligen Flußlauf, LU)	38,5	—	26,8
Brücke (N42)	39,1	—	26,2
Ende des neuen Stücks, Près-Duhem-Marina liegt im ehemaligen Flußlauf, LU	40,2	—	25,1
Brücke (Bizet)	40,2	—	25,1
Armentières Fabrikkais, Stadtzentrum 800 m RU	40,4	—	24,9
Brücke (Pont Aristide Briant)	40,6	—	25,7
Fußgängerbrücke (Bayart)	41,1	—	24,2
Schleuse 6 (Armentières) und Wehr, Beginn des Abschnitts Lys Mitoyenne (RU in Frankreich, LU in Belgien)	41,4	6	23,9
Eisenbahnbrücke (Houplines) Einfahrt in neues Kanalstück (Ploegsteert), LU	41,8	—	23,5
Brücke (Ploegsteert)	42,3	—	23,0
Ende des neuen Kanalstücks	43,6	—	21,7
Frélinghien Brücke, Ortschaft 200 m RU	44,9	—	20,4
Brücke (Pont Rouge)	47,1	—	18,2
Treidelpfadbrücke	47,3	—	18,0
Verbindung mit Bauvin-Lys-Schiffahrtsweg (Canal de la Deûle) RU	47,7	—	17,6
Warneton Brücke, Ortschaft LU (in Belgien)	50,5	—	14,8
Verbindung zum stillgelegten Canal de Comines à Ypres, LU	54,6	—	10,7
Schleuse 7 (Comines) und Wehr, Kai BW RU	55,0	7	10,3
Comines Brücke, Stadtzentrum 200 m LU	55,1	—	10,2
Eisenbahnbrücke, Fabrikkais TW RU	55,6	—	9,7
Wervicq Brücke, Kai TW RU, Stadt 400 m RU	58,6	—	6,7
Bousbecque RU	61,6	—	3,7
Eisenbahnbrücke	64,7	—	0,6
Ende der Lys Mitoyenne, Belgische Grenze, **Menin** Brücke 1000 m weiter TW	65,3	—	0,0

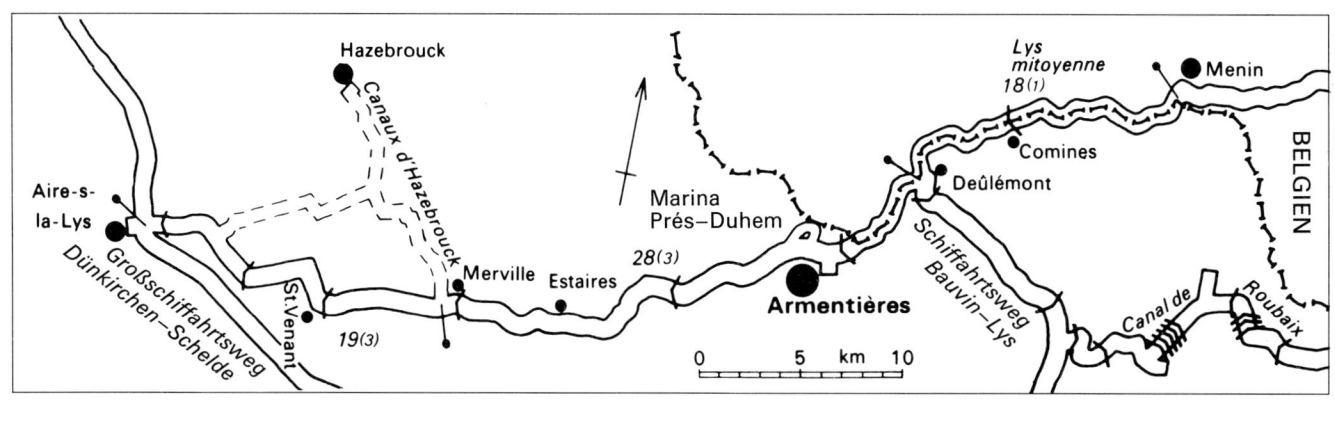

Marne

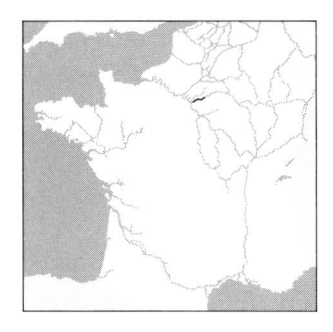

Die Marne ist schiffbar von Epernay bis zu ihrer Mündung in die Seine bei Charenton. Seit sie jedoch in Dizy, 5 km stromabwärts von Epernay mit dem Canal latéral à la Marne verbunden wurde, betrachtet man Dizy als den Beginn der Hauptstrecke, während das nichtkanalisierte Stück der Marne, das nach Epernay hinaufreicht, als Zweigkanal gilt. Die schiffbare Strecke von Dizy bis Charenton ist 178 km lang.

Der untere Lauf der Marne wird an manchen Stellen durch Kanalstücke umgangen, die zumeist noch unter ihrem eigenen Namen bekannt sind: bei Meaux fährt man in den **Canal de Meaux à Chalifert** hinein und trifft bei Chalifert wieder auf die Marne. Dieser Kanal ist 12 km lang und hat drei Schleusen; zwischen den letzten beiden in der Nähe von Chalifert liegt ein 290 m langer Tunnel. Für Talfahrer ist die Tunneldurchfahrt durch Lichter geregelt, für Bergfahrer ist der Schleusenwärter der Schleuse 14 zuständig. Der **Canal de Chelles** ist 9 km lang, von Vaires-sur-Marne (km 155) bis nach Neuilly-sur-Marne (km 164); an jedem Ende liegt eine Schleuse.

Der **Canal Saint-Maur** durchsticht eine lange Schleife der Marne zwischen Joinville-le-Pont und Maisons-Alfort. Er ist 1,2 km lang, die ersten 600 m verlaufen in einem Tunnel. Die Durchfahrt wird hier durch Lichter geregelt, die a) 50 m bergwärts des Tunnels am rechten Ufer und b) an der talwärtigen Tunneleinfahrt angebracht sind. Wenn „Rot neben Grün" aufleuchtet, machen Sie sich fertig zur Einfahrt. Warnlichter am bergwärtigen Ende der Insel Ile Fanac (km 173) informieren den Talfahrer über die Situation, die er am Tunneleingang vorfinden wird. „Grün" bedeutet: „Wenn Sie mit normaler Geschwindigkeit weiterfahren, haben Sie am Tunneleingang grünes Licht." „Rot über Grün" bedeutet: „Sie müssen wahrscheinlich vor der Tunneleinfahrt anhalten." Talwärts des Tunnels durchfährt man eine große Schleuse.

Neben der obenerwähnten Abzweigung nach Epernay gibt es an der Hauptlinie noch eine zweite wichtige Abzweigung. Sie benutzt die 5 km der Flußschleife, die durch den Canal Saint-Maur umgangen wird, und stellt dadurch den Zugang zum zweitwichtigsten großen Hafen des Gebietes um Paris, Bonneuil-sur-Marne her. In diesem Abschnitt liegt eine große Schleuse, aber für Sportschiffer ist diese Abzweigung ohnehin nicht interessant. Die restlichen, weniger wichtigen Zweigkanäle, die Umgehungsstrecken für die Marne bilden, sind auf der Übersichtskarte und der Entfernungstabelle angegeben.

Im Abschnitt zwischen Bry-sur-Marne (km 168) und der Einfahrt zum Canal Saint-Maur (km 173) teilt sich die Marne an zwei Stellen in zwei schiffbare Fahrwasser. Bei den Inseln Ile d'Amour und Ile des Loups benutzen Talfahrer das linke Fahrwasser, Bergfahrer dagegen das rechte. Umgekehrt verfährt man bei der Ile Fanac (km 173), da nehmen Talfahrer die Fahrrinne am rechten Ufer, Bergfahrer diejenige am linken. Wenn jedoch die Tore des Wehrs von Joinville offen sind, weil der Wasserstand im Fluß sehr hoch ist, können auch Bergfahrer das Fahrwasser am rechten Ufer benutzen.

Das Überholen ist an diesen Stellen generell verboten, auch überall dort, wo man an anderen Flußinseln vorbeifährt. Das Verbot wird durch internationale Schiffahrtszeichen angekündigt. Wenn der Wasserstand der Marne am Pegel an der Brücke bei Joinville mit 35,52 m angezeigt wird, dient die Schleuse von Saint-Maur als Hochwasserabfluß und steht der Schiffahrt nicht zur Verfügung.

Schleusen   Hier gibt es 18 Schleusen plus eine Schleuse bei Créteil in der Abzweigung, die zum Hafen von Bonneuil führt. Die ersten drei Schleusen liegen in kurzen Schleusenkanälen. Schleuse 4 – 11 liegen im Fluß (an einem der Ufer auf gleicher Höhe mit dem dazugehörigen Wehr). Die restlichen Schleusen liegen in den oben beschriebenen Kanälen. Bis nach Neuilly-sur-Marne sind die Abmessungen 45,0 x 7,80 m, während die letzten beiden Schleusen und die Schleuse bei Créteil viel größer sind: 125 x 12,0 m. Die verfügbare Breite ist allerdings im Tunnel von Saint-Maur auf 8,60 m eingeschränkt.

Tiefen   Der zulässige Tiefgang beträgt 1,80 m bis Neuilly-sur-Marne (km 165); danach und auch im Zweigkanal von Bonneuil sind es 3 m.

Brücken   Die größte Durchfahrtshöhe ist 4,40 m von Epernay bis Neuilly-sur-Marne bei normalem bzw. 4,10 m über dem höchsten schiffbaren Wasserstand. Auf der übrigen Strecke beträgt die Durchfahrtshöhe 6,40 m bei normalem bzw. 4,70 m über dem höchsten schiffbaren Wasserstand.

Treidelpfad   Es gibt keinen Treidelpfad an dieser Strecke.

Behörden   Service de la Navigation de la Seine, Paris.
Unterabteilungen:
- Pavillon de la Navigation, Mont-Saint-Père, 02400 Château-Thierry, Tel. (23) 70.28.33 (km 0 – 70).
- Barrage de Meaux, BP 212, 77100 Meaux, Tel. (6) 434.04.74 (km 70 – 134).
- 67 Rue de Torcy, 77360 Vaires-sur-Marne, Tel. (6) 020.15.94 (km 134 – 166).
- Quai des Usines, 94340 Joinville-le-Pont, Tel. (1) 883.03.11 (km 166 – 178).

Entfernungstabelle

	km	Schl.	km
Anschluß an den Canal latéral à la Marne (TW der Schleuse von Dizy)	0,0	—	178,3
Cumières Brücke, Kai und Ortschaft TW RU	1,0	—	177,3
Einfahrt zum Schleusenkanal RU, Brücke	2,5	—	175,8
Schleuse 1 (Cumières), Brücke	3,2	1	175,1
Ende des Schleusenkanals	3,3	—	175,0
Daméry Brücke, Kais BW RU, Ortschaft RU	5,4	—	172,9
Einfahrt zum Schleusenkanal RU, Brücke	6,6	—	171,7
Brücke (Port aux Vins)	7,8	—	170,5
Schleuse 2 (Daméry)	8,2	2	170,1
Ende des Schleusenkanals	8,3	—	170,0
Reuil Brücke, Kai TW RU, Ortschaft RU	11,8	—	166,5
Port-à-Binson Brücke, Fabrikkais BW LU, Ortschaft LU	14,8	—	163,5
Insel (man kann an beiden Seiten vorbeifahren)	15,2	—	163,1
Schleuse 3 (Vandières) in kurzem Schleusenkanal RU	17,7	3	160,6

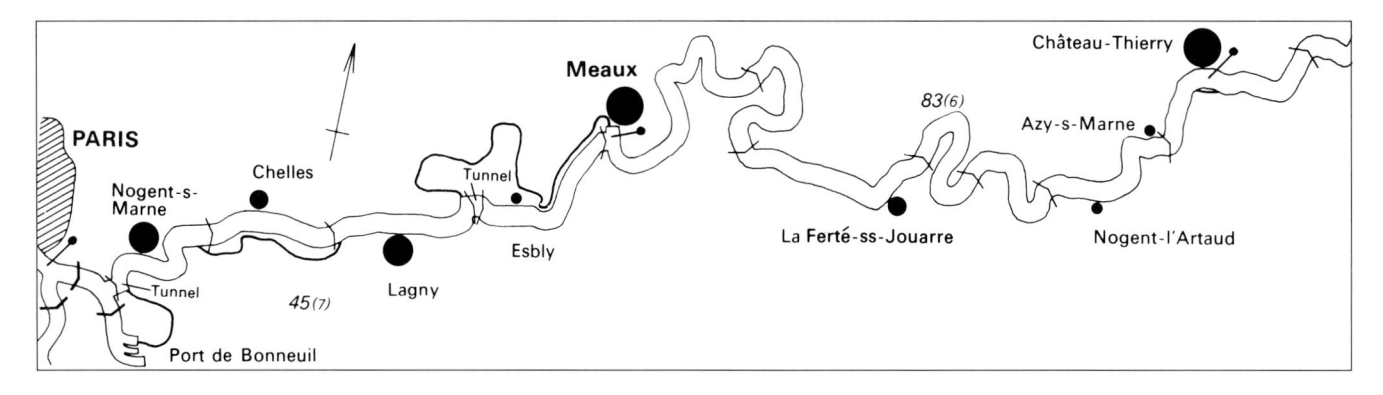

Marne

Entfernungstabelle	km	Schl.	km
Brücke (Try), Kai BW RU, **Verneuil** 1000 m RU	22,9	—	155,4
Dormans Brücke, Kais BW LU, Ortschaft LU	26,3	—	152,0
Trélou-sur-Marne RU	28,5	—	149,8
Schleuse 4 (Courcelles) RU, Wehr	30,5	4	147,8
Brücke (Passy)	32,1	—	146,2
Jaulgonne Brücke, Kai TW RU, Ortschaft RU	37,5	—	140,8
Brücke (Mont-Saint-Père)	41,5	—	136,8
Charmont-sur-Marne Landungsplatz RU, Ortschaft 200 m	41,8	—	136,5
Insel (folgen Sie den Schiffahrtszeichen)	42,2	—	136,1
Schleuse 5 (Mont-Saint-Père) RU, Wehr	42,5	5	135,8
Ehemalige Zuckerfabrik, stillgelegtes Becken LU	49,5	—	128,8
Einfahrt in den Flußarm Fausse Marne LU (verboten für motorgetriebene Schiffe)	49,8	—	128,5
Château-Thierry Brücke, Kai und Stadtzentrum RU	50,4	—	127,9
TW-Einfahrt in den Flußarm Fausse Marne LU	51,4	—	126,9
Neue Straßenbrücke (Umgehung für Château-Thierry)	52,4	—	125,9
Schleuse 6 (Azy) RU, Wehr	56,2	6	122,1
Azy-sur-Marne Brücke, Ortschaft RU	56,8	—	121,5
Ziegelei, Kai LU	62,3	—	116,0
Nogent-l'Artaud Brücke, Fabrikkai und Festmachemöglichkeiten für Sportboote BW LU, Ortschaft 400 m LU	63,3	—	115,0
Charly Brücke, Kai TW RU, Ortschaft 1000 m RU	66,3	—	112,0
Schleuse 7 (Charly), RU, Wehr	66,6	7	111,7
Kai (Pisseloup) LU	69,0	—	109,3
Nanteuil-sur-Marne, Kais BW, Ortschaft RU	74,2	—	104,1
Eisenbahnbrücke	74,7	—	103,6
Schleuse 8 (Méry) RU, Wehr	75,7	8	102,6
Saacy-sur-Marne Brücke, Ortschaft 500 m LU	76,1	—	102,2
Privatkai LU (Ziegelei)	78,9	—	99,4
Luzancy Brücke, Kai TW LU, Ortschaft 300 m LU	80,1	—	98,2
Eisenbahnbrücke (Courcelles)	81,2	—	97,1
Eisenbahnbrücke (Saussoy)	85,7	—	92,6
Schleuse 9 (Courtaron) LU, Wehr	87,1	9	91,2
La-Ferté-sous-Jouarre Brücke, Kais LU, Stadtzentrum RU	90,4	—	87,9

Entfernungstabelle	km	Schl.	km
Neue Straßenbrücke	91,3	—	87,0
Getreideverladekai RU	93,0	—	85,3
Ussy-sur-Marne Brücke, Ortschaft 300 m RU	95,2	—	83,1
Insel (Ile de la Fosse-Tournille), Fahrwasser im rechten Flußarm	96,0	—	82,3
Autobahnbrücke (Autoroute de l'Est)	97,3	—	81,0
Saint-Jean-les-Deux-Jumeaux Brücke, Bootsklub mit Festmachemöglichkeiten BW RU, Ortschaft 400 m LU	99,4	—	78,9
Schleuse 10 (Saint Jean) LU, Wehr	100,6	10	77,7
Eisenbahnbrücke (Armentières)	102,8	—	75,5
Kai zum Sandentladen LU	109,1	—	69,2
Mary-sur-Marne Brücke, Ortschaft 300 m RU (Festmachemöglichkeit TW der Eisenbahnbrücke)	110,6	—	67,7
Eisenbahnbrücke, Kai TW RU	110,9	—	67,4
Insel (Ile de Cornille), folgen Sie den Schiffahrtszeichen	111,8	—	66,5
Schleuse 11 (Isles-les-Meldeuses) LU, Wehr	113,1	11	65,2
Brücke (Congis)	113,4	—	64,9
Sandverladebrücke und Kai RU	115,5	—	62,8
Germigny-l'Evêque Brücke, kleine Ortschaft LU	121,2	—	57,1
Neue Straßenbrücke	121,5	—	56,8
Poincy Sportboothafen im rechten Flußarm, Festmachemöglichkeiten, Wasser, Kraftstoff, Ortschaft 400 m	125,1	—	53,2
Eisenbahnbrücke	126,7	—	51,6
Trilport Brücke, Kai BW LU, Ortschaft 200 m LU	127,0	—	51,3
Ehemalige Schleuse (Basse-Fermes) LU	128,7	—	49,6
Kai zum Sandentladen RU	131,6	—	46,7
Einfahrt in den Canal de Meaux à Chalifert LU, **Meaux** RU	133,5	—	44,8
Schleuse 12 (Meaux), Brücke (Saintes-Pères), Wasser	133,6	12	44,7
Mareuil-les-Meaux Brücke (1), Ortschaft 200 m LU	136,8	—	41,5
Brücke (Mareuil-les-Meaux 2)	137,0	—	41,3
Brücke (Roizes)	139,0	—	39,3
Condé-Sainte-Libiaire Brücke, Ortschaft und Schloß RU	140,8	—	37,5
Aquädukt Condé (Einbahnverkehr)	141,0	—	37,3
Aquädukt Esbly	141,8	—	36,5
Brücke (Esbly 1)	141,9	—	36,4
Versorgungskanal Grand-Morin LU (nicht schiffbar)	142,2	—	36,1

Marne

Entfernungstabelle	km	Schl.	km
Esbly (Brücke 2), Kai TW RU, Ortschaft RU	142,4	—	35,9
Eisenbahnbrücke, Kai TW RU	142,9	—	35,4
Coupvray Brücken, Ortschaft 500 m LU	143,9	—	34,4
Schleuse 13 (Lesches)	145,1	13	33,2
Tunnel von Chalifert, BW-Einfahrt (Einbahnverkehr)	145,3	—	33,0
Tunnel von Chalifert, TW-Einfahrt	145,6	—	32,7
Schleuse 14 (Chalifert)	145,7	14	32,6
Ende des Canal de Meaux à Chalifert, man fährt wieder auf der Marne (schiffbar 6,6 km BW bis **Annet-sur-Marne**)	145,9	—	32,4
Hafen des Touring Club de France LU (alle Hilfsmöglichkeiten)	150,3	—	28,0
Lagny Brücke (1), Kais und Stadtzentrum LU	151,5	—	26,8
Brücke (Lagny 2)	151,8	—	26,5
Autobahnbrücke	154,3	—	24,0
Einfahrt in den Canal de Chelles RU, die Marne ist noch 2,3 km TW bis **Noisiel** schiffbar	155,8	—	22,5
Schleuse 15 (Vaires), Brücke	155,9	15	22,4
Vaires Brücke, Stadtzentrum RU	156,6	—	21,7
Industrie-Becken und Kai RU	158,8	—	19,5
Rohrleitung (Pipeline) quert	159,4	—	18,9
Brücke (Chelles)	159,9	—	18,4
Brücke (Moulin), **Chelles** RU	160,6	—	17,7
Gournay-sur-Marne Brücke, Kai TW RU, Stadtzentrum LU	161,6	—	16,7
Brücken (Chétivet)	162,3	—	16,0
Brücke (Ville-Evrard)	163,6	—	14,7
Schleuse 16 (Neuilly-sur-Marne), Brücke	164,8	16	13,5
Ende des Canal de Chelles, man fährt wieder auf der Marne	164,9	—	13,4
Neuilly-sur-Marne Brücke, Stadtzentrum RU	165,1	—	13,2
Private Brücke (Wasserwerke)	165,3	—	13,0
Eisenbahnviadukt (SNCF)	165,9	—	12,4
Eisenbahnviadukt (RER, U-Bahn) Fabrikkais RU	166,7	—	11,6
Fußgängerbrücke (Bry)	167,5	—	10,8
Bry-sur-Marne Brücke, Stadtzentrum LU	168,5	—	9,8
BW-Inselspitze (Ile d'Amour und Ile aux Loups), folgen Sie den Schiffahrtszeichen	169,3	—	9,0
Eisenbahnviadukt Nogent	170,3	—	8,0
Nogent-sur-Marne Brücke, TW-Inselspitze, Stadt RU	170,6	—	7,7

Entfernungstabelle	km	Schl.	km
Sportboothafen RU	170,8	—	7,5
Autobahnbrücke (Autoroute de l'Est)	172,4	—	5,9
BW-Inselspitze (Ile Fanac), folgen Sie den Schiffahrtszeichen	172,8	—	5,5
Joinville-le-Pont Brücke, Stadt LU, TW-Inselspitze	173,4	—	4,9
Einfahrt in den Canal Saint-Maur und Tunnel RU	173,6	—	4,7
Saint-Maur Tunnel, TW-Einfahrt, Becken	174,2	—	4,1
Schleuse 17 (Saint-Maur), Wasser	174,5	17	3,8
Ende des Canal Saint-Maur, Abzweigung nach Bonneuil	174,7	—	3,6
Autobahnbrückenkreuzung	175,4	—	2,9
Fußgängerbrücke (Charentonneau), **Maisons-Alfort** LU	175,8	—	2,5
Schleuse 18 (Saint-Maurice) RU, Wehr	177,2	18	1,1
Charenton Brücke, Stadt RU, **Altfortville** LU	177,6	—	0,7
Metro-Brücke	177,7	—	0,6
Eisenbahnbrücke	177,9	—	0,4
Fußgängerbrücke (Alfortville)	178,0	—	0,3
Einmündung in die Seine (km 163,5)	178,3	—	0,0

Abzweigung nach Epernay

	km	Schl.	km
Eisenbahnbrücke, Beginn der Schiffbarkeit	0,0	—	5,0
Sportboothafen von Epernay, LU, Wasser, Slip	0,8	—	4,2
Epernay Brücke, Festmachemöglichkeiten RU, Stadtzentrum 500 m LU	1,4	—	3,6
Neue Straßenbrücke (in Planung)	3,1	—	1,9
Verbindung mit Canal latéral à la Marne RU, Beginn der kanalisierten Marne	5,0	—	0,0

Abzweigung nach Bonneuil

	km	Schl.	km
Bonneuil Brücke, BW-Grenze des Binnenhafens von Bonneuil	0,0	—	5,0
Einfahrt in die Becken des Hafens von Bonneuil LU	1,5	—	3,5
Fußgängerbrücke (Passerelle de la Pie)	1,8	—	3,2
Schleuse (Créteil), LU, Wehr, Fußgängerbrücke, Wasser	2,8	1	2,2
Créteil Brücke, Stadt LU	3,0	—	2,0
Kai (Saint-Maur-Créteil) RU	3,3	—	1,7
Fußgängerbrücke (Créteil)	3,6	—	1,4
Brücke (Maisons-Alfort)	4,6	—	0,4
Verbindung mit Canal Saint-Maur, RU	5,0	—	0,0

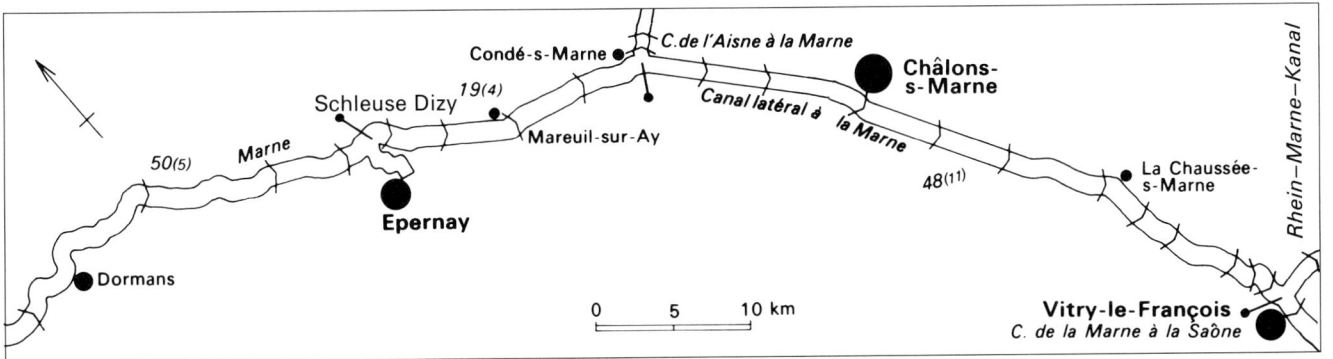

Canal latéral à la Marne
Marne-Seitenkanal

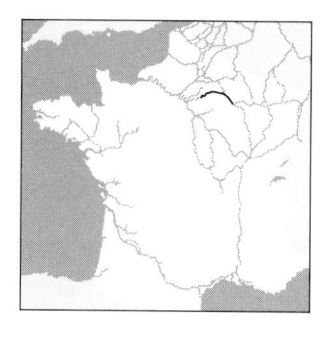

Der Canal latéral à la Marne beginnt bei einer neuen Verbindungsstelle mit dem Canal de la Marne au Rhin nordöstlich von Vitry-le-François und hat Anschluß an die kanalisierte Marne bei Dizy-Magenta; seine Gesamtlänge beträgt 67 km. Die ersten zwei Kilometer verlaufen in einem neuen Kanalbett, das in den sechziger Jahren zur Umgehung der Stadt Vitry-le-François verlegt wurde. Seit damals ist ein Teil der ursprünglichen Kanalstrecke ab einer Dreiwegeverbindung (mit den Kanälen zur Saône und zum Rhein) nahe dem Stadtzentrum von Vitry-le-François zugeschüttet. Die kurze verbleibende Strecke interessiert Sportskipper nur wenig; wenn man nach Vitry-le-François will, macht man besser am Canal de la Marne à la Saône fest.

Im Condé-sur-Marne (km 48) trifft der Marne-Seitenkanal auf den Canal de l'Aisne à la Marne, wie Sie auch aus dem Plan auf Seite 34 ersehen.

Schleusen Hier gibt es 15 Schleusen, nach Dizy hinunter; sie überwinden einen Gesamthöhenunterschied von 34 m. Die Abmessungen betragen 38,50 x 5,20 m.

Tiefen Der zulässige Tiefgang beträgt 1,80 m.

Brücken Die Brücken haben eine lichte Mindestdurchfahrtshöhe von 3,70 m bei normalem Wasserstand.

Treidelpfad Ein guter Treidelpfad verläuft neben der gesamten Strecke.

Behörden Service de la Navigation de la Seine, Arrondissement Champagne, Reims.
Unterabteilung: Chemin du Barrage, BP 1008, 51001 Châlons-sur-Marne, Tel. (26) 65.17.41.

Entfernungstabelle

	km	Schl.	km
Verbindung mit dem Canal de la Marne au Rhin (km 0,9)	0,0	—	66,7
Brücke (D382)	0,4	—	66,3
Brücke (N44)	1,4	—	65,3
Anschluß an die ursprüngliche Kanalstrecke durch **Vitry-le-François** (schiffbar auf 0,7 km)	1,9	—	64,8
Saulx Aquädukt	2,2	—	64,5
Schleuse 1 (Vitry-le-François), Brücke, Wasser	2,3	1	64,4
Stillgelegter Kai RU (ehemalige Zementfabrik), Kraftstoff	2,7	—	64,0
Schleuse 2 (Ermite), Brücke, Wasser, Wendebecken TW	3,7	2	63,0
Couvrot Brücke, Kai BW RU, Ortschaft RU	4,4	—	62,3
Schleuse 3 (Couvrot)	4,8	3	61,9
Brücke (Villers)	5,4	—	61,3
Kai RU (Zementfabrik)	5,5	—	61,2
Private Brücke	5,7	—	61,0
Brücke (Bayarne)	8,0	—	58,7
Soulanges Becken, Kai und Ortschaft RU	8,8	—	57,9
Schleuse 4 (Soulanges), Brücke	9,2	4	57,5
Schleuse 5 (Ablancourt)	11,5	5	55,2
Ablancourt Brücke, Kai BW RU, Ortschaft RU	12,0	—	54,7
Brücke (Bois de Marne)	13,5	—	53,2
La-Chaussée-sur-Marne Brücke, Kai BW RU, Ortschaft RU	14,5	—	52,2
Schleuse 6 (Chaussée-sur-Marne), Wasser	15,1	6	51,6
Privatkai RU	16,2	—	50,5
Omey Brücke, Ortschaft RU	16,6	—	50,1
Wendebecken LU	17,1	—	49,6
Pogny Brücke, Kai TW RU, Ortschaft RU	17,8	—	48,9
Vésigneul-sur-Marne, Brücke, kleine Ortschaft RU	20,4	—	46,3
Saint-Germain-la-Ville Kai RU, Ortschaft 500 m RU	21,4	—	45,3
Schleuse 7 (Saint-Germain-la-Ville), Wasser	21,6	7	45,1
Brücke (Saint-Germain-la-Ville)	21,8	—	44,9
Brücke (Chepy)	23,7	—	43,0
Brücke (Moncetz), Kai TW RU	24,8	—	41,9
Schleuse 8 (Sarry)	26,3	8	40,4
Sarry Brücke, Kai BW RU, Ortschaft 500 m RU	27,0	—	39,7
Brücke (Allées de Forêts)	30,6	—	36,1
Brücke (Pont Louis XII), Getreideverladekai BW RU	31,5	—	35,2
Aquädukt	31,6	—	35,1
Fußgängerbrücke (Passerelle du Jard)	31,7	—	35,0
Insel (Ile du Jard), Durchfahrt nur auf der LU-Seite	31,8	—	34,9
Schleuse 9 (**Châlons-sur-Marne**), Brücke, Wasser Kai BW RU, Stadtzentrum RU	32,2	9	34,5
Einfahrt in den Canal de Jonction (Industriebecken) RU, Wendebecken	32,4	—	34,3
Châlon-sur-Marne Industriegebiet, Kai RU	33,6	—	33,1
Saint-Martin Aquädukt und Brücke, Ortschaft RU	34,8	—	31,9
Wendebecken RU	35,4	—	31,3
Eisenbahnbrücke	35,8	—	30,9
Brücke (Therme-Brouard)	36,2	—	30,5
Récy Brücke, Kai BW RU, Ortschaft RU	37,2	—	29,5
Schleuse 10 (Juvigny)	39,3	10	27,4
Brücke	40,8	—	25,9
Juvigny Brücke, Kai TW RU, Ortschaft 1500 m RU	42,6	—	24,1
Schleuse 11 (**Vraux**), Wasser, Ortschaft 1000 m RU	44,3	11	22,4
Aigny Brücke, Ortschaft 600 m RU	46,4	—	20,3
Verbindung zum Canal de l'Aisne à la Marne RU, Wendebecken	48,4	—	18,3
Condé-sur-Marne Brücke, Kai BW RU, Ortschaft RU	48,7	—	18,0
Tours-sur-Marne Kai und Ortschaft RU	52,9	—	13,8
Schleuse 12 (Tours-sur-Marne) Brücke, Privatkai TW LU	53,0	12	13,7
Brücke (Bussin)	55,1	—	11,6

Marne-Seitenkanal/Rhein-Marne-Kanal

Entfernungstabelle	km	Schl.	km
Bisseuil Drehbrücke, Ortschaft LU	55,3	—	11,4
Schleuse 13 (Mareuil-sur-Ay)	58,1	13	8,6
Becken (verschlickt)	58,2	—	8,5
Mareuil-sur-Ay Brücke, Kai TW RU, Ortschaft mit Schloß RU	58,8	—	7,9
Brücke (Cheminets)	60,2	—	6,5
Brücke (Ruets)	61,2	—	5,5
Eisenbahnbrücke	61,3	—	5,4
Ay Brücke (Villemoyer) Kai TW RU, Stadtzentrum RU	61,7	—	5,0
Schleuse 14 (Ay), Brücke, Wasser	62,6	14	4,1
Dizy-Magenta Brücke, Kai BW RU, Ortschaft 500 m RU	64,7	—	2,0
Brücke (Hautvillers)	66,1	—	0,6
Schleuse 15 (Dizy)	66,6	15	0,1
Anschluß an die kanalisierte Marne	66,7	—	0,0

Canal latéral à la Marne bei Couvrot

Schleuse auf dem Rhein-Marne-Kanal

Canal de la Marne au Rhin
Rhein-Marne-Kanal

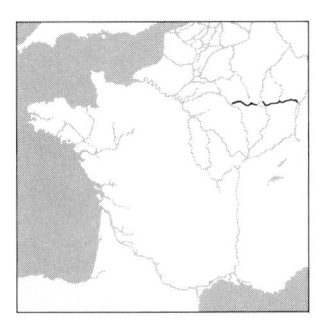

Der Canal de la Marne au Rhin, einer der meistbefahrenen Kanäle Frankreichs, wurde im Jahr 1853 fertiggestellt. Er war bis zum Jahr 1979 auch der längste unter ihnen, aber dann wurden die 23 Kilometer zwischen Frouard und Toul, die im Moseltal verlaufen, im Zuge der Kanalisierungsarbeiten an der Mosel geschlossen.

Die Strecke von den Verbindungsstellen mit dem Canal de la Marne à la Saône und dem Canal latéral à la Marne in Vitry-le-François zum Hafen von Straßburg am Rhein setzt sich nunmehr folgendermaßen zusammen:

a) Rhein-Marne-Kanal, Westabschnitt (km 0 – 131). Dieser Abschnitt hat Verbindung zum nördlichen Teil des Canal de l'Est bei Troussey (km 111) und mit einem kurzen Zweigkanal nach Houdelaincourt (km 85).

b) Die kanalisierte Mosel, in die man durch eine neue Schleuse gelangt, von Toul bis Frouard; das ergibt 25 km, etwas mehr als auf der ursprünglichen Strecke.

c) Rhein-Marne-Kanal, Ostabschnitt, von Frouard nach Straßburg (km 154 – 313). Dieser Abschnitt hat Verbindung zum Nancy-Zweigkanal des Canal de l'Est bei Laneuville-devant-Nancy (km 169) und zum Canal des Houillères de la Sarre in Gondrexange (km 228).

Der Rhein-Marne-Kanal überquert zwei Wasserscheiden; die Mauvages-Scheitelhaltung zwischen der Marne und der Mosel liegt 281 m, und die Vogesen-Scheitelhaltung zwischen der Meurthe und dem Rhein 267 m hoch. Zur ersten Scheitelhaltung gehört der 4877 m lange Mauvages-Tunnel, zur zweiten gehören zwei kurz aufeinanderfolgende Tunnel am östlichen Ende, und zwar in Niderwiller mit einer Länge von 475 m und in Arzviller mit 2307 m. Ein vierter Tunnel in Foug ist 867 m lang und durchsticht die niedrige Wasserscheide zwischen Maas und Mosel. Früher gab es noch einen 388 m langen Tunnel bei Liverdun, doch dieser liegt an der Strecke, die jetzt durch die kanalisierte Mosel umgangen wird.

In Mauvages müssen Sie sich durch den Tunnel treideln lassen. Sportboote kommen hinter dem letzten Fahrzeug der Berufsschifffahrt an die Reihe. Getreidelt wird von Demanges in Richtung Ost um 6.30 Uhr und 13.30 Uhr; von Mauvages in Richtung West um 9.30 Uhr und 16.30 Uhr.

Die anderen drei Tunnel sind belüftet und alle Fahrzeuge können mit eigener Motorkraft durchfahren, sobald das grüne Licht gezeigt wird. Wenn Sie in den Tunnel von Foug aus Westen kommend einfahren, müssen Sie einen Stab 5 - 10 Sekunden lang nach vorne drücken, damit Sie den Schleusenwärter der Schleuse No. 14 auf sich aufmerksam machen.

Bitte beachten Sie, daß deutsche Sportschiffer den Rhein-Marne-Kanal zumeist aus Richtung Straßburg befahren und daher die in der Entfernungstabelle enthaltenen Hinweise auf Schleusen für automatische Bedienung mit Radardetektoren unbedingt vorher lesen sollten.

Schleusen Im ganzen gibt es hier 152 Schleusen, dazu kommt noch das Schiffshebewerk (Queraufzug) bei Arzviller/Saint-Louis (km 255), das im Jahr 1969 in Dienst gestellt wurde. Der westliche Abschnitt hat 97 Schleusen, 70 davon zur Marne und 27 zur Mosel hinunter. Ihre Abmessungen betragen 38,70 x 5,13 m, nur die neue Schleuse in Toul, die den Kanal mit der Mosel verbindet, ist ein wenig größer, und zwar 40 x 6 m.

Der östliche Abschnitt hat jetzt nur noch 55 Schleusen (statt 78). 21 davon steigen zur Scheitelhaltung von Nancy auf; die letzte bei Réchicourt, ist eine tiefe Schleuse (15,70 m), weil sie eine Kette von 6 Schleusen ersetzt. Östlich der Scheitelhaltung und des Tunnels von Arzviller führt ein neues Kanalstück am Rande des Zorn-Tales zu dem oben erwähnten Schiffshebewerk, das eine Kette von 17 Schleusen ersetzt; sobald dieser Zufahrtskanal wieder auf die alte Strecke trifft, hat man noch 34 Schleusen bis Straßburg.

Die Mindestabmessungen entsprechen denen im westlichen Abschnitt, obwohl der Trog des Schiffshebewerks etwas breiter gebaut ist (5,50 m). Viele der Schleusen sind für automatische Bedienung mit Radardetektoren ausgerüstet.

Tiefen Der zulässige Tiefgang ist 1,80 m im westlichen und 2,20 m im östlichen Abschnitt.

Brücken Die maximale Durchfahrtshöhe beträgt 3,50 m.

Treidelpfad Ein guter Treidelpfad verläuft an der gesamten Strecke.

Behörden Service de la Navigation de Nancy.
Unterabteilungen:
- BP 87, Pavillon de la Navigation, 51308 Vitry-le-François, Tel. (26) 74.18.99 (km 0 – 68).
- Rue du Port, 55190 Void-Vacon, Tel. (29) 89.84.04 (km 68-119).
- 1 Avenue du Colonel Péchot, 54200 Toul, Tel. (8) 343.28.39 (km 119 – 131).
- 52 Rue Charles de Foucauld, 54000 Nancy, Tel. (8) 332.99.24 (km 154-222).
Service de la Navigation de Strasbourg.
Unterabteilungen:
- 57930 Mittersheim, Tel. (8) 707.67.12 (km 222-248).
- 12 Rue de l'Orangerie, 67700 Saverne, Tel. (88) 91.80.83 (km 248 – 294).
- 46 Rue Jacoutot, 67000 Strasbourg, Tel. (88) 61.66.01 (km 294-313).

Entfernungstabelle

	km	Schl.	km
Westabschnitt, von der Marne zur Mosel			
Vitry-le-François Becken, Verbindung zum Canal de la Marne à la Saône, Stadtzentrum 500 m	0,0	—	131,7
Industriekai LU	0,2	—	131,5
Brücke (Vassues)	0,6	—	131,1
Verbindung mit dem Canal latéral à la Marne (neues Kanalstück) RU	0,9	—	130,8
Brücke (Saint-Jacques)	1,9	—	129,8
Schleuse 70 (Saint-Etienne), Brücke, Kai BW LU	3,3	1	128,4
Schleuse 69 (Adecourt), Brücke	5,1	2	126,6
Plichancourt Brücke, Kai und Wendebecken TW	5,8	—	125,9
Brücke (Caure)	6,6	—	125,1
Brusson Kai LU, Ortschaft 300 m	7,6	—	124,1
Schleuse 68 (Brusson), Brücke (D395) Aquädukt BW	7,9	3	123,8
Ponthion Brücke, kleine Ortschaft 300 m RU	9,4	—	122,3
Schleuse 67 (Ponthion), Brücke, Kai und Wendebecken TW	10,0	4	121,7
Le Buisson Brücke, Ortschaft LU	12,4	—	119,3
Brücke (Pré-le-Doyen)	13,6	—	118,1
Bignicourt-sur-Saulx Kai LU	14,4	—	117,3
Schleuse 66 (Bignicourt), Brücke	14,6	5	117,1
Etrepy Kai LU, Ortschaft und Schloß 300 m LU	16,3	—	115,4
Schleuse 65 (Etrepy) Brücke, Aquädukt BW	16,6	6	115,1
Schleuse 64 (Pargny-sur-Saulx), Brücke, Wasser	18,7	7	113,0
Pargny-sur-Saulx Becken und Kai LU, Ortschaft 600 m LU	18,8	—	112,9
Schleuse 63 (Pargny-sur-Saulx Aquädukt), Aquädukt BW	19,1	8	112,6
Brücke (Ajot)	20,9	—	110,8
Schleuse 62 (Ajot)	21,7	9	110,0
Schleuse 61 (Chaîne), Brücke	23,0	10	108,7
Schleuse 60 (Sermaize-les-Bains), Brücke	24,5	11	107,2

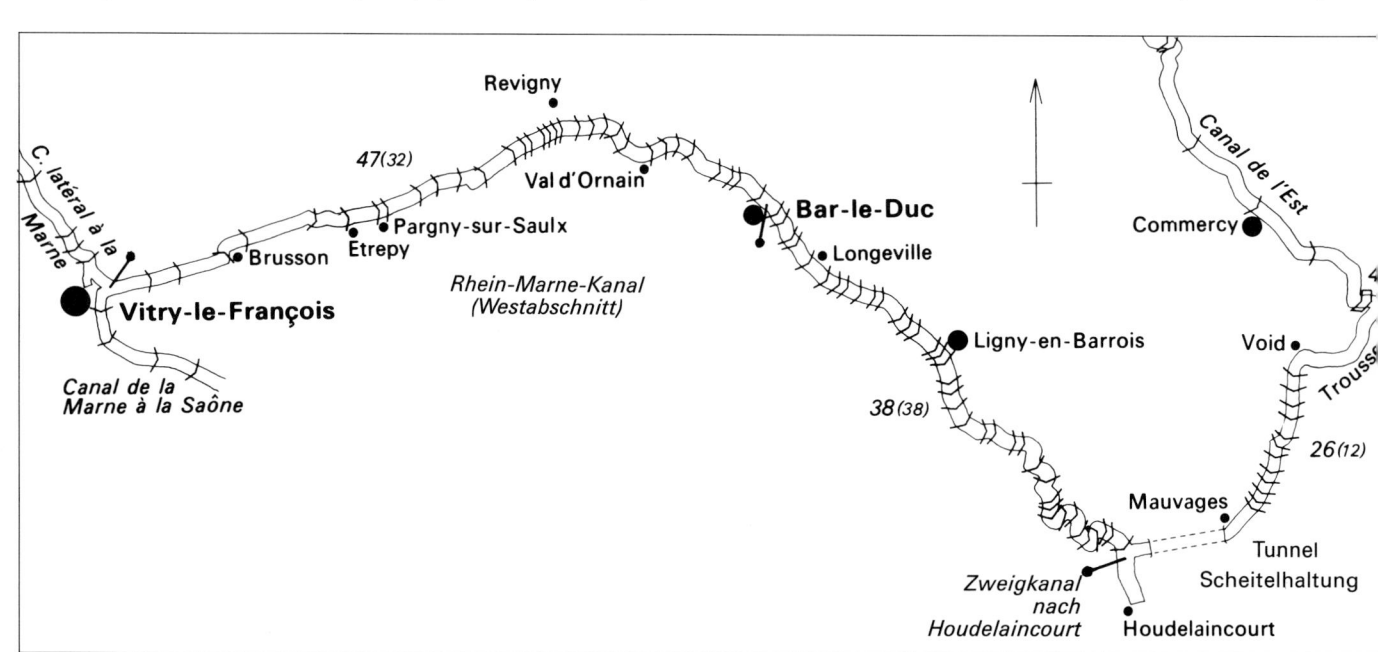

Rhein-Marne-Kanal

Entfernungstabelle	km	Schl.	km
Sermaize-les-Bains Becken, Kai LU, kleine Stadt 600 m LU	24,6	—	107,1
Brücke (Remennecourt)	24,9	—	106,8
Eisenbahnbrücke, Kai BW LU	25,2	—	106,5
Schleuse 59 (Remennecourt), Brücke	25,7	12	106,0
Schleuse 58 (Chevol), Brücke	27,4	13	104,3
Contrisson Becken, Kai LU, Ortschaft 400 m	28,1	—	103,6
Schleuse 57 (Contrisson), Brücke	28,4	14	103,3
Schleuse 56 (Braux), Brücke Kai TW LU	29,1	15	102,6
Eisenbahnbrücke	29,6	—	102,1
Schleuse 55 (Haie Herlin)	30,0	16	101,7
Schleuse 54 (Damzelle), Privatkais ober- und unterhalb	30,6	17	101,1
Schleuse 53 (Notre-Dame-de-Grâce), Zementfabriken, Kai BW LU	31,1	18	100,6
Schleuse 52 (Revigny), Brücke	31,7	19	100,0
Revigny Kai LU, kleine Stadt 1500 m RU	31,8	—	99,9
Überlandleitungen	32,0	—	99,7
Schleuse 51 (Bois l'Ecuyer), Brücke	32,8	20	98,9
Schleuse 50 (Petit-Fraicul)	33,8	21	97,9
Schleuse 49 (Grand-Fraicul)	34,6	22	97,1
Neuville-sur-Ornain Kai LU, Ortschaft 1000 m RU	35,3	—	96,4
Schleuse 48 (Neuville-sur-Ornain), Brücke	35,6	23	96,1
Schleuse 47 (Doeuil), Privatkai BW LU	36,7	24	95,0
Schleuse 46 (Mussey), Hebebrücke, Becken BW, **Val d'Ornain** LU	38,5	25	93,2
Schleuse 45 (Chacolée)	39,2	26	92,5
Schleuse 44 (Varney), Brücke, Kai TW LU	40,3	27	91,4
Schleuse 43 (Rembercourt)	41,2	28	90,5
Fains-Véel Kai LU, Ortschaft 500 m	43,1	—	88,6
Schleuse 42 (Fains-les-Sources), Hebebrücke	43,3	29	88,4
Schräge Eisenbahnbrücke und neue Straßenbrücke (D994)	44,5	—	87,2
Schleuse 41 (Grand-Pré)	44,5	30	87,2
Schleuse 40 (Pont-Canal de Chanteraines) Aquädukt BW	45,0	31	86,7
Schleuse 39 (Bar-le-Duc), Brücke, Wasser	46,3	32	85,4
Brücke (Triby)	46,8	—	84,9
Bar-le-Duc Kai LU und Wendebecken, Stadt LU über Eisenbahnübergang	47,0	—	84,7
Hebebrücke (Marbot) Kais BW	47,5	—	84,2
Schleuse 38 (Marbot), Hebebrücke (Cimetière)	47,9	33	83,8
Schleuse 37 (Popey)	48,6	34	83,1
Eisenbahnbrücke und Brücke über eine Fernstraße (N135)	49,2	—	82,5
Schleuse 36 (Savonnières)	49,9	35	81,8
Schleuse 35 (Longeville), Brücke, Aquädukt BW	50,5	36	81,2
Longeville Becken, Ortschaft 800 m	51,5	—	80,2
Schleuse 34 (Grande-Chalaide), Brücke	51,7	37	80,0
Brücke (Petite-Chalaide), Longeville RU	52,2	—	79,5
Schleuse 33 (Maheux)	53,3	38	78,4
Schleuse 32 (Tannois), Brücke	54,1	39	77,6
Tannois Kai LU, Ortschaft 300 m	54,4	—	77,3
Schleuse 31 (Silmont), Brücke	54,6	40	77,1
Schleuse 30 (Guerpont)	55,6	41	76,1
Schleuse 29 (Bohanne), Brücke	56,3	42	75,4
Schleuse 28 (Tronville), Brücke	56,9	43	74,8
Tronville Brücke, Kais RU, Wendebecken, Ortschaft 300 m	57,9	—	73,8
Schleuse 27 (Chessard), Brücke	58,9	44	72,8
Schleuse 26 (Nançois-le-Petit)	59,5	45	72,2
Schleuse 25 (Velaines), Brücke	60,2	46	71,5
Velaines Brücke, Kai TW LU, Ortschaft über eine Brücke	60,5	—	71,2
Schleuse 24 (Maulan), Brücke	61,6	47	70,1
Schleuse 23 (Villeroncourt), Brücke	62,2	48	69,5
Neue Straßenbrücke (N4, Umgehung für Ligny-en-Barrois)	62,3	—	69,4
Ligny-en-Barrois Becken RU, Stadtzentrum 500 m	62,5	—	69,2
Schleuse 22 (Ligny-en-Barrois), Brücke, Wasser	62,7	49	69,0
Brücke (Herval)	63,3	—	68,4
Schleuse 21 (Gainval)	64,1	50	67,6
Schleuse 20 (Grèves)	64,8	51	66,9
Givrauval Kai LU, Ortschaft 200 m	65,3	—	66,4
Schleuse 19 (Givrauval), Brücke	65,6	52	66,1

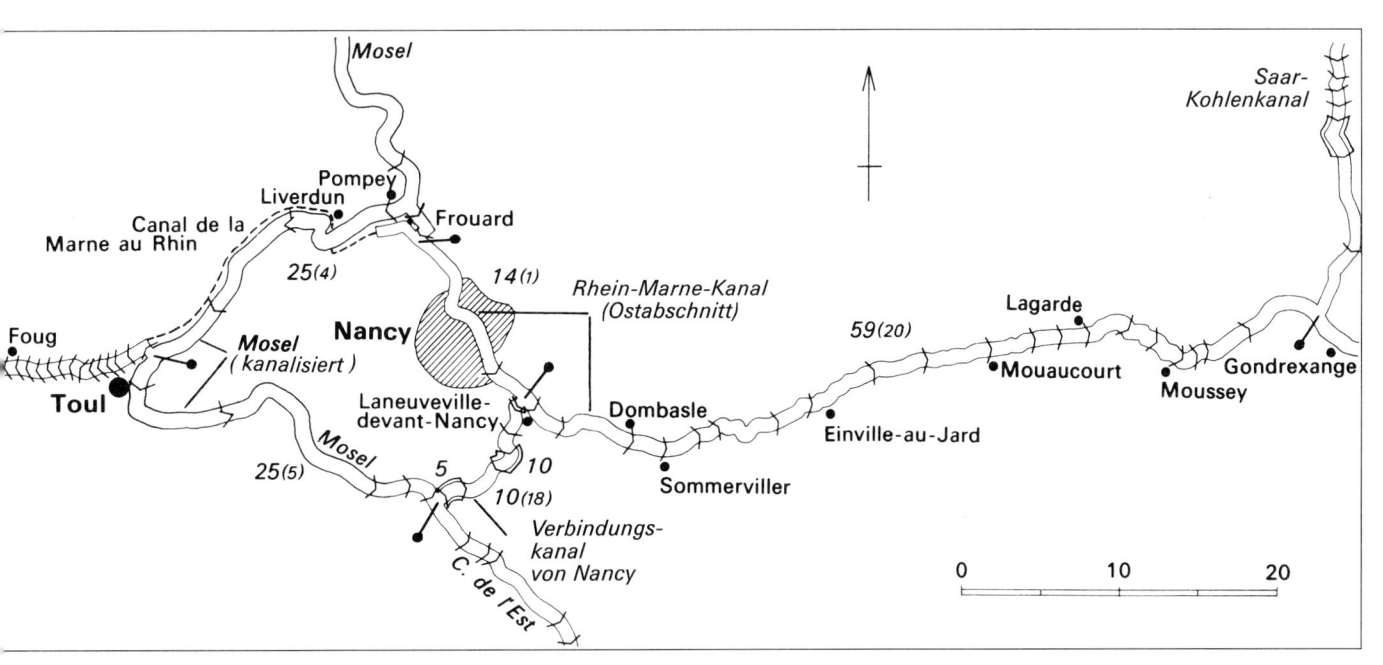

Rhein-Marne-Kanal

Entfernungstabelle	km	Schl.	km
Schleuse 18 (Longeaux)	66,9	53	64,8
Longeaux Brücke, Kai BW LU	67,4	—	64,3
Menaucourt Becken LU	68,0	—	63,7
Hauptstraßenbrücke (Patouillat) und Eisenbahnbrücke	68,2	—	63,5
Achtung: Die Schleusen 17 (Menaucourt) bis 1 (Tombois) sind für automatische Bedienung mit Radardetektoren ausgerüstet.			
Schleuse 17 (Menaucourt) Aquädukt BW	68,5	54	63,2
Schleuse 16 (Nantois), Brücke	69,2	55	62,5
Schleuse 15 (Naix-aux-Forges), Brücke, Kai BW LU	70,4	56	61,3
Schleuse 14 ((Pont-Canal de la Braboure), Aquädukt BW	71,1	57	60,6
Saint-Amand-sur-Ornain Brücke, Kai TW LU	72,6	—	59,1
Schleuse 13 (Saint-Amand)	73,1	58	58,6
Schleuse 12 (Charmasson)	74,2	59	57,5
Schleuse 11 (**Trévay**), Brücke, Wasser, Ortschaft 500 m LU	75,5	60	56,2
Wendebecken und Kai LU	75,7	—	56,0
Schleuse 10 (Charbonnières)	76,1	61	55,6
Schleuse 9 (Petite-Forge), Privatkai BW LU	77,0	62	54,7
Schleuse 8 (Laneuveville-Saint-Joire)	77,9	63	53,8
Saint-Joire Brücke, Kai TW RU, Ortschaft 500 m	78,4	—	53,3
Schleuse 7 (Saint-Joire)	79,0	64	52,7
Schleuse 6 (Boeval)	80,2	65	51,5
Schleuse 5 (Abbaye d'Evaux)	80,8	66	50,9
Schleuse 4 (Montfort)	82,2	67	49,5
Schleuse 3 (Bois-Molu)	83,2	68	48,5
Schleuse 2 (Demange-aux-Eaux)	83,9	69	47,8
Brücke (Croix-des-Morts)	84,1	—	47,6
Demange-aux-Eaux Kai RU, Ortschaft 700 m über eine Brücke	84,6	—	47,1
Schleuse 1 (Tombois), Brücke, Wasser, Beginn der Mauvages-Scheitelhaltung	84,8	70	46,9
Verbindung zum Zweigkanal nach Houdelaincourt LU, Wendebecken	85,1	—	46,6
Brücke	85,3	—	46,4
Mauvages-Tunnel, Westeinfahrt	86,6	—	45,1
Mauvages-Tunnel, Osteinfahrt	91,5	—	40,2
Mauvages, Brücke, Ortschaft 500 m	92,3	—	39,4
Achtung: Die Schleusen 1 (Mauvages) bis 12 (Void) sind für automatische Bedienung mit Radardetektoren ausgerüstet.			
Schleuse 1 (Mauvages), Ende der Mauvages-Scheitelhaltung	94,0	71	37,7
Schleuse 2 (Villeroy), Brücke	94,6	72	37,1
Schleuse 3 (Chalède)	95,3	73	36,4
Schleuse 4 (Grand-Charme), Brücke	95,9	74	35,9
Schleuse 5 (Saint-Esprit)	96,8	75	34,9
Schleuse 6 (Corvée)	97,6	76	34,1
Sauvoy Brücke, kleine Ortschaft 300 m RU	97,9	—	33,8
Schleuse 7 (Sauvoy)	98,2	77	33,5
Kai RU (Sauvoy)	98,6	—	33,1
Schleuse 8 (Varonnes), Brücke	98,8	78	32,9
Schleuse 9 (Biguiottes)	100,0	79	31,7

Entfernungstabelle	km	Schl.	km
Schleuse 10 (Haut-Bois), Brücke	100,9	80	30,8
Schleuse 11 (Vacon), Brücke	101,7	81	30,0
Schleuse 12 (Void), Wasser	102,5	82	29,2
Void Kai und Fußgängerbrücke, Ortschaft LU	103,9	—	27,8
Void Brücke	104,0	—	27,7
Abgebaute Eisenbahnbrücke	104,3	—	27,4
Hauptstraßenbrücke (Croix-le-Pêcheur), N4	107,1	—	24,6
Brücke (Naviot)	109,4	—	22,3
Troussey-Aquädukt über die Maas	110,3	—	21,4
Verbindung mit dem Canal d l'Est, nördlicher Teil, LU	111,3	—	20,4
Pagny-sur-Meuse Brücke, Ortschaft 200 m	115,9	—	15,8
Eisenbahnbrücke	117,5	—	14,2
Zementfabriken und Kais, Nordufer	118,0	—	13,7
Brücke (Lay-Saint-Rémy)	119,9	—	11,8
Brücke (Ugny), Beginn des Einschnitts von Lay-Saint-Rémy	120,4	—	11,3
Foug-Tunnel, Westeinfahrt	120,6	—	11,1
Foug-Tunnel, Osteinfahrt	121,5	—	10,2
Becken	121,6	—	10,1
Schleusen 14 und 14A (Zwillingskammern)	121,9	83	9,8
Schleuse 15, (Brücke)	122,6	84	9,1
Fabrikkai LU	122,8	—	8,9
Schleuse 16, Wasser	123,3	85	8,4
Schleuse 17	124,0	86	7,7
Fabrikkai LU	124,3	—	7,4
Schleuse 18, Brücke	124,7	87	7,0
Schleuse 19	125,4	88	6,3
Eisenbahnbrücken	125,7	—	6,0
Schleuse 20, Brücke	126,1	89	5,6
Schleuse 21	126,8	90	4,9
Schleuse 22, Brücke	127,4	91	4,3
Eisenbahnbrücke	127,5	—	4,2
Schleuse 23	128,2	92	3,5
Schleuse 24	128,9	93	2,8
Schleuse 25, Brücke, Wasser	129,7	94	2,0
Toul, Kai (Port de France), Stadtzentrum 500 m	129,8	—	1,9
Brücke (Génie)	129,9	—	1,8
Schleuse 26	129,9	95	1,8
Brücke (Caponnière), Saint-Mansuy Kai und Wendebecken TW RU	130,5	—	1,2
Eisenbahnbrücke	130,7	—	1,0
Saint-Mansuy Hebebrücke	130,7	—	1,0
Schleuse 27, Brücke, Wasser	131,2	96	0,5
Einfahrt in die neue Verbindung zur kanalisierten Mosel RU	131,4	—	0,3
Schleuse 27A	131,6	97	0,1
Verbindung mit der kanalisierten Mosel	131,7	—	0,0

Ostabschnitt, von der Mosel zum Rhein

	km	Schl.	km
Verbindung mit der kanalisierten Mosel, Hafen Nancy-Frouard (der Kanal ist auch 5 km in Richtung Liverdun bis zu einer Reparaturwerft schiffbar)	154,6	—	158,4

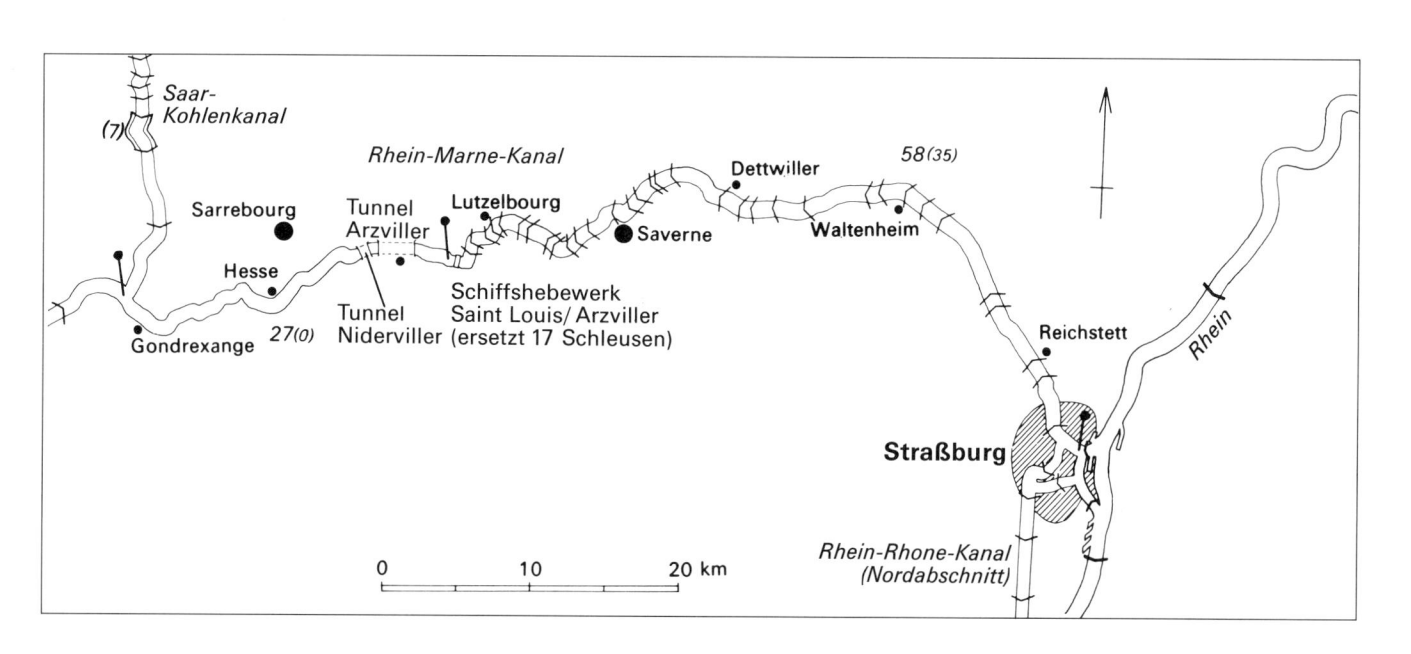

Rhein-Marne-Kanal

Entfernungstabelle	km	Schl.	km
Brücke (Zugang zum Bahnhof von Frouard), Kai	154,7	—	158,3
Autobahnbrücke (A31)	156,1	—	156,9
Champigneulles Brücke (Pont de la Gare), Kais TW LU, Stadtzentrum 200 m LU	157,8	—	155,2
Schräge Eisenbahnbrücke	158,6	—	154,4
Solvay Förderbandanlage, Industriekais TW LU	160,3	—	152,7
Maxéville Brücke	160,5	—	152,5
Kai (Saint-Sébastian) LU	161,6	—	151,9
Brücke (Trois-Maisons)	161,8	—	151,2
Malzéville Hebebrücke und Fußgängerbrücke, Kai BW LU	162,3	—	150,7
Brücke (Gaz de la Sarre)	162,8	—	150,2
Fußgängerbrücke (Pépinière), Kais BW RU	163,1	—	149,9
Hubbrücke (Sainte-Catherine) und Fußgängerbrücke	163,5	—	149,5
Nancy Becken (Sainte-Catherine), Wasser, Kraftstoff, Stadtzentrum 1000 m	163,6	—	149,4
Brücke (Pont Saint-Georges), Becken BW	163,7	—	149,3
Brücke (Tiercelins), Kais BW	163,9	—	149,1
Private Fußgängerbrücke	164,4	—	148,6
Tomblaine Brücke	164,7	—	148,3
Eisenbahnbrücke, Industriekais und Becken BW	164,8	—	148,2
Schleuse 26/26A, Brücke	166,4	1	146,6
Jarville-la-Malgrange Kais, Stadt (Vorort von Nancy) LU	166,5	—	146,5
Brücke	167,3	—	145,7
Schiffsreparaturwerft LU	167,9	—	145,1
Laneuveville-devant-Nancy Becken, Verbindung zum Canal de l'Est (Zweigkanal nach Nancy) LU	168,5	—	144,5
Brücke	168,6	—	144,4
Schleuse 25/25A, Wasser	168,7	2	144,3
Brücke (Noue)	169,5	—	143,5
Schleuse 24/24A, Brücke, Industriekai TW RU, Becken BW LU	171,9	3	141,1
Privater Viadukt	172,1	—	140,9

Entfernungstabelle	km	Schl.	km
Saint-Philin Aquädukt (über die Meurthe)	172,5	—	140,5
Chemische Fabrik, Kais und Verladebrücke	175,6	—	137,4
Varangéville Brücke, Kais BW, Stadt RU	175,8	—	137,2
Fußgängerbrücke, Becken BW LU	176,2	—	136,8
Schleuse 23/23A, Wasser, Brücke, Industriekais BW	177,0	4	136,0
Hubbrücke	177,7	—	135,3
Private Brücke (Solvay Werke)	177,9	—	135,1
Fußgängerbrücke	178,0	—	135,0
Private Brücken (Solvay Werke)	178,1	—	134,9
Dombasle Brücke, Becken TW, Stadt 400 m LU	178,6	—	134,4
Schleuse 22, Wasser	179,2	5	133,8
Sommerviller Brücke, Kai BW LU, Ortschaft 500 m LU	180,5	—	132,5
Achtung: Die Schleusen 21 (Sommerviller) bis 7 (Réchicourt) sind für automatische Bedienung mit Radardetektoren ausgerüstet.			
Schleuse 21, Brücke, Salzfabrik BW RU	181,1	6	131,9
Schleuse 20, Brücke	182,6	7	130,4
Crévic Brücke, Ortschaft LU	183,4	—	129,6
Maixe Brücke, Kai und Ortschaft BW RU	187,0	—	126,0
Schleuse 19, Brücke	187,5	8	125,5
Salzfabriken, Kai RU	189,3	—	123,7
Schleuse 18, Brücke	189,9	9	123,1
Einville-au-Jard Becken LU, Ortschaft 300 m LU	190,7	—	122,3
Brücke, Privatkai BW RU	191,1	—	121,9
Brücke (D914)	191,4	—	121,6
Brücke	193,4	—	119,6
Bauzemont Becken, Kai und kleine Ortschaft RU	194,7	—	118,3
Schleuse 17, Brücke	194,9	10	118,1
Brücke	195,2	—	117,8
Hénaménil Brücke, Kai TW LU, Ortschaft 500 m LU	197,3	—	115,7
Schleuse 16, Brücke	198,7	11	114,3
Brücke	200,1	—	112,9

Entfernungstabelle

	km	Schl.	km
Parroy Brücke, Kai TW RU, Ortschaft 500 m RU	201,3	—	111,7
Schleuse 15, Brücke	203,0	12	110,0
Mouaucourt Becken LU, kleine Ortschaft 300 m LU	203,2	—	109,8
Xures Brücke, Becken TW, Kai und kleine Ortschaft RU	205,7	—	107,3
Schleuse 14, Brücke	206,1	13	106,9
Schleuse 13, Brücke	207,8	14	105,2
Lagarde Brücke, Becken und Ortschaft BW RU	209,2	—	103,8
Schleuse 12, Brücke, Wasser	209,7	15	103,3
Schleuse 11, Brücke	213,0	16	100,0
Schleuse 10, Brücke	215,1	17	97,9
Moussey Brücke, Becken TW RU, Ortschaft 1000 m LU	215,9	—	97,1
Schleuse 9, Brücke, Wasser	217,0	18	96,0
Schleuse 8, Eisenbahnbrücke, Becken BW RU	218,6	19	94,4
Schleuse 7, Brücke, Becken (Saint-Blaise) TW, Kai RU	219,4	20	93,6
Beginn eines neuen Kanalstücks (Umgehung von 6 Schleusen)	219,8	—	93,2
Neue Schleuse 1 (Réchicourt), Brücke, Wasser, Beginn der Scheitelhaltung, Hubhöhe 15,40 m	222,1	21	90,9
Brücke (Col des Francais) über einen Einschnitt	223,1	—	89,9
Sperrtor	224,2	—	88,8
Wendebecken	225,3	—	87,7
Verbindung zum Canal des Houillères de la Sarre (Saar-Kohlenkanal)	227,6	—	85,4
Gondrexange Brücke, Sperrtor, Ortschaft 200 m	229,5	—	83,5
Brücke (Prés)	230,2	—	82,8
Schräge Eisenbahnbrücke	230,3	—	82,7
Brücke (Hertzing)	232,0	—	81,0
Brücke (N4), Becken TW RU	232,5	—	80,5
Héming Brücke (Pont de Lorquin), Kais TW RU, Ortschaft 400 m RU	233,2	—	79,9
Treidelpfadbrücke	233,8	—	79,2
Xouaxange Brücke über schmalen Einschnitt, Einbahnverkehr, Kai TW LU, kleine Ortschaft RU	236,0	—	77,0
Abgebaute Brücke, enge Durchfahrt	237,9	—	75,1
Rohrleitung (Pipeline) quert	238,2	—	74,8
Laforge Aquädukt (45 m lang)	238,8	—	74,2
Brücke (Germain)	239,7	—	73,3
Hesse Becken RU, Ortschaft 300 m	240,3	—	72,7
Brücke (Pont du Village)	240,6	—	72,4
Schräge Eisenbahnbrücke	240,8	—	72,2
Brücke (Charmenack) über den Einschnitt bei Hesse 465 m lang, Einbahnverkehr	241,0	—	72,0
Brücke (Neuhof)	243,1	—	69,9
Schneckenbusch Brücke, kleine Ortschaft LU	243,6	—	69,4
Brücke (Brouderdorff)	244,3	—	68,7
Brücke (Buhl)	244,9	—	68,1
Niderviller-Neubruch Brücke, Kai TW LU, Ortschaft 1000 m	245,5	—	67,5
Brücke (Hombesch)	246,0	—	67,0

Entfernungstabelle

	km	Schl.	km
Brücke (Niderviller-Altmühle), Becken BW	247,0	—	66,0
Tunnel von Niderviller, Westeinfahrt	248,0	—	65,0
Tunnel von Niderviller, Osteinfahrt	248,5	—	64,5
Becken	249,0	—	64,0
Tunnel von Arzviller, Westeinfahrt	249,3	—	63,7
Tunnel von Arzviller, Osteinfahrt	251,6	—	61,4
Becken (Arzviller)	251,8	—	61,2
Einfahrt in den neuen Kanalabschnitt, RU, Umgehung der Kette von 17 Schleusen, Brücke	251,9	—	61,1
Saint-Louis Brücke, Ortschaft 1000 m RU	252,3	—	60,7
Saint-Louis-Arzviller Schiffshebewerk, Hubhöhe 44,50 m Becken TW	254,7	22	58,3
Brücke	255,3	—	57,7
Neuer Kanal trifft wieder auf die ursprüngliche Kanalstrecke unterhalb der Schleuse 17	255,6	—	57,4

Achtung: Die Schleusen 18 bis 47 sind für automatische Bedienung mit Radardetektoren ausgerüstet.

	km	Schl.	km
Schleuse 18, Wasser	256,0	23	57,0
Eisenbahnviadukt (Hofmühle), Wendebecken TW	256,1	—	56,9
Schleuse 19, Brücke	256,7	24	56,3
Schleuse 20, Wasser	257,5	25	55,5
Schleuse 21, Brücke, Wasser	258,5	26	54,5
Lutzelbourg Kai und Ortschaft LU	258,7	—	54,3
Schleuse 22, Brücke	259,1	27	53,9
Schleuse 23	260,3	28	52,7
Schleuse 24	261,1	29	51,9
Schleuse 25	262,2	30	50,8
Schleuse 26, Hebebrücke	263,0	31	50,0
Schleuse 27, Fußgängerbrücke	264,3	32	48,7
Schleuse 28	264,9	33	48,1
Schleuse 29, Brücke (D132)	266,1	34	46,9
Eisenbahnviadukt (Haut-Barr)	266,3	—	46,7
Brücke (N4)	268,5	—	44,5
Neue Schleuse 30/31, Brücke	268,6	35	44,4
Saverne Becken, Festmachemöglichkeiten, Stadtzentrum RU	269,0	—	44,0
Brücke (Orangerie)	269,5	—	43,5
Schleuse 32, Eisenbahnbrücke BW	270,1	36	42,9
Schleuse 33, Brücke	271,0	37	42,0
Neue Straßenbrücke	272,0	—	41,0
Schleuse 34, Brücke	272,2	38	40,8
Schleuse 35	272,5	39	40,5
Schleuse 36, Brücke, Kai TW RU, **Steinbourg** 800 m LU	273,7	40	39,3
Dettwiller Brücke, Kai BW RU, Ortschaft 1000 m LU	277,1	—	35,9
Schleuse 37	277,6	41	35,4
Brücke (D112)	278,0	—	35,0
Schleuse 38	278,9	42	34,1
Brücke	279,3	—	33,7
Schleuse 39	279,8	43	33,2
Lupstein Brücke, Ortschaft 500 m RU	280,1	—	32,9
Schleuse 40, Brücke, **Wilwisheim** 700 m LU	281,4	44	31,6
Brücke	281,8	—	31,2
Brücke	283,2	—	29,8

Entfernungstabelle	km	Schl.	km
Schleuse 41, Brücke	283,6	45	29,4
Hochfelden Brücke, Kai TW LU, Ortschaft 1000 m LU	286,2	—	26,8
Schleuse 42, Brücke, Kai (Mutzenhouse) TW RU	288,0	46	25,0
Schwindratzheim Brücke, Ortschaft 800 m LU	288,8	—	24,2
Schleuse 43	289,1	47	23,9
Waltenheim Brücke, Kai TW RU, Ortschaft 200 m RU	290,7	—	22,3
Schleuse 44, Brücke	291,0	48	22,0
Schleuse 45	292,1	49	20,9
Brücke	293,0	—	20,0
Schleuse 46, Brücke	294,0	50	19,0
Brücke	296,0	—	17,0
Brücke (D30), Kai TW RU, **Brumath** 2500 m LU	296,8	—	16,2
Brücke (D60)	297,5	—	15,5
Eckwersheim Brücke, Ortschaft 1200 m RU	300,3	—	12,7
Schleuse 47	300,6	51	12,4
Schleuse 48	301,7	52	11,3
Vendenheim Drehbrücke, Ortschaft 500 m RU	302,0	—	11,0
Eisenbahnbrücke	302,2	—	10,8
Brücke (N63), Kai (Vendenheim) TW RU	302,4	—	10,6
Brücke	303,9	—	9,1
Autobahnbrücke (A34)	304,5	—	8,5
Neue Straßenbrücke (Autobahnauffahrt)	305,0	—	8,0
Brücke	305,2	—	7,8

Achtung: Die Schleusen 49 und 50 sind für automatische Bedienung mit Radardetektoren ausgerüstet.

Schleuse 49, Brücke, **Reichstett** 800 m LU	305,7	53	7,3
Souffelweyersheim Kai RU, Ortschaft 800 m RU	306,9	—	6,1
Schleuse 50, Brücke	307,0	54	6,0
Eisenbahnbrücke	307,9	—	5,1
Brücke (D468)	308,0	—	5,0
Hoenheim Brücke, Ortschaft RU (Vorort von Straßburg)	308,7	—	4,3
Bischheim Brücke, Kai BW RU, Stadtzentrum 300 m RU	309,5	—	3,5
Schiltigheim Brücke, Kai TW RU, Stadtzentrum 800 m RU	310,2	—	2,8
Schleuse 51	310,6	55	2,4
Der Fluß Aa kreuzt auf gleicher Höhe (schiffbar 500 m BW bis zum Becken in Schiltigheim)	310,7	—	2,3
Schleuse 52 (außer Betrieb), Brücke	311,3	—	1,7
Der Fluß Ill kreuzt auf gleicher Höhe Wendebecken	311,6	—	1,4
Brücke	311,9	—	1,1
Brücke	312,6	—	0,4
Der Kanal endet im Bassin des Remparts (einem Becken im Hafen von **Straßburg**)	313,0	—	0,0

Canal de la Marne à la Saône

Der Canal de la Marne à la Saône stellt im Zusammenhang mit der kanalisierten Marne und dem Canal latéral à la Marne die dritte Schiffahrtsverbindung durch Mittelfrankreich zwischen Paris und Lyon dar (die anderen beiden sind die Bourbonnais-Route und die Strecke durch das Burgund). Er beginnt in Vitry-le-François, wo er Verbindung zum Rhein-Marne-Kanal hat, nicht weit von der Stelle, wo letzterer sich mit dem Marne-Seitenkanal trifft, überquert die Hochebene von Langres und führt dann durch das Vingeanne-Tal zur Oberen Saône hinunter, zu einem Schleusenkanal bei Heuilley-sur-Saône.

Der Canal de la Marne à la Saône ist 224 km lang und ist, was die Kilometerzahl angeht, ein Teil der längsten Verbindung Paris-Lyon; dafür ist die Anzahl der Schleusen geringer als auf den anderen beiden Strecken. Das verdanken wir der Tatsache, daß der Kanal erst 1907 fertiggestellt wurde und daß die durchschnittliche Tiefe in den Schleusen größer ist als in den älteren Kanälen (Canal du Centre und Canal de Bourgogne). Er stellt außerdem die bei weitem zweckmäßigste Verbindung von Nordfrankreich zur Saône dar.

Die Scheitelhaltung des Canal de la Marne à la Saône ist 10 km lang, sie liegt südlich von Langres, 340 m hoch, und schließt den Tunnel von Balesmes ein, der 4820 m lang ist; da aber die Zufahrten sehr eng sind, ist das Teilstück, welches im Einbahnverkehr zurückgelegt werden muß, 7,3 km lang. Die Durchfahrtszeiten sind für beide Richtungen festgelegt.

a) von der Marne zur Saône: 00.00 – 01.00 Uhr und 12.00 – 17.00 Uhr
b) von der Saône zur Marne: 04.00 – 09.00 Uhr und 20.00 – 21.00 Uhr

Wenn Sie außerhalb dieser Zeiten an der Scheitelhaltung eintreffen und wenn die Verkehrssituation es erlaubt, können Sie die Schleusenwärter um eine Sondergenehmigung für die Durchfahrt bitten. Der Tunnel von Balesmes gehört zur „Luxusklasse", denn er ist beleuchtet. Bei Condes (km 106) liegt ein weiterer Tunnel, übrigens der einzige im französischen Binnenwasserstraßennetz, der breit genug ist (18 m), daß man von beiden Seiten gleichzeitig durchfahren kann. Die Durchfahrt ist daher auch keinen besonderen Regelungen unterworfen. Dieser Tunnel ist 308 m lang.

Schleusen Hier gibt es 114 Schleusen; 71 zur Marne und 43 zur Saône hinunter. Die Abmessungen sind einheitlich: 38,50 x 5,20 m.

Tiefen Der höchstzulässige Tiefgang beträgt 1,80 m.

Brücken Die festen Brücken haben eine lichte Durchfahrtshöhe von 3,70 m.

Treidelpfad Ein Treidelpfad verläuft neben der gesamten Strecke.

Behörden Direction Départementale de l'Equipement de la Haute-Marne (Chaumont).
Unterabteilungen:
– 26, Avenue du Général-Leclerc, 52000 Chaumont, Tel. (25) 03.30.51 (km 0-148).

– 2 Rue Robert-Schuman, 52200 Langres, Tel. (25) 85.02.94 (km 148 – 224).

Entfernungstabelle

	km	Schl.	km
Verbindung zum Canal de la Marne au Rhin (Rhein-Marne-Kanal), Wendebecken	0,0	—	224,2
Kai (Citadelle) RU	0,1	—	224,1
Vitry-le-François Brücke (Pont de Saint-Dizier),Kai BW LU, Stadtzentrum 700 m LU	0,5	—	223,7
Eisenbahnbrücke	0,9	—	223,3
Schleuse 71 (Désert), Kai BW LU	1,1	1	223,1
Brücke	1,4	—	222,8
Frignicourt, Kai LU, Ortschaft 800 m LU	2,7	—	221,5
Schleuse 70 (Frignicourt), Brücke	2,8	2	221,4
Brücke	5,3	—	218,9
Fußgängerbrücke	5,6	—	218,6
Luxémont Becken RU, Ortschaft 1000 m RU	6,1	—	218,1
Schleuse 69 (Luxémont), Brücke	6,3	3	217,9
Goncourt Brücke, Becken BW LU (versandet), Schloß 600 m LU	7,3	—	216,9
Schleuse 68 (Ecriennes), Brücke	8,9	4	215,3
Brücke	9,7	—	214,5
Schleuse 67 (Matignicourt), Fußgängerbrücke	11,3	5	212,9
Brücke	12,9	—	211,3
Schleuse 66 (**Orconte**), Brücke, Kai TW LU, Ortschaft 400 m RU	13,5	6	210,7
Wendebecken	13,8	—	210,4
Brücke	14,3	—	209,9
Schleuse 65 (Bruyères), Brücke	15,4	7	208,8
Schleuse 64 (Sapignicourt), Brücke	18,8	8	205,4
Sapignicourt Brücke, kleine Ortschaft 300 m LU	19,5	—	204,7
Schleuse 63 (**Perthes**), Kai TW LU, Ortschaft 300 m RU	20,2	9	204,0
Brücke	20,7	—	203,5
Schleuse 62 (Garenne), Brücke	22,6	10	201,6
Schleuse 61 (**Hallignicourt**), Brücke, kleine Ortschaft LU	24,1	11	200,1
Schleuse 60 (Hoëricourt), Brücke, Flughafen LU	26,4	12	197,8
Schleuse 59 (Noue), rechtwinklige Kurve unter der Brücke (N65)	28,2	13	196,0
Brücke, Privatkai BW RU	28,9	—	195,3
Saint-Dizier Brücke, Wendebecken und Kai TW LU, Stadtzentrum 400 m LU	30,0	—	194,2
Schleuse 58 (Saint-Dizier), Wasser	30,1	14	194,1
Brücke, Privates Becken TW RU	30,5	—	193,7
Brücke	30,8	—	193,4
Eisenbahnbrücke	31,3	—	192,9
Brücke (N65)	31,4	—	192,8
Industriekais LU	32,0	—	192,2
Eisenbahndrehbrücke	33,5	—	190,7
Hubbrücke	33,6	—	190,6
Schleuse 57 (Marnaval)	34,1	15	190,1
Hubbrücke	34,6	—	189,6
Rohrleitung kreuzt	35,0	—	189,2
Brücke	35,5	—	188,7

Entfernungstabelle

	km	Schl.	km
Eisenbahnbrücke (hinter einer rechtwinkligen Biegung)	36,1	—	188,1
Schleuse 56 (Guë)	36,3	16	187,9
Brücke	36,7	—	187,5
Brücke	38,5	—	185,7
Chamouilley Brücke, Kai TW RU, Ortschaft RU	38,9	—	185,3
Schleuse 55 (Chamouilley), Privatkai BW RU	39,4	17	184,8
Eisenbahnbrücke	39,5	—	184,7
Schleuse 54 (Eurville)	40,7	18	183,5
Eurville Hebebrücke (automatisch), Kai TW RU, Ortschaft 300 m LU	41,6	—	182,6
Hubbrücke, Privatkai BW LU	41,7	—	182,5
Schleuse 53 (Bienville), Fußgängerbrücke, Aquädukt BW	43,0	19	181,2
Bienville Hubbrücke (automatisch), Wendebecken TW, Ortschaft 200 m RU	43,2	—	181,0
Schleuse 52 (Bayard), Aquädukt BW	45,9	20	178,3
Bayard-sur-Marne Hubbrücke (automatisch), Kai TW LU, Ortschaft RU	46,3	—	177,9
Hubbrücke	47,2	—	177,0
Schleuse 51 (Fontaines), Brücke	48,2	21	176,0
Hubbrücke	48,5	—	175,7
Eisenbahnbrücke	49,7	—	174,5
Schleuse 50 (**Chevillon**), Brücke, Kais BW und TW RU, Ortschaft 300 m RU	50,6	22	173,6
Schleuse 49 (Breuil)	52,8	23	171,4
Schleuse 48 (Curel), Fußgängerbrücke	54,6	24	169,6
Curel Hebebrücke, Kai BW LU, Ortschaft 500 m RU	54,7	—	169,5
Hubbrücke (Autigny-le-Petit)	55,6	—	168,6
Autigny-le-Grand Hubbrücke (automatisch), kleine Ortschaft RU	56,5	—	167,7
Schleuse 47 (Autigny-le-Grand), Brücke	57,1	25	167,1
Eisenbahnbrücke	58,3	—	165,9
Schleuse 46 (Bussy), Brücke, Privater Kai BW LU	59,3	26	164,9
Thonnance-lès-Joinville Brücke, Wendebecken und Kai BW RU, Ortschaft 600 m RU	60,3	—	163,9
Schleuse 45 (Rongeant), Brücke, Aquädukt BW	61,2	27	163,0
Joinville Brücke, Kai TW RU, kleine Stadt 300 m LU	62,5	—	161,7
Schleuse 44 (Joinville), Brücke, Wasser, Privatkai BW LU	63,2	28	161,0
Eisenbahnbrücke, Becken BW	63,7	—	160,5
Schleuse 43 (Bonneval), Brücke	66,0	29	158,2
Schleuse 42 (Saint-Urbain), Brücke, Kai TW RU, Ortschaft 1200 m RU	67,6	30	156,6
Schleuse 41 (Mussey), Brücke, Aquädukt BW	70,4	31	153,8
Mussey-sur-Marne Hubbrücke, Ortschaft 1000 m LU	70,5	—	153,7
Donjeux Brücke, Wendebecken und Kai TW LU, Ortschaft 500 m RU	71,9	—	152,3
Schleuse 40 (**Rouvroy**), Brücke, Aquädukt BW, Ortschaft 300 m LU	73,2	32	151,0
Brücke	74,0	—	150,2
Privatkai RU	75,4	—	148,8
Eisenbahnbrücke	75,9	—	148,3

Canal de la Marne à la Saône

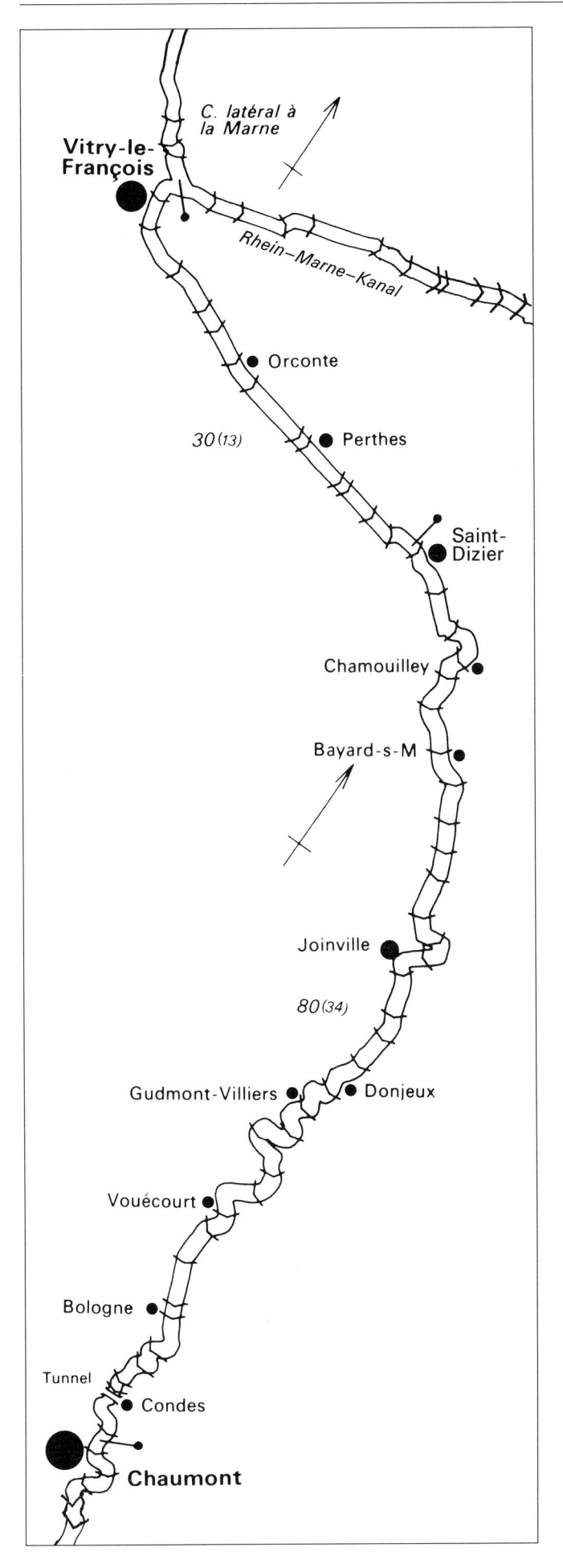

Entfernungstabelle	km	Schl.	km
Schleuse 39 (**Gudmont**), Hubbrücke BW, Kai BW RU, Ortschaft 400 m LU	76,0	33	148,2
Eisenbahnbrücke	77,2	—	147,0
Villiers-sur-Marne Brücke, kleine Ortschaft 400 m LU	77,9	—	146,3
Schleuse 38 (Villiers), Brücke	78,7	34	145,5
Eisenbahnbrücke	79,6	—	144,6
Schleuse 37 (Provenchères), Brücke, Becken BW LU	81,2	35	143,0
Eisenbahnbrücke	82,5	—	141,7
Schleuse 36 (Froncles), Brücke	84,2	36	140,0
Froncles Kai LU, Ortschaft 400 m LU	84,4	—	139,8
Wendebecken	85,3	—	138,9
Buxières-lès-Froncles Brücke, Kai BW RU, Ortschaft LU	85,6	—	138,6
Schleuse 35 (Buxières), Brücke	86,9	37	137,3
Brücke	88,6	—	135,6
Schleuse 34 (**Vouécourt**), Brücke, Kai TW RU, Ortschaft LU	89,7	38	134,5
Schleuse 33 (Grandvaux), Brücke	91,6	39	132,6
Viéville Hubbrücke (automatisch), Kai BW LU, Ortschaft 300 m RU	93,2	—	131,0
Schleuse 32 (Viéville), Brücke	94,4	40	129,8
Schleuse 31 (**Roôcourt**), Brücke, Wendebecken BW, kleine Ortschaft RU	96,4	41	127,8
Eisenbahnbrücke	96,6	—	127,3
Schleuse 30 (**Bologne**), Brücke, Kai TW LU, Ortschaft 700 m LU	97,4	42	126,8
Brücke, Kai BW RU	98,0	—	126,2
Schleuse 29 (**Riaucourt**), Brücke, kleine Ortschaft RU	100,9	43	123,3
Schleuse 28 (Mouillerys)	102,7	44	121,5
Brücke	104,0	—	120,2
Hubbrücke	104,5	—	119,7
Schleuse 27 (Brethenay)	104,6	45	119,6
Brethenay Kai und kleine Ortschaft LU	105,1	—	119,1
Schleuse 26 (Condes), Brücke (N67)	105,5	46	118,7
Tunnel von Condes, Nordeinfahrt	105,6	—	118,6
Tunnel von Condes, Südeinfahrt	105,9	—	118,3
Hubbrücke	106,1	—	118,1
Schleuse 25 (Reclancourt), Brücke, Kai TW RU	108,9	47	115,3
Wendebecken	109,5	—	114,7
Chaumont Brücke, Kai TW RU, Stadtzentrum 2000 m Lu	110,0	—	114,2
Schleuse 24 (Val des Choux)	110,4	48	113,8
Schleuse 23 (Choignes), Brücke, Kai BW RU	111,9	49	112,3
Brücke	113,0	—	111,2
Schleuse 22 (**Chamarandes**), Brücke, Kai BW LU, kleine Ortschaft 300 m LU	114,9	50	109,3
Schleuse 21 (Foulon de la Roche), Fußgängerbrücke	116,1	51	108,1
Brücke	117,0	—	107,2
Schleuse 20 (Val des Ecoliers), Brücke	117,6	52	106,6
Verbiesles Brücke, kleine Ortschaft 400 m RU	118,7	—	105,5
Fußgängerbrücke	119,6	—	104,6
Luzy-sur-Marne Hubbrücke, Kai BW RU, Ortschaft 400 m RU	119,6	—	104,6
Schleuse 19 (Luzy), Fußgängerbrücke	120,5	53	103,7
Schleuse 18 (Pécheux)	122,2	54	102,0

Canal de la Marne à la Saône

Entfernungstabelle	km	Schl.	km
Schleuse 17 (Foulain), Brücke	122,8	55	101,4
Foulain Brücke, Kai TW RU, Ortschaft LU	124,3	—	99,9
Schleuse 16 (Boichaulle), Brücke, Kai und Wendebecken TW RU	125,9	56	98,3
Eisenbahnbrücke	127,2	—	97,0
Schleuse 15 (Pré-Roche)	127,3	57	96,9
Brücke	129,4	—	94,8
Eisenbahnbrücke	129,7	—	94,5
Schleuse 14 (Pommeraye)	129,8	58	94,4
Marnay-sur-Marne Brücke, Ortschaft 800 m LU	131,0	—	93,2
Schleuse 13 (Marnay)	131,1	59	93,1
Vesaignes-sur-Marne Kai und kleine Ortschaft RU	132,6	—	91,6
Schleuse 12 (Vesaignes), Brücke	132,9	60	91,3
Brücke	134,0	—	90,2
Schleuse 11 (Thivet), Brücke	134,9	61	89,3
Schleuse 10 (Prées), Brücke	136,5	62	87,7
Rolampont Brücke, Becken TW, Ortschaft LU	138,8	—	85,4
Schleuse 9 (Rolampont), Brücke	139,2	63	85,0
Schleuse 8 (Saint-Menge), Brücke	140,4	64	83,8
Schleuse 7 (Chanoy), Brücke	142,1	65	82,1
Schleuse 6 (Pouillot)	143,6	66	80,6
Schleuse 5 (**Humes**), Brücke, Kai BW RU, Ortschaft 500 m LU	144,4	67	79,8
Brücke	145,3	—	78,9
Jorquenay Drehbrücke, kleine Ortschaft RU	145,9	—	78,3
Schleuse 4 (Jorquenay), Brücke	146,3	68	77,9
Eisenbahnbrücke	147,8	—	76,4
Schleuse 3 (Moulin-Rouge), Brücke	148,1	69	76,1
Langres Brücke (D74), Becken und Kai TW LU, Stadtzentrum 2000 m LU	148,8	—	75,4
Schleuse 2 (Moulin-Chapeau), Brücke	149,8	70	74,4
Brücke	150,2	—	74,0
Schräge Eisenbahnbrücke	151,9	—	72,3
Viadukt (N19)	152,4	—	71,8
Schleuse 1 (Batailles), Brücke, Beginn der Scheitelhaltung	152,5	71	71,7
Kurzer Tunnel unter der Straße (D17)	154,9	—	69,3
Tunnel von Balesmes, Nordeinfahrt	155,4	—	68,8
Tunnel von Balesmes, Südeinfahrt	160,2	—	64,0
Heuilley-Cotton Brücke, Becken TW, Ortschaft LU	161,7	—	62,5
Brücke	162,1	—	62,1
Schleuse 1 (Versant Saône/zur Saône hinunter) Brücke, Wasser	162,6	72	61,6
Schleuse 2, Brücke	163,0	73	61,2
Schleuse 3, Brücke	163,5	74	60,7
Schleuse 4, Brücke (D241)	163,8	75	60,4
Schleuse 5, Brücke	164,2	76	60,0
Schleuse 6, Brücke	164,6	77	59,6
Schleuse 7, Brücke	165,1	78	59,1
Schleuse 8 (unterste Schleuse der Schleusentreppe zur Saône hinunter)	165,6	79	58,6
Brücke (D67)	165,7	—	58,5
Eisenbahnbrücke	166,4	—	57,8
Brücke	167,1	—	57,1
Villegusien Brücke, Becken und Kai BW RU, Ortschaft 200 m RU	167,5	—	56,7
Schleuse 9 (Villegusien), Brücke,			

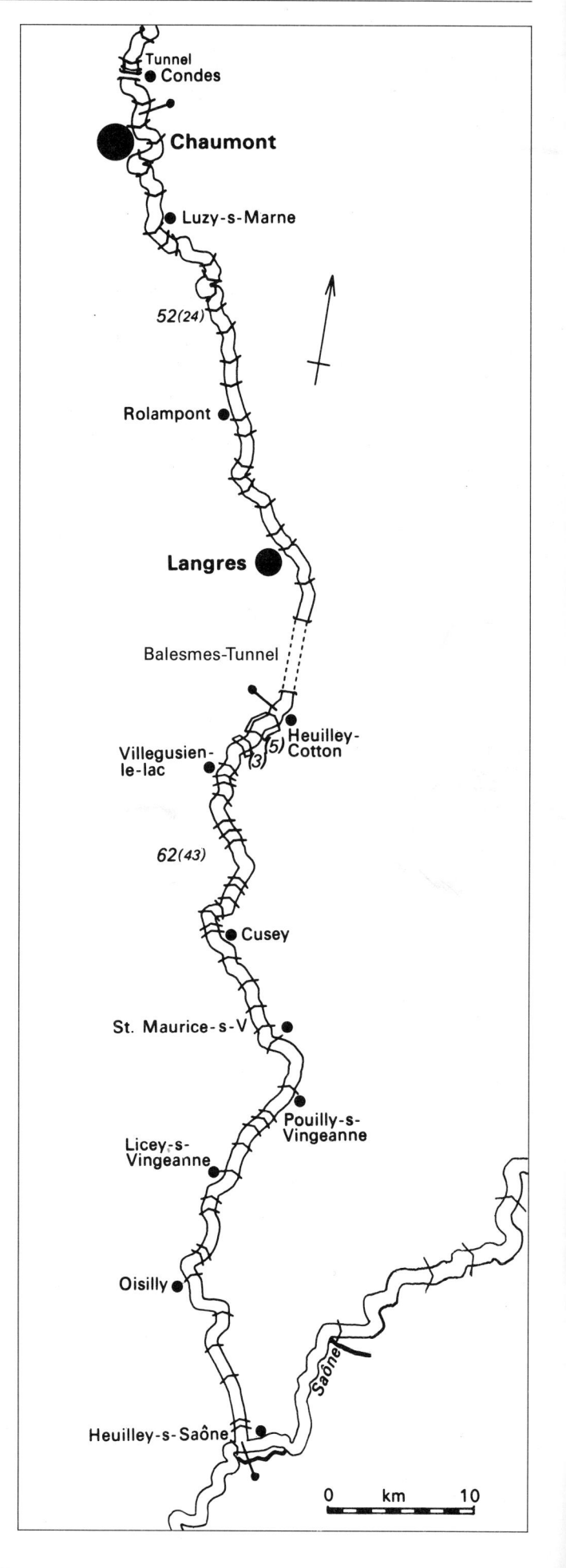

Canal de la Marne à la Saône

Entfernungstabelle	km	Schl.	km
Wasser	167,8	80	56,4
Schleuse 10 (Pré-Meunier), Fußgängerbrücke	168,2	81	56,0
Schleuse 11 (Château), Brücke	168,7	82	55,5
Piépape Brücke, kleine Ortschaft und Schloß RU	169,2	—	55,0
Schleuse 12 (Piépape), Fußgängerbrücke	169,5	83	54,7
Vingeanne Aquädukt	171,4	—	52,8
Brücke (D128)	171,6	—	52,6
Schleuse 13 (Bise l'Assaut), Fußgängerbrücke	171,9	84	52,3
Schleuse 14 (Croix-Rouge), Brücke	172,9	85	51,3
Brücke	173,5	—	50,7
Schleuse 15 (**Dommarien**), Brücke, Wasser, Wendebecken und Kai TW LU, Ortschaft 200 m LU	173,7	86	50,5
Fußgängerbrücke	175,8	—	48,4
Schleuse 16 (**Choilley**), Brücke, Kai TW LU, Ortschaft 200 m LU	176,4	87	47,8
Schleuse 17 (Foireuse), Brücke	177,0	88	47,2
Dardenay Brücke (D218), kleine Ortschaft LU	177,7	—	46,5
Schleuse 18 (Dardenay), Fußgängerbrücke	178,2	89	46,0
Schleuse 19 (Grand-Côte), Fußgängerbrücke	178,9	90	45,3
Schleuse 20 (Badin), Brücke (D140)	179,6	91	44,6
Aquädukt	179,9	—	44,3
Schleuse 21 (Montrepelle), Fußgängerbrücke	180,2	92	44,0
Schleuse 22 (Cusey), Brücke, Wasser	180,9	93	43,3
Cusey Brücke, Wendebecken und Kai TW RU, Ortschaft 400 m LU	181,5	—	42,7
Schleuse 23 (Bec), Brücke	183,5	94	40,7
Percey-le-Petit Brücke, kleine Ortschaft 500 m LU	184,6	—	39,6
Schleuse 24 (**Courchamp**) Brücke, Wendebecken und Kai TW RU, Ortschaft 400 m RU	185,6	95	38,6
Brücke	186,6	—	37,6
Schleuse 25 (Romagne)	187,6	96	36,6
Schleuse 26 (**Saint-Maurice**), Brücke, Kai BW LU, Ortschaft 1000 m LU	189,0	97	35,2
Schleuse 27 (Lavilleneuve), Fußgängerbrücke	190,2	98	34,0
La Villeneuve-sur-Vingeanne Brücke, Wendebecken und Kai TW RU, kleine Ortschaft RU	192,1	—	32,1
Schleuse 28 (Pouilly), Fußgängerbrücke	194,0	99	30,2
Brücke	194,8	—	29,4
Pouilly-sur-Vingeanne Brücke, kleine Ortschaft LU	195,1	—	29,1
Schleuse 29 (**Saint-Seine**), Brücke, Becken BW RU, Ortschaft 1500 m LU	196,7	100	27,5
Schleuse 30 (Lalau), Fußgängerbrücke	197,3	101	26,9
Schleuse 31 (Fontaine-Française), Fußgängerbrücke	198,2	102	26,0
Brücke	198,7	—	25,5
Schleuse 32 (Fontenelle), Brücke	199,5	103	24,7
Brücke	200,4	—	23,8

Einfahrt zum Balesmes-Tunnel bei Langres

	km	Schl.	km
Schleuse 33 (Licey), Brücke	201,8	104	22,4
Licey-sur-Vingeanne Brücke, Kai BW RU, kleine Ortschaft RU	202,7	—	21,5
Dampierre Brücke, Kai BW RU, kleine Ortschaft 400 m RU	204,1	—	20,1
Schleuse 34 (Dampierre), Brücke	204,4	105	19,8
Schleuse 35 (Beaumont), Brücke, Wendebecken und Kai TW RU	205,2	106	19,0
Brücke, Privatkai BW RU	206,6	—	17,6
Schleuse 36 (Blagny), Brücke	207,9	107	16,3
Blagny-sur-Vingeanne Kai und kleine Ortschaft RU	208,5	—	15,7
Schleuse 37 (Rochette), Brücke	208,6	108	15,6
Eisenbahnviadukt	210,1	—	14,1
Schleuse 38 (**Oisilly**), Brücke, kleine Ortschaft RU	210,5	109	13,7
Brücke	211,0	—	13,2
Kai RU	211,4	—	12,8
Brücke, Kais TW	212,4	—	11,8
Schleuse 39 (**Renève**), Brücke, Wendebecken und Kai TW RU, Ortschaft 500 m LU	214,4	110	9,8
Hubbrücke	215,8	—	8,4
Cheuge Brücke, kleine Ortschaft RU	216,0	—	8,2
Schleuse 40 (Cheuge), Fußgängerbrücke	217,4	111	6,8
Schleuse 41 (**Saint-Sauveur**), Brücke, Kai TW RU, Ortschaft 500 m RU	219,3	112	4,9
Brücke	220,0	—	4,2
Brücke	221,1	—	3,1
Schleuse 42 (**Maxilly**), Brücke, Kai BW RU, Ortschaft 400 m RU	222,7	113	1,5
Brücke	222,9	—	1,3
Schleuse 43 (Chemin de Fer), Eisenbahnbrücke	223,0	114	1,2
Brücke	223,5	—	0,7
Verbindung mit der Saône (Heuilley Schleusenkanal, km 127), Fußgängerbrücke	224,2	—	0,0

Mayenne-Maine

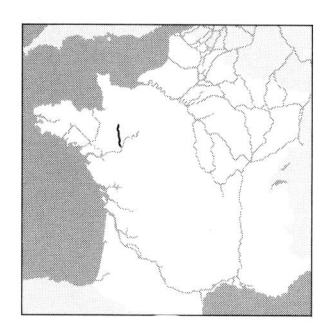

Die Mayenne ist ein hübscher, gut zu befahrender Fluß im Gebiet Anjou; sie wird von der Berufsschiffahrt nicht mehr genutzt, dafür um so mehr von Sportbooten. Die Mayenne war ursprünglich auf der 134 km langen Strecke von der Stadt gleichen Namens bis zu ihrer Einmündung in die Loire bei Bouchemaine kanalisiert. Zur Zeit sind die ersten 26 km von Mayenne bis Saint-Jean-de-Mayenne nicht schiffbar, weil 17 Schleusen nicht mehr bemannt sind.

Die schiffbare Strecke beginnt bei km 26, obwohl nur Sportboote mit geringer Festhöhe bis an diese Stelle gelangen können (siehe auch unter **Brücken**). Wir haben die ursprünglichen Distanzen in unserer Entfernungstabelle beibehalten, weil wir hoffen, daß die Behörden des Départements Mayenne die Schiffbarkeit der gesamten Strecke wiederherstellen werden. Gleich oberhalb der Stadt Angers mündet die Sarthe in die Mayenne; hier ändert sie ihren Namen in Maine.

Charterfirmen bieten umgebaute Lastkähne für Kreuzfahrten in diesem beliebten Gebiet an, doch das Wasserwandern wird im Sommer erheblich eingeschränkt, da durch die Trockenheit der Wasserstand in den unteren, nicht kanalisierten Abschnitten der Mayenne, sowie der Maine, erheblich absinkt. Man plant, die Situation durch den Bau einer neuen Schleuse mit einem Wehr etwas unterhalb von Angers zu verbessern.

Ein Nebenarm, die Vieille (Alte)-Maine, stellt unterhalb von Montreuil-Belfroy eine Verbindung zur Sarthe her (siehe Plan). Wenn Sie mit Ihrem Boot von einem Fluß zum anderen fahren wollen, sparen Sie auf dieser Nebenstrecke 5 km. Die meisten Skipper werden sich allerdings für den längeren Weg über Angers entscheiden, da man dort gute Versorgungsmöglichkeiten hat. (Lesen Sie bitte über Angers im Abschnitt **Tourismus** und **Versorgung Loire** nach.)

Schleusen Zwischen Saint-Jean-de-Mayenne und Montreuil-Belfroy sind 28 Schleusen in Betrieb. Die ersten 20 haben Abmessungen von 31 x 5,20 m; die letzten 8 sind etwas länger (33 m). Die geplante neue Schleuse bei Angers wird größer angelegt, um Tankschiffen die Zufahrt zum Ölhafen von Angers zu ermöglichen.

Tiefen Der höchstzulässige Tiefgang beträgt 1,40 m; von Angers bis zum Zusammenfluß mit der Loire 1,80 m.

Brücken Bergwärts von Laval ist die Durchfahrtshöhe wegen der geringen Höhe der Pont de l'Europe (2,80 m bei normalem Wasserstand, 2,10 m über dem höchsten schiffbaren Wasserstand) eingeschränkt. Von Laval bis zur Einmündung in die Sarthe beträgt die geringste Durchfahrtshöhe 4,10 m bei normalem bzw. 3,40 m beim höchsten schiffbaren Wasserstand. Auf der Maine ist die normale Durchfahrtshöhe 6,40 m.

Behörden Direction Départementale de l'Equipement, Mayenne. Unterabteilungen:
- 86 Rue du Pressoir Salé, BP 860, 53042 Laval, Tel. (43) 53.01.37 (km 0 – 86).
- Service de la Navigation Maine-et-Loire, Quai Félix Faure, 49000 Angers, Tel. (41) 43.61.49 (km 86 – 134).

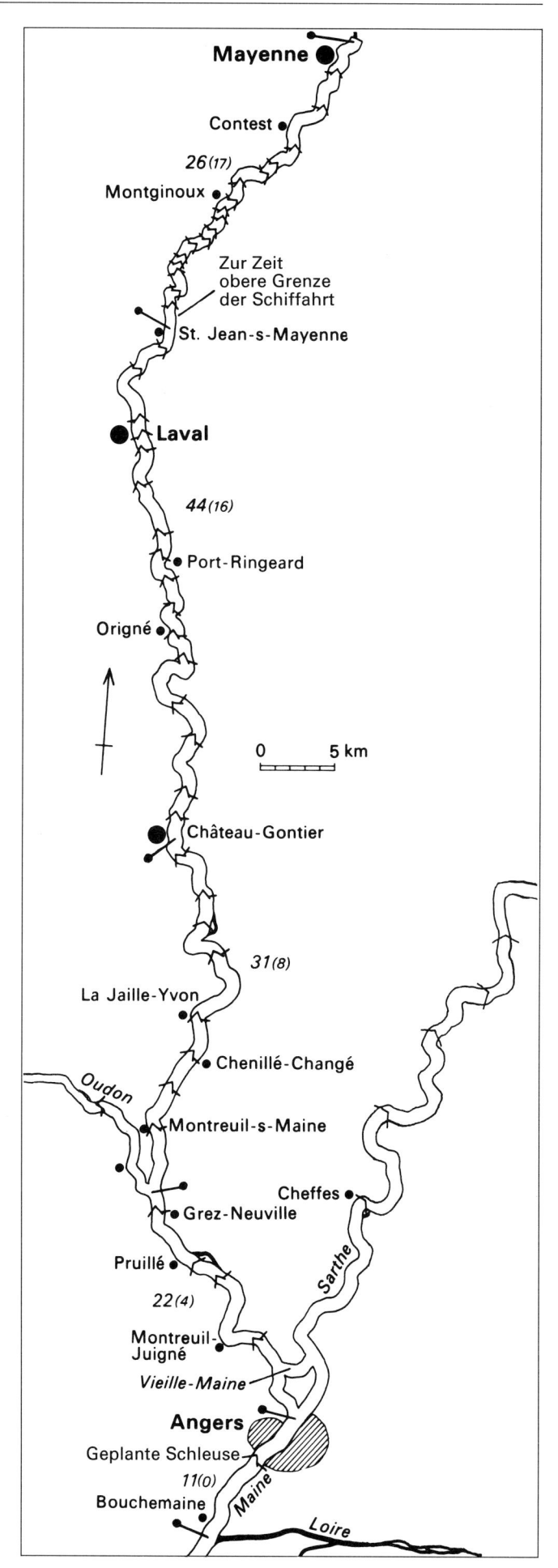

Stadtansicht von Laval an der Mayenne

Entfernungstabelle

	km	Schl.	km
Saint-Jean-sur-Mayenne Brücke, Kai TW LU, Ortschaft RU	26,2	—	107,4
Schleuse 18 (Boisseau) LU und Wehr	27,1	1	106,5
Schleuse 19 (Belle-Poule) LU und Wehr	29,9	2	103,7
Brücke	30,8	—	102,8
Changé Brücke, Ortschaft RU	31,0	—	102,6
Schleuse 20 (Bootz) LU und Wehr	33,5	3	100,1
Eisenbahnviadukt und Fußgängerbrücke	34,0	—	99,6
Brücke (Pont de l'Europe)	34,3	—	99,3
Laval Brücke (Pont Neuf), Kai TW LU, Stadtzentrum breitet sich an beiden Ufern aus	34,7	—	98,9
Schleuse 21 (Laval) LU und Wehr	34,8	4	98,8
Brücke (Pont Vieux)	35,0	—	98,6
Schleuse 22 (Avenières) LU und Wehr	35,8	5	97,8
Brücke (Pont d'Avenières)	35,9	—	97,7
Schleuse 23 (Cumont) RU und Wehr	38,7	6	94,9
Saint-Pierre LU	39,3	—	94,3
Schleuse 24 (Bonne) RU und Wehr, Brücke	42,3	7	91,3
Schleuse 25 (Port-Ringeard) RU und Wehr	43,9	8	89,7
Entrammes Brücke (D103), Ortschaft			

Entfernungstabelle	km	Schl.	km
1800 m LU	44,0	—	89,6
Schleuse 26 (Persigand) RU und Wehr	45,0	9	88,6
Schleuse 27 (Briassé) RU und Wehr	48,5	10	82,1
Schleuse 28 (Bénâtre) RU und Wehr, **Origné** 800 m RU	51,2	11	82,4
Schleuse 29 (Fosse) RU und Wehr	53,2	12	80,4
La Valette Brücke (D4), Kai und Schloß BW LU	58,8	—	74,8
Schleuse 30 (Rongère) RU und Wehr, Schloß BW RU	59,4	13	74,2
Schleuse 31 (Neuville) RU und Wehr	62,2	14	71,4
Schleuse 32 (Roche-du-Maine) RU und Wehr	65,8	15	67,8
Schleuse 33 (Mirvault) RU und Wehr	68,4	16	65,2
Château-Gontier Brücke, Kai TW RU, kleine Stadt RU	70,5	—	63,1
Brücke	71,1	—	62,5
Schleuse 34 (Pendu) RU und Wehr	71,7	17	61,9
Eisenbahnviadukt	71,9	—	61,7
Azé LU	72,4	—	61,2
Schleuse 35 (Bavouze) RU und Wehr, empfehlenswertes Restaurant	75,9	18	57,7
Einfahrt in Schleusenkanal RU	76,6	—	57,0

Entfernungstabelle	km	Schl.	km
Schleuse 36 (Ménil), Ende des Schleusenkanals, Wehr LU	77,8	19	55,8
Ménil RU	77,8	—	55,8
Schleuse 37 (Fourmusson) in kurzem Kanal, RU	82,1	20	51,5
Daon Brücke, Ortschaft LU	83,8	—	49,8
Schleuse 38 (**La Jaille-Yvon**) RU und Wehr, kleine Ortschaft RU	88,0	21	45,6
Schleuse 39 (Chenillé-Changé) in kurzem Kanal RU	90,5	22	43,1
Chenillé-Changé LU	90,6	—	43,0
Chambellay Brücke, Ortschaft RU	92,1	—	41,5
Schleuse 40 (Roche-Chambellay) in kurzem Kanal RU	93,6	23	40,0
Schleuse 41 (Montreuil-sur-Maine) RU und Wehr	96,8	24	36,8
Montreuil-sur-Maine Kai und Ortschaft RU	96,9	—	36,7
Fluß teilt sich, halten Sie sich im rechten Flußarm	98,0	—	35,6
Brücke (Pont de l'Aubinière), **Le Lion d'Angers** 2000 m RU	99,0	—	34,6
Einmündung des Oudon RU (schiffbarer Fluß)	101,0	—	32,6
Schleuse 42 (Grez-Neuville) RU und Wehr	102,7	25	30,9
Grez-Neuville Brücke, Kai BW RU, Ortschaft 200 m LU	102,9	—	30,7
Pruillé RU (Fähre)	106,3	—	27,3
Schleuse 43 (Roussière) RU und Wehr	107,3	26	26,3
La Roussière Schloß und Kai RU	107,4	—	26,2
Einfahrt in Schleusenkanal RU	108,9	—	24,7
Schleuse 44 (Sautré), Ende des Schleusenkanals, Wehr LU	109,4	27	24,2
Port-Albert Kai LU, **Feneu** 1300 m	110,4	—	23,2
Brücke (Juigné-Béné), Kai TW RU	113,1	—	20,5
Schleuse 45 (Montreuil-Belfroy) in Schleusenkanal RU, Wehre LU	115,6	28	18,0
Cantenay-Epinard Brücke (Bergfahrer halten sich im rechten Flußarm), Ortschaft 700 m LU	118,2	—	15,4
Der Fluß teilt sich, Vieille (Alte)-Maine LU führt zur Sarthe	118,9	—	14,7
Brücke	120,7	—	12,9
Einmündung der Sarthe, LU, aus Mayenne wird Maine	122,5	—	11,1
Eisenbahnbrücke	122,6	—	11,0
Brücke (Pont de la Haute-Chaîne), Kais LU	124,4	—	9,2
Angers Brücke (Pont du Centre), Sportboothafen TW RU, gegenüber dem Schloß und Stadtzentrum	125,0	—	8,6
Brücke (Pont de la Basse-Chaîne), Kais an beiden Ufern	125,5	—	8,1
Neue Straßenbrücke (Stadtautobahn)	126,5	—	7,1
Lageplatz der geplanten Schleuse (Angers) RU und Wehr	126,7	—	6,9
Brücke (früher Schienen)	129,4	—	4,2
Eisenbahnbrücke	131,7	—	1,9
Bouchemaine Hängebrücke, Ortschaft RU	132,4	—	1,2
Öltanker-Kai RU	132,9	—	0,7
Einmündung in die Loire, nur talwärts schiffbar	133,6	—	0,0

Meuse
Maas

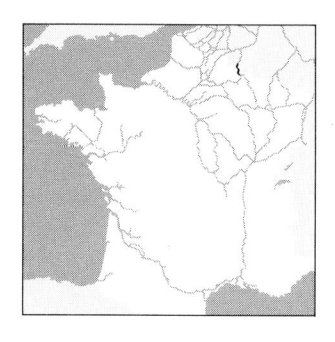

Die Maas gehört zu den großen schiffbaren Flüssen Europas. In Frankreich und in Belgien ist sie größtenteils kanalisiert; in der niederländischen Provinz Limburg hat man einen Seitenkanal, den Juliana-Kanal gebaut, um bis zum Rheindelta fahren zu können. Wir erwähnen die Maas an dieser Stelle nur der Vollständigkeit halber, denn eigentlich stellt sie den nördlichen Abschnitt des Canal de l'Est dar, solange sie durch französisches Gebiet fließt. Lesen Sie bitte unter **Canal de l'Est** nach.

Canal du Midi

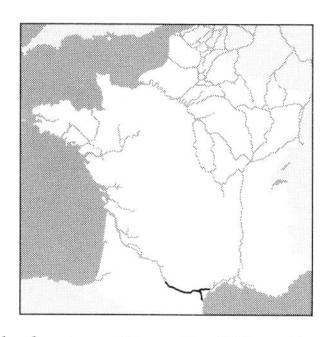

Der Canal du Midi, entworfen und erbaut von Pierre-Paul Riquet in den Jahren 1663 – 1681, ist die bei weitem beliebteste Binnenwasserstraße Frankreichs. Er ist 240 km lang, beginnt in Toulouse, wo er an den Canal latéral à la Garonne anschließt, und endet im Etang de Thau, einer geschützten Lagune, durch die man in den Mittelmeerhafen Sète und zum östlichen Ende des Canal du Rhône à Sète gelangt.

Von Toulouse steigt der Kanal durch das große Getreideanbaugebiet Lauragais zu einer kurzen Scheitelhaltung auf 190 m Höhe, dem Col de Nauroze, hinauf. Mit Hilfe des von ihm selbst erdachten genialen Systems ist es P.-P. Riquet gelungen, eine großzügige Wasserversorgung für den Canal du Midi zu gewährleisten. Heute, nach 300 Jahren, sind das große Réservoir de Ferréol und die Versorgungskanäle Rigole de la Montagne, 24 km, und Rigole de la Plaine, 35 km, noch immer voll funktionsfähig. Ein imposanter Obelisk erinnert an den begabten Erbauer.

Östlich der Wasserscheide beginnt der Abstieg zum Mittelmeer, die Strecke führt an den Städten Castelnaudary und Carcassonne vorbei. Bei Fonsérannes, in der Nähe von Béziers, umgeht ein modernes Schiffshebewerk (Wasserkeil) die ehemalige Schleusentreppe, aus sechs bzw. sieben Schleusen, übrigens das zweite technische Bauwerk dieser Art in Frankreich nach dem Wasserkeil bei Montech am Garonne-Seitenkanal, welcher 1974 eingeweiht wurde.

Der Tunnel von Malpas, der erste Kanaltunnel der Welt, ist 161 m lang und an der Wasseroberfläche 6,45 m breit. Er befindet sich in einer ungewöhnlich langen Kanalhaltung, die nicht unerwähnt bleiben darf: 54 km ohne Schleusen! Im Tunnel herrscht Einbahnverkehr, die Sicht ist ausreichend und es gibt keine zusätzlichen Fahrvorschriften. In einigen Aquädukten funktioniert der Verkehr ebenfalls nach dem Einbahnsystem, desgleichen auf einem engen Abschnitt bei Béziers (km 202 – 204), sowie unter den meisten Kanalbrücken.

Ein wichtiger Nebenarm ist der 37 km lange Zweigkanal von La Nouvelle; er führt von km 168 an der Hauptstrecke (Sallèles) zum Industriehafen Port-la-Nouvelle.

Ein anderer kurzer Zweigkanal, der „Abstieg" zum Hérault maritime (Descente dans l'Hérault) führt von der runden Schleuse von Agde zum Héraultfluß und ermöglicht damit einen weiteren Zugang zum Mittelmeer. Östlich der Schleuse von Agde benutzt dieser Kanal 1 km lang das Flußbett des Hérault (lesen Sie bitte auch unter **Hérault** nach).

Schleusen Wenn man die zwei Schleusen, die in Toulouse zur Garonne leiteten, heute aber einer Ringstraße, die um die Stadt herumführt, weichen mußten, und das Sperrtor, welches für gewöhnlich offen ist, ausklammert, galt es bis vor kurzem auf dem Canal du Midi 64 Schleusen zu überwinden. Darunter befanden sich 19 doppelte, vier dreistufige, eine vierstufige und eine sechsstufige Schleusentreppe, so daß man tatsächlich durch 99 Kammern geschleust wurde (24 von Toulouse bis zur Scheitelhaltung, 75 zum Mittelmeer hinab). Die Mindestabmessungen betrugen 30,00 x 5,50 m.

Der Kanal wird aber schrittweise modernisiert (so wie der Canal latéral à la Garonne in den siebziger Jahren) und auf denselben Standard gebracht wie die übrigen wichtigen Binnenwasserstraßenverbindungen Frankreichs, auf denen 38,50 m lange Pénichen (Lastkähne mit ganz flachen Aufbauten) mit einer Ladekapazität von 250 Tonnen fahren können. Die Ausbauarbeiten sind von Toulouse bis Baziéges (km 28) und von Argens (km 152) bis zum Etang de Thau abgeschlossen, einschließlich des Zweigkanals von La Nouvelle.

Bei Toulouse wurden fünf, bei Béziers zwei tiefe Schleusen erbaut, als Ersatz für ehemalige Schleusentreppen; 1983 gab es auf der Strecke von Toulouse bis zur Scheitelhaltung 15 Schleusen (18 Kammern). Die wichtigste Verbesserung östlich der Wasserscheide ist das obenerwähnte Schiffshebewerk bei Fonsérannes. Die weiteren Modernisierungsarbeiten beschränken sich im wesentlichen auf die Verlängerung der bestehenden Schleusenkammern.

Dieser Eingriff ist bei doppelten und dreifachen Schleusen ziemlich kompliziert, aber trotzdem durchführbar; für die vierstufige Schleusentreppe muß noch eine Lösung gefunden werden. Es ist wahrscheinlich, daß die Ausbauarbeiten im mittleren Abschnitt zwischen Baziéges und Argens mindestens bis 1988 dauern werden, man rechnet mit häufigen Verzögerungen und Baustopps.

Um zum Ende zu kommen: von Toulouse bis zur Scheitelhaltung sind es 15 Schleusen (18 Kammern), zum Mittelmeer hinunter hat man 48 Schleusen (68 Kammern bzw. 73, wenn man die Schleusentreppe von Fonsérannes benutzt) zu überwinden. Das ergibt zusammen 63 Schleusen mit 86 (bzw. 91) Kammern. Im Zuge der Modernisierungsarbeiten im mittleren Abschnitt werden sich weitere Veränderungen ergeben. Viele der Schleusen haben eine recht ungewöhnliche ovale Form, aber die Wände sind senkrecht. Die vier- und sechsstufige Schleusentreppe wird elektrisch betrieben und kann dadurch in relativ kurzer Zeit passiert werden.

Tiefen Der höchstzulässige Tiefgang beträgt 1,60 m, wird aber abschnittsweise auf 1,80 m verbessert.

Brücken Die Brücken haben eine lichte Durchfahrtshöhe von 3,25 m in der Mitte der Bogenöffnung und 3 m an den Seiten.

Treidelpfad Ein guter Treidelpfad verläuft neben der gesamten Strecke, ausgenommen die letzten 22 Kilometer ab der Schleuse von Portiragne.

Tourismus Der Canal du Midi beginnt in **Toulouse**, der Stadt mit

Romanische Brücke in Narbonne (oben)

Am Ufer des Canal du Midi bei Le Somail (Mitte)

Noch heute wird im Canal du Midi die Wäsche gewaschen; aufgenommen bei der Scheitelhaltung östlich Toulouse (unten)

den gemütlichen Straßencafés unter dem dichten Laubdach der Platanen. Diese Bäume sind ebenso typisch für den Süden wie der blaue Himmel, die Sonne und die temperamentvollen Bewohner. Der Anfang der Strecke ist etwas ernüchternd, denn er ist geräuschvoll und schmutzig, aber wunderbar schattig. Langsam geht es durch die Kornkammer Lauragais zum Col de Naurouze, wo die Scheitelhaltung in einer grünen Allee liegt.

Der Kanal wurde vor 300 Jahren erbaut, zur Zeit Ludwig des XV. Pierre-Paul Riquet, dieser außergewöhnliche Mann, war Regierungsbeamter, ihm unterlag die Einnahme der Salzsteuer. Oft und oft bereiste er das Land und lernte dadurch seine Beschaffenheit bis ins kleinste Detail kennen; die Idee und der Plan sowie alle technischen Finessen entsprangen seinem Gehirn, er investierte fast sein gesamtes Vermögen in die Verwirklichung „seines Kanals" und konnte bedauerlicherweise den triumphalen Erfolg seines Werkes nicht mehr miterleben, da er sechs Monate vor dessen Einweihung, beinahe mittellos, starb. Seine Familie mußte beinahe 50 Jahre warten, bis der Staat ans Zurückzahlen dachte.

Jenseits der Wasserscheide liegen prachtvolle Maisfelder und das „Land der schwarzen Berge", wo das „Cassoulet", ein köstlicher Eintopf aus weißen Bohnen mit vielen verschiedenen Fleischsorten im Steinguttopf geschmort, herkommt.

Die Stadt **Carcassonne**, eine Schönheit aus dem Mittelalter, deren märchenhafte Festung wie eine Bühnendekoration wirkt, sucht ihresgleichen. Schirmkiefern, Platanen, Zypressen und reizende Dörfer gleiten am Ufer vorbei, bevor man den quirligen Weinort **Béziers** erreicht. Zu guter Letzt entläßt uns die runde Schleuse von **Agde** in den Etang de Thau.

Versorgungsmöglichkeiten Toulouse: Hier findet man exzellente Lebensmittelgeschäfte, Reparaturwerkstätten aller Art, Postamt, Wasser im Hafen, Kraftstoff an den Tankstellen in der Stadt.
Port Sud: In diesem neuen Yachthafen bekommt man Wasser, Diesel, Strom. Im einen km entfernten Ramonville gibt es Lebensmittelgeschäfte und Restaurants. Port Sud ist der Stützpunkt einer Charterfirma.
Port Lauragais: Hier gibt es Wasser, Kraftstoff und Strom, sowie ein Restaurant; Lebensmittel erhält man in geringen Mengen.
Castelnaudary: Am Stützpunkt der Blue-Line-Charterfirma bekommt man Wasser und Kraftstoff, Lebensmittel gibt es im Ort.
Villepinte: Sie sollten unbedingt im Restaurant „Les Acacias" ein Cassoulet essen.
Carcassonne: Am Anleger im Kanalbecken gibt es Wasser, Duschen und Toiletten. Eine Tankstelle liegt 300 m entfernt (manche Führer warnen vor dem Viertel, in dem sich der Hafen befindet). Gute Lebensmittelgeschäfte findet man in der Stadt.
Port-la-Robine: Wasser, Diesel und Reparaturmöglichkeiten im Bootshafen.
Capestang: Hier hat man vielseitige Einkaufsmöglichkeiten, Wasser gibt es im Hafen.
Poilhès: Am kleinen Anlegeplatz in diesem malerischen Dorf gibt es Wasser, Telefon, Briefkasten, Dusche, WC, Mülltonnen und sogar Wannen zum Wäschewaschen.
Béziers: Wasser gibt es im Hafen, Kraftstoff bei Tankstellen an der Hauptstraße. Gute Lebensmittelgeschäfte sind vorhanden, ebenso ein mobiler Kran.
Port Cassafières: In diesem kleinen Hafen gibt es Wasser und Kraftstoff sowie ein Restaurant. Auch hier befindet sich die Basis einer Charterfirma.
Agde: Am Kai kann man Wasser nehmen, Tankstellen findet man in der Stadt; es gibt Reparaturwerkstätten und Lebensmittelgeschäfte.

Behörden Service de la Navigation de Toulouse.
Unterabteilungen:
- 65 bis Allée des Demoiselles, 31400 Toulouse, Tel. (61) 52.53.22 (km 0 - 51).
- Port du Canal, 11000 Carcassonne, Tel. (68) 25.01.50 (km 51 - 127).
- 9 bis Quai d'Alsace, 11100 Narbonne, Tel. (68) 32.02.35 (km 127 - 174).
- Pont Rouge, 34500 Béziers, Tel. (67)76.26.38 (km 174 - 240).

Zweigkanal von La Nouvelle

Dieser Kanal zweigt von der Hauptstrecke des Canal du Midi bei Sallèles (km 168) ab und führt direkt zum Mittelmeer nach Port-la-Nouvelle. Er besteht im wesentlichen aus drei Abschnitten:
1. aus dem 5 km langen Canal de Jonction, der zum Fluß Aude hinunterführt;
2. aus einem 600 m langen Stück des Flusses Aude, durch welches die Fahrzeuge
3. in den 32 km langen Canal de la Robine gelangen, der sie über Narbonne nach Port-la-Nouvelle bringt. Der gesamte Zweigkanal ist für 250-Tonnenschiffe ausgebaut worden, um den Transport auf dem Wasser attraktiver und effektiver zu gestalten; das betrifft besonders die Verschiffung von Wein, der entweder in Port-la-Nouvelle umgeladen wird oder aus dieser Gegend stammt und hier zum Versand gelangt.

Man begegnet auf diesem Kanal, wie auch auf der Hauptstrecke, häufig Pénichen.

Schleusen Am Canal de Jonction gibt es sieben Schleusen, dazu gehört die tiefe Schleuse, die die ehemalige Schleusentreppe von Sallèles ersetzt; am Canal de la Robine sind es sechs Schleusen. Alle haben die Abmessungen 40,50 x 5,85 m.

Tiefen Der höchstzulässige Tiefgang ist von 1,60 m auf 1,80 m verbessert worden. In besonders heißen Trockenzeiten wird diese Wassertiefe an der Kreuzung mit dem Audefluß nicht zur Verfügung stehen.

Brücken Die Mindestdurchfahrtshöhe beträgt 3,30 m.

Treidelpfad Es gibt keinen durchgehenden Treidelpfad.

Tourismus Narbonne ist eine malerische Stadt und ein berühmter Weinort. Man fährt unterhalb der Häuser vorbei, die Kais sind blumengeschmückt, aber verfallen. Bereits die alten Römer gründeten den Seehafen. Besichtigen Sie das Erzbischöfliche Palais und die Kathedrale Saint-Just mit ihrem Kloster.

Versorgungsmöglichkeiten Narbonne: Wasser gibt es im Hafen, Tankstellen und gute Lebensmittelgeschäfte in der Stadt.
Port-La-Nouvelle: Wasser, Kraftstoff und einen Kran zum Mastsetzen, Reparaturmöglichkeiten, Lebensmittel.

Behörden Service de la Navigation de Toulouse.
Unterabteilung: 9 bis Quai d'Alsace, 11100 Narbonne, Tel. (68) 32.02.35.

Descente dans l'Hérault/
Abstieg zum Herault

Diese Verbindung führt von der runden Schleuse von Agde (km 231) zum Hafen von Agde am Héraultfluß; dieses Stück ist etwa 500 m lang und schließt eine Eisenbahnbrücke mit einer Mindestdurchfahrtshöhe von 4,22 m ein. Der höchstzulässige Tiefgang liegt bei 1,80 m. Lesen Sie bitte auch unter Hérault nach.

Plantanengesäumter Abschnitt des Canal du Midi

Entfernungstabelle

	km	Schl.	km
Toulouse Becken (Port de l'Embouchure), die ehemaligen, zur Garonne führenden Schleusen sind beim Bau einer Autostraße zugeschüttet worden; Festmachemöglichkeiten, Wasser	0,0	—	240,1
Anschluß an den Canal latéral à la Garonne (Garonne-Seitenkanal) im Bassin de l'Embouchure	0,2	—	239,9
Brücke (Pont Jumeau)	0,4	—	239,7
Schleuse (Béarnais), Brücke	1,1	1	239,0
Tiefe Schleuse (Minimes)	2,0	2	238,1
Brücke (Minimes)	2,1	—	238,0
Fußgängerbrücke (Négreneys)	2,6	—	237,5
Fußgängerbrücke (Raisin)	3,0	—	237,1
Brücke (Matabiau)	3,3	—	236,8
Tiefe Schleuse (Bayard), Brücke, Eisenbahnstation von Toulouse RU	3,6	3	236,5
Brücke (Riquet)	3,9	—	236,2
Brücke (Constantine)	4,2	—	235,9
Brücke (Colombette)	4,4	—	235,7
Brücke (Guilheméry)	4,9	—	235,2
Brücke (Port Saint-Etienne)	5,0	—	235,1
Brücke (Saint-Sauveur oder Montaudran)	5,1	—	235,0

Entfernungstabelle

	km	Schl.	km
Becken (Port Saint-Sauveur), Festmachemöglichkeiten 800 m vom Stadtzentrum, Wasser	5,2	—	234,9
Fußgängerbrücke (Soupirs)	5,6	—	234,5
Eisenbahnbrücke	6,0	—	234,1
Brücke (Demoiselles)	6,4	—	233,7
Fußgängerbrücke	7,1	—	233,0
Brücke (Universitätsgelände)	9,1	—	231,0
Neue Straßenbrücke (Autobahnspur)	10,5	—	229,6
Brücke (Madron)	12,1	—	228,0
Port Sud Marina, Festmachemöglichkeiten, Charterbasis, Ramonville 1000 m	12,4	—	227,7
Tiefe Schleuse (**Castanet**), Brücke, Ortschaft 2000 m LU	15,7	4	224,4
Schleuse (Vic), Brücke	17,4	5	222,7
Brücke (Deyme)	19,8	—	220,3
Brücke (Donneville)	22,7	—	217,4
Brücke (Montgiscard)	24,8	—	215,3
Tiefe Schleuse (Montgiscard), Fußgängerbrücke	24,9	6	215,2
Montgiscard Kai LU, Ortschaft 300 m jenseits der Hauptstraße	25,0	—	215,1
Brücke (Baziège)	26,9	—	213,2
Neue Straßenbrücke (N113)	28,0	—	212,1

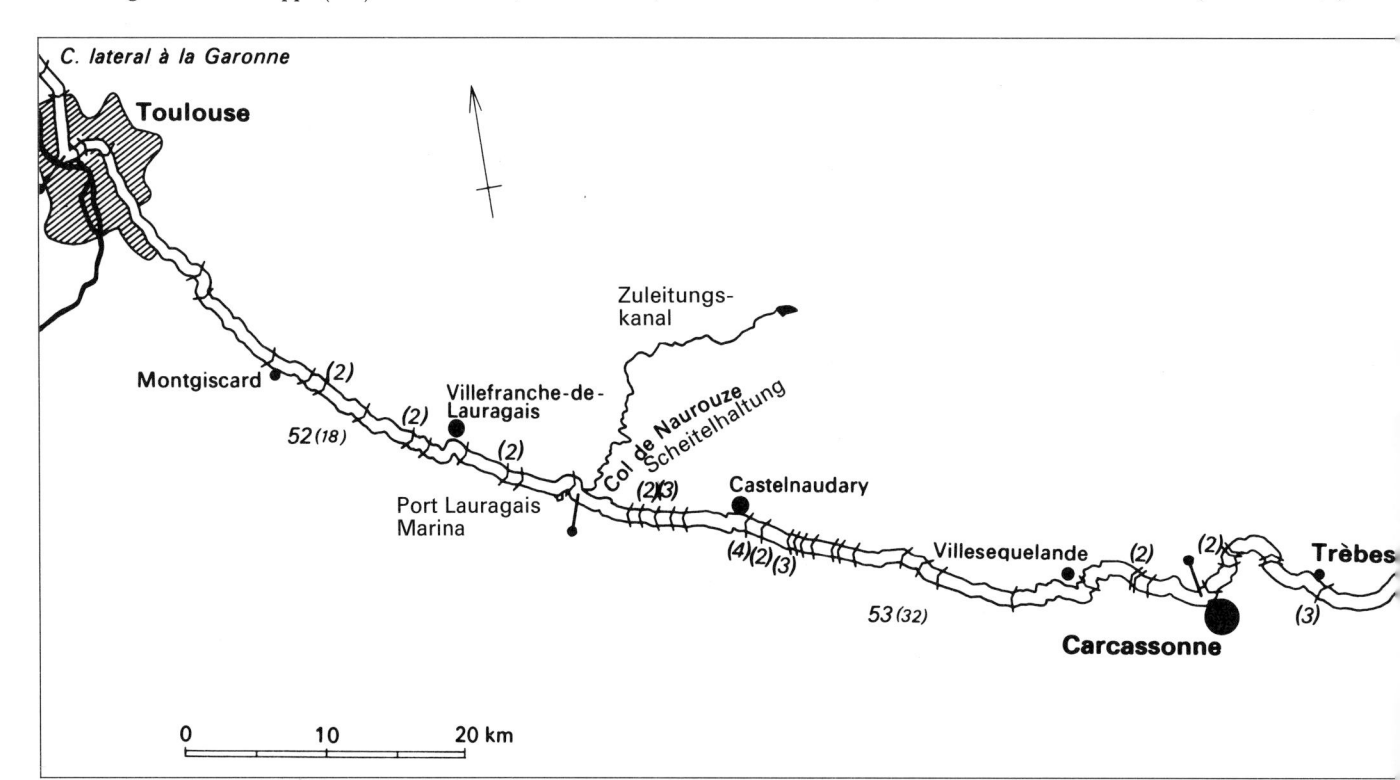

Canal du Midi

Entfernungstabelle	km	Schl.	km
Tiefe Schleuse (Aygues-Vives), Fußgängerbrücke	28,1	7	212,0
Zweistufige Schleusentreppe (Sanglier), Brücke	29,6	8/9	210,5
Brücke (Enserny)	31,5	—	208,6
Schleuse (Négra), Brücke, **Montesquieu-Lauragais** 1000 m LU	33,3	10	206,8
Brücke (Vieillevigne)	35,0	—	205,1
Zweistufige Schleusentreppe (Laval), Brücke	37,5	11/12	202,6
Schleuse (Gardouch), Brücke	38,9	13	201,2
Gardouch Kai LU, Ortschaft 600 m	39,0	—	201,1
Hers Aquädukt, **Villefranche-de-Lauragais** 2000 m RU	41,0	—	199,1
Schleuse (**Renneville**), Brücke, kleine Ortschaft 400 m LU	43,0	14	197,1
Zweistufige Schleusentreppe (Encassan), Brücke	45,9	15/16	194,2
Schleuse (Emborrel), Brücke, **Avignonet-Lauragais** 1500 m RU	47,5	17	192,6
Brücke (Maraval)	49,5	—	190,6
Port Lauragais Marina neben Autobahnbetriebsgelände	50,0	—	190,1
Autobahnbrücke (A61, Autoroute des Deux Mers)	50,2	—	189,5
Eisenbahnbrücke (Hauptstrecke Toulouse-Narbonne)	50,6	—	189,5
Schleuse (Océan), Brücke, Beginn der Scheitelhaltung	51,6	18	188,5
Versorgungskanal kommt aus dem ehemals achteckigen Becken, Denkmal und Gedenktafeln für P.-P. Riquet	52,1	—	188,0
Brücke	53,3	—	186,8
La Ségala Brücke, kleine Ortschaft	53,8	—	186,3
Schleuse (Méditerranée), Brücke	56,6	19	183,5
Zweistufige Schleusentreppe (Roc)	57,7	20/21	182,6

Entfernungstabelle	km	Schl.	km
Brücke	58,2	—	181,9
Dreistufige Schleusentreppe (Laurens), Brücke	58,7	22/24	181,4
Schleuse (Domergue)	59,7	25	180,4
Schleuse (Laplanque), Brücke	60,9	26	179,2
Brücke (Pont Neuf)	64,5	—	175,6
Castelnaudary Kai an beiden Ufern, Festmachemöglichkeiten, Stadt LU	64,6	—	175,5
Brücke (Pont Vieux)	64,8	—	175,3
Becken (Grand Bassin), Blue-Line-Charterbasis RU	65,2	—	174,9
Brücke (Saint-Roch)	65,4	—	174,7
Vierstufige Schleusentreppe (Saint-Roche), Wasser	65,6	27/30	174,5
Zweistufige Schleusentreppe (Gay)	67,1	31/32	173,0
Dreistufige Schleusentreppe (Vivier), Brücke	68,7	33/35	171,4
Schleuse (Guilhermin)	69,1	36	171,0
Schleuse (Saint-Sernin), Brücke	69,7	37	170,4
Schleuse (Guerre), Brücke, **Saint-Martin-Lalande** 1000 m LU	70,6	38	169,5
Schleuse (Peyruque), Brücke	71,7	39	168,4
Schleuse (Criminelle)	72,2	40	167,9
Schleuse (Tréboul), Brücke	73,6	41	166,5
Villepinte Brücke, Ortschaft 1000 m LU	76,0	—	164,1
Schleuse (Villepinte)	77,4	42	162,7
Schleuse (Sauzens), Brücke	79,0	43	161,1
Schleuse (Bram), Kai TW RU	80,3	44	159,8
Bram Brücke, Ortschaft 1500 m RU	80,8	—	159,3
Eisenbahnbrücke (Hauptstrecke Toulouse-Narbonne)	83,9	—	156,2
Brücke (Diable)	84,7	—	155,4
Schleuse (Béteille), Brücke	85,9	45	154,2
Brücke (Saint-Eulalie)	89,1	—	151,0
Villèsquelande Brücke, Ortschaft 600 m LU	91,2	—	148,9

Canal du Midi

So läßt sich's leben

Entfernungstabelle	km	Schl.	km
Schleuse (Villèsquelande)	93,4	46	146,7
Brücke (Caux-et-Sauzens)	94,1	—	146,0
Brücke (Rocles), **Pezens** 1500 m LU	95,9	—	144,2
Zweistufige Schleusentreppe (Lalande)	98,2	47/48	141,9
Schleuse (Herminis), Brücke	98,5	49	141,6
Schleuse (Ladouce)	99,9	50	140,2
Eisenbahnbrücke	103,6	—	136,5
Brücke (Iéna)	104,4	—	135,7
Fußgängerbrücke	104,6	—	135,5
Brücke (Pont de la Paix)	104,8	—	135,3
Carcassonne Becken, Festmachemöglichkeiten und Serviceleistungen für Sportboote, nahe dem Stadtzentrum und 1500 m von **La Cité** entfernt	105,0	—	135,1
Schleuse (Carcassonne), Brücke	105,3	51	134,8
Eisenbahnbrücke (Hauptstrecke Toulouse-Narbonne)	105,4	—	134,7
Schleuse (Saint-Jean), Brücke (Friedland)	108,0	52	132,1

Entfernungstabelle	km	Schl.	km
Fresquel Aquädukt	108,7	—	131,4
Zweistufige Schleusentreppe (Fresquel), Kai TW LU	108,8	53/54	131,3
Schleuse (Fresquel)	109,0	55	131,1
Brücke (Conques)	109,3	—	130,8
Brücke (Méjeanne)	110,6	—	129,5
Schleuse (Evêque), Brücke	112,6	56	127,5
Schleuse (Villedubert)	113,4	57	126,7
Brücke (Rode)	116,2	—	123,9
Orbiel Aquädukt	116,7	—	123,4
Trèbes Brücke, Kai BW LU, Wasser, Ortschaft RU	117,3	—	122,8
Dreistufige Schleusentreppe (Trèbes)	118,0	58/60	122,1
Brücke (Saint-Julia)	119,4	—	120,7
Brücke (Millepetit)	121,0	—	119,1
Brücke (Millegrand)	122,2	—	117,9
Marseillette Brücke, Ortschaft 200 m RU	126,2	—	113,9
Schleuse (Marseillette), Brücke	127,2	61	112,9
Dreistufige Schleusentreppe (Fonfile)	130,4	62/64	109,7
Zweistufige Schleusentreppe (Saint-Martin), Brücke	131,6	65/66	108,5
Zweistufige Schleusentreppe (Aiguille), Brücke	133,4	67/68	106,7
Brücke (Rieux), **Puichéric** 800 m RU	135,0	—	105,1
Eisenbahnbrücke (stillgelegt)	136,0	—	104,1
Zweistufige Schleusentreppe (Puichéric)	136,4	69/70	103,7
Laredorte Brücke (Pont Vieux), Ortschaft 500 m LU	139,5	—	100,6
Brücke (Pont Neuf)	140,5	—	99,6
Kai LU (Laredorte)	141,0	—	99,1
Brücke (Métairie du Bois)	141,4	—	98,7
Schleuse (Jouarres)	142,7	71	97,4
Homps Brücke, Becken BW, Locaboat/Charterbasis – Plaisance –, Festmachemöglichkeiten Ortschaft RU	145,5	—	94,6
Schleuse (Homps), Brücke	146,4	72	93,7

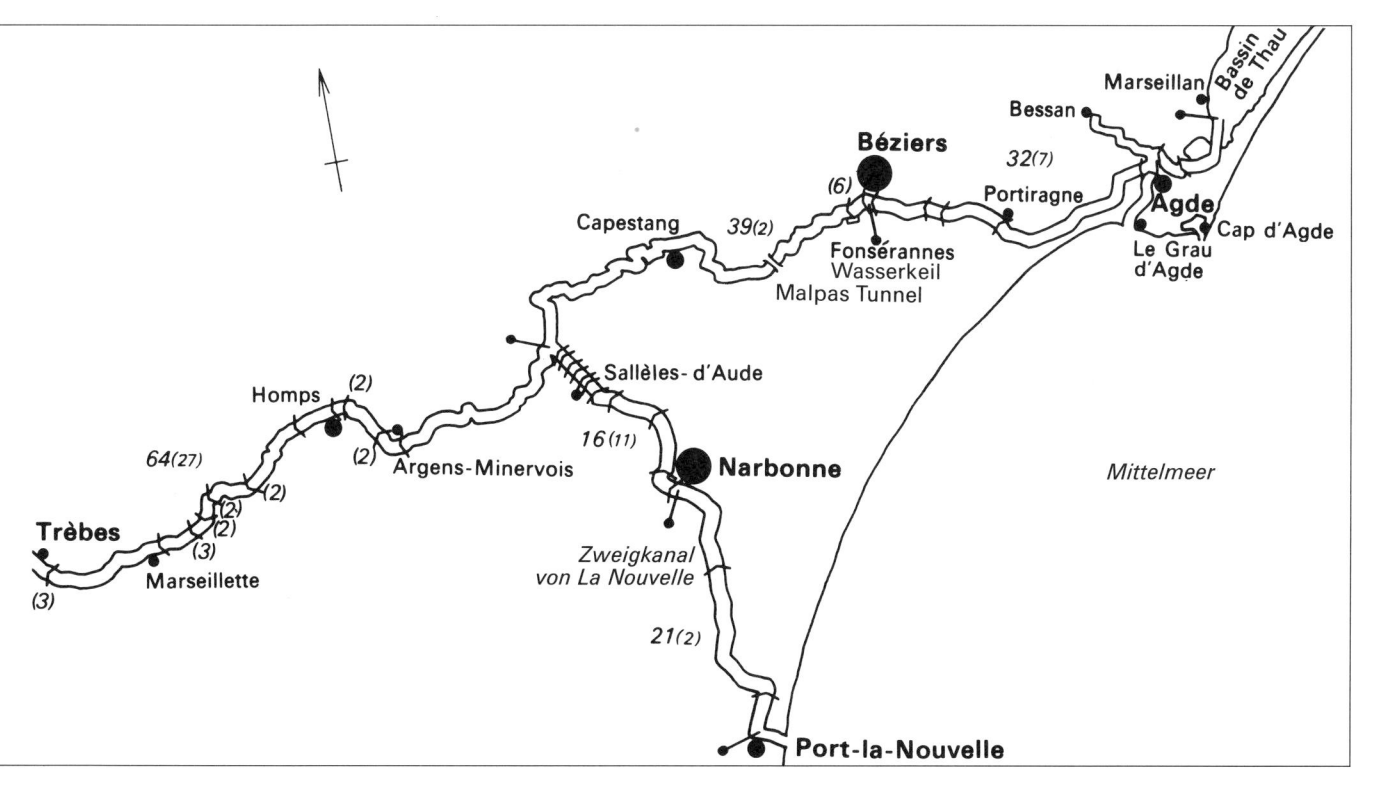

Canal du Midi

Entfernungstabelle	km	Schl.	km
Zweistufige Schleusentreppe (Ognon)	147,1	73/74	93,0
Sperrschleuse (Ognon), Fußgängerbrücke	147,2	—	92,9
Brücke (Ognon), D11	147,5	—	92,6
Zweistufige Schleusentreppe (Pechlaurier)	149,8	75/76	90,3
Argens-Minervois Brücke, Ortschaft LU	151,1	—	89,0
Schleuse (Argens), Beginn der langen Kanalhaltung	152,3	77	87,8
Roubia Brücke, Kai TW LU, Ortschaft LU	154,8	—	85,3
Paraza Brücke, Kai BW LU, Ortschaft LU	157,6	—	82,5
Répudre Aquädukt	158,8	—	81,3
Ventenac d'Aude Brücke, Kai BW LU, Ortschaft LU	160,9	—	79,2
Brücke (Saint-Nazaire)	162,7	—	77,4
Brücke (Pont Neuf) D607	165,4	—	74,7
Le Somail Brücke (Pont Vieux), Kais TW, Wasser, Ortschaft LU	165,9	—	74,2
Kanal verengt sich, Einbahnverkehr	167,7	—	72,4
Cesse Aquädukt	168,0	—	72,1
Brücke (Truilhas)	168,3	—	71,8
La Robine Becken LU, Charterbasis, Kraftstoff, Wasser	168,6	—	71,5
Verbindung zum Zweigkanal von La Nouvelle, RU	168,7	—	71,4
Eisenbahnbrücke, Ende des Streckenabschnittes mit Einbahnverkehr	168,8	—	71,3
Brücke (Pont de la Province)	171,4	—	68,7
Argeliers Brücke (Pont Vieux), Kai BW LU, Ortschaft 700 m LU	172,6	—	67,5
Brücke (Sériège), Kai BW LU	176,5	—	63,6
Brücke (Pigasse)	178,3	—	61,8
Brücke (Malvies)	180,6	—	59,5
Capestang Brücke, Kai TW LU, Wasser Ortschaft RU	188,3	—	51,8
Brücke	188,5	—	51,6
Brücke (Trézilles), D11	191,7	—	48,4
Poilhès Fußgängerbrücke	194,1	—	46,0
Poilhès Brücke, Kai TW RU, Wasser, Ortschaft RU	194,2	—	45,9
Brücke (Régimont)	196,3	—	43,8
Tunnel von Malpas (161 m lang), Ruinen von Oppidum d'Ensérune 1500 m LU	198,8	—	41,3
Colombiers Brücke, Ortschaft RU	200,5	—	39,6
Der Kanal verengt sich, Einbahnverkehr	202,0	—	38,1
Erste Ausweichstelle	202,7	—	37,4
Zweite Ausweichstelle	203,8	—	36,3
Ende des engen Kanalabschnitts	204,0	—	36,1
Brücke (Gourgasse)	204,4	—	35,7
Brücke (Narbonne), N9, Handelskai BW RU,	205,9	—	34,2
der Kanal teilt sich, neues Kanalstück führt zum Schiffshebewerk (Wasserkeil) RU, 6- (ehemals 7-)stufige Schleusentreppe (Fonséranes) LU	206,5	—	33,6
Schiffshebewerk (Fonséranes), Brücke über Schleusentreppe	206,6	78	33,5
Neues Kanalstück TW des Hebewerkes trifft auf die alte Kanalstrecke	207,0	—	33,1
Orb Aquädukt (240 m lang)	207,6	—	32,5
Tiefe Schleuse (Orb), Brücke	208,0	79	32,1

Entfernungstabelle	km	Schl.	km
Béziers Becken, Festmachemöglichkeiten, Wasser, Stadtzentrum 500 m LU jenseits der Eisenbahn	208,1	—	32,0
Tiefe Schleuse (Béziers), Trockendock	208,4	80	31,7
Brücke	208,5	—	31,6
Sperrtor (Sauclière), Verbindung zum stillgelegten Canal du Pont Rouge, Brücke, Kai TW LU	208,8	—	31,3
Fußgängerbrücke (Saint-Pierre)	209,5	—	30,6
Hubbrücke (Fouga)	210,0	—	30,1
Brücke (Capiscol)	210,5	—	29,6
Schleuse (Ariège)	212,5	81	27,6
Autobahnbrücke (A9, Languedocienne)	212,7	—	27,4
Schleuse (Villeneuve), Brücke, **Villeneuve-lès-Béziers** RU	213,8	82	26,3
Cers Brücke, Ortschaft 800 m LU	215,1	—	25,0
Brücke (Caylus)	216,5	—	23,6
Schleuse (Portiragne), Brücke, **Portiragne** 400 m LU	218,3	83	21,8
Brücke (Roquehaute)	221,6	—	18,5
Port Cassafières Becken RU, Charterbasis, Wasser, Kraftstoff, Redoute-Plage 1800 m RU	222,0	—	18,1
Der Fluß Libron kreuzt, enge Durchfahrt, Brücke	225,2	—	14,9
Vias Brücke (Pont Vieux), Ortschaft 1200 m LU	226,4	—	13,7
Neue Straßenbrücke (Umgehung für Agde)	228,2	—	11,9
Brücke (Pont Neuf, Vias), N112	229,0	—	11,1
Eisenbahnbrücke	229,2	—	10,9
Brücke mit 3 Bögen	229,7	—	10,4
Agde Brücke, Kai BW RU, Stadtzentrum 800 m RU	231,3	—	8,8
Runde Schleuse (Dreiwege), Verbindung mit Zweigkanal (Descente dans l'Hèrault)	231,4	84	8,7
Der Canal du Midi verläuft im Flußbett des Hérault	231,8	—	8,3
Der Canal du Midi verläßt das Flußbett des Hérault 1 km BW	232,8	—	7,3
Schleuse (Prades)	233,0	85	7,1
Brücke (Prades)	233,2	—	6,9
Brücke (Saint-Bauzille)	234,1	—	6,0
Schleuse (Bagnas)	235,3	86	4,8
Brücke (Les Onglous)	238,5	—	1,6
Kai (Les Onglous)	239,8	—	0,3
Les Onglous Leuchtturm, Ausgang in den Etang du Thau	240,1	—	0,0

Zweigkanal von La Nouvelle

	km	Schl.	km
Verbindung zur Hauptstrecke des Canal du Midi bei km 168,7	0,0	—	37,3
Fußgängerbrücke (Cesse), Kai TW RU	0,1	—	37,2
Schleuse (Cesse)	0,3	1	37,0
Schleuse (Truilhas), Brücke	1,0	2	36,3
Schleuse (Empare)	1,6	3	35,7
Schleuse (Argeliers), Brücke	2,3	4	35,0
Schleuse (Saint-Cyr)	3,0	5	34,3

Entfernungstabelle	km	Schl.	km
Sallèles-d'Aude Brücke, Kais TW, Ortschaft RU	3,4	—	33,9
Tiefe Schleuse (Sallèles)	3,7	6	33,6
Brücke (Sallèles)	3,8	—	33,5
Schleuse (Gailhousty), Brücke, Trockendock	4,9	7	32,4
Ende des Verbindungskanals, Schiffahrt geht im Aude-Fluß weiter	5,1	—	32,2
Eisenbahnbrücke	5,4	—	31,9
Ende der Kreuzung mit dem Fluß Aude, Schiffahrt benutzt nun den Canal de la Robine RU	5,7	—	31,6
Schleuse (Moussoulens), Brücke	5,8	8	31,5
Brücke (Pont Vieux, Moussoulens)	6,4	—	30,9
Schleuse (Raonel), Brücke, **Cuxac-d'Aude** 1800 m LU	9,8	9	27,5
Schleuse (Gua), Fußgängerbrücke, Kai TW RU	14,2	10	23,1
Fußgängerbrücke, Kai TW LU	14,6	—	22,7
Fußgängerbrücke, Kai TW RU	14,9	—	22,4
Eisenbahnbrücke	15,1	—	22,2
Brücke (Escoute)	15,1	—	22,2
Brücke (Carmes)	15,2	—	22,1
Brücke (Voltaire)	15,2	—	22,1
Schleuse (Narbonne)	15,3	11	22,0
Brücke (Marchands)	15,5	—	21,8
Fußgängerbrücke	15,6	—	21,7
Narbonne Kais an beiden Ufern im Stadtzentrum	15,7	—	21,6
Brücke (Saint-Catherine)	15,8	—	21,5
Fußgängerbrücke	16,1	—	21,2
Schleuse (Mandirac), Brücke, Kai TW RU	24,1	12	13,2
Brücke	16,3	—	21,0
Autobahnbrücke (A9, Languedocienne)	17,8	—	19,5
Kai (Gruissan) RU	25,4	—	11,9
Schleuse (Sainte-Lucie), Kai TW LU	34,3	13	3,0
Eisenbahnbrücke	36,9	—	0,4
Port-la-Nouvelle, der Kanal endet im Hafenbecken, die Ausfahrt ins Mittelmeer erfolgt durch einen Kanal (2500 m), Stadt RU	37,3	—	0,0

Descente dans l'Hérault/Abstieg zum Herault

	km	Schl.	km
Verbindung mit der Hauptstrecke des Canal du Midi bei der runden Schleuse von Agde (km 231,4)	0,0	84	0,5
Eisenbahnbrücke	0,2	—	0,3
Verbindung mit Hérault Maritime	0,5	—	0,0

Mignon

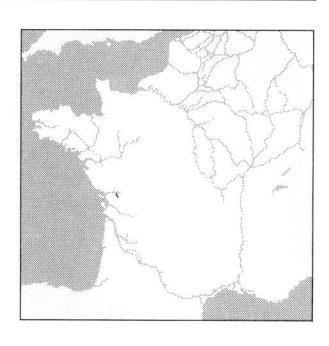

Der kanalisierte Fluß Mignon, allgemein Canal du Mignon genannt, gehört zu den besonders hübschen, aber leider auch ziemlich abgelegenen Revieren zum Wasserwandern. Er liegt im Naturschutzgebiet Marais Poitevin; Schiffe mit geringem Tiefgang können ihn auf der 17 km langen Strecke von Mauzé bis zu seiner Einmündung in die Sèvre-Niortaise befahren. Man findet hier ähnliche Bedingungen wie auf der Sèvre-Niortaise und ihren Nebenflüssen, der Jeune Autise und der Vieille Autise.

Schleusen Hier gibt es vier Schleusen mit den Abmessungen 31,50 x 5,10 m, die einen Höhenunterschied von 4,65 m überwinden.

Tiefen Von der Einmündung bis zu einer Stelle knapp oberhalb von La Grève-sur-Mignon beträgt die normale Wassertiefe 1,20 m; bei Niedrigwasser fällt sie allerdings auf 0,60 m. In den oberen Bereichen hat man auch unter normalen Bedingungen nicht mehr als 0,60 m, örtlich manchmal nur 0,40 m bei Niedrigwasser. Wenn diese Tiefen auch nicht für große Motorkreuzer ausreichen, sind sie doch für die flachbödigen Flußschiffe der Gegend geeignet, die auf der Sèvre-Niortaise und ihren Nebenflüssen verkehren.

Brücken Die geringste Durchfahrtshöhe beträgt 3,30 m bei normalem Wasserstand.

Treidelpfad Der Treidelpfad befindet sich nicht in gutem Zustand.

Behörden Direction Départementale de l'Equipement des Deux-Sèvres, 39 Avenue de Paris, 79022 Niort, Tel. (49) 28.16.11.
Unterabteilung: Cale du Port, 79000 Niort, Tel. (49) 79.20.48.

Entfernungstabelle

	km	Schl.	km
Mauzé-sur-le Mignon Becken, Beginn der Schiffbarkeit Ortschaft 1000 m	0,0	—	17,1
Brücke (Moulin-Neuf)	1,0	—	16,1
Schleuse 1 (Chaban) und Wehr	2,7	1	14,4
Kai (Chaban) LU	3,6	—	13,5
Fußgängerbrücke	4,0	—	13,1
Schleuse 2 (Sazay) und Wehr	5,6	2	11,5
Brücke (Port des Gueux), Kai LU	6,4	—	10,7
Brücke (ehemalige Eisenbahn)	8,6	—	8,5
La Grève-sur-Mignon Brücke, Ortschaft 700 m LU	8,7	—	8,4
Schleuse 3 (Grève-sur-Mignon) und Wehr	9,9	3	7,2
Lidon RU	12,4	—	4,7
Rigole de la Garette (Entwässerungskanal) RU	14,9	—	2,2
Einfahrt in den Seitenkanal Dérivation de la Rabatière (nicht schiffbar) LU	16,4	—	0,7
Schleuse 4 (Bazoin) und Wehr	17,0	4	0,1
Einmündung in die Sèvre-Niortaise (km 34)	17,1	—	0,0

Mosel

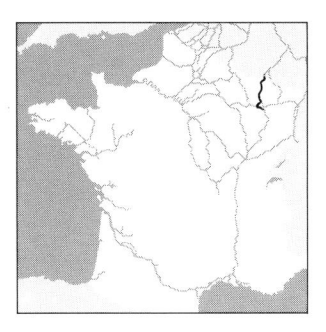

Die Mosel ist eine moderne Wasserstraße, sie ist kanalisiert und auf Europastandard Klasse IV gebracht worden (für 1500-Tonnen-Schiffe und 3000-Tonnen-Schubverbände). Der in Frankreich liegende Abschnitt ist 152 km lang und erstreckt sich vom Stahlindustriegebiet Neuves-Maisons bei Nancy bis zur Grenze nach Luxemburg und Deutschland bei Apach. Die Gesamtlänge dieses Schiffahrtsweges bis zur Einmündung in den Rhein bei Koblenz beträgt 394 km.

Vor dem Ende des Zweiten Weltkrieges war die Mosel in Luxemburg und Deutschland ein schwer zu befahrender Fluß, auch in Frankreich war nur ein kleines Stück zwischen Frouard und Metz für Schiffe mit einer Länge von 38,50 m kanalisiert. Im Jahr 1932 wurde die schiffbare Strecke im Moseltal von Metz nach Thionville (Diedenhofen) durch einen künstlichen Einschnitt, den Canal des Mines de Fer de la Moselle (Mosel-Erzkanal) verlängert, die Konzession dafür bekam eine private Gesellschaft gleichen Namens.

Aufgrund eines internationalen Übereinkommens wurde die Mosel in den Jahren 1956 - 64 von Koblenz bis Thionville durchgehend kanalisiert und um dieselben Schiffahrtsbedingungen auch bis Metz zu schaffen, wurde der Mosel-Erzkanal ausgebaut, die Konzession der privaten Gesellschaft daraufhin entzogen. Im Anschluß daran baute man den Großschiffahrtsweg auch oberhalb von Metz aus: 1972 wurde Frouard, 1979 Neuves-Maisons angeschlossen. Als Folge dieses Projektes schloß man eine Strecke des Rhein-Marne-Kanals; ein Teil des Canal de l'Est, Südabschnitt, wurde der neuen Großschiffahrtsverbindung angegliedert.

Die kanalisierte Mosel hat Anschluß an den Canal de l'Est, Südabschnitt, bei Neuves-Maisons (km 394), an den Rhein-Marne-Kanal, Westabschnitt, bei Toul (km 369) und an den Rhein-Marne-Kanal, Ostabschnitt, bei Nancy-Frouard (346,5).

Die Kilometerangaben in der rechten Spalte der Entfernungstabelle beziehen sich auf die internationale Großschiffahrtsverbindung und beginnen bei Koblenz mit Null.

Schleusen Es gibt 16 Schleusen zwischen Neuves-Maisons und der deutschen Grenze. Die ersten 10 von Apach bis Custines haben Abmessungen von 176 x 12 m und eine Drempeltiefe von 3,50 m. Bergwärts von Frouard sind die Schleusen etwas größer, nämlich 185 x 12 m mit einer Drempeltiefe von 4 m, und entsprechen somit dem europäischen Standard. Die Hubhöhe der Schleusen reicht von 3,15 m bis 8,65 m; sie werden automatisch betrieben und durch Lichter geregelt. Die Bootsschleusen mit den Abmessungen 18,00 x 3,50 m in Apach und Koenigsmaker werden nicht mehr benutzt. In Thionville, Orne-Richemont, Talange und Metz-Nord gibt es eine zweite Schleuse, 40,50 x 60 m; außer in Thionville müssen Sportboote durch diese kleinen Schleusen fahren.

Tiefen Der höchstzulässige Tiefgang sind 2,50 m auf dem gesamten Schiffahrtsweg.

Brücken Die Brücken haben im allgemeinen eine Mindestdurchfahrtshöhe von 6,00 m über dem höchsten schiffbaren Wasserstand. Ausnahmen bilden die Straßenbrücke auf der N3 bei Metz mit 5,10 m bei gleichbleibendem Wasserstand und die Eisenbahnbrücke von Thionville-Nord mit 4,40 m über dem höchsten schiffbaren Wasserstand.

Behörden Service de la Navigation de Nancy.
Unterabteilungen:
- 1, Avenue du Colonel-Péchot, 54200 Toul, Tel. (8) 343.28.39 (km 394 - 352).
- Ecluse de l'Ile d'Esch, BP 61, 54700 Pont-à-Mousson, Tel. (8) 381.00.37 (km 352 - 309).
- 4, Quai des Régates, 57000 Metz, Tel. (8) 766.89.14 (km 309 - 281).
- BP 340, Passage des Bateliers, 57100 Thionville, Tel. (8) 253.74.41 (km 281 - 242).

Entfernungstabelle

	km	Schl.	km
Verbindung mit Canal de l'Est, Südabschnitt, TW der Schleuse 47, Wendebecken	0,0	—	394,0
Neuves-Maisons Stahlwerke, privates Becken RU	1,4	—	392,6
Schleuse (Neuves-Maisons), Hubhöhe 7,10 m, Brücke	1,6	1	392,4
Eisenbahnbrücke	1,8	—	392,2
Neuves-Maisons Brücke, Stadtzentrum 1000 m RU, Pont St. Vincent 400 m LU	2,1	—	391,9
Fußgängerbrücke	4,4	—	389,6
Ende des Maron/Neuves Maisons-Seitenkanals	6,7	—	387,3
Maron Brücke, Ortschaft RU	7,2	—	386,8
Ehemalige Schleuse 50 (Sexey-les-Forges) LU, abgebaut	9,7	—	384,3
Schleuse (Villey-le-Sec), Hubhöhe 7,20 m, in einem 1200 m langen Schleusenkanal, LU, Brücke	14,7	2	379,3
Pierre-la-Treiche, Brücke, Ortschaft 300 m	17,9	—	376,1
Eisenbahnviadukt (stillgelegt)	20,8	—	373,2
Einfahrt in den Villey-Saint-Etienne/Valcourt-Seitenkanal (mittlere Fahrrinne), Sportboote müssen Fahrrinne LU nehmen	21,2	—	372,8
Neue Straßenbrücke (Umgehungsstraße für Toul)	21,4	—	372,6
Brücke	21,5	—	372,5
Toul Schleuse, Hubhöhe 4,40 m, Sportboote müssen zweite Schleuse parallel zur ersten am beibehaltenen Abschnitt des Canal de l'Est LU nehmen	23,0	3	371,0
Brücke (N4)	23,1	—	370,9
Eisenbahnbrücke	23,6	—	370,4
Brücke (Toul)	24,5	—	369,5
Verbindung mit Canal de la Marne au Rhin (Rhein-Marne-Kanal) LU (350 m langer Verbindungskanal mit 1 Schleuse)	24,6	—	369,4
Brücke (Umgehungsstraße für Toul)	24,9	—	369,1
Brücke (Gondreville)	27,5	—	366,5
Schleuse (Fontenoy), Hubhöhe 4,40 m, Brücke	30,0	4	364,0
Eisenbahnbrücke	30,2	—	363,8

Mosel

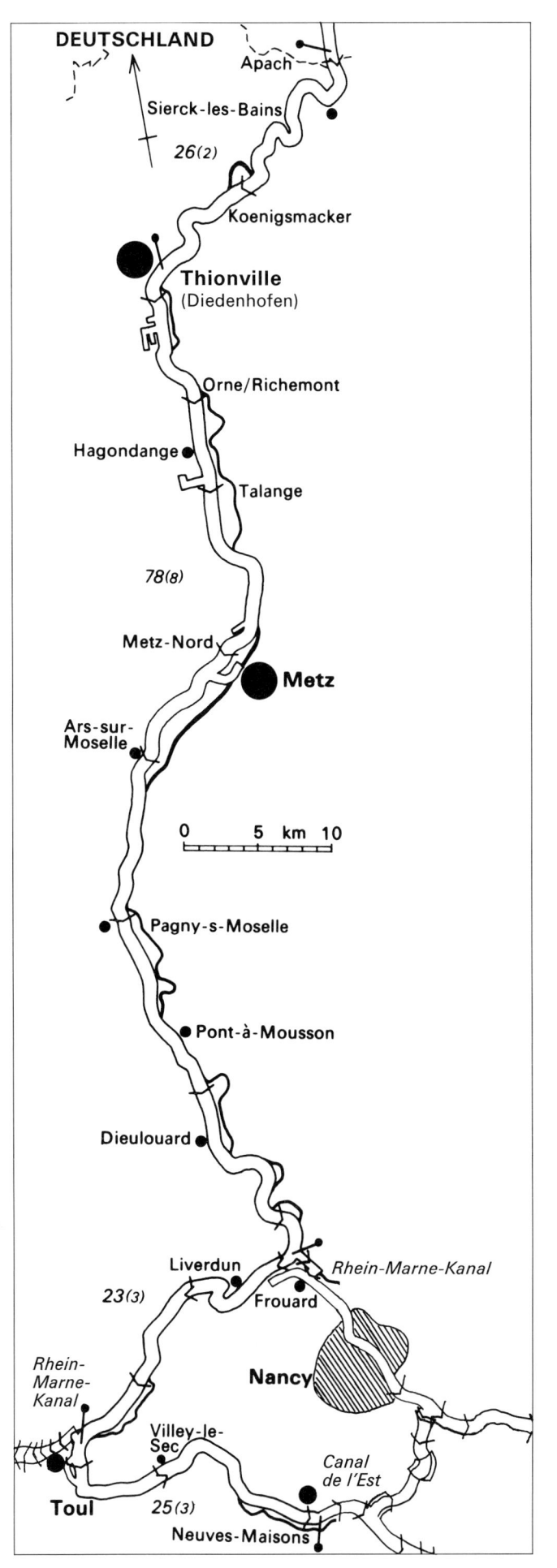

Entfernungstabelle	km	Schl.	km
Neue Straßenbrücke	30,7	—	363,3
Ende des Valley-Saint-Etienne/ Valcourt-Seitenkanals	33,1	—	360,9
Schleuse (Aingeray), Hubhöhe 7,30 m, in 700 m langem Schleusenkanal RU, Brücke	38,3	5	355,7
Eisenbahnbrücke	39,4	—	353,6
Schloß (Château de la Flye) RU	41,1	—	352,9
Liverdun Brücke, kleine Stadt 600 m LU	41,9	—	352,1
Ehemaliger Aquädukt des Rhein-Marne-Kanals (abgebaut)	42,1	—	351,9
Eisenbahnbrücke	42,3	—	351,7
Schleuse (Pompey-Frouard), Hubhöhe 2,70 m, in einem 1000 m langen Schleusenkanal LU	46,2	6	347,8
Pompey-Frouard Brücke (N57)	47,1	—	346,9
Eisenbahnbrücke	47,3	—	346,7
Verbindung mit Zweigkanal zum Hafen Nancy-Frouard und mit Rhein-Marne-Kanal RU	47,5	—	346,5
Pompey-Stahlwerke, Kais LU, Rohrleitungen queren	48,1	—	345,9
Hochspannungsleitung	48,3	—	345,7
Einfahrt in den Pompey/Custines-Seitenkanal LU	48,6	—	345,4
Rohrleitung quert	48,7	—	345,3
Straßen- und Eisenbahnbrücke (Pompey-Stahlwerke)	48,8	—	345,2
Verladekai RU	49,1	—	344,9
Eisenbahnbrücke (Nebenlinie nach Nomeny)	49,2	—	344,8
Brücke (Custines 1000 m)	49,4	—	344,6
Hochspannungsleitung	50,1	—	343,9
Schleuse (Custines), Hubhöhe 3,85 m, Fußgängerbrücken oberhalb und unterhalb	50,3	7	343,7
Ende des Seitenkanals	51,0	—	343,0
Marbache LU	52,0	—	342,0
Autobahnbrücke (A31 Metz-Nancy)	52,5	—	341,5
Einfahrt in den Belleville-Seitenkanal LU, Brücke	53,0	—	341,0
Brücke	53,1	—	340,9
Hochspannungsleitungen	53,5	—	340,5
Ende des Seitenkanals, **Autreville-sur-Moselle** RU	54,5	—	339,5
Hochspannungsleitungen	54,7	—	339,3
Autobahnbrücke (A31 Metz-Nancy)	55,5	—	338,5
Hochspannungsleitungen	57,1	—	336,9
Einfahrt in den Blénod-Liégeot-Seitenkanal, LU	57,5	—	336,5
Sperrtor (Liégeot), Fußgängerbrücke	57,9	—	336,1
Hochspannungsleitung	58,2	—	335,8
Privater Kai (Atton) RU	58,7	—	335,3
Hochspannungsleitungen	59,5	—	334,5
Dieulouard Brücke, Zentrum der kleinen Stadt 900 m LU	59,9	—	334,1
Hochspannungsleitungen	60,7	—	333,3
Brücke (Zufahrt zum Kraftwerk Blénod RU)	61,7	—	332,3
Hochspannungsleitung	62,2	—	331,8
Gas-Rohrleitung quert	62,3	—	331,7
Schleuse (Blénod/Pont-à-Mousson), Hubhöhe 5,65 m, Brücke	62,4	8	331,6
Ende des Seitenkanals	63,2	—	330,8

Mosel

Entfernungstabelle	km	Schl.	km
Gas-Rohrleitung quert	64,1	—	329,6
Verbindung mit ehemaligem Seitenkanal (außer Betrieb) LU, evtl. Festmachemöglichkeit für Pont-à-Mousson	66,0	—	328,0
Pont-à-Mousson Brücke, Stadt LU	66,4	—	327,6
Einfahrt in ehemaligen Kanalabschnitt LU (auf der Mosel fahren)	67,0	—	327,0
Neue Einfahrt zum Pagny/Pont-à-Mousson-Seitenkanal, LU	68,4	—	325,6
Sperrtor (Pont-à-Mousson), Brücke, Zufahrt zu einem Getreideverladekai LU	68,6	—	325,4
Brücke (Norroy)	70,3	—	323,7
Hochspannungsleitungen	71,3	—	322,8
Vandières öffentlicher Kai LU, Ortschaft hinter der Eisenbahnstrecke	72,2	—	321,8
Brücke (Chécohée-Vandières)	72,6	—	321,4
Hochspannungsleitungen	73,5	—	320,5
Pagny-sur-Moselle Becken (Festmachstelle für Lastkähne, wenn die Schiffahrt unterbrochen ist), Stadtzentrum 700 m LU	75,5	—	318,5
Schleuse (Pagny-sur-Moselle), Hubhöhe 8,65 m, Brücke	75,9	9	318,1
Ende des Seitenkanals	76,6	—	317,4
Rohrleitungen queren	79,0	—	315,0
Verbindung mit ehemaligem Kanalabschnitt (außer Betrieb), LU	81,4	—	312,6
Corny-sur-Moselle Brücke, Festmachemöglichkeiten TW RU	81,6	—	312,4
Ancy-sur-Moselle LU, jenseits der Eisenbahn und Hauptstraße	84,7	—	309,3
Einfahrt in den Ars-Schleusenkanal LU	85,4	—	308,6
Ars-sur-Moselle Brücke, Stadtzentrum 800 m LU (jenseits der Eisenbahnstrecke)	86,9	—	307,1
Schleuse (Ars-sur-Moselle), Hubhöhe 4 m	87,4	10	306,7
Ende des Schleusenkanals	87,9	—	306,1
Eisenbahnbrücke	88,2	—	305,8
Einfahrt in den Vaux-Seitenkanal LU	89,3	—	304,7
Ende des Seitenkanals	89,7	—	304,3
Moulins-lès-Metz Brücke, Stadt 1000 m LU	91,3	—	302,7
Eisenbahnbrücke	93,0	—	301,0
Brücke (Pont de Verdun), **Longeville-lès-Metz** LU	95,0	—	299,0
Einfahrt zum Metz-Seitenkanal, LU, **Metz** Stadtzentrum und Festmachemöglichkeiten 1500 m moselabwärts RU (siehe Plan)	95,3	—	298,7
Sperrtor (Wadrinau)	95,5	—	298,5
Fußgängerbrücke	95,6	—	298,4
Autobahnbrücke (A31 Thionville-Nancy)	96,3	—	297,7
Brücke (N3)	96,6	—	297,4
Alter Hafen von Metz, Becken LU	96,7	—	297,3
Schleuse (Metz-Nord), Hubhöhe 4,60 m, große und kleine Kammer nebeneinander	97,1	11	296,9
Brücke (Pont-Eblé)	97,3	—	296,7
Brücke	97,5	—	296,5
Ende des Seitenkanals	97,7	—	296,3

Entfernungstabelle	km	Schl.	km
Eisenbahnbrücke (Chambières)	98,0	—	296,0
Neuer Hafen von Metz, 900 m langes Becken LU (größter Getreidehafen Frankreichs)	99,9	—	294,1
Hochspannungsleitungen	101,1	—	292,9
Malroy RU	103,7	—	290,3
Einfahrt in den früheren Canal des Mines de Fer de la Moselle (Mosel-Erzkanal) LU (jetzt in die kanalisierte Mosel einbezogen)	105,7	—	288,3
Sperrtor (Argancy), Brücke	105,9	—	288,1
Eisenbahnbrücke (Strecke zur Raffinerie von Hauconcourt)	106,8	—	287,2
Brücke (Amelange)	107,0	—	287,0
Autobahnbrücke (A4, Autobahnkreuz LU)	107,4	—	286,6
Hauconcourt Brücke, Ortschaft 700 m RU, **Maizières-lès-Metz** 1500 m LU	109,4	—	284,6
Schleuse (Talange), Hubhöhe 3,15 m, große und kleine Kammer nebeneinander	110,6	12	283,4
Brücke	110,8	—	283,2
Verbindung mit dem Zweigkanal nach Hagondange (2 km lang, uninteressant für Sportboote)	111,1	—	282,9
Brücke (Talange)	111,7	—	282,3
Brücke (D 55, Zufahrtsstraße zur Autobahn)	112,1	—	281,9
Hochspannungsleitung	112,7	—	281,3
Brücke (Hagondange)	112,9	—	281,1
Rohrleitung quert	113,2	—	280,8
Industriekai (Mondelange) LU	114,0	—	280,0
Mondelange Brücke, Stadt 600 m LU (über Autobahn)	114,3	—	279,7
Richemont Industriebecken LU	116,0	—	278,0
Brücke (Bousse)	116,2	—	277,8
Schleuse (Orne/Richemont), Hubhöhe 4,35 m, große und kleine Kammer nebeneinander	116,3	13	277,7
Rohrleitung und Hochspannungsleitungen queren	116,7	—	277,3
Ende des Kanalabschnitts, man fährt wieder auf der Mosel	117,0	—	277,0
Einmündung des Orne-Flusses LU	117,2	—	276,8
Basse-Guénange RU	117,6	—	276,4

Moselabschnitt bei Sierck-les-Bains

Autobahnbrücke (A31 Thionville-Nancy)	117,9	—	276,1
Uckange Brücke, Stadtzentrum 1000 m LU	118,8	—	275,2
Hochspannungsleitung	119,0	—	275,0
Rohrleitung quert	119,9	—	274,1
Hochspannungsleitung	120,3	—	273,7
Einfahrt in den Thionville(Diedenhofen)-Seitenkanal LU	120,7	—	273,3
Sperrtor (Uckange), Fußgängerbrücke	121,7	—	272,3
Obere Grenze des Hafens Thionville-Illange, Becken LU	122,0	—	272,0
Hochspannungsleitung	123,3	—	270,7
Untere Hafengrenze	124,0	—	270,0
Schleuse (Thionville/Diedenhofen), Hubhöhe 4,28 m, große und kleine Schleusenkammer nebeneinander, Brücke	124,2	14	269,8
Autobahnbrücke (A31 Thionville-Nancy) und Eisenbahnbrücke	124,8	—	269,2
Ende des Seitenkanals	125,1	—	268,9
Thionville (Diedenhofen) Kai LU, in Nähe des Stadtzentrums	125,5	—	268,5
Brücke (Pont des Alliés)	126,0	—	268,0
Eisenbahnbrücke (Thionville-Nord)	127,0	—	267,0
Fabrik RU, Hochspannungsleitungen	129,3	—	264,7
Einfahrt in den Seitenkanal von Koenigsmacker RU, Cattenom Kernkraftwerk LU	135,2	—	258,8
Schleuse (Koenigsmacker), Hubhöhe 3,90 m, Brücke	135,8	15	258,2
Ende des Seitenkanals, **Koenigsmacker** 700 m RU	136,5	—	257,5
Brücke (Malling), abgebaut	139,7	—	254,3
Malling RU	140,0	—	254,0
Durchstich zur Abkürzung einer Flußschleife RU	140,9	—	253,1
Berg-sur-Moselle LU	141,5	—	252,5
Rettel RU	144,5	—	249,5
Contz-les-Bains LU	147,0	—	247,0
Brücke (Sierck-les-Bains/Contz-les-Bains)	147,2	—	246,8
Sierck-les-Bains RU	148,5	—	245,5
Hochspannungsleitungen	149,9	—	244,1
Apach RU, luxemburgische Grenze LU	150,7	—	243,3
Schleuse (Apach) RU, Hubhöhe 4,40 m Zoll, Grenzabfertigung, Bootsschleuse außer Betrieb	151,6	16	242,4
Deutsche Grenze RU (242,2 km und 12 Schleusen bis nach Koblenz am Rhein)	151,8	—	242,2

Zweigkanal zum Hafen Frouard

Verbindung mit der Mosel bei km 346,5	0,0	—	346,5
Hochspannungsleitungen	0,9	—	347,4
Schleuse (Clévant), eine große, eine kleine Kammer, Hubhöhe 3,00 m	1,0	1	347,5
Nancy-Frouard Industriehafen, 400 m langes Becken, scharfe Biegung nach rechts unter einer Eisenbahnbrücke	1,5	—	348,0
Schleuse	1,6	2	348,1
Verbindung mit dem Rhein-Marne-Kanal bei km 154	1,7	—	348,2

Canal de Nantes à Brest

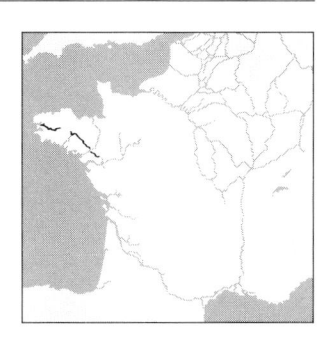

Der Canal de Nantes à Brest wurde in den Jahren 1824 – 1838 als strategische Verbindung zwischen den beiden Seehäfen eingerichtet. Zu diesem Zwecke wurden mehrere Flüsse kanalisiert, drei Kanalabschnitte gebaut, um Wasserscheiden zu überqueren, und so entstand eine Binnenwasserstraße, die 360 km lang ist.

Leider wurde diese Route im Jahr 1920 unterbrochen; ein Abschnitt wurde von einem Staubecken und einem Wasserkraftwerk bei Guerlédan (km 227) geschluckt, ein kleines Stück westlich der Stelle, an der sich der Kanal mit dem kanalisierten Blavet in Pontivy verbindet.

Die gesamte Strecke westlich von Guerlédan wurde im Jahr 1957 offiziell gesperrt und die verbleibenden 21 km zwischen Pontivy und Guerlédan sind seither ebenfalls außer Betrieb. Da der Güterverkehr (in 26 m langen Lastkähnen mit einer Ladekapazität von 100 – 140 Tonnen) immer mehr abnahm, ist der Kanalabschnitt zwischen Rohan und Pontivy versandet, so daß 1983 nur noch 0,90 m Tiefe gelotet wurden.

Glücklicherweise verbessert sich die Lage, wie es scheint, denn während der vergangenen 20 Jahre hat sich das „Comité de Promotion Touristique des Canaux Bretons et des voies navigables de l'Ouest", eine Vereinigung zur Förderung des Tourismus auf den bretonischen Kanälen, in dankenswerter Weise bemüht, den örtlichen Behörden die Bedeutung der Wasserstraßen der Bretagne für den Fremdenverkehr klarzumachen. Daher ist der abgetrennte westliche Abschnitt, der aus den Flüssen Aulne und Hyères besteht, zusammen mit einem Stück des Kanals, insgesamt 81 km von Châteaulin bis zur Grenze des Départements Finistère, wiederhergestellt worden.

Nun planen auch die Gemeinden im Département Morbihan die Abschnitte Rohan-Pontivy und Pontivy-Guerlédan auf ihren ursprünglichen Stand zu bringen. Falls dieser Plan verwirklicht wird, ist es gut möglich, daß die Behörden auch den letzten Abschnitt mit der Wasserscheide, von Guerlédan bis Port-de-Carhaix, restaurieren und eine spezielle Einrichtung einbauen lassen, um Fahrzeuge vom Staubecken von Guerlédan in den Kanal hinunterzubefördern.

Wie auch immer, wir haben den neueröffneten Abschnitt in das Buch mitaufgenommen, als Verbeugung vor der Tradition dieser großartigen Wasserstraße und weil wir die Hoffnung haben, daß diese Zukunftsmusik eines Tages Wirklichkeit wird.

Hauptabschnitt von Nantes nach Pontivy (206 km)

Der Hauptabschnitt des Canal de Nantes à Brest ermöglicht zwei verschiedene Zufahrtswege vom Englischen Kanal zum Golf von Biskaya neben der direkten Strecke über den Fluß Vilaine. In Redon, dem Knotenpunkt der bretonischen Wasserstraßen, hat man die Wahl, ob man in Richtung Südosten nach Nantes (89 km von der Schleuse bei Bellions) und weiter über die Loiremündung zur See nach Saint-Nazaire fahren will, oder nach Nordwesten, über Pontivy (111 km), und dann durch den Canal du Blavet zum Atlantik bei Lorient.

Schleusen Von Nantes bis Redon gibt es 18 Schleusen mit Mindestabmessungen von 26,50 x 4,70 m. Durch No.1 gelangt man in den Fluß Erdre, der sehr breit ist und beinahe den Charakter einer Flußmündung hat. 6 weitere Schleusen führen zur Wasserscheide hinauf, die 19,80 m hoch liegt. 10 Schleusen leiten zur Vilaine hinunter; in diesen Abschnitt ist auch der kanalisierte Fluß Isac einbezogen. Nimmt man den Weg über die Vilaine, so muß man bei Schleuse 17 (Bellions) in den Fluß hineinfahren, weil das Stück des Canal de Nantes à Brest, das von No. 17 bis Redon parallel zum Fluß verläuft, gesperrt worden ist. Schleuse No. 18, das „Große Wehr", liegt an der Vilaine; die Durchfahrt ist nur möglich, wenn die Wasserstände ober- und unterhalb gleich sind. Ist dies nicht der Fall, fährt man über eine Schleuse am Ende des Kanalbeckens von Redon wieder in den Canal de Nantes à Brest ein.
Von Redon nach Pontivy sind es 90 Schleusen mit etwas kleineren Abmessungen (25,70 x 4,60 m); sie sind wie folgt verteilt:
– 36 von Redon bis Rohan. Dieser Abschnitt besteht fast zur Gänze aus dem kanalisierten Fluß Oust.
– 25 auf der 6,6 km langen Strecke von Rohan bis zur Scheitelhaltung, die 129,60 m hoch liegt.
– 29 von der Scheitelhaltung nach Pontivy hinunter.

Tiefen Der höchstzulässige Tiefgang beträgt 1,20 m zwischen Nantes und Josselin, 0,80 m zwischen Josselin und Pontivy. Für 1985/86 ist die Instandsetzung des letzteren Abschnitts geplant. Das „Comité de Promotion Touristique des Canaux Bretons" in Nantes erteilt Ihnen gerne nähere Auskünfte über den Fortgang der Arbeiten. Anschrift: 12 rue des Jemmapes, F-44000 Nantes.

Brücken Die zulässige Festhöhe beträgt 2,40 m, obwohl die meisten Brücken wenigstens 3,15 m Höhe haben.

Treidelpfad Neben dem größten Teil der Strecke verläuft ein Treidelpfad, ausgenommen am Fluß Erdre zwischen Nantes und Schleuse No. 2 (Quiheix), sowie an der Vilaine von der Bellions-Schleuse bis nach Redon.

Tourismus **Nantes**, die wichtigste Stadt Westfrankreichs, hat einen großen Hafen. Man kann durch alte Stadtviertel spazieren, Kirchen, Museen und Schlösser besichtigen und auch durch Alleen von uralten Bäumen schlendern. Das Schloß der Herzöge von Bretagne stammt aus dem 15. Jahrhundert. Die Brücke „Anne de Bretagne" führt über die Loire und erinnert an die Herzogin Anna, die – wie es im Volkslied heißt - gerne in Holzpantinen von ihrem hohen Schloß herunterkam und mit den Bauernmädchen tanzte.
Redon, das Zentrum des Wassertourismus in der Bretagne, hat entzückende Hafenhäuser mit schmiedeeisernen Balkonen und einen berühmten romanischen Kirchturm an der Abteikirche Saint-Sauveur.
Blain liegt in waldreicher Umgebung; ein Schloß und ein gutes Restaurant laden zum Besuch ein.
Rohan wurde im 12. Jahrhundert als Festung auf dem Felsen „Roc'-Han" gegründet. Die Familie Rohan, eine der berühmtesten nicht nur der Bretagne sondern von ganz Frankreich, stammt von hier ab. Auf der Fahrt von Rohan nach Josselin kommen auf 1 Kilometer mehr als zwei Schleusen, aber das ist kein Nachteil, denn dadurch fährt man nicht schnell und kann die von Granitfelsen durchzogene Heidelandschaft mit Muße genießen.
Das Schloß von **Josselin** mit seinen malerischen runden Türmen unter spitzen Dächern, gehört zu den meistfotografierten Sehenswürdigkeiten und auch Sie werden sich nicht eher davon losreißen wollen, bis Sie es auf Ihren Film gebannt haben. Richelieu ließ das Schloß zerstören, während der Französischen Revolution diente es

Canal de Nantes à Brest: Roc-Saint-André

als Gefängnis; erst im vorigen Jahrhundert ließ die Familie Rohan es wiederaufbauen.
Malestroit Hier kann man sich an Häusern aus der Zeit der Gotik und der Renaissance erfreuen. Malerisch ragt die Insel aus dem Fluß. Stromabwärts des Städtchens kann man am schattigen Kai Halt machen.
Pontivy liegt an der Kreuzung des Canal de Nantes à Brest mit dem Canal du Blavet. Auch hier erinnert ein Schloß an die Familie Rohan. Für die Gründung der Neustadt ist allerdings Napoléon verantwortlich; die Stadt hieß einige Zeit „Napoléonville". Man kann hier sehr gut unterhalb der ersten Schleuse am Canal du Blavet festmachen.
Lorient Ist ein reger Fischerei- und Handelshafen mit einem kleinen Hafen für Sportboote.

Versorgungsmöglichkeiten **Nantes**: Hier findet man gute Lebensmittelgeschäfte, Wasser, Kraftstoff, Reparaturwerkstätten, Postamt, Hotel, Restaurant, einen Bahnhof und einen Flughafen. An der Loire kann man an Schwimmpontons unterhalb der Brücke „Anne de Bretagne" festmachen, oder im kleinen Sportboothafen in der Stadtmitte.
In **Messac** gibt es ebenfalls einen Sportboothafen. **Redon** bietet beste Einkaufsmöglichkeiten und Reparaturwerkstätten, in **Blain** erhält man Lebensmittel, Wasser und Kraftstoff, in **Rohan**, **Josselin** und **Malestroit** findet man außerdem noch gute Mechaniker. In Pontivy kann man Proviant kaufen und in Lorient gibt es hervorragende Lebensmittelgeschäfte, viele Werkstätten und einen Yachthafen, in dem es Wasser, Strom und einen Kran gibt.

Behörden Service Maritime et de Navigation de Nantes.
Unterabteilungen:
– 3 Impasse du Progrès, BP 1053, 44037 Nantes, Tel. (40) 89.30.71.

- 116 Rue de Vannes, 35600 Redon, Tel. (99) 71.10.66.
- Route des Forges, 56120 Josselin, Tel. (97) 22.22.36.

Westabschnitt, von Goariva nach Châteaulin

Im Bereich des Département Finistère wurde der Westabschnitt, insgesamt 81 Kilometer vom Dörfchen Goariva in der Nähe von Carhaix-Plouguer bis nach Châteaulin, wiederhergestellt. Tatsächlich sind aber die ersten 7 km von Goariva bis Port-de-Carhaix (11 Schleusen) noch nicht für die Schiffahrt freigegeben, da die Behörden der Meinung sind, daß diese Strecke erst dann zum Wasserwandern interessant wird, wenn auch die Restaurierungsarbeiten im Département Côtes du Nord abgeschlossen sind. Von Port-de-Carhaix fährt man zuerst 10 km auf dem kanalisierten Fluß Hyère, die restlichen 63 km auf dem kanalisierten Fluß Aulne. Unterhalb von Châteaulin gehört der Aulne-Fluß bereits zu den Seeschiffahrtsstraßen, obwohl die Gezeitenschleuse erst bei Guily-Glaz, 4 km weiter talwärts, liegt. Wir geben in unserer Tabelle auch die Entfernungen von Châteaulin bis Brest an, doch Sie sollten nautische Handbücher und Seekarten benutzen, wenn Sie zur Reede von Brest oder darüber hinaus fahren wollen.

Schleusen Es gibt 45 Schleusen, ihre Nummern (192-236) stammen aus der Zeit vor 1920, als die Strecke noch nicht unterbrochen war. Zwölf davon liegen am Kanalabschnitt nach Port-Triffen, sechs am kanalisierten Hyère- und die restlichen 27 am kanalisierten Aulne-Fluß. Ihre Abmessungen betragen 25,70 x 4,65 m. Diese Schleusen sind durchweg unbemannt und werden von den Bootstouristen mit Hilfe einer Kurbel bedient; die Anleitungen dazu entnehmen Sie einem Merkblatt. Die Gezeitenschleuse in Guily-Glaz ist 40 m lang und 10 m breit und ermöglicht auch größeren Schiffen die Einfahrt nach Châteaulin. Wenn Sie von See kommend in Châteaulin einlaufen und auf dem Fluß Aulne weiterfahren wollen, gibt Ihnen der Schleusenwärter von Guily-Glaz eine Kurbel mit.

Tiefen Auf der Binnenwasserstraße bis Châteaulin beträgt der höchstzulässige Tiefgang 1,20 m. Châteaulin kann von Schiffen mit einem Tiefgang bis zu 3 m angelaufen werden.

Brücken Die festen Brücken haben eine Mindestdurchfahrtshöhe von 3,50 m.

Treidelpfad Neben der gesamten Binnenwasserstraße verläuft ein Treidelpfad.

Tourismus In **Châteaulin** liegt man am schattigen Kai gegenüber des Rathauses, das einen Schieferturm hat. Nicht weit von hier, in den Tannenwäldern der „Schwarzen Berge" liegen die Schieferbrüche. In **Châteaulin** und in **Châteauneuf-du-Faou** wird der Gaumen verwöhnt, denn dort ist das Zentrum der Lachsfischerei. Wer gerne Kirchen und malerische alte Häuser besichtigt, sollte in **Carhaix-Plouguer** Halt machen. **Landévennec**, vor der Einfahrt zur Reede von Brest, ist von Wald umgeben und wegen seines besonders milden Klimas bekannt.

Versorgungsmöglichkeiten Lebensmittel und Reparaturmöglichkeiten aller Art findet man besonders gut in Châteaulin, aber auch in Port-Launay, Port-Coblant, Châteauneuf-du-Faou, Pont-Triffen und Port-de-Carhaix. Auf dieser Strecke gibt es viele Charterfirmen, die meistens sehr hilfsbereit sind.

Behörden Direction Départementale de l'Equipement, Finistère. Unterabteilung: 29119 Châteauneuf-du-Faou, Tel. (98) 81.76.45.

Entfernungstabelle

	km	Schl.	km
Verbindung mit der Loire	0,0	—	226,8
Schleuse 1 (Saint-Félix), Wasser	0,1	1	226,7
Neue Straßenbrücke	0,2	—	226,6
Einfahrt in den Tunnel unter den Boulevards von Nantes	0,6	—	226,2
Nantes, Becken an der nördlichen Tunneleinfahrt, Festmachemöglichkeiten ganz in der Nähe der Stadtmitte	1,4	—	225,4
Brücke (Saint-Mihiel)	1,5	—	225,3
Brücke (Général de la Motte-Rouge)	2,3	—	224,5
Brücke (Tortière)	3,1	—	223,7
La Jonnelière Kai RU	5,2	—	221,6
Eisenbahnbrücke und neue Straßenbrücke	5,5	—	221,3
La-Chapelle-sur-Erdre Kai RU, Ortschaft 2500 m	9,0	—	217,8
Carquefou Kai LU, Ortschaft 3000 m	10,5	—	216,3
Sucé-sur-Erdre Brücke, Kai TW RU, Festmachemöglichkeiten für Sportboote nahe bei der Ortschaft	15,1	—	211,7
Einfahrt in den Kanalabschnitt RU, der Fluß Erdre ist BW schiffbar bis Nort-sur-Erdre (lesen Sie bitte im Abschnitt Erdre nach)	21,4	—	205,4
Schleuse 2 (Quiheix)	21,7	2	205,1
Brücke (Blanchetière)	23,4	—	203,4
Eisenbahnbrücke	23,6	—	203,2
Brücke (Vive-Eve)	25,1	—	201,7
Schleuse 3 (Tindière)	26,2	3	200,6
Brücke (Plessis), **Nort-sur-Erdre** 2500 m LU	27,7	—	199,1
Brücke (Rocher), D164	28,8	—	198,0
Schleuse 4 (Rabinière)	28,9	4	197,9
Schleuse 5 (Haie Pacoret)	29,9	5	196,9
Schleuse 6 (Cramezeul)	30,9	6	195,9
Brücke (Rouziou)	31,5	—	195,3
Schleuse 7 (Pas d'Héric), Beginn der Scheitelhaltung	32,3	7	194,5
Brücke (Coudrais), Kai	33,0	—	193,8
Brücke (Saffré)	35,9	—	190,9
Brücke (Bout-de-Bois), Kai	38,2	—	188,6
Brücke (Remaudais)	39,9	—	186,9
Schleuse 8 (Remaudais), Ende der Scheitelhaltung	40,7	8	186,1
La Chevallerais Brücke, Kai TW RU, Ortschaft 600 m LU	42,3	—	184,5
Brücke (Gué de l'Atelier)	43,4	—	183,4
Schleuse 9 (Gué de l'Atelier)	43,8	9	183,0
Kanal setzt sich im kanalisierten Fluß Isac fort	43,9	—	182,9
Schleuse 10 (Terrier)	45,3	10	181,5
Brücke (Terrier)	45,8	—	181,0
Schleuse 11 (Blain)	48,7	11	178,1
Blain Kai RU, Festmache- und Hilfsmöglichkeiten für Sportboote, Stadtzentrum 500 m	50,2	—	176,6
Brücke (Pont de la Croix Rouge)	50,3	—	176,5
Eisenbahnbrücke	50,5	—	176,3
Schleuse 12 (Paudais)	51,5	12	175,3
Schleuse 13 (Bougard), Brücke, Kai BW RU	56,2	13	170,6
Schleuse 14 (Barel), Brücke	59,5	14	167,3

Canal de Nantes à Brest

Entfernungstabelle	km	Schl.	km
Schleuse 15 (Touche)	61,9	15	164,9
Brücke (Pont-Nozay), D3, Kai TW LU	63,5	—	163,3
Schleuse 16 (Melneuf)	65,9	16	160,9
Brücke (Melneuf)	66,1	—	160,7
Brücke (Saint-Clair), Kai TW LU, **Guenrouet** 800 m LU	72,8	—	154,0
Einfahrt in den Thénot-Seitenkanal RU	80,0	—	146,8
Brücke (Catée)	81,7	—	145,1
Bücke (Pont-Miny), Kai BW LU, **Fégréac** 1500 m RU	83,5	—	143,3
Eisenbahnbrücke (Trouhel)	85,5	—	141,3
Brücke (Trouhel)	86,0	—	140,8
Brücke (Saint-Jacques)	88,5	—	138,3
Einfahrt in den stillgelegten Abschnitt des Canal de Nantes à Brest, man fährt nach links zur Schleuse No. 17	88,6	—	138,2
Schleuse 17 (Bellions), man fährt auf der Vilaine und hält sich nach rechts, um bei Redon wieder zum Canal de Nantes à Brest zu gelangen	88,7	17	138,1
Die Strecke auf der Vilaine von km 96,1 bis km 89,2 ist um 0,7 km länger als auf der ehemaligen Kanalstrecke **Redon** die Vilaine kreuzt den Kanal, Kais, Stadtzentrum 200 m	94,9	—	131,9
Schleuse 18 (Oust oder Redon), Brücke Straßen- und Eisenbahn-Drehbrücke, Einfahrt in das große Becken RU	95,0	18	131,8
Hängebrücke (Guichaudais)	95,2	—	131,6
Brücke (Codilo)	95,6	—	131,2
Eisenbahnbrücke	96,3	—	130,5
Brücke (Courée)	96,5	—	130,3
Brücke (Marionette), D764	97,3	—	129,5
Hängebrücke (Potinais)	99,4	—	127,4
	101,4	—	125,4
Man fährt im Fluß Oust weiter, rechts halten (bergwärts), Wehr an der linken Seite	101,7	—	125,1
Insel (Ile aux Pies), besonders schöne Gegend	103,7	—	123,1
Schleuse 19 (Maclais oder Painfaut), Einmündung des Flusses Aff LU	105,3	19	121,5
Brücke (Prévotais)	107,0	—	119,8

Entfernungstabelle	km	Schl.	km
Brücke (Bilaire)	108,7	—	118,1
Schleuse 20 (Limure)	109,8	20	117,0
Man fährt wieder in den Fluß Oust ein	109,9	—	116,9
Brücke (Pont d-Oust), Kai, **Peillac** 2000 m RU	112,5	—	114,5
Schleuse 21 (Gueslin)	116,6	21	110,2
Brücke (Gueslin), Kai LU, **Saint-Martin** 800 m LU	117,5	—	109,3
Schleuse 22 (Rieux)	120,4	22	106,4
Saint-Congard Brücke, Kai, kleine Ortschaft RU	123,7	—	103,1
Schleuse 23 (Beaumont) in kurzem Schleusenkanal RU	125,5	23	101,3
Schleuse 24 (Foveno) in kurzem Schleusenkanal RU	129,6	24	97,2
Charterbasis der Fa. Breton Leisure Cruises LU, **Malestroit** Brücke (Pont Neuf), Kai TW RU, Ortsmitte 300 m	132,2	—	94,6
Brücke (Aristide-Briand) über die Einfahrt zum Schleusenkanal RU	132,3	—	94,5
Schleuse 25 (Malestroit), Brücke	132,6	25	94,2
Schleuse 26 (Lanée)	134,4	26	92,4
Schleuse 27 (Lanée), fortwährend geöffnet, Brücke, man fährt wieder in den Fluß Oust ein	135,4	—	91,4
Eisenbahnbrücke	137,6	—	89,2
Schleuse 28 (Ville-aux-Fruglins)	139,7	27	87,1
Roc-Saint-André Brücke, Festmachemöglichkeit TW RU, Ortschaft RU	141,0	—	85,8
Eisenbahnbrücke (Hungleux)	141,5	—	85,3
Schleuse 29 (**Montertelot**), Brücke, Kai BW LU, kleine Ortschaft	143,7	28	83,1
Eisenbahnbrücke (Deux-Rivières)	145,0	—	81,8
Schleuse 30 (Blon)	146,2	29	80,6
Brücke, Kai BW RU	147,9	—	78,9
Schleuse 31 (**Guillac**), Ortschaft 1000 m LU	149,0	30	77,8
Schleuse 32 (Carmenais)	152,1	31	74,7
Brücke (Saint-Gobrien)	153,7	—	73,1
Schleuse 33 (Clan)	154,1	32	72,7
Eisenbahnbrücke (stillgelegt)	155,3	—	71,5
Schleuse 34 (Saint-Jouan), Brücke	155,6	33	71,2

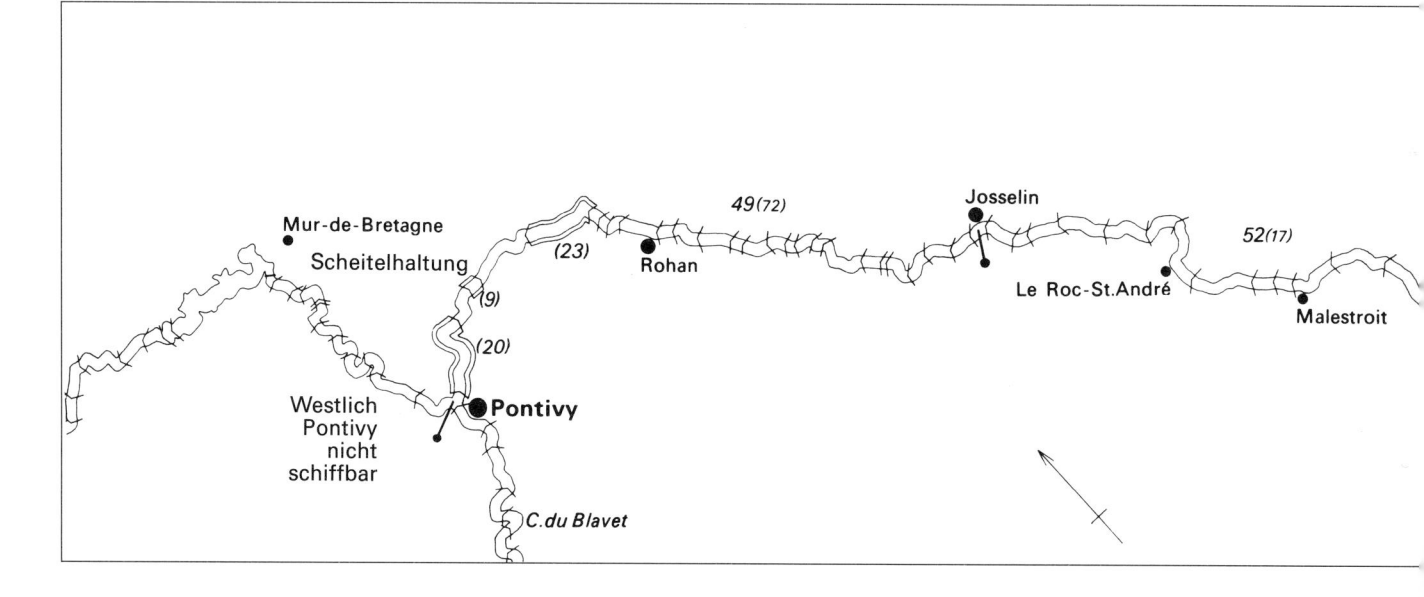

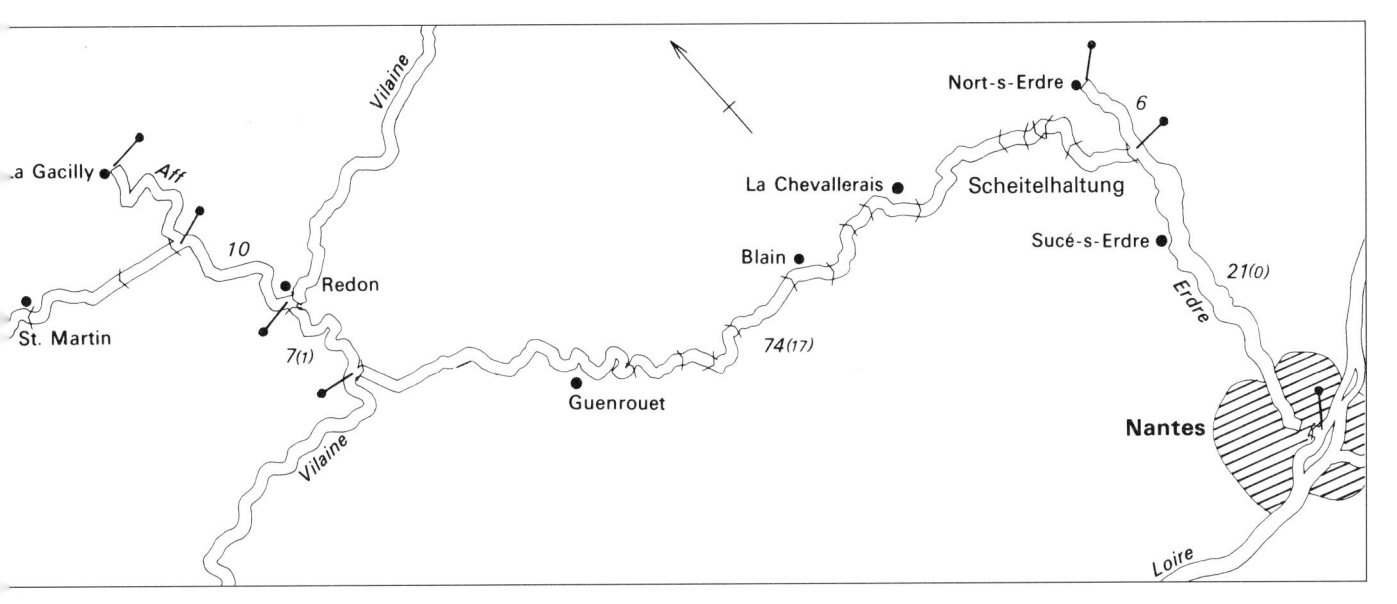

Canal de Nantes à Brest

Entfernungstabelle	km	Schl.	km
Schleuse 35 (Josselin), Raststätte für Sportbootfahrer, Aufenthaltsraum, Küche, Schlafsaal, Duschen, WCs etc.	157,3	34	69,5
Josselin Kai, Festmachemöglichkeiten LU unterhalb des Schlosses, Ortschaft 300 m LU	157,4	—	69,4
Brücke (Sainte-Croix)	157,7	—	69,1
Schleuse 36 (Beaufort) in kurzem Schleusenkanal LU	158,4	35	68,4
Brücke (N24)	159,7	—	67,1
Schleuse 37 (Caradec) in kurzem Schleusenkanal LU, Brücke	159,8	36	67,0
Schleuse 38 (Rouvray)	161,4	37	65,4
Schleuse 39 (Bocneuf)	163,1	38	63,7
Brücke (Bocneuf), D764	164,7	—	62,1
Schleuse 40 (Pommeleuc) in Schleusenkanal RU	165,6	39	61,2
Schleuse 41 (Tertraie) Brücke	165,9	40	60,9
Schleuse 42 (Tertraie), fortwährend geöffnet, Brücke, man fährt wieder in den Fluß Oust ein	167,2	—	59,6
Schleuse 43 (Cadoret) in kurzem Schleusenkanal RU, Brücke	169,8	41	57,0
Schleuse 44 (Lié) in Schleusenkanal RU	170,9	42	55,9
Brücke (Perrin)	172,2	—	54,6
Schleuse 45 (Griffet) in Schleusenkanal LU, Brücke	172,4	43	54,4
Schleuse 46 (Grenouillère)	173,3	44	53,3
Man fährt in den Kanalabschnitt ein LU	174,1	—	52,7
Schleuse 47 (Trévérend), Brücke	174,2	45	52,6
Schleuse 48 (Penhoët), Brücke	175,4	46	51,4
Schleuse 49 (Lille), Brücke	176,4	47	50,4
Schleuse 50 (Thimadeuc), Brücke, Abtei Thimadeuc 600 m LU	178,4	48	48,4
Man fährt wieder in den Fluß Oust ein, Wehr RU	179,1	—	47,7
Schleuse 51 (Quengo)	180,5	49	46,3
Schleuse 52 (Rohan)	181,4	50	45,4
Rohan Brücke (Pont Notre-Dame) Kai und Hilfsmöglichkeiten für Sportboote TW RU, Ortschaft RU	181,5	—	45,3
Brücke (Pont d'Oust)	181,9	—	44,9

Entfernungstabelle	km	Schl.	km
Schleuse 53 (Saint-Samson) im Schleusenkanal RU, Brücke	183,6	51	43,2
Schleuse 54 (Guer), Brücke	184,8	52	42,0
Man verläßt den Fluß Oust zum letzten Mal RU	185,7	—	41,1
Schleuse 55 (Coëtprat), Brücke	185,8	53	41,0
Schleuse 56 (Kermelin), Brücke	186,8	54	40,0
Schleuse 57 (Sablière)	187,2	55	39,6
Schleuse 58 (Kériffe)	187,5	56	39,3
Schleuse 59 (Boju), Brücke, Kai, **Gueltas** 1200 m RU	187,8	57	39,0
Schleuse 60 (Parc-Coh)	188,0	58	38,8
Schleuse 61 (Goiffre)	188,2	59	38,6
Schleuse 62 (Goirball)	188,5	60	38,3
Schleuse 63 (Guernogas)	188,8	61	38,0
Schleuse 64 (Branguily)	189,0	62	37,8
Schleuse 65 (Neau-Blanche)	189,2	63	37,6
Schleuse 66 (Pont-Terre)	189,4	64	37,4
Schleuse 67 (Forêt), Brücke	189,5	65	37,3
Schleuse 68 (Menn-Merle)	189,7	66	37,1
Schleuse 69 (Toulhouët)	189,9	67	36,9
Schleuse 70 (Ville-Perro)	190,1	68	36,7
Schleuse 71 (Gouvly)	190,2	69	36,6
Schleuse 72 (**Saint-Gonnery**) Brücke, Ortschaft 1500 m LU	190,4	70	36,4
Schleuse 73 (Kervezo)	190,6	71	36,2
Schleuse 74 (Douaren)	190,8	72	36,0
Schleuse 75 (Grand-Pré)	190,9	73	35,9
Schleuse 76 (Hilvern), Brücke, **Saint-Gonnery** 1500 m LU	191,1	74	35,7
Schleuse 77 (Pépinière)	191,2	75	35,6
Schleuse 78 (Bel-Air), Beginn der Scheitelhaltung, Hilvern-Versorgungskanal trifft auf den Canal de Nantes à Brest	191,4	76	35,4
Brücke (Brou)	194,9	—	31,9
Kai (Saint-Gérand)	195,6	—	31,2
Schleuse 79 (Kéroret), Ende der Scheitelhaltung, Brücke, **Saint-Gérand** 700 m LU	196,3	77	30,5
Schleuse 80 (Er Houët)	196,4	78	30,4
Schleuse 81 (Kérivy)	196,5	79	30,3

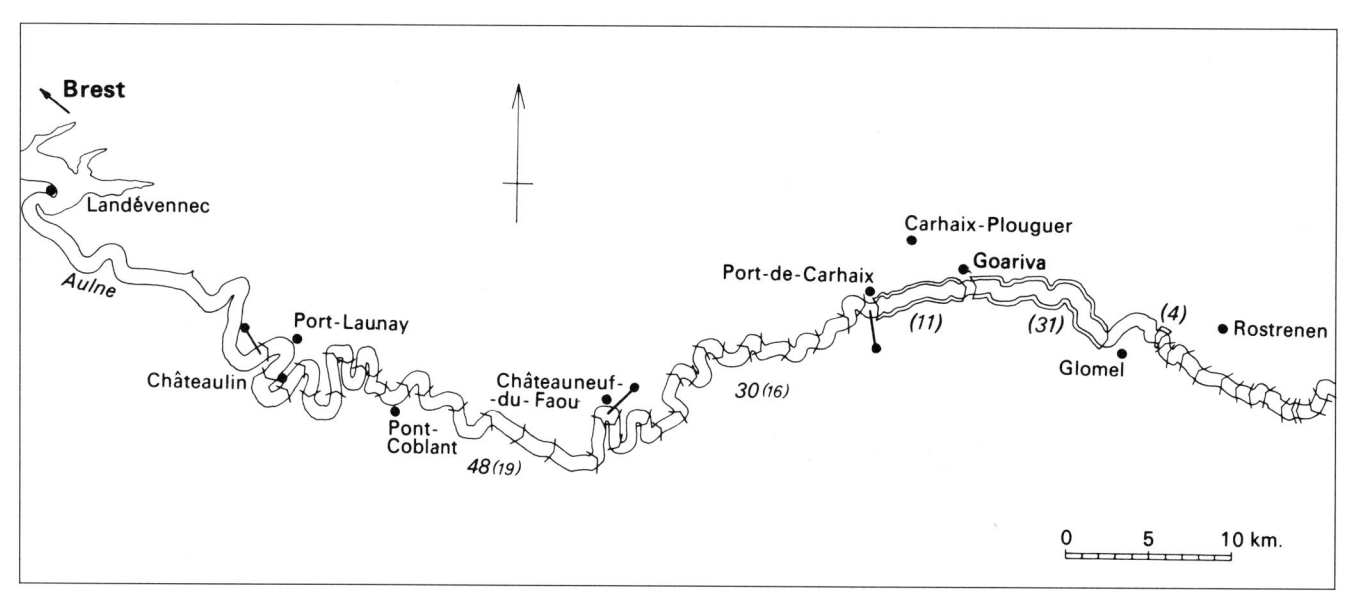

Canal de Nantes à Brest

Entfernungstabelle	km	Schl.	km
Schleuse 82 (Parc er Lann)	196,7	80	30,1
Schleuse 83 (Kerihoué)	196,8	81	30,0
Schleuse 84 (Parc Lann Bihan)	196,9	82	29,9
Schleuse 85 (Lann Vras)	197,1	83	29,7
Schleuse 86 (Parc Buisson)	197,2	84	29,6
Schleuse 87 (Couëdic), Brücke	197,3	85	29,5
Brücke (Kergouët)	198,2	—	28,6
Eisenbahnbrücke	199,1	—	27,7
Brücke (Saint-Caradec)	199,4	—	27,4
Schleuse 88 (Joli-Coeur)	199,7	86	27,1
Schleuse 89 (Parc-Lann-Hir)	199,8	87	27,0
Schleuse 90 (Parc-Lann-Ergo)	199,9	88	26,9
Schleuse 91 (Parc-Bihan)	200,0	89	26,8
Schleuse 92 (Kerponer)	200,1	90	26,7
Schleuse 93 (Restériard)	200,3	91	26,5
Schleuse 94 (Tri-parc-lann-favilette)	200,4	92	26,4
Schleuse 95 (Parc-bras)	200,6	93	26,2
Schleuse 96 (Ros), Brücke	200,7	94	26,1
Schleuse 97 (Guerlaunay)	200,8	95	26,0
Schleuse 98 (Bohumet)	201,1	96	25,7
Schleuse 99 (Kervégan), Brücke	210,3	97	25,5
Schleuse 100 (Tren-duer-ros)	202,0	98	24,8
Schleuse 101 (Kerveno)	202,3	99	24,5
Schleuse 102 (Parc-Lann-hoarem)	202,8	100	24,0
Schleuse 103 (Haie), Brücke	203,5	101	23,3
Schleuse 104 (Villeneuve)	204,0	102	22,8
Schleuse 105 (Kerdudaval)	204,5	103	22,3
Schleuse 106 (Kervert)	205,1	104	21,7
Schleuse 107 (Ponteau), Brücke	205,5	105	21,3
Pontivy, Verbindung mit dem Canal du Blavet, Kais, Stadtzentrum 400 m	205,9	—	20,9

Anmerkung: Das Kanalstück zwischen Pontivy und Guerlédan ist für die Schiffahrt gesperrt.

Westabschnitt

	km	Schl.	km
Goariva Brücke (D83), Départementgrenze von Finistère und Côtes du Nord und Ende des wiederhergestellten Abschnitts	279,1	—	81,3
Schleuse 192 (Goariva)	279,4	1	81,0

Entfernungstabelle	km	Schl.	km
Schleuse 193 (Kervoulédic)	280,1	2	80,3
Schleuse 194 (Prat-ar-Born)	280,5	3	79,9
Brücke	280,8	—	79,6
Schleuse 195 (Pellerm)	281,0	4	79,4
Schleuse 196 (Kergoutois)	281,7	5	78,7
Schleuse 197 (Pont d'Auvlas)	282,4	6	78,0
Brücke **Carhaix-Plouguer** 3000 m RU	282,6	—	77,8
Schleuse 198 (Rochaër)	283,2	7	77,2
Schleuse 199 (Lille)	283,8	8	76,6
Brücke	284,2	—	76,2
Schleuse 200 (Pont-ar-Brost)	284,3	9	76,1
Ehemalige Eisenbahnbrücke	284,8	—	65,7
Schleuse 201 (Kergaden)	284,9	10	75,5
Schleuse 202 (Kerdugnès)	285,8	11	74,6
Port-de-Carhaix Brücke (D769), Kai BW LU, tatsächlicher Schiffahrtsbeginn	286,3	—	74,1
Brücke	286,4	—	74,0
Schleuse 203 (Kergoat)	286,7	12	73,7
Man fährt in den kanalisierten Fluß Hyère ein	287,3	—	73,1
Schleuse 204 (Coz-Castel), Brücke (gehört zum Wanderweg GR 37)	287,6	13	72,8
Schleuse 205 (Kergoff)	289,1	14	71,3
Schleuse 206 (Stervallen)	291,2	15	69,2
Brücke, **Cléden Poher** 2300 m RU	292,4	—	68,0
Schleuse 207 (Le Ster)	293,4	16	67,0
Schleuse 208 (Lesnévez)	295,7	17	64,7
Schleuse 209 (Pont-Triffen), Brücke (D17), **Landeleau** 2500 m RU	297,2	18	63,2
Einmündung in den Fluß Aulne (ab hier kanalisiert)	297,3	—	63,1
Schleuse 210 (Pénity)	299,1	19	61,3
Schleuse 211 (Roz-ar-Gaouen)	301,7	20	58,7
Schleuse 212 (Méros)	303,3	21	57,1
Schleuse 213 (Rosily)	305,3	22	55,1
Schleuse 214 (Lanmeur)	307,3	23	53,1
Brücke (D117)	307,6	—	52,8
Schleuse 215 (Gwaker)	309,9	24	50,5
Brücke, **Saint-Goazec** 1000 m LU	310,2	—	50,2
Schleuse 216 (Moustoir)	311,8	25	48,6
Schleuse 217 (Boudrac'h)	314,5	26	45,9

Brücke in Châteaulin; Westabschnitt Canal de Nantes à Brest

Entfernungstabelle	km	Schl.	km
Schleuse 218 (Bizernic)	316,3	27	44,1
Châteauneuf-du-Faou Brücke (Pont du Roy), Kai BW RU und Sportboothafen TW LU, kleine Stadt RU	316,8	—	43,6
Schleuse 219 (Châteauneuf)	318,0	28	42,4
Schleuse 220 (Kerboaret)	319,9	29	40,5
Schleuse 221 (Kersalig)	321,8	30	38,6
Brücke (Pont-Pol-ty-Glas), D72	322,4	—	38,0
Schleuse 222 (Prat-Pourrig)	325,6	31	34,8
Schleuse 223 (Nénez)	328,2	32	32,2
Pont-ar-c'hlan Kai RU	329,7	—	30,7
Schleuse 224 (Rosvéguen)	330,9	33	29,5
Brücke (D41)	331,9	—	28,5
Schleuse 225 (Buzit)	334,2	34	26,2
Schleuse 226 (Saint-Algon)	336,3	35	24,1
Pont-Coblant Brücke, Kai und Charterbasis BW LU	336,8	—	23,6
Schleuse 227 (Stéréon)	338,1	36	22,3
Schleuse 228 (Coat-Pont)	340,9	37	19,5
Schleuse 229 (Lothey)	343,4	38	17,0
Schleuse 230 (Trésiguidy)	345,7	39	14,7
Schleuse 231 (Le Guillec)	348,7	40	11,7
Schleuse 232 (Aulne)	350,6	41	9,8
Brücke über eine Hauptstraße (N165)	351,8	—	8,6
Schleuse 233 (Prat-Hir)	353,4	42	7,0
Schleuse 234 (Toularodo)	356,2	43	4,2
Schleuse 235 (Coatigrac'h)	357,8	44	2,6
Châteaulin Brücke, Kai und Stadt TW RU	360,0	—	0,4
Schleuse 236 (Châteaulin), Brücke	360,4	45	0,0

Der gezeitenabhängige Fluß Aulne und die Reede von Brest, Châteaulin bis Brest

Châteaulin	0,0	—	51,0
Port-Launay RU	2,0	—	49,0
Guily-Glaz Gezeitenschleuse	4,0	—	47,0
Térénez Hängebrücke	23,0	—	28,0
Landévennec LU (Ausfahrt zur Reede von Brest)	29,0	—	22,0
Brest	51,0	—	0,0

Canal du Nivernais

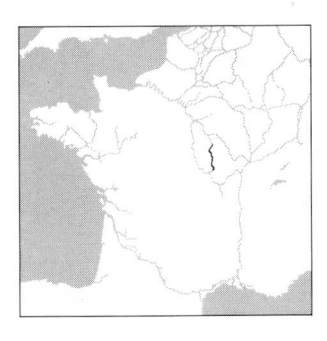

Dieser Kanal wurde niemals ausgiebig von der Berufsschiffahrt genutzt und es stellte sich kein kommerzieller Erfolg ein, denn er bekam bereits kurz nach seiner Eröffnung massive Konkurrenz von seiten der Eisenbahn zu spüren. Während der letzten 15 Jahre hat er sich als Revier für Sportboote einen guten Namen gemacht. Er führt von Saint-Léger-des-Vignes, an der Loire, nach Auxerre, an der kanalisierten Yonne, und ist insgesamt 174 km lang.

Wenn man von Saint-Léger-des-Vignes die Loire ein kleines Stück stromaufwärts fährt, kommt man zur Einfahrt des Decize-Zweigkanals des Loire-Seitenkanals, während man über die Yonne den Canal de Bourgogne erreicht. Der Canal du Nivernais ist somit ein wichtiges Verbindungsglied zwischen der Bourbonnais- und der Bourgogne-Route von Paris nach Lyon.

Auf dem 58 km langen mittleren Abschnitt von Cercy-la-Tour (km 15 bis nach Sardy (km 73) sind die Schleusen nur 30 m lang und liegen somit unter der Normgröße, was zur Folge hat, daß die 38,50 m langen Lastschiffe hier nicht verkehren können. Das war auch der Hauptgrund für den wirtschaftlichen Niedergang des Kanals. Er wurde nicht mehr instandgehalten und verfiel während der sechziger Jahre rapide.

Dank der Bemühungen der Charterfirma Saint Line, die sich 1964 an der Scheitelhaltung etablierte, konnte die Schließung des Kanals verhindert werden: im Jahr 1972 vergab der Staat die Konzession für den mittleren Abschnitt an das Département Nièvre. 1974 begannen die in einem Zehnjahresplan festgelegten Restaurierungsarbeiten, die die Verwaltung des Départements aus staatlichen und regionalen Zuschüssen finanzierte. Zur selben Zeit wurden Einrichtungen für Sportbootfahrer am gesamten Kanal geschaffen. Charterfirmen schossen wie Pilze aus dem Boden, über 100 Boote werden für Fahrten auf dem Kanal angeboten, der auch regelmäßig von Hotel-Schiffen befahren wird.

In den Canal du Nivernais sind zahlreiche Flußabschnitte, sogenannte „râcles" einbezogen, besonders auf der Talfahrtstrecke im Yonne-Tal. In diesem Bereich wird der Kanal nur auf einer Breite von 20 Metern vor dem Ufer, an welchem der Treidelpfad verläuft, instandgehalten. Sie müssen sich beim Fahren daher immer gut innerhalb dieser Begrenzung halten.

Die Scheitelhaltung ist 4,5 km lang und liegt in einer Höhe von 262 m; sie hat Verbindung zum Etang de Baye, auf dem es im Sommer von Surfern und Seglern nur so wimmelt, und schließt drei Tunnels ein: La Collancelle (758 m), Mouas (268 m) und Les Breuilles (212 m), die durch tiefe Einschnitte voneinander getrennt sind. Die geringste Durchfahrtshöhe ist 3,75 m und die geringste Breite 5,60 m. Alle Tunnels werden im Einbahnverkehr, der durch Lichter geregelt ist, durchfahren.

In Basseville (km 118,5) kreuzt der Kanal die Yonne rechtwinklig auf gleicher Höhe. Bei Hochwasser kann man sich an dieser Stelle eines Seils und einer Winde bedienen.

Ein 3,9 km langer Zweigkanal führt vom râcle du Maunoir (km 154) zur Stadt Vermenton am Fluß Cure.

Der Canal du Nivernais ist ein ideales Gebiet zum Wasserwandern, denn er führt durch unterschiedliche Landschaften mit vielen interessanten Orten und Sehenswürdigkeiten. Der Kontrast zwischen Loire und Yonne diesseits und jenseits der Wasserscheide ist sehr beeindruckend. Von der Loire bis zur Scheitelhaltung besteht die schiffbare Strecke fast durchwegs aus von Menschenhand erschaffenen Kanalabschnitten, die dem Fluß Aron folgen und so weit das Auge reicht, in saftiges Weideland eingebettet sind. Das Yonne-Tal ist großartiger, enger und dicht bewaldet, und die schiffbare Strecke wechselt zwischen Kanal- und Flußabschnitten.

Schleusen Es gibt 112 Schleusen, vier davon sind nur bei Hochwasser in Gebrauch. Von der Scheitelhaltung bis zur Loire hinunter sind es 32 Schleusen und drei Hochwasserschleusen und auf der zur Yonne absteigenden Seite sind es 76 Schleusen und eine Hochwasserschleuse; dazu kommen noch fünf Sperrtore, die auch als Schleusen mitgezählt werden. Man durchfährt einige Schleusentreppen, doppelte und auch eine dreifache. Ursprünglich gab es auf dieser Strecke 114 Schleusen, aber die Hochwasserschleuse No. 47 b und die Schleuse No. 48 in Clamecy sind stillgelegt worden, und die schiffbare Strecke führt nun über die Yonne und nicht durch den (ehemaligen) Schleusenkanal. Von Auxerre nach Sardy-lès-Epiry und von Cercy-la-Tour nach Saint-Léger-des-Vignes (und auch auf dem Zweigkanal nach Vermenton) sind die Schleusenabmessungen 38,50 x 5,30 m. Die Schleusen im mittleren Abschnitt haben geringere Abmessungen, und zwar 30,15 x 5,10 m.

Tiefen Auf den ersten 3 km hinter Saint-Léger-des-Vignes und von Clamecy nach Auxerre, sowie auf dem Zweigkanal nach Vermenton ist der höchstzulässige Tiefgang 1,70 m. Auf dem mittleren Abschnitt können nur Schiffe mit einem Tiefgang von 1,20 m fahren.

Brücken Von Saint-Léger-des-Vignes bis zum Becken von La Copine (km 3) beträgt die Mindestdurchfahrtshöhe 3,70 m. Darüber hinaus ist die Durchfahrtshöhe unter festen Brücken bei normalem Wasserstand 2,71 m bis nach Sardy. Von Sardy nach Auxerre ist die Durchfahrtshöhe 3,10 m; unter der Brücke in Picampoix (Schleuse 21) ist sie auf 2,97 m und unter der Brücke von Mailly-la-Ville auf 3,00 m reduziert (km 146). Die festen Brücken auf dem Zweigkanal nach Vermenton haben eine Mindestdurchfahrtshöhe von 3,35 m.

Canal du Nivernais: Klappbrücke bei Auxerre

Treidelpfad Ein guter Treidelpfad verläuft neben der gesamten Strecke.

Schiffsverkehr Manchmal wagt sich ein Lastkahn von Auxerre bis Châtel-Censoir oder Coulanges hinauf, um Getreide zu laden, aber der Canal du Nivernais ist in der Hauptsache ein Revier zum Wasserwandern. Von 1972 bis 1983 hat sich der Sportbootverkehr verzehnfacht; pro Jahr werden 2000 Boote gezählt.

Behörden Service de la Navigation de Nevers. Unterabteilung: 2 Rue au Loup, 58800 **Corbigny**, Tel. (86) 20.13.23.

Entfernungstabelle

	km	Schl.	km
Saint-Léger-des-Vignes, Verbindung mit der Loire und dem Canal latéral à la Loire, Kai RU	0,0	—	174,1
Schleuse 35 (Loire)	0,9	1	173,2
Brücke (Saint-Thibault), **Decize** 1000 m, Kais oberhalb und unterhalb, RU	1,4	—	172,7
Schleuse 34 (Vauzelles), Brücke	1,9	2	172,2
Brücke (Copine)	2,9	—	171,2
Eisenbahnbrücke	3,0	—	171,1
La Copine Becken, Charterbasis Champvert Plaisance RU	3,1	—	171,0
Brücke (du Port)	3,7	—	170,4
Champvert, Kai RU	4,7	—	169,4
Schleuse 33 (Champvert) Brücke	4,9	3	169,2
Fußgängerbrücke	6,5	—	167,6
Brücke (Marcou)	7,5	—	166,6
Schleuse 32 (Roche) Andarge-Aquädukt	8,2	4	165,9
Brücke (Roche)	8,7	—	165,4
Saint-Gervais Brücke und Becken LU, **Verneuil** 2000 m	9,9	—	164,2
Brücke (Vernizy)	12,6	—	161,5
Brücke (Coulangette)	13,7	—	160,4
Hochwasserschleuse 31 (Cercy-la-Tour), Brücke, man fährt in den Fluß Aron ein	15,4	5	158,7
Campingplatz am LU des Aron, Kai und Slipbahn, **Cercy-la-Tour** RU	15,6	—	158,5
Schleuse 30 (Cercy-la-Tour), Brücke, Becken BW RU	15,9	6	158,2
Brücke (Martigny)	17,1	—	157,0
Schleuse 29 (Chaumigny), Brücke	18,6	7	155,5
Brücke (Saint-Gratien)	20,1	—	154,0
Hubbrücke (Tremblay)	20,9	—	153,2
Isenay Kai LU	21,5	—	152,6
Schleuse 28 (Isenay), Brücke	21,6	8	152,5
Ehemalige Hubbrücke	22,6	—	151,5
Moulin d'Isenay Becken, LU, **Vandenesse** Ortschaft und Schloß 3000 m	23,2	—	150,9
Schleuse 27 (Moulin d'Isenay), Brücke	23,6	9	150,5
Brücke (Beaudin)	24,6	—	149,5
Brücke (Hâtes de Scia), Becken LU	26,0	—	148,1
Schleuse 26 (Sauzay), Brücke	27,7	10	146,4
Panneçot, Festmachemöglichkeiten RU TW der Schleuse, Ortschaft über eine Brücke	29,5	—	144,6
Hochwasserschleuse 25 (Panneçot), Brücke, man fährt in den Fluß Aron ein	29,6	11	144,5
Der Sportboothafen von Panneçot LU	29,7	—	144,4
Schleuse 24 (Anizy), man fährt aus dem Fluß in den Kanal	31,0	12	143,1

Canal du Nivernais

Entfernungstabelle	km	Schl.	km
Brücke (Anizy)	31,2	—	142,9
Schleuse 23 (Saigne), Brücke	32,1	13	142,0
Brücke (Magny), Kai RU	33,6	—	140,5
Brücke (Prairie)	35,0	—	139,1
Schleuse 22 (Bernay), Brücke	36,4	14	137,7
Schleuse 21 (Fleury), Charterbasis Flot'home, Brücke, **Brienne** 1000 m	38,1	15	136,0
Schleuse 20 (Brienne)	38,8	16	135,3
Schleuse 19 (Villard), Brücke	40,8	17	133,3
Brücke (Romenay)	41,3	—	132,8
Brücke (Cray), **Biches** 500 m	41,9	—	132,2
Schleuse 18 (Meulot), Brücke	42,7	18	131,4
Schleuse 17 (Equilly)	45,9	19	128,2
Brücke (Equilly)	46,3	—	127,8
Brücke (Pont), halten Sie sich in der Fahrrinne an der Außenseite der Biegung, **Alluy** 1500 m	47,5	—	126,6
Hochwasserschleuse 16 (Coeuillon), Brücke, man fährt in den Fluß Aron ein, halten Sie sich an die Seite des Treidelpfades, RU	49,1	20	125,0
Schleuse 15 (Châtillon-en-Bazois), Brücke, man fährt aus dem Fluß in den Kanal	50,6	21	123,5
Schleuse 14 (Châtillon-en-Bazois)	51,0	22	123,1
Châtillon-en-Bazois Brücke, Festmachemöglichkeiten BW RU, Ortschaft LU, Schloß RU	51,2	—	122,9
Brücke (Mingot)	53,8	—	120,3
Schleuse 13 (Mingot)	53,9	23	120,2
Schleuse 12 (Orgue), Brücke	54,6	24	119,5
Schleuse 11 (Orgue)	56,1	25	118,0
Zweistufige Schleusentreppe 10/9 (Mont-et-Marré), Brücke	57,1	26/27	117,0
Zweistufige Schleusentreppe 8/7 (Chavance)	59,4	28/29	115,7
Becken (Chavance)	59,5	—	115,6
Dreistufige Schleusentreppe 6/5/4 (Chavance), Brücke	59,7	30/32	115,4
Brücke (Mougny)	61,8	—	113,3
Schleuse 3 (Bazolles), Brücke, Festmachemöglichkeiten BW und TW RU, **Bazolles** 500 m	63,6	33	110,5
Schleuse 2 (Bazolles)	63,8	34	110,3
Schleuse 1 (Baye), Brücke, Beginn der Scheitelhaltung, **Baye** 200 m, Restaurant	66,0	35	108,1
Kai (Poujats), Charterbasis Saint Line	66,5	—	107,6
Brücke (Poujats), der Kanal verengt sich, Einbahnverkehr	66,6	—	107,5
Tunnel (Collancelle)	67,2	—	106,1
Tunnel (Mouas)	68,2	—	105,6
Tunnel (Breuilles)	68,6	—	105,3
Brücke (Breuilles)	69,3	—	104,8
Brücke (Port-Brûlé)	70,2	—	103,9
Schleuse 1 (Port-Brûlé), Ende der Scheitelhaltung	70,4	36	103,7
Schleuse 2 (Crain)	70,6	37	103,5
Schleuse 3 (Patureau)	70,7	38	103,4
Schleuse 4 (Roche)	70,8	39	103,3
Schleuse 5 (Demain)	70,9	40	103,2
Schleuse 6 (Planche de Belin), Brücke	71,1	41	103,0
Schleuse 7 (Gros-Bouillon)	71,3	42	102,8
Schleuse 8 (Mondain)	71,5	43	102,6

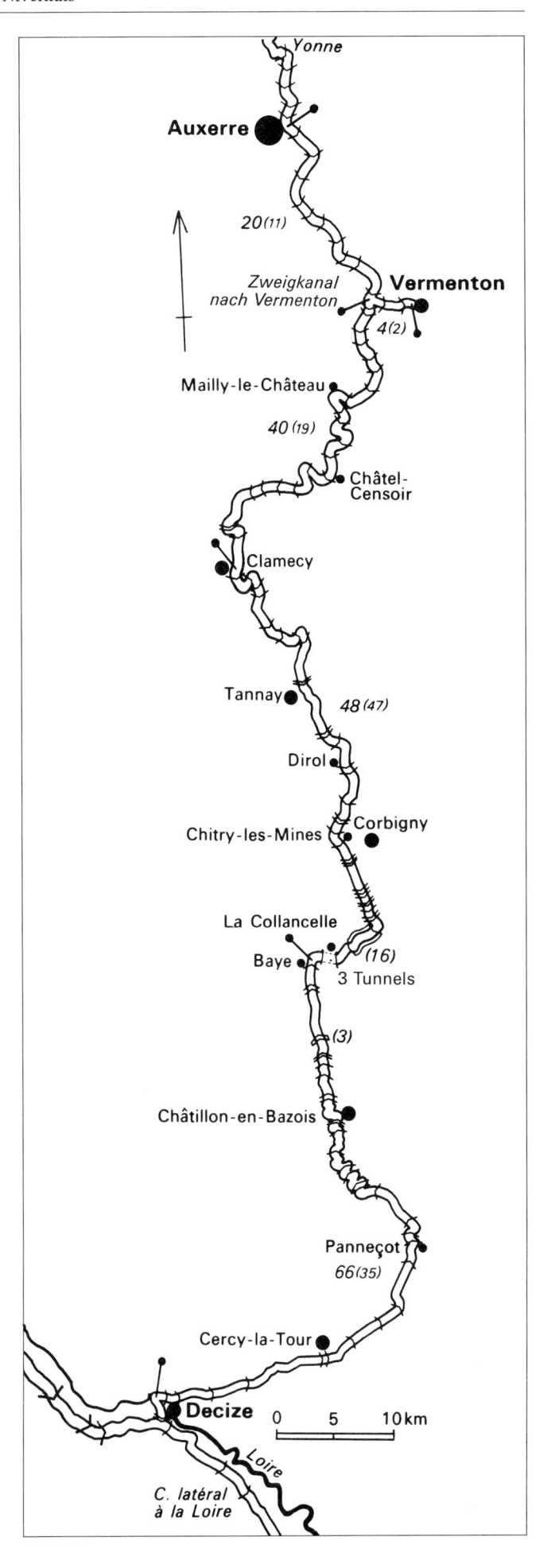

Canal du Nivernais

Entfernungstabelle	km	Schl.	km
Schleuse 9 (Fussy), Festmachemöglichkeit TW RU	71,7	44	102,4
Schleuse 10 (Patureau-Volain)	71,9	45	102,2
Schleuse 11 (Bellevue)	72,2	46	101,9
Schleuse 12 (Pré Doyen)	72,6	47	101,5
Schleuse 13 (Doyen)	72,7	48	101,4
Schleuse 14 (Pré Ardent)	73,0	49	101,1
Schleuse 15 (Champ Cadoux), letzte der 30 m langen Schleusen	73,4	50	100,7
Schleuse 16 (Sardy), Brücke, Quellwasser	73,6	51	100,5
Sardy-lès-Epiry, ehemaliges Becken LU, Ortschaft 500 m über eine Brücke	73,8	—	100,3
Schleuse 17 (Champ du Chêne)	74,4	52	99,7
Schleuse 18 (Creuzet), Brücke	74,8	53	99,3
Schleuse 19 (Petite Corvée)	75,4	54	98,7
Schleuse 20 (Bois des Taureaux)	76,0	55	98,1
Picampoix Steinbrüche, ehemaliger Verladekais RU	76,2	—	97,9
Schleuse 21 (Picampoix), Brücke (eingeschränkte Durchfahrtshöhe 2,97 m), **Marcilly** 2000 m	76,3	56	97,8
Schleuse 22 (Surpaillis)	76,6	57	97,5
Schleuse 23 (Pré Colas), Kai TW LU	77,1	58	97,0
Schleuse 24 (Yonne), Brücke, breites Becken TW	77,6	59	96,5
Beginn des La Chaise-Einschnitts, Einbahnverkehr, Yonne Versorgungskanal mit Sperrtoren, RU	78,2	—	95,9
Hohe Brücke (Chaise)	78,6	—	95,5
Brücke (Chaise)	78,8	—	95,3
Brücke (Eugny), D958, **Corbigny** 2500 m	79,3	—	94,8
Ende des Einschnitts	79,5	—	94,6
Zweistufige Schleusentreppe 25/26 (Eugny)	79,8	60/61	94,3
Schleuse 27 (Marcy), Brücke	80,2	62	93,9
Marcy Becken	80,7	—	93,4
Schleuse 28 (Chaumot)	81,3	63	92,8
Chitry-les-Mines, Becken RU, Ortschaft 300 m, **Corbigny** 3000 m	81,9	—	92,2
Brücke (Chitry), D977 bis	82,0	—	92,1
Chaumot Becken, LU, Bootsvermietung Marine-Service, Reparaturen, Langzeitfestmachemöglichkeiten, Slipbahn	82,0	—	92,1
Hubbrücke (Germehay)	82,5	—	91,6
Schleuse 29 (Chitry)	83,2	64	90,9
Schleuse 30 (Marigny) Brücke	84,2	65	89,9
Marigny LU	84,4	—	89,7
Schleuse 31 (Gravier), Brücke	84,6	66	89,5
Kai RU	84,9	—	89,2
Wendebecken	85,5	—	88,6
Schleuse 32 (Mortes)	85,9	67	88,2
Eisenbahnbrücke (Mortes)	86,1	—	88,0
Hubbrücke (Chazel)	86,3	—	87,8
Kanal verengt sich für 100 m, keine Ausweichmöglichkeit	88,0	—	86,1
Schleuse 33 (Mont), Brücke	88,5	68	85,6
Schleuse 34 (Dirol), Brücke	89,0	69	85,1
Hubbrücke (Thoury)	89,4	—	84,7
Hubbrücke (Marais)	89,6	—	84,5
Dirol Kai LU	89,6	—	84,5
Kanal verengt sich, 2000 m Einbahnverkehr mit Ausweichstellen	90,0	—	84,1

Entfernungstabelle	km	Schl.	km
Monceaux-le-Comte Brücke, Kai BW RU, Ortschaft 1000 m	90,7	—	83,4
Ende der Einbahnstrecke	92,0	—	82,1
Schleuse 35 (Châtillon)	92,2	70	81,9
Schleuse 36 (Laporte), Brücke Kai TW LU	93,2	71	80,9
Schleuse 37 (Moulin Brûlé)	93,5	72	80,6
Hubbrücke (Saint-Didier)	94,5	—	79,6
Hubbrücke (Curiot)	95,5	—	78,6
Cuzy Brücke, Kai BW LU, Restaurant, Ortschaft 400 m	95,8	—	78,3
Brücke (Gravelot), **Tannay** 2000 m LU	96,8	—	77,3
Zweistufige Schleusentreppe 38/39 (Tannay), Brücke **Tannay** 2000 m	98,1	73/74	76,0
Hubbrücke (Ane)	99,2	—	74,9
Asnois Brücke, Ortschaft 200 m	100,2	—	73,9
Schleuse 40 (Brèves)	102,3	75	71,8
Brèves Brücke, Ortschaft 300 m, Wendebecken	102,5	—	71,6
Schleuse 41 (Esselier)	102,8	76	71,3
Kanal verengt sich, Einbahnverkehr auf 200 m	103,7	—	70,4
Schleuse 42 (Villiers)	104,6	77	69,5
Villiers-sur-Yonne, Brücke, Ortschaft LU	104,8	—	69,3
Fußgängerdrehbrücke (Villiers)	105,7	—	68,4
Schleuse 43 (Cuncy), Brücke	106,5	78	67,6
Brücke (Cuncy)	107,2	—	66,9
Schleuse 44 (Chantenot), Brücke	109,3	79	64,8
Chevroches Brücke, kleine Ortschaft, Kai TW LU	110,1	—	64,0
Schleuse 45 (Armes)	110,6	80	63,5
Schleuse 46 (Maladrerie), Brücke	111,7	81	62,4
Sperrtor RU, Verbindung mit Yonne (nicht schiffbar)	112,0	—	62,1
Brücke (Picot)	112,9	—	61,2
Clamecy, Festmachemöglichkeiten BW der Schleuse, Toiletten, Duschen, kleine Stadt LU	113,6	—	60,5
Schleuse 47 (Clamecy), Drehbrücke BW, man fährt in die Yonne ein	113,7	82	60,4
Brücke (Bethléem), Festmachemöglichkeiten für Clamecy am Kai LU	113,9	—	60,2
Einfahrt in ehemaligen Schleusenkanal LU (Schleuse 47 b Clamecy-Saint-Roch), jetzt stillgelegt, man fährt auf der Yonne	114,5	—	59,6
Insel, an LU-Seite vorbeifahren	115,9	—	58,2
Sperrtore (Forêt) LU, man fährt wieder in den Kanal ein (Bergfahrer fahren nach links durch diese Tore)	116,0	—	58,1
Brücke (Presles)	116,6	—	57,5
Schleuse 49 (Garenne)	117,1	83	57,0
Brücke (Envilliers)	117,7	—	56,4
Schleuse 50 (Basseville), der Kanal quert die Yonne auf gleicher Höhe, Treidelpfadbrücke RU, Wehr LU	118,5	84	55,6
Hochwasserschleuse 51 (Basseville)	118,7	85	55,4
Brücke (Basseville)	119,3	—	54,8
Kanal verengt sich, Einbahnverkehr (mit einer Ausweichstelle)	120,0	—	54,1
Ende der engen Strecke	120,7	—	53,4

Entfernungstabelle	km	Schl.	km
Pousseaux Brücke, Kai BW RU, Ortschaft 200 m, **Surgy** 1000 m über eine Brücke	121,1	—	53,0
Hubbrücke (Pousseaux)	121,5	—	52,6
Coulanges-sur-Yonne, Schleuse 52, Brücke, Kai BW RU, Ortschaft 1000 m über eine Brücke, Getreideverladekai TW LU	122,8	86	51,3
Schleuse 53 (Crain), Kanal vereinigt sich für 34 m mit der Yonne	123,7	87	50,4
Sperrtor 53 a (Bèze), Brücke	124,1	—	50,0
Schleuse 54 (Bèze), Brücke	125,1	88	49,0
Lucy-sur-Yonne, Brücke, Ortschaft RU	126,1	—	48,0
Schleuse 55 (Lucy-sur-Yonne)	127,1	89	47,0
Brücke (Gué Saint-Martin)	127,9	—	46,2
Eisenbahnbrücke (La Place)	128,7	—	45,4
Schleuse 56 (La Place), Brücke	130,2	90	43,9
Châtel-Censoir Becken LU, Festmachemöglichkeiten, Ortschaft über eine Brücke	132,5	—	41,6
Schleuse 57 (Châtel-Censoir), Brücke	132,6	91	41,5
Brücke (Gade)	133,1	—	41,0
Schleuse 58 (Magny), Brücke	134,5	92	39,6

Entfernungstabelle	km	Schl.	km
Kanal verengt sich für 235 m	135,0	—	39,1
Eisenbahnbrücke (Terres Rouges)	135,9	—	38,2
Brücke (Terres Rouges)	136,1	—	38,0
Schleuse 59 (Réchimet), man fährt in die Yonne ein (râcle du Saussois), halten Sie sich ganz nahe an den Treidelpfad an der Außenseite der Biegung	136,5	93	37,6
Einfahrt in den Schleusenkanal, nur Einbahnverkehr	137,7	—	36,4
Sperrtor 59 a (Saussois), Brücke, Kai TW LU, **Merry-sur-Yonne** 500 m (kleine Ortschaft)	138,0	—	36,1
Brücke (Graves)	139,0	—	35,1
Schleuse 60 (Ravereau), man fährt in die Yonne ein (râcle du Mailly-le-Château)	139,4	94	34,7
Sperrtor 61 (Mailly-le-Château)	140,8	—	33,3
Eisenbahnbrücke	140,9	—	33,2
Kanal verengt sich für 350 m	141,2	—	32,9
Mailly-le-Château Brücke, Kai TW LU, Ortschaft 1000 m auf einem Hügel	141,7	—	32,4
Eisenbahnbrücke (Parc)	142,4	—	31,7

Canal du Nivernais: Abschnitt der Yonne bei Les Saussois

Canal du Nivernais

Historische Aufnahme der Schleuse Clamecy, Canal du Nivernais

Entfernungstabelle	km	Schl.	km
Schleuse 62 (Parc), Kanal verbindet sich für 600 m mit der Yonne (râcle du Bouchet)	142,8	95	31,3
Brücke (Mailly-la-Ville)	145,2	—	28,9
Schleuse 63 (Mailly-la-Ville), man fährt in die Yonne ein (râcle de Mailly-la-Ville)	145,4	96	28,7
Mailly-la-Ville RU	145,7	—	28,4
Sperrtor 64 (Mailly-la-Ville), Brücke, (Vorsicht: bei hohem Wasserstand auf der Yonne ist die Durchfahrtshöhe geringer als 3 m)	146,0	—	28,1
Kai LU	146,1	—	28,0
Schleuse 65 (Sery), Brücke	147,5	97	26,6
Sery Brücke, kleine Ortschaft RU	147,6	—	26,5
Schleuse 66 (Saint-Maur), der Kanal verbindet sich für 640 m mit der Yonne (râcle des Dames)	148,6	98	25,5
Eisenbahnbrücke (Dames)	149,9	—	24,2
Schleuse 67 (Dames), Hubbrücke TW, man fährt in die Yonne ein (râcle de Prégilbert)	150,1	99	24,0
Prégilbert Brücke, Ortschaft RU	151,0	—	23,1
Sperrtor 68 (Prégilbert)	151,1	—	23,0
Brücke (Parc de Sainte-Pallaye)	151,5	—	22,6
Sainte-Pallaye Brücke (Romains), Ortschaft RU	151,9	—	22,2
Schleuse 69 (Sainte-Pallaye)	152,4	100	21,7
Brücke (Croix-Minet), Kai TW LU, **Bazarnes** 1000 m	153,0	—	21,1
Schleuse 70 (Saint-Aignan), man fährt in die Yonne ein (râcle du Maunoir)	153,7	101	20,4
Eisenbahnbrücke (Maunoir)	154,0	—	20,1
Verbindung mit Zweigkanal nach Vermenton RU	154,1	—	20,0
Schleuse 71 (Maunoir)	154,4	102	19,7
Cravant Brücke, Kai BW RU, Tankstelle, Ortschaft 500 m	155,9	—	19,2
Ehemaliger Zweigkanal mit stillgelegter Schleuse RU	156,4	—	18,7
Brücke (Colombier)	156,6	—	18,5
Schleuse 72 (Rivottes), Brücke	158,2	103	15,9
Schleuse 73 (Vincelles), Brücke, Kanal verbindet sich mit der Yonne (râcle de Vincelles)	159,5	104	14,6
Vincelles Kai und Ortschaft LU	160,1	—	14,0
Vincelottes Brücke, Ortschaft und Restaurant 400 m	160,6	—	13,5
Schleuse 74 (Vincelottes), man fährt in die Yonne ein (râcle de Bailly)	161,2	105	12,9
Schleuse 75 (Bailly) in kurzem Schleusenkanal, es folgt râcle de Bélombre	163,4	106	11,7
Eisenbahnbrücke (Bazine)	163,6	—	11,5
Schleuse 76 (Bélombre), Brücke, **Champs-sur-Yonne** 300 m	165,0	107	9,1
Kai (Cour Barrée) LU	165,3	—	8,8
Schleuse 77 (Toussac), man fährt in râcle de Vaux ein	166,2	108	7,9
Vaux Brücke, Ortschaft und Restaurant LU	167,9	—	6,2
Schleuse 78 (Vaux) in kurzem Schleusenkanal, es folgt râcle d'Augy	168,6	109	5,5
Schleuse 79 (Augy) in kurzem Schleusenkanal, es folgt râcle de Preuilly	170,6	110	3,5
Schleuse 80 (Preuilly) in kurzem Schleusenkanal, es folgt râcle du Batardeau	172,5	111	1,6
Eisenbahnbrücke (Batardeau)	173,6	—	0,5
Schleuse 81 (Batardeau) in kurzem Schleusenkanal, man fährt in die Yonne ein	173,8	112	0,3
Auxerre Brücke (Paul-Bert), Stadtzentrum und Kathedrale LU, Verbindung mit der kanalisierten Yonne	174,1	—	0,0

Zweigkanal nach Vermenton

	km	Schl.	km
Verbindung mit der Hauptstrecke (râcle du Maunoir km 154,1)	0,0	—	3,9
Schleuse (Noue), Brücke	0,7	1	3,2
Brücke (Moulin Jacquot)	2,2	—	1,7
Accolay Brücke, Kai BW LU, Ortschaft LU	2,5	—	1,4
Schleuse (Accolay), Brücke	3,0	2	0,9
Sperrtor (Vermenton), Brücke	3,8	—	0,1
Vermenton Kais am Fluß Cure, Charterbasis der Fa. Croisières Bourgogne	3,9	—	0,0

Canal du Nord

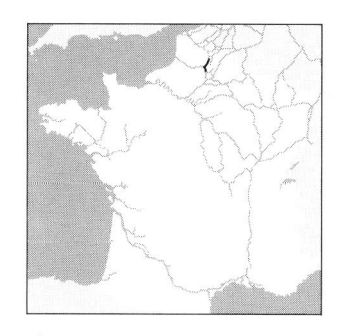

Mit den Bauarbeiten zu diesem Kanal wurde im Jahre 1908 begonnen, als der parallel dazu verlaufende Canal de Saint-Quentin bereits überlastet war, trotz seiner paarweise angeordneten Schleusen. Im Jahr 1914, zu Kriegsbeginn, waren Dreiviertel der Erdarbeiten und eine Anzahl der Schleusen fertiggestellt. Nach Ende des Ersten Weltkrieges wollte man dieses Projekt von neuem in Angriff nehmen, doch zwischen den beiden Kriegen wurde nur wenig davon verwirklicht.

Erst nach 1950, als das rasante Wirtschaftswachstum in Frankreich Großtransporte zwischen dem Seinebecken und dem Norden des Landes erforderlich machte, wurde die Fertigstellung dieses Kanals dringend notwendig. Die Bausumme belief sich auf 210 Millionen Francs; seine Indienststellung fiel ins Jahr 1966.

Der Canal du Nord ist 95 km lang und erstreckt sich von Arleux, in der Nähe von Douai am Canal de la Sensée (ein Teilstück des Großschiffahrtswegs Dünkirchen-Schelde), bis zur Verbindung mit dem Canal latéral à l'Oise bei Pont l'Evêque. Er wird in drei Abschnitte eingeteilt:

Abschnitt 1 von Arleux bis nach Péronne am Canal de la Somme (km 45).

Abschnitt 2 besteht aus einem geliehenen Stück des Canal de la Somme von Péronne bis zur Abzweigung bei Rouy-le-Petit (km 65).

Abschnitt 3 erstreckt sich von der Abzweigung des Canal de la Somme bis Pont l'Evêque am Canal latéral à l'Oise (km 95).

Der erste und dritte Abschnitt queren niedrige Wasserscheiden, in den Scheitelhaltungen fährt man durch Tunnel. Einer davon, der Grand Souterrain de Ruyaulcourt in der Scheitelhaltung des 1. Abschnittes (km 25-29) ist 4350 m lang und besteht aus drei Teilen. Die ersten 1600 m an beiden Einfahrten sind nur 6,30 m breit, das 1150 m lange Mittelstück hat doppelte Breite von 12,30 m. Nordwärts und südwärts fahrende Schiffe steuern zur gleichen Zeit in die Tunneleinfahrten ein, begegnen sich im Mittelstück und passieren wiederum gleichzeitig die Ausfahrten. Fernüberwachung und Regelung mittels roter und grüner Lichter gewährleisten unbehinderten Verkehr auf dieser belebten Strecke.

Der Tunnel Souterrain de la Panneterie in der Scheitelhaltung des dritten Abschnittes ist 1100 m lang. Seine Abmessungen erlauben nur Einbahnverkehr. Die Einfahrt wird ebenfalls durch Lichter geregelt.

Schleusen Im 1. Abschnitt gibt es zwölf Schleusen (sieben zum Großschiffahrtsweg D-S, fünf zur Somme hinunter), im 2. Abschnitt zwei und im 3. Abschnitt fünf (eine zur Somme, vier zur Oise). Ihre Abmessungen sind 91,60 x 6,00 m; sie sind für Schubverbände geeignet, die aus zwei Lastkähnen von 38,50 m Länge zusammengestellt sind, sowie für den neuen Typ der 700 Tonnen-Lastschiffe, die besonders auf der Strecke zwischen dem Seinebecken und Nordfrankreich eingesetzt werden.

Tiefen Der höchstzulässige Tiefgang beträgt 2,40 m.

Brücken Alle Brücken haben eine Mindestdurchfahrtshöhe von 4,10 m über dem höchsten schiffbaren Wasserstand.

Behörden Direction Régionale de la Navigation, Lille.
Unterabteilung: Place Marcellin-Berthelot, BP 371, 59407 Cambrai, Tel. (27) 81.32.75 (km 0-30).
Service de la Navigation de la Seine, Arrondissement Picardie.
Unterabteilung: 19 Route de Paris, BP 92, 80200 Péronne, Tel. (22) 84.01.14 (km 30-95).

Entfernungstabelle

	km	Schl.	km
Verbindung mit Großschiffahrtsweg D-S (Canal de la Sensée), km 15, Beginn des 1. Abschnitts	0,0	—	95,0
Arleux Brücke, Ortschaft 1000 m LU	0,6	—	94,4
Privates Becken (Malderez) LU (560 m lang)	0,9	—	94,1
Schleuse 1 (Palluel)	1,4	1	93,6
Palluel Brücke (D 21), Ortschaft 400 m LU	1,8	—	93,2
Brücke (Oisy-le-Verger)	3,5	—	91,5
Sauchy-Cauchy Brücke, Ortschaft RU	5,1	—	89,9
Wendebecken	7,0	—	88,0
Marquion Brücke (D 939), Kai TW RU, Ortschaft 500 m RU	7,7	—	87,3
Schleuse 2 (Marquion)	8,0	2	87,0
Sains-lès-Marquion Brücke, kleine Ortschaft 300 m RU	10,0	—	85,0
Schleuse 3 (Sains-lès-Marquion)	10,7	3	84,3
Inchy-en-Artois Brücke, Kai BW LU, Ortschaft 800 m LU	11,2	—	83,8
Brücke	12,0	—	83,0
Schleuse 4 (Sains-lès-Marquion)	12,3	4	82,7
Moeuvres Brücke, Ortschaft 500 m LU	13,4	—	81,6
Schleuse 5 (Moeuvres)	14,0	5	81,0
Brücke	14,3	—	80,7
Brücke (N29)	15,3	—	79,7
Schleuse 6 (Graincourt-lès-Havrincourt)	15,8	6	79,2
Brücke	16,5	—	78,5
Schleuse 7 (Graincourt-lès-Havrincourt), Beginn der Scheitelhaltung	17,5	7	77,5
Brücke	17,9	—	77,1
Havrincourt Brücke (D5), Ortschaft 1200 m RU	19,9	—	75,1
Wendebecken	21,3	—	73,7
Brücke	21,7	—	73,3
Hermies Brücke, Privatkai BW LU, Ortschaft 1200 m LU	22,7	—	72,3
Brücke	23,6	—	71,4
Brücke	24,5	—	70,5
Kontrollstelle für den Ruyaulcourt-Tunnel, LU	25,1	—	69,9
Ruyaulcourt-Tunnel, Nordeinfahrt	25,2	—	69,8
Belüftungsschacht	27,4	—	67,6
Ruyaulcourt-Tunnel, Südeinfahrt	29,6	—	65,4
Brücke (D58)	30,4	—	64,6
Etricourt-Manancourt Brücke, Ortschaft 200 m RU	31,0	—	64,0
Brücke	31,8	—	63,2
Brücke (D72)	32,7	—	62,3
Wendebecken	34,2	—	60,8
Brücke	35,5	—	59,5
Brücke	36,8	—	58,2
Moislains Brücke (D184), Kai TW LU, Ortschaft 400 m RU	37,2	—	57,8

Canal du Nord

Entfernungstabelle	km	Schl.	km
Schleuse 8 (Moislains), Ende der Scheitelhaltung	37,6	8	57,4
Wendebecken	38,1	—	56,9
Brücke (D43)	38,4	—	56,6
Schleuse 9 (Moislains)	38,7	9	56,3
Schleuse 10 (Allaines)	39,7	10	55,3
Allaines Brücke, kleine Ortschaft 300 m LU	40,0	—	55,0

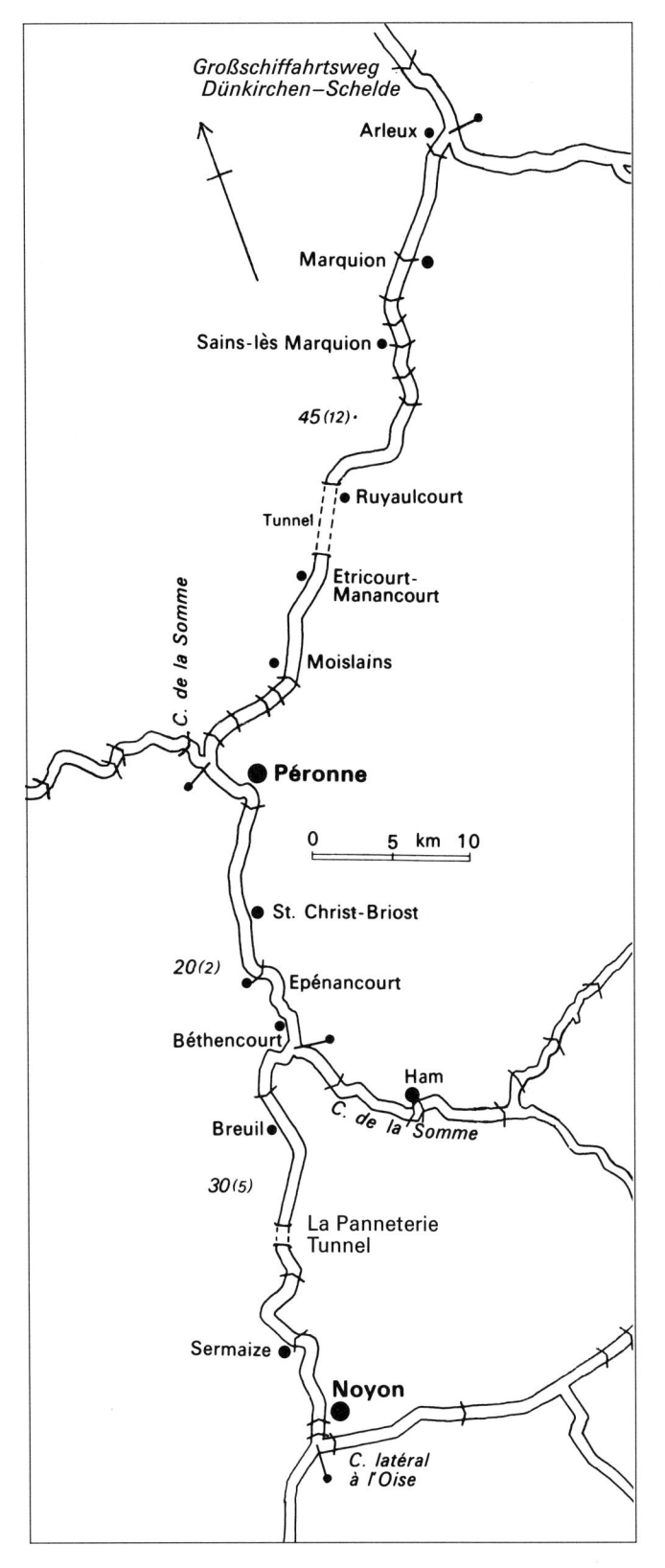

Entfernungstabelle	km	Schl.	km
Brücke, privater Kai TW RU	40,7	—	54,3
Brücke (D944)	41,7	—	53,3
Schleuse 11 (Feuillaucourt)	42,0	11	53,0
Brücke (D938), Kai TW RU	43,5	—	51,5
Schleuse 12 (Cléry-sur-Somme)	43,8	12	51,2
Verbindung mit dem Canal de la Somme, Beginn des 2. Abschnitts (gemeinsame Strecke mit dem Canal de la Somme)	45,4	—	49,6
Brücke (N17), Kais TW, **Péronne** 1300 m RU	48,2	—	46,8
Eisenbahnbrücke	48,6	—	46,4
Schleuse 13 (Péronne)	49,5	13	45,5
Brücke (Pont-lès-Brie), N336	53,2	—	41,8
Saint-Christ-Briost Brücke, Kai TW RU, Ortschaft 300 m	55,9	—	39,1
Epénancourt LU	58,9	—	36,1
Schleuse 14 (Epénancourt)	59,7	14	35,3
Pargny Brücke, Ortschaft LU	60,9	—	34,1
Béthencourt-sur-Somme Brücke, Kai TW RU	63,7	—	31,3
Verbindung mit dem Canal de la Somme, Ende des aus dem Canal de la Somme bestehenden Abschnitts, Beginn des 3. Abschnitts	65,3	—	29,7
Rouy-le-Petit Brücke, kleine Ortschaft 400 m RU	67,8	—	27,2
Eisenbahnbrücke, Kai TW LU	68,8	—	26,2
Nesle Brücke (D930), Kais BW, Ortschaft 2000 m LU	68,9	—	26,1
Schleuse 15 (Languevoisin) Beginn der Scheitelhaltung	69,6	15	25,4
Brücke (D89), Kai BW LU	69,9	—	25,1
Breuil Brücke, kleine Ortschaft LU	71,5	—	23,5
Buverchy Brücke, kleine Ortschaft RU	72,7	—	22,3
Brücke (D186) Kai BW RU, **Ercheu** 2500 m LU	74,6	—	20,4
Libermont Brücke, kleine Ortschaft 800 m RU	77,1	—	17,9
Tunnel (Souterrain de la Panneterie), Nordeinfahrt	78,5	—	16,5
Tunnel, Südeinfahrt	79,6	—	15,4
Brücke (Frétoy-le-Château)	81,2	—	13,8
Schleuse 16 (Campagne), Ende der Scheitelhaltung	81,9	16	13,1
Campagne Brücke, kleine Ortschaft LU	82,9	—	12,1
Catigny Brücke, kleine Ortschaft RU	84,3	—	10,7
Brücke (Behancourt)	86,2	—	8,8
Sermaize Brücke, Ortschaft 400 m RU	87,1	—	7,9
Schleuse 17 (Sermaize-Haudival)	87,7	17	7,3
Beaurains-lès-Noyon Brücke, Ortschaft 500 m RU	89,2	—	5,8
Brücke (D934)	91,2	—	3,8
Noyon Kai LU, Stadtzentrum 1300 m	91,8	—	3,2
Brücke (D938)	93,1	—	1,9
Schleuse 18 (Noyon)	93,4	18	1,6
Brücke (N32)	93,8	—	1,2
Schleuse 19 (Pont-l'Evêque)	94,4	19	0,6
Pont-l'Evêque Brücke, Ortschaft 800 m LU	94,7	—	0,3
Eisenbahnbrücke	94,8	—	0,2
Ende des 3. Abschnitts, Verbindung mit Canal latéral à l'Oise (km 19)	95,0	—	0,0

Oise

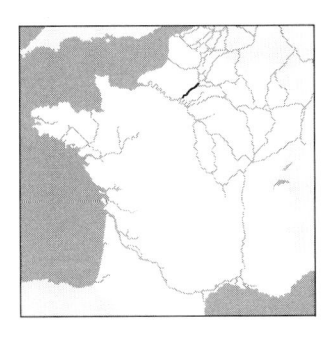

Die kanalisierte Oise ist 104 km lang und erstreckt sich von der Verbindungsstelle mit dem Canal latéral à l'Oise bei Janville (in der Gemeinde von Longueil-Annel) bis zu ihrer Einmündung in die Seine bei Conflans-Sainte-Honorine (Fin d'Oise). Sie bildet einen Teil des wichtigen Schiffahrtsweges von der Seine nach Nordfrankreich und Belgien. In den sechziger Jahren wurde sie erheblich verbessert und für Schubverbände ausgebaut. Fährt man den nichtkanalisierten Fluß von Janville zwei km stromaufwärts, gelangt man zu einer Bootswerft. Die Kilometertafeln entlang des Flusses zählen vom bergwärts gelegenen Ende des Canal latéral à l'Oise, daher beginnt unsere Entfernungstabelle bei km 33,8.

Schleusen Hier gibt es sieben Schleusen mit je zwei nebeneinanderliegenden großen Kammern (185 x 12 und 125 x 12 m); sie liegen alle an kurzen Seitenkanälen auf der Höhe der Wehre. Es sind elektrisch betriebene Schleusen, die Einfahrt wird mit Hilfe von Lichtern geregelt. Bei Schleuse No. 1 (Venette) ist für gewöhnlich nur die große, ans Wehr angrenzende Kammer in Betrieb, da die Schleusenwärter keine gute Sicht zur 125 m langen Kammer an der anderen Seite der Insel haben. Es ist geplant, Fernbedienung und Kontrollgeräte einzubauen, doch im Moment wird die 125 m lange Kammer nur bei Hochwasser benutzt. Die ehemaligen kleinen, an die Wehre angrenzenden Schleusen sind entfernt worden.

Tiefen Der höchstzulässige Tiefgang sind 2,40 m oberhalb der Einmündung der Aisne, 2,50 m bis nach Creil (km 75) und von dort bis zur Einmündung in die Seine 3,00 m.

Brücken Die Durchfahrtshöhe unter den Brücken beträgt mindestens 5,00 m über normalem Wasserstand bzw. 4,10 m über dem höchsten schiffbaren Wasserstand.

Treidelpfad Ein guter Treidelpfad verläuft neben der gesamten Strecke.

Yachtanleger in L'Isle-Adam auf der Oise

Behörden Service de la Navigation de la Seine, Arrondissement Picardie und Basse-Seine.
Unterabteilungen:
— 79 Barrage de Venette, 60200 Compiègne, Tel. (4) 483.21.12 (km 34-96).
— 65 Quai de l'Ecluse, 95316 Saint-Ouen-l'Aumône, Tel. (3) 464.02.26 (km 96-138).

Entfernungstabelle

	km	Schl.	km
Verbindung mit dem Canal latéral à l'Oise (TW der Schleuse 4, Janville)	33,8	—	104,4
Der Kanal teilt sich, beide Arme sind schiffbar	34,3	—	103,9
Janville Brücke über den Arm am RU, Ortschaft RU jenseits der Eisenbahn	34,7	—	103,5
Der Arm am LU vereint sich mit der Oise (der Fluß ist 2 km BW bis zu einer Bootswerft schiffbar)	34,9	—	103,3
Der Arm am RU vereint sich ebenfalls mit der Oise	35,2	—	103,0
Clairoix Brücke, Privatkai TW RU, Ortschaft 1000 m RU	36,4	—	101,8
Einmündung des kanalisierten Flusses Aisne, LU	38,3	—	99,9
Eisenbahnbrücke, Handelskais BW RU und TW LU	39,4	—	98,8
Sportboothafen in einem Becken, LU	39,7	—	98,5
Compiègne Brücke, Bahnhof RU, Stadtzentrum LU	40,5	—	97,7
Schleuse 1 (Venette), eine Kammer in den Fahrwassern zu beiden Seiten der Insel, Wehr LU	42,0	1	96,2
Venette Kai RU, Ortschaft 400 m	42,5	—	95,7
Privatkai RU	43,2	—	95,0
Neue Straßenbrücke (Umgehung für Compiègne)	44,1	—	94,1
Jaux Kai und Ortschaft RU	46,0	—	92,2
Lacroix-Saint-Ouen Hängebrücke, Kai TW RU, Ortschaft 1500 m LU	49,9	—	88,3
Eisenbahnbrücke, privater Kai TW LU	53,9	—	84,3
Schleuse 2 (Verberie) parallele Kammern, Wehr LU	54,8	2	83,4
Verberie Brücke, Kai BW LU, Ortschaft 500 m	55,8	—	82,4
Autobahnbrücke (A1, Autoroute du Nord)	58,7	—	79,5
Kai (Houdancourt) RU	62,0	—	76,2
Schleuse 3 (Sarron), parallele Kammern, Wehr LU, Wasser	65,8	3	72,4
Pont-Sainte-Maxence Brücke, kleine Stadt LU, Handelskais TW	67,2	—	71,0
Neue Straßenbrücke (Umgehung für Pont-Sainte-Maxence)	69,6	—	68,6
Rieux Kai RU, Ortschaft 400 m jenseits der Eisenbahn	73,6	—	64,6
Fabrikkais RU (Chemiefabrik)	74,7	—	63,5
Verneuil Hängebrücke (für Fußgänger), Kai TW LU, Ortschaft 800 m	75,7	—	62,5
Neue Straßenbrücke (Umgehung für Creil), Handelskais BW RU	78,2	—	60,0
Creil Brücke, Stadtzentrum 500 m LU	79,2	—	59,0
Öffentlicher Kai (Long-Boyau) RU und Fabrikkais	79,9	—	58,3

Oise

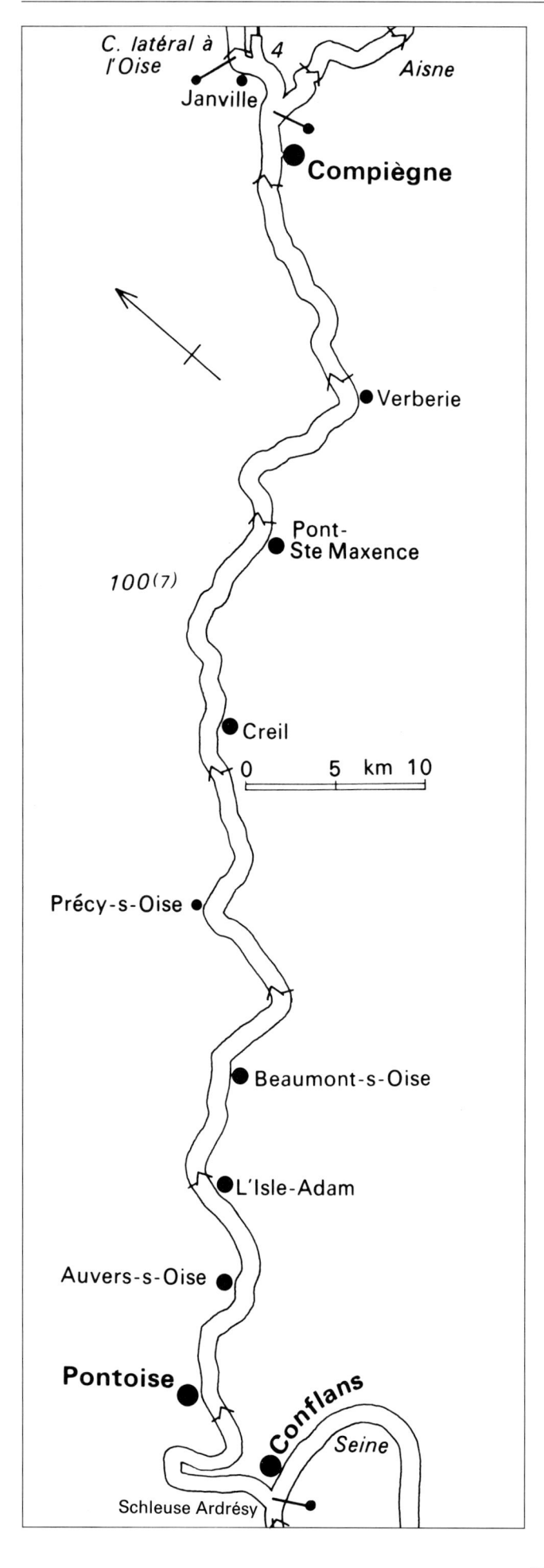

Entfernungstabelle	km	Schl.	km
Schleuse 4 (Creil), parallele Kammern, Wehr LU	81,9	4	56,3
Schräge Eisenbahnbrücke (Laversine)	83,5	—	54,7
Kraftwerk von Creil, Kohlenverladekai RU	84,0	—	54,2
Saint-Leu d'Esserent Hängebrücke, Bahnhof und Ortschaft 400 m RU	86,1	—	52,1
Kai (Gouvieux) LU	88,0	—	50,2
Précy-sur-Oise Hängebrücke, Privatkais BW, Ortschaft RU	90,2	—	48,0
Öffentlicher Kai RU	91,0	—	47,2
Boran-sur-Oise Hängebrücke, Ortschaft 400 m RU	94,5	—	43,7
Schleuse 5 (Boran), parallele Kammern, Wehr LU	96,5	5	41,7
Einfahrt in ein neues Kanalstück RU (Abkürzung einer Flußschleife)	98,3	—	39,9
Brücke (Bruyères-sur-Oise) über das neue Kanalstück	98,9	—	39,3
Ende des neuen Kanalstücks	100,0	—	38,2
Industriekais RU	101,4	—	36,8
Beaumont-sur-Oise Brücke, Kai BW LU, kleine Stadt LU	103,3	—	34,9
Industriekais	104,0	—	34,2
Eisenbahnbrücke	104,6	—	33,6
Wärmekraftwerk RU, privater Kai	105,2	—	33,0
Brücke (Umgehung für N1)	106,0	—	32,2
Insel, folgen Sie den Schiffahrtszeichen	108,3	—	29,9
Schleuse 6 (Isle-Adam), parallele Kammern, Wehr LU	109,7	6	28,5
L'Isle-Adam, Brücke überspannt drei Arme, man fährt im mittleren Fahrwasser, kleine Stadt 400 m LU, **Parmain** RU	110,5	—	27,7
Mériel Straßen- und Eisenbahnbrücke, Ortschaft 400 m LU	113,8	—	24,4
Méry-Auvers Brücke, Privatkais LU	116,5	—	21,7
Eisenbahnbrücke (Chaponval)	119,9	—	18,3
Industriekais LU	121,8	—	16,4
Pontoise Brücke, Stadtzentrum RU (machen Sie TW der Eisenbahnbrücke fest)	123,3	—	14,9
Eisenbahnbrücke, öffentlicher Kai TW RU	123,5	—	14,7
Schleuse 7 (Pontoise), parallele Kammern, Wehr RU	124,3	7	13,9
Autobahnbrücke (A15)	124,7	—	13,5
Schräge Eisenbahnbrücke (RER örtliche Métro)	127,1	—	11,1
Neue Straßenbrücke	128,7	—	9,5
Cergy-Pontoise Brücke, Ortschaft RU Marina und Wassersportzentrum in ehemaligen Kiesgruben, LU	131,7	—	6,5
Jouy-le-Moutier Kai RU, Ortschaft 700 m	133,2	—	5,0
Neuville-sur-Oise Brücke, Ortschaft LU	134,8	—	3,4
Neue Straßenbrücke	135,9	—	2,3
Conflans-Fin-d'Oise Kai und Bootswerften RU, Festmachemöglichkeiten LU	136,7	—	1,5
Eisenbahnbrücke (Pont Eiffel)	137,6	—	0,6
Conflans-Sainte-Honorine Brücke, Liegeplätze für Lastkähne, Stadtzentrum 1500 m LU	138,0	—	0,2
Einmündung in die Seine (km 71)	138,2	—	0,0

Canal latéral à l'Oise
Oise-Seitenkanal

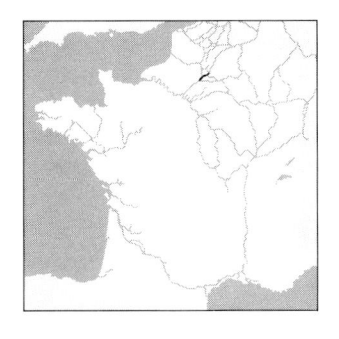

Der Canal latéral à l'Oise (Oise-Seitenkanal) verbindet den Canal de Saint-Quentin in Chauny mit der kanalisierten Oise in Janville; er ist 34 km lang und hat Verbindung mit dem Canal de l'Oise à l'Aisne (km 3) und mit dem Canal du Nord (km 19). Als ein Teil der stark befahrenen Nord-Südroute vom Seinebecken nach Nordfrankreich und Belgien wurde er, wie auch weiter stromabwärts die Oise, im großen Umfang ausgebaut.

Schleusen Hier gibt es vier elektrisch betriebene Schleusen mit je zwei parallelen Kammern; ihre Abmessungen betragen 125 x 12 und 39 x 6,50 m.

Tiefen Der höchstzulässige Tiefgang ist 2,40 m.

Brücken Die festen Brücken haben eine Mindestdurchfahrtshöhe von 4,10 m.

Treidelpfad Ein guter Treidelpfad verläuft neben der gesamten Strecke.

Behörden Service de la Navigation de la Seine, Arrondissement Picardie.
Unterabteilung: 79 Barrage de Venette, 60200 Compiègne, Tel. (4) 483.21.12.

Entfernungstabelle

	km	Schl.	km
Chauny Brücke, Verbindung mit dem Canal de Saint Quentin, Kai TW LU, Stadtzentrum 500 m RU	0,0	—	138,2
Abbécourt Becken, Festmachemöglichkeiten, Ortschaft 700 m RU	2,6	—	135,6
Verbindung mit Canal de l'Oise à l'Aisne LU	2,8	—	135,6
Brücke (Abbécourt)	3,2	—	135,0

Entfernungstabelle

	km	Schl.	km
Manicamp Brücke, Kais TW LU, Ortschaft 1000 m	4,9	—	133,3
Quierzy Brücke, Kais LU, Ortschaft 1000 m	6,6	—	131,6
Appilly Brücke, Kai BW LU, Ortschaft 700 m RU	8,2	—	130,0
Schleuse 1 (Saint-Hubert), parallele Kammern	9,0	1	129,2
Baboeuf Brücke, Kai TW LU	10,4	—	127,8
Fußgängerbrücke (Pont-à-la-Fosse)	11,0	—	127,2
Becken RU, Festmachemöglichkeiten	11,6	—	126,6
Varesnes Brücke, Kai BW LU, Ortschaft 700 m	13,4	—	124,8
Noyon Brücke (D934) Becken und Kais TW, Stadtzentrum 2500 m RU	15,3	—	122,9
Becken (Pierrot), Festmachemöglichkeiten	17,0	—	121,2
Sempigny Brücken, Kai BW LU, Ortschaft 400 m	17,8	—	120,4
Schleuse 2 (Sempigny), parallele Kammern, Kai TW RU	18,1	2	120,1
Verbindung mit Canal du Nord RU	18,6	—	119,6
Chiry Brücke, Ortschaft 1500 m RU	20,5	—	117,7
Ourscamps Brücke, Kai BW LU, Abtei 800 m LU	21,9	—	116,3
Pimprez Brücke, Ortschaft RU	24,0	—	114,2
Einfahrt in ein neues Kanalstück, das eine Schleife des alten Kanals abkürzt	24,6	—	113,6
Brücke (Rouilly)	24,9	—	113,3
Ende des neuen Kanalstücks	25,5	—	112,7
Ribécourt Brücke, Kai BW LU, Ortschaft 1000 m RU	26,6	—	111,6
Eisenbahnbrücke (private Nebenstrecke)	26,7	—	111,5
Becken (Ribécourt) RU, Privatkai	27,4	—	110,8
Brücke (Bellerive)	27,9	—	110,3
Schleuse 3 (Bellerive), parallele Kammern, Becken TW LU	28,3	3	109,9
Montmacq Brücke, Ortschaft 400 m LU	30,6	—	107,6
Bootswerft LU	31,3	—	106,9
Thourotte Brücke, Kai BW LU, Ortschaft RU jenseits der Eisenbahn	31,9	—	106,3
Longueil-Annel Brücke, Wasser und Kraftstoff TW, Ortschaft RU	32,9	—	105,3
Schleuse 4 (Janville), parallele Kammern, Verbindung zur kanalisierten Oise	33,8	4	104,4

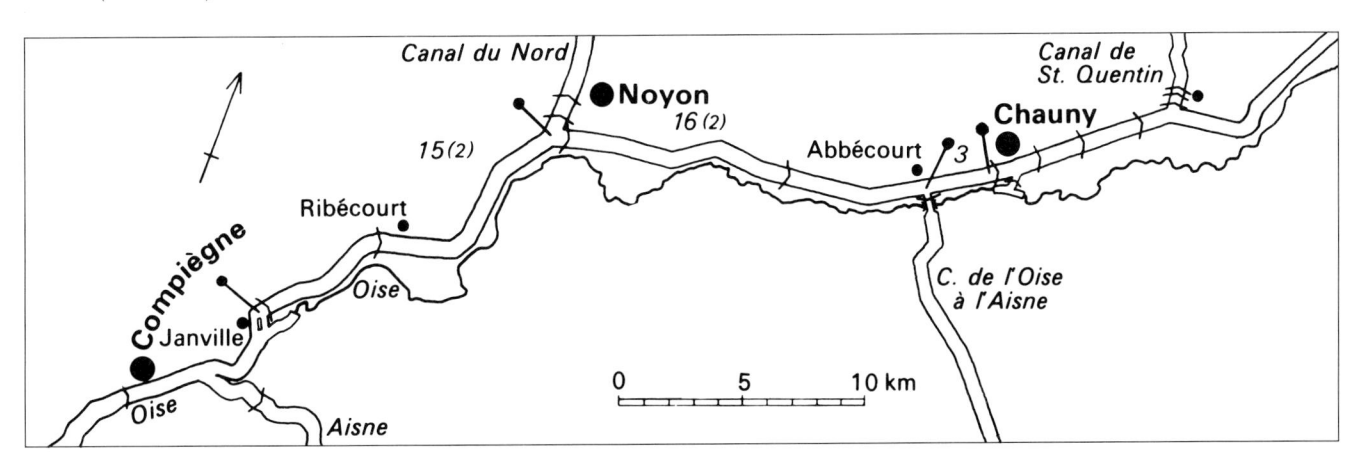

Canal de l'Oise à l'Aisne

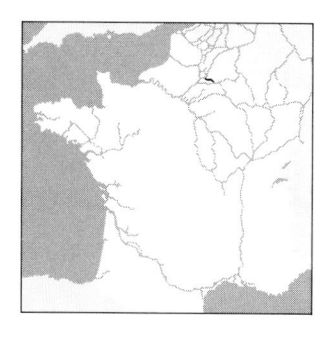

Der Canal de l'Oise à l'Aisne ist 48 km lang und wird gerne von Sportschiffern befahren, die von Calais, Dünkirchen oder Belgien zum Mittelmeer gelangen möchten. Er verbindet den Canal latéral à l'Oise mit dem Canal latéral à l'Aisne. Die Scheitelhaltung zwischen den beiden Tälern liegt 66 m hoch und schließt einen 2365 m langen Tunnel bei Braye-en-Laonnois ein. Der Tunnel hat eine Breite von 6,50 m an der Wasseroberfläche, die Mindestdurchfahrtshöhe beträgt 3,50 m.

Elektrisch betriebene Schlepper ziehen die Schiffsverbände durch den Tunnel; je nach Verkehrsaufkommen finden pro Tag drei bis vier Durchfahrten in beiden Richtungen statt. Sportboote mit Motor müssen sich nicht treideln lassen, aber die Durchfahrtszeiten sind dennoch vom Treidelbetrieb abhängig und müssen an der letzten Schleuse vor dem Tunnel (No. 9 bzw. No. 10) vereinbart werden. Die Aquädukte an den Kanalenden führen über die Oise bzw. die Aisne.

Schleusen Es gibt 13 Schleusen, neun davon zur Oise, vier zur Aisne hinunter. Ihre Abmessungen entsprechen der Norm für 300-Tonnen-Lastschiffe: 40,50 x 6,00 m.

Tiefen Der höchstzulässige Tiefgang beträgt 2,20 m.

Brücken Die festen Brücken haben eine Mindestdurchfahrtshöhe von 3,70 m.

Treidelpfad Es führt ein Treidelpfad am Kanal entlang.

Behörden Service de la Navigation de la Seine, Arrondissement Picardie.
Unterabteilung: Rue de Mayenne, 02209 Soissons, Tel. (23) 53.00.11.

Entfernungstabelle

	km	Schl.	km
Verbindung mit dem Canal latéral à l'Oise (km 3), Becken	0,0	—	47,8
Brücke (Abbécourt)	0,1	—	47,7
Schleuse 1 (Abbécourt)	0,2	1	47,6
Aquädukt über die Oise	0,3	—	47,5
Brücke (Marizelle), Kai BW RU	1,4	—	46,4
Brücke (Bac)	2,8	—	45,0
Ailette-Aquädukt	3,0	—	44,8
Brücke (Manicamp)	3,4	—	44,4
Brücke (Saint-Paul-aux-Bois), Kai TW LU	4,3	—	43,5
Champs Brücke, Kai BW LU, kleine Ortschaft 1200 m RU	7,7	—	40,1
Brücke (Quincy)	9,4	—	38,4
Guny Brücke, Kai TW LU, Ortschaft 300 m	10,8	—	37,0
Brücke (Tempet)	11,4	—	36,4
Schleuse 2 (Guny), Wasser	11,5	2	36,3
Pont-Saint-Mard Brücke, Kai BW LU, Ortschaft 1000 m	12,3	—	35,5
Brücke (Crécy-au-Mont)	14,1	—	33,7
Schleuse 3 (Crécy-au-Mont)	14,2	3	33,6
Brücke (Béthancourt), D37	16,0	—	31,8
Becken (Crécy-au-Mont), Kai LU, Coucy-le-Château 3000 m RU	16,1	—	31,7
Schleuse 4 (Leuilly), Brücke	17,1	4	30,7
Brücke (Landricourt)	18,1	—	29,7
Brücke (Courson), Kai BW LU	19,3	—	28,5
Brücke (Folie)	21,2	—	26,6
Schleuse 5 (Vauxaillon), Eisenbahnbrücke TW	22,0	5	25,8
Vauxaillon Brücke, Kai TW LU, Ortschaft 2000 m	22,4	—	25,4
Brücke (Locq)	24,4	—	23,4
Pinon Brücke, Kai TW und Becken BW LU, Ortschaft 1300 m, **Anizy-le-Château** 500 m RU	25,4	—	22,4
Schleuse 6 (Pinon) Eisenbahnbrücke TW, Wasser	26,0	6	21,8
Schleuse 7 (Chaillevois), Brücke, Kai BW LU	31,0	7	16,7

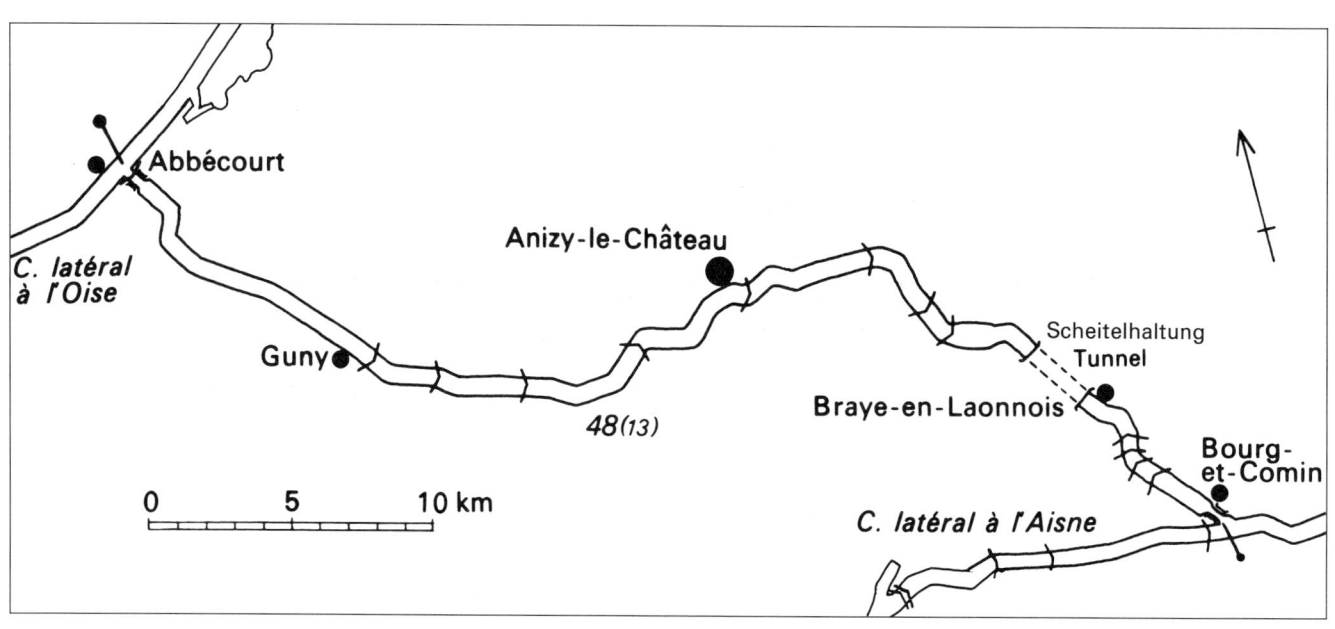

Entfernungstabelle	km	Schl.	km
Chavignon Becken, Kai LU, Ortschaft 1500 m	33,4	—	14,4
Schleuse 8 (Chavignon), Brücke (N2)	33,7	8	14,1
Schleuse 9 (Pargny-Filain), Brücke, Wendebecken und Kai BW LU, Beginn der Scheitelhaltung	35,0	9	12,8
Chevregny Brücke, Kai TW RU, Ortschaft 1500 m	37,8	—	10,0
Tunnel von Braye, Oise-Einfahrt	38,3	—	9,5
Tunnel von Braye, Aisne-Einfahrt	40,7	—	7,1
Braye-en-Laonnois, Brücke, Ortschaft 500 m LU	40,9	—	6,9
Brücke (Epinettes)	41,4	—	6,4
Brücke (Mont-Saint-Aubeu), Kai TW RU	41,9	—	5,9
Schleuse 10 (Moulin Brûlé), Ende der Scheitelhaltung	42,6	10	5,2
Schleuse 11 (Metz), Brücke	43,3	11	4,5
Kai (Moussy-Soupir) RU	43,6	—	4,2
Schleuse 12 (Moussy-Soupir), Brücke	43,9	12	3,9
Schleuse 13 (Verneuil-Courtonne)	44,8	13	3,0
Brücke (Verneuil)	45,4	—	2,4
Brücke (Bourg, 9)	46,3	—	1,5
Brücke (Bourg, 10)	46,7	—	1,1
Aquädukt über die Aisne	47,2	—	0,6
Bourg-et-Comin Brücke (11), Kai TW RU, Ortschaft 700 m LU	47,5	—	0,3
Verbindung zum Canal latéral à l'Aisne (km 38)	47,8	—	0,0

Einfahrt zum Tunnel bei Braye-en-Laonnois

Oudon

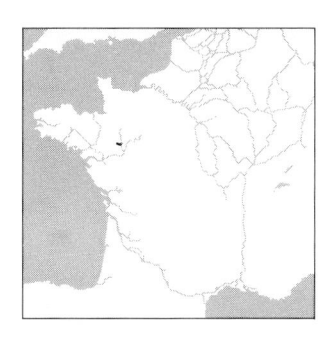

Der Fluß Oudon, ein rechter Nebenfluß der Mayenne, ist auf einer Strecke von 18 km, von der Mayenne bis zu der kleinen Stadt Segré, kanalisiert. In Segré, am Beginn der schiffbaren Strecke, ist ein Sportboothafen eingerichtet worden.

Schleusen Es gibt drei Schleusen, die einen Höhenunterschied von 3,50 m überwinden. Ihre Abmessungen betragen 33 x 5,20 m.

Tiefen Der höchstzulässige Tiefgang beträgt 1,50 m; es kann aber vorkommen, daß, speziell bei sommerlicher Trockenheit, Fahrzeuge mit mehr als 1 m Tiefgang Schwierigkeiten haben.

Brücken Die Mindestdurchfahrtshöhe unter den festen Brücken beträgt 4,60 m bei normalem Wasserstand bzw. 3,60 m über dem höchsten schiffbaren Wasserstand.

Treidelpfad Ein schlechter Treidelpfad verläuft neben der gesamten Strecke; in der Umgebung der Schleusen mit Schotterstrecken.

Behörden Service de la Navigation Maine-et-Loire, Quai Félix-Faure, 49000 Angers, Tel. (41) 43.61.49.

Entfernungstabelle

	km	Schl.	km
Segré, Beginn der Schiffbarkeit (Moulin de la Tour), Sportboothafen/ TW am ehemaligen Kai	0,0	—	18,0
Eisenbahnbrücke	0,9	—	17,1
Schleuse 1 (Maingué) LU und Wehr	1,0	1	17,0
Schleuse 2 (**La-Chapelle-sur-Oudon**) LU und Wehr, Ortschaft RU	4,0	2	14,0
Brücke (Pont du Port-aux-Anglais), **Andigné** 1000 m RU	8,8	—	9,2
Schleuse 3 (Himbeaudière) LU und Wehr	10,0	3	8,0
Le Lion-d'Angers Brücke, Kai TW RU, Ortschaft RU	16,0	—	2,0
Einmündung in die Mayenne (km 101), Bec d'Oudon, Brücke	18,0	—	0,0

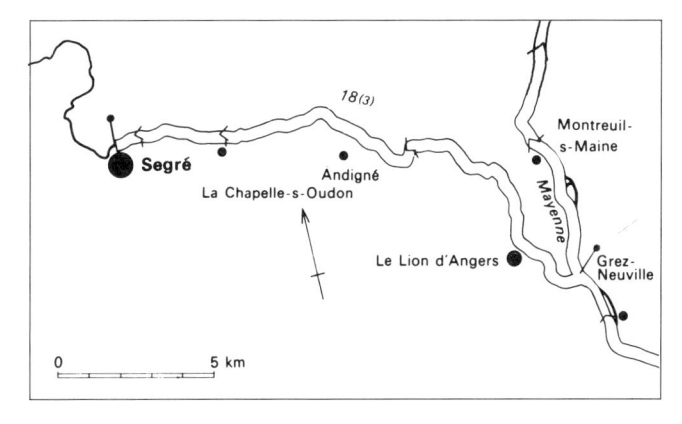

Canaux de la ville de Paris

Paris und seine Kanäle

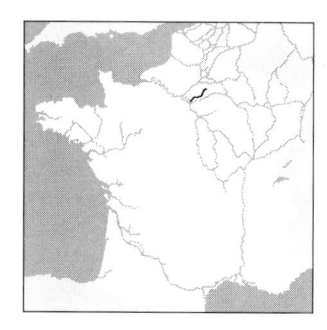

Am 22.11.1982 wurden auf Beschluß der Pariser Behörden die Kanäle der Stadt für den Sportbootverkehr freigegeben; das sind der Canal de l'Ourcq, der Canal Saint-Denis und der Canal Saint-Martin. An den Schleusen der beiden letzteren werden geringe Gebühren erhoben, aber was sind schon ein paar Mark, wenn man sich dafür den Zugang zum bezaubernden Canal de l'Ourcq erkaufen kann! Wir beschreiben die Kanäle getrennt, die Entfernungstabellen finden Sie im Anschluß daran.

Canal de l'Ourcq

Dieser Kanal ist 108 km lang, beginnt in dem abgelegenen Dörfchen Port-aux-Perches, am Rande des Waldes von Retz, und endet im Kanalbecken „Bassin de la Villette" in Paris, wo er sich dann im Canal Saint-Denis und im Canal Saint-Martin fortsetzt. Er wird in drei Abschnitte eingeteilt:
1) der kanalisierte Fluß Ourcq, 11 km von Port-aux-Perches bis zum Wehr von Mareuil;
2) der „enge" Kanal von Mareuil bis Pavillons-sous-Bois (86 km);
3) der verbreiterte Abschnitt von Pavillons-sous-Bois bis La Villette (11 km).

Auf dem erweiterten Abschnitt können Seinefrachter bis zu 1000 Tonnen verkehren, aber auf den anderen Abschnitten des Canal de l'Ourcq fahren nur ganz spezielle Lastkähne, die *flûtes* oder *demi-flûtes d'Ourcq*. Tatsächlich wurde der „enge" Kanal während der letzten Jahrzehnte nur von Instandhaltungsfahrzeugen befahren, aber die neue Entscheidung der Stadtväter von Paris wird viele Enthusiasten dazu verführen, den kleinen Umweg von der Seine hierher zu machen. Es ist möglich, daß der Canal de l'Ourcq demnächst auch von der Marne zu erreichen sein wird, da bei Lizy ein Bootshebewerk geplant ist, um den Höhenunterschied von 13 m zu überwinden.

Sportschiffer zahlen keine Gebühr für die Benutzung des Kanals, aber man muß sich bei den Schleusen am Canal Saint-Denis und Saint-Martin, oder bei der Schleuse von Sevran (km 13,4) ein befristetes *laisser-passer* holen. Schiffe mit einer Festhöhe von weniger als 1,90 m bekommen eine Durchfahrtserlaubnis.

Die Entfernungen in unserer Tabelle zählen in umgekehrter Richtung von La Villette nach Port-aux-Perches.

Schleusen Es gibt zehn Schleusen, deren Hubhöhe zusammen 13,80 m ausmacht. Vier davon befinden sich auf dem kanalisierten Fluß Ourcq und haben die Abmessungen 62 x 5,20 m. Die anderen sechs, auf dem „engen" Kanal sind 58,8 m lang und 3,20 m breit. Fünf dieser Schleusen haben zwei parallel angeordnete Kammern. Bei der Schleuse von Sevran – der ersten, wenn man von Paris bergwärts fährt – erhält man eine Kurbel für die Bedienung aller weiteren Schleusen und ein Merkblatt mit den nötigen Anleitungen auch für das Festmachen auf dem Kanal, denn dafür gibt es strenge Bestimmungen, da die Behörden Hausboot-Dauerliegern vorbeugen wollen.

Tiefen Der höchstzulässige Tiefgang liegt bei 2,60 m auf dem verbreiterten Abschnitt (km 11); auf den restlichen Strecken beträgt er 0,80 m, obwohl die verfügbare Tiefe bei 1,30 m liegt.

Brücken Die festen Brücken haben eine Durchfahrtshöhe von 4,00 m auf dem verbreiterten Abschnitt und 2,40 m auf der restlichen Strecke. Man durchfährt zwei Hubbrücken, eine bei Claye-Souilly (km 27) und bei Congis (km 71), die – wie auch die Schleusen – von den Benutzern selbst geöffnet und nach der Durchfahrt sofort wieder geschlossen werden. Die Brücke von Claye-Souilly hat im geschlossenen Zustand eine Durchfahrtshöhe von 2,20 m. Als Sicherheitsvorkehrung für Fußgänger und den Straßenverkehr muß diese Brücke an Wochentagen von 11.30 – 12.30 Uhr und von 17.30 – 18.30 Uhr geschlossen bleiben.

Treidelpfad Ein Treidelpfad verläuft entlang der gesamten Strecke.

Behörden Services Techniques de la Ville de Paris, Section des Dérivations et Canaux, 6 Quai de la Seine, 75019 Paris, Tel. (1) 607.34.51.

Canal Saint-Denis

Dieser Kanal ist 6,6 km lang vom Bassin de la Villette, wo er Verbindung zum Canal de l'Ourcq hat, bis zur Seine bei Saint-Denis. Er ist der am meisten befahrene der drei Kanäle von Paris, weil er durch Industrievororte führt, in denen es eine ganze Menge privater Kais gibt, die von der Berufsschiffahrt benutzt werden. Wenn man in den Canal de l'Ourcq gelangen will, ist es vorzuziehen, den Weg über den Canal Saint-Martin zu wählen, der 30 km weiter stromaufwärts von der Seine abzweigt.

Schleusen Es gibt sieben Schleusen mit zwei Kammern, die einen Gesamthöhenunterschied von 24 m überwinden. Die große Kammer ist jeweils 62,25 m lang und 8,10 m breit; die kleine mißt 38,90 x 5,20 m. 1984 mußten Sportboote an jeder Schleuse eine Durchfahrtsgebühr von Ffr. 2,50 entrichten.

Tiefen Der höchstzulässige Tiefgang beträgt 3 m von der Seine bis zur Schleuse No. 3; auf der restlichen Strecke bis zum Bassin de la Villette sind es 2,60 m.

Brücken Die Brücken haben eine Mindestdurchfahrtshöhe von 4,60 m.

Treidelpfad Ein Treidelpfad verläuft neben der gesamten Strecke.

Behörden Section des Dérivations et Canaux, Paris, wie beim Canal de l'Ourcq.

Canal Saint-Martin

Der Canal Saint-Martin, der im Jahr 1825 – drei Jahre später als der Canal de l'Ourcq – in Dienst gestellt wurde, ist 4,5 km lang vom Bassin de la Villette bis zum Quai Henri IV an der Seine, gleich stromaufwärts der beiden Inseln im Herzen von Paris. Die eleganten eisernen Fußgängerbrücken verleihen ihm den gewissen Pariser Charme; er ist seit vielen Jahren eine beliebte Touristenattraktion, seit die Firma Quiztour einen Passagierdienst mit dem *Patache-Eautobus* eingerichtet hat.

Jetzt können ihn auch Besucher, die mit dem eigenen Boot nach

Paris reisen, kennenlernen, denn 1983 wurde im Bassin de l'Arsenal, gleich jenseits der Einfahrtsschleuse, wenn man von der Seine kommt, eine Marina mit 230 Liegeplätzen eingeweiht. Sie wird von der Association pour le port de plaisance de Paris-Arsenal betrieben; gestiftet wurde sie von der Stadt Paris im Verein mit der Kammer für Handel und Industrie.

Fast die Hälfte der Strecke (2069 m) besteht aus einem Tunnel, besser gesagt aus einer Aneinanderreihung von *voûtes*, Gewölben verschiedener Breite, die unter den beiden Hauptboulevards und dem Place de la Bastille hindurchführen. Der Verkehr wird nach dem Einbahnsystem abgewickelt und durch Lichter geregelt. Während einer Durchfahrtsperiode dürfen nicht mehr als drei Fahrzeuge in der jeweiligen Richtung den Tunnel passieren.

Schleusen Es gibt neun Schleusen; die ersten acht sind in vier zweistufige Schleusentreppen zusammengefaßt. Ihre Abmessungen betragen 42 x 7,80 m. Schleuse No. 9, durch welche man in die Marina gelangt, wird aus dem Büro des Hafenmeisters fernbedient. Sportboote entrichten an jeder Schleuse eine Durchfahrtsgebühr von Ffr. 2,50 (1984).

Tiefen Der höchstzulässige Tiefgang beträgt 1,90 m.

Brücken Die festen Brücken haben eine Mindestdurchfahrtshöhe von 4,37 m. Es gibt zwei Drehbrücken auf dem Canal Saint-Martin.

Treidelpfad Neben der Strecke verläuft ein Treidelpfad.

Behörden Section des Dérivations et Canaux, Paris, (siehe auch bei Canal de l'Ourcq).

Entfernungstabelle

Canal de l'Ourcq
Paris

	km	Schl.	km
Verbindung mit dem Canal Saint-Martin, Beginn des Bassins de la Villette, öffentliche Kais	0,0	—	108,1
Fußgängerbrücke (Moselle)	0,4	—	107,7
Hubbrücke (Rue de Crimée) und Fußgängerbrücke, Ende des Bassins de la Villette	0,8	—	107,3
Brücke (Rue de l'Ourcq)	1,1	—	107,0
Eisenbahnbrücke	1,3	—	106,8
Verbindung mit dem Canal Saint-Denis, RU, Wendebecken	1,4	—	106,7
Brücke (Abattoirs, TW)	1,6	—	106,5
Brücke (Abattoirs, BW)	1,8	—	106,3
Brücke (Macdonald)	2,1	—	106,0
Autobahnbrücke (Boulevard Périphérique), Industriekais	2,2	—	105,9
Brücke (Mairie de Pantin)	2,6	—	105,5
Brücke (Delizy)	3,3	—	104,8
Brücke (Pantin)	3,5	—	104,6
Brücke (Hippolyte Boyer)	4,3	—	103,8
Eisenbahnbrücke (Hauptstrecke Gare de l'Est)	5,2	—	102,9
Eisenbahnbrücke, Industriekais BW	5,3	—	102,8
Brücke (Folie)	5,7	—	102,4
Eisenbahnbrücke	7,5	—	100,6
Autobahnbrücke	7,6	—	100,5
Brücke (Bondy), Becken BW	7,9	—	100,2

Ausflugsboot auf dem Canal St. Martin in Paris

Entfernungstabelle	km	Schl.	km
Autobahnbrücke (B3)	8,1	—	100,0
Brücke (Aulnay-sous-Bois)	8,6	—	99,5
Brücke (Forêt)	9,4	—	98,7
Wendebecken für Lastkähne bis zu 60 m Länge	9,7	—	98,4
Brücke (Monthyon)	10,5	—	97,6
Brücke (Union)	11,9	—	96,2
Eisenbahn- und Straßenbrücken (Freinville)	12,6	—	95,5
Schleuse (Sevran), Becken BW	13,4	1	94,7
Sevran Brücke, Stadtzentrum 300 m RU (Vorort von Paris)	14,1	—	94,0
Private Fußgängerbrücke	14,4	—	93,7
Private Brücke	15,1	—	93,0
Brücke (Villepinte)	16,7	—	91,4
Fußgängerbrücke	16,8	—	91,3
Becken (Moises) LU	17,5	—	90,6
Private Eisenbahnbrücke (Lambert)	18,6	—	89,5
Brücke (Mitry)	19,3	—	88,8
Neue Brücke (Mitry)	19,6	—	88,5
Hochspannungsleitungen	21,1	—	87,0
Hochspannungsleitungen	23,3	—	84,8
Brücke (Rosée), D212	24,1	—	84,0
Gressy Becken RU, kleine Ortschaft mit Schloß 600 m RU	24,8	—	83,3
Hauptstraßenbrücke (Umgehung für Claye-Souilly)	27,0	—	81,1
Claye-Souilly Hubbrücke (siehe oben), Becken TW LU, Ortschaft LU	27,4	—	80,7
Hauptstraßenbrücke (Umgehung für Claye-Souilly)	28,2	—	79,9
Hauptstraßenbrücke (Marais), N3	29,1	—	79,0
Brücke (Annet)	30,3	—	77,8
Fresnes-sur-Marne Brücke, Ortschaft LU	31,9	—	76,2
Schleuse (Fresnes), zwei Kammern LU, Wehr RU	32,9	2	75,2
Brücke (Précy)	34,9	—	73,2
Brücke (Charmentray), Becken BW RU	36,5	—	71,6
Becken (Trilbardou) LU	38,5	—	69,6
Brücke (Parc)	38,8	—	69,3
Trilbardou Brücke, kleine Ortschaft LU	39,0	—	69,1
Brücke (Vignely)	40,2	—	67,9
Schleuse (Vignely), 2 Kammern LU, Wehr RU	40,4	3	67,7

Entfernungstabelle	km	Schl.	km
Brücke (Isles-les-Villenoy), D5	42,8	—	65,3
Becken (Bois-Talon) RU	43,5	—	64,6
Villenoy Brücke, Ortschaft LU	46,0	—	62,1
Becken (Sucrerie) RU	47,0	—	61,1
Brücke (Ruellée)	47,3	—	60,8
Schleuse (Villenoy), zwei Kammern LU, Wehr RU	47,5	4	60,6
Meaux Brücke (Saint-Rémy), große Becken BW und TW, Stadtzentrum 800 m LU	48,2	—	59,9
Fußgängerbrücke (Penchard)	48,8	—	59,3
Schräge Straßenbrücke (N330)	49,3	—	58,8
Grégy-les-Meaux Brücke, Ortschaft RU	50,4	—	57,7
Becken (Cordeliers) RU	52,1	—	56,0
Brücke (Justice) D405	53,5	—	54,6
Eisenbahnbrücke	53,8	—	54,3
Brücke (Saint-Lazare), N3, Becken BW, Zentrum von Meaux 1500 m LU	54,6	—	53,5
Schleuse (Saint-Lazare), zwei Kammern, Wehr im Umgehungskanal	54,9	5	53,2
Neue Brücke	55,2	—	52,9
Brücke (Fublaines)	55,5	—	52,6
Oberes Ende der ehemaligen Eisenbahnrampe zur Umladung von Gütern, die vom Kanal zur Marne hinunterbefördert wurden, Festmachemöglichkeiten	57,4	—	50,7
Brücke (Ferme de Beauval)	57,8	—	50,3
Brücke (Beauval-Trilport), N3, Becken TW RU	58,6	—	49,5
Eisenbahnbrücke	59,0	—	49,1
Poincy Brücke, Ortschaft 400 m LU, Charterbasis 900 m an der Marne	60,1	—	48,0
Becken (Poincy) RU	60,7	—	47,4
Brücke (Voie Blanche) Becken BW RU	64,1	—	44,0
Schleuse (Varreddes), zwei Kammern, Wehr am Umgehungskanal	64,7	6	43,4
Brücke (Bosse)	64,9	—	43,2
Varreddes Brücke (Maladrerie), Becken, BW RU, Ortschaft 700 m LU	66,4	—	41,7
Congis-sur-Thérouanne Hubbrücke, Becken BW RU, Ortschaft 400 m LU	70,7	—	37,4
Brücke (Congis)	71,5	—	36,6
Brücke (Carreaux)	71,8	—	36,3
Brücke (Villers-les-Rigault)	73,5	—	34,6

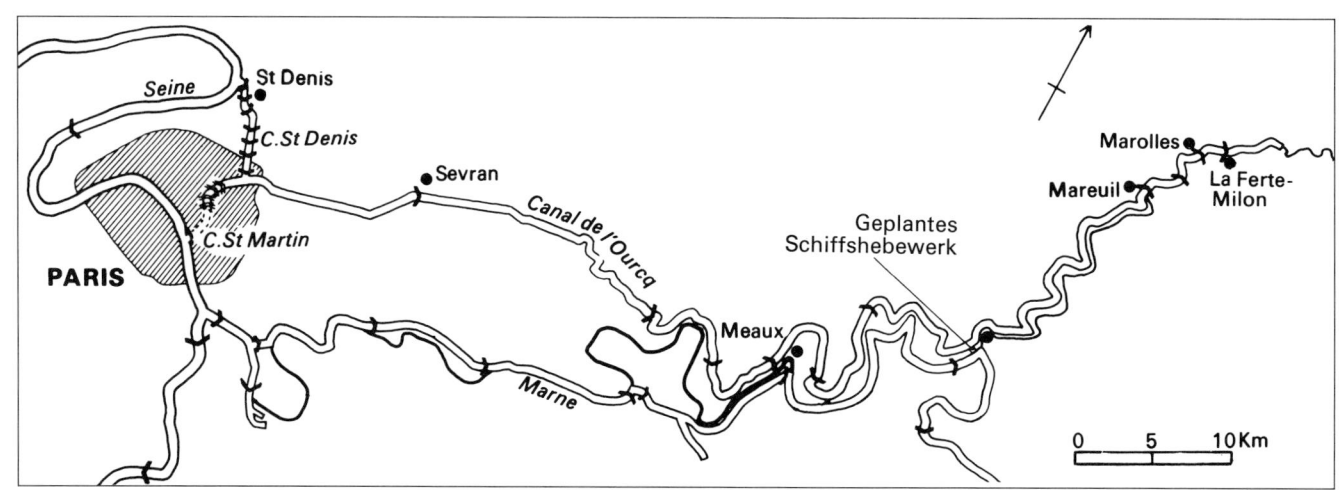

Entfernungstabelle	km	Schl.	km
Château de Villers RU	74,1	—	34,0
Becken (Confluent) RU, Bauplatz des geplanten Bootshebewerkes zur Marne hinunter	74,7	—	33,4
Lizy-sur-Ourcq Brücke, Becken TW RU, Ortschaft LU	76,7	—	31,4
Brücke (Lizy amont), Becken TW RU und BW LU	77,3	—	30,8
Brücke (Vaches d'Echampeu)	79,8	—	28,3
Brücke (Vernelle) kleines Dorf RU	82,0	—	26,1
Brücke (Marnoue-la-Poterie), Becken BW RU	83,2	—	24,9
Brücke (May-en-Multien)	85,4	—	22,7
Becken (May) RU	86,1	—	22,0
Brücke (Ferme de Gesvres), Schloß 700 m LU	87,2	—	20,9
Crouy-sur-Ourcq Brücke, großes Becken TW, Ortschaft 1500 m LU	89,2	—	18,9
Brücke (Varinfroy)	90,2	—	17,9
Becken (Beauval) RU	90,9	—	17,2
Brücke (Beauval)	91,5	—	16,6
Neufchelles Brücke, Becken BW, Ortschaft RU	92,6	—	15,5
Brücke (Clignon)	93,3	—	14,8
Eisenbahnbrücke	93,9	—	14,2
Becken (Collinance) RU, ehemalige Torfmoore	94,0	—	14,1
Brücke (Vaches de Mareuil)	96,1	—	12,0
Mareuil-sur-Ourcq Brücke, großes Becken TW RU, Wehr am Ourcq-Fluß LU, man fährt in den kanalisierten Fluß Ourcq ein, Ortschaft RU	96,8	—	11,3
Schleuse (Mareuil) in kurzem Schleusenkanal LU, Wehr im Fluß	97,2	7	10,9
Schleuse (Queue d'Ham) LU, Ausfluß des Wehrs RU	99,7	8	8,4
Marolles Brücke, Ortschaft 400 m RU	102,2	—	5,9
Schleuse (Marolles) in kurzem Schleusenkanal, Ausfluß des Wehrs RU	102,4	9	5,7
Becken (Nimer) RU	102,9	—	5,2
Ausfluß des Wehrs mündet am LU ein	103,8	—	4,3
La Ferté-Milon Brücke, Becken TW RU, Ortschaft LU	104,1	—	4,0
Schleuse (La Ferté-Milon)	104,3	10	3,8
Ausfluß des Wehrs LU	104,4	—	3,7
Eisenbahnbrücke	105,2	—	2,9
Fußgängerbrücke (Mosloy)	106,8	—	1,3
Fußgängerbrücke (Port-aux-Perches)	107,7	—	0,4
Port-aux-Perches Dörfchen, obere Grenze der Schiffbarkeit	108,1	—	0,0

Canal Saint-Denis
Paris

	km	Schl.	km
Verbindung mit dem Canal de l'Ourcq, Wendebecken	0,0	—	6,6
Schleuse 1, zwei Kammern, Wasser	0,1	1	6,5
Brücke (Flandre), Becken TW LU	0,4	—	6,2
Eisenbahnbrücke (Hauptstrecke Gare de l'Est)	0,6	—	6,0
Brücke (Macdonald)	0,8	—	5,8
Autobahnbrücke (Boulevard Périphérique)	0,9	—	5,7

Entfernungstabelle	km	Schl.	km
Eisenbahnbrücke, privates Becken TW LU	1,0	—	5,6
Schleuse 2, zwei Kammern, Wasser	1,3	2	5,3
Brücke (Stains), private Kais TW	1,8	—	4,8
Schleuse 3, zwei Kammern	2,2	3	4,4
Drehbrücke (Aubervilliers) und Fußgängerbrücke, Industriekais TW	2,4	—	4,2
Brücke (Landy)	2,7	—	3,9
Schleuse 4, zwei Kammern, Wasser	3,2	4	3,4
Eisenbahnbrücken (Soissons)	3,3	—	3,3
Brücke (Pailleux)	3,5	—	3,1
Schleuse 5, zwei Kammern, Wasser	4,6	5	2,0
Autobahnbrücke (A1)	4,7	—	1,9
Saint-Denis Brücke (Pont de la Révolte), Becken BW, Zentrum und Basilika 1000 m RU	4,9	—	1,7
Fußgängerbrücke (Thiers)	5,3	—	1,3
Schleuse 6, zwei Kammern, Wasser	5,7	6	0,9
Fußgängerbrücke (Gare de Saint-Denis)	5,9	—	0,7
Brücke (Rue du Pont)	6,0	—	0,6
Eisenbahnbrücke (Hauptlinie Gare du Nord)	6,2	—	0,4
Schleuse 7, zwei Kammern, Wasser	6,5	7	0,1
Verbindung mit der Seine bei km 29, Brücke (Briche)	6,6	—	0,0

Canal Saint-Martin
Paris

	km	Schl.	km
Verbindung mit dem Bassin de la Villette (Canal de l'Ourcq), Schleuse 1 und 2 (Schleusentreppe), Wasser	0,0	1/2	4,6
Tunnel (Voûte Lafayette), 103 m lang, 8,10 m breit	0,1	—	4,5
Becken (Louis Blanc) mit Kais	0,4	—	4,2
Brücke (Louis Blanc), Becken TW	0,5	—	4,1
Schleuse 3 und 4 (Schleusentreppe), Fußgängerbrücke BW, Wasser	0,7	3/4	3,9
Brücke (Pont des Ecluses Saint-Martin)	0,8	—	3,8
Schleuse 5 und 6 (Schleusentreppe), Fußgängerbrücke BW, Wasser	1,3	5/6	3,3
Drehbrücke (Rue de la Grange-aux-Belles)	1,4	—	3,2
Fußgängerbrücke (Richerand)	1,5	—	3,1
Drehbrücke (Rue Alibert/Rue Dieu)	1,6	—	3,0
Fußgängerbrücke (Rue de la Douane)	1,8	—	2,8
Schleusen 7 und 8 (Schleusentreppe), Wasser	1,8	7/8	2,8
Einfahrt in Tunnel (voûte du Temple, 276 m lang, 24,50 m breit)	1,9	—	2,7
Ende des voûte du Temple, Beginn des voûte Richard-Lenoir (1510 m lang, 16 m breit)	2,2	—	2,4
Voûte Bastille (180 m lang, 8,04 m breit)	3,7	—	0,9
Métro-Brücke (Bastille), 17,60 m breite Durchfahrt, Ende des Tunnels	3,9	—	0,7
Paris-Arsenal Marina, Liegeplätze für 250 Boote, Kran, Restaurant	4,0	—	0,6
Fußgängerbrücke (Mornay)	4,2	—	0,4
Schleuse 9, Brücke (Morland), Wasser	4,5	9	0,1
Metro-Viadukt, Verbindung mit der Seine (Quai Henri IV) bei km 168	4,6	—	0,0

Canal de Pommeroeul à Condé

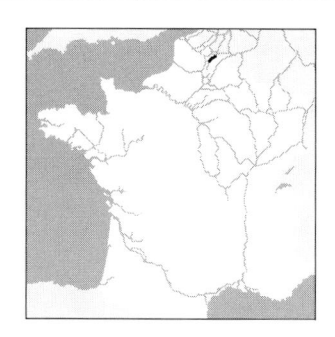

Der Canal de Pommeroeul à Condé ersetzt den ehemaligen Canal de Mons à Condé und bildet einen Teil des dichtbefahrenen Handelsschiffahrtsweges durch Nordfrankreich und Belgien. Er ist 12 km lang und führt von der belgischen Stadt Pommeroeul am Kanal Nimy-Blaton-Péronnes bis nach Condé an der kanalisierten Schelde (Escaut). Nur die letzten 6 km dieses Kanals liegen auf französischem Gebiet, doch in unserer Entfernungstabelle geben wir die vollständige Strecke an.

Der Canal de Pommeroeul à Condé ist eine ganz neue Verbindung; er wurde 1982 für 1350-Tonnen-Schiffe in Dienst gestellt und bezieht 3 km des ehemaligen Canal de Mons à Condé ein. Da man für die Schelde bei Condé einen neuen Umgehungskanal mit der großen Schleuse von Fresnes fertiggestellt hat, trifft der Kanal erst talwärts dieser Schleuse über ein neues Kanalstück auf den Fluß. Zu der kleinen Stadt Condé gibt es keine Zufahrtsmöglichkeit mehr.

Schleusen Der Kanal hat im belgischen Teil zwei große Schleusen (100 x 12 m mit Zwischentoren).

Tiefe Der höchstzulässige Tiefgang beträgt 2,50, wird aber auf 3 m verbessert.

Brücken Die festen Brücken haben eine Mindestdurchfahrtshöhe von 5,25 m.

Behörden Direction Régionale de la Navigation, Lille. Unterabteilung: 24 Chemin du Halage, 59300 Valenciennes, Tel. (27) 46.23.41.

Entfernungstabelle

	km	Schl.	km
Verbindung mit dem Nimy-Blaton-Péronnes Kanal in Belgien	0,0	—	12,0
Schleuse (Pommeroeul), Brücke	0,4	1	11,6
Eisenbahnbrücke, Becken TW	0,7	—	11,3
Pommeroeul Brücke, Ortschaft 1000 m LU	1,9	—	10,1
Brücke (Sartis), Fabrik TW RU	4,6	—	7,4
Schleuse (Hensies)	5,4	2	6,6
Grenze	6,1	—	5,9
Saint-Aybert Brücke, kleine Ortschaft 200 m LU	6,7	—	5,3
Becken	9,3	—	2,7
Brücke (Pont du Bastringue)	10,8	—	1,2
Verbindung zur kanalisierten Schelde (Escaut) am Unterwasser der Schleuse von Fresnes	12,0	—	0,0

Rance Maritime
Gezeitenabhängige Rance

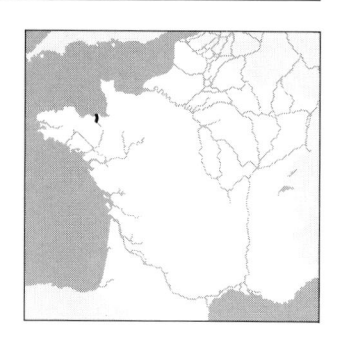

Das Mündungsgebiet der Rance wurde durch das erste Gezeitenkraftwerk, das 1960 in dieser Gegend errichtet wurde, bekannt. Yachtleute interessiert es vor allem, daß man über die Rance Maritime und quer durch die reizvolle Bretagne vom Ärmelkanal zum Atlantik gelangen kann. Offiziell liegt die Grenze zwischen Seeschiffahrts- und Binnenschiffahrtsstraße bei Dinard, am linken Mündungsufer, aber aus praktischen Erwägungen lassen wir auf der Entfernungstabelle die Binnenstrecke ein wenig weiter seewärts, am rechten Ufer, beim Eingang zum Hafen von Saint-Malo beginnen. Von hier bis zur Schleuse von Châtelier sind es 22,6 km, dann beginnt der Canal d'Ille-et-Rance; Gezeiten-Hochwasser macht sich allerdings noch 2 km hinter Dinan bemerkbar.
Bitte besorgen Sie sich für dieses Gebiet die einschlägigen Seekarten und Seehandbücher.

Schleusen Es gibt zwei Schleusen; die Schleuse von Le Châtelier hat die Abmessungen 30,80 x 8,00 m. Der untere Drempel fällt bei Niedrigwasser trocken, aber bei hoher Springtide beträgt die Tiefe 7,58 m und das Stauwehr liegt gänzlich unter Wasser. Das Durchschleusen ist erst gestattet, wenn im Drempel 1,76 m Wasser stehen. Informieren Sie sich, falls nötig, telefonisch unter der Nummer (96) 39.55.66 beim Schleusenwärter. Die zweite Schleuse liegt auf der linken Uferseite des Stauwehrs und ist 65 m lang und 13 m breit; sie wird zu jeder vollen Stunde betrieben, ausgenommen ein oder zwei Stunden vor und nach Niedrigwasser. Bitte fragen Sie unter der Telefonnummer (99) 46.21.87 nach.
Eine Seeschleuse (160 x 25 m) führt zu den Innenbecken des Hafens von Saint-Malo.

Tiefen Der Fluß ist gezeitenabhängig. Durch den Betrieb des Gezeitenkraftwerkes variieren die Tiefen stark und in kurzen Abständen.

Brücken Abgesehen von der Hängebrücke Saint-Hubert gibt es nur eine feste Brücke bei der Schleuse von Le Châtelier; sie hat eine Durchfahrtshöhe von 3,50 m bei normalem Hochwasser bzw. 3,25 m bei Springhochwasser.

Tourismus Der entzückende Fischerhafen Saint-Souliac und das Dörfchen Mordreuc sind besonders sehenswert.

Behörden Service Maritime de Saint-Malo, Quai Pourquoi Pas, 35400 Saint-Malo, Tel. (99) 56.07.24.

Entfernungstabelle

	km	Schl.	km
(Anmerkung: Die Entfernungsangaben beziehen sich auf die Mittellinie der Mündung.)			
Saint-Malo Hafeneinfahrt, Kai, Seeschleuse zum Innenhafen	0,0	—	22,6

Landzunge von Dinard, Seegrenze des Mündungsgebietes der Rance	0,9	—	21,7
Dinard LU, Kai, Fähre nach Saint-Servant/Saint-Malo	1,2	—	21,0
Felsen (Ras de la Mercière)	1,3	—	21,3
Felsen (La Mercière), Bake, Landzunge La Cité	1,8	—	20,8
Prieuré- oder Dinard-Bucht LU, Solidor-Bucht RU, Festmachetonnen	2,2	—	20,4
Landzunge La Vicomté LU, Insel Bizeux RU (Bake)	2,7	—	19,9
Rance-Gezeitenwehr, Schleuse an der linken Seite, Brücke	3,8	1	18,8
La Richardais Bucht LU, Bootswerft, Festmachemöglichkeiten, Slipbahn	5,3	—	17,3
Vorgebirge von Cancaval LU, Bake	5,7	—	16,9
Bake „Tour des Zèbres" RU	5,9	—	16,7
Le Montmarin Bucht LU	6,1	—	16,5
Slipbahnen (Jouvente LU, Passagère RU), Fähre	6,7	—	15,9
Pierre et Paul (Riff, fällt bei Niedrigwasser trocken, keine Bake)	6,9	—	15,7
Insel (Ile Chevret), Bake	7,3	—	15,3
Vorgebirge von Langronais LU, Vorgebirge l'Ecrais RU (Bake)	8,3	—	14,3
Insel (Ile aux Moines)	8,6	—	14,0
La Landriais Bucht LU, Bootswerft, Festmachemöglichkeiten, Slipbahn	8,7	—	13,9
Vorgebirge (Thon LU, Bay du Put RU)	8,9	—	13,7
Vorgebirge (Garel) Windmühle von La Landriais LU	9,7	—	12,9
Felsige Vorgebirge mit Baken RU	10,8	—	11,8
Saint-Souliac Mole und Strandgebiet, RU	11,1	—	11,5
Langrolay Gelände zum Aufslippen LU, Ortschaft 800 m	12,1	—	10,5
Vorgebirge (Pointe de Garo) RU	13,1	—	9,5
Vorgebirge (Pointe de la Haie) LU	14,4	—	8,2
Hochspannungsleitungen	15,4	—	7,2
Saint-Hubert Hängebrücke, Slipbahnen der ehemaligen Fähre, Festmachmöglichkeiten	15,7	—	6,9
Plouër Slipbahn LU, Ortschaft 1200 m	16,8	—	5,8
Turm (Chêne-Vert) LU	18,5	—	4,1
Mordreuc Mole und Slipbahn RU, Festmachemöglichkeiten	18,9	—	3,7
Bake „Rocher des Moulières" RU	19,2	—	3,4
Rocher du Galetier, Beginn der Spieren, die die Fahrrinne nach Le Châtelier bezeichnen	21,2	—	1,4
Lessart-Eisenbahnviadukt	21,5	—	1,1
Schleuse von Le Châtelier und überflutbares Wehr, Brücke; die Schiffbarkeit setzt sich im Canal d'Ille-et-Rance fort	22,6	2	0,0

Rhein

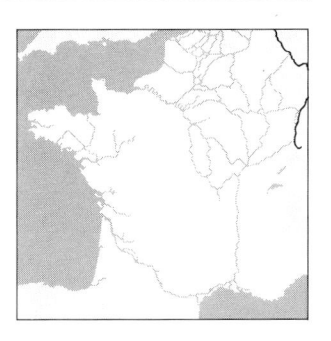

Der Rhein entspringt in den Schweizer Alpen südwestlich von Chur, fließt durch den Bodensee und hat immer noch alpinen Charakter, wenn er an der deutsch-schweizerischen Grenze in das Gebiet um Basel hinabfließt; ab Rheinfelden (am Hochrhein) ist er schiffbar, verläßt kurz unterhalb des regen Binnenhafens von Basel die Schweiz und bildet auf der 184 km langen Strecke bis Lauterbourg die natürliche Grenze zwischen Deutschland und Frankreich. Dann fließt der Rhein nach Norden und Nordwesten, durch Deutschland und Holland, und mündet, 1320 km von seiner Quelle entfernt, in die Nordsee.

Der Oberrhein – von Basel bis Bingen – war immer schwierig zu befahren und für die Schiffahrt oftmals gefährlich. In den Jahren 1840 – 1860 wurden großangelegte Regulierungsarbeiten durchgeführt, die leider auch unangenehme Nebenwirkungen zeitgten: größere Strömungsgeschwindigkeit und Erosion des Flußbettes. Im 250 m breiten regulierten Flußbett bildete sich eine windungsreiche Rinne und Felsbrocken kamen nach und nach zum Vorschein, der unangenehmste von allen bei Istein, in der Nähe von Kembs. Der Ruf nach weitere Ausbauarbeiten wurde laut – Querbuhnen sollten das Flußbett befestigen –, aber trotzdem konnte Basel nur von 600-Tonnen-Schiffen bei guten Bedingungen angelaufen werden.

Vor dem Ausbruch des Ersten Weltkrieges hatte man eine weit wirksamere Lösung anvisiert, den Bau eines Rhein-Seitenkanals von Basel bis Straßburg. An diesem Grand Canal d'Alsace sollten eine Reihe von Wasserkraftwerken errichtet werden, zum Nutzen der Landwirtschaft und der Schiffahrt. Der Vertrag von Versailles betraute Frankreich mit der Durchführung dieses Projektes und die Electicité de France setzte sie in die Tat um.

Der erste Abschnitt dieses Kanals, der der Barre von Istein ausweicht, wurde 1932 eröffnet. Im Jahr 1956 waren dann auch die restlichen drei Stauhaltungen fertig. In einem neuen Übereinkommen zwischen Deutschland und Frankreich wurde der Plan abgeändert, um die schweren Umweltschäden am Rhein in Grenzen zu halten. Es entstanden verschieden lange Schleusenkanäle mit einem Staudamm am Rhein und mit Kraftwerken und Schleusen am talwärts gelegenen Ende der Kanäle.

In den siebziger Jahren wurde ein weiterer Abschnitt stromabwärts von Straßburg fertiggestellt. Damit ist der Rhein beinahe auf der ganzen Strecke entlang der französischen Grenze kanalisiert und kein besonders attraktives Revier für Sportbootfahrer.

Die Entfernungen auf dem Fluß werden von der Rheinbrücke in Konstanz an gezählt (nach internationaler Übereinkunft). Unsere Entfernungstabelle enthält den Abschnitt, an welchem Frankreich Anteil hat, zwischen km 168,5 und 352,1. In der rechten Spalte finden Sie die Entfernungen von der französisch-deutschen Grenze bei Lauterbourg stromaufwärts. Der Grand Canal d'Alsace (Rhein-Seitenkanal) ist 53 km lang, von km 173,6 bis km 226,6.

Der Rhein hat Verbindung zum Rhein-Rhône-Kanal, Zweigkanal von Niffer, bei Niffer (km 185) und zum Canal de Colmar (ursprünglich ein Zweigkanal des Rhein-Rhône-Kanals) bei km 226 und mit dem Rhein-Marne-Kanal in Straßburg (km 291 oder 295).

Schleusen Es gibt zehn Schleusen, alle in Verbindung mit wichtigen Wasserkraftwerken. Die ersten vier liegen am Rhein-Seitenkanal, die restlichen sechs an Schleusenkanälen. Jede Schleuse hat zwei nebeneinanderliegende Kammern, die eine mißt 185 x 24, die andere 185 x 12 m. Die beiden kürzlich gebauten Schleusen bei Gambsheim und Iffezheim tragen dem dichten Verkehr stromabwärts des regen Hafens von Straßburg Rechnung und haben Kammern mit Abmessungen von 270 x 24 m.

Tiefen Zwischen Hüningen (Huningue) und dem talwärts gelegenen Ende des Rhein-Seitenkanals beträgt die Tiefe 3,00 m. Im kanalisierten Teil des Flusses sind es 2,70 m, zwischen Straßburg und Lauterbourg 2,90 m bei normalem Wasserstand.

Brücken Alle festen Brücken haben eine lichte Durchfahrtshöhe von 7,00 m über dem höchsten schiffbaren Wasserstand zwischen Basel und Straßburg; 9,10 m zwischen Straßburg und Lauterbourg.

Behörden Service de la Navigation de Strasbourg.
Unterabteilungen:
- 60 Rue du Grillenbreit, BP 545, 68021 Colmar, Tel. (89) 41.21.53 (km 168 – 258).
- Route du Rhin 67760 Gambsheim, Tel. (88) 96.85.25 (km 258 – 352).

Entfernungstabelle

	km	Schl.	km
Französisch-schweizerische Grenze LU			
Basel Zentrum 2000 m BW	168,5	—	183,6
Einfahrt in den ehemaligen Hüninger Zweigkanal des Rhein-Rhône-Kanals, LU (stillgelegt), **Hüningen** Kai und kleine Stadt LU	169,7	—	182,4
Hafen von Basel, Kleinhüninger Becken, RU	169,9	—	182,2
Neue Straßenbrücke (Hüningen-Weil), Fabrikkai TW LU	171,3	—	180,8
man fährt in den Rhein-Seitenkanal ein, Stauwehr von Kembs RU	173,7	—	178,4
Schleusen Kembs (Hubhöhe 13,20 m) und Kraftwerk, Brücke	179,1	1	173,0
Verbindung mit Rhein-Rhônekanal, Zweigkanal von Niffer, LU	185,4	—	166,7
Wendebecken (Hombourg), 600 x 200 m	191,9	—	160,2
Ottmarsheim Schleusen (Hubhöhe 14,70 m) und Kraftwerk, Brücke	193,7	2	158,4
Autobahnbrücke (A36)	194,5	—	157,6
Hafen von Mühlhausen-Ottmarsheim LU	196,0	—	156,1
Fabrikkais LU	197,0	—	155,1
Fabrikkai (Rhône-Poulenc) LU	199,0	—	153,1
Eisenbahn- und Straßenbrücke (Neuenburg-Chalampé)	199,3	—	152,8
Chalampé LU	199,6	—	152,5
Schleusen Fessenheim (Hubhöhe 15,0/ m) und Kraftwerk, Brücke	210,5	3	141,6
Schleusen Vogelgrün (Hubhöhe 11,80 m) und Kraftwerk, Brücke	224,5	4	127,6
Hafen von Colmar-Neuf-Brisach LU	225,8	—	126,3
Verbindung mit Canal de Colmar LU	226,3	—	125,8
Ende des Rhein-Seitenkanals, man fährt wieder in den Rhein ein	226,6	—	125,5

Entfernungstabelle

	km	Schl.	km
Breisach Hafen mit Bootsclub Festmache- und Hilfsmöglichkeiten RU (Deutschland)	225,5	—	126,6
Fabrikkai (Rhenalu) LU	228,6	—	123,5
Fabrikkai (Kaysersberg) LU	230,8	—	121,3
Man fährt in einen Schleusenkanal ein LU	234,3	—	117,8
Schleusen Marckolsheim (Hubhöhe 13,80 m) und Kraftwerk, Brücke	239,9	5	112,2
Ende des Schleusenkanals, man fährt wieder in den Rhein ein	242,5	—	109,6

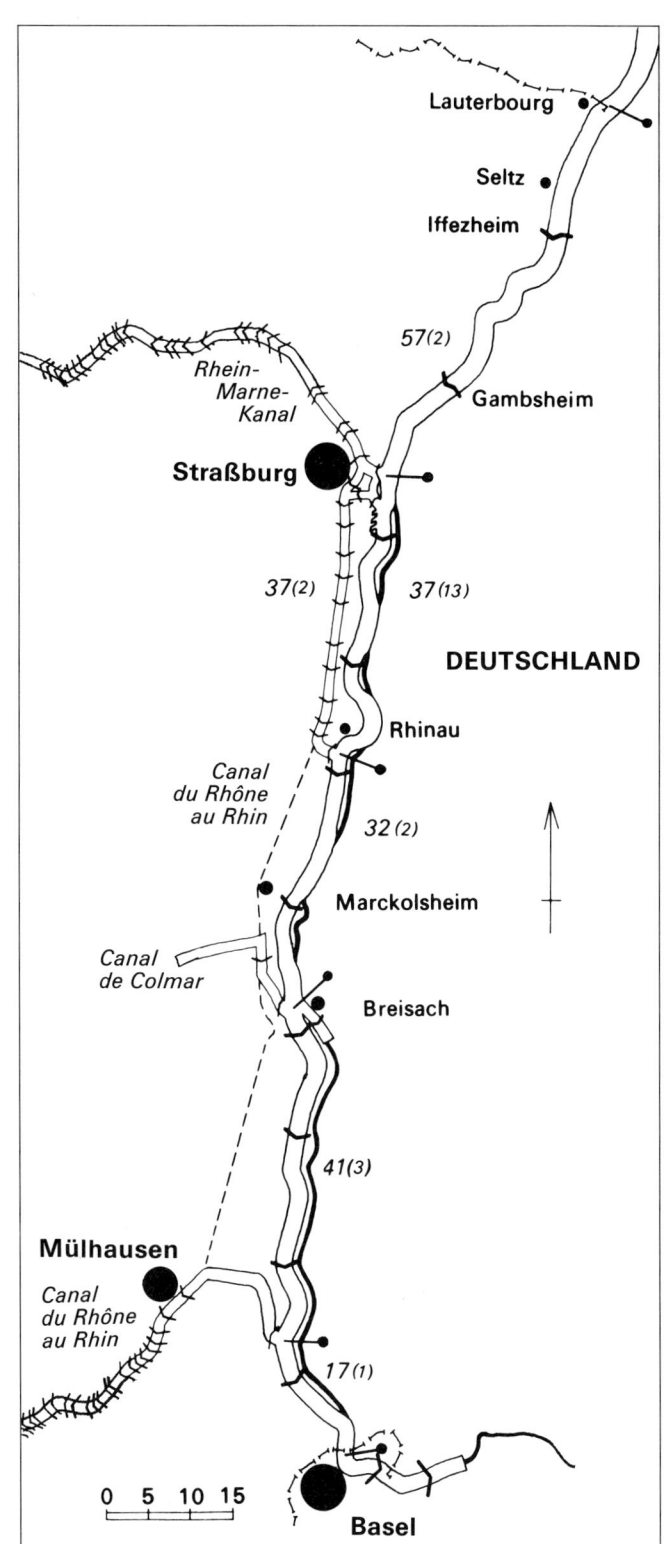

Entfernungstabelle	km	Schl.	km
Man fährt in einen Schleusenkanal LU	248,2	—	103,9
Schleusen Rhinau-Sundhouse (Hubhöhe 12,30 m) und Kraftwerk, Brücke	256,2	6	95,9
Anschluß an einen Verbindungskanal zum Rhein-Rhône-Kanal LU	257,9	—	94,2
Ende des Schleusenkanals, man fährt wieder in den Rhein ein	260,1	—	92,0
Rhinau Fähre, Ortschaft 800 m LU	261,0	—	91,1
Einfahrt in einen Schleusenkanal, LU	267,5	—	84,6
Schleusen Gerstheim (Hubhöhe 11 m) und Kraftwerk, Brücke	272,2	7	79,9
Ende des Schleusenkanals, man fährt wieder in den Rhein ein	274,1	—	78,0
Einfahrt in ein Kiesverladebecken RU	276,6	—	75,5
Plobsheim Ausgleichbecken (wird zum Wassersport benutzt) LU	282,5	—	69,6
Einfahrt in einen Schleusenkanal LU	283,1	—	69,0
Schleusen Straßburg (Hubhöhe 10,80 m) und Kraftwerk, Brücke	287,4	8	64,7
Hafen von Straßburg, Becken No. 4 LU	288,3	—	63,8
Becken No. 3	289,1	—	63,0
Becken No. 2 (Gaston Haelling)	289,8	—	62,1
Becken No. 1 (Auguste Detoeuf)	290,6	—	61,5
Ende des Schleusenkanals und Verbindung zur Südeinfahrt des Hafens von **Straßburg**	291,4	—	60,7
Brücke (Europabrücke, Straßburg-Kehl)	293,5	—	58,6
Eisenbahnbrücke, **Kehl** Bootsklubhafen TW RU	293,7	—	58,4
Verbindung zur Nordeinfahrt des Hafens von **Straßburg**	295,6	—	56,5
Einfahrt in den Hafen von **Kehl** RU	297,7	—	54,4
Einfahrt zu einem Kiesverladebecken RU	303,3	—	48,8
Einfahrt in einen Schleusenkanal LU	307,2	—	44,9
Schleusen Gambsheim (Hubhöhe 10,35 m) und Kraftwerk, Brücke	308,8	9	43,3
Ende des Schleusenkanals, man fährt wieder in den Rhein ein	311,7	—	40,4
Offendorf Kiesverladebecken LU	313,7	—	38,4
Drusenheim Fähre, Ortschaft 1500 m LU	318,3	—	33,8
Greffern Kiesverladebecken und Bootsklub, Festmachemöglichkeiten RU	321,3	—	30,8
Fort-Louis 1000 m LU (Kiesverladebecken BW und TW)	326,9	—	25,2
Schleusen Iffezheim (Hubhöhe 10,30 m) und Kraftwerk, LU, Wehr RU, Brücke	334,0	10	18,1
Einmündung des Flusses Moder LU	334,5	—	17,6
Beinheim Sportboothafen LU, Ortschaft 3500 m	335,5	—	16,6
Straßenbrücke (ehemals Eisenbahn), Beinheim-Wintersdorf	335,7	—	16,4
Seltz Hochseil-Gierfähre, Ortschaft 2500 m LU	340,4	—	11,7
Einfahrt in mehrere Kiesbecken LU	341,6	—	10,5
Munchhausen 700 m LU, Zufahrt über den Fluß Sauer	344,0	—	8,1
Lauterbourg Hafen LU, Restaurant, Ortschaft 2000 m	349,2	—	2,9
Mündung der Vieille(Alten)-Lauter LU, französisch-deutsche Grenze	352,1	—	0,0

Rhône

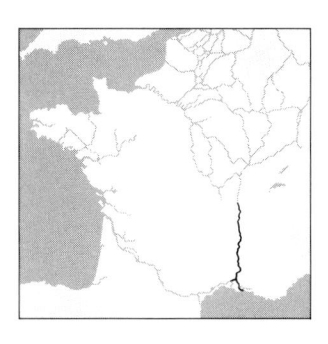

Seit die Rhône vollständig kanalisiert wurde (März 1980), ist die Wasserstraße von der Einmündung der Saône bei Lyon-La Mulatière bis nach Port Saint-Louis-du-Rhône 310 km lang. Von dort gelangt man über einen kurzen Seekanal, den Canal Maritime Saint-Louis, ins Mittelmeer; die Barre, die der Fluß 6 km weiter stromabwärts in seinem Delta aufschüttet, ist für Schiffe unpassierbar.

Das große Rhône-Ausbauprogramm, welches 1933 von der Compagnie Nationale du Rhône in Angriff genommen wurde (es geht auf einen Erlaß aus dem Jahr 1921 zurück), ist zwischen Lyon und der See abgeschlossen. Die schiffbare Strecke wechselt zwischen tiefen, breiten Flußabschnitten und elf Schleusenkanälen. Obwohl die Rhône bereits in der Römerzeit und davor einen wichtigen Verbindungsweg darstellte, war sie doch immer als schwieriger Fluß berüchtigt, sogar dann noch, als nach den Regulierungsarbeiten in den Jahren 1885-1905 der schiffbare Tiefgang bei Niedrigwasser auf 1,60 m verbessert worden war.

Die Ausbauten, welche die CNR zwischen Lyon und dem Mittelmeer fertigstellte, haben den Fluß für 1500-Tonnen-Lastschiffe und 4500-Tonnen-Schubverbände ganzjährig schiffbar gemacht. Die zwölf Wasserkraftwerke produzieren 13000 GWH pro Jahr, das sind 16 % der Gesamtproduktion des Landes aus Wasserkraft (20 %, wenn man die Obere Rhône mitrechnet). Auch die Landwirtschaft hat von dem Ausbau profitiert, denn es wurde für das gesamte Rhônetal ein neues oder modernisiertes Bewässerungsnetz geschaffen.

Die gigantischen Meisterwerke der Technik lenken nur wenig von der Schönheit der Landschaft ab; der Fluß bahnt sich seinen Weg zwischen den Alpen und den Ausläufern des Zentralmassivs. Der Skipper muß nicht mehr wie zuvor in einem Zug durch das Rhônetal hasten, ständig mit Angst im Nacken vor den Gefahren dieses ungebändigten Flusses, vor seinen bedrohlichen Buhnen oder vor der Rechnung, die ihm der Lotse am Ende der Fahrt präsentieren wird. Er kann vielmehr die schönen Städte und historischen Stätten besuchen, die jenseits der Flußufer liegen.

In Lyon mündet die Saône in die Rhône und stellt somit Verbindung zu den Kanälen in Ost- und Mittelfrankreich her. Die Obere Rhône wird ebenfalls von der CNR ausgebaut, ist aber zur Zeit noch nicht befahrbar. Die Kanalverbindungen, welche die Rhône talwärts von Avignon hat, sind bei den Ausbauarbeiten ebenfalls total umgestaltet worden; so kann man z. B. nicht mehr in Beaucaire in den Canal du Rhône à Sète einfahren, da durch die Tieferlegung der Rhône die Einfahrtsschleuse unbrauchbar geworden ist. Stattdessen ist die Kleine (Petit) Rhône (siehe auch Seite 158) früher nur ein halb- schiffbares Fahrwasser im Delta, als Großschiffahrtsverbindung auf einer etwa 20 km langen Strecke von Fourques, wo sie von der Rhône abzweigt, bis nach Saint-Gilles, ausgebaut worden. Von hier erreicht man über einen kurzen Kanal mit einer Schleuse den Canal du Rhône à Sète.

Ähnlich verhält es sich am linken Rhôneufer mit dem Canal d'Arles à Fos, dem ehemaligen Canal de Marseilles au Rhône; er hat seine Rolle als Durchfahrtsstrecke zum Golfe de Fos und nach Marseilles eingebüßt. Die großen Handelsschiffe fahren jetzt über den neueröffneten Canal du Rhône à Fos, in den man etwas stromaufwärts der Fähre von Barcarin einläuft. Skipper von Sportbooten müssen den Weg über Port-Saint-Louis nehmen, auch weil man von den Einkaufs- und Hilfsmöglichkeiten dieser kleinen Stadt Gebrauch machen kann.

Wichtige Anmerkung: Die Kilometertafeln an der Rhône beziehen sich auf die ursprüngliche Länge des Flusses, gerechnet von einem Punkt, der 0,7 km stromaufwärts der Einmündung der Saône liegt, bis nach Port-Saint-Louis. Die nachfolgende Entfernungstabelle gibt die tatsächlichen Distanzen an, welche durch die kürzeren Schleusenkanäle entstanden sind.

Schleusen Hier gibt es zwölf Schleusen, von der CNR nach Europanorm 195 x 12 m gebaut. Außer der Schleuse von Vaugris liegen alle Schleusen an Schleusenkanälen neben Wasserkraftwerken. Sie sind derart angeordnet, daß man die Einfahrt erst ausmachen kann, wenn man bereits 100 m davorsteht. Fahren Sie nur bei „Grün" in die Schleusen ein. Die Hubhöhe variiert zwischen 6,70 m (Vaugris) und 22 m (Donzère-Mondragon). Alle Schleusen sind mit Schwimmpollern ausgestattet. Dazu kommt noch die Seeschleuse bei Port-Saint-Louis mit 135 x 22 m.

Tiefen Die geringste Wassertiefe beträgt 3,20 m (nicht weiter als 20 m von den Fahrwassertonnen oder den Ufern der Schleusenkanäle entfernt).

Brücken Die Mindestdurchfahrtshöhe unter Brücken beträgt 7 m über dem höchsten schiffbaren Wasserstand, der von dem Bedarf der Kraftwerke abhängig ist. Relativ niedrige Brücken haben rot-weiße Pegel an den Pfeilern und rot-weiße Baken kurz vor oder hinter der Brücke.

Schiffahrtsbedingungen Die schiffbare Strecke wechselt zwischen dem 300 - 500 m breiten Flußbett der Rhône, in welchem sich bei südlichen Winden kurze steile Wellen aufbauen, und den elf Schleusenkanälen, an deren talwärtigen Enden sich im allgemeinen die Schleusen befinden. Bei Mistral kann sich die Schleuseneinfahrt für Talfahrer schwierig gestalten. Die Strömung ist nicht stärker als 7 km/h, aber wenn der Mistral dazukommt, wird die Bergfahrt für Fahrzeuge mit schwachem Motor äußerst mühsam.

Die Fahrrinne ist am rechten Ufer stellenweise durch rot-weiße Tonnen oder Spieren gekennzeichnet; am linken Ufer ist sie weniger häufig schwarz-weiß markiert. Die zulässige Höchstgeschwindigkeit ist mit 35 km/h festgesetzt; in manchen Abschnitten sind für den Wassersport 60 km/h erlaubt.

Für die Schiffahrt auf der Rhône empfehlen wir Ihnen den Gebrauch de „Guide du Rhône, de Lyon à la mer". Lesen Sie bitte unter „Bücher und Karten" am Anfang dieses Buches nach.

Tourismus Die Fahrt über die Rhône führt an reizenden Fischerdörfern, Weinbergen (hier wachsen die Reben des berühmten Côtes du Rhône-Weines sowie des Châteauneuf), Wäldern, Schlössern, aber auch an Raffinerien, Fabriken und Kraftwerken vorbei.

Vienne, die alte Römerstadt, ist eine Hochburg der französischen Gastronomie. Bei km 98 liegt ein Felsen im Fluß, der sogenannte „Tisch der Könige"; die Sage erzählt, daß der französische König Ludwig der Heilige auf dem Weg nach Palästina mit seinen Kreuzrittern dort gefrühstückt haben soll.

Auf der Burg von Crussol tobten im 16. Jahrhundert blutige Glaubenskämpfe zwischen Protestanten und Katholiken.

Hinter der Flußenge bei Donzère zwischen Alpen und Zentralmassiv, kündigen Luft und Himmel die Nähe des Mittelmeeres an. Der Mistral fegt von den Cevennen ins Rhônetal herunter. Nicht nur die

Die Ruinen des Tour de L'Hers bei Roquemaure an der Rhône

Bewohner der Provence fürchten ihn (er ist eine der drei Geißeln dieser Landschaft, die anderen beiden sind der ungezähmte Fluß Durance und etwas, womit die Bewohner der Provence nicht alleine dastehen, die Regierung!), auch für die Schiffahrt wird er manchmal unangenehm. Immergrüne Landschaft, die alten Steinhäuser der Provence mit den geschwungenen Dachziegeln, üppige Obstgärten, Weinberge, silbrigglänzende Olivenhaine und daneben Atomkraftwerke – ein Tribut an den Fortschritt.

Avignon, Sitz der Päpste während der Kirchenspaltung im 14. Jahrhundert: der riesige Palast, die berühmte Brücke. Pinien und Hügellandschaft auf der Fahrt zum großen Schloß von Tarascon. Alphonse Daudet hat in seinen Romanen in der Gestalt seines „Helden" Tartarin de Tarascon den Typ des Südfranzosen – geschwätzig, etwas großmäulig, aber harmlos – in amüsanter und liebenswerter Weise dargestellt.

Bald naht Arles und damit die Erinnerung an die Antike und an einen berühmten Maler. Diese Stadt im Herzen der Provence zeigt uns Bauwerke aus der römischen und griechischen Periode wie die Stierkampfarena und das Amphitheater. Das Licht in dieser Gegend ist so stark und hell, daß Maler davon gleichermaßen angezogen und abgestoßen werden; Vincent van Gogh hat es beglückt und vernichtet. Immer breiter wird der Fluß, majestätisch fließt er an der Camargue vorbei, die hinter dichtem Baumbewuchs verborgen liegt, hin zur weißen Stadt am Wasser unter azurblauem Himmel, Port-Saint-Louis-du-Rhône: das Meer ist erreicht!

Versorgungsmöglichkeiten
Vienne hat gute Lebensmittelgeschäfte, Restaurants. Man kann Kraftstoff am Kai und Wasser in der Nähe bekommen und findet gute Mechaniker.

Serrières: hier finden Sie alle Geschäfte am Kai.

Sportboothafen von Laveyron: Wasser, Kraftstoff, Strom, Kran, Reparaturmöglichkeiten. Lebensmittel kaufen Sie im 2 km entfernten St. Vallier.

Tournon: hat einen Sportboothafen, wo man Wasser und Strom nehmen kann. Tankstelle ist 100 m entfernt, Lebensmittel bekommt man in der Stadt.

Valence: Im Sportboothafen von Epervière bei km 112 gibt es Wasser, Strom, Kraftstoff, Schiffsbedarf, Reparaturwerkstätten und ein Restaurant. Ein Supermarkt liegt 500 m entfernt.

La Voulte: Lebensmittel und Wasser in der Nähe des (mittelmäßigen) Kais. Tankstellen im Ort.

Avignon: am Quai de la Ligne Wasser am Kai, Tankstellen, Mechaniker und gute Geschäfte in der Stadt. Im Sportboothafen Courtine gibt es Wasser und Strom am Kai, Kraftstoff auf Bestellung, Schiffsbedarf, Reparaturmöglichkeiten und Restaurant.
Arles: an der oberen Einfahrt, am linken Ufer, gibt es einen neuen Kai. Von hier erreicht man bequem Geschäfte und Restaurants; Tankstelle und Postamt befinden sich in der Nähe. Reparaturwerften liegen hinter der Schleuse zum Canal d'Arles à Fos.
Port Saint-Louis-du-Rhône: in der Bayle-Werft gibt es Wasser, Strom und Kraftstoff am Kai: mobile Kräne auf Bestellung (zum Mastsetzen). Man findet auch Restaurants und Lebensmittelgeschäfte in der Nähe.

Behörden Service de la Navigation de Lyon
Unterabteilungen:
- 1 Place Antonin-Perrin, 69007 Lyon, Tel. (7) 872.65.16 (km 0-86)
- Zone Portuaire, 26800 Portes-lès-Valence, Tel. (75) 57.00.11 (km 86-158)
- Route de la Courtine, 84021 Avignon, Tel. (90) 86.06.70 (km 158-256)
- Quai de Trinquetaille, 13637 Arles, Tel. (90) 96.00.85 (km 256-310).

Entfernungstabelle

	km	Schl.	km
Lyon-La Mulatière, Einmündung der Saône (Spitze der Halbinsel, ungefähr auf gleicher Höhe mit der ehemaligen Schleuse von La Mulatière, RU)	0,0	—	310,0
Hafen von Lyon-Edouard Herriot, Einfahrt in mehrere Becken LU	2,6	—	307,4
Einfahrt in den Pierre-Bénite-Schleusenkanal LU	3,2	—	306,8
Pierre-Bénite-Schleuse (Hubhöhe 9,25 m) und Kraftwerk	3,4	1	306,6
Autobahnbrücke (A7)	4,3	—	305,7
Feyzin Ölraffinerie	6,5	—	303,5
Brücke	7,4	—	302,6
Brücke	10,3	—	299,7
Ende des Schleusenkanals	14,3	—	295,7
Sandgruben, RU	15,0	—	295,0
Arboras-Eisenbahnviadukt	16,5	—	293,5
Givors, Brücke (Öl-Terminal BW)	17,2	—	292,8
Einmündung des Flusses Giers, RU, Festmachmöglichkeiten	17,6	—	292,4
Hängebrücke	18,2	—	291,8
Düngemittelfabrik LU	19,0	—	291,0
Wassereinlauf für das Kraftwerk RU	20,3	—	289,7
Einfahrt in das Kohlenverladebecken für das Kraftwerk Loire-sur-Rhône	21,3	—	288,7
Rohrleitung führt über den Fluß	21,4	—	288,6
Autobahnbrücke (B7)	25,7	—	284,3
Stauwasser, RU, mit kleinem Sportboothafen	25,8	—	284,2
Vienne, Brücke	27,9	—	282,1
Hängebrücke	28,3	—	281,7
Festmachmöglichkeit LU	28,6	—	281,4
Autobahnbrücke (B7)	32,0	—	278,0
Schleuse von Vaugris (Hubhöhe 6,7 m) und Kraftwerk	33,3	2	276,7
Schloß Arenc, Ampuis RU	34,4	—	275,6
Condrieu, Durchstich zur Abkürzung einer Flußschleife (ehemalige Fahrrinne abgedämmt LU)	38,8	—	271,2

Entfernungstabelle

	km	Schl.	km
Einfahrt in die ehemalige Flußschleife von TW (Sportboothafen)	39,7	—	270,3
Condrieu, Brücke	40,0	—	270,0
Industriekomplex Saint-Clair-du-Rhône, Kai zum Verladen von Pottasche, LU	42,2	—	267,8
Chavanay RU	45,8	—	264,2
Chavany, Brücke	46,4	—	263,6
Atomkraftwerk Saint-Maurice-l'Exil, LU	47,0	—	263,0
Einfahrt in den Schleusenkanal von Le Péage-de-Roussillon, LU	49,3	—	260,7

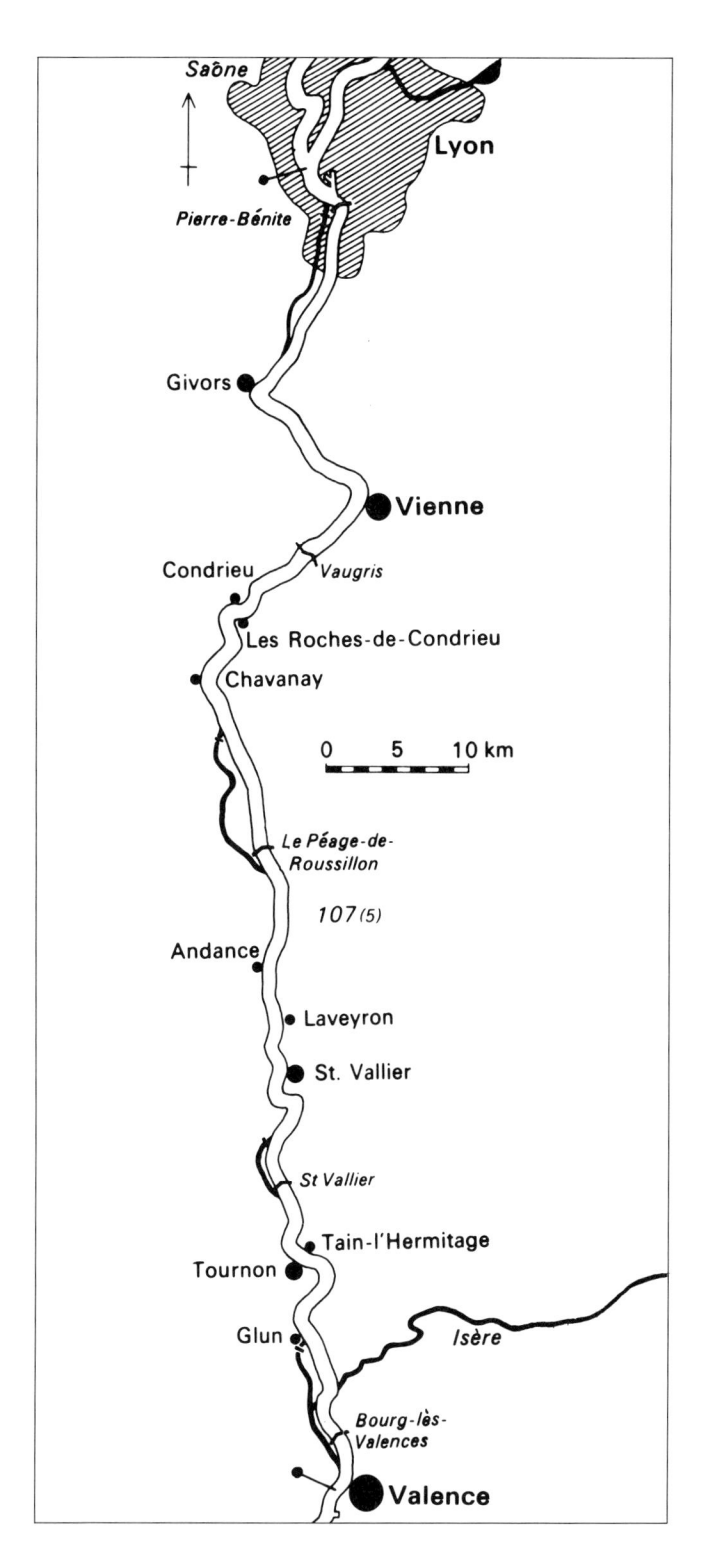

Rhône

Entfernungstabelle	km	Schl.	km
Brücke und öffentlicher Kai, LU (**Serrières**, 2000 m)	54,8	—	255,2
Brücke (N519)	57,8	—	252,2
Schleuse Sablons (Hubhöhe 14,50 m) und Kraftwerk	58,8	3	251,2
SNCF Eisenbahnviadukt	59,4	—	250,6
Ende des Schleusenkanals	60,2	—	249,8
Champagne RU, Pfeiler der ehemaligen Fähre in Strommitte	62,6	—	247,4
Andance, Brücke (Andance RU, Andancette LU)	66,0	—	244,0
Sarrazinière Turmruine RU	68,6	—	241,4
Sportboothafen Nautic Loisirs und Slipbahn RU(**Laveyron** 2000 m)	70,0	—	240,0
Einmündung des Flusses Cance RU	70,3	—	239,7
Einmündung des Flusses Ay RU	72,0	—	238,0
Saint-Vallier, Brücke, Stadt LU	72,7	—	237,3
Kai LU	75,3	—	234,7
Schloß Serves LU, Turm von Arras RU	79,1	—	230,9
Einfahrt in den Schleusenkanal von Saint-Vallier LU	79,9	—	230,1
Schleuse von Gervans (Hubhöhe 10,75 m) und Kraftwerk	83,4	4	226,7
Ende des Schleusenkanals	83,7	—	226,3
„Tisch des Königs", Felsen in der Mitte der Fahrrinne (an der RU Seite vorbeifahren)	86,3	—	223,7
Tournon, Sportboothafen und Slipbahn RU	88,0	—	222,0
Tournon, Fußgängerbrücke, **Tain l'Hermitage** LU	88,2	—	221,8
Tournon, Brücke	88,8	—	221,2
Auberge de Frais Matin, Kai für Gäste, LU	92,8	—	217,2
Einfahrt in den Schleusenkanal von Bourg-lès-Valence LU	95,4	—	214,6
Brücke	96,1	—	213,9
Kanal verläuft im Bett der Isère	99,1	—	210,9
Kanal verläßt die Isère (Auslaßwehr, RU)	100,2	—	209,8
Schleuse von Bourg-lès-Valence (Hubhöhe 11,70 m) und Kraftwerk	102,8	5	207,2
Ende des Schleusenkanals	105,0	—	205,0
Valence, Brücke	106,5	—	203,5
öffentlicher Kai LU	106,7	—	203,3
Marina l'Epervière LU, alle Hilfsmöglichkeiten, Supermarkt in 500 m	109,0	—	201,0
Soyons RU, schiefer Turm (Ruine)	111,7	—	198,3
Portes-lès-Valence, Handelskai und Büro der Schiffahrtsbehörde-Unterabteilung LU	113,0	—	197,0
Charmes, Einfahrt in den Schleusenkanal von Beauchastel, RU, Brücke	116,2	—	193,8
Bootsklub, Festmachmöglichkeiten RU	116,4	—	193,6
Schleuse von Beauchastel (Hubhöhe 12,65 m) und Kraftwerk, Ortschaft 500 m RU	120,5	6	189,5
Ende des Schleusenkanals	122,1	—	187,9
Einmündung des Eyrieux, RU	122,5	—	187,5
La Voulte Brücke, Festmachemöglichkeiten und Stadtzentrum RU	124,0	—	186,0
La Voulte-Eisenbahnviadukt	124,7	—	185,3
Einmündung des Flusses Drôme LU	127,6	—	182,4
Le Pouzin, Brücke	129,2	—	180,8
Einfahrt in den Schleusenkanal von Baix-Le-Logis-Neuf LU	131,3	—	178,7

Entfernungstabelle	km	Schl.	km
Schleuse von Le-Logis-Neuf (13,00 m Hubhöhe) und Kraftwerk	138,6	7	171,4
Ende des Schleusenkanals	140,0	—	170,0
Cruas, Kai RU, Festmachemöglichkeiten, Ortschaft 500 m	140,9	—	169,1
Atomkraftwerk von Cruas, RU	144,0	—	166,0
Insel, Hauptfahrwasser an der RU Seite, Bootswerft an LU Seite (Zufahrt von TW)	144,0	—	166,0

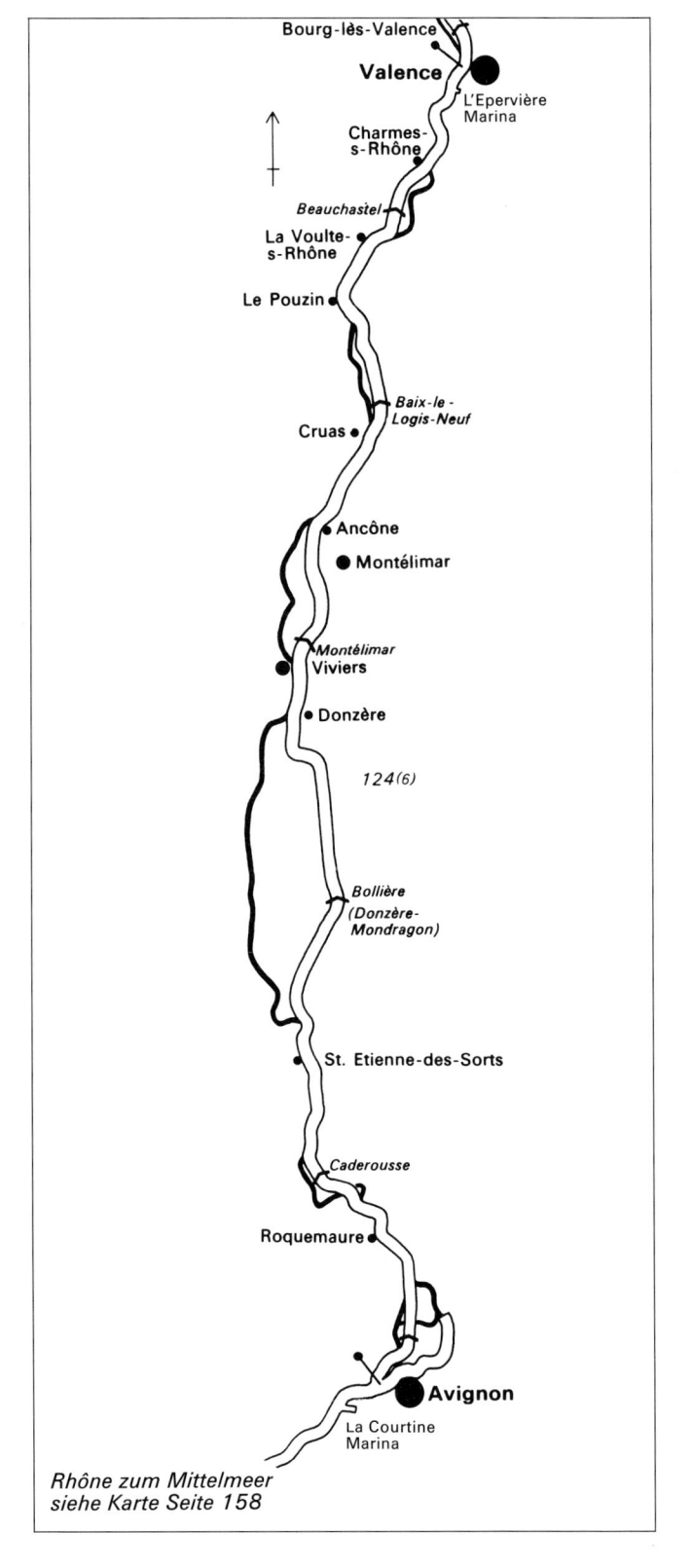

Rhône zum Mittelmeer siehe Karte Seite 158

Rhône

Entfernungstabelle	km	Schl.	km
Einfahrt in den Schleusenkanal von Montélimar LU	148,6	—	161,4
Ancône, Festmachemöglichkeit und Ortschaft LU	150,0	—	160,0
Brücke	150,8	—	159,2
Brücke (N540)	153,2	—	156,8
Der Fluß Roubion kreuzt	153,7	—	156,3
Gournier Brücke und Kapelle	155,4	—	154,6
Hafen von Montélimar (unbequeme Festmachemöglichkeiten)	155,5	—	154,5
Schleuse von Châteauneuf (Hubhöhe 17,10 m) und Kraftwerk (Ortschaft 2000 m)	159,0	8	151,0
Ende des Schleusenkanals (die Rhône ist 4 km BW bis zu einer Zementfabrik in Lafarge schiffbar)	161,8	—	148,5
Viviers, öffentlicher Kai und Sportboothafen RU	162,0	—	148,0
Viviers, Brücke, Einfahrt in die Talenge von Donzère	162,3	—	147,7
Brücke von Donzère	165,4	—	144,6
Einfahrt in den Schleusenkanal von Donzère-Mondragon LU	166,4	—	143,6
Brücke mit Sperrtor, Kai RU	166,8	—	143,2
SNCF Eisenbahnviadukt	170,2	—	139,8
Brücke (N7)	170,3	—	139,7
Brücke (D358)	174,4	—	135,6
Brücke (D59)	176,3	—	133,7
Atomenergiezentrum Pierrelatte RU	178,8	—	131,2
Atomkraftwerk Tricastin RU	180,3	—	129,7
Brücke (D204)	181,0	—	129,0
Fahrwasser zur Schleuseneinfahrt LU	182,1	—	127,9
Schleuse von Bollène (Hubhöhe 22,00 m) und Kraftwerk André Blondel	183,1	9	126,9
Brücke (D994), **Bollène** 1000 m	185,4	—	124,6
Eisenbahnviadukt	188,5	—	121,5
Brücke (N7)	189,2	—	120,8
Brücke (D44) Mondragon 500 m	190,4	—	119,6
Ende des Schleusenkanals	193,6	—	116,4
Saint-Etienne-des-Sorts, Festmachemöglichkeiten RU, ehemaliges Schifferdörfchen	196,8	—	113,2
Atomkraftwerk Marcoule RU	201,5	—	108,5
Einfahrt in den Schleusenkanal von Caderousse LU	205,7	—	104,3
Schleuse von Caderousse (9 m Hubhöhe) und Kraftwerk	208,2	10	101,8
Ende des Schleusenkanals, die Rhône ist 5 km BW bis zum Hafen von L'Ardoise schiffbar	210,5	—	99,5
Schloß Montfaucon RU	212,2	—	97,8
Autobahnbrücke (A9)	213,1	—	96,9
Brücke (D976)	213,2	—	96,8
Roquemaure Kai, Schloß RU, Tour de l'Hers (Turm) LU	216,2	—	93,8
Einfahrt in den Schleusenkanal von Villeneuve-lès-Avignon RU	221,4	—	88,6
Damm von Villeneuve RU und Brücke	223,5	—	86,5
Kreuzung mit dem ehemaligen Rhônearm von Villeneuve (abgedämmt)	224,4	—	85,6
Schleuse von Avignon (Hubhöhe 10,50 m) und Kraftwerk	225,7	11	84,3

Entfernungstabelle	km	Schl.	km
Ende des Schleusenkanals	226,3	—	83,7
Villeneuve Brücke	229,0	—	81,0
Schnellstraßenbrücke	230,0	—	80,0
Verbindung mit dem Rhônearm, der nach Avignon führt (siehe weiter unten)	230,6	—	79,4
Eisenbahnviadukt	230,8	—	79,2
Einmündung der Durance LU, Zufahrt zur Marina Courtine	234,5	—	75,5
Aramon Brücke	239,1	—	70,9
Kalorisches (Wärme)-Kraftwerk von Armon und Kai für Tankerschiffe, die das erforderliche Heizöl anliefern RU	243,4	—	66,6
Vallabrègues LU	248,0	—	62,0
Einfahrt in den Schleusenkanal von Vallabrègues LU	249,2	—	60,8
Schleuse von Beaucaire (Hubhöhe 12,15 m) und Kraftwerk	251,8	12	58,2
Tarascon Brücke, Stadt LU, aber keine Festmachemöglichkeiten (Beaucaire RU)	254,2	—	55,8
Eisenbahnviadukt	254,6	—	55,4
Ende des Schleusenkanals (die Rhône ist nicht schiffbar, Einfahrt in den Canal du Rhône à Sète ist gesperrt, Verbindung über die Kleine (Petit) Rhône	255,9	—	54,1
Hafen von Beaucaire RU	256,0	—	54,0
Einlaufkanal für die Bewässerung des Bas-Rhône-Languedoc-Gebietes RU	264,1	—	45,9
Verbindung mit der Kleinen (Petit) Rhône RU und Wendebecken	265,9	—	44,1
Arles, Kai mit Slipbahn, gute Anlegemöglichkeit LU	268,7	—	41,3
Brücke von Trinquetaille, Büro der Unterabteilung der Schiffahrtsbehörde	269,3	—	40,7
Neue Brücke	269,8	—	40,2
Verbindung mit Canal d'Arles à Fos LU	270,4	—	39,6
Terrin-Untiefen, starke Strömung	280,0	—	30,0
Verbindung mit Canal du Rhône à Fos LU	303,2	—	6,8
Fähre von Barcarin	303,5	—	6,5
Privatfähre zu den Salzmarschen Salin de Giraud	304,1	—	5,9
Port de l'Esquineau, Kai, RU	305,9	—	4,1
Schutzhafen LU	309,0	—	1,0
Port-Saint-Louis-du-Rhône, Einfahrt in die Seeschleuse und Hafenbecken LU	310,0	—	0,0
Mündung der Rhône 6 km weiter stromabwärts, nicht schiffbar			

Rhônearm nach Avignon

	km	Schl.	km
Verbindung mit dem Rhônearm nach Villeneuve (km 231)	0,0	—	9,0
Schnellstraßenbrücke	0,8	—	8,2
Villeneuve Brücke	1,6	—	7,4
Saint-Bénézet Brücke (die berühmte „Pont d'Avignon")	2,0	—	7,0
Avignon, Quai de la Ligne (Festmachemöglichkeiten LU in der Nähe der Stadtmitte)	2,5	—	6,5
Le Pontet, Kai LU	7,8	—	1,2
Hochspannungsleitung	8,4	—	0,6
Grenze der Schiffbarkeit, Wendebecken	9,0	—	0,0

Canal maritime Saint-Louis
(Seekanal von Saint-Louis)

Dieser Kanal stellt die Durchfahrt von der Rhône zum Golf von Fos her. Zu ihm gehört die Einfahrtsschleuse (Seeschleuse) in Port Saint-Louis-du-Rhône, 160 m lang und 22 m breit. Die geringste Wassertiefe beträgt 5,50 m. Das Hafenbecken liegt unterhalb der Schleuse. Der Kanal ist 3 km lang und ist durch eine 2 km lange, ausgebaggerte Fahrrinne, die von einem Wellenbrecher geschützt wird, in den Golf hinein verlängert worden.

Petit (Kleine) Rhône und Canal de Saint-Gilles

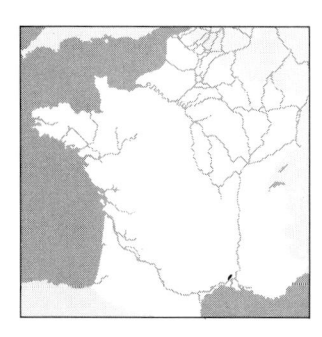

Die Kleine Rhône war einst ein schmaler, seichter Flußlauf im Rhônedelta und konnte nur von kleinen Schiffen befahren werden. Wie wir jedoch bereits in der Einleitung zum Abschnitt Rhône erwähnt haben, ist die Fahrrinne für die Großschiffahrt ausgebaut worden; das sind 20 km von der unteren Rhône bei Fourques (stromaufwärts von Arles) bis nach Saint-Gilles, wo ein neues Kanalstück die Verbindung zum Canal du Rhône à Sète herstellt. Der kleine Fluß ist somit ein Teil der durchgehenden Strecke von der Rhône nach Sète und zum Canal du Midi geworden. Diese Strecke geben wir in der Entfernungstabelle an; in Spalte 1 führen wir die Kilometerangaben, die auf der Rhône von Lyon an gezählt werden, weiter.

Kleine Fahrzeuge können auf der Petit Rhône auch jenseits der Einfahrt des Canal de Saint-Gilles weiterfahren; das Flüßchen schlängelt sich durch die dichte Vegetation der Camargue und ergießt sich nach 37 km bei Grau d'Orgon ins Mittelmeer.

Schleusen 1 Schleuse am Canal de Saint-Gilles (195 x 12 m, Drempeltiefe 3,50 m).

Tiefen Die Tiefe in der 30 m breiten Fahrrinne wird auf 2,20 m bei niedrigem Wasserstand gehalten.

Brücken Es gibt vier Brücken; die niedrigste ist die Eisenbahnbrücke bei km 294,7 mit einer Mindestdurchfahrtshöhe von 4,75 m.

Behörden Service de la Navigation de Lyon. Unterabteilung: Quai de Trinquetaille, 13637 Arles, Tel.(90) 96.00.85.

Entfernungstabelle

	km	Schl.	km
Einfahrt in die Kleine (Petit) Rhône aus der Rhône bei Fourques	279,2	—	22,5
Fourques Hängebrücke	281,0	—	20,7
Fourques Balkenbrücke (N113)	281,7	—	20,0
Eisenbahnbrücke (Cavalet)	294,7	—	7,0
Brücke (Saint-Gilles), N572	297,3	—	4,4
Einfahrt in den Canal de Saint-Gilles RU	299,5	—	2,2
Schleuse (Saint-Gilles)	300,0	1	1,7
Verbindung mit dem Canal du Rhône à Sète (km 29)	301,7	—	0,0

Rhône-Fos-Bouc (-Marseille)

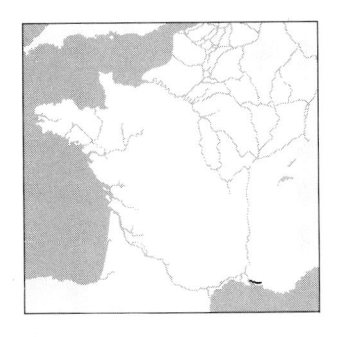

In den letzten 20 Jahren haben sich die Kanalverbindungen von Marseille zur Rhône stark verändert. Wir geben daher eine kurze Aufzählung der neuen Entwicklung: der ehemalige Canal de Marseille au Rhône wurde gesperrt, weil im Jahr 1963 ein Stück des 7 km langen Tunnels von Rove einstürzte. 1970, beim Bau des Hafens von Fos, wurde ein Teil des damaligen Canal d'Arles à Bouc gesperrt. Man errichtete eine neue Anti-Salz-Schleuse, um die Zufahrt vom Kanal in das Hafenbecken Darse No. 1 von Fos zu ermöglichen, worauf der Kanal den Namen Canal d'Arles à Fos erhielt; er war jedoch niemals stark ausgelastet, da die 38,50 m langen Lastkähne, für die er gebaut worden war, nicht auf der Rhône fahren konnten. Sie benutzten, wie auch die Sportboote, den Canal maritime Saint-Louis (lesen Sie bitte auch im Abschnitt Rhône nach).
1980, nach Beendigung der Rhône-Ausbau- und Kanalisierungsarbeiten, wurde eine sichere Verbindung zwischen dem Fluß und Fos (und Port-de-Bouc) für große Schubverbände erforderlich, die vor der Schleuse von Port-Saint-Louis abgekoppelt werden mußten und wegen rauher See des öfteren im Golf von Fos aufgehalten wurden. Eine Verbreiterung des bestehenden Canal d'Arles à Fos wäre zu kostspielig gewesen und so baute man einen neuen Kanal von der Rhône (km 303) bis zum Hafenbecken Darse No. 1 von Fos, und benutzte dabei die letzten zwei Kilometer des Canal d'Arles à Fos, indem man dort die alte Anti-Salz-Schleuse, die verhindern sollte, daß das Salzwasser ins Binnenland eindringt, abbaute und stattdessen stromaufwärts der Vereinigungsstelle mit dem neuen Kanal ein Anti-Salz-Wehr errichtete, welches die Schiffbarkeit unterbricht. Der Canal d'Arles à Fos ist daher als Durchgangsstrecke unbrauchbar geworden. Die Verbindung Rhône-Fos ist für Sportboote gesperrt; diese fahren weiterhin durch den Canal maritime Saint-Louis ins Mittelmeer.
Der hier beschriebene Schiffahrtsweg wird in mehrere Abschnitte eingeteilt:
1. Rhône-Fos Verbindungskanal (km 0-11);
2. Die Hafenbecken von Fos (km 11-18);
3. Fos-Bouc Verbindungskanal (km 18-27);
4. Reede von Port-de-Bouc und Canal de Marseille au Rhône (km 27-47).
Diese Wasserstraße nimmt auf der gesamten Strecke Schubverbände mit internationalen Abmessungen auf, nur wird der letzte Abschnitt eine Sackgasse bleiben, bis der Tunnel von Rove (vielleicht) wieder in Dienst gestellt wird. In der Engstelle von Port-de-Bouc herrscht Einbahnverkehr, der durch Lichter geregelt wird.

Schleusen Es gibt nur eine Schleuse und zwar bei Barcarin, in der Nähe der Stelle, wo man aus der Rhône in den Kanal hineinfährt. Ihre Abmessungen sind, wie auf der Rhône üblich, 195 x 12 m, und sie überwindet einen Höhenunterschied, der sich zwischen wenigen Zentimetern und 2,30 m, wenn die Rhône Hochwasser führt, bewegt.

Tiefen Der höchstzulässige Tiefgang ist 3,20 m zwischen der Rhône und Port-de-Bouc. Die verfügbare Tiefe im letzten Abschnitt zum Tunnel von Rove ist nur wenig geringer.

Brücken Die festen Brücken haben eine Mindestdurchfahrtshöhe von 6 m.

Versorgungsmöglichkeiten Port-de-Bouc: Im kleinen Yachthafen Port de la Lèque gibt es Wasser, Duschen, Kräne; am Kai des Hafenbeckens Kraftstoff und Wasser. Man findet gute Mechaniker und Einkaufsmöglichkeiten.

Behörden Port Autonome de Marseille
Unterabteilung: Service Annexe des Voies Navigables, 13270 Fos-sur-Mer, Tel. (42) 05.12.03.

Entfernungstabelle

	km	Schl.	km
Verbindung mit der Rhône (km 316)	0,0	—	47,4
Schleuse (Barcarin), Brücke	1,9	1	45,5
Verbindung zum ehemaligen Canal d'Arles à Fos (Einfahrt durch ein Anti-Salz-Wehr versperrt)	9,0	—	38,4
Brücke (N568a)	9,7	—	37,7
Eisenbahnbrücke	9,8	—	37,6
Man fährt in das Hafenbecken Darse No. 1 von Fos ein (Ende des Rhône-Fos Verbindungskanals)	11,3	—	36,1
Man fährt in das südliche Hafenbecken, Darse Sud, von Fos ein	16,0	—	31,4
Ende des Südbeckens (Darse Sud), man fährt in den Fos-Port-de-Bouc Verbindungskanal ein	18,3	—	29,1
Wendebecken (Carrefour des Joncs)	20,1	—	27,3
Fos-sur-Mer Brücke, Ortschaft 700 m	21,6	—	25,8
Festmachemöglichkeiten am Südufer (für Fahrzeuge, die auf die Einfahrt in die Einbahnstrecke warten)	24,5	—	22,9
Eisenbahnbrücke	25,2	—	22,2
Brücke	25,9	—	21,5
Port-de-Bouc Eisenbahn- und Straßenbrücken	26,7	—	20,7
Ende der Einbahnstrecke, man fährt in das Hafenbecken von Port-de-Bouc ein	27,1	—	20,3
Einfahrt in den Canal de Caronte	28,1	—	19,3
Eisenbahnviadukt (Caronte)	30,3	—	17,1
Autobahnbrücke	31,7	—	15,7
Martigues Drehbrücke (Jonquières), man fährt in den Etang de Berre ein, Yachthafen	32,9	—	14,5
Kanaldurchstich (La Mède)	38,1	—	9,3
La Mède Kai, gegenüber die Ausfahrt aus dem Kanal in den Etang de Berre, Ortschaft 700 m	38,2	—	9,2
Brücke (Jaï)	39,8	—	7,6
Becken (Bolmon)	44,6	—	2,8
Marignane Becken, Ortschaft 1200 m nach Norden, Einfahrt in den Kanaldurchstich von Gignac	45,5	—	1,9
Straßen- und Eisenbahnbrücken (Floride)	45,8	—	1,6
Brücke (Toës)	46,6	—	0,8
Nordeinfahrt zum Tunnel von Rove (Ende der Schiffahrt, Tunnel eingestürzt)	47,4	—	0,0

Canal du Rhône au Rhin
Rhein-Rhône-Kanal

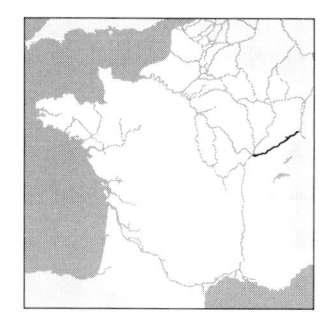

Mit den Bauarbeiten zu diesem Kanal wurde im Jahr 1784 begonnen, seine Indienststellung fiel in das Jahr 1833. Der Rhein-Rhône-Kanal gehört zu den großen französischen Wasserstraßen, die eine Wasserscheide queren. Er wird von vielen Sportbooten benutzt, weil er eine sehr wichtige Verbindung zwischen Deutschland und dem Mittelmeer darstellt, aber er ist auch ein eigenständiges Revier zum Wasserwandern, besonders dort, wo er dem idyllischen Doubstal folgt. Was die Handelsschiffahrt betrifft, so kann er von 38,50 m langen Lastkähnen mit einer Ladekapazität bis zu 250 Tonnen befahren werden, allerdings gehört der Rhein-Rhône-Kanal zu den veralteten Wasserstraßen und man beabsichtigt seit langem, ihn zu einem Großschiffahrtsweg auszubauen, damit auch große Schubverbände ungehindert auf dieser Strecke von der Nordsee zum Mittelmeer gelangen können.

Der Kanal stellt die Verbindung zwischen der Saône (von Saint-Symphorien, 4 km stromaufwärts der Stelle, wo sie sich mit dem Canal de Bourgogne verbindet) und dem Oberrhein (bei Niffer, km 185), genauer gesagt dem Ottmarsheimer Abschnitt des Rhein-Seitenkanals, her. Die Gesamtlänge des Rhein-Rhône-Kanals beträgt 237 km. Von Saint-Symphorien bis zum Doubs sind es 17 km; bis L'Isle-sur-le-Doubs (km 141) fährt man lange Zeit auf dem Fluß; von L'Ile-sur-le-Doubs bis Mülhausen (km 224) benutzt die Schiffahrt ausschließlich von Menschenhand erbaute Kanäle und quert die Wasserscheide zwischen der Saône und dem Rhein in einer Höhe von 340 m. Von Mülhausen nach Niffer verläuft die schiffbare Strecke im früheren Kembs-Niffer-Zweigkanal, der für 1350-Tonnenschiffe ausgebaut worden ist.

Offiziell beginnt der Rhein-Rhône-Kanal an der Saône und endet am Rhein, aber die Entfernungstabelle zählt in umgekehrter Richtung, damit sie für Skipper, die den Doubs hinunterfahren, übersichtlicher ist, denn der Fluß birgt stellenweise Gefahren für die Schiffahrt.

Drei Zweigkanäle werden gesondert beschrieben und in der Entfernungstabelle extra aufgeführt:
- Zweigkanal nach Belfort, 13,5 km lang, Verbindung mit der Hauptstrecke bei km 172;
- Zweigkanal nach Colmar (oder Canal de Colmar), 23 km lang;
- der Nord-Abschnitt, 35 km lang, der vom Rhein bei Rheinau zum Dusuzeau-Becken im Hafen von Straßburg führt.

Die beiden letztgenannten verlaufen völlig getrennt von der Hauptstrecke Saône-Rhein, daher finden Sie sie auch nicht auf der Karte zu diesem Kanal. Sie erscheinen auf der Übersichtskarte im Abschnitt Rhein auf Seite 152.

Auf dem Rhein-Rhône-Kanal durchfährt man zwei Tunnel; einen bei Thoraise (km 59) und den anderen unter der Zitadelle von Besançon (km 74). Der Tunnel von Thoraise ist 185 m, der von Besançon 394 m lang. Beide sind 6 m breit, daher wird die Durchfahrt nur im Einbahnsystem abgewickelt. Man passiert außerdem zahlreiche schmale Brückenöffnungen, die nicht breiter als 5,18 m sind, Aquädukte und Kanaleinschnitte, die ebenfalls nur Einbahnverkehr erlauben.

Schleusen Es gibt auf dieser Strecke 113 Schleusen; 73 davon zur Saône (einschließlich zweier zweistufiger Schleusentreppen), 40 zum Rhein hinunter. Außerdem liegen 4 Hochwasserschleusen an den Einfahrten bestimmter Schleusenkanäle im Doubstal, die jedoch normalerweise offen sind.

Die Schleusennummern stimmen nicht mit der tatsächlichen Anzahl überein, da seit den Anfangszeiten des Kanals viele Änderungen stattgefunden haben (besonders die Tieferlegung der Scheitelhaltung und das Wegfallen der ersten Schleusen zu beiden Seiten). 68 Schleusen von Saint-Symphorien bis km 175 (Allenjoie) haben die Abmessungen 38,70 x 5,25 m. Die letzten fünf vor der Wasserscheide sind größer, und zwar 40,70 x 6,28 m. Die 39 Schleusen von der Scheitelhaltung bis nach Mülhausen messen 38,80 x 5,10 m, nur die letzte Schleuse bei Niffer hat Maße für Rheinschiffe (85 x 12 m).

Tiefen Der höchstzulässige Tiefgang beträgt 1,80 m.

Brücken Die festen Brücken haben eine Mindestdurchfahrtshöhe von 3,70 m über normalem Wasserstand, ausgenommen die Brücke Pont des Noyers in Mülhausen (km 219), deren Durchfahrtshöhe nur 3,55 m beträgt.

Treidelpfad An der gesamten Strecke verläuft ein Treidelpfad.

Tourismus In Niffer sollte man das Schleusengebäude ausgiebig betrachten, denn es wurde von dem berühmten Architekten Le Corbusier entworfen, der auch Kirchen, öffentliche Gebäude und bequeme Sitzmöbel kreiert hat. Man fährt durch den Hardtwald, an Mülhausen und an elsässischen Dörfern vorbei, bis man langsam auf die Höhe der Wasserscheide emporsteigt, wo man das bewaldete Elsaß verläßt und in das Franche-Comté, nach Montbéliard, dem Hauptsitz der Peugeot-Autofabriken, hinunterfährt. Das Städtchen L'Ile-sur-le-Doubs wird durch Flußarme dreigeteilt; die Umgebung des kleinen Flußarmes steht unter Landschaftsschutz. Steile Ufer, aufragende Felsen, Inselchen, lange Flußschleifen und unberührte Landschaft machen die Fahrt auf dem Doubs zu einem unvergeßlichen Erlebnis, man genießt grünes, wenig besiedeltes, erholsames, ländliches Frankreich. Baume-les-Dames liegt auf dem malerischsten Teil der Strecke.

Den Stadtkern von Besançon mit der mächtigen Zitadelle umarmt der Doubs mit einer Schleife, die man im Sommer befahren und dabei die Stadtmauern und die schönen Patrizierhäuser ansehen kann – sofern man nicht mehr Tiefgang als 1,40 m hat. Sonst fährt man durch den Tunnel unterhalb der Zitadelle. Besançon ist die Hauptstadt des Franche-Comté und Geburtsort von Victor Hugo. Auch in seinem weiteren Verlauf schlängelt sich der Doubs in gewal-

Doubs (Rhein-Rhône-Kanal): Einfahrt in den Thoraise-Tunnel

tigen Kurven, Schleifen und Windungen durch die Landschaft. Daher wurde die Strecke an manchen Stellen durch technische Eingriffe verkürzt, z. B. durch Durchstiche oder den Tunnel von Thoraise. Bei Dôle, der Geburtsstadt Louis Pasteurs, verläßt man den schönen Fluß und erreicht über den Rhein-Rhône-Kanal den Flußschifferort Saint-Jean-de-Losne.

Sicherlich werden Sie einige gastronomische Spezialitäten der Gegend probieren wollen. Typisch für das Elsaß sind Gänseleberpastete, Hühner, Sauerkraut, Münsterkäse, Bier und Wein (Riesling, Traminer, Gewürztraminer und Pinot). Im Franche-Comté macht man gute geräucherte Wurstwaren, Blätterteigpasteten, gefüllten Kohl und Gewürzbrot.

Versorgungsmöglichkeiten Mülhausen: Hier kann man sich zwar gut versorgen, aber es ist umständlich, denn es liegen die Büros der Behörden, der Supermarkt, die Tankstelle, der Schiffsausrüster und die Liegemöglichkeiten für die Nacht etwa 5 km auseinander.
Montbéliard: Am rechten Ufer findet man einen Supermarkt mit Tankstelle, Wasser gibt es in kleinen Mengen bei der Schiffahrtsverwaltung am selben Ufer. Ein Yachthafen mit allem Service ist geplant.
L'Ile-sur-le-Doubs: Die Anlegemöglichkeiten sind zwar nicht berühmt, doch man kann sich schnell und gut in ihrer Nähe verproviantieren. Diesel gibt es am Kai.
Baume-les-Dames: Lebensmittel kauft man in der Stadt, Benzin im Supermarkt, Diesel an der Tankstelle. Postamt ist im Ort.
Besançon: Vom Schwimmponton oberhalb der Brücke Pont Battant erreicht man die Einkaufsmöglichkeiten der Innenstadt, Restaurants, das Postamt und die Sehenswürdigkeiten. Tankstellen liegen an beiden Tunneleinfahrten.
Dôle: Der Kai liegt vor der Altstadt, die man über eine Fußgängerbrücke erreicht; dort findet man Geschäfte, Postamt und Restaurants. Eine Tankstelle liegt beim Anleger.
Saint-Jean-de-Losne: Beschreiben wir im Abschnitt Saône auf Seite 179.

Behörden Service de la Navigation de Lyon, Arrondissement de Besançon.
Unterabteilungen:
- 4 Rue du Port, 39100 Dôle, Tel. (84) 74.00.31 (km 0-57).
- 7 Boulevard Tarragnoz, 25000 Besançon, Tel. (81) 81.18.55 (km 57-130).
- Port Fluvial, BP 207, 25200 Montbéliard, Tel. (81) 91.17.32 (km 130-176).
Service de la Navigation de Strasbourg.
Unterabteilungen:
- 6, Rue Alfred Engel, 90800 Bavilliers, Tel. (84) 21.00.88 (km 176-186 und 214-224).
- 12 Rue J.J. Henner, 68100 Mulhouse, Tel. (89) 45.65.30 (km 186-214).

Zweigkanal nach Belfort

Der Zweigkanal nach Belfort geht von der Hauptstrecke bei km 172, in der Nähe von Allenjoie, ab und ist bis km 13,5 befahrbar, wo ihn in einem Vorort von Belfort eine Hauptstraße kreuzt. Dem Plan nach sollte er eine Reihe von Wasserscheiden queren und in Port-sur-Saône auf die Saône treffen, doch das Projekt wurde nur bis zur Hauptscheitelhaltung, 14 km hinter Belfort, durchgeführt und dann fallengelassen. Hier verkehren so gut wie keine Güterschiffe mehr, aber zunehmender Verkehr von Sportbooten könnte den Kanal vor Schließung bewahren.
Leider verläuft die Autobahn A 36 parallel fast zur gesamten Strecke.

Schleusen Es gibt neun Schleusen mit Mindestabmessungen von 38,70 x 5,20 m.

Tiefen Der höchstzulässige Tiefgang beträgt 1,80 m.

Brücken Die Brücken haben eine Mindestdurchfahrtshöhe von 3,70 m.

Treidelpfad Ein Treidelpfad verläuft neben der befahrbaren Strecke.

Behörden Service de la Navigation de Lyon, Arrondissement de Besançon.
Unterabteilung: Port Fluvial, BP 207, 25200 Montbéliard (km 0-4).
Service de la Navigation de Strasbourg.
Unterabteilung: 6 Rue Alfred Engel, 90800 Bavilliers,
Tel. (84) 21.00.88 (km 4-13,5).

Zweigkanal nach Colmar (Canal de Colmar)

Die neue Strecke des Canal de Colmar setzt sich aus drei Teilstücken zusammen: ein 6 km langer Verbindungskanal (der Zweigkanal nach Neuf-Breisach, der bei den Oberrhein-Ausbauarbeiten entstanden ist) geht bei km 226 vom Rhein ab, setzt sich in einem 3 km langen Stück des ehemaligen Canal du Rhône au Rhin fort, welches Anschluß an den 13 km langen, ursprünglichen Zweigkanal nach Colmar hat. Wir geben die Entfernung vom Rhein zum Hafenbecken von Colmar in einer zusammenhängenden Tabelle an.

Schleusen Hier gibt es drei Schleusen; die neue Schleuse am Zweigkanal nach Neuf-Breisach ist 40 m lang und 6 m breit. Die zweite Schleuse mit den Abmessungen 38,80 x 5,10 m liegt an der ehemaligen Kanalstrecke, und die dritte Schleuse, 38,85 x 5,30 m, befindet sich bei der Kreuzung mit dem Fluß Ill in der Nähe von Colmar.

Tiefen Der höchstzulässige Tiefgang beträgt 1,80 m.

Brücken Die Mindestdurchfahrtshöhe unter den festen Brücken beträgt 3,70 m.

Treidelpfad Es gibt einen Treidelpfad neben der gesamten Strecke.

Behörden Service de la Navigation de Strasbourg.
Unterabteilung: 60 Rue du Grillenbreit, BP 545, 68021 Colmar, Tel. (89) 41.21.53.

Nord-Abschnitt von Friesenheim nach Straßburg

Als der Schleusenkanal bei Rheinau am Oberrhein gebaut wurde, hat man einen 3,8 km langen Verbindungskanal erstellt, damit auch 38,50 m lange Schiffe den ursprünglichen Rhein-Rhône-Kanal auf den letzten 31 Kilometern bis nach Straßburg befahren konnten. Die tatsächliche Entfernung von 258 km am Rhein bis zum Anschluß an das Dusuzeau-Becken im Hafen von Straßburg ergibt 35 km, die wir in einer zusammenhängenden Tabelle beschreiben.

Schleusen In diesem Abschnitt gibt es zwölf Schleusen und bei km 17, an der Kreuzung mit dem Ill-Hochwasserableitungskanal, eine Hochwasserschleuse, welche normalerweise offen ist. Die neue Schleuse am Verbindungskanal von Friesenheim ist 40 m lang und

6 m breit. Die Abmessungen der anderen Schleusen sind 38,80 x 5,10 m.

Tiefen   Der höchstzulässige Tiefgang beträgt 1,80 m.

Brücken   Die festen Brücken haben eine Mindestdurchfahrtshöhe von 3,70 m.

Treidelpfad   Ein Treidelpfad verläuft neben der gesamten Strecke.

Behörden   Service de la Navigation de Strasbourg. Unterabteilung: 46 Quai Jacoutot, 67000 Straßburg, Tel. (88) 61.66.01.

(Anmerkung: die offiziellen Entfernungen stehen in der rechten Spalte)

Entfernungstabelle

	km	Schl.	km
Verbindung mit dem Rhein-Seitenkanal, Stauhaltung Ottmarsheim	0,0	—	237,1
Niffer, Schleuse, Brücke TW, Ortschaft 1000 m	0,3	1	236,8
Verbindung mit ehemaligem Zweigkanal nach Hüningen (stillgelegt)	0,4	—	236,7
Brücke	1,5	—	235,6
Brücke	3,3	—	233,8
Brücke (Bouc)	9,5	—	227,6
Autobahnbrücke (A35), Peugeot-Fabrik	11,7	—	225,4
Eisenbahnbrücke	13,3	—	223,8
Ile Napoléon, Becken, Verbindung zur ehemaligen Hauptstrecke, Brücke	13,5	—	223,6
Öl-Terminal-Becken, Kurzzeitanleger	14,3	—	222,8
Wasserhahn und Zollbüro LU	14,9	—	222,2
Eisenbahnbrücke	15,4	—	221,7
Brücke	15,8	—	221,3
Neues Becken LU (1900 m lang, aber versandet, Festmachen nicht empfehlenswert), Shell-Depot RU	16,3	—	220,8
Schleuse 41, Brücke	16,4	2	220,7
Hubbrücke	17,1	—	220,0
Brücke (Bonnes Gens)	17,9	—	219,2
Tunnel (der Kanal ist 140 m vor dem Mülhauser Bahnhof überdacht)	18,1	—	219,0
Mülhausen, Becken, Festmachemöglichkeit an der Kaimitte LU, Stadtzentrum 500 m LU	18,2	—	218,9
Brücke (Jules Ehrmann)	18,3	—	218,8
Brücke (Noyers)	18,5	—	218,6
Eisenbahnbrücke, Fußgängerbrücke	19,3	—	217,8
Schleuse 39	19,4	3	217,7
Schleuse 38, Brücke	20,4	4	216,7
Schleuse 37, Brücke, **Brunstatt** RU	21,7	5	215,4
Schleuse 36, Brücke	22,7	6	214,4
Wendebecken	23,2	—	213,9
Hubbrücke	24,3	—	212,8
Schleuse 35	24,5	7	212,6
Zillisheim, Hubbrücke, Ortschaft RU	24,9	—	212,2
Schleuse 34, Brücke	25,8	8	211,3
Schleuse 33	27,0	9	210,1
Schleuse 32, Brücke, **Illfurth**, 400 m RU	28,3	10	208,8
Schleuse 31	29,0	11	208,1
Schleuse 30, Brücke, **Heidwiller** RU	30,2	12	206,9
Schleuse 29, Brücke	31,0	13	206,1
Schleuse 28	31,7	14	205,4
Brücke (D466)	31,9	—	205,2
Schleuse 27, Brücke	33,3	15	203,8
Schleuse 26, Brücke	34,1	16	203,0
Schleuse 25, Brücke, **Eglingen** RU	35,3	17	201,8
Schleuse 24	35,9	18	201,2
Brücke	37,4	—	199,7
Schleuse 23	37,5	19	199,6
Hagenbach, Kai RU	37,7	—	199,4
Schleuse 22	38,4	20	198,7
Schleuse 21, Fußgängerbrücke	38,9	21	198,2
Schleuse 20	39,4	22	197,7
Schleuse 19, Brücke	40,1	23	197,0
Schleuse 18, Brücke	40,8	24	196,3
Schleuse 17	41,3	25	195,8
Dannemarie, Brücke, Becken TW, Festmachemöglichkeiten, Ortschaft 700 m RU	41,6	—	195,5
Schleuse 16	41,7	26	195,4
Aquädukt	41,8	—	195,3
Schleuse 15, Brücke	42,2	27	194,9
Schleuse 14, D419 verläuft parallel zum RU	42,6	28	194,5
Schleuse 13, Brücke, **Retzwiller** RU	43,6	29	193,5
Schleuse 12	44,0	30	193,1
Schleuse 11	44,4	31	192,7
Schleuse 10	44,8	32	192,3
Schleuse 9	45,0	33	192,1
Schleuse 8	45,2	34	191,9
Schleuse 7	45,4	35	191,7
Schleuse 6	45,6	36	191,5
Schleuse 5	45,7	37	191,4
Schleuse 4	45,9	38	191,2
Schleuse 3	46,1	39	191,0
Valdieu, Brücke (D419) und Eisenbahnbrücke, Becken LU	46,2	—	190,9
Schleuse 2, Beginn der Scheitelhaltung	46,3	40	190,8
Brücke	47,5	—	189,6
Montreux-Vieux, Brücke, Ortschaft 200 m nach Norden	49,0	—	188,1
Wendebecken	49,9	—	187,2
Schleuse 3, Brücke, Ende der Scheitelhaltung, **Montreux-Château**, 400 m	51,6	1	185,5
Schleuse 4, Brücke	53,4	2	183,7
Brebotte, Brücke, Wendebecken TW, Ortschaft 600 m	55,2	—	181,9
Schleuse 5	55,6	3	181,5
Froidefontaine, Drehbrücke, Ortschaft LU	57,7	—	179,4
Schleuse 6	58,0	4	179,1
Kais LU	58,7	—	178,4
Eisenbahnbrücke	59,1	—	178,0
Bourogne, Brücke (N19), Industriekais TW LU, Ortschaft 800 m RU	59,3	—	177,8
Schleuse 7	61,0	5	176,1
Man fährt in den Fluß Allan ein (bei der Einmündung der Bourbeuse, am RU quert Treidelpfad)	61,2	—	175,9
Man fährt wieder in den Kanal ein, Allan-Wehr LU	62,1	—	175,0

Rhein-Rhône-Kanal

Entfernungstabelle	km	Schl.	km
Schleuse 8 (Fontenelles), Brücke, **Allenjoie** 500 m RU	63,0	6	174,1
Stillgelegte Schleuse 9 zum Fluß Allan hinunter LU	63,7	—	173,4
Brücke (Allenjoie)	63,9	—	173,2
Treidelpfadbrücke (Moulin-de-Boise)	64,5	—	172,6
Zweigkanal nach Belfort, scharf links halten, wenn man auf der Hauptstrecke bleiben will	65,3	—	171,8
Fesches – Aquädukt über den Allan	65,3	—	171,8
Neue Schleuse 9 (Allenjoie)	65,4	7	171,7
Ehemaliger Kanal nach Fesches, LU	65,6	—	171,5
Schleuse 10 (Marivées), Brücke	65,8	8	171,3
Schleuse 11 (Etupes), Brücke	67,6	9	169,5
Der Kanal verengt sich, Einbahnverkehr	67,8	—	169,3
Schleuse 12 (Exincourt)	68,9	10	168,2
Brücke (Repos), N437, Autobahnkreuzung RU	69,1	—	168,0
Industriekai (Exincourt), LU	69,4	—	167,7
Hängebrücke, Wendebecken BW	69,7	—	167,4
Schleuse 13 (sous Exincourt), Brücke	70,3	11	166,8
Autobahnbrücke (A36)	70,9	—	166,2
Brücke (Sochaux-Audincourt Verbindungsstraße)	71,4	—	165,7
Eisenbahnbrücke, Industriekai BW LU	71,9	—	165,2
Schleuse 14 (Montbéliard)	72,3	12	164,8
Neue Straßenbrücke (anstelle von ehemaliger Hubbücke)	72,6	—	164,5
Montbéliard Becken, Festmachemöglichkeiten, Stadtzentrum 800 m RU, Unterabteilung der Schiffahrtsbehörde	72,8	—	164,3
Diesel-Tankmöglichkeit LU	73,0	—	164,1
Schleuse 15 (Côteau-Jouvent)	73,4	13	163,7
Courcelles-lès-Montbéliard Hubbrücke	74,5	—	162,6
Schleuse 16 (Courcelles-lès-Montbéliard)	75,0	14	162,1
Der Kanal verengt sich, Einbahnverkehr	75,8	—	161,3
Fußgängerbrücke (Bart)	75,9	—	161,2
Kanal verengt sich, Einbahnverkehr	76,8	—	160,3
Schleuse 17 (Voujeaucourt), Brücke, Kai BW LU	77,2	15	159,9
Der Kanal kreuzt den Doubs auf gleicher Höhe, halten Sie sich gut an der Seite mit dem Treidelpfad, starker Querstrom bei Hochwasser	77,8	—	159,3
Hochwasserschleuse 18 a (Voujeaucourt), Brücke (Moulin)	78,0	—	159,1
Brücke (Berche)	79,0	—	158,1
Schleuse 18 (Dampierre)	79,7	16	157,4
Brücke (Dampierre-sur-le-Doubs)	80,0	—	157,1
Schleuse 19 (Plaine de Dampierre)	81,5	17	155,6
Schleuse 20 (Raydans), Brücke (D126)	83,1	18	154,0
Colombier-Fontaine, Hubbrücke, Ortschaft LU, Handelskai TW LU	84,1	—	153,0
Schleuse 21 (Colombier-Fontaine)	85,3	19	151,8
Schleuse 22 (Saint-Maurice), Brücke	87,2	20	149,9
Eisenbahnbrücke	88,7	—	148,4
Schleuse 23 (Colombier-Châtelot), Brücke, Becken BW, versandet	89,6	21	147,5
Schleuse 24 (Blussans), Brücke	91,2	22	145,0
Kanal verengt sich, Einbahnverkehr	94,4	—	142,2
Schleuse 25 (Côteau-Lunans)	94,6	23	142,5
Eisenbahnbrücke	95,3	—	141,8
L'Isle-sur-le-Doubs, Schleuse 26, Brücke, Festmachemöglichkeit im Becken BW RU, Stadtzentrum LU	96,3	24	140,8
Diesel-Tankmöglichkeit LU	96,7	—	140,4
Brücke (N83)	97,0	—	140,1
Schleuse 27 (Papeteries), Wasser, man fährt in den Doubs ein	97,4	25	139,7
Schleuse 28 und Wehr (Appenans)	98,6	26	138,5
Schleuse 29 und Wehr (Goulisse)	101,1	27	136,0
Einfahrt in den Schleusenkanal von Pompierre, RU, Sperrtor 30a (Rang), Brücke	102,9	—	134,2
Eisenbahnbrücke	103,4	—	133,7
Schleuse 30 (Plaine de Pompierre), Brücke	105,0	28	132,1
Schleuse 31 (Pompierre), Brücke, man fährt wieder in den Doubs ein	106,6	29	130,5
Autobahnbrücke	107,4	—	129,7
Insel Santoche (am RU halten)	108,0	—	129,1
Einfahrt in den Schleusenkanal von Clerval RU	109,3	—	127,8
Schleuse 32 (Clerval), Brücke	109,9	30	127,2

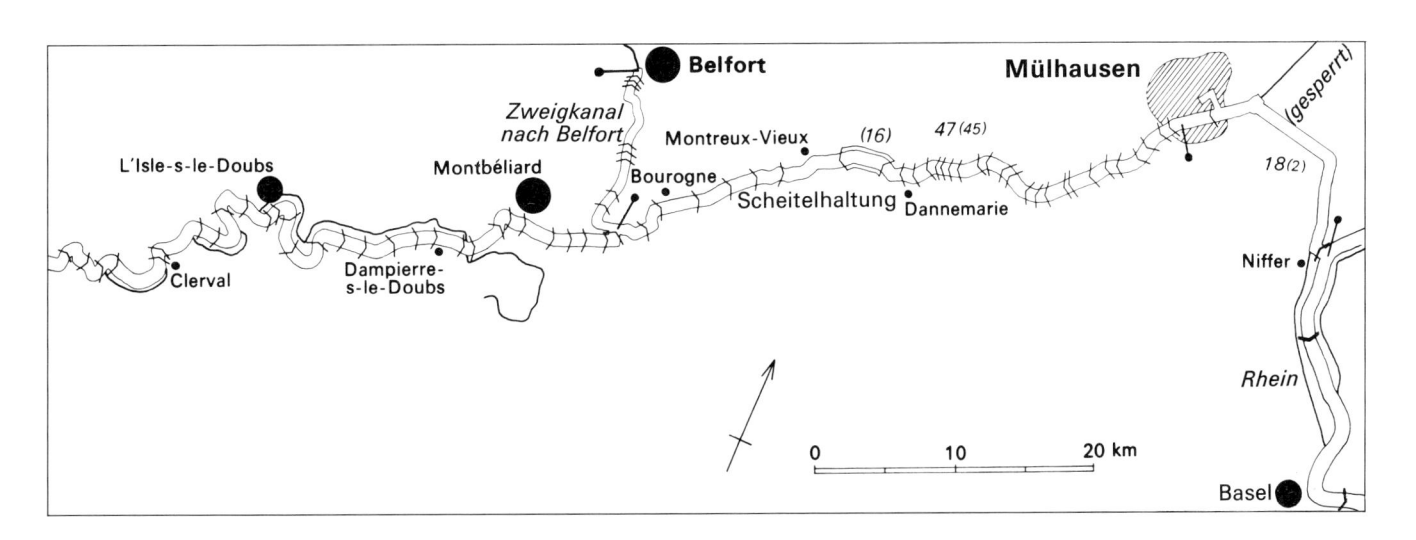

Rhein-Rhône-Kanal

Entfernungstabelle	km	Schl.	km
Man fährt wieder in den Doubs ein	110,2	—	126,9
Clerval, Brücke, Festmachemöglichkeit BW RU, Ortschaft LU	110,5	—	126,6
Einfahrt in den Schleusenkanal von Branne RU, Hochwasserschleuse 33a, Brücke	111,7	—	125,4
Schleuse 33 (Branne)	113,9	31	123,2
Branne, Treidelpfadbrücke, kleine Ortschaft RU	115,3	—	121,8
Schleuse 34, man fäht wieder in den Doubs ein	116,0	32	121,1
Schleuse 35 und Wehr (Hermite)	117,5	33	119,6
Schleuse 36 und Wehr (Hyèvre-Magny)	118,5	34	118,6
Hyèvre-Magny, Brücke	118,8	—	118,3
Schleuse 37 und Wehr (Grand-Crucifix)	121,0	35	116,1
Schleuse 38 und Wehr (Raie-aux-Chèvres)	123,1	36	114,0
Einfahrt in den Schleusenkanal von Grange-Ravey LU	125,1	—	112,0
Schleuse 39 (Lonot), man fährt wieder in den Doubs ein	125,4	37	111,7
Einmündung des Cusancin LU, Treidelpfadbrücke	126,4	—	110,7
Einfahrt in den Schleusenkanal von Baume-les-Dames LU, Engstelle, Einbahnverkehr	126,7	—	110,4
Brücke (D492)	127,4	—	109,7
Hochwasserschleuse 40a (Baume-les-Dames), Brücke	127,5	—	109,6
Baume-les-Dames, Kai LU, Schiffahrtsbehörde/Unterabteilung, Stadtzentrum 1200 m RU	127,8	—	109,3
Brücke (Grange Villotey), Kanal verengt sich auf einer Strecke von 140 m	129,1	—	108,0
Schleuse 40 (Baumerousse), Brücke, man fährt wieder in den Doubs ein	130,0	38	107,1
Schleuse 41 und Wehr (Fourbanne), Wasser	133,5	39	103,6
Schleuse 42 und Wehr (Ougney), Brücke	135,7	40	101,4
Ougney, Brücke	136,1	—	101,0
Ougney-la-Roche, Restaurant, LU, Pontons für Fahrzeuge mit geringem Tiefgang	137,4	—	99,7
Schleuse 43 und Wehr (Douvot), Brücke	138,1	41	99,0
Schleuse 44 und Wehr (Laissey)	140,4	42	96,7

Entfernungstabelle	km	Schl.	km
Laissey, Brücke	140,6	—	96,5
Schleuse 45 und Wehr (Aigremont)	142,4	43	94,7
Einfahrt in den Schleusenkanal von Deluz RU, Hochwasserschleuse 46a	143,8	—	93,3
Deluz, Brücke, Papierfabrik, Privatkai	144,5	—	92,6
Zweistufige Schleusentreppe 46/47 (Deluz), Brücke, man fährt wieder in den Doubs ein	146,7	44/45	90,4
Brücke (Vaire)	148,8	—	88,3
Fußgängerbrücke	149,0	—	88,1
Kai für die Papierfabrik La Rochette-Cenpa (Novillars) RU	149,3	—	87,8
Einfahrt in den Schleusenkanal von Roche RU, Sperrtor 48a, Brücke	151,9	—	85,2
Schleuse 48 (Chalèze), Brücke, man fährt wieder in den Doubs ein	154,4	46	82,7
Hochspannungsleitungen	157,4	—	79,7
Schleuse 49 und Wehr (Malâte)	160,8	47	76,3
Private Industriekais RU	162,3	—	74,8
Fußgängerbrücke (Prés-de-Vauc)	162,6	—	74,5
Links halten zum Tunneleingang (Souterrain de la Citadelle), Sperrtor 50a (Rivotte), der Doubs ist TW 700 m schiffbar bis zu Industriekais (siehe Plan)	163,0	—	74,1
Schleuse 50 (Tarragnoz) in TW-Tunneleinfahrt	163,4	48	73,7
Besançon, Brücke (Tarragnoz), Festmachemöglichkeit im Doubs-Stauwasser RU, Zentrum der Altstadt 500 m	163,5	—	73,6
Schleuse 51 (Tarragnoz), man fährt wieder in den Doubs ein	163,6	49	73,5
Brücke (Mazagran)	163,8	—	73,3
Schleuse 52 und Wehr (Velotte)	165,1	50	72,0
Brücke (Velotte)	165,5	—	71,6
Schiffsausrüster auf Schwimmpontons LU gegenüber der Insel	166,3	—	70,8
Brücke (Beure), N273, Ringstraße um Besançon	167,3	—	69,8
Schleuse 53 und Wehr (Gouille)	168,7	51	68,4
Einfahrt in den Schleusenkanal von Aveney LU, Hochwasserschleuse 54a	170,7	—	66,4
Avanne-Aveney, Brücke, Ortschaft mit Restaurant	171,0	—	66,1
Der Kanal verengt sich auf 400 m, Einbahnverkehr	173,0	—	64,1

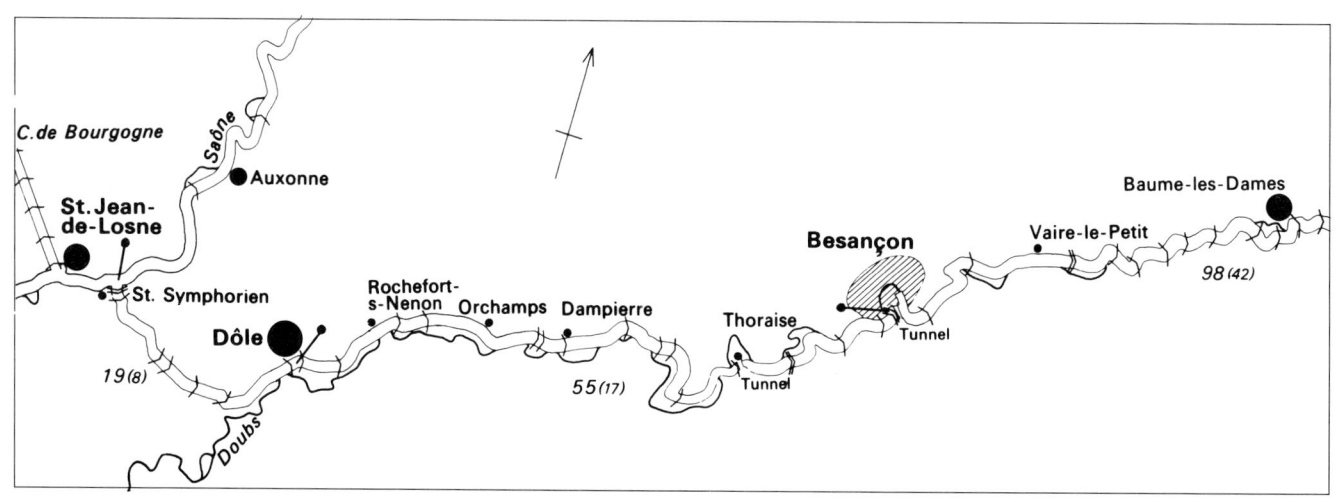

Bizarre Felslandschaft bei Besançon am Rhein-Rhône-Kanal

Entfernungstabelle	km	Schl.	km
Zweistufige Schleusentreppe 54/55 (Rancenay), Brücke, man fährt wieder in den Doubs ein	174,0	52/53	63,1
Einfahrt in den Schleusenkanal von Thoraise, LU, Hochwasserschleuse 56a, Brücke	176,8	—	60,3
Tunnel von Thoraise, 185 m lang, Wendebecken an der BW-Einfahrt	177,4	—	59,7
Schleuse 56 (Thoraise), Brücke, man fährt wieder in den Doubs ein	177,8	54	59,3
Brücke (Torpes-Boussières)	179,4	—	57,7
Einfahrt in den Schleusenkanal von Osselle, RU, Hochwasserschleuse 57a (Torpes)	180,5	—	56,6
Eisenbahnbrücke	182,2	—	54,9
Brücke (Portail de Roche)	182,3	—	54,8
Schleuse 57 (**Osselle**), Brücke, Ortschaft 400 m	183,2	55	53,9
Brücke (Osselle)	183,7	—	53,4
Brücke (Moulin d'Arenthon), Kanal verengt sich auf 40 m	185,6	—	51,5
Neue Schleuse 58 (Routelle)	187,3	56	49,8
Brücke (Roset-Fluans)	188,4	—	48,7
Alte Schleuse 58 (Roset-Fluans), Brücke, man fährt wieder in den Doubs ein	188,6	57	48,5
Schleuse 59 und Wehr (**Saint-Vit**), Brücke, Ortschaft 1500 m	191,5	58	45,6
Brücke (Salans-sur-le-Doubs)	191,8	—	45,3
Insel, am rechten Ufer halten	192,0	—	45,1
Kleine Treidelpfadbrücke RU	194,0	—	43,1
Einfahrt in den Schleusenkanal von Dampierre, RU	194,2	—	42,9
Sperrtor 60a (**Fraisans**), Brücke, Ortschaft 1000 m LU	194,8	—	42,3
Eisenbahnbrücke (außer Betrieb)	195,7	—	41,4
Brücke (Dampierre)	195,9	—	41,2
Schleuse 60 (Dampierre), man fährt wieder in den Doubs ein	196,4	59	40,7
Einfahrt in den Schleusenkanal von Ranchot, RU, Engstelle bis zur Schleuse	197,5	—	39,6

Entfernungstabelle	km	Schl.	km
Hochwasserschleuse 61a, Brücke, **Ranchot** RU, **Rans** 500 m LU	197,7	—	39,4
Schleuse 61 (Ranchot)	198,5	60	38,6
Hubbrücke (Moulins des Malades)	199,3	—	37,8
Schleuse 62 (Moulin des Malades), man fährt wieder in den Doubs ein	199,5	61	37,6
Einfahrt in den Schleusenkanal von Orchamps RU, Brücke	201,9	—	35,2
Orchamps Brücke, weiter BW festmachen, wenn Sie ins Dorf wollen RU	203,3	—	33,8
Hochwasserschleuse 63 (Orchamps), Brücke	203,5	—	33,6
Brücke (Lavans)	205,7	—	31,4
Schleuse 63 (Moulin-Rouge), man fährt wieder in den Doubs ein	207,4	62	29,7
Einfahrt in den Schleusenkanal von Audelange, RU, Sperrtor 64a, Brücke	208,5	—	28,6
Schleuse 64 (Audelange), man fährt wieder in den Doubs ein	209,5	63	27,6
Rochefort-sur-Nenon, Festmachemöglichkeit unter steilem Felsen RU, Restaurant in der Ortschaft	211,1	—	26,0
Einfahrt in den Schleusenkanal von Rochefort-Dôle, Hochwasserschleuse 65, Brücke	211,3	—	25,8
Schleuse 65 (**Baverans**), Brücke, Ortschaft 600 m RU	215,0	64	22,1
Eisenbahnbrücke	215,3	—	21,8
Brücke (Brevans)	215,9	—	21,2
Eisenbahnbrücke	217,3	—	19,8
Schleuse 66 (Charles-Quint), Brücke	217,7	65	19,4
Man fährt in einen kleinen Doubsarm ein	217,9	—	19,2
Brücke (Pasquier), Treidelpfad wechselt zum LU	218,1	—	19,0
Dôle Becken, Festmachen am Kai LU, Schiffahrtsbehörde/Unterabteilung, Stadt RU	218,5	—	18,6
Brücke (Pont de la Charité)	218,7	—	18,4
Schleuse 67 (Jardin-Philippe) in kurzem Schleusenkanal am LU, Brücke, man fährt wieder in den Doubs ein	218,8	66	18,3
Einfahrt in den Doubs-Saône-Kanal am RU, Hochwasserschleuse 68, Brücke	220,1	—	17,0
Brücke (Saint-Ylie)	221,3	—	15,8
Choisey Brücke, Ortschaft RU	222,8	—	14,3
Schleuse 69 (Bon Repos), Brücke (N73), Kai TW RU	224,4	67	12,7
Eisenbahnbrücke	225,5	—	11,6
Brücke (Beauregard)	225,7	—	11,4
Tavaux-Cité Kai RU (Fabrik)	226,6	—	10,5
Schleuse 70 (Belvoye), Frachtbüro	226,7	68	10,4
Solvay-Werke, Becken LU	227,2	—	9,9
Private Brücke	227,7	—	9,4
Schleuse 71 (Ronce), Brücke	228,8	69	8,3
Schleuse 72 (**Abergement-la-Ronce**), Brücke, Geschäfte LU	230,3	70	6,8
Brücke (Samerey)	232,2	—	4,9
Autobahnbrücke (A36)	233,3	—	3,8
Becken (versandet)	235,4	—	1,7
Schleuse 73 (Tuilerie)	236,1	71	1,0
Brücke (Laperrière)	236,2	—	0,9

Rhein-Rhône-Kanal

Entfernungstabelle	km	Schl.	km
Schleuse 74 (Laperrière), Becken BW LU, **St.Symphorien** 800 m	236,7	72	0,4
Schleuse 75 (Saône), Brücke, Verbindung mit der Saône (km 160)	237,1	73	0,0

Zweigkanal nach Belfort

	km	Schl.	km
Verbindung zur Hauptstrecke (km 172)	0,0	—	13,5
Brücke (Jonchets)	0,9	—	12,6
Brognard, Brücke, kleine Ortschaft 300 m LU, Autobahn RU	1,8	—	11,7
Schleuse 1 (Brognard)	2,9	1	10,6
Dambenois, Brücke, kleine Ortschaft 200 m LU	3,6	—	9,9
Schleuse 2 (Dambenois), Brücke	4,1	2	9,4
Brücke (D25)	5,2	—	8,3
Schleuse 3, Brücke, Becken TW RU, **Trévenans** 400 m LU	6,1	3	7,4
Schleuse 4, Brücke	6,9	4	6,6
Schleuse 5, Brücke	7,7	5	5,8
Brücke (Bermont)	7,9	—	5,6
Brücke (Dorans)	8,5	—	5,0
Botans, Hubbrücke, Becken TW LU, kleine Ortschaft RU, **Belfort** 4000 m LU	9,7	—	3,8
Autobahnbrücke	9,9	—	3,6
Brücke	10,8	—	2,7
Eisenbahnbrücke	12,2	—	1,4
Schleuse 6	12,2	6	1,3
Schleuse 7, Brücke	12,5	7	1,0
Schleuse 8	12,7	8	0,8
Schleuse 9 (Bavilliers), Brücke, Kai TW LU	13,3	9	0,2
Brücke, Grenze der Schiffahrt, **Belfort**, Stadtzentrum 1700 m LU	13,5	—	0,0

Zweigkanal nach Colmar (Canal de Colmar)

	km	Schl.	km
Einfahrt vom Rhein in den Verbindungskanal TW der Schleusen von Vogelgrün (km 226 am Rhein)	0,0	—	23,0
Schleuse (Rhein), Brücke	0,4	1	22,6
Eisenbahn- und Straßenbrücken, **Biesheim** 1500 m LU	2,2	—	20,8
Wehr RU (der Fluß Giessen verläßt den Kanal)	2,9	—	20,1
Brücke (Boebbels)	3,0	—	20,0
Brücke (D468)	5,3	—	17,7
Kunheim, Brücke, Ortschaft RU	6,2	—	16,8
Verbindung zur ehemaligen Hauptstrecke des Rhein-Rhône-Kanals	6,4	—	16,6
Schleuse 63, Brücke	8,3	2	14,7
Verbindung zum Zweigkanal nach Colmar, links ab von der Hauptstrecke	9,7	—	13,3
Brücke	10,1	—	12,9
Brücke	11,5	—	11,5
Brücke	12,6	—	10,4
Brücke (D9), **Muntzenheim** 600 m nach Süden	14,3	—	8,7
Brücke	15,3	—	7,7
Brücke, **Wickerschwihr** 500 m nach Norden	16,7	—	6,3
Brücke	17,5	—	5,5
Brücke	18,5	—	4,5
Brücke	19,2	—	3,8
Brücke	19,8	—	3,2

Entfernungstabelle	km	Schl.	km
Schleuse (Ill) mit Sperrtor, Brücke TW	20,8	3	2,2
Der Fluß Ill kreuzt, Wehr an der Nordseite, Treidelpfadbrücke an der Südseite, man fährt in den kanalisierten Fluß Lauch ein	20,9	—	2,1
Wendebecken, Industriekais TW LU	22,8	—	0,2
Colmar, Becken, Ende der Schiffahrt, Stadtzentrum 1000 m	23,0	—	0,0

Nord-Abschnitt von Friesenheim nach Straßburg

	km	Schl.	km
Einfahrt vom Rhein in den Verbindungskanal TW der Schleusen von Rhinau (Rhein km 258)	0,0	—	35,4
Brücke	0,4	—	35,0
Schleuse (Rhein)	0,5	1	34,9
Der Fluß Ischert kreuzt auf gleicher Höhe	0,6	—	34,8
Brücke (D468) **Friesenheim** 1000 m nach Norden	1,5	—	33,9
Anschluß an die ehemalige Hauptstrecke des Rhein-Rhône-Kanals	3,8	—	31,6
Schleuse 75, außer Betrieb, Brücke	4,7	2	30,7
Schleuse 76, automatisch, Brücke (D5), **Boofzheim** 1200 m RU	7,0	3	28,4
Obenheim Brücke, Ortschaft 1000 m RU	9,6	—	25,8
Schleuse 77, automatisch	10,3	4	25,1
Brücke	11,5	—	23,9
Gerstheim Kai RU, Ortschaft 1200 m RU	12,6	—	22,8
Schleuse 78, automatisch, Brücke	13,1	5	22,3
Erstein Brücke, Zuckerraffinerie, Kai TW LU, kleine Stadt 3000 m LU	15,1	—	20,3
Schleuse 79, automatisch, Brücke	16,1	6	19,3
Der Ill-Hochwasserableitungskanal kreuzt auf gleicher Höhe, der Kanal ist 1500 m BW bis zu einem ehemaligen Kai schiffbar	16,7	—	18,7
Hochwasserschleuse 80	16,8	—	18,6
Erstein-Krafft Brücke, Kai und Ortschaft TW RU	17,1	—	18,3
Brücke (D788)	19,0	—	16,4
Schleuse 81, automatisch, Brücke, Aquädukt BW	20,2	7	15,2
Plobsheim Brücke, Kai TW RU, Ortschaft 400 m RU	22,4	—	13,0
Schleuse 82, automatisch, Brücke	23,7	8	11,7
Eschau, Brücke, Kai TW RU, Ortschaft LU	24,4	—	11,0
Becken (Illkirch-Graffenstaden)	26,3	—	9,1
Schleuse 83, automatisch, Brücke	26,8	9	8,6
Brücke	28,0	—	7,4
Hauptstraßenbrücke (N83), **Illkirch-Graffenstaden** LU	29,9	—	5,5
Schleuse 84, automatisch, Brücke	30,8	10	4,6
Schleuse 85, automatisch, Wasser, Hubbrücke, Kai BW RU	33,4	11	2,0
Eisenbahn- und Straßenbrücken	33,5	—	1,9
Eisenbahnbrücke	33,8	—	1,6
Verbindung zum kanalisierten Fluß Ill LU (schiffbar durch das Zentrum von Straßburg)	33,9	—	1,5
Sperrtor (Heyritz), Brücke	34,0	—	1,4
Becken RU (Bassin de l'Hôpital)	34,4	—	1,0
Schleuse 86, automatisch, Brücke, **Straßburg**, Stadtmitte 800 m nach Norden	34,9	12	0,5
Brücke	35,2	—	0,2
Brücke	35,3	—	0,1
Verbindung zum Dusuzeau-Becken im Hafen von Straßburg	35,4	—	0,0

Canal du Rhône à Sète

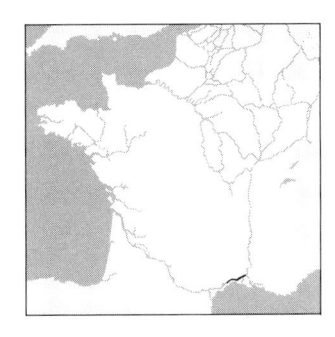

Diese Binnenwasserstraße verbindet die Rhône mit dem Hafen von Sète und – via Etang de Thau – mit dem Canal du Midi; sie wurde im Jahr 1820 in Dienst gestellt. Die Entfernung von Beaucaire bis nach Sète beträgt 98 km. Durch die Kanalisierung der Rhône ist die Einfahrtsschleuse bei Beaucaire unbrauchbar geworden, und man benutzt jetzt ein ausgebautes Stück der Kleinen (Petit) Rhône und ein kurzes Kanalstück bei Saint-Gilles, um bei km 29 in den Canal du Rhône à Sète einzufahren. Die durchgehende Strecke ist nur mehr 69 km lang, denn die 29 km nach Beaucaire sind eine Sackgasse.

Der Kanal kreuzt zwei Flüsse auf gleicher Höhe: die Vidourle bei km 55 und den Lez bei km 75. Bei Hochwasser wird der Kanal mit Hilfe der beweglichen Tore an beiden Seiten der Kreuzung von den Flüssen getrennt und die Schiffahrt ist dann unterbrochen. Kleine Boote können auch über diese Flüsse das Mittelmeer erreichen, obwohl die meisten Skipper auf dem Canal Maritime (Seekanal) von Aigues-Mortes (km 51) zu dem neuen Badeort Le Grau-du-Roi, oder über den Hafen von Sète fahren, den man vom Westende des Kanals nach Überquerung eines Teils des Etang de Thau erreicht. Der Canal de la Peyrade, ein geschützter Weg, der von km 96 der Hauptstrecke zum Hafen von Sète führt, ist praktisch stillgelegt.

Der Tour de la Constance in Aigues-Mortes

Auf dem Canal du Rhône à Sète sind während der letzten Zeit Ausbauarbeiten durchgeführt worden, damit 500-Tonnen-Zementfrachter von der Rhône zum Etang de Thau gelangen können; einige Stellen werden noch verbreitert, damit der Hafen von Sète von der Großschiffahrt an der Rhône-Saône-Achse profitieren kann. Sie werden daher an mehreren Baustellen vorbeifahren; im besonderen wird an Umgehungsstrecken für Aigues-Mortes und Frontignan gearbeitet.

Der Kanal verläuft am Rande der Carmargue und quert riesige Salzwasserlagunen; leider ist der Blick auf diese außergewöhnlich interessante Landschaft häufig durch die hohen Uferböschungen versperrt, die andererseits aber einen guten Schutz gegen den Mistral bieten.

Schleusen Hier gibt es eine Schleuse bei Nourriguier (km 8), auf der Strecke zwischen Beaucaire und Bellegarde. Sie ist 80 m lang und 12 m breit und wird automatisch betrieben. Die zweite Schleuse befindet sich bei Aigues-Mortes (km 50), und hatte die Aufgabe, das Eindringen von Seewasser in das Binnenland zu verhindern; da sie niemals benutzt werden mußte, wurden bereits im Jahr 1955 ihre Tore entfernt. Ihre Kammer ist nicht so breit wie bei der Schleuse von Nourriguier. Bitte lesen Sie auch unter „Brücken" nach.

Tiefen Der höchstzulässige Tiefgang ist durch die Ausbauarbeiten von 1,80 m auf 2,20 verbessert worden (außer auf den 29 km nach Beaucaire). Diesen Tiefgang hat man weder auf der Vidourle, noch auf dem Lez; wenn Sie über einen dieser Flüsse zum Mittelmeer fahren wollen, sollten Sie sich an Ort und Stelle bei den Behörden informieren.

Brücken Die festen Brücken haben eine Mindestdurchfahrtshöhe von 4,10 m; auf der Hauptstrecke wird dieses Maß allmählich auf 5 m oder mehr verbessert werden. Verschiedene Brücken haben im Vergleich zur Schleuse von Nourriguier eine eingeschränkte Breite. Die geringste Brückenbreite findet man in Beaucaire mit 8,70 m, bei der Eisenbahnbrücke in St. Gilles mit 10,80 m; die Sperrtoranlagen an beiden Seiten der Kreuzung mit dem Fluß Lez sind 10 m breit und die Eisenbahnbrücke bei km 97 hat eine schiffbare Breite von 9,60 m.

Die Brücken am Lez nach Palavas hinunter haben stark verringerte Durchfahrtshöhen: 2,40 m bei normalem Wasserstand und nur 2,00 m, wenn der Fluß Hochwasser führt. Die Hubbrücke in Frontignan wird für Sportboote nur zu bestimmten Tageszeiten geöffnet. Bitte informieren Sie sich telefonisch unter der Nummer (67) 48.65.29.

Tourismus Oberhalb von Arles fährt man aus der Rhône in die Kleine Rhône und damit in die Camargue ein. Bäume säumen die Ufer. Wir denken an weiße Pferde, Strandseen, Flamingos, an weites, flaches Land. Hnter der Schleuse von Saint-Gilles ragt hohes Schilf empor, dahinter stehen windzersauste Schirmkiefern: das Gesicht des Languedoc.

Wir nähern uns Aigues-Mortes; der Tour de la Constance winkt schon von weitem. Von dieser malerischen Festungsstadt brach Ludwig der Heilige zweimal zu Kreuzzügen auf. Frontignan ist zwar durch seinen Muskatwein bekannt, ernüchtert uns aber mit Öltürmen. Erst der Etang de Thau mit seinen Muschelparks und die stimmungsvolle Hafenstadt Sète versöhnen uns wieder.

Die Gaumenfreuden kommen hier aus dem Meer: Fisch, Muscheln und Austern in jeder Façon. Dazu gibt es entweder Muskat-Wein aus der Gegend um Frontignan oder den „Sandwein" aus dem Anbaugebiet um Aigues-Mortes.

Canal du Rhône à Sète

Versorgungsmöglichkeiten Aigues-Mortes hat einen Yachthafen. Trinkwasser und Kraftstoff gibt es am Kai. Geschäfte findet man in der Stadt ebenso wie Reparaturmöglichkeiten.
Auch in Port-Camargue und Grande-Motte gibt es Hilfsmöglichkeiten in den Yachthäfen.
Sète: im alten Hafenbecken bei der Société Nautique findet man Wasser, Treibstoff und Strom, Toiletten und Duschen, einen Kran und ein Restaurant. Ein Supermarkt befindet sich in der Nähe, auch ein Postamt. Vergessen Sie nicht, in einer der gemütlichen Hafenkneipen der Stadt frische Austern zu kosten. Am Westrand der Stadt wird ein neuer Yachthafen gebaut.

Behörden Service Maritime et de Navigation du Languedoc-Roussillon, Montpellier.
Unterabteilungen:
- Quai du Canal, 30300 Beaucaire, Tel. (66) 59.10.04 (km 0 - 43).
- 1 Quai Philippe-Régy, 34200 Sète, Tel. (67) 74.88.20 (km 43 - 98).

Wildpferde am Canal du Rhône à Sète in der Camargue

Entfernungstabelle

	km	Schl.	km
Beaucaire Becken, Schiffahrtsgrenze (Schleuse zur Rhône hinunter stillgelegt), Stadtzentrum an der Nordseite	0,6	—	97,4
Fußgängerbrücke	0,9	—	97,1
Brücke (Porte Vieille), Engstelle	1,3	—	9,67
Eisenbahnbrücke und private Brücke, Engstelle, Industriekais TW RU	2,2	—	95,8
Brücke (Charenconne)	3,4	—	94,6
Schleuse 2 (Nourriguier), Becken TW RU	7,7	1	90,3
Brücke (Nourriguier)	7,9	—	90,1
Neue Straßenbrücke (N113)	13,1	—	84,9
Bellegarde Brücke (Pont d'Arles), Engstelle, Kais TW, Ortschaft 1200 m RU	13,2	—	84,8
Brücke (Broussan)	16,6	—	81,4
Fußgängerbrücke	24,0	—	74,0
Saint-Gilles Becken, Charterbasis Camargue Cruisers, Wasser, kleine Stadt RU	24,2	—	73,8
Brücke (Saint-Gilles), N572	24,6	—	73,4
Eisenbahnbrücke, Engstelle	24,9	—	73,1

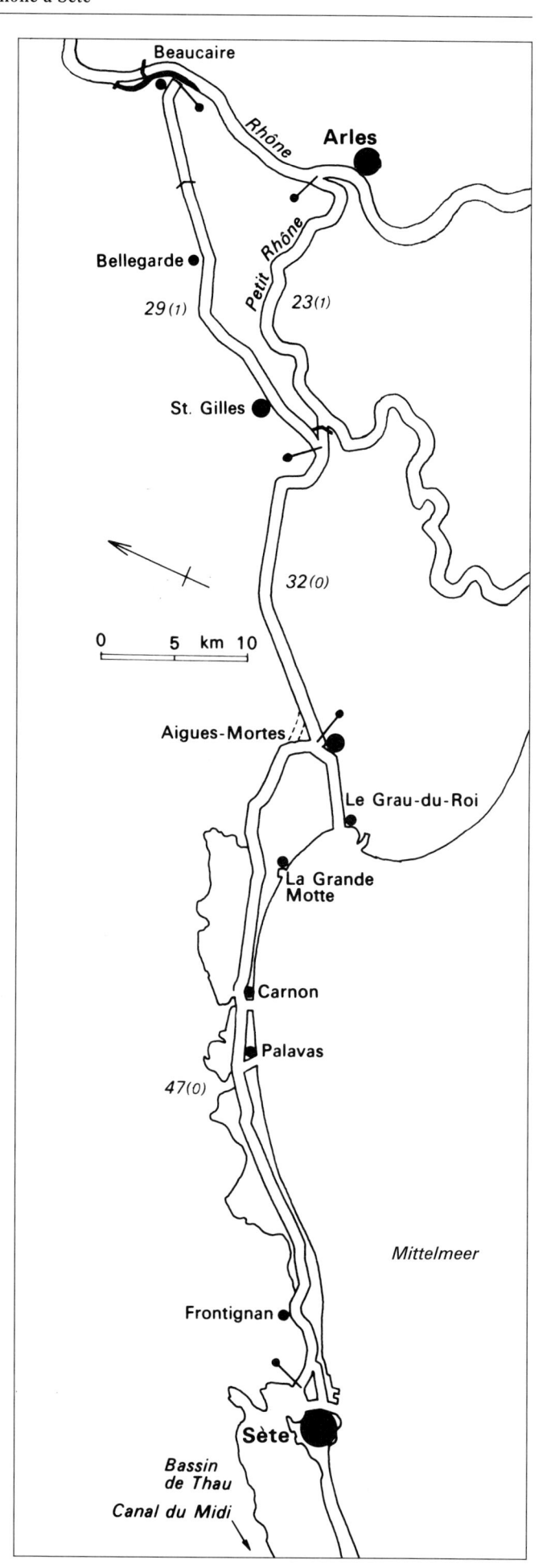

168

Entfernungstabelle

	km	Schl.	km
Verbindung zum Canal de Saint-Gilles und zur Hauptstrecke von der Rhône nach Sète	29,0	—	69,0
Brücke (Espeyran)	29,7	—	68,3
Brücke (Franquevaux)	35,1	—	62,9
Gallician, Brücke, Festmachemöglichkeit TW RU, Ortschaft 400 m	39,2	—	58,8
Brücke (Tourradons), enge Durchfahrt	43,0	—	55,0
Brücke (Soulier), D58	48,0	—	50,0
Hochwasserschleuse No. 3, ununterbrochen geöffnet	49,9	—	48,1
Aigues-Mortes Brücke, mittelalterliche Stadt mit einer Festung LU	50,8	—	47,2
Eisenbahn-Drehbrücke	50,9	—	47,1
Verbindung zum Canal Maritime (Seekanal) LU (Zufahrt zum Yachthafen von Aigues-Mortes und zum Mittelmeer bei Le Grau-du-Roi, Länge der Strecke 6 km)	51,0	—	47,0
Neue Straßenbrücke (D62)	51,9	—	46,1
Kreuzung mit dem Fluß Vidourle (kleine Fahrzeuge können den Fluß bis zum Hafen Le Grau-du-Roi hinunterfahren), Fußgängerbrücken über den Sperrtor-Anlagen an beiden Seiten der Kreuzung	55,0	—	43,0
Neue Straßenbrücke (D61)	58,9	—	39,1
Verbindung zum Canal de Lunel RU (stillgelegt)	59,0	—	39,0
La Grande-Motte, Festmachemöglichkeiten am LU, Ferienbadeort 1500 m LU, Yachthafen	61,7	—	36,3
Neue Straßenbrücke (D62)	70,0	—	28,0
Verbindung mit Grau du Carnon und Canal du Hangar, Marina (siehe Plan), Zufahrt zum Mittelmeer nur für flachgehende Boote möglich	70,7	—	27,3
Carnon, Brücke, Ferienort 1000 m, Yachthafen	70,7	—	27,3
Kreuzung mit dem Fluß Lez, Fußgängerbrücken über die Sperrtor-Konstruktionen an beiden Seiten, Zufahrt nach **Palavas** für Fahrzeuge mit Festhöhe unter 2,40 m, Yachthafen	75,2	—	22,8
Brücke (Quatre Canaux), Kai TW	75,2	—	22,8
Abtei Maguelonne auf dem Hügel LU	78,6	—	19,4
Neue Straßenbrücke (anstelle der ehemaligen Fußgänger-Drehbrücke)	86,6	—	11,4
Eisenbahnbrücke	92,1	—	5,9
Frontignan, Hubbrücke, Becken TW, Stadtzentrum RU	92,2	—	5,8
Brücke (N108)	96,1	—	1,9
Verbindung zum Canal de la Peyrade LU (wird nicht mehr benutzt)	96,2	—	1,8
Eisenbahnbrücke, Engstelle (9,60 m)	97,3	—	0,7
Brücke (D2)	97,3	—	0,7
Ausmündungsstelle in den Etang de Thau (lesen Sie bitte im Abschnitt Etang de Thau, wie man in den Hafen von **Sète** kommt; an der Westseite der Stadt ist ein neuer Yachthafen im Bau).	98,0	—	0,0

Canal de Roanne à Digoin

Der Canal de Roanne à Digoin beginnt in einem großen Hafenbecken in Roanne, das Verbindung zu einem kurzen schiffbaren Stück der Loire hat, und endet in der Nähe der Stadt Digoin, wo er auf den Canal latéral à la Loire (Loire-Seitenkanal) trifft. Die Entfernung vom Hafenbecken in Roanne bis zur Verbindung mit dem Loire-Seitenkanal beträgt 55,6 km. Um ein Haar wäre der Kanal vor einigen Jahren gesperrt worden, doch die Industrie- und Handelskammer von Roanne hat sich bereit erklärt, einen Teil der Instandhaltungskosten zu übernehmen, und daher sind die örtlichen Behörden an der Entwicklung der Handels- und auch der Sportschiffahrt stark interessiert.

Im Kanal-Becken von Roanne hat sich bereits eine Charterfirma etabliert. Der Canal de Roanne à Digoin ist zum Wasserwandern sehr zu empfehlen, denn er führt durch die unberührte, bäuerliche Landschaft des Oberen Loiretales.

Schleusen Es gibt zehn Schleusen mit den Standardabmessungen 39 x 5,20 m. Der Schleusenhub bis Digoin beträgt zusammen 37 m.

Schleuse No. 4 und No. 7 gehören zu den tiefsten an den Freycinet-Kanälen; ihre Hubhöhe beträgt 4 bzw. 7 m. Trinkwasser ist an den meisten Schleusen erhältlich.

Tiefen Der höchstzulässige Tiefgang beträgt 1,80 m.

Brücken Die Mindestdurchfahrtshöhe ist 3,70 m über normalem Wasserstand.

Treidelpfad Ein guter Treidelpfad verläuft neben der gesamten Strecke.

Tourismus Sobald man das Hafenbecken von Roanne verlassen hat, wird die Gegend schön. Die Ufer sind grün, von Bäumen bestanden, hinter denen sich Schlösser verstecken, die man leider vom Boot aus nicht sehen kann.

In Charlieu kann man eine gotische Abtei besichtigen, von der günstigen Anlegestelle in Chambilly erreicht man das 2 km entfernte Städtchen Marcigny mit seinem mittelalterlichen Tour du Moulin, einer schönen Kirche aus dem 12. Jahrhundert und alten Häusern, bei denen die Zimmerleute ein besonderes System anwandten, um scharfe Ecken zu vermeiden.

Von Chambilly nach Avrilly geht es weiter im Schatten von Bäumen, es ist still und friedlich hier, die richtige Umgebung für „Ferien vom Ich". An manchen Stellen erhascht man einen Blick auf die Loire, die geruhsam dahinfließt. Sobald der Kanal breiter wird, verliert er seinen Charme.

In Digoin hat man die Wahl zwischen zwei Kanälen, die gleichermaßen ideal zum Wasserwandern sind: Links liegt der Canal latéral à la Loire und rechts der Canal du Centre.

Canal de Roanne à Digoin

Versorgungsmöglichkeiten Zwischen Avrilly und Roanne gibt es viele Ortschaften, in denen man gut einkaufen kann. Wasser gibt es bei den Schleusen 1, 3 und 10. An den anderen Schleusen müssen die Schleusenwärter für das Wasser bezahlen; dort sollten Sie beim Wassernehmen Geld anbieten. Diesel gibt es per Tankwagen im Hafenbecken von Roanne. In Digoin hat man gute Einkaufsmöglichkeiten und kann Wasser und Treibstoff besorgen.

Behörden Direction Départementale de l'Equipement, Saône et Loire.
Unterabteilung: 20 Quai Commandant de Foucault, 42300 Roanne, Tel. (77) 68.27.28.

Entfernungstabelle

	km	Schl.	km
Roanne, breites, 850 m langes Becken mit Verbindung zur Loire (1 km weit schiffbar), Charterfirma Bourgogne Plaisance	0,0	—	55,6
Schleuse 1 (Roanne), Brücke	0,9	1	54,7
Brücke (Umgehungsstraße für Roanne)	1,8	—	53,8
Brücke (Côtes)	1,9	—	53,7
Oudan-Becken LU, 800 m lang, aber versandet	2,2	—	53,4
Oudan-Aquädukt	2,3	—	53,3
Brücke (Gardet)	3,1	—	53,3
Brücke (Matel)	3,6	—	52,0
Brücke (Vadon)	4,6	—	51,0
Brücke (Aiguilly), D482	5,2	—	50,4
Privatkai für das Zeughaus von Roanne LU	5,6	—	50,0
Brücke (Bonvert)	6,1	—	49,5
Brücke (Mably)	7,3	—	48,3
Brücke (Escroqué)	8,6	—	47,0
Schleuse 2 (Cornillon), Brücke (Schloß LU, 500 m von der Schleuse entfernt)	9,2	2	46,4
Brücke (Mathérat)	10,3	—	45,3
Brücke (Justices)	11,2	—	44,4
Brücke (Maltaverne)	12,3	—	43,3
Brücke (Rate)	12,9	—	42,7
Schleuse 3 (Briennon), Brücke	13,6	3	42,0
Briennon, Kai und Ortschaft LU	14,7	—	40,9
Brücke (Briennon), D4, Pouilly-sous-Charlieu 2000 m	15,0	—	40,6
Brücke (Boutasson)	16,0	—	39,6
Teyssonne-Aquädukt	18,5	—	37,1
Brücke (Teyssonne)	18,6	—	37,0
Brücke (Ray)	19,6	—	36,0
Brücke (Valendru)	20,2	—	35,4
Brücke (Duplan)	21,1	—	34,5
Iguerande, Kai LU, Ortschaft 1500 m am RU der Loire	21,2	—	34,4
Brücke (Brivet)	22,8	—	32,8
Brücke (Putenat)	23,3	—	32,3
Brücke (Gallands)	23,9	—	31,7
Brücke (Bagnots)	24,8	—	30,8
Brücke (Corrètes), Treidelpfad quert zum LU	25,5	—	30,1
Melay, Kai LU, Ortschaft 1500 m	26,0	—	29,6
Brücke (Melay), Treidelpfad quert wieder zum RU	26,1	—	29,5
Aquädukt (Brennons)	26,5	—	29,1
Brücke (Arcelles)	27,4	—	28,2

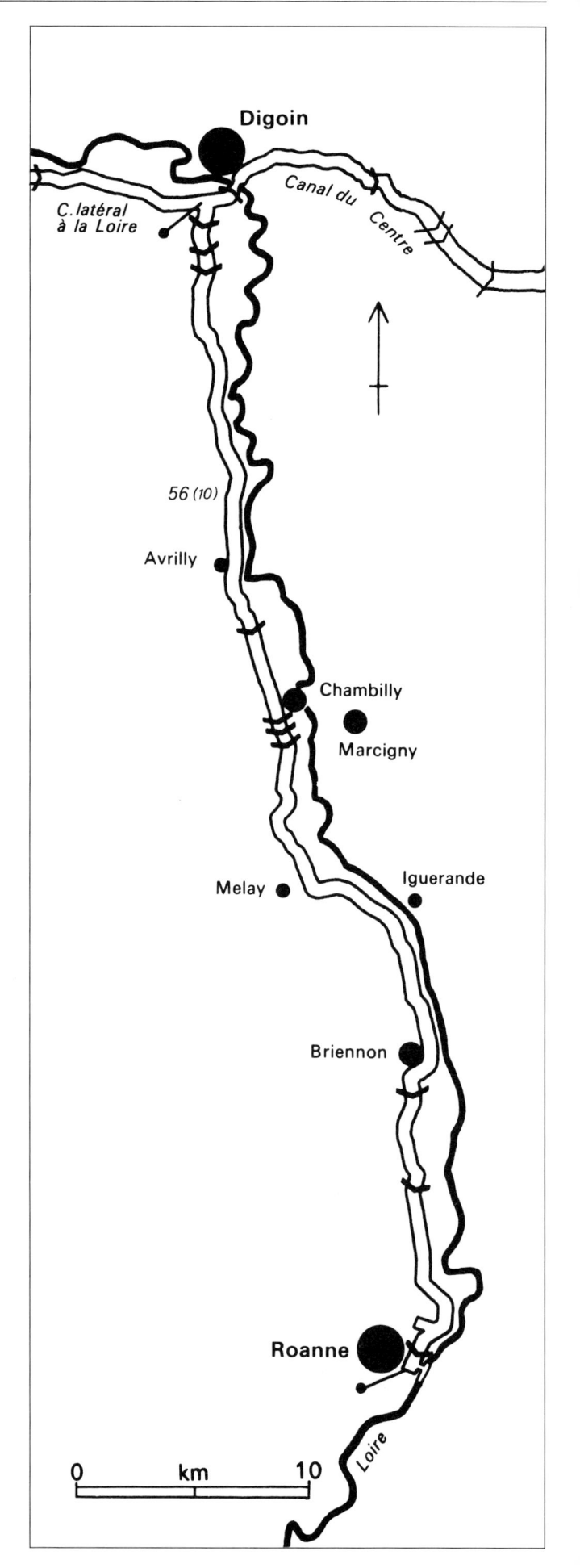

Entfernungstabelle	km	Schl.	km
Brücke (Fanges)	28,2	—	27,5
Artaix, Kai LU	29,0	—	26,6
Brücke (Artaix 1)	29,1	—	26,5
Arçon-Aquädukt	29,6	—	26,0
Brücke (Artaix 2) und Becken LU	29,8	—	25,8
Brücke (Augers)	30,3	—	25,3
Brücke (Narbot)	30,8	—	24,8
Schleuse 4 (Artaix)	31,8	4	23,8
Schleuse 5 (Montgrailloux), Brücke	32,3	5	23,3
Schleuse 6 (Chambilly), Brücke	32,8	6	22,8
Chambilly, Kai RU, **Marcigny** 2500 m	33,0	—	22,6
Brücke (Croix-Valentin)	33,3	—	22,3
Brücke (Diens)	34,5	—	21,1
Brücke (Biscot)	34,9	—	20,7
Brücke (Meillerands)	35,5	—	20,1
Bourg-le-Comte Kai und Urbise-Aquädukt	35,8	—	19,8
Brücke (Gallay)	36,0	—	19,6
Bourg-le-Comte, Brücke, kleine Ortschaft 300 m LU	36,5	—	19,1
Schleuse 7 (Bourg-le-Comte)	36,6	7	19,0
Brücke (Bas-du-Riz)	37,3	—	18,3
Brücke (Bouillets)	38,7	—	16,9
Brücke (Thynet)	39,2	—	16,4
Avrilly, Kai LU, kleine Ortschaft	40,4	—	15,2
Brücke (Morgat), D210	40,7	—	14,9
Brücke (Bonant)	42,4	—	13,2
Brücke (Lurcy)	44,9	—	10,7
Brücke (Giverdon)	46,5	—	9,1
Brücke (Beaume)	48,2	—	7,4
Brücke (Croix-Rouge)	48,9	—	6,7
Brücke (Séez)	49,7	—	5,9
Brücke (Saint-Léger)	50,9	—	4,7
Brücke (Blancs)	51,7	—	3,9
Schleuse 8 (Chassenard)	52,3	8	3,3
Schleuse 9 (Beugnets), Brücke	53,4	9	2,2
Schleuse 10 (Bretons)	54,7	10	0,9
Brücke (Bretons)	55,2	—	0,4
Verbindung zum Canal latéral à la Loire (Loire-Seitenkanal) bei km 2, **Digoin** 2000 m	55,6	—	0,0

Erholsames Fahren auf Frankreichs Kanälen

Canal de Roubaix

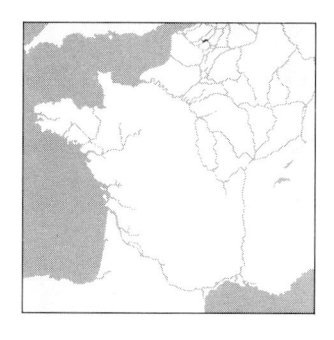

Der Canal de Roubaix verbindet den Canal de la Deûle (jetzt Beauvin-Lys-Schiffahrtsweg, ein Teil des Großschiffahrtsweges Dünkirchen – Schelde) in der Nähe von Lille mit dem belgischen Canal d l'Espierres, der zur Schelde (Escaut) führt. Er überquert eine Wasserscheide: die Scheitelhaltung liegt innerhalb dichtbebauter, geschlossener Ortsteile zwischen den Industriestädten Roubaix und Tourcoing, während die tiefergelegenen Abschnitte an beiden Seiten der Wasserscheide vergleichsweise ländlichen Charakter aufweisen. Die Entfernung von der Verbindung mit der Deûle bei Marquette-lez-Lille zur belgischen Grenze bei Wattrelos beträgt 20 km (der belgische Canal de l'Espierres ist von der Grenze bis zur Schelde 8,4 km lang und hat drei Schleusen).
Zwei kurze Zweigkanäle gehen vom Canal de Roubaix ab: nach Croix (2 km) und nach Tourcoing (1,6 km); letzterer ist zum städtischen Freizeitgebiet für Angler, Bootfahrer und Spaziergänger erklärt worden.

Schleusen Es gibt zwölf Schleusen, sieben von der Deûle bis zur Scheitelhaltung, und fünf zur Schelde hinunter. Die Abmessungen sind 39,40 x 5,18 m. Am Zweigkanal nach Croix gibt es eine Schleuse, 38,60 x 5,22 m.

Tiefen Der höchstzulässige Tiefgang beträgt 1,80 m.

Brücken Die Mindestdurchfahrtshöhe beträgt 3,60 m. Es gibt zahlreiche Dreh- und Hubbrücken.

Treidelpfad Ein guter Treidelpfad ist vorhanden; in den Stadtgebieten von Tourcoing und Roubaix wird er durch Uferstraßen ersetzt.

Behörden Direction Régionale de la Navigation, Lille.
Unterabteilung: Avenue Max Dormoy, BP 56, 59004 Lille, Tel. (20) 92.63.44.

Entfernungstabelle

	km	Schl.	km
Verbindung mit dem Großschiffahrtsweg Beauvin-Lys (Canal de la Deûle), Brücke	0,0	—	20,0
Brücke (D104)	0,3	—	19,7
Schleuse 1, Marquette	0,4	1	19,6
Brücke	2,1	—	17,9
Brücke (Marcq-en-Baroeul)	2,6	—	17,4
Schleuse 2 (**Marcq-en-Baroeul**), und öffentlicher Kai	3,7	2	16,3
Brücke (Risban)	4,0	—	16,0
Neue Straßenbrücke	4,3	—	15,7
Brücke (Collège)	6,0	—	14,0
Autobahnbrücke (A1) und Hochspannungsleitungen	6,2	—	13,8
Brücke (Château-Rouge), N532 Lille-Tourcoing	6,4	—	13,6

Entfernungstabelle	km	Schl.	km
Anschluß an den Zweigkanal nach Croix, Wendebecken	7,6	—	12,4
Schleuse 3 (Trieste), Brücke	7,9	3	12,1
Schleuse 4 (Plomeux), Brücke	8,3	4	11,7
Schleuse 5 (Noir Bonnet)	8,6	5	11,4
Schleuse 6 (Cottigny), Brücke	9,0	6	11,0
Schleuse 7 (Mazure), Beginn der Scheitelhaltung	9,3	7	10,7
Brücke (Mazure)	9,6	—	10,4
Le Blanc-Sceau, öffentlicher Kai	10,6	—	9,4
Fußgängerbrücke und Drehbrücke (Blanc-Sceau)	10,8	—	9,2
Brücke (Fresnoy)	11,7	—	8,3
Anschluß Zweigkanal nach Tourcoing	11,9	—	8,1
Brücke (Pont de la République), Roubaix (Zentrum 1500 m)	12,2	—	7,8
Eisenbahnbrücken	12,4	—	7,6
Drehbrücken (Fontenoy)	12,6	—	7,4
Schleuse 8 (Union), Brücke, Ende der Scheitelhaltung	12,9	8	7,1
Hubbrücke (Couteaux)	13,6	—	6,4
Fußgängerbrücke (Hutin)	13,8	—	6,2
Drehbrücke (Daubenton)	14,2	—	5,8
Fußgängerbrücke und Hubbrücke (Vigne)	14,3	—	5,7
Schleuse 9 (Nouveau Monde), Brücke	14,7	9	5,3
Schleuse 10 (Calvaire)	15,0	10	5,0
Fußgängerbrücke und Hubbrücke (Wattrelos)	15,1	—	4,9
Schleuse 11 (Galon d'Eau), Brücke	15,2	11	4,8
Fußgängerbrücke (Soies)	15,6	—	4,4
Eisenbahnbrücke	16,1	—	3,9
Brücke (Sartel)	16,4	—	3,6
Schleuse 12 (Sartel)	16,5	12	3,5
Eisenbahnbrücke	17,2	—	2,8
Fußgängerbrücke (Sainte-Marguerite)	17,6	—	2,4
Hubbrücke (Grimonpont), öffentlicher Kai, Zollbüro	18,7	—	1,3
Grenze, Anschluß an den belgischen Canal de l'Espierres	20,0	—	0,0

Canal de Saint-Quentin

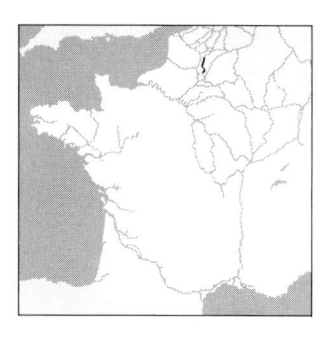

Der Canal de Saint-Quentin ist eine lebenswichtige Nord-Südverbindung zwischen der kanalisierten Schelde in Cambrai und dem Canal latéral à l'Oise in Chauny. Er ist 92,5 km lang und stellt in der Nähe von Saint-Simon (km 68) Anschluß an den Canal de la Somme her; die Verbindung zum Canal de la Sambre à l'Oise geschieht über den Zweigkanal nach La Fère, der bei km 85 von der Hauptstrecke abgeht.

Der Kanal quert die Wasserscheide zwischen Schelde und Somme mit einer 20 km langen Scheitelhaltung in einer Höhe von 83 m zwischen den Schleusen 17 (Bosquet) und 18 (Lesdins). An diesem Stück liegen zwei Tunnel. Der erste, Bony oder Macquincourt, auch Grand Souterrain genannt, ist 5670 m lang (der längste in Betrieb befindliche Tunnel auf den französischen Binnenwasserstraßen), der zweite, Lesdins oder Tronquoy, ist 1098 m lang. Beide Tunnel haben eine schiffbare Breite von 6,75 m und eine Durchfahrtshöhe von 3,58 m. Alle Fahrzeuge, egal ob sie einen Motor haben oder nicht, müssen sich durch die Scheitelhaltung treideln lassen. Treidelverbände („rames") werden zweimal in 24 Stunden pro Richtung zusammengestellt. Die tatsächlichen Abfahrtszeiten erfahren Sie an Ort und Stelle; wir können nur ungefähre Hinweise geben:
Richtung Paris – Belgien (von Lesdins) ca. um 12.00 und 21.00 h;
Richtung Belgien – Paris (von Vendhuile) ca. um 12.00 und 20.00 h.
Der Treidelverkehr wird durch besondere, elektrisch getriebene Schlepper ausgeführt, die sich an einer im Flußbett verlegten Kette voranarbeiten. Die Durchfahrt durch die Scheitelhaltung und die beiden Tunnel dauert 8 – 10 Stunden. Bei Riqueval, in der Nähe der Südeinfahrt zum Grand Souterrain, gibt es zwei Ausweichstellen, wo die entgegenkommenden Treidelgespanne aneinander vorbeifahren können. Sportboote werden hinter das letzte der Berufsschiffe gehängt.

Es ist geplant, auf dieser Strecke einen ganz neuen Kanal für die Großschiffahrt zu bauen, mit Schiffshebewerken, um die Anzahl der Schleusen und den Wasserbedarf zu verringern, doch wird die Verwirklichung dieses Projektes noch einige Zeit auf sich warten lassen. Dieser dicht befahrene Kanal ist für Sportboote nicht uninteressant, denn besonders der nördliche Abschnitt, der im Scheldetal liegt, ist sehr hübsch.

Schleusen Es gibt 35 Schleusen, 17 nach Cambrai, 18 nach Chauny hinunter. Alle Schleusen haben zwei Kammern, die durch einen Kai getrennt sind. Ihre Abmessungen betragen 39,30 x 6,00 m. Die Höchstabmessungen der Schiffe dürfen 38,50 x 5,60 m betragen.

Tiefen Der höchstzulässige Tiefgang beträgt 2,20 m.

Brücken Alle festen Brücken haben eine Mindestdurchfahrtshöhe von 3,70 m; die Brücke von St. Quentin (bei km 52) hat Gefälle und daher beträgt die Durchfahrtshöhe auf einer Seite 3,58 m, auf der anderen 3,83 m.

Treidelpfad An beiden Ufern sind Treidelpfade vorhanden.

Behörden Direction Régionale de la Navigation, Lille.
Unterabteilung: Place Marcellin-Berthelot, BP 371, 59407 Cambrai,
Tel. (27) 81.32.75 (km 0-26).
Service de la Navigation de la Seine, Arrondissement Picardie.
Unterabteilung: 44 Rue du Gouvernement, 02322 Saint-Quentin,
Tel. (23) 62.28.56 (km 26-92).

Zweigkanal nach La Fère
Der Zweigkanal nach La Fère geht von der Hauptstrecke am Unterwasser der Schleuse 31 (Fargniers) ab und stellt die Verbindung zum Canal de la Sambre à l'Oise zwischen Beautor und La Fère her; er ist 3,8 km lang.

Schleusen Keine.

Tiefen Der höchstzulässige Tiefgang ist 2,20 m.

Brücken Die Mindestdurchfahrtshöhe der festen Brücken beträgt 3,70 m.

Treidelpfad Ein guter Treidelpfad verläuft neben der gesamten Strecke.

Behörden Service de la Navigation de la Seine.
Unterabteilung: 44 Rue du Gouvernement, 02322 Saint-Quentin,
Tel. (23) 62.28.56.

Entfernungstabelle

	km	Schl.	km
Verbindung zur kanalisierten Schelde, **Cambrai** Frachtbüro	0,0	—	92,5
Schleuse 1 (Proville)	2,2	1	90,3
Fußgängerbrücke	3,2	—	89,3
Schleuse 2 (Cantigneul), Brücke TW, **Proville** 2000 m	3,8	2	88,7
Schleuse 3 (Noyelles), Aquädukt	4,4	3	88,1
Brücke (Râperie), Kai, **Noyelles** 700 m	5,3	—	87,2
Schleuse 4 (Talma) Kai TW RU	7,3	4	85,2
Marcoing, Brücke, Kai TW LU, Ortschaft 700 m	7,7	—	84,8
Schleuse 5 (Marcoing)	7,8	5	84,7
Eisenbahnbrücke	8,1	—	84,4
Schleuse 6 (Bracheux)	9,4	6	83,1
Masnières, Brücke, Kais TW und BW RU, Ortschaft 300 m	10,7	—	81,8
Schleuse 7 (Masnières)	11,5	7	81,0
Schleuse 8 (Saint-Waast), Aquädukt	12,7	8	79,8
Crèvecoeur-sur-l'Escaut, Kai RU, Ortschaft 500 m	13,8	—	78,7
Schleuse 9 (Crèvecoeur), Brücke TW	14,1	9	78,4
Schleuse 10 (Vinchy), Brücke TW, **Les-Rues-des-Vignes** LU	15,0	10	77,5
Schleuse 11 (Tordoir)	15,4	11	77,1
Schleuse 12 (Vaucelles), Brücke TW, Abtei von Vaucelles 700 m	17,9	12	74,6
Brücke (Grenouillère), Hauptstraße Cambrai-St.Quentin	19,3	—	73,2
Privates Becken LU	19,8	—	72,7
Schleuse 13 (Bantouzelle)	20,0	13	72,5
Schleuse 14 (Banteux), Brücke, **Banteux** LU, **Bantouzelle** RU	20,5	14	72,0
Schleuse 15 (**Honnecourt**), Brücke, Ortschaft LU	23,2	15	69,3

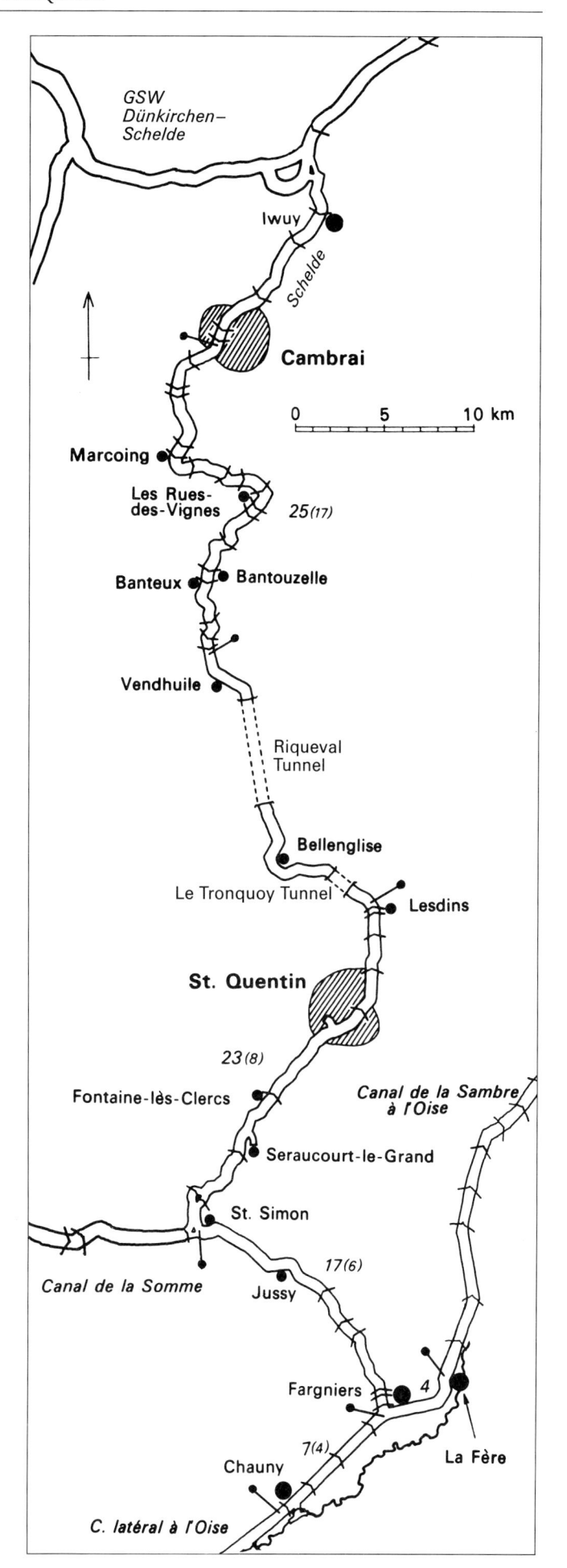

Canal de Saint-Quentin

Entfernungstabelle	km	Schl.	km
Schleuse 16 (Moulin-Lafosse)	24,2	16	68,3
Schleuse 17 (Bosquet), Beginn der Scheitelhaltung	24,8	17	67,7
Getreideverladekai in ehemaligem Kanalarm	26,6	—	65,9
Vendhuile, Brücke und Ortschaft	26,9	—	65,6
Kanalbecken von Macquincourt (Zusammenstellung des Schleppzuges in Richtung Paris)	27,6	—	64,9
Grand Souterrain, (Nord-)Einfahrt Macquincourt	29,0	—	63,5
Grand Souterrain, (Süd-)Einfahrt Riqueval	34,7	—	57,8
Liegestellen für Schlepper und Kreuzungsstelle der Schleppzüge in Richtung Paris und Richtung Belgien	35,9	—	56,6
Riqueval Brücke	36,0	—	56,5
Ende der Hauptliegestelle für die kreuzenden Schleppzüge	37,3	—	55,2
Getreideverladekai	38,0	—	54,5
Bellenglise, Brücke und Ortschaft, anschließend Ausweichstelle	38,2	—	54,3
Brücke (Hauptstraße Cambrai-St.Quentin)	39,5	—	53,0
Le Haucourt, Brücke, Kais an beiden Seiten, Ortschaft 400 m	41,0	—	51,5
Tunnel von Lesdins, (Nord-)Einfahrt Le Haucourt	41,9	—	50,6
Tunnel von Lesdins, (Süd-) Einfahrt Le Tronquoy	43,0	—	49,5
Hauptliegestelle der Schleppzüge in Richtung Belgien	43,7	—	48,8
Öffentlicher Kai, Wasser, Kraftstoff	44,5	—	48,0
Ende der Scheitelhaltung, Schleuse 18 (Lesdins)	45,2	18	47,3
Schleuse 19 (Pascal)	45,5	19	47,0
Lesdins, Brücke, Ortschaft 1000 m	45,6	—	46,9
Privates Becken RU	45,9	—	46,6
Schleuse 20 (**Omissy**), Brücke, Ortschaft RU	46,7	20	45,8
Schleuse 21 (Moulin-Brûlé), Brücke	48,7	21	43,8
Brücke	49,5	—	43,0
Schleuse 22 (Saint-Quentin)	50,9	22	41,6
Saint-Quentin, Brücke, Frachtbüro, Kai RU, Stadtzentrum 800 m	51,7	—	40,8
Neue Straßenbrücke (die Straße benutzt ein zugeschüttetes ehemaliges Kanalbecken)	52,7	—	39,8
Eisenbahnbrücke, Kais RU	53,0	—	39,5
Brücke (Oestres)	54,9	—	37,6
Dallon, Brücke, Ortschaft RU	56,9	—	35,6
Schleuse 23 (**Fontaines-les-Clercs**), Brücke, Ortschaft RU	58,3	23	34,2
Brücke	60,7	—	31,8
Seraucourt-le-Grand, Becken in ehemaligem Kanalarm RU, Ortschaft 600 m	61,1	—	31,4
Brücke	61,7	—	30,8
Schleuse 24 (Seraucourt-le-Grand)	62,8	24	29,7
Artemps, Brücke, Ortschaft LU	64,4	—	28,1
Einfahrt in ehemaligen Kanalarm RU (Schiffsfriedhof)	66,1	—	26,4
Pont Tugny, Brücke	66,3	—	26,2

Entfernungstabelle	km	Schl.	km
Schleuse 25 (Pont Tugny), TW Einfahrt zum Kanalarm nach Pont Tugny, Kais 300 m	66,5	25	26,0
Verbindung (Dreieck) mit dem Canal de la Somme RU	68,0	—	24,5
Saint-Simon, Brücke, Ortschaft LU	69,0	—	23,5
Jussy Becken RU und Kai LU	74,2	—	18,3
Jussy, Brücke, Ortschaft RU	74,5	—	18,0
Eisenbahnbrücke (Hauptstrecke Paris-Brüssel), Fußgängerbrücke	76,4	—	16,1
Schleuse 26 (Jussy)	77,1	26	15,4
Neue Straßenbrücke (D53)	78,6	—	13,9
Schleuse 27 (Mennessis), Brücke	79,6	27	12,9
Schleuse 28 (Voyaux)	80,2	28	12,3
Quessy, Brücke, Kai TW LU, Ortschaft 300 m	83,0	—	9,5
Schleuse 29 (Fargniers I)	83,8	29	8,7
Schleuse 30 (Fargniers II)	84,1	30	8,4
Fargniers, Brücke	84,2	—	8,3
Schleuse 31 (Fargniers III), Eisenbahnbrücke TW	84,8	31	7,7
Verbindung zum Zweigkanal nach La Fère (führt zum Canal de la Sambre à l'Oise) LU	84,9	—	7,6
Schleuse 32 (Tergniers), Brücke	85,8	32	6,7
Brücke (D53), öffentlicher Kai BW LU, **Condren** 800 m	87,1	—	5,4
Neue Straßenbrücke (Umgehung für Chauny)	88,3	—	4,2
Schleuse 33 (Viry)	88,4	33	4,1
Viry, Brücke, Eisenbahnstation 500 m, Ortschaft 1000 m	89,7	—	2,8
Brücke (Senicourt)	90,7	—	1,8
Schleuse 34 (Senicourt)	90,8	34	1,7
Eisenbahnbrücke	91,8	—	0,7
Verbindung mit Zweigkanal nach Chauny, mit 1 Schleuse zur Oise hinunter, 500 m weit schiffbar (jetzt stillgelegt)	92,0	—	0,5
Schleuse 35 (Chauny)	92,3	35	0,2
Chauny, Brücke, Stadt RU, Verbindung zum Canal latéral à l'Oise	92,5	—	0,0

Zweigkanal nach La Fère

	km	Schl.	km
Fargniers, Verbindung zur Hauptstrecke des Canal Saint-Quentin	0,0	—	3,8
Brücke (Frette)	0,9	—	2,9
Eienbahnbrücke, Kraftwerk und zahlreiche Hochspannungsleitungen, Industriekais	1,5	—	2,3
Brücke (Eisenbahn-Nebengleis)	2,4	—	1,4
Beautor Brücke	3,1	—	0,7
Eisenbahnbrücke, Kai	3,3	—	0,5
Verbindung zum Canal de la Sambre à l'Oise TW der Brücke von **La Fère**	3,8	—	0,0

Sambre

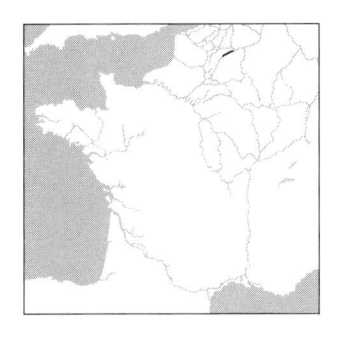

Der kanalisierte Fluß Sambre beginnt in Landrecies, bei der Verbindung mit dem Canal de la Sambre à l'Oise, und endet in Belgien, wenn er in Namur in die Maas (Meuse) einmündet. Er ist ein wichtiges Glied zwischen den Flußbecken der Seine und der Maas. Die kanalisierte Strecke von Landrecies bis zur belgischen Grenze ist begradigt worden, dabei wurden 2 km eingespart, so daß die Gesamtstrecke nunmehr 52 km lang ist.

Die Entfernungstabelle gibt jedoch die ursprünglichen Distanzen an, denn sie hält sich an die Kilometertafeln am Flußufer. Die Stellen, an welchen der Flußlauf verkürzt wurde, liegen bei Sassegnies (km 12-15) und bei Berlaimont (km 19).

Schleusen Neben jedem der neun beweglichen Wehre befindet sich eine Schleuse von 38,50 m Länge und 5,20 m Breite; sie überwinden einen Höhenunterschied von 11,35 m.

Tiefen Der höchstzulässige Tiefgang beträgt 1,80 m bis hinunter zur Eisenbahnbrücke oberhalb von Hautmont, und von da bis zur belgischen Grenze 2,20 m.

Brücken Die festen Brücken haben eine Mindestdurchfahrtshöhe von 3,80 m, ausgenommen bei Hochwasser.

Treidelpfad Neben der gesamten Strecke verläuft ein Treidelpfad.

Behörden Direction Régionale de la Navigation, Lille. Unterabteilung: Quai des Hennuyers, 59600 Maubeuge, Tel. (27) 64.86.80.

Entfernungstabelle

	km	Schl.	km
Verbindung zum Canal de la Sambre à l'Oise (300 m TW von **Landrecies**), Wendebecken	0,0	—	54,2
Schleuse 1 (Etoquies) und Wehr, Hubbrücke	3,0	1	51,2
Brücke (Hachette)	5,9	—	48,3
Schleuse 2 (Hachette) und Wehr	7,7	2	46,5
Schleuse 3 (Sassegnies) und Wehr	11,1	3	43,1
Eisenbahnbrücke	15,7	—	38,5
Eisenbahnbrücke	17,2	—	37,0
Brücke (Montbard), Privatkai BW RU	17,6	—	36,6
Schleuse 4 (Berlaimont) und Wehr	17,8	4	36,4
Berlaimont, Brücke, Kai TW LU, kleine Stadt 400 m LU	18,1	—	36,1
Aymeries, Brücke, kleine Ortschaft RU	19,9	—	34,3
Schleuse 5 (Pont-sur-Sambre) und Wehr	21,7	5	32,5
Pont-sur-Sambre, Brücke, Ortschaft LU	22,0	—	32,2
Bachant, Brücke, Ortschaft RU	23,2	—	31,0
Brücke (Quartes)	26,0	—	28,2
Schleuse 6 (Quartes) RU und Wehr	26,2	6	28,0
Boussières-sur-Sambre, Brücke, Ortschaft LU	32,0	—	22,2
Eisenbahn- und Fußgängerbrücke, zahlreiche Industriekais	34,5	—	19,7
Schleuse 7 (**Hautmont**) LU und Wehr, Brücke, Stadt RU	35,4	7	18,8
Brücke (privates Eisenbahn-Nebengleis), Industriekais	35,7	—	18,5
Brücke (privates Eisenbahn-Nebengleis)	37,5	—	16,7
Brücke (Nebengleis der Fabrik Usinor)	38,7	—	15,5
Brücke	39,0	—	15,2
Louvroil, Brücke (Pont Michaux), Stadt RU	39,5	—	14,7
Eisenbahnbrücke	39,9	—	14,3
Brücke	41,1	—	13,1
Schleuse 8 (Maubeuge) RU und Wehr	41,4	8	12,8
Maubeuge, Brücke (Pont Franco-Belge), Kais TW, Stadt LU	41,5	—	12,7
Neue Straßenbrücke (Ringstraße um Maubeuge)	42,2	—	12,0
Brücke	43,5	—	10,7
Assevent, Brücke, Ortschaft LU	45,3	—	8,9
Brücke (privates Eisenbahngleis)	47,0	—	7,2
Boussois, Brücke, Ortschaft 200 m LU, **Recquignies** RU	47,7	—	6,5
Marpent, Brücke, kleine Stadt 400 m RU	50,9	—	3,3
Schleuse 9 (Marpent) RU und Wehr	51,8	9	2,4
Eisenbahnbrücke, private Kais BW	53,0	—	1,2
Jeumont, Brücke, Kai und Zoll BW RU, kleine Grenzstadt RU	53,2	—	1,0
Private Hubbrücke	53,9	—	0,3
Private Fußgängerbrücke	54,1	—	0,1
Französisch-Belgische Grenze	54,2	—	0,0

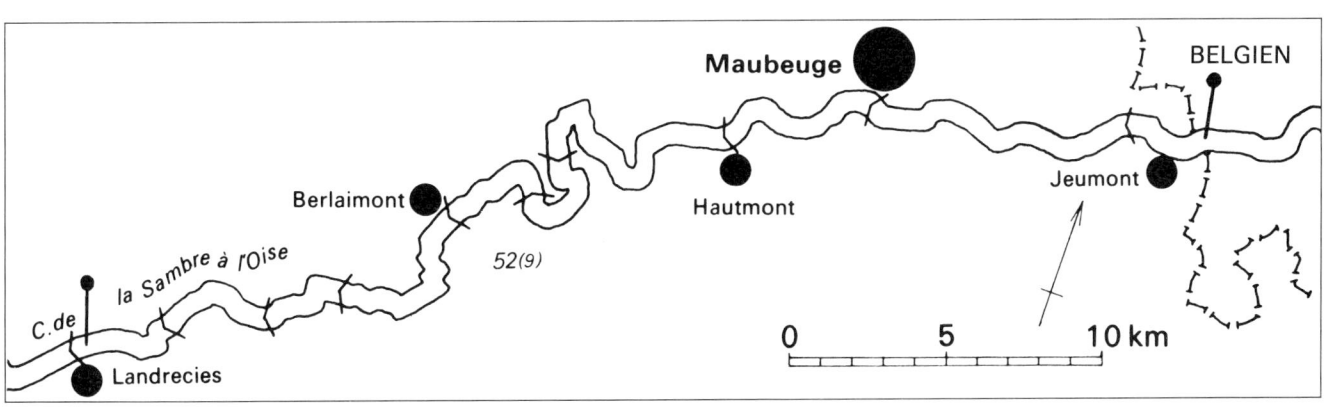

Canal de la Sambre à l'Oise

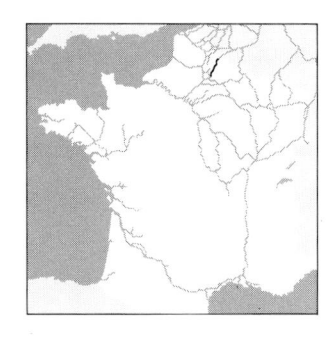

Der Canal de la Sambre à l'Oise führt überwiegend durch ländliches, aber nicht besonders ansprechendes Gebiet, und bildet einen Teil der wichtigen Strecke von der Maas (in Belgien) zur Seine. Er ist 67 km lang von Landrecies an der kanalisierten Sambre bis nach La Fère, wo er über den „Zweigkanal nach La Fère" Verbindung zum Canal Saint-Quentin hat. Seine Scheitelhaltung liegt in einer Höhe von 137,40 m, in der Nähe von Landrecies. Auf seinem Abstieg nach La Fère folgt der Kanal hauptsächlich dem oberen Tal der Oise.

Schleusen Es gibt hier 38 Schleusen mit den Standardabmessungen 38,50 x 5,20 m. Die drei Schleusen zwischen Landrecies und der Scheitelhaltung überwinden einen Höhenunterschied von insgesamt 5,70 m. Die anderen 35 liegen auf dem Abstieg nach La Fère; hier beträgt der Höhenunterschied 86,65 m.

Tiefen Der höchstzulässige Tiefgang beträgt 1,80 m.

Brücken Unter den festen Brücken ist die Mindestdurchfahrtshöhe 3,70 m, ausgenommen dann, wenn die Flüsse, die den Kanal speisen, Hochwasser führen.

Treidelpfad An der gesamten Strecke verläuft ein Treidelpfad.

Behörden Direction Régionale de la Navigation, Lille.
Unterabteilung: Quai des Hennuyers, 59600 Maubeuge, Tel. (27) 64.86.80 (km 0-13).
Service de la Navigation de la Seine, Arrondissement Picardie.
Unterabteilung: 44 Rue du Gouvernement, 02322 Saint-Quentin, Tel. (23) 62.28.56 (km 13-67).

Entfernungstabelle

	km	Schl.	km
Verbindung zum kanalisierten Fluß Sambre, Wendebecken	0,0	—	67,2
Landrecies, Brücke, Kai TW RU, kleine Stadt	0,2	—	67,0
Schleuse 3 (Landrecies), Wehr, Kai BW RU	0,3	1	66,9
Schleuse 2 (**Ors**), Brücke, Ortschaft LU	5,8	2	61,4
Catillon-sur-Sambre, Drehbrücke, Kais, Ortschaft LU	8,6	—	58,6
Schleuse 1 (Bois l'Abbaye), Beginn der Scheitelhaltung	12,0	3	55,2
Sperrtor (Fesmy)	13,7	—	53,5
Fesmy, Brücke, Ortschaft 1300 m	13,9	—	53,3

Auf dem Canal de la Sambre à l'Oise bei Origny-Sainte-Benoîte

Canal de la Sambre à l'Oise

Entfernungstabelle	km	Schl.	km
Oisy, Brücke, Ortschaft 200 m	16,0	—	51,2
Eisenbahnbrücke	18,6	—	48,6
Schleuse 1 (Gard), Überlaufwehr, Ende der Scheitelhaltung, Brücke	18,9	4	48,3
Schleuse 2 (Etreux), Überlaufwehr, Kai BW LU	19,3	5	47,9
Schleuse 3 (Etreux), Überlaufwehr	20,1	6	47,1
Schleuse 4 (Etreux), Überlaufwehr	20,8	7	46,4
Schleuse 5 (Etreux), Überlaufwehr	21,1	8	46,1
Schleuse 6 (Etreux), Überlaufwehr, Brücke	21,5	9	45,7
Etreux, Drehbrücke, Kai BW RU, Ortschaft LU	21,8	—	45,4
Schleuse 7 (Etreux), Brücke	22,1	10	45,1
Schleuse 8 (Etreux), Brücke	22,5	11	44,7
Schleuse 9 (Vénérolles)	23,0	12	44,2
Vénérolles, Brücke, kleine Ortschaft LU	23,2	—	44,0
Schleuse 10 (Vénérolles), private Fußgängerbrücke	23,8	13	43,4
Schleuse 11 (Vénérolles)	24,5	14	42,7
Hannapes, Drehbrücke, Ortschaft RU	25,0	—	42,2
Schleuse 12 (Hannapes), Kai TW RU	25,1	15	42,1
Schleuse 13 Hannapes)	26,5	16	40,7
Schleuse 14 (Tupigny)	27,0	17	40,2
Schleuse 15 (Tupigny), Drehbrücke, Einmündung des Flusses Noirrieux RU, Kai RU	27,2	18	40,0
Tupigny, Drehbrücke, Ortschaft RU	27,7	—	39,5
Wehr (Tupigny) RU, Noirrieux verläßt den Kanal	28,0	—	39,2
Schleuse 16 (Tupigny)	28,4	19	38,8
Schleuse 17 (Grand-Verly)	29,2	20	38,0
Schleuse 18 (**Grand-Verly**), Brücke, Ortschaft 500 m RU	30,0	21	37,2
Vadencourt, Drehbrücke und Eisenbahnbrücke, Wendebecken TW, Ortschaft 800 m RU	30,9	—	36,3
Vadencourt-Aquädukt über die Oise	31,5	—	35,7
Schleuse 19 (Vadencourt), Kai TW RU	31,6	22	35,6
Brücke (Bohéries)	31,9	—	35,3
Schleuse 20 (Longchamps), Brücke, Wasser	33,2	23	34,0
Schleuse 21 (Noyales), Brücke, Ortschaft 400 m RU	35,2	24	32,0
Macquigny-Aquädukt über die Oise	37,3	—	29,9
Schleuse 22 (Macquigny), Brücke	37,5	25	29,7
Schleuse 23 (Hauteville), Brücke	38,6	26	28,6

Entfernungstabelle	km	Schl.	km
Schleuse 24 (Bernot), Brücke, Ortschaft 700 m RU	40,9	27	26,3
Wendebecken LU	42,4	—	24,8
Neuvillette, Drehbrücke, Kai BW LU	43,2	—	24,0
Schleuse 25 (Origny-Sainte-Benoîte), Wasser	43,6	28	23,6
Origny-Sainte-Benoîte, Brücke (N30), öffentlicher Kai und Becken BW LU, Ortschaft 900 m LU	44,1	—	23,1
Eisenbahnbrücke (privates Gleis zu einer Zementfabrik)	44,1	—	23,1
Private Kais an beiden Ufern	44,2	—	23,0
Schleuse 26 (Thenelles), Brücke	45,9	29	21,3
Schleuse 27 (**Ribemont**), Brücke, Kai und Wendebecken TW LU, kleine Stadt 1200 m LU	48,1	30	19,1
Schleuse 28 (**Sissy**), Brücke, Ortschaft 600 m RU	49,7	31	17,5
Châtillon-Aquädukt über die Oise	51,3	—	15,9
Schleuse 29 (**Châtillon**), Brücke, kleine Ortschaft 600 m RU	51,6	32	15,6
Schleuse 30 (**Mézières-sur-Oise**), Brücke Kai TW LU, Ortschaft 500 m RU	52,9	33	14,3
Eisenbahnbrücke	53,6	—	13,6
Schleuse 31 (Berthenicourt), Brücke	54,5	34	12,7
Alaincourt Brücke, privater Kai TW RU	55,3	—	11,9
Schleuse 32 (Hamégicourt), Brücke, Wasser, Kai TW RU **Moÿ-de-l'Aisne** 700 m RU	56,8	35	10,4
Brücke (Brissy)	57,8	—	9,4
Schleuse 33 (Brissy)	58,4	36	8,8
Vendeuil, Kiesverladekai RU	59,3	—	7,9
Vendeuil, Brücke, Kais, Ortschaft 1200 m RU	60,7	—	6,5
Travecy-Montigny-Aquädukt über den Fluß Serre, Hochspannungsleitung	62,2	—	5,0
Schleuse 34 (Travecy-Montigny)	62,6	37	4,6
Wendebecken und Kai LU	63,5	—	3,7
Travecy, Drehbrücke, Kai TW LU, Ortschaft 500 m RU	63,8	—	3,4
Travecy-Aquädukt über die Oise	64,3	—	2,9
Schleuse 35 (Travecy), Brücke, Wasser	65,1	38	2,1
Brücke (N44)	66,1	—	1,1
La Fère, Brücke, Stadtzentrum 1200 m LU Verbindung zum Zweigkanal nach La Fère (Canal de Saint-Quentin).	67,2	—	0,0

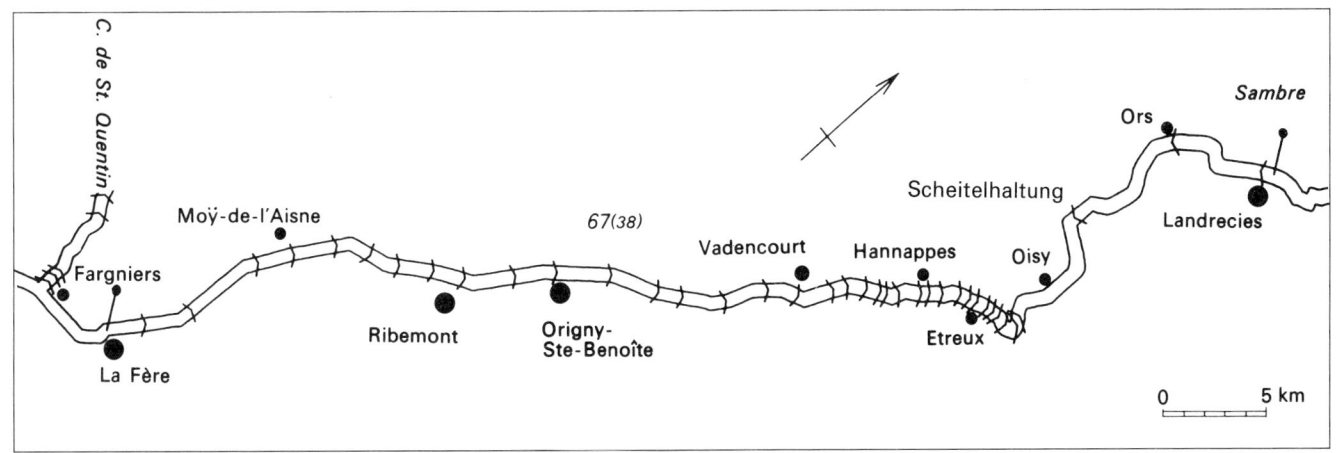

Saône

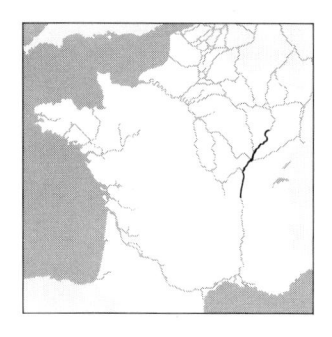

Die Saône gehört zu den großen Flüssen Frankreichs und ist von Corre, wo der Südabschnitt des Canal de l'Est anschließt, bis zur Einmündung in die Rhône bei Lyon-La Mulatière kanalisiert; das ergibt eine Strecke von 365 km. Sie ist das Rückgrat des französischen Wasserstraßennetzes, vier wichtige Kanäle, die Flußbecken miteinander verbinden, münden in sie ein: der Canal de la Marne à la Saône (km 127), der Canal du Rhône au Rhin (km 160), der Canal de Bourgogne (km 165) und der Canal du Centre (km 221). Was die Schiffahrt betrifft, so kann man die Saône in zwei Abschnitte einteilen, die sich in ihrer Natur und in ihren Schiffahrtsverhältnissen völlig unterscheiden:
1. Von Corre nach Auxonne (km 150);
2. Von Auxonne (km 150) bis Lyon (km 365).

Von Corre nach Auxonne

Obwohl er an der wichtigen Strecke zwischen dem Rhein-Mosel Becken und Lyon liegt, ist dieser Abschnitt mit seiner unberührten Landschaft ein ideales Revier zum Wasserwandern. Der Fluß schlängelt sich träge durch reizende, ländliche Gegenden, seine längeren Schleifen werden durch Seitenkanäle mit Schleusen von 38,50 m Länge abgekürzt. Diese Durchstiche beschneiden die Saône um gut 30 km, denn ihre ursprüngliche Länge von Corre bis Lyon betrug 407 km anstelle der heutigen 365 km.

Auf dieser Strecke gibt es zwei Tunnels; Saint-Albin (km 48) ist 681 m lang, an der Wasseroberfläche 6,55 breit und 4,10 hoch. Seveux-Savoyeux (km 76) ist 643 m lang, 6,50 m breit und 3,60 m hoch. Die Fahrwasserenge setzt sich hinter den Tunnels auf einige Entfernung zu beiden Seiten von jeder Einfahrt derart fort, daß man sich den Tunneleinfahrten im Einbahnverkehr, der durch Lichter geregelt wird, nähert. Auch an einigen anderen Stellen, die in der Entfernungstabelle erwähnt werden, ist Begegnen und Überholen verboten. Die rechtwinklige Verbindung zum Canal de la Marne à la Saône wird vom Schleusenwärter der Schleuse No. 17 durch Lichtzeichen geregelt.

Schleusen In diesem Abschnitt gibt es 19 Schleusen und eine Hochwasserschleuse bei Cubry-les-Soing, die für gewöhnlich offen ist. Die zweite Hochwasserschleuse bei Ferrères ist abgeschafft worden und man folgt hier dem natürlichen Flußlauf der Saône. Die meisten Schleusenkanäle sind durch Hochwassersperrtore gesichert. Die ersten 15 Schleusen von Corre bis Gray sind 38,50 m lang und 5,20 m breit, wogegen die restlichen 4 Abmessungen von 40 x 8 m haben. Viele der Schleusen werden elektrisch betrieben und sind für automatische Bedienung ausgelegt. Bei der letzten handbetriebenen Schleuse bekommt man ein Merkblatt mit Anleitungen dafür ausgehändigt.

Tiefen Von Corre bis zur Schleuse von Auxonne ist der höchstzulässige Tiefgang 1,80 m.

Brücken Die Mindestdurchfahrtshöhe beträgt 3,50 m.

Treidelpfad Ein guter Treidelpfad verläuft neben der gesamten Strecke.

Schiffahrtsbestimmungen Die zulässige Höchstgeschwindigkeit ist mit 15 km/h in den Flußabschnitten festgelegt; es kann örtliche Beschränkungen geben. In den Schleusenkanälen dürfen 6 km/h nicht überschritten werden. Die Einfahrt in die Schleusenkanäle kann sich für Talfahrer bei Hochwasser schwierig gestalten.

Behörden Service de la Navigation Rhône-Saône (Lyon)
Unterabteilungen:
– 70170 Port-sur-Saône, Tel. (84) 91.51.44 (km 0-62).
– 5 Quai Vergy, 70100 Gray, Tel. (84) 65.11.02 (km 62-150).

Von Auxonne nach Lyon

Stromabwärts von Auxonne verliert der Fluß seinen ländlichen Charme; er wird breiter und ist für die Großschiffahrt ausgebaut worden. In diesem Abschnitt treffen zwei wichtige Routen, die aus dem Seine-Becken kommen, auf die Saône: der Canal de Bourgogne bei dem Flußschifferstädtchen Saint-Jean-de-Losne; der Canal du Centre bei Chalon-sur-Saône.

Am linken Ufer gesellt sich der Canal du Rhône au Rhin (Rhein-Rhone-Kanal) dazu; er ist ein wichtiges Verbindungsglied für die zukünftige Großschiffahrt zwischen der Nordsee und dem Mittelmeer. Die Ausbauarbeiten auf der anschließenden Saônestrecke sind beinahe beendet, werden aber erst nach Fertigstellung des neuen Rhein-Rhone-Kanals richtig genutzt werden können.

Schleusen Im Jahr 1982 gab es in diesem Abschnitt noch sechs Schleusen, aber 1985 wird die Schleuse bei Verdun-sur-le-Doubs außer Dienst gestellt (150 x 20 m) und es werden nur mehr fünf Schleusen übrigbleiben im Gegensatz zu den neun Schleusen, die vor den Modernisierungsarbeiten durchfahren werden mußten.

In Seurre liegt die erste der neuen Schleusen, sie befindet sich am Ende eines 10 km langen Kanals, der die ursprüngliche Länge der Saône um 11 km beschneidet. Die weiteren neuen Schleusen sind bei Ecuelles (anstelle von Charnay), bei Ormes (statt Gigny), bei Dracé (statt Thoissey) und in Couzon (neben der ehemaligen Schleuse) angesiedelt. Die Schleusen von Port Bernalin, Ile Barbe und La Mulatière haben keine Aufgabe mehr zu erfüllen. Alle neuen Schleusen haben die Abmessungen 185 x 12 m und werden durch Lichtzeichen geregelt.

Die Wartezeit für Sportboote beträgt etwa 20 Minuten, wenn in der Zwischenzeit kein Güterschiff erscheint. Vor den Schleusen liegen Festmachedalben; manche von ihnen sind durch einen Steg mit dem Ufer verbunden. Die Bedienung dieser großen Schleusen ist nicht schwierig, in den Wänden sind Poller eingelassen.

Tiefen Sobald die laufenden Baggerarbeiten zwischen Auxonne und Mâcon beendet sein werden, hat man auf dieser Strecke eine schiffbare Tiefe von 3,0 m zur Verfügung.

Brücken Die niedrigste Brücke in diesem Abschnitt ist Pont Saint-Laurent in Mâcon mit einer Durchfahrtshöhe von 7,20 m (innerhalb einer Breite von 10 m) bei normalem Wasserstand, bzw. 3,70 m beim höchsten schiffbaren Wasserstand. Alle anderen Brücken haben eine Mindestdurchfahrtshöhe von 6 m. Bei Mâcon soll ein 4 km langer Umgehungskanal gebaut werden, um die Brücke Pont Saint-Laurent zu umgehen, die unter Denkmalschutz steht.

Treidelpfad Es gibt keinen durchgehenden Treidelpfad.

Tourismus Hinter Corre macht die Saône enge Windungen zwischen dichtbelaubten Ufern, doch schon bei Port-sur-Saône wird der Fluß breiter und fließt durch Weideland. Wer sich Zeit für einen Landgang nimmt wird entdecken, daß Gray ein malerisches Städtchen ist. Der Weg nach Auxonne führt uns an großen Wäldern vorbei; diese Stadt ist ganz von Grün umgeben. Hier lag Bonaparte, bevor er Napoléon I. wurde, als kleiner Leutnant in Garnison. Alte Holzhäuser und eine mittelalterliche Kirche mit romanischem Turm sind sehenswert.

Unterhalb von Auxonne kommt am linken Ufer der Rhein-Rhone-Kanal herein, den viele Yachtskipper aus Deutschland benutzen, wenn sie zum Mittelmeer wollen. In Chalon-sur-Saône gibt es einen Yachthafen, in dem man gut liegt; die Umgebung ist angenehm ruhig und zur Stadt ist es nicht weit. Lukullische Spezialitäten und die köstlichen Weine des Landes Burgund winken.

Auch Tournus ist ein schönes Etappenziel; Pappeln stehen am Ufer, die Atmosphäre in den alten Stadtvierteln ist gemütlich. Die Abtei Saint-Philibert lohnt den Besuch.

Falls Sie es nicht allzu eilig haben, dürfen Sie auf keinen Fall an dem romantischen Flüßchen Seille, das am linken Ufer einmündet, vorbeifahren.

Mâcon hat außer seinen berühmten Weinkellern auch noch einen gutfunktionierenden Yachthafen zu bieten, der etwas außerhalb liegt. Wer lieber im Herzen der temperamentvollen Stadt anlegt, fährt durch die alte Brücke Saint-Laurent zum platanengesäumten Quai Lamartine. Der lebhafte Verkehr und die mediterran anmutenden Häuser erinnern daran, daß der Süden nicht mehr weit ist. Wer einen guten Tropfen liebt, sollte einen Ausflug in die Weinberge machen, ganz nach Belieben zu den Hängen des Mâcon-Weines oder des Beaujolais.

Tunneleinfahrt St. Albin auf der Saône

Folgende Gaumenfreuden erwarten Sie in dieser Gegend: Pauchouse ist Fisch mit Wein und Zwiebeln gedünstet – wie ihn angeblich die Matrosen besonders gerne essen. Coq au Vin, Huhn in Rotwein, ist ein typisches Burgunder Gericht, und natürlich auch Weinbergschnecken mit Knoblauch.

Wenn die Rebenhänge von Mâcon in der Ferne zurückbleiben, säumen Wochenendhäuser, Campingplätze und kleine Yachthäfen die Ufer. Wir nähern uns dem Naherholungsgebiet von Lyon. Im Schloß Saint-Bernard hat der Maler Utrillo gelebt; Trévoux ist ein gepflegtes Städtchen.

Zwischen dem Plateau de Bresse und den Monts d'Or nimmt die Saône ihren Weg nach Lyon und beschert uns eine wunderschöne Fahrt. Der Anleger von Collonges ist empfehlenswert, denn es liegen in seiner Umgebung nicht nur hübsche, grünbewachsene Inselchen, sondern das Lokal des Meisters der Nouvelle Cuisine, M. Paul Bocuse; es sind nur 50 m bis zu seinen vielbesungenen Kochtöpfen! Leider kann man bei dem Inselchen Ile de Barbe nicht anlegen, doch man kann es von Lyon aus per Taxi besuchen. Es gibt dort eine romanische Kirche und vor allem ein weiteres Schlemmerlokal, die Auberge de l'Ile.

Lyon ist eine lebhafte Großstadt und Zentrum der Industrie und des Handels, mit einer reichen historischen Vergangenheit, die bis auf die Römer zurückgeht. Mittelalterliche Bauten zieren das „alte Lyon". Renaissancefassaden an den Kais, gepflegte Wohnhäuser aus der Belle-Epoque an den Uferpromenaden, Straßencafés im Schatten der Bäume, Verkehrsgewühl, die Trillerpfeife der Flics, teure Geschäfte, erstklassige Restaurants: eine Stadt zum Wohlfühlen.

Versorgungsmöglichkeiten Corre: Bietet gute Einkaufsmöglichkeiten, Kraftstoff gibt es im Ort, Wasser an der Schleuse.

Port-sur-Saône: Einkaufen kann man im Ort, wo man auch Kraftstoff bekommt; Wasser gibt es in erreichbarer Nähe.

Charentenay: Hier gibt es Wasser und Kraftstoff; man ißt gut und zünftig in der „Auberge".

Gray: Hat Einkaufsmöglichkeiten; Wasser gibt es an der Schleuse, Kraftstoff an der 400 m entfernten Tankstelle.

Heuilly: Unterhalb der Schleuse liegt das Restaurant „Le Tremblant", wo man besonders gut Pauchouse und Flußkrebse essen kann. Das Restaurant hat einen Privatanlegesteg.

Saint-Jean-de-Losne: Im Ort findet man gute Einkaufsmöglichkeiten, Restaurants und ein Postamt. Dieses Städtchen ist Zentrum der Flußschiffahrt und M. Joel Blanquart, ein ehemaliger Berufsschiffer, liegt mit seinem Schiff im „Gare d'Eau", am rechten Ufer durch eine kleine Brücke zu erreichen; über ihn bekommt man alles für das Boot, auch Wasser und Strom; Kraftstoff kommt per Tankschiff.

Seurre: Einkaufsläden, Wasser und Kraftstoff am linken Uferkai.

Chalon-sur-Saône: In dieser Stadt hat man beste Einkaufsmöglichkeiten. Im Yachthafen bekommt man Wasser, Treibstoff bei einer Tankstelle 400 m davon entfernt, oder man läßt ihn an den Kai liefern. Reparaturen aller Art werden ausgeführt; es ist auch ein Kran (5 tons) vorhanden.

Tournus: Hat Einkaufsläden und Tankstellen im Ort, jedoch kein Wasser am Kai.

Mâcon: In Mâcon kann man sich vorzüglich verproviantieren und die Restaurants sind fabelhaft. Im Yachthafen findet man Wasser und Kraftstoff, ebenfalls am Stadtanleger Quai Lamartine.

Trévoux: Auch hier sind die Einkaufsmöglichkeiten gut; eine Tankstelle gibt es am Kai bei der neuen Brücke. Zwei Werften erledigen Boots- und Motorreparaturen.

Neuville-sur-Saône: Hier sollte man sich verproviantieren, wenn man in Lyon nicht haltmachen möchte. Treibstoff am Kai, 200 m vom Anleger.

Saône

Lyon: In dieser Großstadt sind die Lebensmittelgeschäfte besonders gut sortiert. Wer Wasser und Kraftstoff braucht, bekommt beides bei der Société Decarpentrie. Es gibt gute Mechaniker, Bootswerften und Werkstätten.

Schiffahrtsbestimmungen Die Fahrrinne ist stellenweise an der rechten Uferseite mit rot-weißen Tonnen oder Spieren bezeichnet. Vorsicht bei den überfluteten Leitdämmen, besonders unterhalb Chalon-sur-Saône. Die Benutzung des Nouveau Guide de la Saône ist zu empfehlen (siehe unter Karten und Bücher).
Bei Lyon verengt sich der Fluß und bei Hochwasser tritt wechselnder Einbahnverkehr in Kraft.

Behörden Service de la Navigation Rhône-Saône, Lyon. Unterabteilung:
- Port Fluvial, 71100 Chalon-sur-Saône, Tel. (85) 43.03.01 (km 150-259).
- Quai des Marans, 71000 Mâcon, Tel. (85) 38.07.44 (km 259-341).
- 1 Place Antonin Perrin, 69007 Lyon, Tel. (7) 872.65.16 (km 341-365).

Entfernungstabelle

	km	Schl.	km
Verbindung zum Südabschnitt des Canal de l'Est, TW der Schleuse von Corre	0,0	—	365,4
Einfahrt in Schleusenkanal LU	2,6	—	362,8
Sperrtor	4,0	—	361,4
Ormoy, Brücke, Ortschaft LU	4,3	—	361,1
Fußgängerbrücke (Devez)	5,1	—	360,3
Schleuse von Ormoy (automatisch)	5,5	1	359,9
Ende des Schleusenkanals	5,6	—	359,8
Durchstich der Flußschleife von Denon, LU Brücke	6,9	—	358,5
Durchstich der Flußschleife von Rond Pré LU	7,4	—	358,0
Einfahrt in Schleusenkanal LU, Sperrtor	10,0	—	355,4
Schleuse von **Cendrecourt** (Ortschaft 500 m)	11,9	2	353,5
Ende des Schleusenkanals	12,2	—	353,2
Cendrecourt, Brücke, (**Jussey**, Bahnstation 1000 m, Stadt 2000 m)	12,4	—	353,0
Jussey-Eisenbahnviadukt	13,5	—	351,9
Einmündung des Flusses Amance, RU	14,0	—	351,4
Durchstich der Flußschleife von La Hang und Brücke, Überholen und Begegnen verboten	17,9	—	347,5
Montureux-les-Baulay LU	18,5	—	346,9
Brücke (Montureux)	20,1	—	345,3
Schleuse von Montureux	20,5	3	344,9
Ende des Schleusenkanals	20,6	—	344,8
Fouchecourt RU	22,4	—	343,0
Baulay, Brücke (Ortschaft 300 m LU)	23,1	—	342,3
Port d'Atelier, Brücke (Ortschaft RU)	26,8	—	338,6
Brücke (Conflandey)	30,7	—	334,7
Schleuse von Conflandey	30,8	4	334,6
Einmündung des Flusses Lanterne LU	30,9	—	334,5
Insel, Talfahrer halten sich im rechten Flußarm	31,0	—	334,4
Conflandey, Fußgängerbrücke	31,3	—	334,1
Insel, Bergfahrer halten sich im linken Flußarm	31,5	—	333,9
Insel (Ile du Cul du Chaudron), an der LU-Seite halten	32,8	—	332,6

Entfernungstabelle

	km	Schl.	km
Insel Beleau, Hochspannungsleitung	34,8	—	330,6
Einfahrt in Schleusenkanal LU	36,6	—	328,8
Port-sur-Saône, Brücke und Sperrtor (Festmachen in Brückennähe ist unmöglich, Engstelle), kleine Stadt	37,5	—	327,9
Port-sur-Saône, Hafenbecken, Büro der Schiffahrtsbehörde-Unterabteilung, Festmachemöglichkeiten	38,0	—	327,4
Brücke (Maladière)	38,3	—	327,1
Schleuse von Port-sur-Saône (automatisch)	38,8	5	326,6
Ende des Schleusenkanals	38,9	—	326,5
Insel Gilley (an RU-Seite halten)	39,6	—	325,8
Einfahrt in Schleusenkanal RU, Brücke	42,3	—	323,1
Schleuse von Chemilly (automatisch)	42,9	6	322,2
Ende des Schleusenkanals	43,1	—	322,3
Einfahrt in Schleusenkanal LU, Sperrtor (zur Stadt Scey-sur-Saône auf der Saône weiter abwärts fahren)	45,5	—	319,9
Kai für Schiffe, die Sand transportieren RU	46,5	—	318,9
Scey-sur-Saône, Brücke, Becken TW RU, (Restaurant, Stadt 1000 m)	46,6	—	318,8
Schleuse von Scey (automatisch)	47,0	7	318,4
Ende des Schleusenkanals	47,3	—	318,1
Einfahrt in Schleusenkanal RU	47,7	—	317,7
Brücke und Sperrtor, Lichter zur Regelung der Tunneleinfahrt (Kanal verengt sich auf eine Schiffsbreite)	47,8	—	317,6
Tunnel von Saint-Albin (Nordeinfahrt)	48,0	—	317,4
Tunnel von Saint-Albin (Südeinfahrt)	48,7	—	316,7
Brücke mit Lichtern zur Regelung der Tunneleinfahrt, Ende der Engstelle	49,2	—	316,2
Schleuse von Rupt	49,8	8	315,6
Ende des Schleusenkanals	50,0	—	315,4
Chantes, Brücke (Ortschaft 1000 m), **Rupt-sur-Saône** (RU 500 m)	50,7	—	314,7
Insel, Fahrrinne verläuft im rechten Flußarm	51,2	—	314,2
Einfahrt in Schleusenkanal RU, Sperrtor	52,4	—	313,0
Schleuse von Chantes	52,9	9	312,5
Ende des Schleusenkanals	53,0	—	312,4
Cubry-les-Soing Hochwasserschleuse RU, normalerweise offen	55,1	—	310,3
Ende des Schleusenkanals	55,9	—	309,5
Engstelle, Begegnen und Überholen verboten	56,9	—	308,5
Ende der Engstelle	57,9	—	307,5
Einfahrt in Schleusenkanal RU, Sperrtor	59,9	—	305,5
Soing, Brücke, Ortschaft 500 m	60,3	—	305,1
Schleuse von Soing,	61,2	10	304,2
Ende des Schleusenkanals	61,4	—	304,0
Einfahrt in Schleusenkanal LU (Festmachemöglichkeiten und Kraftstoff neben Campingplatz am LU der Saône, etwas TW)	62,3	—	303,1
Charentenay, Brücke, Restaurant	62,8	—	302,6
Schleuse von Charentenay (automatisch)	64,6	11	300,8
Ende des Schleusenkanals (**Ray-sur-Saône** 1 km BW an der Saône, halten Sie sich am LU der Insel)	64,7	—	300,7
Brücke (Ray)	65,1	—	300,3

Saône

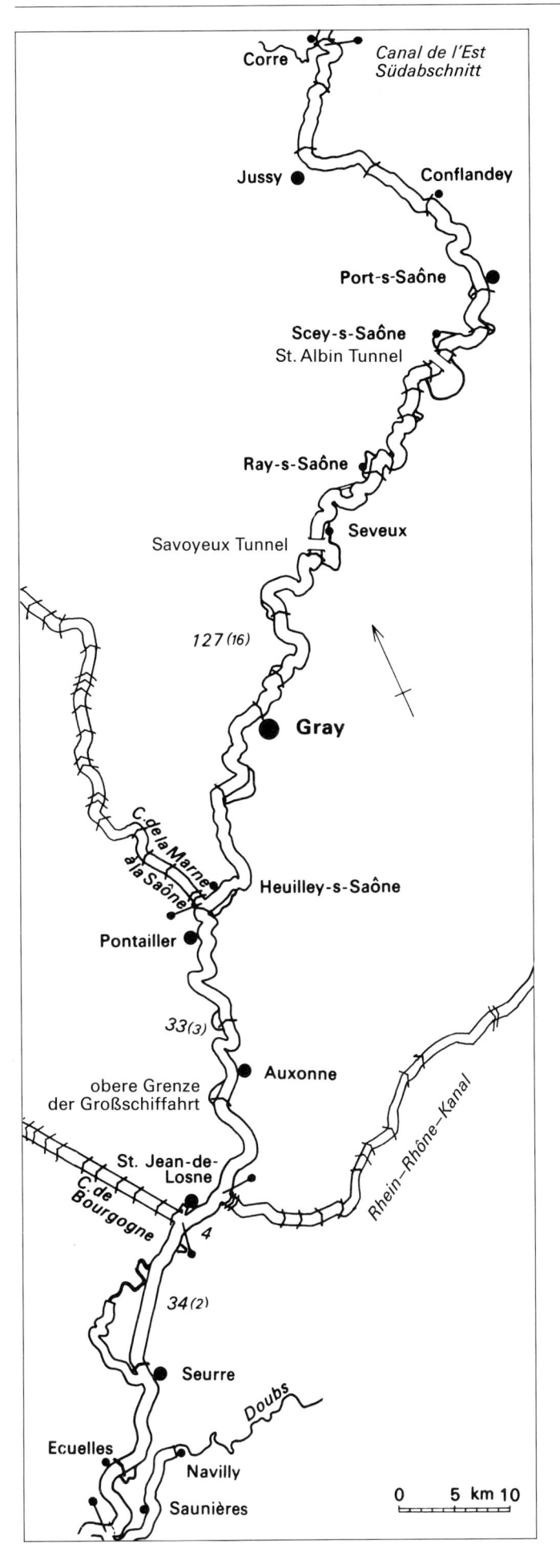

Entfernungstabelle	km	Schl.	km
Einfahrt in den Schleusenkanal von Ferrières, RU, auf der Saône bleiben, LU	65,4	—	300,0
Ende des Schleusenkanals RU (Bergfahrer bleiben auf der Saône)	70,2	—	295,2
Recologne, RU, Kai für Schiffe, die Sand transportieren	71,0	—	294,4
Einfahrt in Schleusenkanal RU, Sperrtor, Brücke	73,8	—	291,6
Becken von Savoyeux, Festmachemöglichkeiten, Charterfirma Yachting Saône	75,0	—	290,4
Seveux, Brücke, Ortschaft 1000 m LU, Kanal verengt sich, akustisches Signal geben bei der Einfahrt in den Tunnel von Savoyeux, (Lichterregelung)	75,2	—	290,2
Tunnel von Savoyeux (Nordeinfahrt)	76,0	—	289,4
Tunnel von Savoyeux (Südeinfahrt)	76,6	—	288,8
Eisenbahnbrücke	76,8	—	288,6
Brücke (mit Lichtern zur Regelung der Tunneleinfahrt), Ende der Engstelle	76,9	—	288,5
Schleuse von Savoyeux	77,3	12	288,1
Ende des Schleusenkanals	77,3	—	288,1
Brücke von Quitteur	82,3	—	283,1
Einmündung des Flusses Salon, RU	83,0	—	282,4
Einfahrt in Schleusenkanal LU	85,7	—	279,7
Brücke, Sperrtor	86,5	—	278,9
Schleuse von Véreux	87,8	13	277,6
Ende des Schleusenkanals	87,9	—	277,5
Brücke von Prantigny	90,1	—	275,3
Insel Carosse (im linken Flußarm halten)	92,0	—	273,4
Einfahrt in den Schleusenkanal LU, Sperrtor, Brücke	95,5	—	269,9
Schleuse von Rigny	96,3	14	269,1
Ende des Schleusenkanals	96,5	—	268,9
Campingplatz LU	100,2	—	265,2
Gray, Schleuse und Brücke, Festmachen BW der Schleuse RU, Stadt LU	100,7	15	264,7
Brücke (Pont Neuf)	101,6	—	263,8
Getreideverladekai RU	101,9	—	263,5
Restaurant und Tankstelle, Landungssteg RU	103,0	—	262,4
Mantoche RU	107,7	—	257,7
Einfahrt in Schleusenkanal RU, Sperrtor, Brücke	108,8	—	256,6
Brücke von Apremont (versandetes Becken)	109,8	—	255,6
Schleusen von Apremont	112,0	16	253,4
Ende des Schleusenkanals	112,1	—	253,3
Insel (im rechten Flußarm halten), Cecey, Kai RU	113,2	—	252,2
Einmündung des Flusses Vingeanne RU	118,4	—	247,0
Insel Montseugny (im rechten Flußarm halten)	119,2	—	246,2
Kais für Schiffe, die Sand transportieren LU	121,8	—	243,6
Der Fluß teilt sich, halten Sie sich im rechten Flußarm (Ile de Fley)	123,4	—	242,0
Einfahrt in Schleusenkanal RU, Sperrtor, Brücke	124,4	—	241,0
Becken von Heuilley, versandet	124,8	—	240,6
Brücke	125,3	—	240,1
Verbindung zum Canal de la Marne à la Saône (durch Lichter geregelte Einfahrt)	126,9	—	238,5

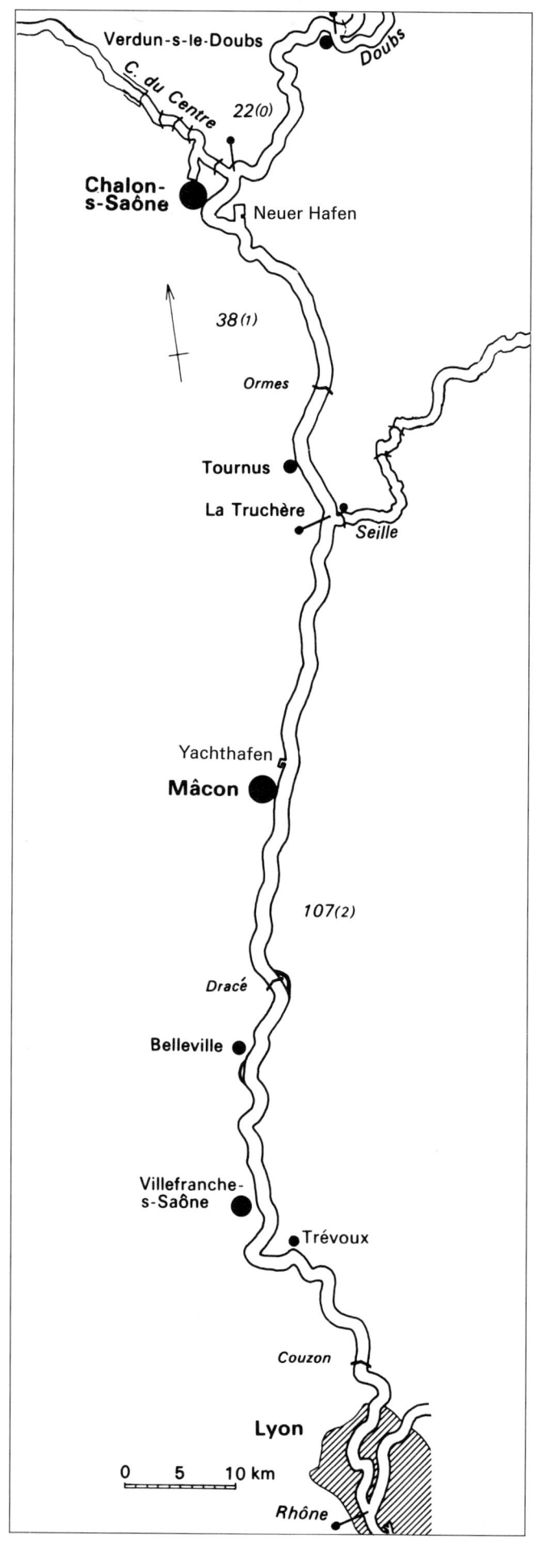

Entfernungstabelle	km	Schl.	km
Schleuse von Heuilley, Restaurant	127,0	17	238,4
Ende des Schleusenkanals	127,1	—	238,3
Einfahrt in die Vieille (Alte) Saône, RU nur flachgehende Schiffe	130,1	—	235,3
Pontailler, Brücke, Festmachen TW RU, kleine Stadt RU	130,2	—	235,2
Einmündung der (Vieille) Alten Saône RU	132,1	—	233,3
Vonges, Handelskai RU	132,2	—	233,2
Becken RU, total versandet,	134,6	—	230,8
Lamarche-sur-Saône, Brücke, Festmachen am LU, Ortschaft RU	136,0	—	229,4
Einfahrt in Schleusenkanal LU, Brücke	139,2	—	226,2
Schleuse von Poncey	140,5	18	224,9
Ende des Schleusenkanals	140,7	—	224,7
Insel (Ile de la Bouillie)	144,7	—	220,7
Auxonne, Brücke, Stadtzentrum LU	146,5	—	218,9
Einfahrt in Schleusenkanal LU, und SNCF Eisenbahnbrücke	147,0	—	218,4
Brücke und Sperrtor, Büro der Schiffahrtsbehörde-Unterabteilung	147,1	—	218,3
Schleuse von Auxonne	149,5	19	215,9
Ende des Schleusenkanals	149,6	—	215,8

Großschiffahrtsweg, Auxonne nach Lyon

	km	Schl.	km
Brücke (des Maillys)	155,8	—	209,6
Einmündung des Flusses Tille, RU, Untiefen	157,0	—	208,4
Kai für Schiffe, die Sand transportieren RU	157,6	—	207,8
Insel, Fahrrinne im linken Flußarm	158,5	—	206,9
Verbindung zum Rhein-Rhônekanal LU	160,4	—	205,0
Saint-Symphorien LU	161,6	—	204,8
Saint-Jean-de-Losne, Brücke, kleine Stadt RU	164,4	—	201,0
Einfahrt in das Hafenbecken (Gare d'Eau) RU, und Verbindung zum Canal de Bourgogne	164,6	—	200,8
Eisenbahn-Viadukt (Saint-Usage)	165,7	—	199,7
Handelskais RU	166,0	—	199,4
Ehemalige Einfahrt in den Schleusenkanal von Saint-Jean-de-Losne, ersetzt durch eine Abkürzung der Flußschleife (Fluß abgedämmt)	166,6	—	198,8
Ende der Abkürzung (Fluß abgedämmt)	167,3	—	198,1
Einfahrt in neuen Schleusenkanal LU (Damm von Pagny)	170,1	—	195,3
Brücke (Pagny)	172,5	—	192,9
Brücke (Labruyère)	174,6	—	190,8
Autobahnbrücke (A36)	175,8	—	189,6
Brücke (Chamblanc)	177,3	—	188,1
Schleuse von Seurre	179,4	1	186,0
Ende des Schleusenkanals und Festmachemöglichkeit für Seurre LU	179,9	—	185,5
Seurre, Brücke, kleine Stadt LU	180,3	—	185,1
Insel (Ile aux Princes), neue Fahrrinne an der rechten Seite, Charterfirma Bourgogne-Bouissonnière LU	180,4	—	184,5
Ehemalige Einfahrt in den Schleusenkanal von Seurre (auf der Saône bleiben)	182,1	—	183,3
Schleuse von Seurre (stillgelegt) LU, und Ende des Schleusenkanals	183,1	—	182,3

Saône

Entfernungstabelle	km	Schl.	km
Chivres-Viadukt (ehemals Eisenbahn, heute Straße)	184,5	—	180,9
Chazelles, LU, Kai, Restaurant	185,7	—	179,7
Einfahrt in neuen Schleusenkanal RU (**Charnay-les-Chalon** 700 m LU)	188,7	—	176,7
Schleuse von Ecuelles (ersetzt ehemalige Schleuse von Charnay)	189,9	2	175,2
Ende des Schleusenkanals	190,2	—	175,2
Ecuelles, Kai und kleine Ortschaft RU	190,9	—	174,5
Schleuse von Verdun (wird stillgelegt)	197,6	—	167,8
Einmündung des Doubs LU, Zufahrt nach **Verdun-sur-le-Doubs**	198,4	—	167,0
Brücke von Bragny	198,6	—	166,8
Chauvort RU (abgebaute Brücke)	200,2	—	165,2
Chauvort-Viadukt	200,6	—	164,8
Brücke von Gergy	205,9	—	159,5
Kraftstoff-Depot, Kai RU	208,4	—	157,0
Alleriot, LU	214,7	—	150,7
Verbindung zum Canal du Centre RU	220,5	—	144,9
Chalon-sur-Saône, Hafen RU	222,2	—	143,2
Yacht Club de Chalon, private Festmachemöglichkeiten LU	222,4	—	143,0
Chalon-sur-Saône, Brücke (Saint-Laurent), Stadtzentrum RU, Sportboothafen im Flußarm Génise TW, LU	223,4	—	142,0
Brücke (Jean-Richard)	224,0	—	141,4
Chalon-Eisenbahnviadukt	224,6	—	140,8
Neue Straßenbrücke (Pont Sud de Chalon)	226,7	—	138,7
Neuer Hafen von Chalon, Becken 1500 x 350 m, LU	227,8	—	137,6
Port d'Ouroux, LU, Restaurant	235,5	—	129,9
Brücke von Ouroux	235,6	—	129,8
Einmündung des Flusses Grosne RU	236,8	—	128,6
Brücke von Thorey	240,6	—	124,8
Schleuse von Grigny (stillgelegt) RU	242,2	—	123,2
Schleuse von Ormes (in kurzem Schleusenkanal LU)	246,2	3	119,2
Bootsklub von Tournus, Festmachemöglichkeiten RU	252,7	—	112,7
Tournus, Hängebrücke, Kai und Stadtzentrum RU	253,2	—	112,2
Brücke von Tournus	254,2	—	111,2
Verbindung zum Fluß Seille LU (lesen Sie bitte im Abschnitt Seille nach)	258,7	—	106,7
Brücke von Uzichy	262,2	—	103,2
Brücke von **Fleurville** (Verbindung zum stillgelegten Canal de Pont-à-Vaux), Restaurant RU, Ortschaft 1500 m	267,7	—	97,7
Einmündung des Flusses Reyssouze, LU	268,2	—	97,2
Asnières-sur-Saône, Restaurant mit Anlegesteg LU	275,2	—	90,2
Saint-Martin-Belle-Roche, Restaurant RU	276,3	—	89,1
Vésines, Restaurant mit Anlegesteg (wenig Tiefe davor) LU	277,7	—	87,7
Neue Straßenbrücke (Umgehung für Mâcon), Insel (Ile de Palme), Fahrwasser im linken Flußarm	280,7	—	84,7
Abzweigung des geplanten Umgehungskanal LU	281,9	—	83,5
Yachthafen von Mâcon, Einfahrt ins Hafenbecken RU	282,1	—	83,3
Mâcon, Brücke (Saint-Laurent), Festmachen TW RU	284,8	—	80,6
Hafen von Mâcon, Becken RU, Abzweigung des geplanten Umgehungskanal LU	286,4	—	79,0
Eisenbahnviadukt von Mâcon	287,0	—	78,4
Neuer Hafen Mâcon, Becken RU	288,0	—	77,4
TGV Eisenbahnviadukt (Hochgeschwindigkeitsverbindung Paris-Lyon, TGV = Train à grande vitesse)	290,2	—	75,2
Brücke von Arciat	292,5	—	72,9
Saint-Romain-des-Iles, Brücke, kleiner Sportboothafen TW RU	299,0	—	66,4
Thoissey, Brücke, Festmachen TW LU	301,8	—	63,6
Schleuse von Dracé RU	303,0	4	62,4
Ehemalige Schleuse von Thoissey (stillgelegt) LU	304,0	—	61,4

Tunneleinfahrt Savoyeux auf der Saône

Entfernungstabelle	km	Schl.	km
Inseln (betonnte Fahrrinne)	308,0	—	57,4
Insel Belleville	309,4	—	56,0
Belleville, Brücke (Stadt 800 m)	310,1	—	55,3
Nördliches Ende der Insel Montmerle (Fahrrinne am LU)	310,7	—	54,7
Südlicher Zipfel der Insel Montmerle	312,7	—	52,7
Montmerle, Brücke, kleine Stadt LU	313,0	—	52,4
Port Rivière RU	317,7	—	47,7
Fareins, Sportboothafen LU (Wasser, Benzin, Slipbahn, Restaurant)	322,0	—	43,4
Beauregard, Brücke	322,8	—	42,6
Industriehafen Villefranche RU	323,3	—	42,1
Jassans-Riottier, Sportboothafen LU, Ortschaft 400 m	324,5	—	40,9
Brücke von Frans, Handelskais TW RU	324,8	—	40,6
Saint-Bernard, Brücke, Schloß LU	330,1	—	35,3
Trévoux, Hängebrücke, Festmachen BW LU	334,1	—	31,3
Neue Brücke (Bootswerft und Festmachemöglichkeiten BW RU)	334,5	—	30,9
Ehemalige Schleuse von Bernalin (stillgelegt) LU	338,9	—	26,5
Saint-Germain-au-Montd'Or, ehemaliger Yacht Club du Rhône RU	342,5	—	22,9
Neuville-sur-Saône, Brücke	344,5	—	20,9
Schleuse von Couzon LU	347,9	5	17,5
Hängebrücke von Couzon	348,1	—	17,3
Fontaines-sur-Saône, Brücke	350,4	—	15,0
Nordende der Insel Ile Roy (Talfahrer halten sich im linken Fahrwasser)	351,0	—	14,4
Südende der Ile Roy (Bergfahrer halten sich im rechten Fahrwasser)	352,0	—	13,4
Eisenbahnviadukt von Collonges	353,0	—	12,4
Brücke von Collonges, 50 m zum Restaurant von Paul Bocuse	353,1	—	12,3
Insel (Ile Barbe) Fahrwasser im linken Flußarm	355,0	—	10,4
Brücke (Ile Barbe)	355,4	—	10,0
Ehemalige Schleuse LU	355,6	—	9,8

Lyon

	km	Schl.	km
Brücke (Mazaryk), Beginn des wechselnden Einbahnverkehrs bei Hochwasser	358,1	—	7,3
Brücke (Clémenceau)	358,5	—	6,9
Brücke (Général Koenig)	359,1	—	6,3
Brücke (Homme de la Roche)	359,9	—	5,5
Fußgängerbrücke (Saint-Vincent)	360,4	—	5,0
Brücke (La Feuillée)	360,6	—	4,8
Brücke (Maréchal Juin)	360,9	—	4,5
Ehemaliger Sportboothafen, Festmachen im Herzen von Lyon möglich LU	361,3	—	4,1
Brücke (Bonaparte)	361,5	—	3,9
Fußgängerbrücke (Saint-Georges)	361,8	—	3,6
Brücke (Kitchener-Marchand)	362,5	—	2,9
Autobahnbrücke (A6) und Eisenbahnviadukt (de la Quarantaine)	362,6	—	2,8
Port Rambaud (Handelskais LU)	364,0	—	1,4
Autobahnbrücke (A7) und Eisenbahnviadukt (de la Mulatière)	365,1	—	0,3
Lyon-La Mulatière, ehemalige Schleuse RU, Einmündung in die Rhône	365,4	—	0,0

Sarthe

Die Sarthe ist schiffbar vom Barrage d'Enfer, einem Wehr in le Mans, bis zu ihrem Zusammenfluß mit der Mayenne stromaufwärts von Angers; das ergibt zusammen 132 km. Auf den ersten 113 km bis zur Schleuse von Cheffes ist sie kanalisiert. Auf den restlichen 18 km muß man in der sommerlichen Trockenzeit mit verringerten Tiefen rechnen. Man will dieses Problem durch die Errichtung eines Wehrs mit einer Schleuse an der Maine, stromabwärts von Angers, lösen (bitte lesen Sie auch unter Mayenne-Maine nach). Die Sarthe bildet zusammen mit der Mayenne und dem Oudon das zauberhafte Flußrevier von Anjou, wo bereits einige Charterfirmen ansässig sind.

Schleusen Hier gibt es 20 Schleusen; 16 (bis zur Grenze zwischen den Départements Sarthe und Maine-et-Loire) sind 30,85 lang und 5,20 m breit. Die letzten vier sind 33,0 x 5,15 m groß.

Tiefen Der höchstzulässige Tiefgang ist 1,40 m, aber tatsächlich sind es bei niedrigem Wasserstand nur 1,10 m zwischen Le Mans und Sablé und etwas mehr auf den 18 km stromabwärts der Schleuse von Cheffes.

Brücken Von Le Mans bis km 86 haben die Brücken eine Mindestdurchfahrtshöhe von 3,90 m (vermindert auf 3,40 m über dem höchsten schiffbaren Wasserstand). An der restlichen Strecke sind es 4,40 m, bzw. 4,00 m über dem höchsten schiffbaren Wasserstand. Wenn man die Anlegestelle bei Malicorn, am Wehrbach bei km 47, erreichen möchte, muß man eine Brücke mit nur 2,35 m Durchfahrtshöhe passieren.

Treidelpfad Es gibt keinen Treidelpfad.

Behörden Direction Départementale de l'Equipement, Sarthe (Le Mans).
Unterabteilung: 1 Rue du Vert Galant, 72000 Le Mans, Tel. (43) 24.14.19 (km 0-86).
Service de la Navigation Maine-et-Loire, Quai Félix-Faure, 49000 Angers, Tel. (41) 43.61.49 (km 86-132).

Entfernungstabelle

	km	Schl.	km
Wehr (Barrage d'Enfer), Ende der Schiffahrt in **Le Mans**	0,0	—	131,6
Brücke (Pont Yssoir)	0,5	—	131,1
Brücke (Pont Saint-Jean)	0,8	—	130,8
Brücke (Pont Gambetta), Kai TW RU, Wasser, Stadtzentrum LU	0,9	—	130,7
Brücke (Pont du Greffier), Wehr LU	1,6	—	130,0
Brücke (Pont d'Eichtal)	1,8	—	129,8
Eisenbahnbrücke	2,1	—	129,5
Schleuse 1	2,2	1	129,4
Einmündung des Flusses Huisne LU	3,0	—	128,6
Neue Straßenbrücke (Umgehung für Le Mans)	3,3	—	128,3
Eisenbahnbrücke	4,0	—	127,6

Auf der Yonne unterhalb der Schleuse von St. Aubin

Auf dem Rhein-Rhône-Kanal bei Straßburg

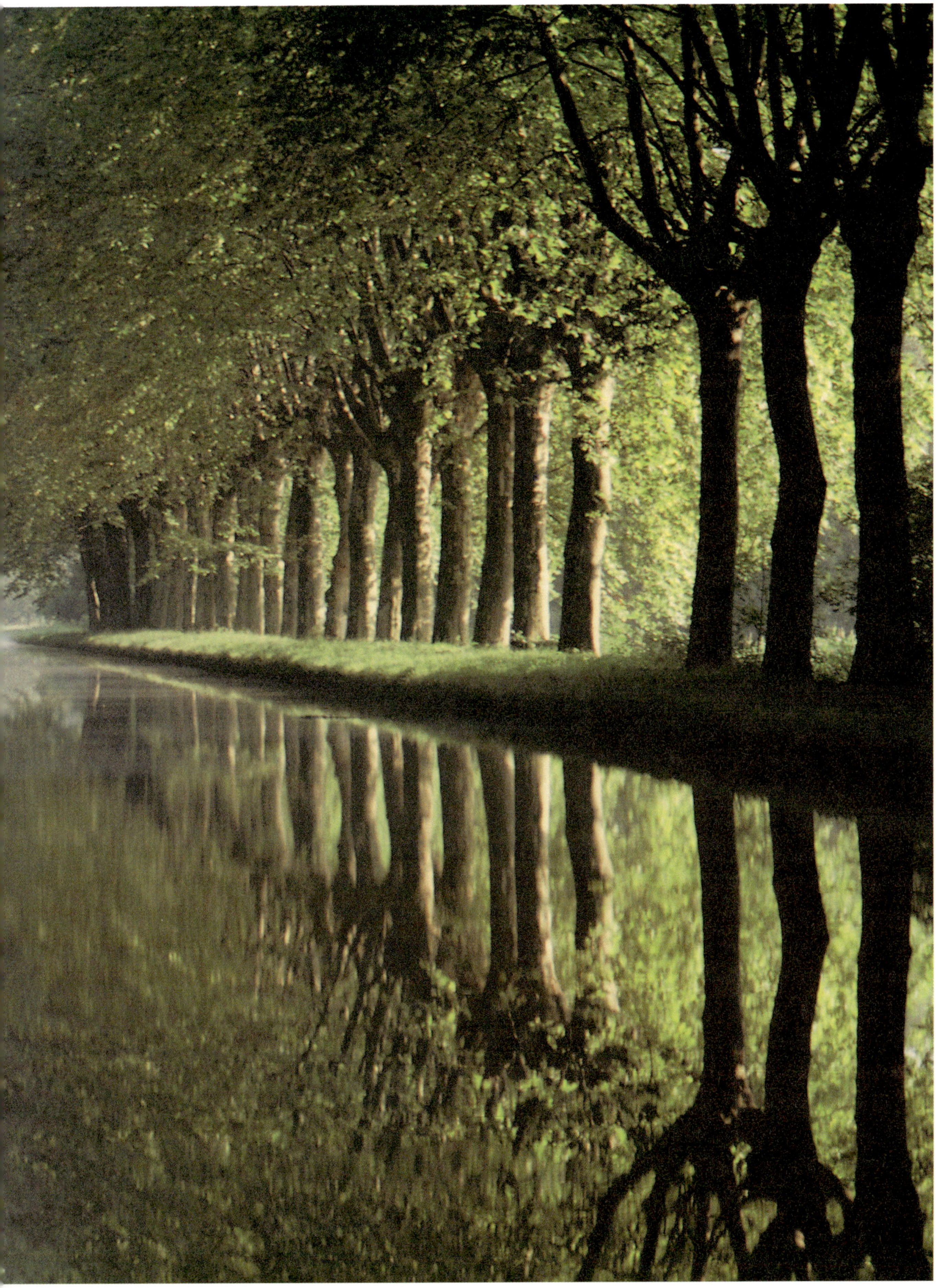

Burganlage in Ray-sur-Saône (Saône, oben)

Das „grüne Venedig" bei Coulon auf der Sèvre Niortaise (unten)

Auf dem Canal Ille-et-Rance in der Bretagne (rechts)

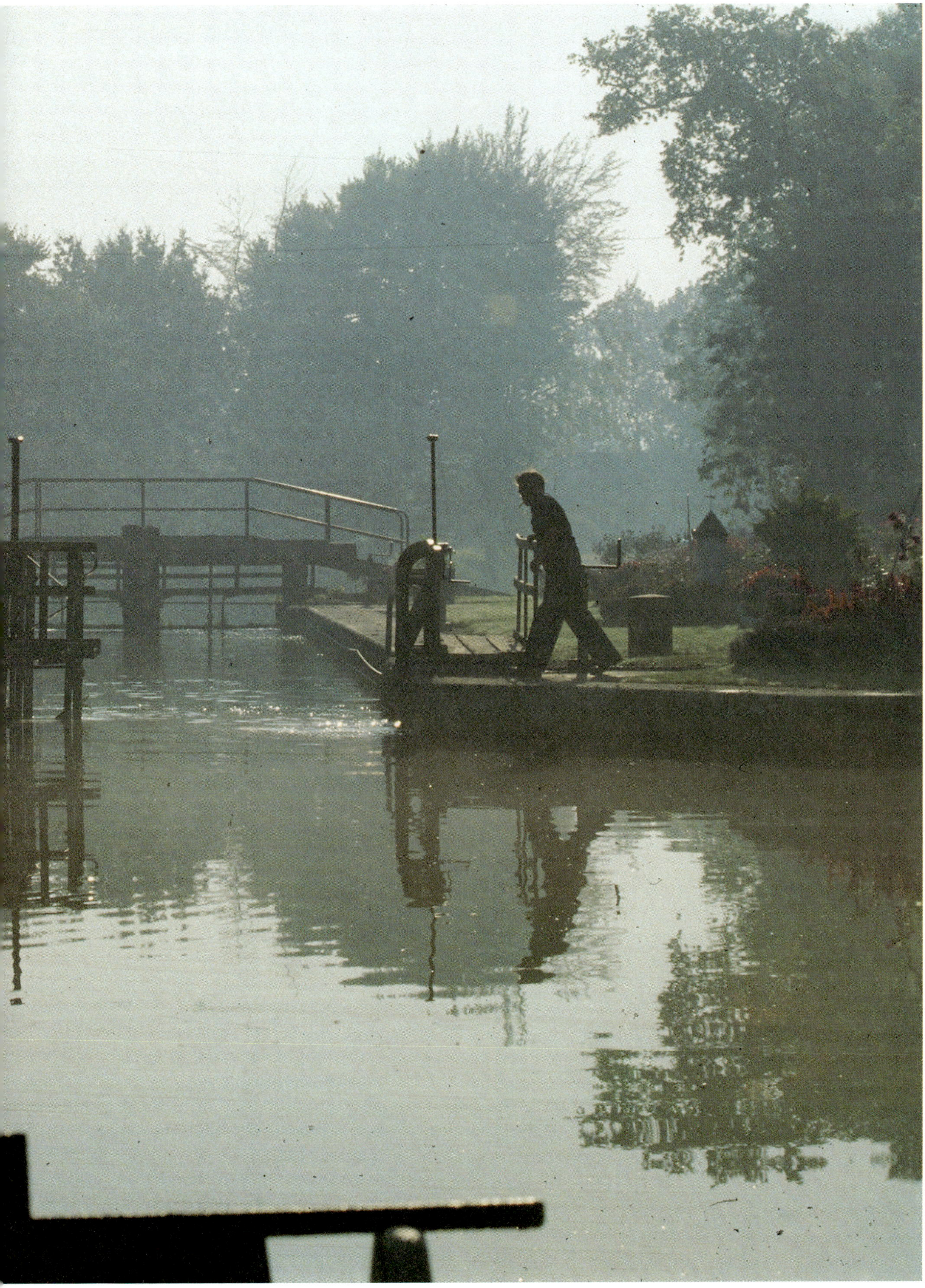

Innenhafen von Honfleur an der Seine-Mündung

Permanent FRUITS DE MER
FRUITS DE MER
STEACK FRITES CREPES
FRUITS DE MER
AGENCE PERIER
JANNICK
CAEN
LH 188886

Sonnenaufgang am Hafen von Marseillan am Strandsee von Thau

Entfernungstabelle	km	Schl.	km
Einfahrt in Schleusenkanal LU	4,4	—	127,2
Brücke (Pont Rouge)	4,6	—	127,0
Schleuse 2 (Raterie), Ende des Schleusenkanals, Wehr RU	5,0	2	126,6
Brücke (D147e)	5,2	—	126,4
Schleuse 3 (Cahoué) LU und Wehr	6,1	3	125,5
Neue Straßenbrücke	9,3	—	122,3
Arnage LU	10,6	—	121,0
Einfahrt in Schleusenkanal, LU, Brücke	13,0	—	118,6
Spay, Brücke, Ortschaft 600 m RU	13,3	—	118,3
Schleuse 4 (Spay), Ende des Schleusenkanals	14,1	4	117,5
Fillé, Brücke, Ortschaft RU	16,3	—	115,3
Einfahrt in Schleusenkanal RU	16,6	—	115,0

Entfernungstabelle	km	Schl.	km
Brücke	16,8	—	114,8
Brücke (Cheneaux)	20,2	—	111,4
Schleuse 5 (Roëzé), Ende des Schleusenkanals	22,0	5	109,6
Roëzé-sur-Sarthe, Brücke, Ortschaft RU	23,0	—	108,6
La Suze-sur-Sarthe, Brücke, Kai BW RU, Ortschaft LU	26,5	—	105,1
Einfahrt in Schleusenkanal RU	26,6	—	105,0
Eisenbahnbrücke	26,7	—	104,9
Schleuse 6 (La Suze), Ende des Schleusenkanals	27,0	6	104,6
Fercé-sur-Sarthe, Brücke, Ortschaft 200 m RU	32,5	—	99,1
Schleuse 7 (Fercé) LU und Wehr	33,0	7	98,6

Sarthe

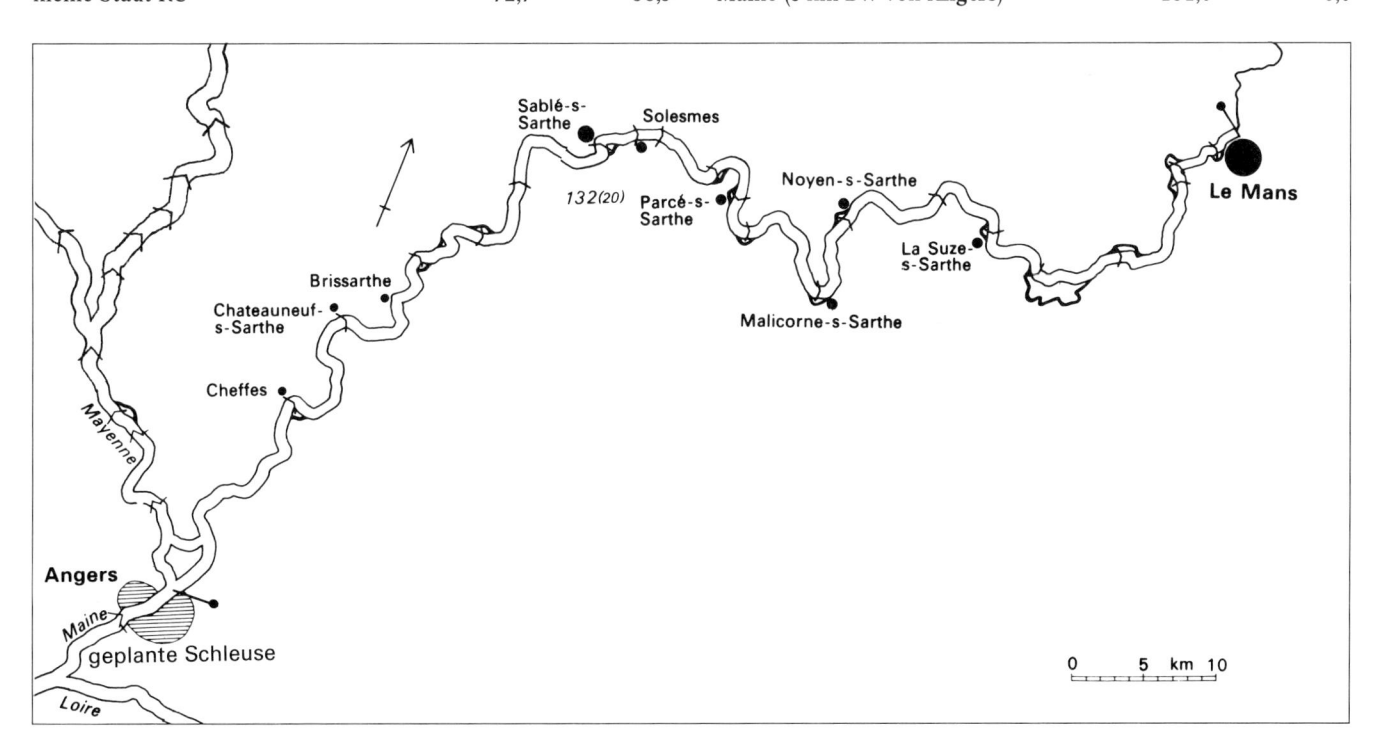

Entfernungstabelle	km	Schl.	km
Eisenbahnbrücke	39,7	—	91,9
Noyen-sur-Sarthe, Kai und Ortschaft RU, Wasser	40,6	—	91,0
Einfahrt in Schleusenkanal LU	40,6	—	91,0
Brücke	40,1	—	91,5
Schleuse 8 (Noyen), Ende des Schleusenkanals	41,0	8	90,6
Einfahrt in Schleusenkanal RU	46,3	—	85,3
Malicorne-sur-Sarthe, Brücke, Ortschaft 300 m LU (am Wehrarm, Zufahrt von Oberstrom)	46,6	—	85,0
Schleuse 9 (Malicorne), Ende des Schleusenkanals	47,0	9	84,6
Dureil, kleine Ortschaft mit Kirche LU	52,0	—	79,6
Schloß RU (Château de Pêcheseul)	53,5	—	78,1
Einfahrt in Schleusenkanal RU	54,6	—	77,0
Schleuse 10 (Ignères), Ende des Schleusenkanals	55,0	10	76,6
Einfahrt in Schleusenkanal RU	57,3	—	74,3
Parcé-sur-Sarthe, Brücke, Kai TW LU, Ortschaft 200 m	57,8	—	73,8
Schleuse 11 (Parcé), Ende des Schleusenkanals	58,0	11	73,6
Avoise RU	60,5	—	71,1
Einfahrt in Schleusenkanal RU	62,3	—	69,3
Schleuse 12 (Courtigné)	63,0	12	68,6
Ende des Schleusenkanals	63,4	—	68,2
Einmündung des Flusses Vègre RU	64,5	—	67,1
Schleuse 13 (**Juigné-sur-Sarthe**) RU und Wehr, Ortschaft RU	68,6	13	63,0
Solesmes, Brücke, Kai BW LU, Ortschaft und Abtei LU	69,8	—	61,8
Schleuse 14 (Solesmes) in kurzem Schleusenkanal RU, Drehbrücke	70,0	14	61,6
Eisenbahnbrücke (Port-Etroit), Kai RU	71,6	—	60,0
Neue Straßenbrücke (Umgehung für D309)	72,3	—	59,3
Sablé-sur-Sarthe, Brücke, Kai TW LU, kleine Stadt RU	72,7	—	58,9

Entfernungstabelle	km	Schl.	km
Schleuse 15 (Sablé), Wehrarm, mündet am LU	73,1	15	58,5
Inseln	74,5	—	57,1
Insel	75,7	—	55,9
Eisenbahn-Viadukt	77,1	—	54,5
Schleuse 16 (Beffes) in kurzem Schleusenkanal RU, Drehbrücke	81,3	16	50,3
Schleuse 17 (Pendu) in kurzem Schleusenkanal RU, Wehr und Mühle LU	87,2	17	44,4
Morannes, Brücke, Kai TW LU, Ortschaft LU	90,5	—	41,1
Einfahrt in den Schleusenkanal RU	92,5	—	39,1
Schleuse 18 (Villechien), Wehr und Wasserkraftwerk LU	93,4	18	38,2
Brissarthe, Kai und Ortschaft RU	97,3	—	34,3
Le Porage, Bahnhof, LU	99,2	—	32,4
Schleuse 19 (Châteauneuf-sur-Sarthe) RU und Wehr	102,9	19	28,7
Châteauneuf-sur-Sarthe, Brücke, Kai TW RU, Ortschaft RU	103,3	—	28,3
Juvardeil, Kai und Ortschaft RU	105,8	—	25,8
Der Fluß teilt sich, man fährt im rechten Flußarm	108,6	—	23,0
(Bergfahrer) Fluß teilt sich, im rechten Flußarm fahren	110,3	—	21,3
Wehr (Cheffes) LU	112,5	—	19,1
Brücke (D74)	113,0	—	18,6
Schleuse 20 (Cheffes) LU und Wehr	113,3	20	18,3
Cheffes RU	113,4	—	18,2
Briollay Brücke, Ortschaft TW LU	119,9	—	11,7
Einmündung des Flusses Loir, LU	121,9	—	9,7
Ecouflant LU	126,7	—	4,9
Einmündung der Vieille (Alte) -Maine (ein 3 km weit schiffbarer Flußarm verbindet mit der Mayenne) RU	127,0	—	4,6
Insel, an RU-Seite vorbeifahren	129,5	—	2,1
Zusammenfluß mit Mayenne und Maine (3 km BW von **Angers**)	131,6	—	0,0

Scarpe

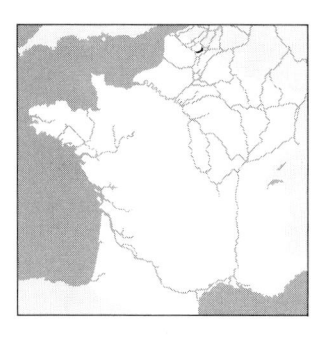

Der kanalisierte Fluß Scarpe beginnt im Kanalbecken von Arras (das mit dem Fluß durch ein kurzes Kanalstück verbunden ist) und endet bei Mortagne, wo er in die Schelde einmündet. Er wird in drei Abschnitte eingeteilt:
- Scarpe Supérieure, von Arras bis Corbehem (23 km);
- Scarpe Moyenne, von Corbehem bis Schleuse No.1 (Fort-de-Scarpe (7 km);
- Scarpe Inférieure, von Fort-de-Scarpe bis Mortagne (36 km).

Der größte Teil des zweiten Abschnitts, der durch die Stadt Douai führt, ist als Folge des Baus eines Umgehungskanals, (Dérivation de la Scarpe autour du Douai/Umleitung der Scarpe um Douai), der zum Großschiffahrtsweg Dünkirchen-Schelde gehört, gesperrt worden. Dieser Kanal zweigt vom linken Scarpe-Ufer, gegenüber der Verbindungsstelle zum Canal de la Sensée, ab, führt zum Westteil der Stadt und hat in den nördlichen Vororten Anschluß an den Canal de la Deûle. Um die Schiffahrt auf der Scarpe nicht zu unterbrechen, wurde ein 800 m langer Verbindungskanal (Canal de Jonction) gebaut, der vom Umgehungskanal bei km 6,2 abgeht und in die Scarpe Moyenne stromabwärts der Brücke Pont Vauban wiedereintritt.

Die Entfernungsangaben unserer Tabelle beziehen sich auf die ursprüngliche Strecke von Arras bis Mortagne, die insgesamt 66 km lang ist. Die Strecke, die von der Schiffahrt tatsächlich genutzt wird, führt über die Umleitung und ist 1 km länger (siehe Plan).

Schleusen Auf der Scarpe Supérieure gibt es neun Schleusen mit den Abmessungen 38,50 x 5,20 m. Die Schleusen auf der Scarpe Moyenne sind außer Betrieb, auf dem Umgehungskanal haben sie große Abmessungen. Courchelette (écluse sud/Südschleuse) und Douai (écluse nord/Nordschleuse) haben zwei Kammern 144,60 x 12,0 m und 91,60 x 12,0 m. Am Canal de Jonction gibt es keine Schleuse. Die sechs Schleusen auf der Scarpe Inférieure sind 38,70 m lang und 5,20 m breit.

Tiefen Der höchstzulässige Tiefgang beträgt 1,80 m am Kanal Saint-Michel in Arras, 2,20 m auf der restlichen Scarpe Supérieure, 3,00 m am Umgehungskanal und 2,00 m auf der Scarpe Inférieure.

Dorigues nahe Douai an der Scarpe

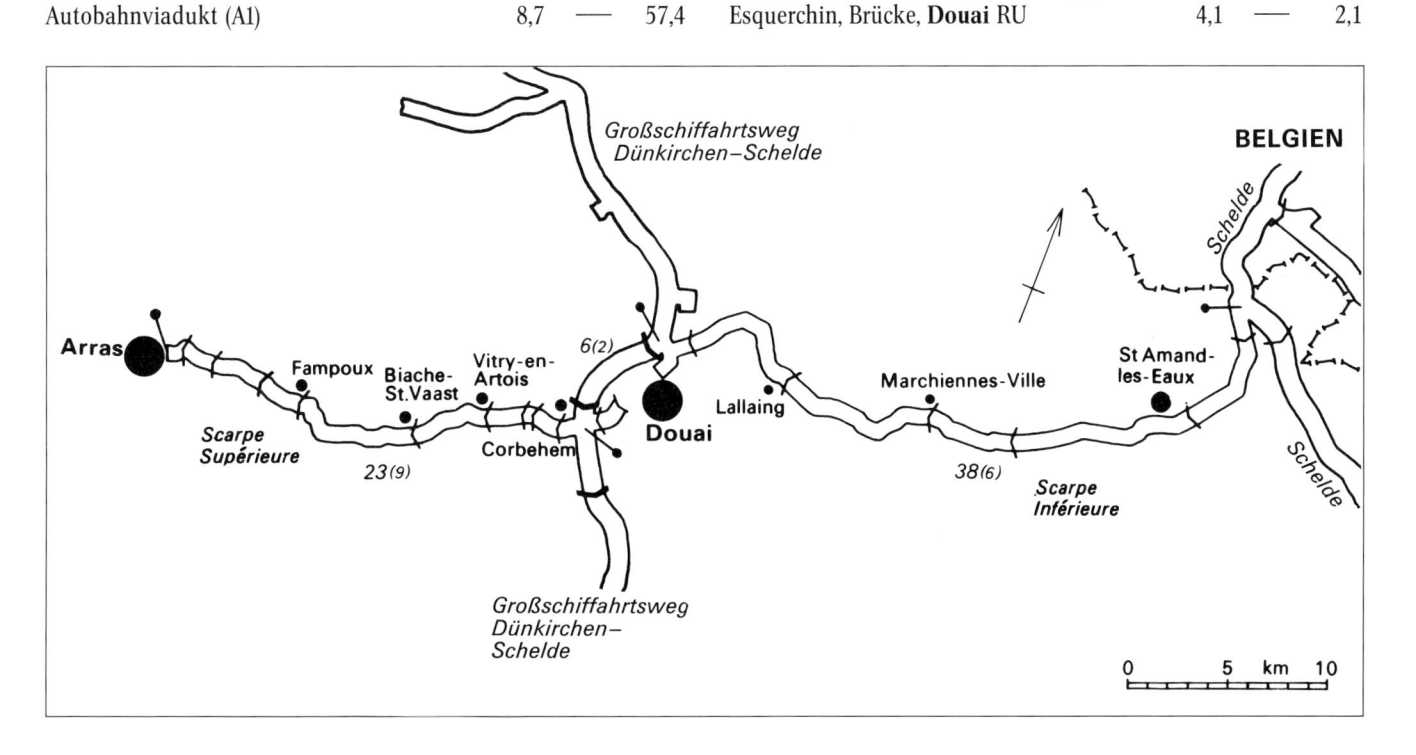

Brücken Unterhalb der Pont des Grès in Arras, die eine Durchfahrtshöhe von 3,50 m hat, beträgt die lichte Höhe aller festen Brücken 4,10 m über normalem Wasserstand. Die geringste Durchfahrtshöhe am Umgehungskanal beträgt 5,25 m.

Treidelpfad Es verläuft ein Treidelpfad neben der gesamten Strecke.

Behörden Direction Régionale de la Navigation, Lille.
Unterabteilungen:
– 194 Rue de la Tour des Dames, BP 839, 59508 Douai, Tel. (27) 87.12.55 (km 0-51).
– 24 Chemin du Halage, 593000 Valenciennes, Tel. (27) 46.23.41. (km 51-66).

Entfernungstabelle

	km	Schl.	km
Scarpe Supérieure (Obere Scarpe)			
Arras, Kanalbecken, öffentliche Kais, Stadtzentrum 300 m	0,0	—	66,1
Brücke (Pont des Grès), man fährt im Canal Saint-Michel	0,2	—	65,9
Schleuse 28 (Saint-Nicholas), man fährt in die Scarpe ein	0,6	1	65,5
Hauptstraßenbrücke (N25), öffentlicher Kai BW LU	0,9	—	65,2
Becken RU	1,3	—	64,8
Schleuse 29 (Saint-Laurent-Blangy) in kurzem Kanal LU, Brücke	2,3	2	63,8
Eisenbahnviadukt	3,9	—	62,2
Chemische Fabrik RU, Kai	4,0	—	62,1
Schleuse 30 (**Athies**) in kurzem Kanal, LU, Brücke, Ortschaft 300 m LU	5,0	3	61,1
Schleuse 31 (Fampoux) in kurzem Kanal RU, Brücke	7,3	4	58,8
Fampoux, Kai LU, Ortschaft 800 m LU	7,9	—	58,2
Eisenbahnviadukt	8,1	—	58,0
Autobahnviadukt (A1)	8,7	—	57,4

	km	Schl.	km
Entfernungstabelle			
Roeux, Brücke, Kai TW LU, Ortschaft 300 m LU	10,1	—	56,0
Pelves, Kai RU, Ortschaft 400 m	11,0	—	55,0
Privates Becken LU (Zementfabrik)	11,6	—	54,5
Autobahnviadukt (A26)	12,3	—	53,8
Biache-Saint-Vaast, Kai LU, kleine Stadt 400 m LU	14,1	—	52,0
Schleuse 32 (Biache-Saint-Vaast) in kurzem Kanal RU, Brücke	14,2	5	51,9
Privates Becken (Zementfabrik)	14,3	—	51,8
Vitry-en-Artois, Brücke, Kai BW LU, kleine Stadt LU	17,3	—	48,8
Brücke	17,7	—	48,4
Schleuse 33 (Vitry) RU, Wehr	18,0	6	48,1
Schleuse 34 (Brébières-Haute-Tenue) in kurzem Kanal LU	20,1	7	46,0
Schleuse 35 (Brébières-Basse-Tenue), Brücke	20,6	8	45,5
Brébières, Kai LU, Ortschaft 400 m	21,0	—	45,1
Rohrbrücke und Förderanlage	22,0	—	44,1
Private Becken	22,1	—	44,0
Schleuse 36 (Corbehem)	22,4	9	43,7
Corbehem, Brücke, Ortschaft LU	22,6	—	43,5
Verbindung zum Scarpe-Umgehungskanal und zum Canal de la Sensée (GSW D-S)	23,1	—	43,0
Scarpe-Umgehungskanal (Umleitung der Scarpe um Douai)			
Verbindung zur Scarpe Supérieure und zur Scarpe Moyenne (schiffbar nur 600 m bis zu einer stillgelegten Schleuse)	0,0	—	6,2
Schleuse (Courchelettes), Brücke, Wasser	0,2	10	6,0
Eisenbahnbrücken	0,6	—	5,6
Neue Straßenbrücke (Umgehung für Douai)	1,6	—	4,6
Arras, Brücke (N50)	2,0	—	4,2
Kai RU, Kraftstoff, Wasser (Elf-Garage)	3,3	—	2,9
Esquerchin, Brücke, **Douai** RU	4,1	—	2,1

Entfernungstabelle	km	Schl.	km
Schleuse (Douai), Wasser	4,4	11	1,8
Fußgängerbrücke	4,8	—	1,4
Brücke (Ocre)	4,9	—	1,3
Kai (Lepercq), LU, Kraftstoff, Wasser (Mobil-Garage)	6,1	—	0,1
Verbindung mit dem Canal de Jonction (Verbindung mit der Scarpe Moyenne TW von Douai)	6,2	—	0,0
Canal de Jonction (Verbindungskanal)			
Verbindung zum Scarpe-Umgehungskanal (km 6,2)	0,0	—	0,8
Brücke (Boulevard Lahure)	0,1	—	0,7
Brücke (Chemin Vert)	0,7	—	0,1
Verbindung zur Scarpe Moyenne	0,8	—	0,0
Scarpe Moyenne (Mittlere Scarpe)			
Verbindung mit dem Canal de Jonction (die Scarpe Moyenne ist schiffbar 900 m BW bis zu einer ehemaligen Hubbrücke in **Douai**)	29,0	—	37,1
Eisenbahnbrücke	29,1	—	37,0
Eisenbahnbrücke	29,2	—	36,9
Becken LU (ehemalige Verbindung zum Canal de la Deûle, stillgelegt)	29,9	—	36,2
Scarpe Inférieure (Untere Scarpe)			
Schleuse 1 (Fort-de-Scarpe)	30,0	12	36,1
Brücke (Pont Rouge)	30,4	—	35,7
Neue Straßenbrücke (Umgehung für Douai)	31,1	—	35,0
Raches, Hubbrücke, Ortschaft LU	33,3	—	32,8
Fußgängerbrücke (Anhiers)	34,8	—	31,3
Lallaing, Hubbrücke, kleine Stadt 400 m LU	36,4	—	29,7
Schleuse 2 (Lallaing)	36,8	13	29,3
Kai LU	37,6	—	28,5
Hubbrücke (Germignies)	37,9	—	28,2
Private Eisenbahnbrücke	38,8	—	27,3
Rohrbrücke	39,5	—	26,6
Pumpwerk RU	40,3	—	25,8
Vred, Drehbrücke, Ortschaft LU	41,5	—	24,6
Schleuse 3 (Marchiennes), Wasser	45,3	14	20,8
Marchiennes, Brücke, öffentlicher Kai TW RU, kleine Stadt LU	45,5	—	20,6
Eisenbahnbrücke	46,9	—	19,2
Gas-Rohrbrücke	47,2	—	18,9
Schleuse 4 (**Warlaing**), Hubbrücke, Ortschaft 500 m LU	49,7	15	16,4
Hasnon, Brücke, Ortschaft RU	54,2	—	11,9
Autobahnbrücke (C27)	54,5	—	11,6
Eisenbahnbrücke (Saint-Amand)	57,6	—	8,5
Saint-Amand-les-Eaux, Hubbrücke (Straße nach Valenciennes), Fußgängerbrücke BW, Kai BW LU, Stadtzentrum 500 m LU	58,2	—	7,9
Hubbrücke (Straße nach Condé), Fußgängerbrücke TW	59,1	—	7,0
Schleuse 5 (Saint-Amand)	59,3	16	6,8
Neue Straßenbrücke (Umgehung für Saint-Amand)	59,9	—	6,2
Nivelle, Brücke, Ortschaft 800 m LU	62,3	—	3,8
Schleuse 6 (Thun), Hubbrücke	64,8	17	1,3
Mortagne, Hubbrücke	65,8	—	0,3
Einmündung in die Schelde	66,1	—	0,0

Seille

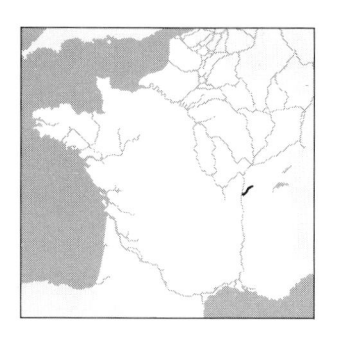

Viele Yachtskipper, die über die Saône zum Mittelmeer eilen, fahren an der Einfahrt zur Seille, bei La Truchère, stromabwärts von Tournus, vorbei, ohne an diesen Fluß irgendeinen Gedanken zu verschwenden, doch das ist schade, denn die Seille ist eines der hübschesten Flüßchen zum Wasserwandern. Sie ist kanalisiert, hat vier Schleusen und schlängelt sich friedlich an sattgrünen Wiesen und bewaldeten Hügeln vorbei. Die abwechslungsreiche ländliche Gegend bildet einen angenehmen Kontrast zum einförmigen Bild des breiten Saônetales.

Die Seille ist 39 km lang, von La Truchère bis zum Ende der schiffbaren Strecke im malerischen Städtchen Louhans.

Schleusen Es gibt vier Schleusen, die alle in kurzen Kanälen am linken Ufer liegen und einen Höhenunterschied von insgesamt 7,20 m überwinden. Die ersten Schleuse in La Truchère ist 38,50 x 5,20 m; die anderen drei sind 30,40 m lang und 6,20 m breit. An den Schleusen No. 2 (Brienne) und No. 3 (Loisy) schleust man sich eigenhändig durch, da es hier keine Schleusenwärter mehr gibt.

Tiefen Der höchstzulässige Tiefgang beträgt 1,50 m.

Mühle bei Loisy an der Seille

Brücken Die höchstzulässige Festhöhe beträgt 4,70 m, bzw 3,90 m über dem höchsten schiffbaren Wasserstand.

Schiffahrtsbestimmungen Die Höchstgeschwindigkeit ist auf 10 km/h und in den Schleusenkanälen auf 6 km/h festgesetzt. Da der Fluß kanalisiert ist, hat er nur sehr wenig Strömung. Die Tiefen sind gleichmäßig auf der gesamten Breite, so daß es keine besonderen navigatorischen Probleme gibt. Bei Hochwasser können Querströme das Ein- und Ausfahren bei den Schleusen schwierig gestalten.

Tourismus Man fühlt sich beinahe ins vorige Jahrhundert versetzt. Alles ist sehr geruhsam hier, die Landschaft wirkt wie verzaubert, die alten Mühlen und Schlösser sind wie aus dem Bilderbuch, Schleusen kann man gemächlich selber bedienen; das Wort Hektik vergißt man hier ganz schnell. Man kann überall festmachen, sofern man einen geeigneten Baum, einen Pflock oder einen Brückenpfeiler findet.

Versorgungsmöglichkeiten Louhans: Hat Einkaufsmöglichkeiten, Wasser gibt es am Kai am rechten Ufer.
Branges: Im alten Hafen, bei den Mietbooten, gibt es Strom und Wasser am Anleger; Kraftstoff bekommt man in der Nähe. Man findet hier auch bescheidene Einkaufsmöglichkeiten und ein Postamt.
Loisy: Der Ort mit der schönsten alten Mühle hat ebenfalls nur bescheidene Einkaufsmöglichkeiten, man bekommt auch kein Diesel, nur Benzin.
Ratenelle und La Truchère: Im Hotel bzw. in einer Auberge gibt es sogenannte „Brot-Depots".

Behörden Direction Départementale de l'Equipement, Saône-et-Loire.
Unterabteilung: 9 Ecluse Océan, 71307 Montceau-les-Mines, Tel. (85) 57.21.98.

Entfernungstabelle

	km	Schl.	km
Verbindung zur Saône gegenüber der Kilometertafel 106 (etwas BW des Waldes am LU)	0,0	—	39,0
Schleuse von La Truchère	0,7	1	38,3
La Truchère, Kai (Restaurant und Café)	1,1	—	37,9
Brücke (Pont-Seille)	3,7	—	35,3
Ratenelle, Brücke, Ortschaft 500 m RU	8,6	—	30,4
Eisenbahnbrücke (stillgelegt)	9,0	—	30,0
Schleuse von Brienne	13,2	2	25,8
Cuisery, Brücke, Ortschaft 500 m RU	13,6	—	25,4
Loisy, abgebaute Brücke, Ortschaft 500 m RU	17,8	—	21,1
Schleuse von Loisy	18,2	3	20,6
Brücke (Port de Chevreuse)	23,4	—	15,6
Bantanges	27,7	—	11,3
Verbindung mit dem Ausfluß eines Wehrs, RU, schiffbar 600 m BW bis nach **Branges**, Ortschaft mit einem Sportboothafen und Basis der Charterfirma Croizur	34,8	—	4,2
Schleuse von Branges	35,5	4	3,5
Louhans, Einmündung des Flüßchens Solnan LU, Straßen- und Eisenbahnbrücken, Stadtzentrum LU	38,8	—	0,2
Ende der Schiffahrt	39,0	—	0,0

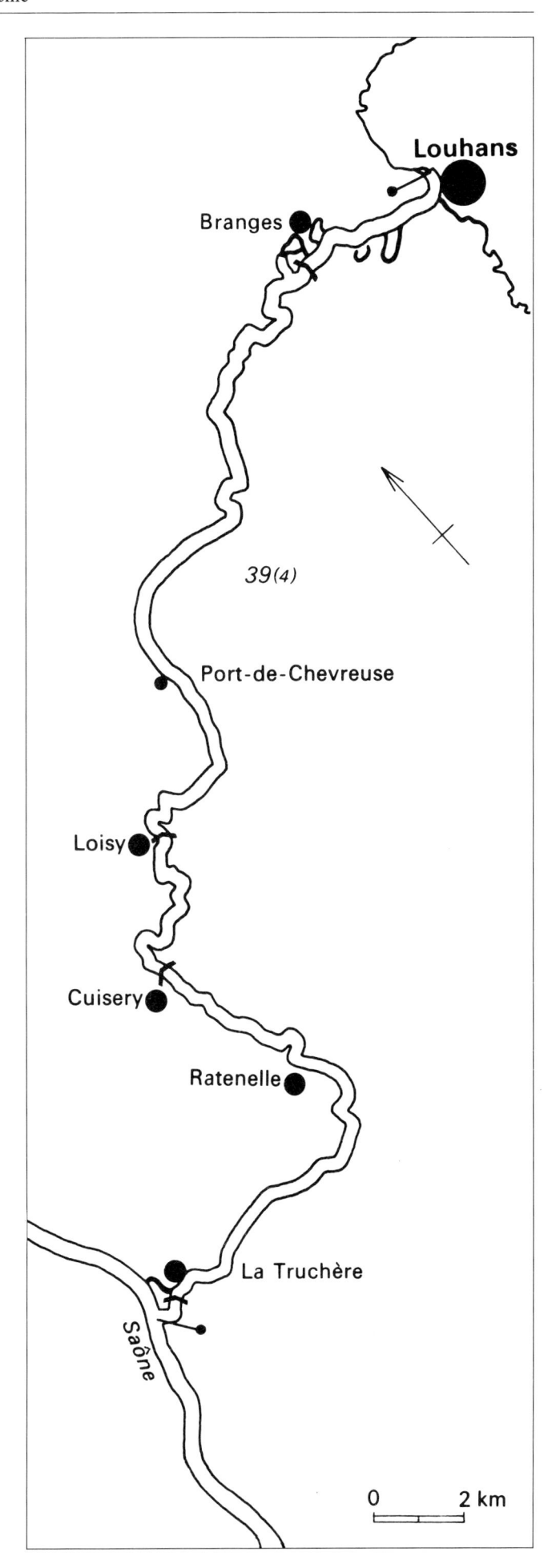

Seine

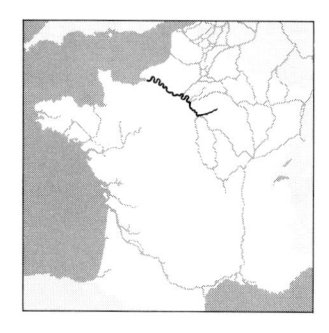

Die Seine entspringt in den Côte d'Or-Bergen und mündet bei Le Havre in den Englischen Kanal. Sie ist beinahe 800 km lang, war stets ein gut befahrener Fluß und ist heute eine Hauptader für den Gütertransport in Frankreich; sie wird von Schiffen mit großer Ladekapazität und Schubverbänden befahren; die schiffbare Strecke erstreckt sich von der Einmündung des Flusses Aube (und der Verbindungsstelle mit dem ehemaligen Canal de la Haute-Seine) in Marcilly bis nach Le Havre und ist 517 km lang.
Eigentlich sollte man die Seine in fünf oder sechs Abschnitte einteilen, um ihre Bestimmung, die unterschiedliche Verwaltung und die wechselnden Merkmale für die Schiffahrt zu verdeutlichen, aber das würde zu weit führen und wäre wahrscheinlich auch zu verwirrend, daher beschreiben wir sie in zwei Abschnitten:
1. Von Marcilly bis Paris (Pont de la Tournelle), 169 km;
2. Von Paris nach Le Havre, 348 km.

Erster Abschnitt   Marcilly — Paris

Trotz des regen Schiffsverkehrs ist die Seinelandschaft oberhalb Paris weitgehend unzerstört und sehr malerisch. Auf den ersten 68 km von Marcilly stromabwärts ist sie eine „Sackgasse", aber sie wird trotzdem für die Großschiffahrt ausgebaut, um den regen Getreidehafen Nogent (km 20) zu bedienen. Die tatsächlichen Entfernungen unterscheiden sich etwas von den Angaben in der Tabelle, je nachdem, an welchem Punkt die Bauarbeiten gerade angelangt sind. Dieser Teil des Flusses heißt Petite-Seine, die Kleine Seine.
Die Haute-Seine beginnt bei Montereau (km 68), am linken Ufer mündet die kanalisierte Yonne ein. Dadurch wird die Seine zu einem Teil der Bourgogne-Route, die Paris mit Südfrankreich verbindet. Etwas weiter stromabwärts, in Saint-Mammès (km 81), erhält die Seine durch den Canal du Loing Verbindung zu der wichtigen Bourbonnais-Route, die ebenfalls nach Süden führt.
Die Ausbauarbeiten auf der Haute-Seine wurden in den frühen Siebzigerjahren fertiggestellt und sind daher in der Entfernungstabelle genau erfaßt.
Die Seine hat außerdem Verbindung zur kanalisierten Marne bei Charenton (km 163). In Paris (km 168) schließt der Canal Saint-Martin, einer der Kanäle von Paris, an die Seine an. Der offizielle Beginn der Basse-Seine (untere Seine) liegt bei der Brücke Pont Marie, aber wir nehmen als Grenze zwischen dem 1. und 2. Abschnitt lieber die Brücke Pont de Tournelle an, die am linken Seine-Arm hinter der Insel Saint-Louis liegt, denn der rechte Arm, den die Brücke Pont Marie überspannt, wird von der Schiffahrt nicht benutzt. Die beiden Brücken liegen auf gleicher Höhe zu beiden Seiten der Insel und daher spielt es für die Entfernungsangaben gar keine Rolle, bei welcher man zu zählen anfängt.

Schleusen   Zur Zeit gibt es auf der Strecke von Marcilly nach Paris 19 Schleusen. Elf davon liegen an der Petite-Seine und überwinden bis Montereau hinunter einen Höhenunterschied von 21 m. Die acht Schleusen auf der Haute-Seine gleichen einen Höhenunterschied von 20 m aus. Die ersten vier Schleusen nach Nogent hinunter sind 38,90 m lang und 7,90 m breit.
Die nächsten fünf, nach Bray-sur-Seine hinunter, haben dieselbe Breite, sind aber etwas länger (51,50 m). Diese Schleusen werden im Zuge des gegenwärtigen Ausbauprogrammes entweder vergrößert oder ausgeschaltet werden. Die letzten beiden Schleusen in diesem Abschnitt, Grande Bosse und Marolles, sind in den siebziger Jahren erbaut worden und haben die Abmessungen 185 x 12 m. Ähnlich groß sind die acht Schleusen auf der Haute-Seine unterhalb von Montereau. Die beiden Kammern dieser Schleusen, ausgenommen in Varennes, liegen nebeneinander oder zu beiden Seiten des Wehrs. Alle Wehre sind neuen Datums und haben bewegliche Klappen; wenn ein bestimmter hoher Wasserstand erreicht ist, werden diese abgesenkt, um den Schiffen die Durchfahrt zu ermöglichen.
Die großen Schleusen werden elektrisch betrieben und durch Lichter geregelt, aber Sportschiffer bekommen von den Schleusenwärtern oft zusätzliche Anweisungen über eine Lautsprecheranlage.

Tiefen   Der höchstzulässige Tiefgang ist 1,40 m von Marcilly bis Nogent (km 20), 1,80 m bis nach Bray-sur-Seine (km 45), und 2,20 m bis Montereau (km 68), und von da bis Paris 2,80 m.

Brücken   Die folgende Aufstellung zeigt die Mindestdurchfahrtshöhen der festen Brücken:

	bei normalem Wasserstand	bei höchstem schiffbaren Wasserstand
Von Marcilly nach Nogent	3,40 m	2,80 m
Von Nogent zur Schleuse Grande Bosse	4,35 m	3,40 m
Von Grande Bosse nach Paris	5,50 m	3,60 m

Treidelpfad   An der Seine gibt es keinen Treidelpfad.

Behörden   Service de la Navigation de la Seine, Arrondissement Haute-Seine.
Unterabteilungen:
– Ecluse de Nogent, 10400 Nogent-sur-Seine, Tel. (25) 25.84.09 (km 0-68)
– 26 Quai Hipollyte Rossignol, 77000 Melun, Tel. (6) 439.54.22 (km 68-142).
– 103 Quai Blanqui, 94140 Alfortville, Tel. (1) 375.32.24 (km 142-165). Arrondissement Paris et Marne.
Unterabteilung: 2 Quai de la Tournelle, 75005 Paris, Tel. (1) 325.45.73 (km 165-169).

Zweiter Abschnitt   Paris — Le Havre

Im Stadtgebiet von Paris bis km 9 ist die Seine sehr stark befahren und es ist ein wenig kompliziert dort zu navigieren, wegen der zahlreichen Brücken und wegen der Inseln, die bei der Berg- bzw. Talfahrt auf der jeweils vorgeschriebenen Seite passiert werden müssen. In der Entfernungstabelle geben wir die Routen an, die Sie fahren müssen; wir erwähnen auch diejenigen Seine-Arme, die von der Schiffahrt nicht benutzt werden dürfen. Dazu gehört der Bras Marie am rechten Ufer der Ile Saint-Louis, auf dem nur „Bateaux-mouche" stromabwärts fahren dürfen.
Die Durchfahrt an den beiden Inseln im Herzen von Paris (am linken Ufer der Ile Saint-Louis und am rechten Ufer der Ile de la Cité) erfolgt im wechselnden Einbahnverkehr, der wie folgt festgelegt ist:
Für Bergfahrer: zwei waagerecht angeordnete grüne Lichter an der Pont au Change bedeuten „freie Fahrt" zu jeder vollen Stunde bis 20

Die Pont Alexandre III in Paris

Minuten danach (00.00-00.20). Von 20 Minuten danach bis zur nächsten vollen Stunde erscheinen zwei rote Lichter und die Fahrzeuge müssen warten (00.20-00.00).
Für Talfahrer: zwei an der Pont Sully waagerecht angeordnete grüne Lichter bedeuten „freie Fahrt" von 00.35-00.50.
Bergfahrer können auch durch den Bras de la Monnaie fahren, aber man muß dort, besonders bei Hochwasser, Vorsicht walten lassen. Weitere an den Brücken verwendete Schiffahrtszeichen haben wir in der Einleitung zu diesem Buch beschrieben.
Stromabwärts der Stadt Paris wird der Schiffsverkehr immer dichter. Zu Frachtern mit großer Ladekapazität und Schubverbänden kommen noch Küstenmotorschiffe mit niedrigen Aufbauten hinzu. Letzere erzeugen starken Wellenschlag und machen dadurch kleinen Sportbooten das Leben schwer. Die kanalisierte Seine endet bei der Schleuse von Amfreville-Poses (km 202); danach wird sie von den Gezeiten beeinflußt; die Grenze der Binnenschiffahrt liegt bei Rouen (km 242). Auf der gezeitenabhängigen Strecke muß man beim Anlegen an den Tidenhub denken, um nicht plötzlich auf Grund zu sitzen oder hoch und trocken an der Kaimauer zu hängen. Ab dem Hafen von Rouen gehört das Mündungsgebiet der Seine zu den See-Schiffahrtsstraßen, die Seegrenze verläuft 105 km weiter stromabwärts, zwischen der Mündung des Flusses Risle und dem Fischerhafen Honfleur.
Die Untere Seine hat nur zwei schiffbare Verbindungen: mit dem Canal Saint-Denis (einem der Kanäle von Paris) am rechten Ufer bei km 29 und mit der kanalisierten Oise, die in der wichtigen Schiffahrtsstadt Conflans-Sainte-Honorine einmündet und Verbindung zu Nordfrankreich herstellt (km 71). Man sollte auch noch den Canal du Havre à Tancarville erwähnen, der geschützte Zufahrt zum Hafen von Le Havre gewährt; er beginnt bei km 338 am Nordufer der Seine-Mündung.
Für das Navigieren im Mündungsgebiet zwischen Rouen und Le Havre ist detailliertes nautisches Material unerläßlich.

Schleusen An der Unteren Seine gibt es sechs Gruppen von Schleusen. In Suresnes haben die beiden Kammern Abmessungen von 185 x 18 und 176 x 17 (12 m an den Toren), in Bougival 220 x 17 (12 an den Toren) und 112 x 12 m. Die Schleusen von Bougival kann man umgehen, wenn man durch den Rivière-Neuve-Arm fährt; dort gibt es eine Schleuse in Chatou (185 x 18), die denselben Höhenunterschied ausgleicht. Die Schleuse von Andresy hat zwei Kammern (185 x 24 und 160 x 12 m), Méricourt hat drei Kammern (185 x 24, 160 x 17 und 141 x 12 m), Notre-Dame-de-la-Garenne zwei (185 x 24 und 185 x 12 m) und Amfreville-Poses ebenfalls zwei (220 x 17 und 185 x 12 m). Alle Schleusen werden durch Lichter geregelt; fahren Sie hinter den Güterschiffen ein.

Tiefen Die Fahrrinne ist ausgebaggert, damit Küstenmotorschiffe mit einem Tiefgang von 4,00 m zum Hafen von Gennevilliers (km 35) gelangen können. Von dort bis Paris ist der höchstzulässige Tiefgang zur Zeit 3,00 m.

Brücken Unterhalb Gennevilliers haben alle Brücken eine Mindestdurchfahrtshöhe von 7,00 m über dem höchsten schiffbaren Wasserstand. Oberhalb Gennevilliers beträgt sie etwa bei 6,00 m bei normalem, bzw. 3,70 m über dem höchsten schiffbaren Wasserstand.

Treidelpfad Es gibt keinen Treidelpfad.

Behörden Service de la Navigation de la Seine, Arrondissement Paris et Marne.
Unterabteilung:
- 2 Quai de la Tournelle, 75005 Paris, Tel. (1) 325.45.73 (km 0-9).
Arrondissement Basse-Seine
Unterabteilungen:
- 27 Quai Galliéni, 92150 Suresnes, Tel. (1) 506.11.98 (km 9-35).

- Ecluse de Bougival, 78380 Bougival, Tel. (3) 918.23.45 (km 35-67).
- Ecluse d'Andresy, 78260 Achères, Tel. (3) 911.08.33 (km 67-95).
- 62 Route du Hazay, 78520 Limay, Tel. (3) 092.56.00 (km 95-147).
- BP No. 3, 27590 Pitres, Tel. (32) 49.80.18 (km 147-225).

(Beginnend mit km 225 unterstehen die gezeitenabhängige Seine und die Seinemündung der Verwaltung des Service de la Navigation de la Seine, 4e section, 34 Boulevard de Boisguilbert, 76037 Rouen, Tel. (35) 88.81.55.

Entfernungstabelle

Petite-Seine	km	Schl.	km
Verbindung zum Canal de la Haute-Seine	0,0	—	169,1
Einmündung der Aube	0,4	—	168,7
Marcilly-sur-Seine, Brücke, Kai BW LU, Ortschaft RU	0,8	—	168,3
Einfahrt in den Schleusenkanal von Conflans-Bernières, LU	3,2	—	165,9
Schleuse 1 (Conflans), Brücke, Wasser	3,3	1	165,8
Rohrleitung quert (ehemalige Eisenbahnbrücke)	3,7	—	165,4
Brücke (Maugis), **Crancey** 500 m LU	7,9	—	161,2
Aquädukt von Crancey (26 m lang, eingeschränkte Breite)	8,2	—	160,9
Brücke (Pâtures)	8,5	—	160,6
Pont-sur-Seine Hubbrücke, Kai BW LU, Ortschaft RU	11,0	—	158,1
Brücke (Parc)	11,2	—	157,9
Brücke (Soupirs)	11,8	—	157,3
Schleuse 2 (**Marnay**), Brücke, Wasser, kleine Ortschaft RU	13,8	2	155,3
Brücke (Outres)	14,9	—	154,2
Schleuse 3 (Bernières), Brücke, Wasser	16,3	3	152,8
Ende des Schleusenkanals, man fährt wieder in die Seine ein	16,5	—	152,6
Eisenbahnbrücke	16,6	—	152,5
Schleuse 4 (Nogent) in Schleusenkanal RU, Wasser, Schiffahrtsbehörde)	18,7	5	150,4
Nogent, Brücke (Pont Saint-Edme), Stadt LU, Kai TW LU jenseits des Ausflusses aus einem Mühlenwehr	19,6	—	149,5
Getreidesilos, Kais LU	20,5	—	148,6
Man fährt in einen Durchstich, der eine Flußschleife abkürzt, RU	21,0	—	148,1
Ende des Durchstichs	21,5	—	147,6
Einfahrt in den Schleusenkanal von Beaulieu/Villiers-sur-Seine RU	22,0	—	147,1
Schleuse 5 (Beaulieu), Brücke, Wasser, Becken TW LU	22,2	5	146,9
Brücke (Beaulieu)	22,7	—	146,4
Schleuse 6 (Melz), Brücke, Wasser	25,9	6	143,2
Brücke (Courceroy)	27,8	—	141,3
Brücke (Villiers-sur-Seine)	29,7	—	139,4
Schleuse 7 (Villiers-sur-Seine), Brücke	30,6	7	138,5
Ende des Schleusenkanals, man fährt wieder in die Seine ein	31,1	—	138,0
Noyen-sur-Seine, Brücke, Ortschaft 1000 m LU	33,1	—	136,0
Schleuse 8 (Vezoult) in kurzem Kanal, RU, Brücke, Wasser	35,8	8	133,3
Schleuse 9 (Jaulnes) RU, Wehr	41,8	9	127,3

Entfernungstabelle	km	Schl.	km
BW-Ende der Insel Jaulnes, man fährt im rechten Flußarm	42,0	—	127,1
TW-Ende der Insel Jaulnes, man fährt im rechten Flußarm	42,5	—	126,6
Bray-sur-Seine, Brücke, öffentlicher Kai BW LU, kleine Stadt LU	44,5	—	124,6
Einfahrt in den ehemaligen Schleusenkanal von Bray/La Tombe, man fährt auf der Seine weiter	45,0	—	124,1
Neue Schleuse (Grande Bosse), LU Wehr	48,2	10	120,9
Brücke (Roselle)	52,0	—	117,1
Einfahrt zu ehemaligem Schleusenkanal LU (Bergfahrer bleiben auf der Seine)	56,8	—	112,3
La Tombe, Brücke, Kai BW LU, kleine Ortschaft	57,2	—	111,9
Einfahrt in den Schleusenkanal von Marolles, LU	59,8	—	109,3
Marolles-sur-Seine, Brücke, Ortschaft LU	61,4	—	107,7
Schleuse (Marolles), zwei Kammern, Wasser, Telefon	61,5	11	107,6
Ende des Schleusenkanals, man fährt wieder in die Seine ein	61,8	—	107,3
Marina (in ehemaliger Kiesgrube), RU	62,3	—	106,8
Eisenbahnbrücke	64,4	—	104,7
Eisenbahnbrücke (neue Hochgeschwindigkeitsstrecke Paris-Lyon TGV)	66,1	—	103,0
Industriebecken LU	67,3	—	101,8
Montereau Brücke, Einmündung der Yonne LU, Kais und Stadtzentrum TW LU	67,7	—	101,4

Haute-Seine	km	Schl.	km
Eisenbahnbrücke	70,4	—	98,7
Schleuse 1 (Varennes) in kurzem Schleusenkanal RU, Brücke, Wasser	71,2	12	97,9
Privates Becken RU	75,4	—	93,7
Ehemaliger Schleuse (Madeleine) RU, Kraftwerk	76,6	—	92,5
Kühlwasserauslaß des Kraftwerkes RU	77,4	—	91,7
Festmachemöglichkeiten für Sportboote LU	79,7	—	89,4
Saint-Mammès, Brücke, Kais und Stadtzentrum LU	81,1	—	88,0
Einmündung des Flusses Loing, der den Canal du Loing bildet, LU	81,5	—	87,6
Aquädukt (Voulzie)	82,5	—	86,6
Schleuse 2 (Champagne) RU, zwei Kammern, Wehr	83,5	13	85,6
Champagne-sur-Seine, Brücke, Bootswerft (Thomery) und Slipbahn BW LU	84,2	—	84,9
Brücke (Valvins)	90,3	—	78,8
Insel Samois, man fährt im rechten Flußarm	93,0	—	76,1
Brücke (Fontaine-le-Port)	97,7	—	71,4
Schleuse 3 (La Cave) LU, zwei Kammern, Wehr	101,1	14	68,0
Chartrettes, Brücke, Ortschaft 1000 m RU	102,0	—	67,1
Eisenbahnbrücke (Pet-au-Diable), Bootsklub BW LU	107,3	—	61,8
BW-Ende der Insel Melun, Schiffahrt im linken Flußarm (nur Sportboote fahren im rechten Flußarm, 5 km/h Höchstgeschwindigkeit)	109,2	—	59,9

Seine

Entfernungstabelle	km	Schl.	km
Melun, Brücke No. 1	109,6	—	59,5
Melun, Brücke No. 2, Kai TW RU, Stadtzentrum 400 m RU	109,7	—	59,4
Melun, Brücke No. 3	110,0	—	59,1
TW-Ende der Insel Melun, Schiffahrt im linken Flußarm (wie oben)	110,2	—	58,9
Eisenbahnbrücke (Mée), öffentlicher Kai BW RU, Industriekais LU	111,0	—	58,1
Bootsklub LU	112,9	—	56,2
Schleuse 4 (Vives-Eaux), LU, 2 Kammern, Wehr	115,8	15	53,3
Boissie-la-Bertrand, Kai und Ortschaft RU	116,0	—	53,1
Brücke (Sainte-Assise)	119,4	—	49,7
Ehemalige Schleuse (Citanguette) LU	122,6	—	46,5
Seine-Port, Hafen für Sportboote und Ortschaft RU	123,4	—	45,7
Schleuse 7 (Coudray), Kammern RU und LU, Wehr liegt dazwischen, Brücke, Wasser	129,7	16	39,4
Sportboothafen RU, Benzin, Industriekai (Bas-Vignons) LU	131,3	—	37,8
Corbeil-Essonnes, Brücke, Kai BW LU, Stadtzentrum LU	134,4	—	34,7
Einmündung des Flusse Essonnes, LU	134,8	—	34,3
Autobahnbrücke (F6), Hafen von Corbeil-Essonnes LU	136,0	—	33,1
BW-Ende einer Insel, man fährt im linken Flußarm	136,6	—	32,5
TW-Ende einer Insel, man fährt im linken Flußarm	137,4	—	31,7
Evry, Brücke, Kai und Festmachemöglichkeiten BW LU, Bahnhof 400 m LU	137,7	—	31,4
Schleuse 8 (Evry) LU, zwei Kammern, Wehr	138,7	17	30,4
Ris-Orangis, Brücke, Stadt 1000 m LU	141,8	—	27,3

Entfernungstabelle	km	Schl.	km
Hafen von Viry-Châtillon LU, Sportboothafen gegenüber	144,3	—	24,8
Becken (Port Longuet) LU	145,0	—	24,1
Juvisy-sur-Orge, Brücke, Stadt LU, Industriekais TW LU	146,0	—	23,1
Eisenbahnbrücke (Athis-Mons), Industriekais TW LU	148,0	—	21,1
Einmündung der Orge LU	148,9	—	20,2
Schleuse 9 (Ablon), Kammern RU und LU, Wehr	150,0	18	19,1
Villeneuve-Saint-Georges, Brücke, Industriekai TW, Stadtzentrum RU	152,4	—	16,7
Sportboothafen RU (Touring Club de France)	154,7	—	14,4
Eisenbahnbrücke	155,6	—	13,5
Privatbecken LU	156,2	—	12,9
Choisy-le-Roi, Brücke, Kai BW LU	157,5	—	11,6
Becken RU, Kraftwerk	158,8	—	10,3
Fußgängerbrücke, Rohrleitung quert	159,3	—	9,8
Alfortville, Industriekai RU	159,9	—	9,2
Vitry-sur-Seine, Hängebrücke	161,0	—	8,1
Schleuse 10 (Port-à-l'Anglais), Kammern RU und LU, Wehr	161,1	19	8,0
Rohrleitung quert, Industriekai (Morville) BW RU	162,3	—	6,8
Ivry-sur-Seine, Brücke	163,3	—	5,8
Einmündung der Marne RU	163,5	—	5,6
Kraftwerk von Ivry und Verladekai LU	163,6	—	5,5
Charenton, Rohrbrücke, Kai BW RU	163,7	—	5,4
Brücke (Conflans)	164,3	—	4,8
Autobahnbrücke (Boulevard Périphérique), BW-Stadtgrenze von **Paris**	165,3	—	3,8
Brücke (Pont National)	165,6	—	3,5
Brücke (Pont de Tolbiac)	166,2	—	2,9
Brücke (Pont de Bercy)	167,0	—	2,1
Metro-Viadukt (Viaduc d'Austerlitz)	167,8	—	1,3

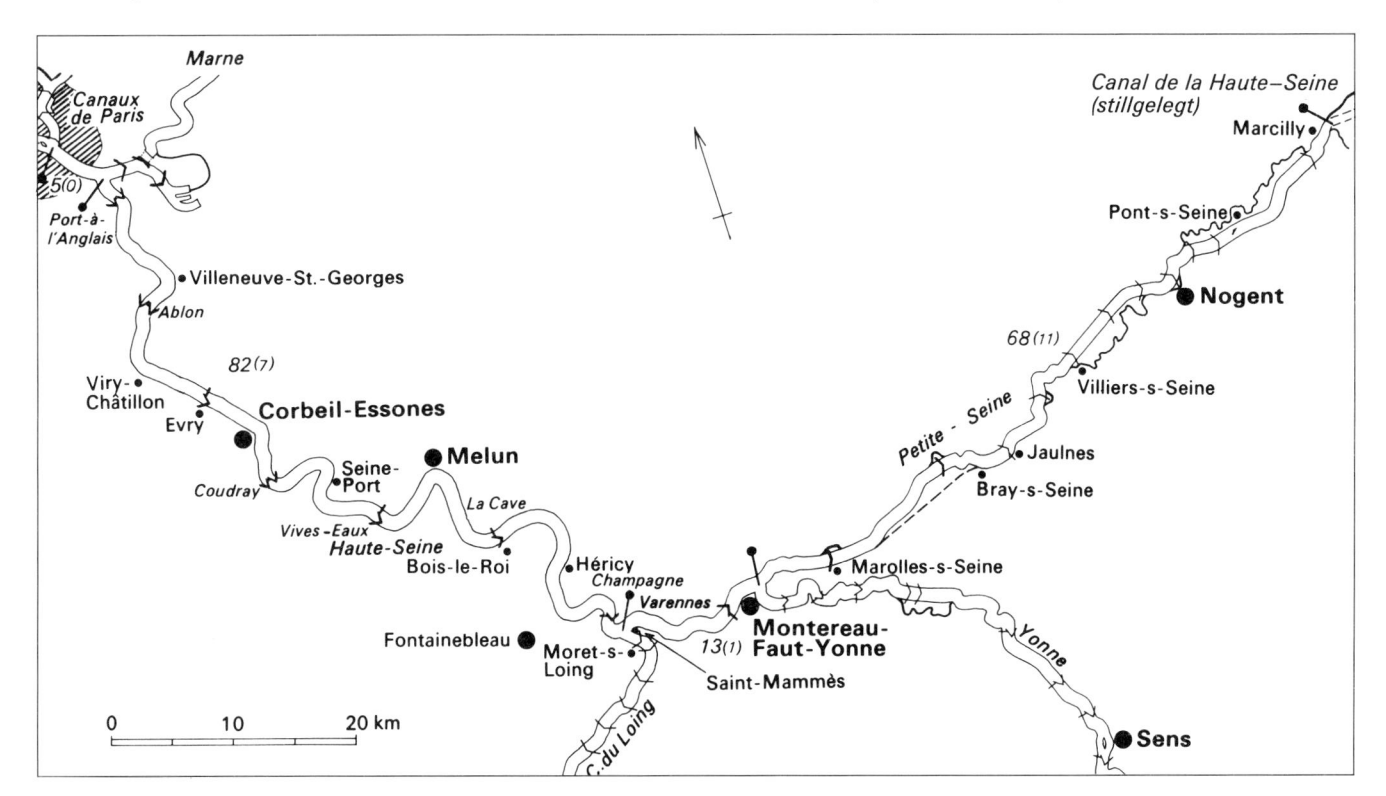

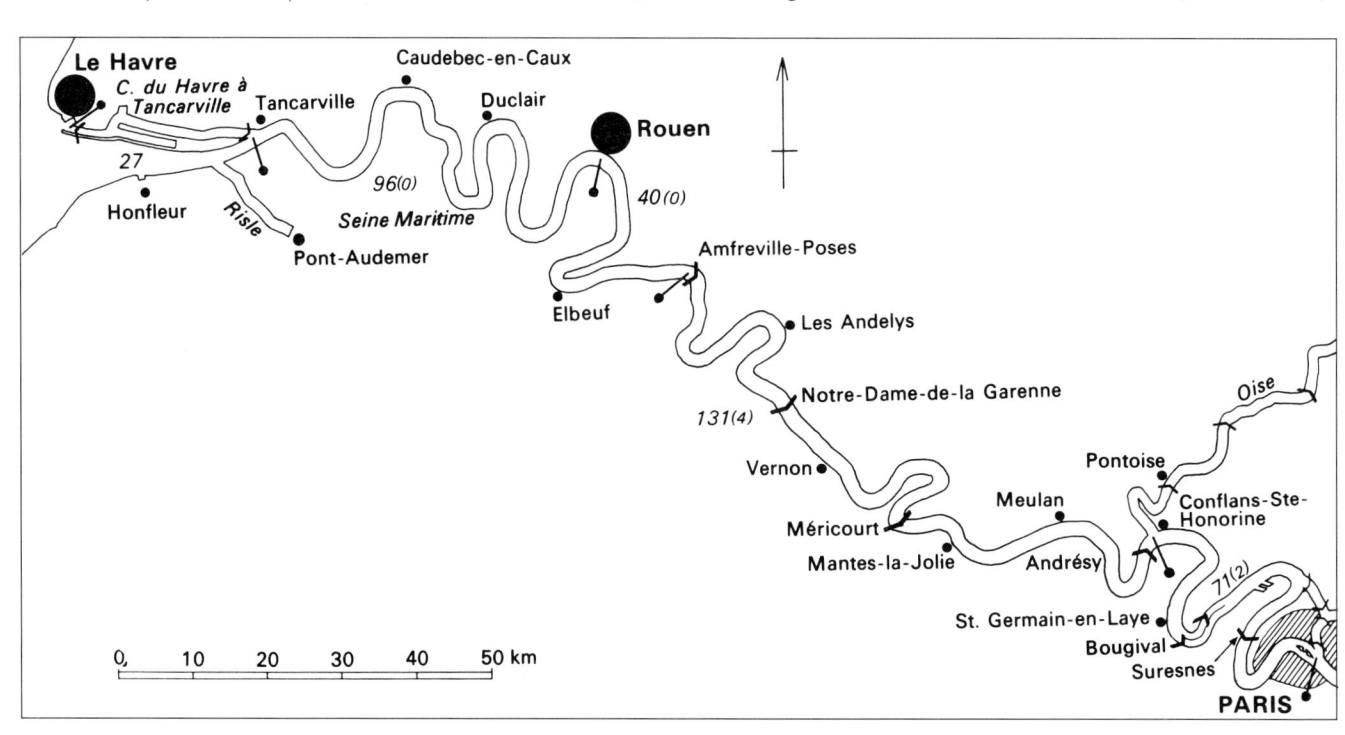

Seine

Entfernungstabelle	km	Schl.	km
Brücke (Pont d'Austerlitz)	168,0	—	1,1
Einfahrt in den Canal Saint-Martin, RU (lesen Sie bitte unter Kanäle von Paris)	168,2	—	0,9
BW-Ende der Insel Saint-Louis, man fährt nur im linken Flußarm	168,6	—	0,5
Brücke (Pont Sully)	168,7	—	0,4
Brücke (Pont de la Tournelle)	169,1	—	0,0

Bras de la Tournelle

	km	Schl.	km
Brücke (Pont de la Tournelle)	0,0	—	242,4
BW-Ende der Insel Ile de la Cité, rechter Flußarm Bras Saint-Louis (zwischen den Inseln), linker Flußarm Bras de la Monnai, halten Sie sich im rechten Flußarm	0,2	—	242,2
Brücke (Pont Saint-Louis)	0,3	—	242,1
TW-Ende der Insel Saint-Louis, rechter Flußarm (Bras Marie) für die Schiffahrt gesperrt, man fährt im Bras de la Cité weiter	0,4	—	242,0
Brücke (Pont d'Arcole)	0,6	—	241,8
Brücke (Pont Notre-Dame)	0,7	—	241,7
Brücke (Pont au Change)	0,9	—	241,5
Brücke (Pont-Neuf)	1,3	—	241,1
TW-Ende der Insel Ile de la Cité, linker Flußarm (Bras de la Monnaie)	1,4	—	241,0

Bras de la Monnaie (nur Bergfahrt)

	km	Schl.	km
BW-Ende der Insel Ile de la Cité, rechter Flußarm (Bras Saint-Louis)	—	—	242,2
Brücke (Pont de l'Archevêché)	—	—	242,1
Brücke (Pont au Double)	—	—	241,8
Brücke (Petit Pont)	—	—	241,7
Brücke (Pont Saint-Michel)	—	—	241,5
Brücke (Pont Neuf)	—	—	241,2
TW-Ende der Insel Ile de la Cité, rechter Flußarm (Bras de la Cité)	—	—	241,0

Entfernungstabelle	km	Schl.	km
Fußgängerbrücke (Passerelle des Arts)	1,6	—	240,8
Brücke (Pont du Carrousel)	1,9	—	240,5
Brücke (Pont Royal)	2,2	—	240,2
Fußgängerbrücke (Passerelle de Solférino)	2,6	—	239,8
Brücke (Pont de la Concorde)	3,0	—	239,4
Liegeplätze des Touring Club de France, RU, alle Hilfsmöglichkeiten	3,4	—	239,0
Brücke (Pont Alexandre III)	3,5	—	238,9
Brücke (Pont des Invalides), Hauptabteilung des Schiffahrtdienstes 200 m LU (2 Bd. de Latour-Maubourg)	3,7	—	238,7
Brücke (Pont de l'Alma)	4,4	—	238,0
Fußgängerbrücke (Passerelle Debilly)	4,8	—	237,6
Brücke (Pont d'Iéna)	5,3	—	237,1
BW-Ende der Insel Ile des Cygnes, man fährt im rechten Flußarm weiter (Bras de Passy)	5,8	—	236,6
Brücke (Pont de Bir-Hakeim) und Metro-Viadukt	5,8	—	236,6
Eisenbahnbrücke	6,4	—	236,0
Brücke (Pont de Grenelle)	6,6	—	235,8
TW-Ende der Ile des Cygnes, linker Flußarm (Bras de Grenelle)	6,7	—	235,7

Bras de Grenelle (nur Bergfahrt)

	km	Schl.	km
BW-Ende der Ile des Cygnes	—	—	236,6
Brücke (Pont de Bir-Hakeim) und Metro-Viadukt	—	—	236,5
Eisenbahnbrücke	—	—	236,1
Brücke (Pont de Grenelle)	—	—	235,8
TW-Ende der Ile des Cygnes, rechter Flußarm, (Bras de Passy)	—	—	235,7
Brücke (Pont Mirabeau)	7,2	—	235,2
Brücke (Pont du Gargliano)	8,2	—	234,2
Brücke (Boulevard Périphérique)	8,7	—	233,7
TW-Stadtgrenze von Paris	8,8	—	233,6

Entfernungstabelle	km	Schl.	km
BW-Ende der Insel Ile Saint-Germain, man fährt im rechten Flußarm (Bras de Billancourt), der linke Flußarm (Bras d'Issy-les Moulineaux) nur für Ruderboote	9,3	—	233,1
Brücke (Issy-les Moulineaux)	9,4	—	233,0
Kai (Boulogne-Billancourt) RU	9,6	—	232,8
Brücke (Billancourt)	10,3	—	232,1
Bras de Meudon (nur Talfahrt)			
BW-Ende der Insel Ile Séguin	10,9	—	—
TW-Ende der Ile Saint-Germain, linker Flußarm (Bras d' Issy-les-Moulineaux)	11,0	—	—
Private Brücke (Renault-Autofabrik)	11,2	—	—
TW-Ende der Ilse Séguin	11,9	—	—
Bras de Boulogne (nur Bergfahrt)			
BW-Ende der Insel Ile Séguin	—	—	231,5
Private Brücke (Renault-Autofabrik), Private Kais TW	—	—	231,2
TW-Ende der Ilse Séguin	—	—	230,5
Brücke (Pont de Sèvres)	12,0	—	230,4
Brücke (Pont de Saint-Cloud)	13,5	—	228,9
Autobahnbrücke	14,2	—	228,2
Fußgängerbrücke (Passerelle de l'Avre), Bootsklubs TW	14,8	—	227,6
Suresnes, Brücke	16,4	—	226,0
Schleusen (Suresnes), Hubhöhe 3,20 m und Wehr im linken Flußarm, Wehr im rechten Flußarm (für die Schiffahrt gesperrt)	16,8	1	225,6
Puteaux, Brücke	18,1	—	224,3
Neuilly, Brücke	19,3	—	223,1
TW-Ende der Ile de Puteaux	19,6	—	222,8
BW-Ende der Ile de la Grande-Jatte, rechter Flußarm (Bras de Neuilly) ist für die Schiffahrt gesperrt	19,7	—	222,7
Courbevoie, Brücke	20,7	—	221,7
Levallois-Perret Brücke und TW-Ende der Ile de la Grande-Jatte	21,8	—	220,6
Eisenbahnbrücke (Asnières)	22,6	—	219,8
Asnières, Brücke	22,7	—	219,7
Clichy, Brücke	23,6	—	218,8
Brücke (Gennevilliers), Handelskai (Asnières) BW LU, Öl-Terminals TW RU	24,6	—	217,8
Eisenbahnbücke	25,1	—	217,3
BW-Ende der Insel Ile Saint-Denis, man fährt im rechten Flußarm (Saint-Ouen/Saint-Denis); der linke Flußarm (Bras de Gennevilliers) führt nur zu den Industriekais	25,5	—	216,9
Saint-Ouen, Brücke, zahlreiche Industriekais TW RU	26,1	—	216,3
Autobahnbrücke (A86)	27,0	—	215,4
Brücke (Ile Saint-Denis)	28,3	—	214,1
Verbindung mit dem Canal Saint-Denis RU	28,9	—	213,5
Industriekai (Epinay-la-Briche) RU	29,4	—	213,0
Epinay, Brücke	31,8	—	210,6
Eisenbahnbrücke	32,2	—	210,2
TW-Ende der Ile Saint-Denis	32,8	—	209,6

Entfernungstabelle	km	Schl.	km
Autobahnbrücke	33,8	—	208,6
Einfahrt in den Hafen von Gennevilliers zu den Becken 5 und 6, LU	33,9	—	208,5
Einfahrt zu den Becken 1–4, LU	35,1	—	207,3
Eisenbahnbrücke (Argenteuil)	35,4	—	207,0
Argenteuil, Brücke	35,8	—	206,6
Brücke mit Aquädukt (Colombes)	37,3	—	205,1
Bezons, Brücke	39,4	—	203,0
BW-Ende der Ile de Chatou, man fährt im linken Flußarm (Bras de Marly) bei normalen Bedingungen; im rechten Flußarm (Bras de la Rivière Neuve) nur bei Hochwasser	40,2	—	202,2
Eisenbahnbrücke (Nanterre), Industriekais LU	40,9	—	201,5
Eisenbahnbrücke (Carrières)	41,8	—	200,6
Einfahrt zu privater Kiesgrube, LU	42,1	—	199,3
Reuil-Malmaison, Brücke, Kai BW LU	45,2	—	197,2
Eisenbahnbrücke (Reuil)	45,5	—	196,9
Bougival, Brücke	48,2	—	194,2
Schleusen (Bougival), Hubhöhe 3,25 m, zwischen den Inseln Ile de la Chaussée und Ile de la Loge; der linke Flußarm (Bras de Marly) ist nicht schiffbar; den rechten Flußarm (Bras de la Rivière-Neuve) befährt man bei Hochwasser	48,7	2	193,7
Bras de la Rivière-Neuve (Bergfahrt und Talfahrt bei Hochwasser)			
BW-Ende der Insel Ile de Chatou, linker Flußarm (Bras de Marly) nicht schiffbar	40,2	—	202,2
Eisenbahnbrücke (Nanterre)	41,0	—	201,4
Eisenbahnbrücke (Carrières)	41,7	—	200,7
Schleuse (Chatou) LU, Hubhöhe 3,25 m, Wehr	44,6	2	197,8
Reuil-Malmaison, Brücke	45,3	—	197,1
Eisenbahnbrücke (Reuil)	45,7	—	196,7
Bougival, Brücke	48,1	—	194,3
TW-Ende der Ile de la Loge; linker Flußarm (Bras de Marly) nicht schiffbar	50,8	—	191,6
Le Pecq, Brücke, Kai BW LU	52,1	—	190,3
Insel (Ile Corbière), Talfahrer im rechten Flußarm	52,4	—	190,0
Eisenbahnbrücke (Pecq)	52,7	—	189,7
Insel (Ile Corbière), Bergfahrer im linken Flußarm	52,9	—	189,5
Kai RU	55,1	—	187,3
BW-Ende der Ile de la Borde, man fährt im rechten Flußarm; der linke Flußarm (Maison-Lafitte) ist für die Schiffahrt gesperrt	56,1	—	186,3
Eisenbahnbrücke (Maisons-Laffitte)	57,9	—	184,5
TW-Ende der Ile de la Commune, Sportboothafen in der Einfahrt zum linken Flußarm (Maisons-Laffitte)	58,3	—	184,1
Maisons-Laffitte, Brücke	58,6	—	183,8
Industriekai RU (Zementfabrik)	60,1	—	182,3
Herblay RU, Fähre	64,8	—	177,6
BW-Ende der Ile d'Herblay, linker Flußarm (Bras de Garenne) nur für Sportboote	65,4	—	177,0

Seine

Entfernungstabelle	km	Schl.	km
TW-Ende der Insel	67,1	—	175,3
BW-Ende der Ile de Conflans (kleines Fahrwasser im linken Flußarm größtenteils versandet)	68,9	—	173,5
TW-Ende der Insel, schwimmende Kapelle „Je Sers" RU	70,3	—	172,1
Conflans-Sainte-Honorine, Brücken, Anlegestelle für Berufsschiffahrt RU	70,4	—	172,0
Kraftstoffbunkerstation für die Berufsschiffahrt LU	70,7	—	171,7
Eisenbahnbrücke (Conflans)	71,1	—	171,3
Einmündung der Oise, RU, zahlreiche Schiffe an den Liegeplätzen	71,3	—	171,1
BW-Ende der Ile de Nancy, man fährt im linken Flußarm (Plafosse)	71,8	—	170,6
Schleusen (Andrésy), LU, Hubhöhe 2,80 m, Wehr	72,7	3	169,7
Bootswerften LU	74,0	—	168,4
Wehr (Denouval) RU in der Durchfahrt zwischen den Inseln Ile d'en Bas und Ile de la Dérivation	75,0	—	167,4
TW-Ende der Ile de la Dérivation, Schleuse (Carrières) in einem Kanal, RU (für gewöhnlich gesperrt)	76,3	—	166,1
BW-Ende der Ile de Carrières, linker Flußarm (Bras Saint-Louis), Hauptfahrwasser am RU	76,4	—	166,0
Auto-Verladekai RU (Firma Talbot)	77,1	—	165,3
TW-Ende der Insel Ile de Carrières	77,2	—	165,2
Poissy, Brücke	77,8	—	164,6
BW-Ende der Ile des Migneaux und Ilôt Blanc, man fährt im mittleren Flußarm; im linken Arm herrscht Fahrverbot für Motorfahrzeuge	78,1	—	164,3
TW-Ende des Inselchens Ilôt Blanc	78,9	—	163,5
Sportboothafen in ehemaliger Kiesgrube, RU	81,1	—	161,3
BW-Ende der Ile de Médan, rechter Flußarm (Mottes) für Talfahrer (ausgenommen die größten Frachtschiffe und Schubverbände)	81,7	—	160,7
Private Fähre im linken Flußarm (Médan)	82,0	—	160,4
Médan LU (am Bras de Médan)	82,5	—	159,9
Kleiner Flußarm (Couleuvre) zwischen den Inseln Ile de Médan und Ile d'Hernière, unbefahrbar	83,2	—	159,2
Industriekai LU (Fiberzement-Fabrik)	84,2	—	158,2
TW-Ende der Ile d'Hernière, linker Flußarm (Médan) für Bergfahrer	84,4	—	158,0
Triel-sur-Seine, Brücke	85,1	—	157,3
Festmachemöglichkeiten in einem Yacht-Club LU	85,8	—	156,6
BW-Ende der Ile de Vaux, Bras de Vaux nur für Kleinfahrzeuge, Einfahrt zu einer Kiesgrube LU	88,1	—	154,3
TW-Ende der Ile de Vaux	90,5	—	151,9
BW-Ende der Ile du Fort, Hauptfahrwasser im linken Flußarm (Bras de Mureaux), Zufahrt nach **Meulan** über den rechten Flußarm (Bras de Meulan) (Festmachen TW der Brücke von Meulan am RU)	92,4	—	150,0

Entfernungstabelle	km	Schl.	km
Les Mureaux, Brücke, Industriekai BW LU	93,4	—	149,0
Einfahrt in ehemaligen Schleusenkanal LU, halten Sie sich am rechten Ufer	94,5	—	147,9
TW-Einfahrt in den ehemaligen Schleusenkanal LU, am rechten Ufer halten	95,2	—	147,2
Kais zum Ein- und Ausladen von Autos (Renault-Werke)	97,5	—	144,9
TW-Ende der Ile de Juziers, rechter Flußarm nur für Kleinfahrzeuge	98,6	—	143,8
Industriekai RU (Zementfabrik)	99,7	—	142,7
BW-Ende der Ile de Rangiport, rechter Flußarm (Fermettes) für Talfahrer	100,8	—	141,6
Gargenville, Brücke	101,3	—	141,1
TW-Ende der Insel Ile de Rangiport, linker Flußarm (Blanc Soleil) für Bergfahrer	102,4	—	140,0
Ile de Porcheville RU und Ile de l'Etat LU, Hauptfahrwasser zwischen diesen Inseln, die Inseln sind mit Spieren bezeichnet	103,4	—	139,0
Wärmekraftwerk Porcheville, Kai RU	104,5	—	137,9
Hafenbecken (Limay) RU	106,8	—	135,6
BW-Ende der Ile de Limay, Hauptfahrwasser am LU	107,1	—	135,3
Eisenbahnbrücke (Mantes)	108,2	—	134,2
Mantes-la-Jolie, Brücke, Stadt LU	109,4	—	133,0
Zufahrt zum rechten Flußarm (Limay, Festmachemöglichkeiten für Sportboote) über einen kurzen Flußarm zwischen der Ile aux Dames und der Ile aux Boeufs (eingeschränkte Durchfahrtshöhe)	109,9	—	132,5
TW-Ende der Ile l'Aumône, rechter Flußarm (Bras de Limay) nur Zufahrt	111,9	—	130,5
Château de Sully LU (Rosny-sur-Seine)	117,0	—	125,4
Rolleboise Kai LU, Tankstation	119,0	—	123,4
BW-Ende der Ile de la Sablière, man fährt im linken Flußarm	120,1	—	122,3
Dreifache Schleuse (Méricourt) LU, Hubhöhe 5,10 m, Wehr	120,7	4	121,7
BW-Ende der Ile-Saint-Martin, rechter Flußarm für Talfahrer	124,9	—	117,5
Private Fähre im rechten Flußarm	127,6	—	114,8
TW-Ende der Ile Saint-Martin, linker Flußarm für Bergfahrer	128,0	—	114,4
Vétheuil, Slipbahn RU, BW-Ende einer Reihe von Inseln, die kleinen Fahrwasser im rechten Flußarm sind unbefahrbar	128,1	—	114,3
BW-Ende der Ile de Haute-Isle, rechter Flußarm für Kleinfahrzeuge, die nach Haute-Isle fahren wollen	132,0	—	110,4
TW-Ende der Insel Ile de Haute (die Insel Grande Ile schließt unmittelbar an), Hauptfahrwasser am LU	138,8	—	103,6
Bonnières-sur-Seine, Brücke, Industriekais TW LU	139,8	—	102,6
TW-Ende der Grande Ile, BW-Ende der Ile de la Flotte, Nebenfahrwasser am LU für die Schiffahrt gesperrt	141,0	—	101,4

Innenhafen von Honfleur an der Seinemündung

Entfernungstabelle	km	Schl.	km
TW-Ende der Ile de Merville, Nebenfahrwasser am LU für die Schiffahrt gesperrt	143,6	—	98,8
Stillgelegte Schleusenkammer (Port-Villez) LU, Festmachen möglich	144,8	—	97,6
Vernon, Brücke, Festmachen TW RU (Vernonnet), hinter kleinen Inseln	150,1	—	92,3
Industriekais LU	151,6	—	90,8
BW-Ende der Ile Souveraine, Hauptfahrwasser am LU	153,2	—	89,2
Rechter Nebenarm zwischen Ile Souveraine und Ile Souquet	154,6	—	87,8
Rechter Nebenarm zwischen Ile Souquet und Ile Emien	155,6	—	86,8
BW-Ende der Ile aux Boeufs, linker Flußarm (Bras de Goulet) unbefahrbar	157,2	—	85,2
BW-Ende der Ile Falaise, das Fahrwasser am LU führt zu den Schleusen; das Fahrwasser am RU führt zum Wehr (kann bei Hochwasser befahrbar sein)	160,1	—	82,3
Schleusen (Notre-Dame-de-la-Garenne), 4 Kammern, LU, Hubhöhe 4,00 m	161,1	5	81,3
Courcelles-sur-Seine, Brücke, Industriekai TW LU	164,0	—	78,4

Entfernungstabelle	km	Schl.	km
BW-Ende der Ile du Roule, Hauptfahrwasser am LU	165,0	—	77,4
TW-Ende der Ile du Roule (verlängert durch einen Unterwasserdamm)	167,4	—	75,0
BW-Ende der Ile Bouret, linker Nebenarm unbefahrbar	168,3	—	74,1
TW-Ende der Ile de la Tour, Bootswerft im linken Nebenarm	170,9	—	71,5
Brücke (Port Morin)	173,4	—	69,0
Les Andelys, Yachthafen RU, Schloß Gaillard und kleine Stadt RU	173,6	—	68,8
BW-Ende der Ile du Château, linker Flußarm für Talfahrer	174,0	—	68,4
TW-Ende der Ile du Château, rechter Flußarm für Bergfahrer	174,6	—	67,8
Yachthafen (Val Saint-Martin) RU	175,7	—	66,7
Kleine Insel (Ile Motelle) RU, die Ile de la Roque schließt unmittelbar an, Nebenfahrwasser am RU ist unbefahrbar	178,3	—	64,1
BW-Ende der Ile du Port, Hauptfahrwasser am LU, **Muids** RU	182,7	—	59,7
TW-Ende der Ile du Port, Fähre	183,4	—	59,0
Einfahrt in privates Becken LU (ehemalige Kiesgrube)	184,0	—	58,4

Seine

Entfernungstabelle	km	Schl.	km
BW-Ende der Ile des Grands Bacs/Ile de la Cage, Hauptfahrwasser am RU	184,1	—	58,3
Linker Nebenarm zwischen Ile de la Cage und Ile de Lormais	186,1	—	56,3
TW-Ende der Ile de Lormais, Hauptfahrwasser am RU	187,8	—	54,6
Kai für Schiffe, die Sand transportieren RU	188,8	—	53,6
Pfeiler einer ehemaligen Eisenbahnbrücke	189,0	—	53,4
BW-Ende der Ile du Héron, die Ile du Bac schließt unmittelbar an, Hauptfahrwasser am LU	189,6	—	52,8
Saint-Pierre de Vauvray, Brücke, Ortschaft LU	190,9	—	51,5
Rechter Nebenarm zwischen Ile du Bac und Ile Brunel	191,3	—	51,1
Rechter Nebenarm zwischen Ile Brunel und Ile du Martinet	191,8	—	50,6
Rechter Nebenarm zwischen Ile du Martinet und Ile du Moulin	192,2	—	50,2
TW-Ende der Ile du Moulin, Hauptfahrwasser am LU	193,2	—	49,2
Porte-Joie LU	193,7	—	48,7
BW-Ende der Ile de Port Pinché, rechter Flußarm für Talfahrer	193,9	—	48,5
Der rechte Flußarm teilt sich (Ile de Connelle), Nebenfahrwasser am RU	194,3	—	48,1
TW-Ende der Ile de Port Pinché, linker Flußarm für Bergfahrer	195,4	—	47,0
BW-Ende der Ile de Pampou, Nebenfahrwasser am LU	196,3	—	46,1
TW-Ende der Ile de Pampou	196,7	—	45,7
Tournedos-sur-Seine LU	197,4	—	45,0
Einfahrt in den Poses-See LU (Erholungs- und Wassersportgebiet)	198,3	—	44,1
TW-Ende der Ile de Tournedos, Nebenfahrwasser am RU	198,6	—	43,8
BW-Ende der Ile du Noyer, Hauptfahrwasser am RU	198,9	—	43,5
Nebenfahrwasser am LU zwischen Ile du Noyer und Ile du Trait	199,7	—	42,7
BW-Ende der Ile d'Amfreville, rechter Flußarm für Talfahrer	200,1	—	42,3
TW-Ende der Ile d'Amfreville, linker Flußarm für Bergfahrer	200,7	—	41,7
BW-Ende der Grande Ile, der rechte Flußarm führt zu den Schleusen	200,8	—	41,6
Schleusen (Amfreville), zwei Kammern, Hubhöhe je nach Gezeitenstand 4,40 – 7,90 m, Wehr (Poses) LU (Achtung: von hier an ist der Fluß gezeitenabhängig)	202,0	6	40,4
Eisenbahnbrücke (Manoir)	204,7	—	37,7
Pont de l'Arche, Brücke	207,7	—	34,7
Einmündung des Flusses Eure (unbefahrbar) LU	207,9	—	34,5
Autobahnbrücke (A13)	211,1	—	31,3
Einfahrt in den Bras de Freneuse (unbefahrbar) RU	215,2	—	27,2
Zweite Einmündung des Flusses Eure (unbefahrbar) LU	216,8	—	25,6
Einfahrt in den rechten Flußarm, der zu ehemaligen Schleusen führt (Saint-Aubin)	218,2	—	24,2
Elbeuf, Brücke (Pont Jean-Jaurès), Festmachen TW LU, Wasser, Stadt LU	218,9	—	23,5
Hängebrücke (Pont Guynemer)	219,4	—	23,0
Eisenbahnviadukt (Orival)	221,4	—	21,0
Handelskai (Elbeuf) RU	222,8	—	19,6
BW-Ende der Insel Légarée, Hauptfahrwasser am LU	225,2	—	17,2
Unterwasserdamm zwischen den Inseln RU	226,9	—	15,5
Autobahnbrücke (A13)	228,0	—	14,4
BW-Ende der Ile-aux-Boeufs, Hauptfahrwasser am LU	229,4	—	13,0
Oissel, Brücke und Eisenbahnviadukt, halten Sie sich am linken Ufer aller stromabwärts gelegenen Inseln	229,7	—	12,7
Privater Kai (Papierfabrik)	233,4	—	9,0
Privater Kai LU (Eisengießerei)	235,7	—	6,7
TW-Ende der letzten Insel vor Rouen, Hauptfahrwasser am LU	235,9	—	6,5
Bootswerft RU	236,8	—	5,6
Fähre Amfreville/Saint-Etienne	237,6	—	4,8
Tankstationen für die Berufsschiffahrt RU	238,5	—	3,9
BW-Ende der Ile Lacroix, in den rechten Flußarm (Pré au Loup) darf man nur bei auflaufendem Wasser (gegen den Strom) hineinfahren	240,4	—	2,0
Eisenbahn-Viadukt (Eauplet)	240,5	—	1,9
Brücke (Pont Mathilde)	241,2	—	1,2
Festmachen in der Bootswerft LU (im Flußarm Pré au Loup)	241,7	—	0,7
Festmachen am Ponton RU (im Flußarm Pré au Loup)	241,8	—	0,6
Brücke (Pont Corneille)	241,9	—	0,5
TW-Ende der Ile-Lacroix, in den rechten Flußarm (Pré au Loup) darf man nur bei ablaufendem Wasser hineinfahren (gegen den Strom)	242,0	—	0,4
Brücke (Pont Boïeldieu), Kais an beiden Ufern	242,2	—	0,2
Rouen, Brücke (Pont Jeanne d'Arc), Stadtmitte RU	242,4	—	0,0
Seinemündung (Seeschiffahrtsstraße)			
Brücke (Pont Guillaume le Conquérant)	243,0	—	104,7
Einfahrt in das Bassin aux Bois LU	244,9	—	102,8
Einfahrt in das Bassin Saint-Gervais RU	245,5	—	102,2
Einfahrt zum Öl-Terminal (Bassin aux Pétroles), LU	246,7	—	101,0
Fähre (Croisset)	246,8	—	100,9
Fähre (Dieppedalle)	248,1	—	99,6
Becken LU (Trockendocks)	251,3	—	96,4
Fähre (Petit-Couronne)	252,1	—	95,6
Becken LU (Petit Bassin)	252,9	—	94,8
Fähre (Hautot)	256,1	—	91,6
La Bouille, Fähre, Ortschaft LU	259,7	—	88,0
TW-Grenze des Hafens von Rouen	260,1	—	87,6
Yachtclub RU (l'Anerie)	276,4	—	71,3

Entfernungstabelle	km	Schl.	km
Duclair, Fähre, Ortschaft RU	278,0	—	69,7
Fähre (le Mesnil-sous-Jumièges)	286,0	—	61,7
Fähre (Jumièges)	295,2	—	52,5
Fähre (Yainville), Kraftwerk und Fabrik TW RU	298,6	—	49,1
Schiffswerft RU (le Trait)	301,2	—	46,5
La Mailleraye-sur-Seine LU	303,1	—	44,6
Brotonne, Hängebrücke	308,2	—	39,5
Caudebec-en-Caux, Fähre, kleine Stadt RU	309,6	—	38,1
Villequier RU	313,5	—	34,2
Aizier LU	323,3	—	24,4
Vieux-Port LU	324,5	—	23,2
Quilleboeuf-sur-Seine, Fähre, Stadt LU gegenüber Ölraffinerie	331,8	—	15,9
Hängebrücke von Tancarville	338,2	—	9,5
Einfahrt in den Canal de Tancarville RU (alte Schleuse)	338,2	—	9,5
Einfahrt in den Canal de Tancarville RU (neue Schleuse)	338,6	—	9,1
Einmündung des Flusses Risle, LU	345,9	—	1,8
Seegrenze der Seinemündung (**Honfleur** liegt weitere 8 km seewärts am Südufer)	347,7	—	0,0

Naturschutzgebiet „Marais du Poitevin" an der Sèvre Niortaise

Sèvre Nantaise

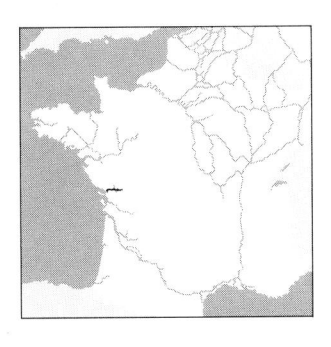

Die Sèvre Nantaise ist ein linker Nebenfluß der Loire, zum Teil gezeitenabhängig, zum Teil kanalisiert. Die schiffbare Strecke von der Einmündung in die Loire bei Pont-Rousseau, einem Vorort von Nantes, bis zur Brücke von Monnières ist 21,5 km lang. Es gibt hier keinen Berufsschiffsverkehr mehr, der Fluß wird für Sportboote instandgehalten.
Die Sèvre Nantaise und ihr Nebenfluß, die Petite (Kleine) Maine, die man auf einer 5,5 km langen Strecke wieder schiffbar gemacht hat, werden im „Guide des Canaux Bretons et de la Loire" beschrieben; besonders in den oberen Bereichen ist das Gebiet sehr hübsch und zum Wasserwandern geeignet.
Die Entfernungen in der Tabelle zählen stromaufwärts von der Einmündung in die Loire.

Schleusen Hier gibt es nur eine Schleuse, in Vertou, die 31,50 m lang und 5,50 m breit ist. Unter dem mittleren Bogen der älteren Brücke in Pont-Rousseau gibt es auch eine gutmarkierte 5,60 m breite Ablaßöffnung.

Tiefen Vom Zusammenfluß mit der Loire bis zur Schleuse von Vertou ist der Fluß von den Gezeiten abhängig und die Tiefen variieren von 0,20 m bei Nippniedrigwasser bis zu 3 m bei Springhochwasser. Die Brücke Pont-Rousseau sollte man nur kurz vor Hochwasser passieren. Bei Nipphochwasser beträgt die Drempeltiefe der Schleuse von Vertou 1,80 m. Stromaufwärts von Vertou wird die Tiefe auf 1,20 m gehalten.

Brücken Auf dieser Strecke gibt es einige feste Brücken. Oberhalb von Vertou haben sie eine Mindestdurchfahrtshöhe von 5,50 m über normalem Wasserstand, unterhalb der Schleuse nur 4,00 m über dem normalen Hochwasserstand.

Treidelpfad Es gibt keinen Treidelpfad.

Tourismus Zuerst fährt man durch Wiesen, dann wird die Landschaft ausdrucksvoller; sie bleibt stets grün und unberührt. Windungsreich nähert sich der Fluß den Weinbergen, wo der „Muscadet Nantais", ein edler, trockener Tropfen wächst, der besonders gut zu Austern und Lachs paßt. Man kann in Muße Schlösser, Kirchen und kleine Weinorte besuchen.

Behörden Service Maritime et de Navigation de Nantes. Unterabteilung: 3 Impasse du Progrès, BP 1053. 44037 Nantes, Tel.: (40) 89.30.71.

Entfernungstabelle

	km	Schl.	km
Einmündung in die Loire (km 84,5)	0,0	—	21,5
Pont-Rousseau, Kai LU	0,2	—	21,3
Neue Brücke (Pont Rousseau)	0,3	—	21,2
Alte Brücke (Pont Rousseau), Anlegestege BW LU	0,3	—	21,2

Entfernungstabelle	km	Schl.	km
Brücke (Morinière)	2,0	—	19,5
Hochspannungsleitungen	3,0	—	18,5
Beautour, Kai RU	3,5	—	18,0
Hochspannungsleitungen	4,5	—	17,0
Schloß (Château de Portereau) LU	5,2	—	16,3
Schleuse von Vertou und Wehr (Schleuse im rechten Flußarm)	6,7	1	14,8
Le Chêne, Brücke, Kai TW LU, **Vertou** 1000 m RU	7,1	—	14,4
Portillon, Brücke, Kai TW LU	9,2	—	12,3
Einmündung der Kleinen (Petite-) Maine LU, schiffbar 5,5 km BW bis Châteauthébaud	11,1	—	10,4
Brücke (Ramée)	11,6	—	9,9
La Haie Fouassière, Brücke, Kai TW RU, Ortschaft 1000 m	16,1	—	5,4
Port Domino Kai RU	21,0	—	0,5
Monnières, Brücke, Obere Grenze der Schiffbarkeit	21,5	—	0,0

Sèvre Niortaise

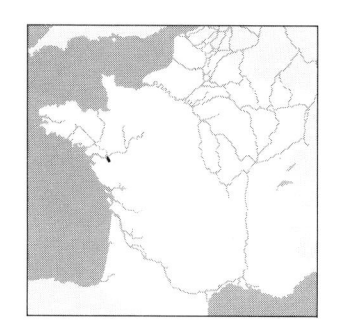

Die Sèvre Niortaise ist schiffbar von Niort bis zur Bucht von Aiguillon, wo sie nördlich von La Rochelle in den Atlantik mündet. Sie ist 72 km lang und führt größtenteils durch das Naturschutzgebiet „Marais du Poitevin", eine Marschlandschaft, die für das Wasserwandern mit kleinen Booten wie geschaffen ist.

Man kann die Sèvre Niortaise in zwei gesonderte Abschnitte einteilen:
- Die ersten 54 km von Niort bis Marans sind kanalisiert und haben Verbindung zu den ebenfalls kanalisierten Flüssen Vieille Autise, Mignon und Jeune Autise.
- Die restlichen 18 km, von Marans bis zur See, gehören zu den Seeschiffahrtsstraßen. Wie Sie aus der Karte ersehen, wurde für einen Teil dieser Strecke ein Umgehungskanal, der Canal Maritime de Marans au Brault geschaffen, ein Seekanal, über den die Küstenfahrzeuge in den kleinen Seehafen Marans gelangen.

Die wichtigste Bestimmung der Sèvre Niortaise war es, den Holztransport aus dem Marais du Poitevin zu den Seehäfen Marans oder La Rochelle zu ermöglichen. Noch immer sind zwei Schlepper damit beschäftigt, Holz stromabwärts zu flößen. Es kommen jährlich höchstens 150 bis 200 Sportboote hierher, da die Tiefen und die Durchfahrtshöhen in den oberen Bereichen sehr eingeschränkt sind und die Einheimischen eine beinahe feindselige Haltung gegen jegliche Art von motorgetriebenen Booten an den Tag legen. Fahren Sie bitte vorsichtig, um die Situation nicht zu verschärfen und bleiben Sie bitte, wenn irgend möglich, unter der zulässigen Höchstgeschwindigkeit von 10 km/h, besonders, wenn Sie den flachbödigen Flußbooten begegnen, die hier regelmäßig verkehren.

Schleusen Auf dem ersten Abschnitt von Niort nach Marans gibt es acht Schleusen, 31,50 x 5,20 m; sie überwinden einen Höhenunterschied von 8 m. Ihre Benutzung ist bei niedrigem Wasserstand, der leider in die Saison für das Wasserwandern (von Juni bis Oktober) fällt, eingeschränkt. Im gezeitenabhängigen Abschnitt gibt es eine Schleuse bei Enfreneaux, die 40 m lang und 7 m breit ist und etwas unterhalb von Marans liegt. Es gibt auch noch eine Seeschleuse, 126 x 11 m, am seewärtigen Ende des Seekanals von Marans nach Brault.

Tiefen Von Niort bis zur Schleuse 7 (Bazoin) ist die durchschnittliche Tiefe 1,60 m bzw. 1,40 m während der sommerlichen Trockenheit. Stromabwärts der Schleuse No. 3 (Tiffardière) und No. 4 (Marais-Pin) sowie bei La Barbée km 32 liegen Untiefen mit nur 1,20 m bei mittlerem und 1,00 m bei niedrigem Wasserstand. Von Bazoin bis Marans sind die Tiefen größer: 2,50 m bei mittlerem Wasserstand und 2,00 m bei niedrigem. Auf der gezeitenabhängigen Sèvre unterhalb der Schleuse von Enfreneaux variieren die Tiefen zwischen 1 m bei Niedrigwasser und 5,50 m bei Hochwasser. Im Hafen Marans und im Seekanal sind die Tiefen 5,35 m bzw. 4,50 m je nach Tidenstand. Die durch Kanäle umgangenen Flußstrecken zwischen Schleuse 7 (Bazoin) und Marans haben je nach Wasserstand 1,50 oder 1,00 m Tiefe.

Brücken Schiffe, die nach Niort hinauffahren wollen, dürfen nicht höher als 2,20 m sein, denn bei mittlerem Wasserstand steht im Abschnitt oberhalb der Schleuse No. 5 (Sotterie) nicht mehr Durchfahrtshöhe zur Verfügung. Beim höchsten schiffbaren Wasserstand ist diese sogar auf 1,10 m eingeschränkt, aber das kommt während der Bootssaison so gut wie nie vor. Von Schleuse 5 bis Marans ist die Mindestdurchfahrthöhe 2,40 m bei mittlerem bzw. 1,70 bei niedrigem Wasserstand. Die neue Brücke stromabwärts von Brault hat große Durchfahrthöhe.

Treidelpfad Es verläuft ein Treidelpfad neben der gesamten Strecke.

Behörden Direction Départementale de l'Equipement des Deux-Sèvres, 39 Avenue de Paris, 79022 Niort, Tel. (49) 28.16.11
Unterabteilungen:
- Cale du Port, 79000 Niort, Tel. (49) 79.20.48 (km 0 - 35).
- Le Port, 17230 Marans, Tel. (46) 01.10.35 (km 35 - 72).

Entfernungstabelle

	km	Schl.	km
Niort, Kanalbecken, Obere Schiffahrtsgrenze, Festmachemöglichkeiten, Stadtzentrum am anderen Flußufer	0,0	—	72,0
Schleuse 1 und Wehr (Comporté)	0,9	1	71,1
Neue Straßenbrücke (Umgehung für Niort)	1,5	—	70,5
Schloß Tellouze RU	2,5	—	69,5
Saint-Liquaire, Slipbahn, Festmachemöglichkeiten, Ortschaft LU	6,0	—	66,0
Schleuse 2 und Wehr (Roussille), Brücke	6,8	2	65,2
Schleuse 3 und Wehr (Tiffardière)	7,6	3	64,4
La Tiffardière, Brücke, Ortschaft RU	8,1	—	63,9
Eisenbahnbrücke	8,3	—	63,7
Flußarm nach Sevreau am LU (für flachgehende Schiffe 500 m bis zur Brücke von Sevreau schiffbar)	10,1	—	61,9
Magné, Hubbrücke, Slipbahn, Ortschaft LU	10,9	—	61,1
Schleuse 4 und Wehr (Marais-Pin), Achtung, schräge Wände	13,6	4	58,4

Sèvre Niortaise

Entfernungstabelle	km	Schl.	km
Coulon-Sansais, Brücke, Festmachemöglichkeiten und Slipbahn TW RU, Mietboote, Ortschaft RU	16,0	—	56,0
Fußgängerbrücke	16,4	—	55,6
Verbindung zum Kanal La Garette LU, nur flachgehende Schiffe	16,6	—	55,4
Schleuse 5 und Wehr (Sotterie)	19,1	5	52,9
Irleau, Brücke, Ortschaft 1000 m LU	21,2	—	49,8
Fußgängerbrücke (Cabane de la Sèvre)	23,7	—	47,3
Einfahrt in den Flußarm von Arçais am LU, die Schiffahrt benutzt den rechten Flußarm	25,6	—	46,4
Ende des Flußarmes Arçais am LU	27,5	—	44,5
Schleuse 6 und Wehr (Bourdettes)	28,7	6	43,3
Einmündung der Alten (Vieille-)Sèvre RU	29,2	—	42,8
Damvix, Brücke, Festmachemöglichkeiten und Slipbahn BW RU, Ortschaft RU	30,1	—	41,9
Les Loges RU	31,3	—	40,7
La Barbée RU	32,0	—	40,0
Verbindung zum Canal de la Vieille Autise RU	32,5	—	39,5
Schleuse 7 und Wehr (Bazoin), Brücke, Vorsicht, schräge Wände	34,0	7	38,0
Verbindung zum Canal du Mignon, LU	34,3	—	37,7
Brücke (Croix des Maries)	35,0	—	37,0
Umleitungskanal von Rabatières LU, nicht interessant für die Schiffahrt	36,2	—	35,8
Verbindung zum Canal de la Rabatière, LU, nur Fahrzeuge ohne Motor	36,4	—	35,6
Einfahrt in den Durchstich zur Abkürzung einer Flußschleife (Fossé du Loup) LU; wer nach Maillé und zur Verbindung mit dem Canal de la Jeune Autise will, fährt auf dem Fluß weiter (Contour de Maillé)	37,3	—	34,7
Ende des Durchstichs	38,2	—	33,8
Brücke (Sablon)	38,9	—	33,1
Einfahrt in den Durchstich zur Abkürzung einer Flußschleife (Canal du Sablon) RU; man kann auch auf dem Fluß weiterfahren (Contour des Combrands)	41,3	—	30,7
Ende des Durchstichs	42,7	—	29,2
Kurzer Durchstich LU (TW des Yacht-Clubs)	45,1	—	26,9
Einfahrt in den Canal de Pomère, RU; man kann auch auf dem Fluß weiterfahren (Contour de Pomère)	45,9	—	26,1
L'Ile d'Elle Brücke, Ortschaft 1200 m RU	50,6	—	21,4
Ende des Canal de Pomère	50,7	—	21,3
Eisenbahnbrücke	50,8	—	21,2
Einmündung der Vendée (nur Fahrzeuge ohne Motor)	50,9	—	21,1
Der Fluß teilt sich, fahren Sie im linken Flußarm	52,2	—	19,8
Einfahrt in einen Entwässerungskanal RU, unbefahrbar	53,2	—	18,8
Marans, Brücke, Stadt LU	53,9	—	18,1
Schleuse 8 und Wehr (Carreau d'Or)	54,2	8	17,8
Hafen von Marans, Beginn der Seeschiffahrtsstraße, Festmachemöglichkeiten	54,4	—	17,6
Verbindung zum ehemaligen Canal de Marans à La Rochelle LU (stillgelegt)	55,0	—	17,0
Einfahrt in den Seekanal (Canal maritime de Marans au Brault), LU	55,2	—	16,8
Schleuse (Enfreneaux) RU, zur gezeitenabhängigen Sèvre, Brücke	55,6	9	16,4
Brücke (Pont du Brault)	64,8	—	7,2
Verbindung zum Seekanal (Schleuse von Brault), LU (Anmerkung: der Seekanal ist 5,2 km lang, wogegen die Flußstrecke, die er umgeht, 9,7 km lang ist)	64,9	—	7,1
Neue Straßenbrücke	65,6	—	6,4
Le Corps de Garde Festmachemöglichkeit LU, Seegrenze	67,9	—	4,1
Port du Pavé, Damm LU, Festmachemöglichkeiten, die Mündung öffnet sich in die Bucht von Aiguillon	72,0	—	0,0

Canal de la Somme

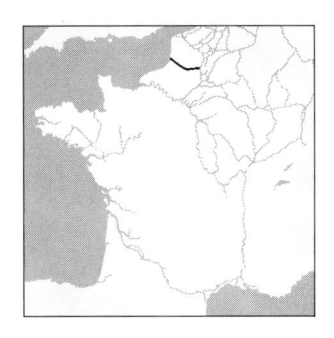

Der Canal de la Somme wurde in den Jahren 1770 – 1843 erbaut, um einen Ausgang von Saint-Quentin zur See zu schaffen und besteht größtenteils aus der kanalisierten Somme. Er ist einer der hübschesten Wasserwege Nordfrankreichs, denn er führt durch Marschland, das von Seen und Kiesgruben gesprenkelt ist. Seine Bedeutung für die Berufsschiffahrt nimmt immer mehr ab, und daher kann man ihn guten Gewissens zum Wasserwandern empfehlen.
Von Saint-Simon am Canal de Saint-Quentin bis zur Seeschleuse von Saint-Valéry-sur-Somme sind es 156 km. Dieser Kanal stellt eine weitere gute Verbindung vom Ärmelkanal zu den französichen Binnenwasserstraßen dar. Er wird in drei Abschnitte eingeteilt:
– Von Saint-Simon bis zum Unterwasser der Schleuse 11, Froissy (km 54), verläuft er parallel zur Somme (20 km dieser Strecke bilden gleichzeitig den 2. Abschnitt des Canal du Nord).
– Von Froissy bis unterhalb von Abbeville (km 142) fährt man hauptsächlich auf der Somme und gelegentlich durch Schleusenkanäle.
– Von Abbeville bis zur Mündung heißt die Strecke Canal Maritime d'Abbeville à Saint-Valéry-sur-Somme. Der Abschnitt, der in den Canal du Nord eingegliedert ist, wurde auf den Standard dieses Kanals ausgebaut.

Schleusen Es gibt 25 Schleusen, incl. die Seeschleuse von Saint-Valéry. Sie steigen von der 65 m über dem Meeresspiegel am Canal de Saint-Quentin gelegenen Staustrecke von Saint-Simon zur See hinab. Die Abmessungen sind unterschiedlich, jedoch nicht geringer als 38,50 x 6,35 m

Tiefen Der höchstzuläsige Tiefgang beträgt 1,80 m auf der Strecke von Saint-Simon nach Abbeville. Im Seekanal sind 3,20 m zulässig, damit kleine Küstenfahrzeuge den Hafen von Abbeville erreichen können.

Brücken Die Durchfahrtshöhe unter den zahlreichen festen Brücken ist 3,70 m, aber die Brücke stromaufwärts der Schleuse No. 17 in Amiens hat nur 3,43 m. Die Drehbrücke von Feuillères (km 43) wird automatisch betrieben mit Hilfe von Radardetektoren, daher sollten kleine Schiffe einen Radarreflektor haben. Am Seekanal gibt es 4 Dreh- und eine Hubbrücke.

Treidelpfad Ein Treidelpfad verläuft neben der gesamten Strecke.

Behörden Direction Départementale de l'Equipement de la Somme.
Unterabteilung: Boulevard du Port, BP 2612, 80026 Amiens, Tel. (22) 91.15.15.

Entfernungstabelle

	km	Schl.	km
Saint-Simon, Verbindung (Dreieck) zum Canal de Saint-Quentin	0,0	—	156,4
Schleuse 1 (Saint-Simon), Brücke	0,1	1	156,3
Brücke (D56 Dury-Ollezy)	1,6	—	154,8
Sommette-Eaucourt LU	3,1	—	153,3
Ehemalige Eisenbahnbrücke (abgebaut)	5,1	—	151,3
Ham, Becken LU, große Ortschaft, wahlweise Festmachemöglichkeit oberhalb der Schleuse, RU	6,1	—	150,3
Schleuse 2 (Ham), Brücke	6,6	2	149,8
Schleuse 3 (Ham), Brücke	7,2	3	149,2
Kais LU	7,9	—	148,5
Fußgängerbrücke	8,3	—	148,1
Fußgängerbrücke	10,0	—	146,4
Canizy, Windmühle LU	11,2	—	145,2
Schleuse 4 (Offoy), Brücke, Kai TW LU, **Offoy** 300 m	12,5	4	143,9
Voyennes, Brücke, Ortschaft 300 m Verbindung zum Canal du Nord LU, Beginn des gemeinsamen Abschnitts (ausgebaut)	14,8	—	141,6
	16,4	—	140,0
Béthencourt-sur-Somme, Brücke, Kai TW RU	17,9	—	138,5
Pargny, Brücke, Kai BW LU	20,7	—	135,7
Schleuse 5 (Epénancourt)	22,2	5	134,2
Epénancourt LU	22,7	—	133,7
Saint-Christ-Briost, Brücke, Kai und Wendebecken TW RU	25,7	—	130,7
Brücke (Pont-lès-Brie)	28,4	—	128,0
Schleuse 6 (Péronne)	32,9	6	123,5
Eisenbahnbrücke	33,1	—	123,3
Brücke (N17), Kai TW, **Péronne** 300 m Verbindung zum Canal du Nord RU, Ende des gemeinsamen Abschnitts	33,5	—	122,9
	36,7	—	119,7
Brücke (Bazincourt)	36,9	—	119,5

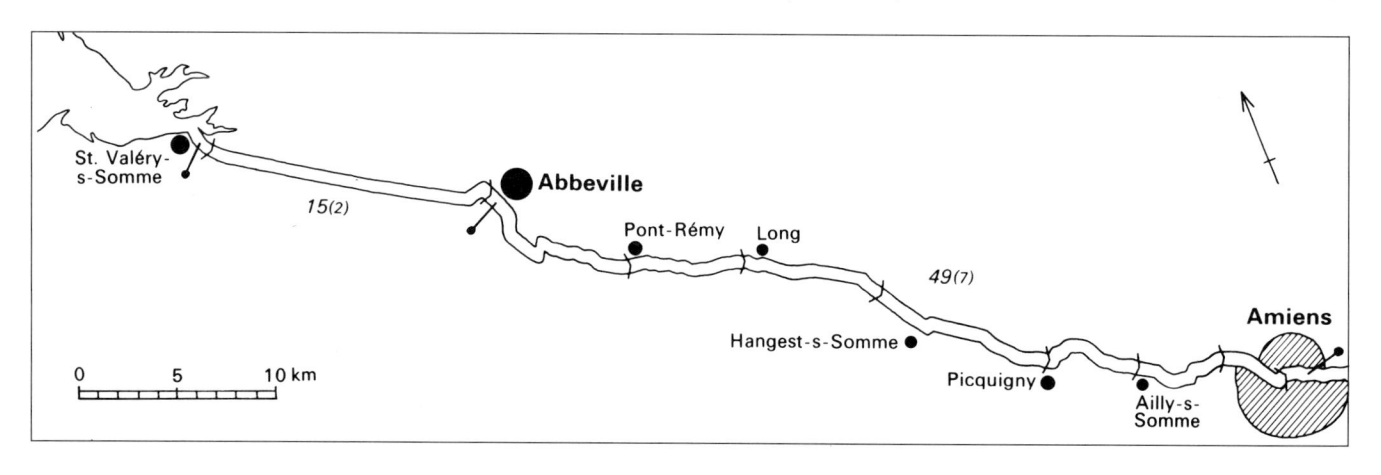

Canal de la Somme

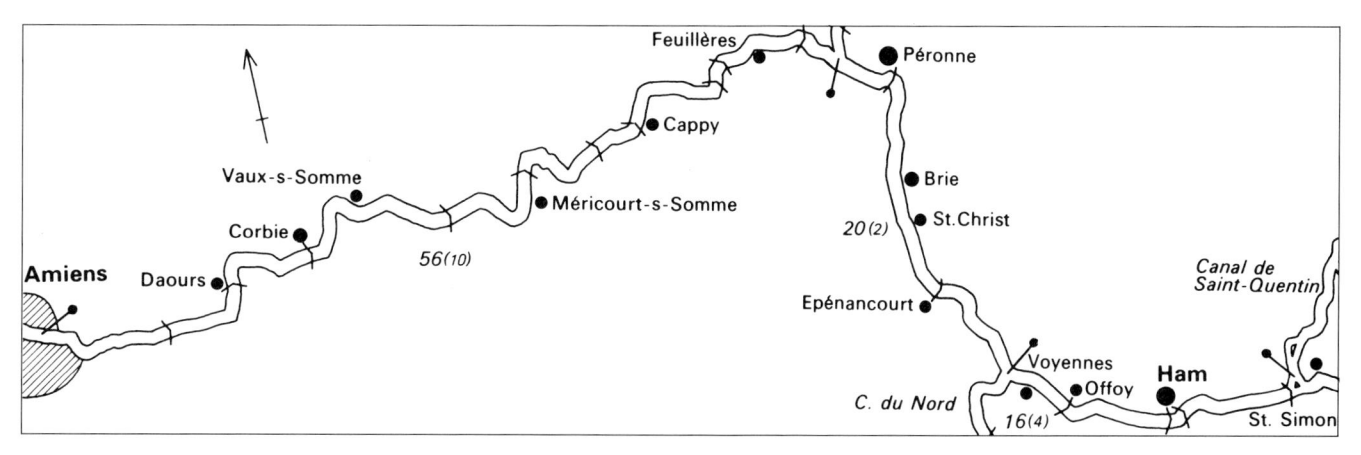

Entfernungstabelle	km	Schl.	km
Schleuse 7 (Sormont), Brücke, Kai RU	39,1	7	117,3
Autobahnbrücke (A1)	39,9	—	116,5
Feuillères, Drehbrücke (automatisch mit Radardetektoren), Kai BW LU	41,3	—	115,1
Schleuse 8 (**Frise**), Brücke, Kai BW RU	43,6	8	112,8
Schleuse 9 (Frise)	44,7	9	111,7
Kai LU	46,0	—	110,4
Eclusier-Vaux, Drehbrücke	46,9	—	109,5
Cappy, Drehbrücke, Kai BW RU	50,4	—	106,0
Schleuse 10 (Cappy)	51,0	10	105,4
Froissy, Brücke, Kais TW	52,8	—	103,6
Schleuse 11 (Froissy), Kai TW RU	52,9	11	103,5
Man fährt in die Somme ein (Flußarm nach Bray RU)	54,1	—	102,3
Flußarm nach Etinehem RU (wird nicht mehr benutzt)	57,1	—	99,3
Schleuse 12 (**Méricourt-sur-Somme**), Brücke, Ortschaft 1300 m	58,6	12	97,8
Cerizy/Chipilly, Brücke, Kai BW RU	62,4	—	94,0
Brücke (Cerizy LU)	63,7	—	92,7
Schleuse 13 (**Sailly-Laurette**), Brücke, Ortschaft 600 m RU	65,3	13	91,1
Sailly-le-Sec RU (Fahrweg zur Ortschaft, 600 m)	66,8	—	89,6
Brücke (Vaire-sous-Corbie)	70,7	—	85,7
Schleuse 14 (**Corbie**), Brücke, Kai BW LU, kleine Stadt RU	74,5	14	81,9
Eisenbahnbrücke	77,2	—	79,2
Brücke (Daours/Vecquemont)	79,3	—	77,1
Schleuse 15 (Daours)	79,7	15	76,7
Eisenbahnbrücke	80,1	—	76,3
Privatkai RU	80,5	—	75,9
Schleuse 16 (Lamotte-Brébière) in kurzem Schleusenkanal RU	84,3	16	72,1
Eisenbahnbrücke	85,6	—	70,8
Brücke (Longueau), **Camon** RU	88,7	—	67,7
Brücke (Camon)	90,1	—	66,3
Amiens, Brücke (Beauvillé), Kai TW LU, große Stadt LU	92,4	—	64,0
Brücke (Célestins)	93,4	—	63,0
Brücke (Saint-Pierre)	93,6	—	62,8
Brücke (Maulcreux), niedrigste an der Somme	93,8	—	62,6
Schleuse 17 (Amiens), Brücke	94,0	17	62,4
Fußgängerbrücke (Saint-Maurice), Kai TW LU	94,3	—	62,1
Brücke (Cagnard), Privatkai BW LU	95,0	—	61,4

Entfernungstabelle	km	Schl.	km
Brücke (Blanc)	95,8	—	60,6
Eisenbahnbrücke	97,1	—	59,3
Schleuse 18 (Montières), Brücke	97,7	18	58,7
Brücke (**Dreuil**), Ortschaft LU	100,0	—	56,4
Schleuse 19 (**Ailly-sur-Somme**), Brücke, Ortschaft LU	102,5	19	53,9
Schleuse 20 (**Picquigny**), Brücke, Ortschaft LU	108,0	20	48,8
Bourdon, Brücke, Kai BW LU	115,0	—	41,4
Schleuse 21 (Labreilloire)	117,5	21	38,9
Eisenbahnbrücken	117,9	—	38,5
Brücke (Etoile)	120,6	—	35,8
Brücke (Long)	124,7	—	31,7
Schleuse 22	124,8	22	31,6
Brücke (Cocquerel)	127,5	—	28,9
Treidelpfadbrücke	130,3	—	26,1
Pont-Rémy Kai RU	130,6	—	25,8
Brücke (D901)	131,0	—	25,4
Schleuse 23	131,3	23	25,1
Brücke (Eaucourt-sur-Somme)	133,0	—	23,4
Brücke (Epagne)	134,2	—	22,2
Brücke (Epagnette)	136,0	—	20,4
Eisenbahnbrücke (Béthune)	139,5	—	16,9
Brücke (Boulevard des Prés)	140,6	—	15,8
Brücke (Portelette), Einfahrt in Schleusenkanal LU	140,7	—	15,7
Abbeville, Brücke (Gare), Bahnhof LU, Stadtzentrum RU	141,0	—	15,3
Schleuse 24	141,7	24	14,7
Brücke (Hocquet)	142,0	—	14,4
Treidelpfadbrücke, Ende des Schleusenkanals, die Somme ist noch einige 100 m BW in Richtung Stadtzentrum schiffbar	142,1	—	14,3
Eisenbahnbrücke (Boulogne), Beginn des Seekanals	142,3	—	14,1
Privatkai LU	142,9	—	13,5
Drehbrücke (Sursomme)	143,1	—	13,3
Drehbrücke (Laviers)	145,2	—	11,2
Drehbrücke (Petit-Port)	148,2	—	8,2
Drehbrücke (**Boismont**), Ortschaft 1000 m LU	153,0	—	3,4
Schleuse 25 m, Eisenbahndrehbrücke TW, Ende des Seekanals, der Hafen **Saint-Valéry-sur-Somme** liegt in der Mündung unterhalb der Schleuse	156,4	25	0,0

Etang de Thau
Strandsee von Thau

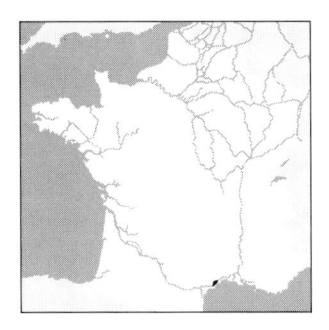

Der Etang de Thau ist ein großer, geschützter Salzwassersee – ein Strandsee –, der den Canal du Midi mit dem Canal du Rhône à Sète verbindet. Gerechnet vom Leuchtturm an der Mole von Les Onglous, der den Austritt des Canal du Midi bezeichnet, bis zu der Stelle, wo der Canal du Rhône à Sète in den Ostteil des Sees, der auch Etang des Eaux Blanches genannt wird, eintritt, ist die Strecke 17 km lang. Man kann zwischen zwei schiffbaren Auslässen zum Mittelmeer wählen:
- am Westende nimmt man den 2 km langen Canal de Pisse-Saumes
- im Ostteil fährt man durch den Hafen von Sète; hinter der befeuerten Hafeneinfahrt Pointe Courte folgt man dem Canal latéral zum Canal Maritime, der über das neue Hafenbecken und den Vorhafen von Sète ins Mittelmeer führt. Achtung: nicht über den Canal de Sète ins Mittelmeer fahren.

Im Etang de Thau gibt es keine betonnte Fahrrinnne. Von Westen kommend halten Sie mit rechtweisend 47° auf den Leuchtturm Roquérols zu. (Das Türmchen von Roquérols steht zwischen Cap Barrou und Cap Balaruc). Von Osten kommend nimmt man Kurs rw. 227° von Roquérols auf Les Onglous.

Der Etang de Thau ist ein sehr interessantes Gebiet: an seinen nördlichen Ufern liegen große Austernbänke. Erkundigen Sie sich vor der Fahrt, ob der Strandsee befahrbar ist; nachts und bei Schlechtwetter sollte man ihn tunlichst nicht überqueren. Starke nordwestliche Winde verursachen gefährlich hohen Wellengang.

Tiefen Man kann jederzeit mit 2,00 m Tiefe rechnen.

Tourismus Sète hat gemütliche Kneipen und Restaurants, wo man preiswert Austern kosten kann.

Versorgungsmöglichkeiten In den beiden Häfen Marseillan und Mèze gibt es gute Einkaufsmöglichkeiten, Kräne, Kraftstoff, Postamt, Restaurants. Wasser bekommt man nur in Marseillan. In Sète gibt es einige Reparaturwerften. In Marseillan sind Charterfirmen ansässig.

Der kleine Hafen von Marseillan am Etang de Thau

Wer in Sète einkaufen möchte, macht – wenn er aus dem Etang de Thau kommt – einfach bei der Hafeneinfahrt Pointe Courte an der linken Seite vor den beweglichen Brücken fest, oder auch hinter dem Bahnhof, wo der Zweigkanal La Peyrade in den Canal Maritime einmündet. Will man in Sète liegen, geht man in das alte Hafenbecken bei der Société Nautique. Hier findet man Service aller Art.

Entfernungstabelle

	km	Schl.	km
Anmerkung: die Entfernungen beziehen sich auf die gerade Linie, die quer über den See läuft (siehe Karte).			
Leuchtturm Les Onglous, Austritt des Canal du Midi	0,0	—	17,0
Marseillan, Hafen, Nordufer, Charterfirma Blue Line	1,0	—	16,0
Mèze, Hafen, Nordufer	10,5	—	6,5
Leuchtturm Roquérols	14,7	—	2,3
Man kreuzt die ausgebaggerte Schiffahrtsrinne, die zu den Industriekais am Ostufer führt	16,7	—	0,3
Ausfluß des Canal du Rhône à Sète	17,0	—	0,0

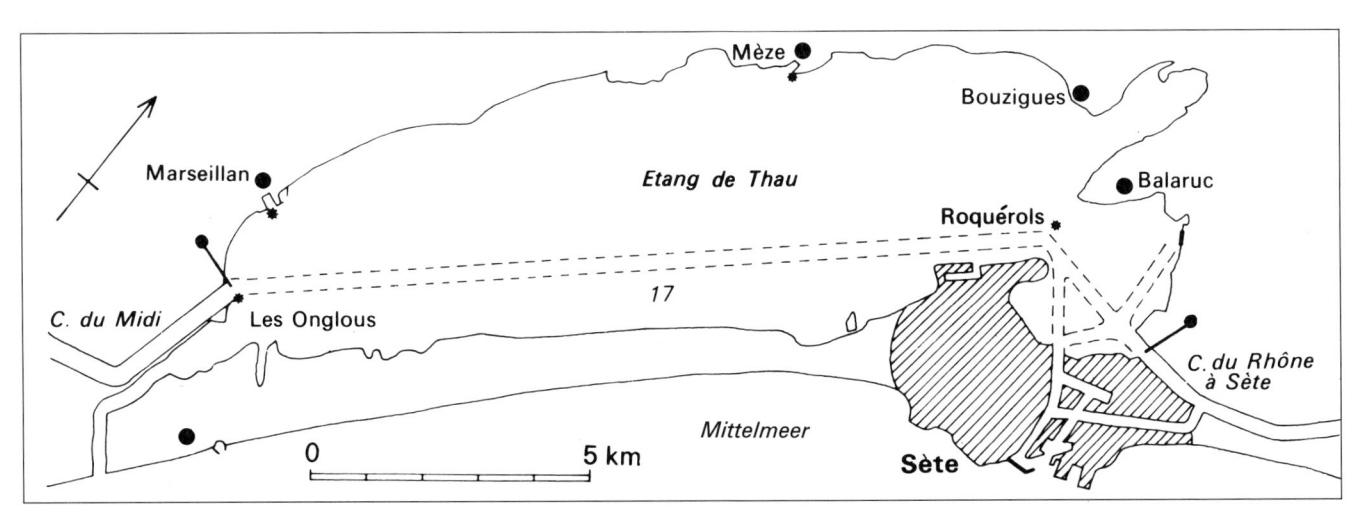

Vilaine

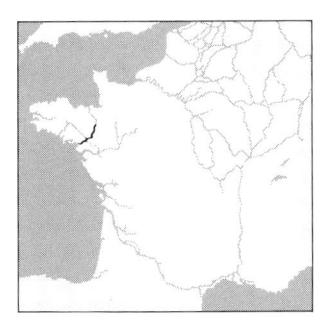

Die kanalisierte Vilaine gehört zu den bretonischen Wasserstraßen und ist daher ein wichtiges Glied in der Verbindung vom Ärmelkanal zum Atlantik. Yachtskipper benutzten diese Route schon lange bevor das Wasserwandern auf den Binnenwasserwegen derart populär wurde.

Die Vilaine ist 137 km schiffbar von Rennes, wo sich der Canal d'Ille-et-Rance dazugesellt, bis zu der Stelle, wo sie unterhalb von La Roche-Bernard in den atlantischen Ozean einmündet. In Redon (km 89), dem Zentrum des Wassertourismus in der Bretagne, kreuzen sich die Vilaine und der Canal de Nantes à Brest; ab hier war der Fluß gezeitenabhängig, bis man ein Wehr mit einer großen Schleuse bei Arzal errichtete, 6 km landeinwärts. Dadurch ist das Mündungsgebiet der Vilaine in einen großen Süßwassersee verwandelt worden, mit mehr oder minder konstantem Wasserstand, und ist sehr anziehend für Yachten und Wasserwanderer.

Wenn das große Wehr „Grand Vannage" in Redon geschlossen ist (es wird nur geöffnet, wenn der Wasserstand oberhalb und unterhalb gleich ist), fährt man durch die Schleuse No. 18 am Canal de Nantes à Brest, dann sofort links durch eine andere Schleuse in das große Hafenbecken von Redon (360 x 60 m), in welchem ein Yachthafen eingerichtet worden ist. Dieses Becken ist mit der Vilaine, unterhalb des „Grand Vannage" durch ein kurzes Kanalstück verbunden, aus dem die ehemalige Gezeitenschleuse entfernt worden ist. Auf den anschließenden 42 km von hier bis Arzal wird man nicht mehr durch Schleusen aufgehalten.

Der Abstieg des Canal de Nantes à Brest in die Vilaine erfolgt aus Richtung Nantes an der Schleuse von Bellions, da der Kanalabschnitt zwischen Bellions und Redon gesperrt worden ist.

Schleusen An der Vilaine gibt es zwölf Schleusen mit den Abmessungen 26,60 x 4,70 m zwischen Rennes und Mâlon (km 52). In unse-

Eisenbahnviadukt Corbinières an der Vilaine

rer Entfernungstabelle geben wir das „Grand Vannage" in Redon (km 89) als Schleuse an, da es ein Schiffahrtshindernis darstellt; an der Umgehungsstrecke auf dem Canal de Nantes à Brest müssen zwei Schleusen mit ähnlichen Abmessungen wie oben bedient werden.

Die Schleuse von Arzal ist 85 m lang und 13 m breit, damit auch große Yachten und Passagierschiffe den Hafen von Redon anlaufen können. Durch ein Zwischentor kann die Kammer verkürzt werden. Die Schleuse wird von einer Hubbrücke überspannt.

Tiefen Als der Handelsschiffsverkehr hier noch eine Rolle spielte, wurde die Tiefe auf 1,50 m gehalten, aber das kann man heute nicht mehr als sicher annehmen, besonders stromabwärts von Mâlon. Baggerarbeiten sind geplant, aber in der Zwischenzeit ist realistischer, einen höchstzulässigen Tiefgang von 1,20 m zwischen Rennes und Redon anzunehmen. Stromabwärts von Redon sind die Tiefen wesentlich größer.

Brücken Die Mindestdurchfahrtshöhe beträgt 3,20 m über normalem und nur 1,80 m über dem höchsten schiffbaren Wasserstand zwischen Schleuse No. 13 (Mâlon) und Redon. Bei Hochwasser sollte man sich an Ort und Stelle informieren.

Treidelpfad Der Treidelpfad wird nicht mehr benutzt.

Tourismus Rennes, die Hauptstadt der Bretagne, hat eine hübsche Altstadt mit sehenswerten Gebäuden, Kirchen und Gäßchen. In Guipry und in Messac findet man ebenfalls hübsche Stadtviertel und Menhire, gigantische Zeugen der Steinzeit. Redon ist stolz auf seinen berühmten romanischen Kirchturm an der Abtei Saint-Sauveur; ganz reizend sind die Häuser im Hafen mit den kunstvollen Balkonen aus Schmiedeeisen.

Die Fahrt auf der Vilaine ist sehr vielseitig. Etwa 16 km hinter Rennes wird die Landschaft malerisch. Man fährt durch schluchtartige Durchfahrten und durch ein Naturschutzgebiet; steile Felshänge türmen sich auf, Pinien, Pappeln, dichte Wälder, alte Mühlen und Schlösser säumen abwechselnd die Ufer. Das Mündungsgebiet der Vilaine erinnert an einen Gebirgssee.

50 Meter hoch über der Vilaine thront das Städtchen La Roche-Bernard. Die Brücke ist gigantisch; hübsche alte Häuser und steile Gäßchen lohnen den Besuch. Lassen Sie sich etwas Zeit für Landausflüge in diese beeindruckende Gegend; Sie sollten zumindest die Menhirstatuen von Carnac besuchen.

Versorgungsmöglichkeiten In Rennes und Redon (Yachthafen) findet man Wasser, Treibstoff, Lebensmittel, Werften und Reparaturwerkstätten. Bruz bietet gute Versorgungsmöglichkeiten. Im Sportboothafen von Messac gibt es einen Kran mit einer Hubkraft von fünf Tonnen, Wasser und eine Charterfirma. Am Anleger von Guipry bekommt man Wasser und Kraftstoff. Weitere Yachthäfen mit Servicemöglichkeiten (z. B. Mastlegen) befinden sich in Foleux, La Roche-Bernard und Port de Camoël (hinter der Schleuse von Arzal).

Behörden Service Maritime et de Navigation de Nantes.
Unterabteilungen:
- 1 Avenue du Mail, 35000 Rennes, Tel. (99) 59.20.60. (km 0 - 52).
- 116 Route de Vannes, 35600 Redon, Tel. (99) 71.10.66 (km 52 - 131).

Entfernungstabelle

	km	Schl.	km
Rennes, Brücke (Boulevard de la Tour d'Auvergne), Schiffahrtsgrenze (Vilaine fließt im Stadtgebiet überdacht)	0,0	—	137,0

Vilaine

Entfernungstabelle	km	Schl.	km
Verbindung zum Canal d'Ille-et-Rance, RU Kais, Wasser, Kraftstoff, Stadtzentrum 500 m (bessere Festmachemöglichkeit oberhalb Schleuse 1 am Canal d'Ille-et-Rance)	0,1	—	136,9
Brücke (Abattoir)	0,2	—	136,8
Brücke	0,7	—	136,3
Einmündung der Ille, RU	0,9	—	136,1
Eisenbahnbrücke, ehemalige Industriekais TW	1,0	—	136,0
Schleuse 2 (Comte) in kurzem Schleusenkanal LU, Drehbrücke	1,3	—	135,7
Neue Straßenbrücke, (Umgehung für Rennes)	1,9	1	135,1
Durchstich zur Abkürzung einer Flußschleife RU	2,6	—	134,4
Schleuse 3 (Apigné) in kurzem Schleusenkanal LU, Brücke	4,2	—	132,8
Brücke (Chancors), Wehr RU, Einfahrt in Schleusenkanal LU	5,5	2	131,5
Schleuse 4 (Cicé), Hubbrücke, man fährt wieder in die Vilaine ein	9,3	—	127,7
Einmündung des Flusses Meu, RU	11,0	3	126,0
Brücke (Mons), Kai TW LU, **Bruz** 2000 m LU	13,9	—	123,1
Schleuse 5 (Mons) und Wehr	14,1	—	122,9
Schleuse 6 (Pont-Réan) LU und Wehr	14,3	4	122,7
Pont-Réan, Brücke, Kai TW RU, Charterfirma, Ortschaft RU	17,8	5	119,2
Einmündung des Flusses Seiche, LU	18,0	—	119,0
Eisenbahnviadukt (Cahot), Festmachen TW LU	20,3	—	116,5
Schleuse 7 (Boël) RU und Wehr	20,5	—	116,5
Laillé Brücke, Kai BW RU, Ortschaft 2500 m LU	21,0	6	116,0
Schleuse 8 (Bouëxière) RU und Wehr	23,7	—	113,3
Brücke (Glanret), Kai TW RU, **Bourg-des Comptes** 1800 m LU	26,8	7	110,2
Schleuse 9 (Gailieu) RU und Wehr	28,5	—	108,5
Schleuse 10 (Molière) RU und Wehr	30,2	8	106,8
Brücke (Charrière), **Pléchâtel** 1000 m LU	33,8	9	103,2
Eisenbahnviadukt (Cambrée)	35,3	—	101,7
Brücke (Macaire), Festmachemöglichkeiten TW LU	37,3	—	99,7
Schleuse 11 (Macaire) RU und Wehr	39,9	—	97,1
Schleuse 12 (Guipry) RU und Wehr, Charterfirma Armorique Line BW LU, **Messac** 1300 m LU, Sportboothafen	40,6	10	96,4
Guipry, Brücke Kai TW RU, Ortschaft 1500 m RU	47,9	11	89,1
Eisenbahnviadukt (Guipry)	48,0	—	89,0
Schleuse 13 (Mâlon) RU und Wehr, Untiefen TW	48,5	—	88,5
Brücke (Saint-Marc), Einfahrt in schluchtartige Verengung	52,0	12	85,0
Eisenbahnviadukt (Corbinières)	55,0	—	82,0
Port de Roche, Brücke, Kai BW RU, Ende der schluchtartigen Durchfahrt, kleine Ortschaft RU	56,7	—	80,3
Einmündung des Flusses Chère, LU	62,2	—	74,8
Eisenbahnviadukt (Droulin)	66,4	—	70,6
	67,6	—	69,4

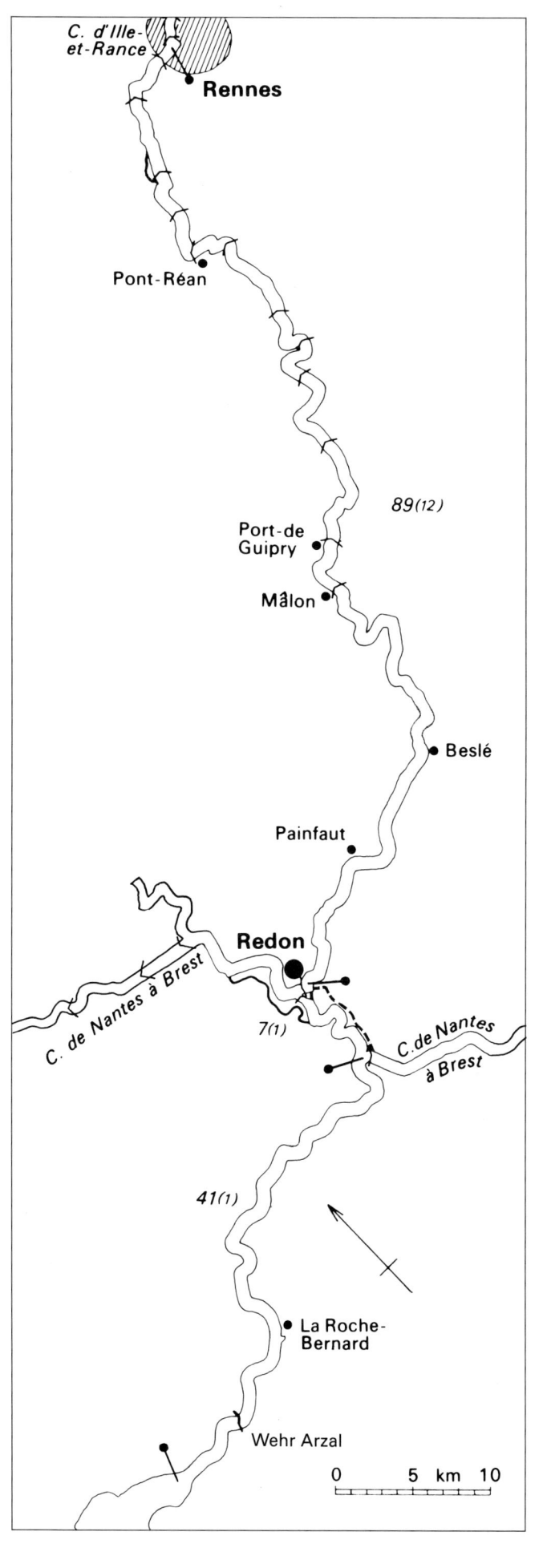

Entfernungstabelle	km	Schl.	km
Beslé, Brücke, Kai BW LU, Wasser, Kraftstoff, Ortschaft 500 m LU	69,3	—	67,7
Insel **Brain-sur-Vilaine**, man fährt im rechten Flußarm, Kai, Ortschaft RU	71,3	—	65,7
Fähre	73,0	—	64,0
Brücke (Ilette), Kai BW RU	74,3	—	62,7
See (Lac de Murin) jenseits LU	76,5	—	60,5
Painfaut, Brücke, kleine Ortschaft 300 m RU	79,3	—	57,7
Brücke (Grand-Pas)	84,0	—	53,0
Eisenbahnviadukt (Redon)	88,8	—	48,2
Redon, Brücke (Pont de Saint-Nicolas), Kai BW RU, Stadtzentrum RU Verbindung mit dem Canal de Nantes à Brest (Richtung Pontivy). Einfahrt in den Kanal durch Schleuse 18 (Oust) RU, wenn TW das große Wehr geschlossen ist	89,1	—	47,9
	89,2	—	47,8
Wehr (Grand Vannage), nur offen, wenn der Wasserstand oberhalb und unterhalb gleich ist	89,3	13	47,7
Einfahrt in das Hafenbecken von Redon (Grand Bassin) RU	89,7	—	47,3
Einmündung des Flusses Oust RU Verbindung mit dem Canal de Nantes à Brest (Richtung Nantes) LU, durch die Schleuse von Bellions	90,9	—	46,1
	96,1	—	40,9
Rieux, Kai RU, ehemalige Fähre	96,7	—	40,3
Einmündung des Flusses Isac, LU	100,0	—	37,0
Drehbrücke (Cran) LU, Festmachen LU	101,8	—	35,2
Fähre (Passage Neuf)	103,8	—	33,2
Foleux, Sportboothafen, RU, Wasser, Strom, sanitäre Anlagen, Geschäfte	114,9	—	22,1
La Roche-Bernard, Hängebrücke, Festmachemöglichkeiten und Charterfirma Nautique Breton TW LU, Ortschaft 500 m den Hügel hinauf LU	122,0	—	15,0
Geschützter Hafen (Port du Rhodoir) LU, Festmachemöglichkeiten	122,6	—	14,4
Wehr von Arzal, Schleuse RU	131,0	14	6,0
Tréhiquier, Kai LU, ehemalige Fähre	136,6	—	0,4
Die Vilaine mündet in den Atlantik, Pointe du Moustoir RU, Pointe du Scal LU	137,0	—	0,0

Schleuse Champfleury an der Yonne

Yonne

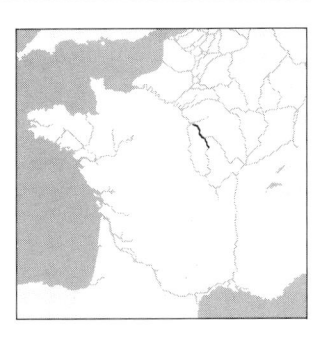

Die Yonne ist von Auxerre bis zur Einmündung in die Seine bei Montereau kanalisiert; das ergibt eine Strecke von 108 km. Auf den ersten 22 Kilometern setzt sie den Canal du Nivernais fort, ab Laroche-Migennes ist sie mit dem Canal de Bourgogne verbunden. Somit stellt sie einerseits eine Querverbindung zwischen der Bourgogne- und der Bourbonnais-Route (Loire, Canal latéral à la Loire) dar, die beide von Paris nach Lyon führen, und bildet außerdem einen Teil der Bourgogne-Route, der kürzesten, aber schleusenreichsten Verbindung durch Mittelfrankreich.

Die Yonne ist zum Wasserwandern besonders geeignet; es gibt große Schleusen, aber wenig Berufsschiffsverkehr, außer in den unteren Bereichen. An drei Stellen fährt man durch Schleusenkanäle, und zwar bei Gurgy, Joigny und Courlon.

Schleusen Hier gibt es 26 Schleusen; die neun zwischen Auxerre und Laroche-Migennes sind 93 m lang und 8,30 m breit. Die nächsten 14 nach Port-Renard hinunter sind 96 x 8,30 m und die letzten drei sind noch etwas breiter (10,50). Viele der Schleusen haben schräge Seitenwände, die besonders bei der Talfahrt sehr unangenehm für Sportboote sind. Die Mannschaft muß mit Bootshaken zum Abstoßen bereitstehen.

Tiefen Der höchstzulässige Tiefgang ist 1,80 m.

Brücken Die niedrigsten Brücken sind die Pont de la Tournelle in Auxerre und die Brücke von Courlon (km 87). Erstere hat eine Durchfahrtshöhe von 4,40 bei normalem, bzw. 4,20 m über dem höchsten schiffbaren Wasserstand (auf einer befahrbaren Breite von 8,30 m). In Courlon sind es 4,80 bzw. 4,40 m.

Treidelpfad Es verläuft ein guter Treidelpfad neben der gesamten Strecke.

Behörden Service de la Navigation de la Seine, Arrondissement Haute-Seine.
Unterabteilungen: 60 Quais de la Fausse-Rivière, 89106 Sens, Tel. (86) 65.26.92.

Entfernungstabelle

	km	Schl.	km
Verbindung mit dem Canal du Nivernais (Pont Paul-Bert in Auxerre)	0,0	—	108,0
Auxerre, Fußgängerbrücke, Sportboothafen und Charterfirma RU, Stadtzentrum und Kathedrale LU	0,3	—	107,7
Brücken (Pont de la Tournelle und neue Straßenbrücke)	0,8	—	107,2
Schleuse 1 (Chaînette), LU, Wehr	1,0	1	107,0
Schleuse 2 (Ile Brûlée), LU, Wehr	2,5	2	105,5
Schleuse 3 (Dumonts), LU, Wehr	4,3	3	103,7
Schleuse 4 (Boisseaux), LU, Wehr	5,9	4	102,1
Monéteau, Brücke, Festmachen RU	6,8	—	101,2

Yonne

Entfernungstabelle

	km	Schl.	km
Schleuse 5 (Monéteau), RU, Wehr	7,5	5	100,5
Autobahnbrücke (Autoroute du Soleil)	8,9	—	99,1
Gurgy, Kai RU, Charterfirma Navig-France	10,1	—	97,9
Einfahrt in den Schleusenkanal von Gurgy, RU	10,5	—	97,5
Brücke (Gurgy) und Sperrtor	10,6	—	97,4
Brücke (Chaumes)	12,0	—	96,0
Schräge Brücke (**Appoigny**), Kai BW LU, Ortschaft 1500 m LU	12,9	—	95,1
Schleuse 6 (Néron), Brücke	14,0	6	94,0
Schleuse 7 (Raveuse), Brücke	15,4	7	92,6
Ende des Schleusenkanals von Gurgy, man fährt wieder in die Yonne ein	15,6	—	92,4
Schleuse 8 (Bassou), RU, Wehr	17,0	8	91,0
Bassou, Brücke, Ortschaft 400 m LU, **Bonnard** RU	17,9	—	90,1
Schleuse 9 (Gravière), LU, Wehr	21,1	9	86,9
Einmündung des Armençon, RU	21,4	—	86,6
Brücke (Migennes)	21,8	—	86,2
Brücke (Charmoy)	22,2	—	85,8
Eisenbahnbrücke (Laroche)	22,6	—	85,4
Verbindung mit dem Canal de Bourgogne, RU	22,7	—	85,3
Kai (Coches), RU, **Migennes** 500 m	22,9	—	85,1
Laroche-Saint-Cydroine, Brücke, Ortschaft RU	23,8	—	84,2
Schleuse 1 (Epineau) LU, Wehr, Bootsklub mit Slipbahn, TW RU	24,8	10	83,2
Schleuse 2 (Pêchoir), LU, Wehr	28,7	11	79,3
Joigny, Brücke, Kai und Stadtzentrum RU	31,1	—	76,9
Kai LU, Charterfirma Locaboat Plaisance	31,6	—	76,4
Einfahrt in den Schleusenkanal von Joigny, RU	32,6	—	75,4
Brücke (Epizy) und Sperrtor	32,7	—	75,3
Schleuse 3 (Saint-Aubin) schräge Wände, Brücke	35,4	12	72,6
Ende des Schleusenkanals von Joigny, man fährt wieder in die Yonne ein	36,0	—	72,0
Saint-Aubin-sur-Yonne, Kai und Ortschaft RU	36,1	—	71,9
Villecien RU	37,0	—	71,0
Schleuse 4 (Villevallier), RU, Wehr	40,3	13	67,7
Villevallier, Brücke, Festmachen RU	41,8	—	66,2
Schleuse 5 (Armeau) schräge Wände, RU, Wehr	44,9	14	63,1
Villeneuve-sur-Yonne, Brücke, Vivre sur l'Eau Charterfirma TW LU, kleine Stadt RU	50,0	—	58,0
Schleuse 6 (Villeneuve-sur-Yonne) schräge Wände, RU, Wehr	50,5	15	57,5
Kai (Passy) RU, Privatkai LU	54,1	—	53,9
Schleuse 7 (Etigny) schräge Wände, RU, Wehr	56,0	16	52,0
Etigny, Brücke, Ortschaft 400 m LU	57,0	—	51,0
Kai (Rosoy), RU	59,5	—	48,5
Schleuse 8 (Rosoy), schräge Wände, RU, Wehr	60,5	17	47,5
Schleuse 9 (Saint-Bond), schräge Wände, RU, Wehr	65,3	18	42,7
Der Fluß teilt sich, man fährt im rechten Flußarm	66,5	—	41,5

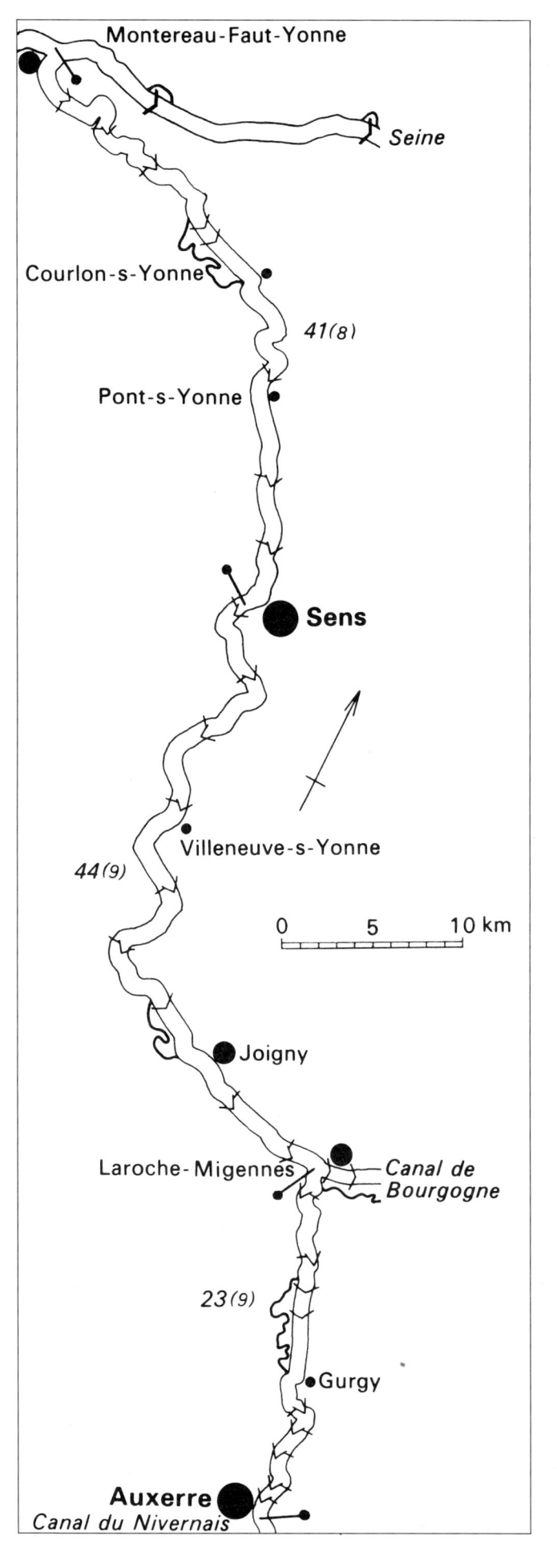

Yonne

Entfernungstabelle	km	Schl.	km
Sens, Brücke, Sportboothafen BW LU, Stadtzentrum RU	66,8	—	41,2
(Bergfahrer) Fluß teilt sich, man fährt im rechten Fahrwasser	67,3	—	40,7
Neue Straßenbrücke	67,6	—	40,4
Handelskais RU	68,0	—	40,0
Schleuse 10 (Saint-Martin), RU, Wehr	69,5	19	38,5
Saint-Denis Kai und Ortschaft RU	71,0	—	37,0
Schleuse 11 (Villeperrot), schräge Wände, RU, Wehr	74,5	20	33,5
Vanne-Aquädukt	76,1	—	31,9
Pont-sur-Yonne Brücke, Kai TW LU, Ortschaft 100 m	78,6	—	29,4
Schleuse 12 (Champfleury), RU, Wehr	80,2	21	27,8
Schloß Serbonnes RU	84,4	—	23,6
Serbonnes RU	85,0	—	23,0
Courlon-sur-Yonne RU	86,9	—	21,1
Einfahrt in den Schleusenkanal von Courlon RU	87,0	—	21,0
Brücke (Courlon) und Sperrtor	87,1	—	20,9
Brücke (Morlaix)	88,6	—	19,4
Brücke (Gain)	89,1	—	18,9

Entfernungstabelle	km	Schl.	km
Schleuse 13 (Vinneuf), schräge Wände, Brücke	90,1	22	17,9
Schleuse 14 (Port-Renard), Ende des Schleusenkanals, man fährt wieder in die Yonne ein	91,8	23	16,2
Misy-sur-Yonne, Brücke, Festmachen TW RU, Ortschaft 300 m	93,8	—	14,2
Schleuse 15 (Barbey), schräge Wände RU, Wehr	96,2	24	11,8
Schleuse 16 (Brosse), schräge Wände, RU, Wehr	100,6	25	7,4
Rohrbrücke	102,3	—	5,7
Cannes-Ecluses, Brücke, Anlegeplatz für Sportboote BW LU, Ortschaft 200 m	104,4	—	3,6
Schleuse 17 (Cannes), schräge Wände, RU, Wehr	104,7	26	3,3
Eisenbahnbrücke (Pont de Moscou), Privatkai BW LU	106,7	—	1,3
Montereau-Faut-Yonne, Brücke, Festmachemöglichkeiten und Stadtzentrum LU	107,9	—	0,1
Einmündung in die Seine (km 68)	108,0	—	0,0

Kathedrale St. Etienne in Auxerres an der Yonne

Nautisches Wörterverzeichnis

französisch – deutsch

accoster *anlegen, längsseit kommen*
affaler *niederholen*
affluent *Nebenfluß*
aiguilleter *festzurren*
aire de virage *Wendestelle*
alternat *wechselnder Einbahnverkehr*
amarrer *(Schiff) festmachen*
amarre *Festmacheleine*
amont (en) *stromauf(-wärts), bergwärts*
ancre *Anker*
annuaire des marées *Gezeitentafel*
anneau *Festmachering*
arborer *(Flagge) hissen*
arbre *Achse, Welle*
arrêter *anhalten, stoppen*
arrière (en) *achteraus, rückwärts*
assureur *Versicherer*
aussière *Trosse*
aval (en) *stromab(-wärts), talwärts*
avalant *Talfahrer*
avant *Bug*
aviron *Ruder, Riemen*

bâbord *Backbord*
bac *Fähre*
bâche *Segeltuchplane, Schutzhaube*
bajoyer *Schleusenwand*
balise *Bake*
bande *Schlagseite*
barrage *Stauwehr*
barre *Ruder, Steuer*
bas-fond *Untiefe*
bassin *Hafenbecken, Kanalbecken*
bassin de virage *Wendebecken*
bâtiment *Schiff*
berge *Ufer*
bief *Stauhaltung (zwischen 2 Schleusen)*
bief de partage *Scheitelhaltung (oberste Stauhaltung)*
bifurcation *Flußgabelung, Stromspaltung*
bitte *Poller*
bollard flottand *Schwimmpoller*
bosse *Vorleine*
boucle *Festmachering*
boucheron de nable *Bootspfropfen*
bouée *Boje, Tonne*
busc *Schleusensüll, Drempel*

calaison *Tiefgang*
cale *1) Rampe, Slip, 2) Bilge*
canal latéral *Seitenkanal*
canon d'ammarage *Poller*
carburant *Kraftstoff, Treibstoff*
caréner *kielholen*
chaîne *Kette*
chaland *Schute, Leichter*
chantier *Werft*
chatterton *Isolierband*
chaumard *Klampe, Leitrolle*
chavirer *kentern*
chemin de halage *Leinpfad, Treidelweg*
chenal *Fahrrinne*
chômage *Schiffahrtssperre (wegen Arbeiten)*
choquer *Lose geben, schricken*
chute *Hubhöhe (der Schleuse)*
cigale *Ankerring*
clayonnage *Faschine*
cloison *Schott*
cloison étanche *wasserdichtes Schott*
contre-plaqué *Sperrholz*
combustible *Kraftstoff, Treibstoff*
convoi *Schleppzug*
convoi poussé *Schubverband*
cordage *Tauwerk*
corner *Schallsignal geben*
cosse *Kausch, Öse*
cote *Höhe über Nullpunkt*
courant *Strömung*
courbe *Biegung, Krümmung*
crémaillère *Zahnstange*
crépine *Filter*
croisement *Begegnen von Schiffen (in Gegenrichtung)*
crue *Flußhochwasser*

dalot *Speigatt*
dame de nage *Rudergabel, Dolle*
darse *Hafenbecken*
décommettre *(ein Seil) aufdrehen*
défense *Fender*
démarrer *1) losmachen, loswerfen, 2) (Motor) anlassen*
dépasser *(Schiff) überholen*
dérivation *Kanalabzweigung*
dérive *Abtrift*
déversoir *Überlaufwehr*
digue *Damm, Deich, Längsbuhne*
digue de séparation *Trennwerk*
douane *Zoll(-amt)*
drisse *Taufall*
drapeau *Fahne*

eau potable *Trinkwasser*
échelle *Leiter*
échelle d'eau *Pegel*
échouer *auflaufen*
écluse *Schleuse*
écluse à nacelles *Sportbootschleuse*
écluse multiple *Schleusentreppe*
éclusier *Schleusenwärter*
écope *Ösfaß, Wasserschaufel*
élingue *Schlinge, Stropp*
embouchure *Mündung*
embranchement *Zweigkanal*
enfoncement *Tiefgang*
épave *Wrack*
épi *Buhne, Kribbe*
épisser *spleißen*
épissoir *Marlspieker, Fid*
épissure *Spleiß*
épissure à oeil *Augspleiß*
épuisette *Ösfaß, Wasserschaufel*
équipement *Ausrüstung*
équiper *ausrüsten*
essence *Benzin*
étambot *Achtersteven*
étang *Strandsee, Haff, Teich*
étoupe *Werg*
étrave *Vorsteven*
extincteur *Feuerlöscher*

fanal *Positionslaterne*
fanion *Stander, Wimpel*
faubert *Schwabber*
faux-bras *Schleppleine*
feu *Feuer*
fil *Draht, Leine*
filer *fieren*
filière *Drahtreling*
flamme *Wimpel*
fleuve *Fluß*
flot *Flut*
fond *Boden, Sohle*
fraîchir *(Wind) auffrischen*
franc-bord *Freibord*
fuel *Diesel(-öl)*

gabarit *Schiffsnorm, Schiffsgröße*
gabarre *Leichter, Prahm*
gaffe *Bootshaken*
gas-oil *Diesel(-öl)*
gilet de sauvetage *Schwimmweste*
gîte *Krängung*
godiller *wricken*
grappin *Draggen*
grau *Verbindung eines Strandsees mit dem Mittelmeer*
grelin *(dicke) Trosse*
grue *Kran*
guidon *Wimpel, Stander*
guipon *Quast*
halage *Treideln*
hampe de pavillon *Flaggenstock*
hausse *Steigen (des Wassers)*
hauteur *Höhe*
hauteur libre *freie Durchfahrthöhe*
haut-fond *Untiefe*
haut-parleur *Lautsprecher*
hélice *Schiffsschraube, Propeller*

hiloire *Lukensüll*
homme de barre *Rudergänger*
hors-bord *Außenbordmotor*
hublot *Bullauge*
huile *Öl*

île *Insel*
îlot *Inselchen*
impracticable *unbefahrbar*
incendie *Brand, Feuer*
infiltration *Wassereinbruch*
interdiction *Verbot*
interdiction de stationner *Liegeverbot*
interrupteur *(Strom-)Schalter*

jas d'ancre *Ankerstock*
jumelles *Fernglas*
journal de bord *Logbuch*
jusant *Ebbe*

kiosque de timonerie *Ruderhaus*
klaxon *Hupe*

lampe de poche *Taschenlampe*
largeur *Breite, Weite*
larguer *loswerfen*
lest *Ballast*
levier *Hebel, Schwengel*
liège *Kork*
location *Charterung, Bootsvermietung*
longueur *Länge*
louvoyer *kreuzen*
lover *(Tau) aufschießen*
lubrifiant *Schmiermittel*

maillon *Kettenglied*
manille *Schäkel*
manivelle *Kurbel*
marée basse *Niedrigwasser*
marée haute *Hochwasser*
marées *Gezeiten*
mascaret *Flutwelle (auf Flüssen)*
mât *Mast*
minium *Mennige*
montant *Bergfahrer*
mouillage *1) Ankerplatz, 2) Wassertiefe*
musoir *Schleusenhaupt*

nable *Spundloch (für Bootspfropfen)*
nacelle *Nachen, kleines Boot*
nager *schwimmen*
noeud *Knoten*
nouer *verknoten*

obstacle *Hindernis*
oeillet *Öse, Gatt*
organeau *Festmachering*
orin *Bojenleine*

pagaie *Paddel*
palan *Talje, Flaschenzug*
pare-brise *Windschutzscheibe*
pas de vis d'hélice *Schraubensteigung*
passerelle *1) Laufsteg, 2) Kommandobrücke*
passoire *Filter, Sieb*
patte d'ancre *Ankerflunke*
pavillon *Flagge*
péniche *Güterschiff (für Kanäle)*
pente d'eau *Wasserkeil, Wasserecke*
permis de conduire *Führerschein*
pile de pont *Brückenpfeiler*
plaisancier *Sportschiffer*
plongeur *(Sport-)Taucher*
pompe de cale *Bilgenpumpe*
pont *Brücke*
pont-canal *Aquädukt, Kanalbrücke*
pont mobile *bewegliche Brücke*
port de plaisance *Sportboothafen*
porte de garde *Sperrtor*
poste d'eau *Wasserzapfstelle*
poubelle *Müllbehälter*
poulie *Block*
poupe *Heck*
pousseur *Schubschiff*
prélart *Persenning*
presse-étoupe *Stopfbuchse*

profondeur *Wassertiefe*
projecteur *Scheinwerfer*
proue *Bug*

quai *Kai, Uferstraße*
quille *Kiel*

radeau *Floß*
radier *Schleusensohle*
ralentir *Fahrt vermindern*
rame *1) Ruder, 2) Schleppzug (z.B. eines toueur durch Schiffahrtstunnel)*
ravitaillement *Verproviantierung*
réa *Blockrolle, Blockscheibe*
relâche *Aufenthalt (im Zwischenhafen)*
remonter *stromaufwärts fahren*
remorquer *schleppen*
remorqueur *Schleppdampfer*
remous *Wellenschlag*
rive *Flußufer*
rivière *Fluß, Strom*
roue du gouvernail *Ruder, Steuer*

safran de gouvernail *Ruderblatt*
sas *Schleusenkammer*
sassement *Schleusung*
scaphandier *Taucher (mit Ausrüstung)*
serrer (la rive) *(Ufer) hart anhalten*
station-service *Tankstelle*
siffler *pfeifen*
signal sonore *Schallzeichen*
sonder *loten*
souterrain *Schiffahrtstunnel*
surbau *Lukensüll*
surlier *(Tau) betakeln*

talonnement *Grundberührung*
taquet *Klampe*
timonier *Rudergänger*
tirant d'air *Bootshöhe über Wasser*
tirant d'eau *Tiefgang*
torche électrique *Taschenlampe*
toron *Kardeel*
touer *schleppen, bugsieren*
toueur *Schlepper (z.B. im Schiffahrtstunnel)*
traverser *(Fluß) überqueren*
trémater *(Schiff) überholen*
treuil *Winde, Spill*
tribord *Steuerbord*
tuyau flexible *Schlauch*

usine électrique *elektr. Kraftwerk*
usine marémotrice *Gezeitenkraftwerk*

vanne *Sieltor, Wasserablaß*
vantail *Torflügel (der Schleuse)*
ventelle *Schütz (Schieber im Schleusentor)*
versant *eine Seite der Wasserscheide*
virer de bord *wenden, umdrehen*
vitesse *Geschwindigkeit*
voie d'eau *Leck*

deutsch – französisch

Abtrift *dérive*
Achse, Welle *arbre*
achteraus, rückwärts *en arrière*
Achtersteven *étambot*
anhalten, stoppen *arrêter*
(Ufer) hart anhalten *serrer (la rive)*
Anker *ancre*
Ankerflunke *patte d'ancre*
Ankerplatz *mouillage*
Ankerring *cigale*
Ankerstock *jas d'ancre*
anlassen (Motor) *démarrer*
anlegen, längsseit kommen *accoster*
Aquädukt, Kanalbrücke *pont-canal*
Aufenthalt (im Zwischenhafen) *relâche*
(ein Seil) aufdrehen *décommettre*
(Wind) auffrischen *fraîchir*
auflaufen *échouer*
(Tau) aufschießen *lover*
Augspleiß *épissure à oeil*

Nautisches Wörterverzeichnis

ausrüsten *équiper*
Ausrüstung *équipement*
Außenbordmotor *hors-bord*

Backbord *bâbord*
Bake *balise*
Ballast *lest*
Begegnen von Schiffen (in Gegenrichtung) *croisement*
Benzin *essence*
Bergfahrer *montant*
bergwärts, stromauf(-wärts) *amont(en)*
(Tau) betakeln *surlier*
Biegung, Krümmung *courbe*
Bilge *cale*
Bilgenpumpe *pompe de cale*
Block *poulie*
Blockrolle *réa*
Blockscheibe *réa*
Boden, Sohle *fond*
Boje, Tonne *bouée*
Bojenleine *orin*
kleines Boot, Nachen *nacelle*
Bootshaken *gaffe*
Bootshöhe über Wasser *tirant d'air*
Bootspfropfen *boucheron de nable*
Bootsvermietung, Charterung *location*
Brand, Feuer *incendie*
Breite, Weite *largeur*
Brücke *pont*
Brücke (bewegliche) *pont mobile*
Brückenpfeiler *pile de pont*
Bug *proue, avant*
bugsieren, schleppen *touer*
Buhne, Kribbe *épi*
Bullauge *hublot*

Charterung, Bootsvermietung *location*

Damm, Deich, Längsbuhne *digue*
Deich, Damm, Längsbuhne *digue*
Diesel(-öl) *fuel, gas-oil*
Dolle, Rudergabel *dame de nage*
Draggen *grappin*
Draht, Leine *fil*
Drahtreling *filière*
Drempel, Schleusensüll *busc*
Durchfahrthöhe (freie) *hauteur libre*

Ebbe *jusant*
Einbahnverkehr (wechselnder) *alternat*
elektr. Kraftwerk *usine électrique*

Fähre *bac*
Fahne *drapeau*
Fahrrinne *chenal*
Fahrt vermindern *ralentir*
Faschine *clayonnage*
Fender *défense*
Fernglas *jumelles*
festmachen (Schiff) *amarrer*
Festmachering *boucle, anneau*
Festmacheleine *amarre*
festzurren *aiguilleter*
Feuer *incendie, feu*
Feuerlöscher *extincteur*
Fid, Marlspieker *épissoir*
fieren *filer*
Filter *crépine*
Filter, Sieb *passoire*
Flagge *pavillon*
Flagge hissen *arborer*
Flaggenstock *hampe de pavillon*
Flaschenzug, Talje *palan*
Floß *radeau*
Fluß, Strom *fleuve, rivière*
Flußgabelung, Stromspaltung *bifurcation*
Flußhochwasser *crue*
Flußufer *rive*
Flut *flot*
Flutwelle (auf Flüssen) *mascaret*
Freibord *franc-bord*
Führerschein *permis de conduire*

Gatt, Öse *oeillet*
Geschwindigkeit *vitesse*

Gezeiten *marées*
Gezeitenkraftwerk *usine marémotrice*
Gezeitentafel *annuaire des marées*
Grundberührung *talonnement*
Güterschiff (für Kanäle) *péniche*

Hafenbecken *bassin, darse*
hart anhalten (Ufer) *serrer (la rive)*
Hebel, Schwengel *levier*
Heck *poupe*
hissen (Flagge) *arborer*
Hochwasser *marée haute*
Höhe *hauteur*
Höhe über Nullpunkt *cote*
Hubhöhe (der Schleuse) *chute*
Hupe *klaxon*

Insel *île*
Inselchen *îlot*
Isolierband *chatterton*

Kai, Uferstraße *quai*
Kanalabzweigung *dérivation*
Kanalbecken, Hafenbecken *bassin*
Kanalbrücke, Aquädukt *pont-canal*
Kardeel *toron*
Kausch, Öse *cosse*
kentern *chavirer*
Kette *chaîne*
Kettenglied *maillon*
Kiel *quille*
Kielholen *caréner*
Klampe *taquet*
Klampe, Leitrolle *chaumard*
Knoten *noeud*
Kommandobrücke *passerelle*
Kork *liège*
Krängung *gîte*
Kraftstoff, Treibstoff *carburant, combustible*
Kraftwerk, elektr. *usine électrique*
Kran *grue*
kreuzen *louvoyer*
Kribbe, Buhne *épi*
Krümmung, Biegung *courbe*
Kurbel *manivelle*

Länge *longueur*
Längsbuhne, Damm, Deich *digue*
längsseit kommen, anlegen *accoster*
Laufsteg *passerelle*
Lautsprecher *haut-parleur*
Leck *voie d'eau*
Leichter *chaland, gabarre*
Leine, Draht *fil*
Leinpfad, Treidelweg *chemin de halage*
Leiter *échelle*
Leitrolle, Klampe *chaumard*
Liegeverbot *interdiction de stationner*
Logbuch *journal de bord*
Lose geben, schricken *choquer*
losmachen, loswerfen *démarrer*
loswerfen *démarrer, larguer*
loten *sonder*
Lukensüll *surbau, hiloire*

Marlspieker, Fid *épissoir*
Mast *mât*
Mennige *minium*
Müllbehälter *poubelle*
Mündung *embouchure*

Nachen, kleines Boot *nacelle*
Nebenfluß *affluent*
niederholen *affaler*
Niedrigwasser *marée basse*

Öl *huile*
Öse, Gatt *cosse, oeillet*
Ösfaß, Wasserschaufel *épuisette, écope*

Paddel *pagaie*
Pegel *échelle d'eau*
Persenning *prélart*
pfeifen *siffler*
Poller *bitte, canon d'ammarage*
Positionslaterne *fanal*
Prahm, Leichter *gabarre*

Propeller, Schiffsschraube *hélice*

Quast *guipon*

Rampe, Slip *cale*
Riemen, Ruder *aviron*
Ruder, Riemen *aviron*
Ruder, Steuer *barre, roue du gouvernail, rame*
Ruderblatt *safran de gouvernail*
Rudergabel, Dolle *dame de nage*
Rudergänger *homme de barre, timonier*
Ruderhaus *kiosque de timonerie*
rückwärts, achteraus *en arrière*

Schäkel *manille*
Schallsignal geben *corner*
Schallzeichen *signal sonore*
Schalter (Strom-) *interrupteur*
Scheinwerfer *projecteur*
Scheitelhaltung (oberste Stauhaltung) *bief de partage*
Schieber im Schleusentor, Schütz *ventelle*
Schiff *bâtiment*
Schiffahrtstunnel *souterrain*
Schiffsgröße, Schiffsnorm *gabarit*
Schiffsschraube, Propeller *hélice*
Schiffahrtssperre (wegen Arbeiten) *chômage*
Schlagseite *bande*
Schlauch *tuyau flexible*
Schleppdampfer *remorqueur*
schleppen *remorquer*
schleppen, bugsieren *touer*
Schlepper (z.B. im Schiffahrtstunnel) *toueur*
Schleppleine *faux-bras*
Schleppzug *convoi*
Schleppzug (z.B. eines toueur durch Schiffahrtstunnel) *rame*
Schleuse *écluse*
Schleusenhaupt *musoir*
Schleusenkammer *sas*
Schleusensohle *radier*
Schleusensüll, Drempel *busc*
Schwabber *faubert*
Schwengel, Hebel *levier*
schwimmen *nager*
Schwimmpoller *bollard flottant*
Schwimmweste *gilet de sauvetage*
Segeltuchplane, Schutzhaube *bâche*
Seitenkanal *canal latéral*
Sieb, Filter *passoire*
Sieltor, Wasserablaß *vanne*
Slip, Rampe *cale*
Sohle, Boden *fond*
Spill, Winde *treuil*
Speigatt *dalot*
Sperrholz *contre-plaqué*
Sperrtor *porte de garde*
Spleiß *épissure*
spleißen *épisser*
Sportboothafen *port de plaisance*
Sportbootschleuse *écluse à nacelles*
Sportschiffer *plaisancier*
Sport-Taucher *plongeur*
Spundloch (für Bootspfropfen) *nable*
Stander, Wimpel *guidon, fanion*
Stauhaltung (zwischen 2 Schleusen) *bief*
Stauwehr *barrage*
Steigen (des Wassers) *hausse*
Steuer, Ruder *barre, roue du gouvernail*
Steuerbord *tribord*
Stopfbuchse *presse-étoupe*
stoppen, anhalten *arrêter*
Strandsee, Haff, Teich *étang*
Strömung *courant*
Strom, Fluß *fleuve, rivière*
stromab(-wärts), talwärts *en aval*
stromauf(-wärts), bergwärts *en amont*
stromaufwärts fahren *remonter*
Stromspaltung, Flußgabelung *bifurcation*
Stropp, Schlinge *élingue*

Talfahrer *avalant*
Talje, Flaschenzug *palan*
talwärts, stromab(-wärts) *en aval*
Tankstelle *station-service*
Taschenlampe *torche électrique, lampe de poche*
Taucher (mit Ausrüstung) *scaphandier*
Taucher (Sport-) *plongeur*
Taufall *drisse*
Tauwerk *cordage*
Tiefgang *tirant d'eau, enfoncement, calaison*
Tonne, Boje *bouée*
Torflügel (der Schleuse) *vantail*
Treibstoff, Kraftstoff *combustible, carburant*
Treideln *halage*
Treidelweg, Leinpfad *chemin de halage*
Trennwerk *digue de séparation*
Trinkwasser *eau potable*
Trosse *aussière*
Trosse (dicke) *grelin*

überholen (Schiff) *dépasser, trémater*
überqueren (Fluß) *traverser*
Überlaufwehr *déversoir*
Ufer *berge*
Uferstraße, Kai *quai*
umdrehen, wenden *virer de bord*
unbefahrbar *impracticable*
Untiefe *bas-fond, haut-fond*

Verbindung eines Strandsees mit dem Mittelmeer *grau*
Verbot *interdiction*
verknoten *nouer*
Verproviantierung *ravitaillement*
Versicherer *assureur*
Vorleine *bosse*
Vorsteven *étrave*

Wasserablaß, Sieltor *vanne*
Wasserecke, Wasserkeil *pente d'eau*
Wassereinbruch *infiltration*
Wasserkeil, Wasserecke *pente d'eau*
Wasserschaufel, Ösfaß *épuisette, écope*
Wasserscheide (eine Seite der) *versant*
Wassertiefe *profondeur, mouillage*
Wasserzapfstelle *poste d'eau*
Weite, Breite *largeur*
Welle, Achse *arbre*
Wellenschlag *remous*
Wendebecken *bassin de virage*
wenden, umdrehen *virer de bord*
Wendestelle *aire de virage*
Werft *chantier*
Werg *étoupe*
Wimpel *flamme*
Wimpel, Stander *fanion, guidon*
Winde, Spill *treuil*
Windschutzscheibe *pare-brise*
Wrack *épave*
wricken *godiller*

Zahnstange *crémaillère*
Zoll(-amt) *douane*
Zweigkanal *embranchement*

Register

Aa 27 – 28, 64
Abbécourt 143
Abbeville 211
Abergement-la-Ronce 165
Ablancourt 102
Accolay 138
Adour und Nebenflüsse 29-30
Agde 84, 118, 122
Agen 82
Aigny 102
Aigues-Mortes 169
Ailly-s-Somme 211
Aire 63, 98
Aire, Canal d' (GSW – DS) 63
Aisne 31 – 32
Aisne-Seitenkanal 32 – 33
Aisne à la Marne, Canal de l' 34 – 35
Aisy-s-Armançon 46
Aizier 207
Altfortville 101, 201
Allaines 140
Allenjoie 163
Alleriot 183
Alluy 135
Ambès 60
Ambly-Fleury 37
Ambly-s-Meuse 73
Amiens 211
Ancenis 92
Anchamps 71
Ancoisne 65
Ancône 157
Ancy-le Franc 46
Ancy-le Libre 46
Ancy-s-Moselle 126
Andance 156
Andelys (Les) 205
Andigné 145
Angers 116, 193
Angoulême 57
Anizy-le-Château 144
Annay 63
Annet-s-Marne 101
Apach 127
Appilly 143
Appoigny 216
Aran (Joyeuse) 30
Ardanavy 30
Ardennes, Canal des 35 – 38
Ardres 52
Ardres, Zweigkanal nach 52
Argeliers 122
Argens-Minervois 122
Argentenay 46
Argenteuil 203
Argenvières 96
Arles 38, 155, 157
Arles à Fos, Canal d' 38
Arleux 62, 139
Armentières 98
Arnage 192
Arques 64
Arras 195
Ars-s-Moselle 126
Artaix 171
Artemps 174
Asfeld 37
Asnières (Seine) 203
Asnières-s-Saône 183
Asnois 136
Asques 60
Assevent 175
Athies 195
Attaques (Les) 52
Attichy 32
Attigny 37
Aubigny-au-Bac 62
Aubrives 70
Auby 63
Audruicq 52
Audruicq, Zweigkanal nach 52

Aulne 133
Autigny-le-Grand 110
Autise, Canal de la Vieille 39
Autise (Jeune) 39
Autreville-s-Moselle 125
Auxerre 138, 215
Auxonne 178, 182
Avanne-Avenay 164
Avignon 155, 158
Avignonet-Lauragais 120
Avoise 193
Avril-s-Loire 96
Avrilly 171
Ay 103
Aymeries 175
Azé 115
Azy-s-Marne 100

Baboeuf 143
Bac-St-Maur 98
Bachant 175
Bagneaux-s-Loing 91
Bains-les-Bains 76
Bainville-aux-Miroirs 74
Baïse 40
Balham 37
Bannay 97
Banteux 173
Bantouzelle 173
Bar-le-Duc 105
Barsac 78
Basel 152
Bassac 58
Basse-Indre 93
Bassée (La) 63
Bassou 216
Baulay 180
Baume-les-Dames 164
Bauvin 63, 65
Bauvin-Lys, Schiffahrtsweg 65
Bauzemont 107
Baverans 165
Bayard-s-Marne 110
Baye 135
Bayon 74
Bayonne 30
Bazarnes 138
Bazolles 135
Beaucaire 168
Beaulieu 97
Beaulon 95
Beaumont-s-Oise 142
Beaumont-s-Vesle 35
Beauregard 184
Beautor 174
Beautour 208
Bec d'Ambès 78, 79
Beffes 96
Béhuard 93
Beinheim 153
Belfort 166
Belfort, Zweigkanal nach 161, 166
Bellegarde 168
Bellenglise 174
Belleville (Saône) 184
Belleville-s-Loire 94, 97
Berg-s-Moselle 127
Bergues 41
Bergues, Canal de 41
Berlaimont 175
Bernegoue 39
Berneuil-s-Aisne 32
Berry-au-Bac 33
Besançon 164
Beslé 215
Bessan 84
Béthencourt-s-Somme 140, 210
Betton 87
Beurizot 48
Béziers 118, 122
Bezons 203
Biache-St-Vaast 195
Biches 135
Bidache 30

Bidouze 30
Bienville 110
Biermes 37
Biesheim 166
Bignicourt-s-Saulx 104
Billy-Berclau 63
Bischheim 109
Bissert-Harskirchen 86
Bisseuil 103
Blagny-s-Vingeanne 113
Blain 128, 129
Blanzy (Canal du Centre) 55
Blanzy-la-Salonnaise 37
Blaringhem 64
Blavet, Canal du 41 – 43
Blaye 78
Boismont 211
Boissise-la-Bertrand 201
Bollène 157
Bologne 111
Bonnard 216
Bonneuil 101
Bonneuil, Zweigkanal nach 101
Bonnières-s-Seine 204
Boofzheim 166
Boran-s-Oise 142
Bordeaux 78
Bords 59
Botans 166
Bouchain 67
Bouchemaine 93, 116
Bougival 203
Bouille (La) 206
Bourbourg 43
Bourbourg, Canal de 43
Bourdon 211
Bourg 60
Bourg-Charente 58
Bourg-et-Comin 33, 145
Bourg-des-Comptes 214
Bourg-le-Comte 171
Bourgogne, Canal de 44 – 49
Bourogne 162
Bousbecque 98
Boussières-s-Sambre 175
Boussois 175
Brain-s-Vilaine 215
Bram 120
Branges 197
Branne (Dordogne) 60
Branne (Canal du Rhône au R.) 164
Bras-s-Meuse 72
Braux (Bourgogne) 47
Braux (Canal de l'Est) 71
Bray-Dunes-Plage 77
Bray-s-Seine 200
Braye-en-Laonnois 145
Brazey-en-Plaine 49
Brébières 195
Brebotte 162
Breisach 152
Brest 133
Brethenay 111
Breuil 140
Brèves 136
Briare 97
Briare, Canal de 49
Brienne 135
Briennon 170
Brienon-s-Armançon 45
Briollay 193
Brissarthe 193
Brives-s-Charente 59
Brognard 166
Bruay-s-l'Escaut 67
Bruche 82
Brumath 109
Brunstatt 162
Brusson 104
Bruz 214
Bry-s-Marne 101
Buffon 46
Buisson (Le) 104

Butteaux 45
Buverchy 140
Buxières-lès-Froncles 111
Buzet-s-Baïse 40, 82

Cabara 60
Cadillac 78
Calais 52
Calais, Canal de 51 – 52
Cambes 78
Cambrai 67, 173
Camon 211
Campagne 140
Canizy 210
Cannes-Ecluses 217
Canteleu, Zweigkanal nach 65
Cantenay-Epinard 116
Capestang 118, 122
Cappelle-Brouck 64
Cappy 211
Carcassone 118, 121
Carhaix-Plouguer 132
Carnon 169
Carquefou 129
Cassine 36
Castelnau 80
Castelnaudary 118, 120
Castelsarrasin 81
Castets-en-Dorthe 78, 83
Castillon-la-Bataille 60
Catigny 140
Catillon-s-Sambre 176
Caudebec-en-Caux 207
Caumont-s-Garonne 82
Cendrecourt 180
Centre, Canal du 53 – 56
Cépoy 90
Cercy-la-Tour 134
Cergy-Pontoise 142
Cerisy 211
Chagny 54
Chalampé 152
Challuy 96
Chalon-s-Saône 54, 183
Chalonnes-s-Loire 93
Châlons-s-Marne 102
Chamarandes 111
Chambellay 116
Chambilly 171
Chamouilly 110
Champagne-s-Seine 200
Champigneulles 107
Champs 144
Champs-s-Yonne 138
Champtoceaux 93
Champvert 134
Changé 115
Chaniers 59
Chantes 189
Chapelle (La) 45
Chapelle-Erdre (La) 129
Chapelle-aux-Filzméens (La) 88
Chapelle-Montlinard (La) 96
Chapelle-s-Oudon (La) 145
Charente 56 – 59
Charentenay 180
Charenton 101, 201
Charité (La) 96
Charleville-Mézières 71
Charly 100
Charmes (Canal de l'Est) 74
Charmes-s-Rhône 156
Charmont-s-Marne 100
Charnay-les-Chalon 183
Chartrettes 200
Chassey 47
Chassignelles 46
Château-Gontier 115
Château-Porcien 37
Château-Regnault 71
Château-Thierry 100
Châteaulin 133
Châteaulin bis Brest 133
Châteauneuf 48

Register

Châteauneuf-s-Charente 58
Châteauneuf-du-Faou 133
Châteauneuf-s-Sarthe 193
Châtel-Censoir 137
Châtelier (Le) 88
Châtillon 177
Châtillon-en-Bazois 135
Châtillon-Coligny 50
Châtillon-s-Loire 97
Chaumont 111
Chaumot 136
Chaumousey 75
Chauny 143, 174
Chaussée-s-Marne 102
Chauvort 183
Chavanay 155
Chavelot 74
Chavignon 145
Chazelles 183
Cheffes 193
Cheilly-lès-Maranges 54
Chelles 101
Chelles, Canal de 99
Chémery-s-Bar 36
Chêne (Le) 208
Chenillé-Changé 116
Chesne (Le) 36
Cheuge 113
Chevaigné 87
Chevallerais (La) 129
Chevenon 96
Chevillon 110
Chevregny 145
Chevroches 136
Chipilly 211
Chiry 143
Chitry-les-Mines 136
Choilley 113
Choisey 165
Choisy-au-Bac 32
Choisy-le-Roi 201
Ciry-le-Noble 55
Cité (La) 121
Civrac-de-Dordogne 60
Clairoix 141
Clamecy 136
Claye-Souilly 148
Cléden-Poher 132
Clerval 164
Clichy 203
Cognac 58
Colmar 166
Colmar, Zweigkanal nach 161, 166
Colme, Canal de la 64
Colombier-Fontaine 163
Colombiers 122
Comines 98
Commercy 74
Commissey 46
Compiègne 141
Concevreux 33
Condé-s-Aisne 31
Condé-s-Marne 35, 102
Condé-Ste-Libiaire 100
Condé-s-Suippe 33
Condren 174
Condrieu 155
Conflandey 180
Conflans-s-Loing 51
Conflans-Ste-Honorine 142, 204
Congis-s-Thérouanne 148
Consenvoye 72
Contrisson 105
Contz-les-Bains 127
Coppenaxfort 43
Corbehem 195
Corbeil-Essones 201
Corbie 211
Corbigny 136
Cormicy 34
Corny-s-Moselle 126
Corps de Garde (Le) 209
Corre 76, 178
Coucy-le-Château 144

Couëron 93
Coulanges 95
Coulanges-s-Yonne 137
Coulogne 52
Coulon-Sansais 209
Coupvray 101
Courbevoie 203
Courcelles (Bourgogne) 47
Courcelles (Canal de la Deûle) 63
Courcelles-s-Seine 205
Courcelles-lès-Montbéliard 163
Courchamp 113
Courcy 34
Courdault 39
Courlon-s-Yonne 217
Courmelois 35
Courrières 63, 90
Cours-les-Barres 96
Coutras 89
Couvrot 102
Crancey 200
Cravant 138
Crévechamps 74
Creil 141
Créteil 101
Crèvecoeur-s-l'Escaut 173
Crévic 107
Crouy-s-Ourcq 149
Cruas 157
Crugey 48
Cry 46
Cubry-les-Soing 180
Cubzac-les-Ponts 60
Cuffy 96
Cuinchy 63
Cuisery 197
Cumières 99
Curel 110
Cusey 113
Cuxac d'Aude 123
Cuzy 136

Dallon 174
Damazan 82
Dambenois 166
Daméry 99
Dammarie-sur-Loing 50
Dampierre 113
Damvix 209
Dannemarie 162
Dannemoine 46
Daon 116
Dardenay 113
Dax 29
Decize 93, 94, 95
Decize, Zweigkanal nach 94
Deluz 164
Demange-aux-Eaux 106
Demangevelle 76
Denain 67
Dennevy 54
Dettwiller 108
Deûle, Canal de la 63
Deûlémont 65
Deville 71
Diane-et-Kerprich 85
Diedenhofen s. Thionville
Dieue 73
Dieulouard 125
Dieupentale 80
Digoin 56, 94, 95, 171
Dijon 49
Dinan 87, 88
Dinard 151
Diou 95
Dirol 136
Dizy-Magental 103
Dôle 165
Dombasle 107
Dommarien 113
Dompierre-s-Charente 59
Don 65
Donchery 71
Donges 93

Donjeux 110
Dordives 90
Dordogne 59 – 60
Dormans 100
Douai 62, 195
Doubs 204 – 205
Dreuil 211
Drusenheim 153
Duclair 207
Dünkirchen 43
Dun-s-Meuse 72

Eckwersheim 109
Eclusier-Vaux 211
Ecouflant 193
Ecuelles (Loing) 91
Ecuelles (Saône) 183
Eglingen 162
Einville-au-Jard 107
Elbeuf 206
Entrammes 115
Epénancourt 140, 210
Epernay 101
Epernay, Zweigkanal nach 101
Epinal 76
Epinal, Zweigkanal nach 76
Epinay 203
Episy 91
Ercheu 140
Erdre 66
Erstein 166
Erstein-Kraft 166
Esbly 101
Escaut s. Schelde
Eschau 166
Escommes 48
Esnon 45
Est, Canal de l'
 (nördlicher Teil) 68, 70 – 74
Est, Canal de l'
 (südlicher Teil) 68, 74 – 76
Est, Canal de l'
 (Zweigkanal nach Epinal) 76
Est, Canal de l'
 (Zweigkanal nach Nancy) 68
Estaires 98
Eswars 67
Etang (l') 97
Etang de Thau s. Thau
Etigny 216
Etrepy 104
Etreux 177
Etricourt-Manancourt 139
Etrun 67
Eurville 110
Euville 74
Evin-Malmaison 63
Evran 88
Evry 201
Eynesse 60

Fains-Véel 105
Fampoux 195
Fareins 184
Fargniers 174
Féchain 62
Fégréac 130
Feneu 116
Fercé-s-Sarthe 192
Fère (La) 174, 177
Fère, Zweigkanal nach La 173, 174
Férin 62
Ferté-sous-Jouarre (La) 100
Ferté-Milon (La) 149
Fesmy 176
Feugarolles 82
Feuillères 211
Fillé 192
Flaujagues 60
Flavigny 74
Fléac 57
Fleix (Le) 60
Fleurey-s-Ouche 48
Fleurville 183

Fleury-s-Loire 96
Flize 71
Flogny 45
Foleux 215
Fontaine 54
Fontaines-les-Clercs 174
Fontaines-s-Saône 184
Fontenoy 31
Fontenoy-le-Château 76
Fontet 83
Fort-Bâtard 51
Fort-Louis 153
Fos 159
Foulain 112
Fourques 158
Fourques-s-Garonne 82
Fragnes 54
Fraisans 165
Frélinghien 98
Fresnes-s-Escaut 67
Fresnes-s-Marne 148
Friesenheim 166
Friesenheim nach Straßburg, Nordabschnitt von 161, 166
Frignicourt 110
Frise 211
Froidefontaine 162
Froissy 211
Froncles 111
Frontignan 169
Fronsac 60
Frouard, Zweigkanal zum Hafen 127
Fumay 70
Furnes, Canal de 77

Gallician 169
Gannay 95
Gardouch 120
Gargenville 204
Garnat 95
Garonne und Gironde 77 – 78
Garonne-Seitenkanal 79 – 82
Gaves Réunis 30
Génelard 55
Genevraye 91
Génicourt-s-Meuse 73
Germigny 45
Germingny-l'Evêque 100
Gernicourt 33
Gersheim 166
Ghyvelde 77
Gimouille 96
Girancourt 75
Gironde s. Garonne und Gironde
Gissey-s-Ouche 48
Givet 70
Givors 155
Givrauval 105
Givry 37
Goariva 129, 132
Goariva, Westabschnitt von G. nach Châteaulin 129 – 133
Goeulzin 62
Goncourt 110
Gondrexange 85
Gorgue (La) 98
Gorre 63
Gournay-s-Marne 101
Grand-Verly 177
Grande-Motte (La) 169
Granges-sous-Grignon (Les) 47
Grau d'Agde (Le) 84
Gravelines 28
Gray 181
Greffern 153
Grégy-les-Meaux 148
Gressy 148
Greve-s-Mignon (La) 123
Grez-Neuville 116
Gripport 74
Grisolles 80
Großbliederstroff 86
GSW – DS 61
Guarbecque 63

221

Register

Gudmont 111
Gueltas 131
Guenrouet 130
Guerlédan 127
Guiche 30
Guignicourt 33
Guillac 130
Guînes 52
Guînes, Zweigkanal nach 52
Guipel 88
Guipry 214
Guîtres 89
Guny 144
Gurgy 216

Hagenbach 162
Haie Fouassière (La) 208
Halligincourt 110
Ham 211
Hannapes 177
Hannogne-St-Martin 36
Harfleur 83
Harnes 90
Harskirchen 86
Hasnon 196
Hastingues 30
Haubourdin 65
Hauconcourt 126
Haucourt (Le) 174
Hautmont 175
Havre (Le) 83, 198
Havre à Tancarville, Canal du 83
Havrincourt 139
Haybes 70
Hazebrouck, Canaux d' 84
Hédé 88
Heidwiller 162
Hem-Lenglet 62
Héming 108
Hénaménil 107
Hennebont 42
Hénuin 51
Hérault 84
Hérault, Descente dans l' 118, 123
Herbitzheim 86
Herblay 203
Hergnies 67
Hermies 139
Herry 96
Hesse 108
Heuilley-Cotton 112
Hinges 63
Hochfelden 109
Hoenheim 109
Homps 121
Honfleur 207
Honnecourt 173
Houillères de la Sarre, Canal des,
  s. Saar-Kohlenkanal
Houleron 98
Houlle 28, 64
Houplin 65
Humes 112
Hüningen 152
Hure 83

Igney 74
Iguerande 170
Ile d'Elle (L') 209
Ile Napoléon 162
Ille-et-Rance, Canal d' 87
Illfurth 162
Illkirch-Graffenstaden 166
Inchy-en-Artois 139
Indret 93
Ingrandes 93
Inor 72
Irleau 209
Isbergues 63
Isle 89
Isle-Adam (L') 142
Isle-sur-le-Doubs (L') 163
Isse 35
Ivry-s-Seine 201

Iwuy 67

Jaille-Yvon (La) 116
Janville 141
Jarnac 58
Jarville-la-Malgrange 107
Jassans-Riottier 184
Jaulgonne 100
Jaulzy 32
Jaux 141
Jeumont 175
Joigny (Canal de l'Est) 71
Joigny (Yonne) 216
Joinville 110
Joinville-le-Pont 101
Jonnelière (La) 129
Jorquenay 112
Josselin 128, 131
Jouy-le-Moutier 142
Joyeuse s. Aran
Juac 58
Juigné-s-Sarthe 193
Jussey 180
Jussy 174
Juvardeil 193
Juvigny 102
Juvisy-s-Orge 201

Kehl 153
Kergroix 42
Koenigsmacker 127
Kunheim 166

Lacourt-St-Pierre 83
Lacroix-s-Meuse 73
Lacroix-St-Ouen 141
Lagarde 108
Lagny 101
Lagruère 82
Laillé 214
Lallaing 196
Laissey 164
Lamagistère 81
Lamarche-s-Saône 182
Lamarque 78
Lamothe-Montravel 60
Landeleau 132
Landévennec 133
Landrecies 175, 176
Landriais (La) 151
Laneuveville-devant-Nancy 76, 107
Langoiran 78
Langon 78
Langres 112
Langrolay 151
Laque (La) 63
Laredorte 121
Laroche 216
Laroche-St-Cydroine 216
Lauterbourg 153
Laval 115
Laveyron 154
Léhon 88
Lens 90
Lens, Canal de 90
Léré 94
Lérouville 74
Lesdins 174
Levallois-Perret 203
Libermont 140
Libourne 60, 89
Licey-s-Vingeanne 113
Liez 39
Ligny-en-Barrois 105
Lihoury 29, 30
Lille 65
Liny-devant-Dun 72
Lion d'Angers (Le) 116, 145
Liverdun 125
Lizy-s-Ourcq 149
Lochchrist 42
Loing, Canal du 90
Loire 92 – 93
Loire, Canal lat. à la 94 – 97

Loisy 197
Loivre 34
Longecourt-en-Plaine 49
Longeville 105
Longeville-lès-Metz 126
Longueil-Annel 143
Longvic 49
Lorient 128
Lormont 78
Louhans 197
Lourches 67
Louvroil 175
Loyère (La) 54
Lucy-s-Yonne 137
Lumes 71
Lupstein 108
Lutzelbourg 108
Luxémont 110
Luy 29, 30
Luzancy 100
Luzy-s-Marne 111
Lyon 178, 184
Lyon-La Mulatière 155
Lys 97 – 98

Mâcon 183
Magné 208
Mailleraye-s-Seine (La) 207
Maillezais 39
Maillé 39
Mailly-le-Château 137
Mailly-la-Ville 138
Maine s. Mayenne-Maine
Maisons-Alfort 101
Maisons-Laffitte 203
Maixe 107
Maizey 73
Maizières-lès-Metz 126
Maizy 33
Malestroit 128, 130
Malicorne-s-Sarthe 193
Malling 127
Malroy 126
Mangonville 74
Manicamp 143
Mans (Le) 184
Mantes-la-Jolie 204
Mantoche 181
Marans 209
Marbach 125
Marcellus 83
Marchiennes 196
Marcigny 171
Marcilly 136
Marcilly-s-Seine 198, 200
Marcoing 173
Marq-en-Baroeul 171
Mardyck, Ableitungskanal 65
Mareuil-s-Ay 103
Mareuil-les-Meaux 100
Mareuil-s-Ourcq 149
Marignane 159
Marigny (Bourgogne) 47
Marigny (Nivernais) 136
Marmande
Marnay 200
Marnay-s-Marne 111
Marne 99 – 101
Marne, Canal lat. à la 102 – 103
Marne au Rhin, Canal de la 103
Marne au Saône,
  Canal de la 109 – 113
Marolles 149
Marolles-s-Seine 200
Maron 124
Marpent 175
Marquette-lez-Lille 65
Marquion 139
Marseillan 212
Marseilles-les-Aubigny 94, 96
Marseillette 121
Martigues 159
Martinière (La) 93
Mary-s-Marne 100

Mas d'Agenais (Le) 82
Masnières 173
Maubeuge 175
Mauvages 106
Mauves-s-Loire 93
Mauzé-s-Mignon 123
Maxilly 113
Mayenne-Maine 114 – 116
Meaux 100, 148
Meaux à Chalifert, Canal de 99, 100
Médan 204
Mède (La) 159
Mées 29
Meilhan-s-Garonne 83
Melay 170
Méloménil 76
Melun 201
Ménétréol-sous-Sancerre 96
Ménil 116
Menin 98
Méricourt-s-Somme 211
Mériel 142
Merpins 59
Merry-s-Yonne 137
Merschers-s-Gironde 78
Merville 98
Méry-Auvers 142
Messac 128, 214
Messein 74
Metz 126
Meulan 204
Meurchin 63
Meuse (Maas) 116
Mèze 212
Mézières-s-Oise 177
Midi, Canal du 116 – 123
Migennes 45, 216
Mignon 123
Millam 64
Missy-s-Aisne 31
Misy-s-Yonne 217
Mittersheim 86
Moeuvres 139
Moislains 140
Moissac 81
Monceaux-le-Comte 136
Mondelange 126
Monéteau 215
Monnières 208
Mons à Condé, Canal de s. Canal de
  Pommeroeul à Condé
Montargis 83
Montauban, Zweigkanal nach
  (Canal lat. à la Garonne) 83
Montbard 46, 47
Montbéliard 163
Montbouy 50
Montceau-les-Mines 55
Montchanin 55
Montcourt-Fromonville 91
Montcresson 50
Montech 80, 83
Montereau 200
Montereau-Faut-Yonne 217
Montertelot 130
Montesquieu-Lauragais 120
Montgiscard 119
Montgon 36
Monthermé 71
Montjean-s-Loire 93
Montmacq 143
Montmarin (La) 151
Montmerle 184
Montreuil-s-Ille 87
Montreuil-s-Maine 116
Montreux-Château 162
Montreux-Vieux 162
Montureux-les-Baulay 180
Morannes 193
Mordreuc 151
Moret-s-Loing 91
Mortagne 196
Mortagne-s-Gironde 78
Mortagne-du-Nord 196

Mosel 124 – 127
Mouaucourt 108
Moulins-lès-Metz 126
Moulon 60
Moussey 108
Mouzay 72
Mouzon 72
Möy-de-l'Aisne 177
Mülhausen 162
Muids 205
Munchhausen 153
Muntzenheim 166
Mureaux (Les) 204
Mussey-s-Marne 110

Nancy, Zweigkanal nach 107
Nancy (Canal de l'Est) 76
Nancy-Frouard 127
Nantes 93, 128, 129
Nantes à Brest, Canal de 127 – 133
Nanteuil-s-Aisne 37
Nanteuil-s-Marne 100
Narbonne 123
Nargis 90
Nemours 91
Nersac 58
Nesle 140
Neufchâtel-s-Aisne 33
Neufchelles 149
Neuffossé, Canal de (GSW D-S) 63
Neuilly 203
Neuilly-s-Marne 101
Neuves-Maisons 74, 124
Neuville-Day 36
Neuville-s-Escaut 67
Neuville-s-Oise 142
Neuville-s-Ornain 105
Neuville-s-Saône 184
Neuviller 74
Neuvillette (La) 34
Nevers-Zweigkanal 94
Niderviller-Neubruch 108
Niffer 162
Niort 208
Nive 30
Nivelle 196
Nivernais, Canal du 133 – 143
Nogent (Canal de Bourgogne) 47
Nogent (Seine) 200
Nogent-l'Artaud 100
Nogent-s-Marne 100, 101
Noisiel 101
Nomexy 74
Nord, Canal du 139 – 140
Nort-s-Erdre 66, 129
Nouvelle (La), Zweigkanal von 122
Nouvion 71
Nouzonville 71
Noyelles 173
Noyelles-sous-Lens 90
Noyen-s-Sarthe 193
Noyen-s-Seine 200
Noyon 140, 143

Obenheim 166
Offoy 210
Oignies 63
Oise 141 – 142
Oise, Canal lat. à l' 143
Oise à l'Aisne, Canal de l' 144 – 145
Oisilly 113
Oissel 206
Oisy 177
Oisy-le-Verger 62
Omey 102
Omicourt 36
Omissy 174
Orchamps 165
Orconte 110
Origné 115
Origny-Ste-Benoîte 177
Ormoy 180
Ors 176
Osselle 165

Oudon 92, 93, 145
Ougney-la-Roche 164
Ourcq, Canal de l' 146, 147
Ourscamps 143
Ouzouer-s-Trézée 50

Pagny-s-Meuse 106
Pagny-s-Moselle 126
Paimboeuf 93
Painfaut 215
Palavas 169
Palinges 55
Palluel 139
Pannecôt 134
Paray-le-Frésil 95
Parray-le-Monial 56
Parazal 122
Parcé-s-Sarthe 193
Pargny 140, 210
Pargny-s-Saulx 104
Paris 146, 147
Paris-Arsenal 149
Paris und seine Kanäle 146 – 149
Parmain 142
Parroy 108
Passavant-la-Rochère 76
Pauillac 78
Pecq (Le) 203
Peillac 130
Pellerin (Le) 93
Pelves 195
Percey 45
Percey-le-Petit 113
Péronne 140, 210
Perreuil 54
Perthes 110
Pessac-s-Dordogne 60
Petit (kleine) Rhône 158
Peyrehorade 31
Pezens 121
Picquigny 211
Piépape 113
Pierre-la-Treiche 124
Pierrefitte-s-Loire 95
Pignicourt 33
Pimprez 143
Pinon 144
Pléchâtel 214
Plichancourt 104
Plobsheim 153, 166
Plombières 48
Plouer 151
Podensac 78
Pogny 102
Poilhes 118, 122
Poincy 100, 148
Poissy 204
Poissonière (La) 93
Pommeroeul 150
Pommeroeul à Condé, Canal de 150
Pommevic 81
Pommiers 31
Pompey-Frouard 125
Pompignan 80
Pont-de-l'Arche 206
Pont-Arcy 33
Pont d'Ardres (Le) 52
Pont-Augan 42
Pont-du-Bois 76
Pont-ar-c'hlan 133
Pont-Coblant 133
Pont-l'Evêque 140
Pont Malin 67
Pont-à-Mousson 126
Pont-d'Ouche 48
Pont-Réan 214
Pont-Rémy 211
Pont-Rousseau 207
Pont-Royal 48
Pont-St-Mard 144
Pont-Ste-Maxense 141
Pont-s-Sambre 175
Pont-s-Seine 200
Pont-de-Tugny 174

Pont-à-Vendin 63
Pont-s-Yonne 217
Pontailler 182
Pontavert 33
Ponthion 104
Pontivy 41, 128, 132
Pontoise 142
Port d'Atelier 180
Port-à-Binson 99
Port-de-Bouc 159
Port-de-Carhaix 132
Port-Cassafières 118
Port Domino 208
Port-d'Envaux 59
Port-de-Lanne 29
Port-Launay 133
Port Lauragais 118, 120
Port-la-Nouvelle 123
Port-la-Robine 118
Port d'Ouroux 183
Port-aux-Perches 149
Port de Pouy 30
Port de Roche 214
Port-Ste-Foy 60
Port-St-Louis-du-Rhône 155, 157
Port-s-Saône 180
Port-Sud 118, 119
Porte-Joie 206
Portes-des-Barques 59
Portets 78
Portillon 208
Portiragne 122
Pousseaux 137
Pouillenay 47
Pouilly 72
Pouilly-en-Auxois 48
Pouilly-s-Vingeanne 113
Pouzin (Le) 156
Précy-s-Oise 142
Prégilbert 138
Preignac 78
Presles 33
Proville 173
Pruillé 116
Puichéric 121
Puteaux 203

Quesnoy 65
Quessy 174
Quierzy 143
Quillebœuf-s-Seine 207

Raches 196
Rance Maritime 150
Ranchot 165
Rans 165
Ratenelle 197
Ravières 46
Ray-s-Saône 180
Recologne 181
Recquignies 175
Récy 102
Redon 128, 130, 215
Reichstett 109
Reims 34
Remelfing 86
Remigny 54
Remilly 72
Renève 113
Rennes 87, 213
Renneville 120
Réole (La) 83
Rethel 37
Rethondes 32
Rettel 127
Retzwiller 162
Reuil 99
Reuil-Malmaison 203
Revigny 105
Revin 70
Rézé 93
Rhein 151
Rhinau 153
Rhône 153 – 158

Rhône à Fos, Canal du 159
Rhônearm nach Avignon 157
Rhône-Fos-Bouc (-Marseille) 159
Rhône au Rhin, Canal du 160 – 166
Rhône à Sète, Canal du 167 – 169
Riaucourt 111
Ribécourt 143
Ribemont 177
Richardais (La) 151
Richardménil 74
Rieux (Oise) 141
Rieux (Vilaine) 215
Rilly-sur-Aisne 37
Ris-Orangis 201
Risle 207
Roanne à Digoin, Canal de 169 – 171
Robecq 63
Robine, Canal de la 118
Roc-St-André 130
Roche-Bernard (La) 215
Rochefort 59
Rochefort-s-Nenon 165
Roeux 195
Roëzé-s-Sarthe 192
Rogny 50
Rohan 128, 131
Rolampont 111
Rolleboise 204
Roôcourt 111
Roquemaure 157
Roubaix 172
Roubaix, Canal de 171 – 172
Roubia 122
Rouen 206
Rouvrois 73
Rouvroy 110
Rouy-le-Petit 140
Roville-devant-Bayon 74
Royan 78
Rues-des-Vignes (Les) 173
Rully 54
Rumingem 51
Rupt-s-Saône 180

Saacy-s-Marne 100
Saar 85
Saar-Kohlenkanal 85 – 86
Saarbrücken 86
Sablé-s-Sarthe 193
Saillans 89
Sailly-Laurette 211
Sailly-s-la-Lys 98
Sailly-le-Sec 211
Sains-lès-Marquion 139
St-Adrien 42
St-Aignan 36, 37
St-Amand-les-Eaux 196
St-Aubin-s-Yonne 216
Ste-Aulaye 60
St-Aybert 150
St-Bérain-s-Dheune 54
St-Bernard 184
St-Bouize 96
St-Brice 58
St-Christ-Briost 140, 210
St-Christoly 78
St-Congard 130
St-Cybard 57
St-Denis, Canal 146, 149
St-Denis (Yonne) 217
St-Denis-de-Pile 89
St-Dizier 110
St-Dominieuc 87, 88
St-Estèphe 78
St-Etienne-des-Sorts 157
St-Firmin 97
St-Florent-le-Vieil 93
St-Florentin 45
St-Floris 98
St-Folquin 28
Ste-Foy-la-Grande 60
St-Gérard 131
St-Germain-s-Ille 87
St-Germain-la-Ville 102

Register

St-Gilles (Canal du Centre) 54
St-Gilles (Canal du Rhône à Sete) 168
St-Gilles, Canal de 158
St-Goazec 132
St-Gonnery 131
St-Jean-de-Blaignac 60
St-Jean-les-Deux-Jumeaux 100
St-Jean-de-Losne 49, 182
St-Jean-s-Mayenne 115
St-Joire 106
St-Jory 80
St-Julien-s-Dheune 54
St-Léger-s-Dheune 54
St-Léger-le-Petit 96
St-Léger-des-Vignes 134
St-Leu-d'Esserent 142
St-Liquaire 208
St-Louis (Canal de la Marne au Rhin) 108
St-Louis, Canal maritime 158
St-Louis-du-Rhône, Port 155, 157
St-Macaire 78
St-Malo 151
St-Mammès 91, 200
Ste-Marie 48
St-Martin (Canal lat. à la Marne) 102
St-Martin, Canal (Paris und seine Kanäle) 146, 149
St-Martin-Belle-Roche 183
St-Martin-Lalande 120
St-Maur, Canal de 99
St-Maurice 113
St-Médards-s-Ille 87
St-Mihiel 73
St-Momelin 28, 64
St-Nazaire 93
St-Nicolas-des Eaux 42
St-Omer 27, 64
St-Ouen 203
Ste-Pallaye 138
St-Pardon 60
St-Pierre-d'Eyraud 60
St-Pierre-de Vauvrey 206
St-Porquier 81
St-Quentin 173, 174
St-Quentin, Canal de 172 – 174
St-Rémy 46
St-Rivalain 42
St-Romain-des-Iles 183
St-Satur 94, 96
St-Sauveur 113
St-Savinien 59
St-Seine 113
St-Sigismond 39
St-Simeux 58
St-Simon (Canal de St-Quentin) 174
St-Simon (Charente) 58
St-Suliac 151
St-Symphorien 165
St-Terre 60
St-Thibault 48, 94
St-Thibault, Zweigkanal nach (Canal lat. à la Loire) 94
St-Usage 49
St-Valéry-s-Somme 211
St-Vallier 156
St-Venant 98
St-Vinnemer 46
St-Vit 164
Saintes 59
Sallèles-d'Aude 123
Sambre 175
Sambre à l'Oise, Canal de la 176 – 177
Sampigny 74
Sancerre 96
Sanchey 75
Santenay 54
Saône 178 – 184
Sapignycourt 110
Sardy-Lès-Epiry 136
Sarralbe 86

Sarre s. Saar
Sarreguemines 86
Sarreinsming 86
Sarry 102
Sart (Le) 98
Sarthe 184 – 194
Saubusse 29
Sauchy-Cauchy 139
Sauville 36
Sauvoy 106
Saverne 108
Savignac-de-l'Isle 89
Scarpe 194 – 196
Scarpe-Umgehungskanal 195
Scey-s-Saône 180
Schelde 66
Schiltigheim 109
Schneckenbusch 108
Schwindratzheim 109
Seclin 65
Seclin, Zweigkanal nach 65
Sedan 71
Ségala (La) 120
Segré 145
Seille 196 – 197
Seine 197 – 207
Seine (Petite) 200
Seinemündung 206
Seine-Port 201
Selles 76
Seltz 153
Sempigny 143
Semuy 37
Sens 217
Sensée, Canal de la (GSW D-S) 62
Sept-Saulx 35
Seraucourt-le-Grand 174
Serbonnes 217
Sérignac-s-Garonne 82
Sermaize 140
Sermaize-les-Bains 104
Sermoise-s-Loire 96
Serrières 154, 156
Sery 138
Sète 169
Seuil 37
Seurre 182
Seveux 181
Sevran 148
Sèvre-Nantaise 207 – 208
Sèvre-Niortaise 208 – 209
Sierck-les-Bains 127
Sillery 35
Sissy 177
Sivry-s-Meuse 72
Socourt 74
Soing 180
Soissons 31
Solesmes 193
Somail (Le) 122
Somme, Canal de la 210 – 211
Sommerviller 107
Sommette-Eaucourt 211
Soubise 59
Souffelweyersheim 109
Souil 39
Soulanges 102
Soupes-s-Loing 91
Spay 192
Spycker 43
Steinbourg 108
Stenay 72
Straßbourg 109, 153, 166
Sucé-s-Erdre 129
Suresnes 203
Surgy 137
Sury-près-Lété 97
Suze-s-Sarthe (La) 192

Taden 88
Taillebourg 59
Tain l'Hermitage 156
Tancarville 83
Tanlay 46

Tannay (Canal des Ardennes) 36
Tannay (Canal du Nivernais) 136
Tannois 105
Tavaux-Cité 165
Thaon-les-Vosges 74
Thau, Etang de 212
Thiant 67
Thiélouze 75
Thiennes 98
Thionville (Diedenhofen) 127
Thoissey 183
Thonnance-lès-Joinville 110
Thorey 49
Thourotte 143
Thugny-Trugny 37
Thun-l'Evèque 67
Tiffardière (La) 208
Tinténiac 87, 88
Tombe (La) 200
Tonnay-Charente 59
Tonneins 82
Tonnerre 46
Toul 106, 124
Toulouse 80, 118, 119
Tournedos-s-Seine 206
Tournon 154, 156
Tournus 183
Tours-s-Marne 102
Travecy 177
Trèbes 121
Tréhiquier 215
Trélou-s-Marne 100
Trévay 106
Trévenans 166
Trévérien 88
Trévoux 184
Triel-s-Seine 204
Trilbardou 148
Trilport 100
Trith-St-Léger 67
Tronchoy 45
Tronville 105
Truchère 197
Tupigny 177

Uckange 127
Urt 29
Ussy-s-Marne 100
Uzemain 76

Vacherauville 72
Vadencourt 177
Vailly-s-Aisne 33
Vaires 101
Val d'Ornain 105
Valdieu 162
Valence 154, 156
Valence d'Agen 81
Valenciennes 67
Valette (La) 115
Vallabrègues 157
Vandemanges 35
Vandenesse 134
Vandenesse-en-Auxois 48
Vandières 126
Varangéville 107
Varesnes 143
Variscourt 33
Varreddes 148
Vaux 138
Vauxaillon 144
Vayres 60
Velaines 105
Venarey-les-Laumes 47
Vendenheim 109
Vendeuil 177
Vendhuile 174
Vénérolles 177
Venette 141
Vénizel 31
Ventenac d'Aude 122
Verberie 141
Verbiesles 111
Verdon-s-Mer (Le) 78

Verdun 73
Verdun-s-les Doubs 183
Vermenton 138
Vermenton, Zweigkanal nach 138
Verneuil (Marne) 100
Verneuil (Canal du Nivernais) 134
Verneuil (Oise) 141
Vernon 205
Vertou 208
Vesaignes-s-Marne 112
Vésigneul-s-Marne 102
Vésines 183
Vétheuil 204
Veuvey-s-Ouche 48
Vias 122
Vic-s-Aisne 31
Vienne 154, 155
Vieux-lès-Asfeld 37
Vieux-Condé 67
Vieux-Port 207
Viéville 111
Vignonet 60
Vilaine 213 – 215
Villecien 216
Villefrances-de-Lauragais 120
Villefranque 30
Villegusien 112
Villeneuve-lès-Béziers 122
Villeneuve-St-Georges 201
Villeneuve-s-Vingeanne (La) 113
Villeneuve-s-Yonne 216
Villenoy 148
Villepinte 118, 120
Villequier 207
Villers-en-Prayères 33
Villesèquelande 120
Villevallier 216
Villiers-s-Marne 111
Villiers-s-Yonne 136
Vilosne 72
Vincelles 138
Vincelottes 138
Vincey 74
Vireux 70
Viry 174
Vitry-en-Artois 195
Vitry-le-François 102, 104, 110
Vitry-s-Seine 201
Viviers 157
Void 106
Volesvres 55
Voncq 37
Vouécourt 111
Voulte (La) 154, 156
Vouziers 37
Vouziers, Zweigkanal nach 37
Voyennes 210
Vraux 102
Vred 196
Vrizy 37

Waltenheim 109
Wambrechies 65
Warlaing 196
Warneton 98
Wasnes-au-Bac 62
Watten 28, 64
Watten, Ableitungskanal von 64
Wavrin 65
Welferding 86
Wervicq 98
Wickerswihr 166
Wilwisheim 108
Wittring 86

Xouaxange 108
Xures 108

Yonne 215 – 217

Zetting 86
Zillisheim 162
Zuydcoote 77

224

Name		Bitte freimachen
Vorname		
Straße		
PLZ Ort	Postkarte	
Telefon		

Bitte senden Sie mir kostenfrei den neuesten Nachtrag zum Buch „Binnengewässer Frankreichs"

Edition Maritim
Schwanenwik 27

D-2000 Hamburg 76

Name		Bitte freimachen
Vorname		
Straße		
PLZ Ort	Postkarte	
Telefon		

Bitte senden Sie mir kostenfrei den neuesten Nachtrag zum Buch „Binnengewässer Frankreichs"

Edition Maritim
Schwanenwik 27

D-2000 Hamburg 76